周振华学术文集

产业卷
中国经济卷
上海发展卷
全球城市卷

全球城市崛起
与城市发展

周振华 著

格致出版社　上海人民出版社

潘宜辰摄于2023年5月24日

作│者│小│传

　　周振华，1954年4月1日出生于上海。祖籍是浙江上虞。1961年，就读于上海市南市区中心小学（试行五年制），受到当时最好的教育。但初中三年"复课闹革命"，没上过什么课，留下一片空白。1970年，作为69届初中生，毕业后即赶上知青下乡"一片红"（全部离沪"上山下乡"），便去了黑龙江香兰农场接受"再教育"。农田干活，战天斗地，经受日炙风筛的砥砺，接受凌雪冰冻的洗礼。好在八年的知青生活，没有闲游如戏人生、放荡如梦江湖，而是把青春默默存放，毫无目标地翻阅了一大堆哲学、历史及马列经典著作。特别是调到场部宣传科后，接触了更多文史哲的理论知识。

1977 年恢复高考，仓促迎考，也不抱有太大希望。也许是，付出终究会有回报，竟被牡丹江师范学院政治系录取，圆了多年的上学梦。作为 77 级大学生，对知识的追求，如饥似渴，分秒必争，近乎痴迷和狂热。不经意间，还孕育出未来继续深造的奋斗目标——报考硕士研究生。最初，选择了当时较热门，自身也有些基础的哲学专业方向。后来，接触了政治经济学，有一种直觉：这门学科更为实用，尤其是在改革开放和转向以经济建设为中心的背景下。于是，调整了报考研究生的专业方向——政治经济学，并主攻《资本论》研究，尽管是从"一张白纸"起步。大学期间，除优质完成所有课程学习外，大部分时间花费在备考研究生上，特别是"无师自通"了《资本论》三卷本。

1981 年底，如愿考上了福建师范大学硕士研究生，师从我国《资本论》研究权威人物陈征教授。硕士研究生三年里，在陈征老师的卓越指导和严格要求下，通读和精读《资本论》数遍，受到政治经济学及《资本论》逻辑体系的系统训练，为此后的学术研究打下了扎实的理论功底。并尝试运用《资本论》原理，结合我国改革开放的实际，研究社会主义流通问题。硕士论文成果在《福建师范大学学报》和《南京大学学报》上发表。

1985 年初，硕士毕业去南京大学经济系工作。除了开设《资本论》课程外，又系统学习了宏观经济学和微观经济学、投资学、企业管理学等，进一步完善了经济学的知识结构。在教书育人的同时，深入研究我国改革开放中的重大理论问题，如市场经济问题，现代工业、乡镇工业和农业三部门的结构问题等，并发表了一系列论文。1986 年，被评为讲师。1987 年，领衔完成《社会主义市场的系统分析》一书的撰写，该书由南京大学出版社出版，成为我国较早一部阐述社会主义市场经济的著作。

1987 年，因科研成果突出，被中国人民大学免试录取为博士研究生，师从我国杰出经济学家、教育家、新中国国民经济学学科开拓者胡迺武教授。在此期间，学习和研究的重点转向市场经济条件下的宏观经济管理，在《经济研究》等刊物陆续发表学术论文。参与了吴树青、胡迺武承接的"中国改革大思路"国家重大课题，撰写了其中有关流通体制改革的章节。该成果获首届孙冶方经济科学奖论文奖。博士论文选题是当时比较前沿的产业结构与产业政策研究。博士论文提前一年完成，并以《产业政策的经济理论系统分析》为书名于 1991 年由中国人民大学出版社出版。

1990 年初，去上海社会科学院经济研究所工作。因博士论文撰写中的大量资料积累及观点酝酿，在 1991—1992 年两年内，出版了《产业结构优化论》和《现代经济增长中的结构效应》两部专著。1991 年底，从讲师 (助研) 破格晋升为研究员。1993 年，获享受国务院特殊津贴专家荣誉。1994 年，获国家人事部突出贡献中青年专家荣誉。1995 年，入选中共中央宣传部、组织部、国家人事部等国家社科领军人才。1996 年，任上海社会科学院经济研究所副所长，《上海经济研究》总编。在此期间，陆续出版了《增长方式转变》、《步履艰难的转换：中国迈向现代企业制度的思索》、《积极推进经济结构调整和优化》(合著)、《体制变革与经济增长》、《信息化与产业融合》等专著，主编了《中国经济分析》年度系列研究报告(持续近 25 年)、"上海经济发展丛书"(12 卷本) 等。

2006 年，调任上海市人民政府发展研究中心主任、党组书记；兼任上海市决策咨询委员会副主任、上海市社会科学界联合会副主席、上海市经济学会会长等职。在此期间，创建了上海发展战略研究所，兼任所长；创办了《科学发展》杂志，兼任主编。主持和组织了上海市若干重大课题研究，如"上海'十二五'期间发展主线研究""上海世博后开发利用研究""面向未来三十年上海发展战略研究"等。出版个人专著《崛起中的全球城市：理论框架及中国模式研究》《服务经济：中国经济大变局之趋势》《城市发展：愿景与实践》等，主编《上海：城市嬗变及展望》(三卷本) 等。

2014 年，退居二线，任政协上海市十三届委员会常务委员、经济委员会常务副主任，继续兼任上海发展战略研究所所长。在此期间，出版个人专著《全球城市：演化原理与上海 2050》，主编《上海改革开放 40 年大事研究》（12 卷本），并执笔其中的第一卷（总论）《排头兵与先行者》。组织上海发展战略研究所科研人员集体攻关，完成《战略研究：理论、方法与实践》《上海战略研究：历史传承时代方位》《上海战略研究：资源、环境、驱动力》《上海建设全球科创中心：战略前瞻与行动策略》等研究成果并公开出版。

2018 年，受邀组建上海市决策咨询委员会下属的全球城市研究院，并出任院长。创办《全球城市研究》杂志，为总负责人。每年组织面向全市和全国的招标课题研究，主编和出版《全球城市发展报告》《全球城市发展指数》和《全球城市案例研究》三大年度标志性成果。个人撰写并出版《卓越的全球城市：国家使命与上海雄心》《全球城市：国家战略与上海行动》等简明读本。加强国际学术交流，组织"全球城市经典译丛"系列的翻译，个人专著《崛起中的全球城市：理论框架及中国模式研究》《服务经济：中国经济大变局之趋势》《全球城市：演化原理与上海 2050》的英文版也由世界著名学术出版商施普林格（Springer）、世哲（Sage）等出版发行。

曾被中国人民大学、上海交通大学、同济大学、华东师范大学、上海财经大学、上海海事大学、上海师范大学等诸多高校聘为兼职教授。为首届长三角一体化发展咨询委员会专家、上海市决策咨询委员会委员、上海市政府特聘专家，被浙江、成都等多地政府聘为顾问和咨询专家。著作类研究成果曾获得国家"三个一百"原创图书奖、华东地区优秀理论读物一等奖、上海哲学社会科学优秀成果奖一等奖（多次）、北京哲学社会科学优秀成果奖、上海市"银鸽奖"最佳出版奖等多种奖项，入选"十四五"国家重点出版物出版规划等。

自 序

　　出版社准备编辑这套学术文集,要我作一自序。正好,乘此机会,对一路走来的经历及感受作一个系统梳理。但是,又有点犯愁。往事久远,记忆淡去,再加上我有一个习惯,就是只顾匆匆前行,无暇回眸过往。学术生涯四十载,研究成果积三尺,却从未整理过一二。这下可好,有点手忙脚乱,不得不静下心来,凝思回想:这一学术之路如何走过,沿途又有怎样的风景? 一帧帧画面,在脑海中匆匆闪过,丰实多彩,却又片断杂乱。这些画面的不规则组合、交叉渲染,竟然变幻为一种朦胧写意,让我突然联想到当年独登泰山的生动场景。两者之间,如此相似! 难道是冥冥之中的暗喻?

　　那还是1971年,我参加知青下乡的第二年,回沪探亲途中的事情。事先约定登泰山的同伴们,或许因旅途疲惫,快到泰安站,临时变卦,剩我一人独行。为观日出,我不顾舟车劳顿,半夜三更上山。天色阴黑,万物寂静,漫漫山道上,一道孤影飘然而行,尤显孤单、落寞。沿途两侧,景物模糊,难窥秀丽之色,我不免有些无奈,心生遗憾。更叹浑然不知泰山典故,无以领略沧海桑田之变,乏味、茫然之感陡增。

　　到半山腰,正准备歇脚,突然望见,远处有黑影晃动。哇! 原来不乏夜行者。那是两位50多岁的老人,正慢悠悠走着,不时停下来,指指点点,说说笑笑。原来,他们对泰山情有独钟,每隔几年就登临山间,对此地的一景一物了如指掌。见我一人,他们便热情招呼我随其同行。这下可好,下半程的山路,有了另一番风景。他们给我介绍景点,讲传闻趣事。生动之余,阐幽明微,赏心悦目。周边朦胧景物,仿佛逐渐明朗,露出真容仪态,并似乎鲜活起来,呈现古往今来的流动。这才让我慢慢感受到五岳之尊的魅力,初识得泰山的真面目。过了中天门向上,两边山崖壁如削,山路陡峭乱云渡,风啸阵阵催更急。置身其中,犹如逆天渡劫。我咬紧牙关,拉着铁索,奋勇攀爬,直至一步一喘,五步一歇。终于,天色微亮之际,站立于岱顶之上,脚踩云雾缭绕中的峰峦,领略了"一览众山小"的境界。

一

说来好笑。搞了一辈子学术研究,还真不知,学术生涯开端,以什么为标志。有人说,是处女作。如果那样的话,我的学术生涯开端可追溯到1980年。当时,我还是大学三年级的学生,试着对外投稿。想不到,稿件被黑龙江省委党校《理论探讨》录用,他们让我快速去编辑部修改定稿。为此,我专门向学校请了假,连夜从牡丹江乘火车赶去哈尔滨。此番经历给我留下深刻印象。

但我总觉得,这似乎并不能标志学术生涯的开端。当时发表一篇论文,只是业余爱好而已。更主要的是,当时压根没想过要走学术研究之路。这主要源自69届知青的"出身卑微"。所谓的知青,其实没什么文化知识,尤其是69届知青,实际上只有小学文化程度。初中三年,赶上"复课闹革命",没上过文化课;毕业后上山下乡"接受再教育",整整八个年头,实践知识大增,文化知识却没增添多少。幸好,1977年恢复高考,借洪荒之力,我考上了大学,实现了不可想象的"飞跃"。但如此浅薄的底子,怎能去搞这般高深的学术研究?! 至今,回想起来,对走上这条学术之路,我仍感不可思议。只能说,也许是鬼使神差,机缘巧合,勉为其难,艰辛付出的结果吧。

应该讲,真正意义上从事学术研究,是在攻读硕士学位之后,是我国《资本论》研究的权威人物陈征老师将我带入了学术研究之门。其实,当时报考陈征老师的研究生,也是逼迫无奈,挣扎奋起的结果。1978年底,大批知青返城,这使曾经当过知青的我,有一种失落感,回上海的愿望很强烈。无奈所读学校是省属高校,毕业后当地分配。唯一出路,就是报考研究生。但这种机会,只有一次。直接报考上海高校的研究生,风险太大,故选择"曲线返城",先报考福建师大陈征老师的研究生,等以后有机会再回上海。为此,大学在读期间,我足足准备了近三年。考试下来,自我感觉也不错。但结果如何,心里仍没底。在焦急等待之际,意外收到陈征老师来信,告知报考人数多达 80 余人,竞争十分激烈,但"你考试成绩优秀,欢迎前来深造"。这样,我开启了新的人生,走上了学术研究之路。

陈征老师担任中国《资本论》研究会副会长,并率先组建了"全国高等师范院校资本论研究会",担任会长。他的 5 册本《〈资本论〉解说》是我国第一部对《资本论》全三卷系统解说的著作,也是国内对《资本论》解说得最为清晰明达、通俗易懂的专著。在他的教诲和指导下,我开始对《资本论》三卷进行系统学习和研究。一开始,我感觉这"大部头"很难啃,读了老半天,像无头苍蝇似的,不得要领,入不了门。陈征老师送我陆九渊《读书》中的一段话:"读书切戒在慌忙,涵泳工夫兴味长。未晓不妨权放过,切身须要急思量。"于是,我调整了策略,采取"先粗后精、步步为营"的方法。初读时,看不懂的地方,先跳过去,继续往下看;然后,回过头再看,将原先不懂的地方消化了。前后章节,来回研读,并特别注重《资本论》方法论及辩证逻辑关系。在每一阶段学习结束后,加以巩固,把其逻辑演绎梳理出来。通过"三遍通读"加上"两遍精读",我最终将其逻辑演绎完整梳理出来,绘制出了一张《资本论》结构体系示意图。同时,我学习和研究了马克思的《剩余价值史》《政治经济学批判导论》等专著,以及黑格尔的《小逻辑》等。这不仅让我掌握了《资本论》的核心范畴和各种概念,而且理清了基本脉络,甚至有点触摸到《资本论》的精髓。正所谓"半亩方塘一鉴开,天光云影共徘徊。问渠那得清如许,为有源头活水来",唯有进入这一境界,才能真正享受到《资本论》逻辑思维的艺术性和美感。

而且,陈征老师身先垂范,将《资本论》基本原理与中国具体实际相结合,创建了社会主义城市地租理论和现代科学劳动理论,并要求我们把

《资本论》的原理及方法运用于现实之中,特别是中国的改革开放。这不仅为我从事学术研究打下了坚实基础,而且也为我指明了学术研究方向。当年,我的硕士论文就是运用《资本论》原理来分析社会主义流通问题,论文中的研究成果在《福建师范大学学报》和《南京大学学报》上发表。

硕士毕业后,我到南京大学经济系任教。课堂上,给学生上《资本论》课程。业余时间,潜心学习和钻研西方经济学,感觉其中许多原理及方法,可用于现实经济运行分析。在此过程中,我试图将《资本论》的逻辑演绎与西方经济学分析工具结合起来,用于研究中国改革开放及经济发展问题,并撰写和发表了一些学术论文。同时,高度关注改革开放实际情况及相关文献,并通过征文录用,我参加了一系列全国中青年经济学人论坛及研讨会,与许多当时活跃在改革开放理论研究和决策咨询领域的中青年学者进行交流。这种交流,特别是私下闲聊,不仅信息量大,而且现实生动,绝非书本上所能获取。由此,我明显感觉思想认识上一个新台阶。另外,也学习和汲取了他们合作攻关重大课题的经验。当时,这些中青年学者合作发表的一系列高质量、高水平研究报告,产生了重大的社会影响,其建议往往被政府部门所采纳。

在南京大学,我们六个硕士毕业、同时进入经济系的青年教师(金碚、胡永明、张二震、刘志彪、施建军和我)也开展了合作攻关。尽管专业和学术背景不同,但都具有较扎实的理论基础,思想活跃,精力充沛,积极向上,平时交往也较密切。我们围绕一个重大问题,分头调研,取得一手资料,开展头脑风暴,分工协作撰写论文。这些合作论文围绕热点问题,有新思想和新观点,质量也较高,从而录用率较高。成果出得也较快,一篇接一篇地密集"出笼"。后来,感觉不过瘾,遂开始更高层次的合作——撰写专著。当时,全国正进行有关市场经济的大讨论,焦点在于商品经济还是市场经济。我们的选题更超前一步,试图回答"市场经济是什么样的,有怎样一种市场体系结构"。我承担了主要部分的撰写,并对全书进行了统稿和润色。1987年底,《社会主义市场体系分析》一书由南京大学出版社出版。这是国内较早一部全面系统研究社会主义市场经济的专著。我的博士生导师胡迺武先生为此写了书评,发表在《经济研究》上。在南京大学,虽然这种学术合作只持续了两年多(其中三人,离开南大去读博了),但十分让人留恋。它不仅促进互相学习,实现知识互补,拓展学术视野,而且形成学术争锋的强大激励,激发多出成果、出好成果的斗志。对于刚踏入学术研究领域的青年学者来说,这无疑是难得的宝贵财富。

在南大两年多,我的工作与生活已基本安稳下来,也分配到了两室一厅的新房。然而,"天上掉下馅饼",人生又迎来一次重大转折。中国人民大学的胡迺武教授首次招收博士生,向校方争取到一个免试名额。经一些学者推荐,并看了我的科研成果,胡迺武教授对我颇有兴趣,允许我免试去他处攻读博士学位。事出突然,让我有点措手不及。但惊喜之余,我还是毅然决然放下家里一切,投入胡迺武老师门下。

当时,胡迺武老师是中国人民大学最年轻的博导,经济研究所所长,学术精湛,成果丰硕。而且,胡迺武老师思想解放,与时俱进,不受传统理论束缚。他结合中国改革开放和建立社会主义市场的实践,率先将我们的专业方向(国民经济计划与管理)转向宏观经济管理研究。这给我们专业研究打开了通途,其中涉及许多值得研究的新议题和理论创新。更重要的是,这正为我国改革开放及经济发展所迫切需要。胡老师在专业研究指导上,强调系统学习,独立思考,掌握分析工具,涉猎前沿新理论;积极倡导学以致用,理论联系实际,务实求真;鼓励我们运用原理及方法深刻揭示现象背后的深层原因,大胆提出独到见解,发表研究成果。胡老师还经常组织大型课题研究,为学生提供参与现实问题研究的机会及平台。例如,他与吴树青老师一起承接了"中国改革大思路"国家重大课题,组织在校博士生开展研究,带领我们收集资料、开展调查研究、梳理思路、讨论交流;指导我们设计课题、确定提纲、把握写作重点、进行修改完善等。在此过程中,我们全面了解了我国80年代改革开放的进程及特点;充分认识到价格"双轨制"等问题的复杂性和严重性;深切感受到进一步推进改革面临的艰难抉择;深入思考了如何推进改革,减少改革风险的思路和操作路径等。这种"实战"磨炼的机会,非常难得,我们的研究明显提升了一个境界。后来,"中国改革大思路"的人大版本,因研究扎实,并提出独到的改革思路,获首届孙冶方经济科学奖论文奖,我们得以分享荣誉。胡老师这一治学品格,对我影响极其深刻,甚至决定了我此后学术生涯的风格。

特别难能可贵,让我更为感动的,是胡老师对后辈的鼎力扶持,为后辈的开路铺道。初次接触,只觉得胡老师平易近人,对学生关心备至,爱护有加。到后来,我越来越深切感受到,胡老师对学生,倾其心血,尽其所能,创造条件,积极提携,帮助搭建与著名学者的学术联系。他听说我正在翻译国外《金融大百科》的相关词条,便主动联系著名经济学家、资深翻译家高鸿业教授,并陪我去高教授家里,让他帮着把关与指导。高教授视力很差,几乎贴着稿纸进行校对,一整就大半天。这让我十分感动,敬佩之极。还有一次,胡老师给我一本中国社科院经济所董辅礽所长的新著《经济发展战略研究》。原以为,是让我读一下这本书,有助于博士论文写作。殊不知,胡老师说:"你写一个书评吧。"闻之,我吓了一跳。一个无名小卒岂能给大名鼎鼎的大师的著作写书评?!我赶紧解释,水平太低,难以把握书中要点和精髓,容易"评歪"或评错。看到我有所顾虑,胡老师鼓励说:"没关系,试试吧,争取写出一篇好的书评。我跟董辅礽所长打个招呼。"接下这一任务后,我不敢有丝毫懈怠,反复阅读,认真学习,吃透精神。同时,参阅了不少文献资料,通过比较分析,找出书中的新思想、新观点及理论创新点,阐明该书独特贡献的学术价值以及现实指导意义。一天晚上,胡老师和我,骑着自行车,去董辅礽所长家送书评初稿。董辅礽所长热情、好客、随和,不经意间给人一种轻松、惬意的感觉。而他一拿起稿子阅读,便聚精会神,神情也变得严肃起来。他看得非常认真,逐字逐句斟酌,让我不由产生时间放慢的错觉。寥寥数页,怎么看了这么长时间? 瞬间,我有点坐立不安。一旁的胡老师似乎有所察觉,便乐呵呵介绍起写作过程,还不时夸我几句。总算,董辅礽所长看完了稿子,对我微微一笑,说道:"写得不错。"随后,董辅礽所长与我们交谈了一些重大理论问题及其争议等,并询问了我的学习和科研情况。后来,这篇书评在《经济研究》发表。胡老师用各种方式为学生搭建与著名学者的学术联系,并向大师们积极推荐学生,体现了崇高师德,他是教书育人的楷模。这对我也有深远影响。

在博士课程尚未结束之际,我就提前进入博士论文撰写。经过反复比较和斟酌,我最后确定论文选题为产业结构与产业政策研究,从而也奠定了我学术生涯的主要研究方向。这一选题在当时是比较前沿的,可参考的文献资料较少,还要收集大量历史资料及数据。而传统统计口径缺少这方面的现成数据,要重新整理并作相应的技术处理,甚为繁杂与烦琐。当时,没有电脑,全靠笔记,抄录在小卡片上,厚厚一沓,用不同颜色进行分类。虽然费时、费力,但有一个好处——走心了,不容易忘记。主线逐渐清晰后,开始梳理基本逻辑关系,编排相关内容。由于受过《资本论》逻辑的系统训练,这是我的强项,没有花费太多精力。主要功夫下在充分论证,提出新思想,提炼新观点上。整天,满脑子的问题,不停歇地思考;稀奇古怪的想法,不断否定之否定,似乎进入着魔状态。半夜醒来,有时会突发灵感,好似洞彻事理,便赶紧起床,将它及时记录下来。这段时间,讲呕心沥血,一点也不为过。用了一年多时间,我完成了博士论文写作,提前半年进行论文答辩。并且,经胡老师推荐及专家们严格评审,论文被列入首批"博士文库"出版。至此,我的第一部个人专著《产业政策的经济理论系统分析》诞生了。

1990年初,我来到上海社科院经济所工作。这里集聚了一大批学术大佬和知名专家,学术氛围十分浓厚,学术影响很大,是一个名副其实的学术殿堂。院、所领导高度重视人才培养,言传身教,进行学术指导,并向社会大力宣传和推荐青年学者及其优秀成果。张仲礼院长为我的两部专著亲自作序。袁恩桢所长向宣传部推荐我参加市委双月理论座谈会。所里经常举办报告会,组织学术讨论,鼓励思想交锋,展开争论,却能心平气和,以理服人,学术氛围浓厚、活跃、融洽。这样的环境,不仅让我深受学术熏陶,更加夯实学术研究的根基,而且让我备感温暖,激发起学术钻研的劲头。利用博士期间的知识积累,我在《经济研究》等刊物上连续发表了数篇论文,并先后出版了《现代经济增长中的结构效应》和《产业结构优化论》两部专著。1991年底,我破格晋升为研究员,开启了学术生涯的新篇章。

社科院学术研究的一个显著特点是:针对现实问题,深入调查研究,理论联系实际。上世纪90年代初,我国改革开放进入以浦东开发开放为标志的新阶段,社会主义市场经济体制机制开始建立,许多新事物,如证券市场、公司上市、土地批租等涌现出来。当时,我们宏观室在张继光老师的带领下,系统研究了证券市场的架构、功能及其运行方式,讨论中国证券市场自身运行特征和市场管理及调控方式等,集体撰写了《经济运行中的证券市场》。这是一本国内较早出版的证券市场专著,引起社会较大反响。为此,我们受邀去杭州举办讲座,给浙江省银行系统人员普及股票市场知识。我还在社科院新办的《证券市场研究》周刊担任副主编。周五闭市后,与一批股评家讨论与分析基本面、走势图和个股,然后分头赶写稿件,连夜编辑印制,保证周六一早出刊。另外,在袁恩桢所长的带领下,经常深入基层,进行调查研究,先后参与了二纺机、英雄金笔厂、中西药厂、白猫集团等企业改制与上市的课题研究。在此过程中,我接触了大量鲜活案例,了解到许多实际问题,提出了不少研究新题目,也有了更多理论研究的实际感觉。在此期间,除了坚守产业经济学研究外,也研究了经济增长与制度变革、经济结构调整以及企业改制等问题,在《经济研究》《工业经济研究》等杂志发表了多篇学术论文,并出版数部专著。

到20世纪90年代后半期,理论研究更加深植上海实际,与决策咨询研究相结合,我先后承接和完成了一批国家及市里的重大研究课题。例如,参与了"迈向21世纪的上海"的课题研究,主要分析世界经济重心东移和新国际分工下的产业转移,为上海确立"四个中心"建设战略目标提供背景支撑。在洋山深水港建设前期论证研究中,我主要分析了亚洲各国争夺亚太营运中心的核心内容及基本态势,论证了加快洋山深水港建设的必要性和紧迫性,并评估了优势与劣势条件。尽管这些课题研究是问题导向和需求导向的,但仍需要相应的理论分析框架,并运用现代经济学分析方法和工具,才能找准问题、讲透成因、切中要害、对症下药。而且,通过这些课题研究,还能引发新的学术研究方向及思路,并可以从现象感知、具体事实、个别案例中抽象出理论要素、思想观点,并加以系统化和学理化。因此,在完成许多课题研究的同时,我也在核心期刊上发表了诸如"城市综合竞争力的本质特征:增强综合服务功能""流量经济及其理论体系""论城市综合创新能力""论城市能级水平与现代服务业"等议题的学术论文。

学术研究,确实要甘受坐"冷板凳"的寂寞,乐于"躲进小楼成一统"的潜心钻研,但也需要广泛的社会交往和学术交流。同仁间的思想交锋、观点碰撞,将会带来意外的收获和启发,产生更多的灵感,得到更深的感悟。从1993年起,在没有正式立项和经费资助的情况下,通过一批志同道合者的聚合,我们自发组织开展中国经济问题研究,撰写《中国经济分析》系列报告,主题包括"走向市场""地区发展""企业改制""增长转型""结构调整""金融改造""收入分配""挑战过剩""政府选择"等。我负责设计每一主题的分析框架和基本要点,撰写"导论"和有关章节,并负责全书的统稿。这套年度系列报告的编撰,一直持续了25年之久,产生了重大社会影响。在此过程中,不仅结识了一大批各专业领域的专家学者,形成了松散型学术团队,而且在大量学术交流中,我深受其益,提高了学术水平。1996年,我担任经济所副所长后,组织所里科研人员集体攻关,研究改革开放以来上海经济运行新变化及主要问题,并分成若干专题,逐个进行深入研讨,确定分析框架及重点内容,然后分头撰写,创作了一套《上海经济发展丛书》(12本),其中包括自己撰写的《增长方式转变》。这一成果获得了市级优秀著作奖。此后,我又组织所内科研人员专题研究收入分配理论及我国收入分配问题,突破传统收入分配理论框架,基于权利与权力的视域探讨收入分配,提出了许多新观点,形成集体成果即《权利、权力与收入分配》一书。通过这种集体攻关,不仅锻炼了青年科研人员,带出了一批科研骨干,而且自己也从中吸收许多新知识、新思想,拓展了视野,开阔了思路。

不得不说，教学相长，也促进了学术研究。自 1993 年起，我担任博士生导师，讲授产业经济学课程。鉴于博士生有一定理论基础和思考能力，我重点讲述一些基本原理在现实中的运用及表现，以及实践发展对原有理论命题提出的证伪（质疑与挑战）。这种启发式的、令人思考的教学，要求每年的课程内容及重点都有变化。我每年讲授这门课，都有不同"新版本"。实际上，这是一种促进学术研究的"倒逼"机制。授课前，要根据现实变化和实践发展，重新审视产业经济学理论，如现代信息技术带来的产业融合以及产业集群的新变化等，逼自己事先调整和补充课程内容及重点，并厘清逻辑关系及思路。讲课时，不用讲稿，娓娓道来，主线清晰，逻辑相扣，化繁为简，深入浅出。一些同学惊讶地发现，比较完整的课堂笔记，稍作修改，就可成为一篇论文。更重要的是，在课堂上，我喜欢营造宽松、活跃、惬意的氛围，让学生随时提问及插话，我及时回应，予以解答。这些博士生都很优秀，思想敏锐、想法新奇，又有社会阅历和实践经验，会提出许多"稀奇古怪"的问题，发表与众不同的看法，进行热烈的讨论和争辩。这种探究和碰撞，往往是新知识的开端，理论创新的导火索。特别是那些反对意见，更给人很大启发，有较大研究价值。在近 30 年的博士生指导工作中，我确实从他们身上汲取了不少学术研究的养料，而这些学生也成为我人生中的宝贵财富。至今，我们仍保持着密切联系，不时小聚一番，继续切磋"武艺"。

2006 年，我调任上海市政府发展研究中心主任。在这样一个专职为市委、市政府提供决策咨询的机构里，理论研究更贴近现实，特别是上海经济社会发展的现实，同时也有利于我发挥自身理论研究的特长，使其更有用武之地。当时，上海经济经过连续 16 年高增长后趋于减缓，且出现二产、三产交替增长格局，由此引发坚持发展制造业还是坚持发展服务业的争论。对此，我提出了新型产业发展方式以及产业融合发展方针的政策建议。针对 2008 年全球金融危机对上海形成较大外部冲击，致使诸多经济指标严重下滑，且低于全国平均水平的状况，通过深入分析各种主要变量对上海经济的影响程度，我提出，其主要原因在于大规模投资驱动的上海经济高增长已到一个拐点,外部冲击只是加重了下滑程度。我进一步分析了全球金融危机是世界经济"三极"(技术、资本输出国,生产加工国,资源提供国)循环的"恐怖平衡"被打破,其实质是全球产能过剩。基于此,我提出了不宜采用大规模投资刺激来应对这一外部冲击,而要实行"创新驱动,转型发展"的政策建议。这一建议被采纳作为上海"十二五"发展主线。此后,围绕这一主线,我又深入开展了培育新增长极的研究,如大虹桥商务区开发、张江高新技术区的扩区、迪士尼国际旅游度假区的功能调整及扩区等,提出了中心城区商务"十字轴"及环形(中环)产业带的构想,郊区新城作为区域节点城市的建设,以及融入长三角一体化的空间拓展等政策建议。

在上海举办中国 2010 年世博会时,围绕"城市,让生活更美好"主题,通过城市最佳实践区的案例分析,我进一步挖掘城市发展新理念、新实践和未来发展新模式,出版了《城市发展:愿景与实践——基于上海世博会城市最佳实践区案例的分析》;参与了《上海宣言》的起草,提出设立"世界城市日"的建议;参与撰写作为上海世博会永久性成果的首卷《上海报告》;牵头全市的"上海世博会后续开发利用研究",提出了世博园区"公共活动区"的功能定位。针对当时上海服务经济乏力,服务业发展"短腿"的实际情况,根据市委、市政府的工作部署,从市场准入、税收制度、法律制度、营商环境、统计制度等方面研究影响服务经济发展的制度性障碍,组织了"服务业'营改增'试点"课题研究,提供总体思路及可操作方案。

我在上海市政府发展研究中心工作期间,为做大做强组织全市决策咨询研究的平台及网络,在市领导大力支持和中心同仁共同努力下,除了创办上海发展战略研究所和《科学发展》杂志外,还加强与高校及研究院所、政府部门研究机构、中央部委研究机构、国际智库等联系和合作。例如,与上海市哲学社会科学规划办公室一起创建了 15 家"领军人物"工作室;在大多数高校设立了研究基地及联合举办的发展论坛;组建了由 10 多家高校参与的社会调查中心,由麦肯锡、野村、德勤等 10 多家国际咨询机构参与的国际智库中心,以及决策咨询研究部市合作办公室等。通过组织和参与上述机构的各项活动,加强了与专家学者的合作,拓宽了学术交流的渠道,得以及时了解学术前沿发展新动向,掌握理论研究的主流趋势,获得许多新思想与新见解。同时,在主要领导身边,参加各种工作会议、专题会和内部讨论会,与各委办、各区县有密切联系,深入基层和企业开展广泛调研,接触到大量生动的实际情况,了解到许多关键性的现实问题。这两方面的结合,不仅没有中断自己的学术研究,反而更有助于我学术研究的深化。在此期间,我组织上海30余位专家学者对上海建埠以来的历史、现状、展望作了系统研究,合著《上海:城市嬗变及展望》(三卷本),时任上海市市长韩正为此书作序。后来,在上海发展战略研究所,与上海市地方志办公室合作,我组织上海50多位专家学者撰写《上海改革开放40年大事研究》系列,其中我撰写了丛书总论性质的《排头兵与先行者》一书。

2013年,鉴于上海2020年基本建成"四个中心"后,如何进行目标定位,更上一层楼,我提议开展"面向未来30年上海发展战略研究"大讨论。经上海市委、市政府批准后,研究和制定了大讨论的实施方案,设立了三大平行研究的总课题,即委托世界银行的"国际版"、国务院发展研究中心的"国内版",以及上海市发展研究中心、上海社会科学院、复旦大学、上海市委党校等分别做的"上海版",另有80多项专题研究,广泛动员学界、政界、商界及社会团体和社会组织参与。随后,举办了各种形式的国际研讨会和论坛,分析战略背景、战略资源、战略目标、战略路径及行动,开展学术讨论和交流,参照国际标杆和借鉴国际经验,进行典型案例和实务操作分析等。2014年,我退居二线,去上海市政协工作,同时兼上海发展战略研究所所长,组织所里科研人员集体攻关,出版了《战略研究:理论、方法与实践》《上海战略研究:历史传承　时代方位》《上海战略研究:资源、环境、驱动力》《上海建设全球科技创新中心:战略前瞻与行动策略》等。这次大讨论的研究成果,有许多在《上海市城市总体规划(2017—2035年)》的修编以及上海市委、市政府文件中被采纳。

2018年退休后,我原想"解甲归田",但上海市决策咨询委员会拟成立全球城市研究院,我于是受邀出任院长。时任上海市委书记李强同志为研究院的成立作了重要批示。上海市委宣传部予以大力支持,把全球城市研究院列为首家市重点智库,并帮助创办了公开发行的中英文版《全球城市研究》杂志以及新建光启书局(出版社)。该研究院落户于上海师范大学,也得到校方大力支持,提供了办公用房和人员编制。研究院引进了一批海内外精通外语、熟悉国际大都市的青年才俊,形成基本科研骨干队伍,并构建起一个广泛的社会研究网络。每年围绕一个主题,如“全球资源配置”“全球化战略空间”“全球化城市资产”“城市数字化转型”“全球网络的合作与竞争”等,出版《全球城市发展报告》和《全球城市案例研究》,并发布《全球城市发展指数》。另外,还出版《上海都市圈发展报告》系列、《全球城市经典译丛》等。在此过程中,我也延续和深化自己的学术研究,出版了一系列个人专著,并承接了国家哲社重大课题“以全球城市为核心的巨型城市群引领双循环路径研究”等。

二

在上述我的学术生涯中,学术研究林林总总,看似带有发散性,未能“从一而终”,但实际上仍有一条贯穿全过程的明显脉络,即产业经济研究。学术,确实要“术有专攻”,不能开“无轨电车”,但也不是固守一隅之地、无过雷池一步。特别在侧重与现实结合及问题导向的理论研究中,我发现,许多问题在产业经济学范围内并不能得到很好解释,必须向外拓展开去来寻求新的解释。因此,一些所谓的旁支研究,实际上都是从产业经济研究发散出去的延伸性研究。我认为,这种做法也符合学术研究的规律性。如果把学术研究譬喻为一棵大树,那么术有专攻是根深于土的树干,延伸研究则是分叉开来的树枝。枝繁叶茂(当然要经过修剪),不仅反衬出树干的粗壮,而且更多的光合作用,也有利于树木生长。

最初,我的博士论文选题,着重产业结构与产业政策研究,在当时是新颖和前沿的,但也是一个具有较大国际争议的问题。西方主流经济学以发达国家经济运行为蓝本的理论抽象,注重宏观与微观及其综合,不研究产业结构等问题。一方面,这些国家是先行发展国家,其经济发展是一个自然过程,许多结构问题作为经济增长的因变量,在经济自然增长中被不断消化,实行迭代升级,因而结构性问题很少长期累积,结构性摩擦不很充分。另一方面,这些国家市场经济发展较成熟,市场机制在结构转换中发挥着重要作用,使得资源、资本、人力等生产要素较好地从衰退产业部门转移到新兴产业部门。尽管其中存在沉没成本、技能刚性、工资黏性等障碍,但通过经济危机的释放,强制市场出清,达到新的均衡。因此在西方主流经济学看来,只要市场处于动态均衡之中,就不存在产业结构问题,也不需要什么产业政策。然而,后起发展的国家,在经济系统开放情况下,通常可以通过外部引进,发挥后发优势,但由此也形成现代部门与落后部门并存的二元结构,结构性问题比较突出。而且,在追赶和赶超过程中,势必面临领先国家的产业打压(客观的与主观的),致使一些主导产业难以自然发展,形成对外的强大依赖。在这种情况下,旨在调整结构及培育新兴主导产业的产业政策应运而生。特别在日本、韩国等后起发展国家和地区,基于出口导向发展模式的经济起飞后,转向进口替代战略,产业政策发挥着重要作用。总之,西方发达国家一直对产业政策持否定态度,甚至将其视为国家保护主义的产物;后起发展国家,特别是亚洲"四小龙"则比较推崇产业政策,认为这十分必要。因此,在选择这一研究方向时,我心里是有点忐忑的。毕竟这一研究面临重大挑战,且风险也较大。

对于中国来说,这一问题研究有着重大现实意义。在传统计划经济体制下,中国工业化超前发展,跨越轻工业、基础产业发展阶段,直接进入重化工业阶段,导致产业结构严重扭曲,结构性问题不断累积。改革开放后,产业结构迫切需要调整,甚至需要"逆转","补课"轻工业发展,"加固"基础产业发展,实现产业结构合理化。与此同时,随着经济特区开放进一步转向沿海主要城市开放及沿江开放,通过引进外资、加工贸易等参与新的国际分工,外部(全球)产业链日益嵌入本土,打破了原有国内产业关联。在这种情况下,如何进行产业结构调整,采用什么样的政策进行调整,成为一个迫切需要解决的问题。显然,传统的国民经济计划与管理方法已不再适用,而比较可用和可行的新的理论及方法就是产业经济理论与产业政策。当时,产业经济理论主要来源于两部分:一是发展经济学中的结构理论,以刘易斯、克拉克、赫希曼、库兹涅茨、钱纳里等为代表;二是日本的产业结构理论,以筱原三代平、赤松要、马场正雄、宫泽健一、小宫隆太郎等为代表。国内在这方面的研究,基本处于空白。相对来说,这方面的研究文献少得可怜,无疑增大了研究难度。在博士论文撰写中,我针对产业政策国际性的争议,找了一个较小切口,对产业政策进行经济理论系统分析,试图回答产业政策有没有必要,在什么情况下显得尤为重要,属于什么性质的政策,涉及哪些主要方面,有哪些不同政策类型,如何制定与实施,如何与其他经济政策配合,如何把握政策的"度"及避免负效应,如何监测和评估政策绩效等问题。这一研究也算是对这一国际性争议的一种回应。

当然,这一争议至今尚未结束,时有泛起。有的学者对产业政策直接予以否定,认为是扰乱了市场,引起不公平竞争。我仍然坚持自己的观点,即不能把市场设想为是一种平滑机制,可以消除结构变动的摩擦,而是需要通过政策干预(不仅仅是宏观调控政策,也包括产业政策)来解决市场失灵问题。更何况,在外部冲击的情况下,市场本身更容易产生失衡,存在着内外不公平竞争问题,要有产业政策的调节。事实上,我们可以看到,目前西方发达国家也在一定程度上自觉或不自觉地推行和实施产业政策,如美国的"制造回归"、德国的"工业4.0"等。新兴经济体及发展中国家就更不用说,都在加大产业政策的实施。当然,产业政策也有一定的负面效应,犹如宏观调控政策反周期的负面效应一样。特别是在政策不当的情况下,负面效应更为明显。但这不能成为否定产业政策的根本理由。关键在于,采取什么样的产业政策,产业政策是否适度。首先,要立足于产业技术政策,注重解决技术创新瓶颈,促进产业技术能力提升,而不是产业部门扶植政策,对一些产业部门实行保护,实行差别对待。产业部门扶植政策的运用,要压缩到最小范围,甚至予以取消。其次,要通过不同类型产业政策的比较,权衡产业政策的正面效应与负面效应之大小,决定采取什么样的产业政策。最后,要通过科学的政策制定,将产业政策的负面效应降至最低程度。

我在研究中发现,产业政策制定基于三种不同类型的产业结构分析,即趋势分析、机理分析和现象分析。我的博士论文主要基于产业趋势分析来论述产业政策,还远远不够。所以在完成博士论文后,便进一步转向产业结构的机理分析与现象分析。机理分析主要研究产业结构变动对经济增长的作用及其实现机制,即结构效应,重点考察不同类型结构变动对经济增长的差别化影响。这就要对传统增长模型排斥结构因素的缺陷进行批判,并用非均衡动态结构演进分析法替代传统的均衡动态结构演进分析法,具体分析结构关联效应、结构弹性效应、结构成长效应和结构开放效应;以结构效应为价值准则,判断不同类型产业结构状态及其变动的优劣,选择最佳(或次佳)结构效应模式,并说明这一结构效应模式得以实现的必要条件和机制,从而为产业政策制定提供基本思路和方向性指导。这一研究的最终成果即《现代经济增长中的结构效应》,是国内最早系统研究产业结构作用机理,揭示全要素生产率索洛"残值"中结构因素的专著。现象分析主要是立足本国实际,在考察中国产业结构变化的历史过程及其特点的过程中,对照产业结构变动规律,评估和分析中国产业结构变动轨迹的严重偏差;系统梳理当时比较突出的结构问题,深刻剖析各种结构性问题的成因;从产业结构合理化与高度化的不同角度,探讨产业结构调整方向、优化重点及实现途径、方法手段等。这一研究的最终成果是《产业结构优化论》,成为较早全面分析中国产业结构变动及其调整优化的一本专著。

在上述研究中,我已隐约感觉到,尽管结构效应分析与库兹涅茨"总量—结构"分析不同,但都把制度视为"自然状态"的一部分及外生变量。然而,在如何发挥这种结构效应问题上,是绕不过制度这一关键环节的。事实上,许多结构性问题的背后及生成原因就在于制度缺陷或缺失。从这一意义上讲,产业政策对产业结构调整的作用是有限的。或者说,只有在体制机制相对稳定且成熟的情况下,产业政策对产业结构调整才比较有效。如果没有相应的制度变革,仅仅靠产业政策,难以从根本上解决结构性矛盾。特别是中国的结构性问题,许多都是传统计划体制下形成和累积起来的,在体制改革尚未真正到位的情况下呈现出来的。而且,在体制机制不健全的情况下,产业政策实施可能不是缓解而是加剧结构性矛盾。从更宏观的层面考虑,中国经济高速增长的"奇迹"来自全要素生产率提高,其中有较大部分是结构效应所致,而结构效应的释放恰恰是改革开放和制度变革的结果。因此,产业结构重大调整总是与制度变革联系在一起的。这样,产业经济研究开始向制度变革的方向延伸。经过几年的努力,我出版了专著《体制变革与经济增长:中国经验与范式分析》。

在考察制度变革对产业结构及经济增长影响的过程中,我还特别关注了企业制度变革。因为企业组织是产业经济的微观主体,是产业变动及其结构调整的微观基础。产业部门变动及其结构调整是这些企业组织的决策及其行为方式集体性变动的结果,而这在很大程度上取决于起支配作用的企业制度。在企业制度不合理的情况下,企业组织的决策及其行为方式会发生扭曲。对于我国产业结构调整来说,企业改制及迈向现代企业制度显得尤为重要。为此,我对产业经济的研究向微观基础重构的方向延伸,深入研究了影响和决定企业决策及其行为方式的企业制度,最终出版了个人专著《步履艰难的转换:中国迈向现代企业制度的思索》。实际上,这一时期我的其他一些研究,如有关经济结构调整与优化、经济增长方式转变、中国新一轮经济发展趋势及政策的研究,也都围绕产业经济这一核心展开,是产业经济研究的拓展与延伸。

当然,在延伸研究的同时,我也时刻关注产业发展新动向,开展产业经济的深化研究。一是产业融合问题。这主要是关于信息化条件下的产业发展新动向。2000年左右,我较早接触和研究了现代信息技术及信息化的问题,并先后承接了上海市信息委重点课题"上海信息化建设研究"和"上海信息化建设的投融资体制机制研究"。在此研究中我发现,信息化不仅仅是信息产业化(形成新兴信息产业)和产业信息化(信息化改造传统产业）。现代信息技术的特殊属性，能够产生技术融合与运作平台融合，进而促进产品融合、市场融合及产业融合。这在很大程度上打破了传统的产业分立及产业关联，代之以产业融合发展的新方式。为此，我对传统产业结构理论进行了反思和批判，从理论上探讨信息化条件下的新型产业发展方式，分析了产业融合的基础、方式及机理，以及由此构成的产业新关联、新市场结构等。2003年我出版了个人专著《信息化与产业融合》，在国内较早提出了产业融合理论。

二是服务经济问题。这是后工业化条件下的产业发展新动向。2004年左右，我先后承接了"城市能级提升与现代服务业发展""加快上海第三产业发展的若干建议""'十一五'期间上海深化'三、二、一'产业发展方针，加快发展现代服务业的对策研究""'十一五'期间上海发展服务贸易的基本思路及政策建议"等重大课题。在这些课题的研究中我发现，原先产业经济理论主要基于工业经济的实践，虽然也揭示了服务经济发展趋势，但对服务业发展的内在机理阐述不够深入。事实上，服务业发展有其自身规律及方式，与制造业有较大不同。尽管服务业发展与制造业一样也基于分工细化，但其相当部分是制造企业内部服务的外部化与市场化的结果，其分工细化更依赖于产业生态环境（规制、政策、信用等）。而且，服务业发展带有鲍莫尔"成本病"及"悖论"。因此，促进服务业发展的思路与制造业是截然不同的，更多是营造适合其发展的"土壤"与"气候"，重点在于技术应用，创造新模式与新业态，扩展基于网络的服务半径等。为此，我撰写出版了个人专著《服务经济发展：中国经济大变局之趋势》。

另外，在我研究产业经济的过程中，一个重要转折是开始关注产业经济的空间问题。尽管产业集群理论是从空间上来研究产业经济的，但我感觉其主要涉及制造产业的集群，而工业园区及高新技术园区等空间载体，似乎并不适合于服务经济的集聚。服务经济的集聚方式有其独特性，特别是生产者服务业高度集中于城市及市中心区。为此，我开始重点考虑服务经济的空间载体问题。与此同时，一系列课题研究也促使我把服务经济的空间问题引向了全球城市研究。这一时期，我曾先后承接了国家哲学社会科学基金项目"我国新一轮经济发展趋势及其政策研究",上海市哲学社会科学基金"十五"重点项目"城市综合竞争力研究",上海市哲学社会科学基金 2004 年系列课题"科教兴市战略系列研究"(首席专家),上海市重大决策咨询课题"科教兴市战略研究""全社会创新体系研究""上海'学各地之长'比较研究",上海市科技发展基金软科学研究重点课题"实施科教兴市战略与科技宏观管理体制、机制研究",以及上海市发展改革委课题"上海市新阶段经济发展与 2005 年加快发展措施"等。完成这些研究后我发现,尽管这些课题研究涉及不同领域,内容不尽相同,但实际上都在回答同一个问题,即如何建设现代化国际大都市。由此我想到,如果能在一个更高层次的理论分析框架下来研究这些具体问题,可能会形成统一的标准要求,以及更为明晰的相互间关系,有利于这些具体问题的深入研究,特别是有利于准确地定位判断。于是,我开始关注和研究全球城市理论。

全球城市理论虽然涉及全球化、全球城市网络、全球战略性功能、城市发展战略及规划、城市运行及治理,以及城市各领域的重大问题,但核心是其独特的产业综合体及全球功能性机构集聚。它决定了全球城市不同于一般城市的属性特征,赋予了全球城市独特的全球资源配置等功能。这种独特的产业综合体及全球功能性机构集聚,集中表现为总部经济、平台经济、流量经济等。全球城市正是这种高端(先进)服务经济的空间载体。因此,在全球城市研究中,有很大一部分内容是产业综合体及其空间分布规律。出于研究需要,我举办了国际研讨会,邀请"全球城市理论之母"沙森教授等一批国内外专家前来交流与研讨。之后,我主编了《世界城市:国际经验与上海发展》,翻译了沙森教授新版的《全球城市:纽约、伦敦、东京》,在《经济学动态》等刊物上发表了"世界城市理论与我国现代化国际大都市建设""全球化、全球城市网络与全球城市的逻辑关系""21 世纪的城市发展与上海建设国际大都市的模式选择""现代化国际大都市:基于全球网络的战略性协调功能""全球城市区域:我国国际大都市的生长空间""我国全球城市崛起之发展模式选择""全球城市区域:全球城市发展的地域空间基础""城市竞争与合作的双重格局及实现机制"等议题的论文。同时,陆续出版了个人专著《崛起中的全球城市:理论框架及中国模式》《全球城市:演化原理与上海2050》《上海迈向全球城市:战略与行动》《卓越的全球城市:国家使命与上海雄心》等,主编了《全球城市理论前沿研究:发展趋势与中国路径》,个人专著《全球城市新议题》也即将完成。

三

学术生涯,一路走来,风景无限,辛苦并快乐。

尽管一开始并没有如此的人生设计,但不管怎样,一旦走上学术研究之路,也没有什么后悔与懊恼,就义无反顾、踏踏实实地走下去,坚持到最后。幸运的是,赶上了国家改革开放、蓬勃发展的大好时光。这不仅创造了思想解放、实事求是、理论创新的学术环境,而且源源不断地提供大量来自实践的生动素材,让我们的学术研究始终面临机遇与挑战,有机缘去攻克许多重大和高难度的研究课题,并催促我们的学术思想与时俱进、创新发展,形成高质量的众多研究成果。

当然,这条路也不好走,有太多坎坷,面临多重挑战。特别是,要补许多先天不足,把耽误的青春年华追回来,更是时间紧、困难多,须付出加倍努力。在此过程中,把"别人喝咖啡的时间"用于学习钻研,牺牲掉许多陶醉于爱情、陪伴于亲情、享受于友情的人生乐趣,是在所难免的。而且,还要有孜孜不倦的追求和持之以恒的坚韧,要坚持"苦行僧"的修行,这些都毋庸置疑。

好在,久而久之,这逐渐成为人生一大乐趣,我甚为欣慰。每当面对疑难问题或有争议的问题时,必会生发探究其中的巨大好奇心。每当带着问题和疑惑,学习新知识和接触新理论时,常有茅塞顿开的兴奋。每当有一些新发现或新想法时,便得一丝欣喜,不禁自鸣得意。每当理清思绪、突发奇想时,总有强烈的创作冲动。每当思维纵横、纸上落笔时,定会亢奋不已,乐此不疲。每当成果发表,被引用或被采纳时,获得感和成就感则油然而生。

其实,这也没有什么特别之处,我们这一代学人都差不多。但一路走过,总有一些个人的不同感受与体会。此在,不妨与大家分享。

学术研究,重点自然在于研究,但更是一个学习过程。这并非指大学本科、硕博期间的学习,而是指在此后专职研究过程中的学习。按照我的经验,在做研究的过程中,至少有一大半时间要用在学习上。任何一项研究,都带有很强的专业性,很深的钻研性。只有补充大量专业知识与新知识,汲取新养分,才能拓宽视野,深入研究。而且,也只有通过不断学习,才能敏锐地发现新问题,得到新启发,提出新课题,从而使研究工作生生不息,具有可持续性。另外,对"学习"我也有一个新解:学之,即积累;习之,即哲思。学而不习,惘然之;习而不学,涸竭之。因此,不管理论研究还是决策咨询,都要"积学为本,哲思为先"。

学术研究,不仅是一种知识传承,更是一种理论创新的价值追求。在我看来,"研"似磨,刮垢磨光;"究"为索,探赜索隐。研究本身就内涵创新。我所倡导的学术研究境界是:沉一气丹田,搏一世春秋,凝一力元神,破一席残局。学术研究中,不管是在观点、方法上,还是在逻辑、结构、体系等方面的创新,都有积极意义。但据我经验,更要注重研究范式及本体论问题。因为任何学术研究都是自觉或不自觉地在某种研究范式及本体论假设下展开的,如果这方面存在问题或缺陷,再怎么样完美和精致的学术研究,都不可避免带有很大的局限性。在这方面的创新,是最具颠覆性的理论创新。

学术研究,必先利其器,但更要注重欲善之事。熟练掌握现代分析方法和工具,有助于深刻、严谨的分析,新发现的挖掘,以及思想观点的深化。并且分析方法和工具多多益善,可针对不同的研究对象及内容进行灵活应用。但分析方法及工具要服务于欲善之事,特别是当今时代许多重大、热点、难点问题研究。要拿着锋利的斧子去砍大树,而不是砍杂草。避免被分析方法及工具约束,阻碍观点创新。更不能通过分析方法及工具的运用,把简单问题复杂化。事实上,任何一种分析方法和工具,都有自身局限性。特别是,不要过于迷信和崇拜所谓的数理模型及其验证。

越是复杂、精致的数理模型工具，假定条件越多，也越容易得出偏离现实的观察和结论。

学术研究，生命力在于理论联系实际，回归丰富多彩的大众实践。因此，不能把学术研究理解为狭义的纯理论研究，而是还应该包括决策咨询研究。两者虽然在研究导向、过程、方法及语境等方面不同，但也是相通的，都要"积学为本，哲思为先"，知行合一，有创见、有新意。而且，两者可以相互促进。理论研究的深厚功底及分析框架，有助于在决策咨询研究中梳理问题、揭示深层原因、厘清对策思路，从而提高决策咨询研究的质量；决策咨询研究的问题导向以及基于大量生动实践的分析与对策，有助于在理论研究中确定特征事实、找准主要变量、校正检验结果，从而使理论研究得以升华。当然，跨越这两方面研究，要有一个目标、角色与技能的转换。理论研究，明理为重，存久为乐（经得起时间检验）；决策咨询研究，智谋为重，策行为乐。

也许让人更感兴趣的是，怎样才能让学术研究成为一种乐趣？据我体会，除了执着于学术研究，将其作为一种使命外，治学态度及方式方法也很重要。

学术研究，要率性而为。因为率性，不受拘束，就能"自由自在"。坚持一个专业方向，研究范围可有较大弹性。刻意划定研究范围或确定选题，只会强化思维定势，束缚手脚。率性，不是任性，要懂得取舍。不为"热门"的诱惑力所左右，趋之若鹜，而是只研究自己感兴趣，且力所能及和擅长的问题。不顾自身特长，甚至"扬短避长"，去啃"硬骨头"，往往"吃力不讨好"，很难走得下去。对于所选择的问题，要甄别是否具备研究条件。那种超出自己知识存量及能力水平，以及研究对象不成熟或不确定、资料数据不可获得等客观条件不具备的研究，只会走入僵局或半途而废。

学术研究，要淡定处之。既要志存高远，脚踏实地，也要云心月性，从容不迫。只有保持平和心态，静心修炼，方能修成正果。任何心猿意马，心浮气躁，只会徒增烦恼，让人焦虑不安。保持适度目标或望值期，做到"全力以赴，力尽所能"即可，至于做到什么程度和达到什么水平，那是"顺其自然"的事情。追求过高目标或期望值,往往"高标准"地自我否定,会带来更多纠结乃至痛苦。面对坎坷与挫折,只有云淡风轻,冷眼相看,蓄势待发,才能迈过一道道坎,从挫折中奋起。任何浮云遮目,畏缩不前,灰心丧气,一蹶不振,只会令人陷入困境,无法自拔。对待学术研究,介于功利与非功利之间,"宠辱不惊,闲看庭前花开花落;去留无意,漫随天外云卷云舒"。任何急功近利,试图一蹴而就,为博"眼球",哗众取宠,一味追求结果的"名利"效应,只会落得焦头烂额,苦不堪言。

学术研究,要抱残待之。这既是对学术抱有敬畏之心,也是一种自知之明。学术研究是无止境的。任何一个阶段的学术研究成果,总会留有瑕疵。对于个体的学术研究来说,其缺陷和不足更会几何级数地放大。因此,学术研究,不求完美,只求不断完善。年轻时,无知无畏,感觉什么都行,并认为来日方长,以后可以得到弥补和提高,总想着要达到完美,不留遗憾。后来,逐渐对自身存在的缺陷和不足,看得越来越清楚,尽管内心有着坚持与努力,却感叹人生苦短,许多东西是难以弥补和提高的。特别是迈入老年后,更明白了应该努力的方向以及如何进一步提高,但已力不从心,望洋兴叹。也许,这就是个体学术研究的一种宿命吧。然而,这种残缺的美感也正是学术发展的魅力所在,让后来者"接棒"跑下去,并超越前人。当然,有生之年,如果还有可能,我很想把近年来对产业经济理论的反思作一系统整理,写一残本《新产业经济学纲要》。

周振华

2023 年 6 月 18 日

目　　录

上编　崛起中的全球城市

下编　城市发展:愿景与实践

上　编

崛起中的全球城市

本编原为周振华著《崛起中的全球城市——理论框架及中国模式研究》，上海人民出版社、格致出版社 2008 年版。

1 导 论

1.1 时代背景

崛起中的全球城市研究,是全球城市理论的一个组成部分。全球城市理论则是城市研究的一个分支。城市问题研究,自然是与城市化联系在一起的。因此,世界城市化加速进程就构成了崛起中全球城市研究的基本背景。

世界范围内的城市化进程,历史上早就开始,并一直在延续着。特别在工业革命时期,城市化与工业化形成了交互上升的格局。但直至 20 世纪的下半叶,世界城市化才开始进入"加速"进程。1950 年,居住于城市的世界人口约为 7.5 亿,到 2000 年已经上升到近 30 亿,50 年中增加了 3 倍。[①]而且在此进程中,世界城市人口的增长呈现日益加快的态势。在 1900 年,全世界还只有 30% 的人口生活在城市里,而到了 2000 年世界平均城市化率达到将近 50%。这意味着在过去 30—40 年中的城市化移民,是人类历史上最大规模的人口迁移。世界人口大规模向城市迁移,引致城市的迅速发展,特别是大城市的迅速增加。到 2000 年,百万人口左右的城市有 372 个,超过 500 万人口的大都市有 45 个。

进入 21 世纪,世界城市化的发展趋势并没有减弱的迹象,反而大有增强之势。世界银行指出,进入 21 世纪,城市发展将是处于第一位的重大事件。世界人口的发展主要将发生在城市。发展中国家的城市人口也将翻番,增加到 20 亿居民。[②]据预测,2015 年的全球城市化水平,发达国家将达到 84%,发展中国家

---

① 数据来自:中国市长协会、《中国城市发展报告》编辑委员会编著:《中国城市发展报告(2001—2002)》,西苑出版社 2003 年版,第 5 页。

② World Bank, 2000, "Cities in Transition: A Strategic View of Urban and Local Government Issues".

为 57％。到 2010 年,百万人口的城市将有 475 个左右,包括大约 55 个 500 万人口的城市。

因此,我们正经历着人类历史上规模最大的城市化浪潮,尤其是亚洲和拉丁美洲正在形成众多的巨型城市,集中了越来越多的人口、产业、财富、技术、信息和权力。这种大规模的城市化已经成为一个非常引人注目的地理现象,是世界面貌发生一系列变化中最为重要的表现。正如 Knox 指出的,从小的乡村集市和渔港到百万人的巨型都市,世界的城市区域已经成为人类地理学上的关键部分。它们在空间组织以及社会演化中一直是决定性的因素,而如今愈发显得重要。①当今世界经济的消长盛衰,与城市发展已密切相关。从这一意义上讲,随着世界城市化水平的高度发展,至少在数量上已确立了城市在经济、政治中的绝对主导地位。

值得注意的是,当今世界城市化进程的加速发展是在全球化与信息化的特定条件下发生的,其明显的时代特征表现为:各种经济资源的全球流动的增长,打破了国家的界限,城市之间的经济网络开始主宰全球经济命脉。因此,世界城市化的加速进程,并不单纯表现为全球的城市数量及规模的迅速扩张,更重要的是表现为全球城市网络的形成,越来越多的城市通过相互连接而进入全球网络体系。在这种全球城市网络体系中,则涌现出一些在空间权力上超越国家范围的全球城市。它们不仅在地区和国家经济发展中扮演主要角色,同时在全球经济网络中具有举足轻重的战略地位,成为世界政治、经济、文化等的控制中心。全球城市是世界上主要地区与全球资本积累相连接的场所:经济、文化和政治的权威及中心地位将其塑造成为与经济政治文化全球化相互依存的力量。这些全球城市并不是人口最多的,但在经济、文化资本及创新方面是最有实力的,并通过全球城市网络中的广泛联系而体现其重要地位,其所蕴含的是灵活生产系统的"快速流动"的网络节点和复杂深奥的消费模式。

可以预见,随着世界城市化进程的加速发展,全球城市网络体系将不断扩大与充实,而在其中处于重要地位的全球城市也将不断增多,即不断有新的全球城市的崛起。

---

① Knox, P.L., 2002, "World Cities and the Organization of Global Space", in Johnston, R.J., Taylor, P.J. and Watts, M.J. (eds), *Geographies of Global Change*, 2nd edition Oxford: Blackwell, 328—338.

1.2　现实中提出的问题

自改革开放以来,中国在市场化导向的制度变革中,沿着经济持续高速增长的轨迹不断前进,经济实力迅速增强,被国际社会公认为"崛起中的大国"。然而,更为重要的是,中国经济越来越被卷入世界城市化和经济全球化的历史进程,在世界经济中的地位及作用日益凸显。而城市作为承接全球生产链向中国延伸的主要空间载体,日益融入了全球的概念框架之中,已越来越成为重要的国际性舞台。随着世界经济中心的转移以及中国内外经济联系中的流量规模迅速增大,中国全球城市的崛起已成为中国经济发展及在全球经济网络中占据一定位置的迫切要求。

正是在这种情景中,中国众多城市对增强功能及提升世界地位表现出极大的热情,纷纷将自身定位于建设现代化国际大都市的发展目标。据相关统计,早在1995年全国就有50多个城市打出了诸如"建设国际化大都市"之类的旗号;而到2004年,全国600多个城市中竟有183个城市提出建立"现代化国际大都市"的目标。其中,除特大城市上海、北京外,几乎包括了所有的省会城市和直辖市。次一级规模的城市有深圳、厦门、大连、珠海、苏州、无锡、青岛、烟台、威海、连云港、南通、汕头、九江等,甚至还有三亚、惠州、丹东、珲春、黑河、满洲里等中小城市。在这一现象背后,透露出令人喜忧交加的两方面信息:一是人们已越来越认识到城市全球化趋势以及中国全球城市崛起的重要性和必要性;二是人们对全球城市的崛起尚缺乏全面、科学的认识,热情有余而理性不足。

从中国目前情况来看,虽然不少城市提出了建设现代国际大都市的战略目标,但对其认识尚停留在比较直观的层面,即城市实力、城市形态以及城市地位与作用等。而且这种直观的认识,主要来自对国外全球城市的表面考察与比较,并没有深入到对其内涵及属性的深刻理解层面。这种直观认识的典型表现,就是把全球城市简单化为一种所谓"高、大、全"的城市:(1)把全球城市简单界定为高水平的世界一流大城市,并片面地从外表化的物理空间来理解所谓的世界一流水平;(2)把全球城市单纯理解为具有雄厚经济实力、人口众多、市域面积广大的规模巨型城市;(3)片面认为全球城市就是在许多方面都处于中心地位的综合性城市,并单纯从功能主义来理解所谓的综合性城市,从而将其简单视为全能城市。

　　这种认识缺乏对全球化和信息化推动下日益深化发展的全球城市网络基本背景的准确把握，没能抓住作为全球城市网络中心节点的全球城市的特质，从而也就无法全面揭示全球城市在全球经济中的重要地位。事实上，这种认识上的模糊与偏差已带来了实际工作中的较大盲目性，特别是一味追求城市规模扩大、经济实力增强、城市形态"现代化"、城市设施高级化等，导致城市建设与发展的盲目扩张，产生了不少负面影响。

　　不仅如此，即便我们对全球城市的本质内涵及功能有一个比较清晰的认识，对其战略目标和功能定位的设计也比较科学，在实际操作中也仍有一个十分重要的问题需要解决，即中国全球城市的崛起将采取什么样的发展模式及路径。在此问题上，也许没有更多可供参照与模仿的实例，而需要我们进行深入研究，在掌握其发展规律的基础上进行自主性的探索和创新。因为在全球城市发展过程中，尽管其目标追求或定位可能趋于相同，但由于所处的背景条件、自身基础、区位因素、历史过程等不同及其构成的特定路径依赖，通常呈现多样化的不同发展形态。按照 Keil(1998)、Douglass(2000a)的观点，全球城市的形成有着不同的路径，犹如全球城市分布是一个镶嵌图案。目前世界上已有的一些较为成熟的全球城市，如纽约、伦敦、东京等，其绝大多数位于发达国家，而且大多是在 20 世纪两次世界大战后逐步发展起来的。中国是发展中国家，全球城市崛起的现实基础，显然与之不同。而且自 20 世纪 80 年代以来，不仅经济全球化进入深化发展期，同时还形成了全球信息化的浪潮，与之相交融。为此中国全球城市崛起的时代背景，也与此大不相同。

　　在全球城市崛起过程中，其现实基础及约束条件十分重要，不仅在很大程度上规定了其发展模式及其路径选择的范围，而且也在本质上决定了其发展的个性特征。因此，尽管在中国全球城市崛起的目标追求及定位上，我们可以把那些较为成熟的全球城市作为范本加以学习与借鉴，但在中国全球城市崛起的发展模式及路径选择上，并不能简单仿效纽约、伦敦、东京等全球城市的发展模式，沿袭其发展路径。否则，非但不能帮助我们解决全球城市崛起中面临的实际问题，反而会让我们误入歧途。

　　总之，我们正面临着一个全球城市崛起及如何崛起的重大现实问题，涉及如何遵循全球城市一般发展规律，同时又要根据中国实际情况采取何种发展模式及选择何种路径。在这些根本性的问题上，目前人们的认识还比较模糊和肤浅，实践中往往带有较大的盲目性。因此，这是一个非常值得深入研究的题目。

1.3 全球城市理论研究中的一个缺失

全球城市是一个逐步形成与发展的过程；而且其本身也是动态性的，有衰退、消亡的，也有崛起、生成的。崛起中的全球城市，按理应该是全球城市理论研究中的一项重要内容，但传统全球城市理论严重忽视了对其问题的研究，甚至将其排斥在外。

自 Friedmann 提出"世界城市假说"以来，几乎所有相关研究都聚焦于既定（已经形成）的全球城市上，并对其在经济全球化中的地位与作用、主要功能及其通过什么样的运作方式而得以发挥等问题进行了大量、详细的诠释。由于主流研究将视线仅停留在已经形成的全球城市上，孤立地或割裂地对其进行实证分析或进行静态的比较研究，往往把全球城市与一般城市截然分开，并把一般城市排斥在外。而且在此类研究中，严重淡化甚至忽视了一个非常重要的问题，即"一个城市是怎样成为全球城市的"（Douglass, 1998）。而这一问题，恰恰是全球化进程中城市演化过程的重要内容。这种不关注全球城市具体形成过程的研究，实际上把未来有可能发展成为全球城市的那些城市排除在外了。

与此相联系，在现有的全球城市研究中，不论是对全球城市体系的划分及实例分析，还是对全球城市理论的创立与发展等，基本上都是建立在对西方发达国家城市研究的基础上，是以西方发达国家的全球城市为研究"蓝本"（对象）的。正如一些学者指出的，在全球城市研究中，欧洲中心论的全球化观点不仅影响到分析方法的正确性，而且这些分析方法反过来更进一步加强了欧洲中心论的全球化观点，使全球城市的研究陷入"一管窥全豹"的境地（Godfrey and Zhou, 1999），限制了其更为广泛的实证探讨与理论深化。确实如此，基于西方发达国家全球城市的研究，在全球城市界定及等级划分指标设计上，通常是以其经济实力的雄厚程度、控制和影响力程度来决定城市在世界城市体系中的等级排序的。很明显，发展中国家的城市在经济实力、控制与影响力等方面是无法与之相比的，因而在世界城市的等级体系中处于较后的位置，有些根本就排列不进去，甚至在严苛的理论定义下，也很难被称为"全球城市"。正因为如此，大多数全球城市研究的着眼点是放在全球城市体系金字塔上部的少数大城市上，对那些在全球化进程中起到重要联系节点作用的区域性全球城市关注较少，对发展中国家以及一些中等发达国家的城市及其在全球化进程中所承担的角色就更少涉及了。

　　然而,经济全球化与信息化浪潮不仅使发达国家的大城市焕发出新的生命力,也促使了发展中国家主要大城市迅速成长为区域中心以及全球经济体系的重要节点。这一点已引起人们越来越多的关注。自 20 世纪 90 年代中期以来,全球城市学者们开始研究全球城市出现在发展中国家和转型经济体的可能性。例如,Olds(1995)研究了 20 世纪后期全球化进程中太平洋地区出现的新的城市空间。Lo 和 Yeung(1998)对发展中国家和地区的潜在全球城市开展了研究。另外,联合国大学组织了"巨型城市和城市发展"国际合作研究项目,重点是对亚太地区、拉丁美洲和非洲的巨型城市综合体进行系统研究(Lo and Yeung, 1996)。特别是 20 世纪后几十年,亚太地区经济快速增长的事实,也增大了人们研究该地区全球城市发展的兴趣。如 Yeung(1996)对亚太地区的全球城市作了全面透视;Shin 和 Timberlake(2000)研究了亚太地区全球城市的中心与外围及其连通性问题;Chen(2005)从跨国空间的角度研究了亚太地区的全球城市崛起问题;恒生银行(Hang Seng Bank, 1999)则研究了香港走向世界城市之路,等等。近年来,国内有不少关于国际大都市建设的研究文献,实际上也是围绕"崛起中的全球城市"这一议题展开的。但总体上讲,这还仅仅是提出了问题,即要重视对发展中国家全球城市崛起的研究,尚未形成系统深入的理论分析,且大部分是对策性研究,缺乏相应的理论框架和分析工具。

　　那么,崛起中全球城市的研究能否置于传统全球城市理论框架之中? 按理说,全球城市崛起作为一个全球城市形成与发展过程是全球城市理论的重要内容之一,应该在全球城市理论框架中进行研究。但传统主流的全球城市研究理论框架,根本无法容纳对"演化过程"或崛起中全球城市的研究。事实上,传统全球城市理论排斥对崛起中全球城市的研究,并不是一个简单的忽视或重视不够的问题,其深层次原因是传统全球城市理论研究从全球化和信息化背景中直接推导出全球城市形成的简单逻辑关系,从而在很大程度上限制其研究视角和范围(在第 1 章中将予以详细阐述)。

　　既然传统全球城市理论框架无法进一步拓展而将崛起中全球城市纳入其中,那么这就预示着开展对"崛起中全球城市"的研究势必要突破传统全球城市理论分析框架的局限,对全球城市理论本身进行拓展与完善。因此,崛起中全球城市的研究不仅将填补全球城市理论研究中的一个空白,而且也将进一步充实与完善现有的全球城市理论,是有较高理论意义和学术价值的。

1.4 研究对象及相关概念

本研究的对象,是"崛起中的全球城市"(globalising cities)。这一概念首先是由 Yeung 和 Olds(2001)提出的,他们将其纳入全球城市体系中加以研究。按其词意理解,崛起中的全球城市是指那些已经具备相应基础条件,并正朝着全球城市方向发展的全球化城市。

这里要把握住几个重要的观察维度:(1)崛起中的全球城市是被纳入全球城市体系中加以研究的,这意味着它首先必须是一个全球化城市;(2)崛起中的全球城市又不是一般的全球化城市,而是已经具备相应基础条件并朝着全球城市方向发展的城市;(3)如果全球城市已是一个"完成式",那么崛起中的全球城市就是一个"进行式"。也就是,全球城市是其重要参照系之一。因此,对崛起中的全球城市这一概念的把握,不是简单地通过一个定义可以解决的(事实上也无法给出一个完整的定义),而要首先掌握与其直接相关的若干概念,如全球化城市、全球城市等,并从其相互关系中来理解崛起中的全球城市的概念性含义。

对于全球城市的研究,已有较多的阐述,并形成以 Friedmann、Sassen 为代表的全球/世界城市理论。但在现有相关研究文献中,对此也有不同的概念表述。Friedmann 和 Wolff 提出"世界城市"(world cities);Castells 从信息社会的角度提出"信息城市"(information city);Sassen 用"全球城市"(global cities)来区别以往一般世界城市的概念,更加强调其当代全球化本质属性及特征。此外,还有诸如"首要城市"(primate city)、"国际城市"(international cities)等不同概念的表述。在国内,目前比较通用"国际大都市"的术语。这种现象的出现,在很大程度上是因为目前没有对全球城市形成一个公认的定义,尚存在着诸多的争议。正如一些学者指出的,对全球城市下一个有意义的定义,其实是一种挑战;给出一个绝对的和全面的定义,则是不可能的(Bourdeau and Huriot, 2004)。Friedmann(1995)甚至认为,它是一种范式,而不是一个可以被很好定义的理论对象,所以对其下一个正式的定义是没有必要的。

正因为如此,目前对全球城市的研究大多以描述性特征概念来代替其定义。我们认为,尽管这些描述性特征概念是有所差异的,但其所要反映的基本内涵及属性则是大同小异,实际上都是指同一个事物而已。因此,不必太多纠缠于这种描述性特征概念的使用。但为了在阐述中使用概念的统一性,避免读者陷入不同概念表述混杂所带来的迷惘,我们选取了比较能够反映时代特征、也较常用的"全球城市"这一概念表述。也就是,在本书中所提及的世界城市或现代国际大都市等,皆与全球城市是基本同义的,除非有什么特别的说明。

作为一个描述性特征概念,全球城市所要反映的基本特征是什么呢? 尽管现有的研究文献对此有不同的描述,但基本上都认同:全球城市是一个城市,但它不是一个普通城市;同样,全球城市通常是一个大城市,但它与大城市或超大型城市也有本质的不同。Geddes 把大都市视为那些在世界商业活动中占有不成比例数量(占主导地位)的城市。20 世纪 60 年代以后,一些研究者从全球性特征和跨国合作经济的角度来描述其基本特征。如 Hall(1966)、Hymer(1972)等人通过分析和排列全球性活动的地理位置选择偏好以及跨国公司(MNC)总部在发达国家中的作用来确定某些城市在世界体系中的主导地位,将其描述为对全世界或大多数国家发生全球性经济、政治、文化影响的国际一流大都市。对于全球城市的基本特征,我们将在有关文献综述及相关章节中予以更多的阐述,这里只是作一个概括性的提示。如果一定要对全球城市给出一个概念性的说明,那么我们倾向于这样一种表述:全球城市是全球化和信息化背景下,以全球城市网络化为基础形成与发展起来的那些具有广泛的经济、政治、科技和文化交流联系,在全球经济协调与组织中扮演超越国家界限的关键角色的现代化国际大都市。

对于这一概念的理解。首先要明确,它们是新国际劳动分工的产物,是金融国际化的产物,也是跨国公司网络的全球战略的产物,以及国际非政府组织和跨政府组织(NGOs and IGOs)激增的影响的产物。其关键点是全球影响力与作用力问题,而这种全球影响力与作用力是以全球经济的协调和组织功能为基础的,后者又以广泛的外部连通性为前提条件。当然,这里涉及的影响力与作用力、协调与组织功能及外部连通性,既是一个动态的变化过程,也是一个相对比较的概念。

因此,这里还需要提及的一个学界经常使用的概念,即初始全球城市(proto-global cities)(Hall, 1997)。初看上去,这一概念好像与崛起中全球城市比较相近,其实完全不同。初始全球城市已经属于"完成式",是全球城市中的一个分类或层级,其中包括许多具有特殊地位的城市。这些城市与纽约、伦敦、东京等综合性全球城市不同,在全球功能中更加专业化。它们或者是与特殊的政治经济领域方面相联系,如布鲁塞尔、巴黎、日内瓦和罗马的国际政治机构,法兰克福的金融服务,米兰的时装及设计;或者就是与作为世界上重要的民族—文化地区这一因素相联系,如马德里在拉丁美洲、维也纳在中南欧、哥本哈根在斯堪的纳维亚(包括丹麦、挪威和瑞典三个国家)中的特殊地位等。

如果说,对业已成形的全球城市也只能给出一个描述性特征概念,那么对那些处于演化中的崛起中全球城市来讲,其特征都尚未定型,就更难给出一个描述性特征概念了。但对于我们研究全球城市崛起来讲,抓住已经成熟或基本定型的全球城市的基本内涵及属性,就足以奠定研究的起点。

另外,与崛起中的全球城市,甚至与全球城市密切相关的一个概念,是我们在本书中提出并加以强调的"全球化城市"。因为在全球化与信息化交互作用进程中,越来越多的城市卷入其中,直接参与全球经济,融入全球的概念框架之中,成为重要的国际性舞台;同时,在连接国际经济与国内经济中的地位和作用也随之提高,成为全球城市网络的节点之一。这些城市已经不再是国内城市,而是全球化城市。实际上,所有纳入全球城市网络体系中的城市都是全球化城市,其中包括了全球城市、崛起中的全球城市以及卷入全球化的一般城市等。因此,全球化城市是一个更为宽泛的概念。

全球化城市作为全球化的产物,构成了全球城市网络体系的基础。这一点是十分重要的。即便是全球城市,其基本内涵及属性也只有在其作为全球城市网络中的基本或主要节点的意义上才能得到较充分的显示。换言之,如果撇开了全球城市网络,就难以揭示出全球化与信息化背景下的全球城市的基本功能。因此,Friedmann、Sassen等人从全球化直接推导出全球城市的简单逻辑关系,是有一定理论缺陷的。在我们看来,基于全球化城市的全球城市网络是进一步阐述全球化进程与全球城市之间逻辑关系的一个不可或缺的中间解释变量。

更为重要的是,全球化城市直接构成了崛起中全球城市的理论基础。因为若作为一个崛起中的全球城市,首先必须成为一个全球化城市。如果不具备这一基础条件,就不可能成为崛起中的全球城市。但反过来,并不是所有一般的全球化城市都可能成为崛起中的全球城市;只有某些具备特定条件的全球化城市,才有可能成为崛起中的全球城市。同样,若作为崛起中的全球城市,也必须基于全球城市网络体系,与其他城市形成相互连接。否则,它就不可能朝着全球城市的目标进一步发展起来。因此,全球化城市也是崛起中全球城市研究的逻辑起点。

1.5 主要内容及创新点

本研究旨在对崛起中的全球城市进行全面系统的理论分析,以求比较准确地把握全球城市崛起的基本方向及定位,并在揭示全球城市发展新变化与新特点的基础上,结合中国实际情况,借鉴国外全球城市发展的经验,深入探讨中国崛起中全球城市的发展模式及路径选择,以更好地指导中国全球城市崛起的实践活动。

本研究的主要对象是崛起中的全球城市,尽管其中会涉及全球城市及其相关理论,但其毕竟不是研究全球城市本身。而正如我们前面已指出的,传统全球城市理论框架无法容纳对崛起中全球城市的研究。因此,我们需要重新构建一个可用于研究崛起中全球城市的理论框架。这里面的主要工作就是,在分析主流全球城市研究理论框架及其局限性的基础上,引入全球化城市等新的中间解释变量,重新解释全球化与信息化背景下的世界城市体系变革,从基于全球城市网络的角度阐述全球城市、崛起中的全球城市以及一般全球化城市之间的关系及差异,并揭示出全球城市的基本功能、崛起中全球城市的功能演化趋向等。在此基础上,针对发展中国家崛起中全球城市的背景条件、发展基础、路径依赖等约束条件,引入全球生产链、产业集群、全球城市区域等新的理论元素,进行理论分析框架的新综合。这一理论分析框架的重构,是我们的主要研究内容之一。

运用新综合的理论分析框架,我们所研究的主要内容是崛起中全球城市的战略目标定位及其在相应约束条件下的发展路径问题。对于崛起中全球城市的战略目标定位,目前存在较多模糊或片面的认识,需要通过对全球城市的地位及功能的全面系统的理论阐述来予以梳理和澄清。但本研究重点要回答的问题是,作为一个发展中国家,其全球城市崛起的发展模式及路径选择问题。如果说对于崛起中全球城市战略目标定位的研究,尚可借鉴发达国家成熟型全球城市的话,那么对于其崛起的发展模式及路径来讲,则是一种全新的探索,没有什么现成的答案。然而,现实中已经提出了许多问题,迫切需要我们予以回答。例如,中国作为一个发展中国家是以何种方式参与全球化与信息化进程的,具有什么样的特点,以及对中国全球城市的崛起将产生什么样的影响? 中国目前所处的经济发展阶段和经济增长等实际情况,对全球城市的崛起会形成什么样的有利条件和约束条件? 在遵循全球城市发展一般规律、贯穿其基本精神和原则的基础上,如何根据中国实际情况选择崛起中全球城市的发展模式及路径? 这一系列问题的解释及其阐述,也是本研究的主要内容之一。

此外,为了对中国崛起中全球城市发展模式及路径选择提供相应的理论支撑和实践性思路,我们还必须研究在全球城市崛起过程中需要逐步具备哪些基本条件,如何创造这些基本条件,有哪些可供选择的对策思路,以及在实际操作中应该注意哪些容易出现偏差的问题,等等。这些方面,也构成了本研究的重要内容之一。

总之,本研究立足于现实问题导向,力求通过比较新颖的观察角度、分析方法及工具,从理论上探索全球城市崛起的发展模式及路径选择,以在学术价值与实际应用价值方面取得一定的成果。本研究的主要创新点在于:

(1) 重新审视全球化、信息化交互作用与全球城市之间的内在逻辑关系,对传统全球城市理论从全球化直接推导出全球城市的逻辑关系进行了理论批判,提出了全球化城市的概念,并以基于全球化城市的全球城市网络为中间解释变量,从而扩充和完善了全球化、信息化交互作用与全球城市之间的逻辑关系,将全球城市崛起问题也纳入这一逻辑关系之中。这样,就为我们在全球化与信息化背景下研究崛起中的全球城市提供了理论基础。

(2) 侧重于对全球城市崛起的内在动力机制或作用机制的分析,所要回答的不是一般的全球城市崛起的必要性和必然性等问题,而是如何从结构与功能上促进全球城市的崛起,以及探索符合世界趋势和中国国情的全球城市崛起的道路。这将有助于完善对全球城市的全面系统研究,推进全球城市理论研究的深化,并对于我们大力推进全球城市崛起更具有现实的指导性。

(3) 强调全球城市的崛起不仅仅在于城市空间布局与城市经济建设等方面,而更在于城市多重结构与功能的综合性建设。特别是从一个全新的角度来研究这种综合性建设与发展是如何在其与外部联系或全球化流动中实现的。这不仅有助于我们拓展对全球城市崛起问题研究的深度和范围,而且有助于我们更清晰地把握全球城市崛起的路径及过程。

1.6 研究视角与方法及技术路线

我们所要研究的崛起中全球城市,是一个具有较大不确定性、处于动态变化之中的特殊对象;而我们所要重点研究的问题,又是其崛起的发展模式及路径。这就决定了研究的特定视角、分析工具与方法及切入点。

对于崛起中全球城市的研究,必须从全球化和信息化进程、基于全球化城市的全球城市网络等分析视角入手。因为全球城市、崛起中全球城市乃至一般的全球化城市均是全球化与信息化进程的产物,脱离了全球化与信息化的大背景,崛起中的全球城市就无从谈起。同样,撇开全球城市网络,全球城市、崛起中全球城市乃至一般全球化城市的地位及功能就难以得到科学的阐述,对它们之间的相互关系也难以给出合理的解释,从而崛起中全球城市的独特形态就难以界定。因此,对崛起中全球城市这一特定形态,必须置于全球化与信息化交互作用的背景下,在全球城市网络的基础上进行广域性研究。

另外,崛起中的全球城市作为一种"进行式"状态,要从动态演化的角度来加以研究,以揭示其如何才能演化为一个全球城市。因此,在研究中既要远视其战略目标,避免方向性的偏差;又要立足于本国实际情况,从现实约束条件出发探寻发展之路。其中,特别要抓住影响和决定其动态演化的主要变量进行深入研究,以揭示其发展模式及路径选择的内在规定性。

此外,作为崛起中的全球城市,其关键在于"崛起",因而必须围绕"如何崛起"这一主线展开研究。这就要求从基于系统工程的角度,对其经济形态、产业基础、动力机制、空间结构、城市创新以及城市治理等方面进行全面系统的分析,特别是要研究其崛起过程中必须具备的发展基础、有效的发展方式以及切实可行的发展道路等。

本研究所要完成的主要任务及确定的基本命题,在很大程度上决定了其所依据的理论基础以及相应采用的分析工具和方法。传统城市经济学原理作为一般的理论基础,由于其理论分析框架局限于国内范围,因而整体上并不适用于对崛起中全球城市的研究。但与既有全球城市理论研究完全排斥传统城市学有所不同,我们认为在分析发展中国家全球城市崛起的发展模式及路径时,传统城市学的某些理论及方法还是可以加以利用的。一般来讲,崛起中全球城市的研究要以全球城市理论为分析框架,并运用现代经济学的一般方法与工具(如存量与流量分析、成本与收益分析、结构与功能分析等),但又不能局限于传统全球城市研究的已有成果,而要引入相应的网络分析方法,进一步扩展到全球城市的"过程研究"中,全面分析崛起中全球城市的发展模式及路径选择问题。

在这当中,特别要采用溯因推理(retroduction)或外展推理(abduction)方法,以阐述全球城市形成与发展的一般性的结构与机制、力量与趋势等。运用这种方法对全球城市崛起的研究,所要揭示的全然不是关于全球城市现象层面的说明。相反,它是关于全球城市发展的内在结构和机制及运作方式的一个超现象事实的说明。这就要求我们用假设作为分析方向和思考的框架。也就是,使用假设来阐述近期分析研究的中心思想,并以之引导后面分析的方向。当然,这种假设不是严格意义的数理统计方法上的。但这并不妨碍我们利用假设突出研究的中心思想,并利用假设帮助阐述分析的结果。另外,为了突出中国作为发展中国家,其全球城市崛起的特殊性,强调宜采取独特的发展模式及路径选择,我们也采用了一些比较研究的方法。

根据上述的研究对象的特定要求及采用的研究方法,本研究的技术路线安排力求重点突出、线路清晰、简明流畅(详见图 1.1)。

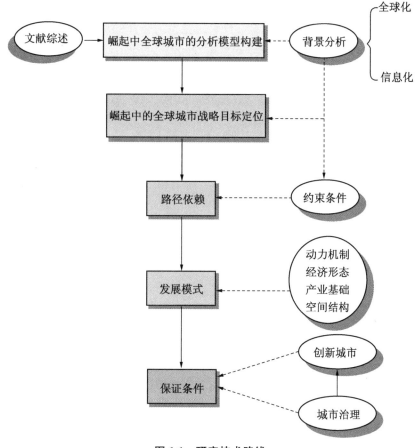

图 1.1　研究技术路线

首先,通过第 2 章相关文献综述,汲取前人的研究成果,从理论上梳理出全球城市的若干基本假设。在第 3 章有关全球化与信息化的背景分析中,引申出世界城市体系变革及全球化城市的概念。第 4 章通过全球城市网络的分析,揭示网络节点的连通性、多样性及动态性等特征,并从城市节点的角度区分和界定了基于全球城市网络的全球城市、崛起中的全球城市乃至一般全球化城市的不同内涵及特征。第 5 章通过分析全球城市区域,揭示了崛起中的全球城市赖以生存的新空间结构,以及崛起中的全球城市与全球城市区域的共生性。至此,我们构建起一个分析崛起中的全球城市的理论框架。

其次，在第 6 章中重点分析了中国全球城市崛起的背景及要求，并参照全球城市的一般模型，提出中国全球城市崛起的战略目标定位。第 7 章则实证分析了中国面临的各种约束条件，并通过与国际比较研究，阐述了中国全球城市崛起的独特的路径依赖。

再则，第 8、第 9、第 10、第 11 章分别从竞争与合作的动力机制、流量经济的城市形态、现代服务业的产业支撑和城市空间结构转换等方面，阐述了崛起中全球城市的基本发展模式。

最后，第 12、第 13 章从创新城市和城市治理的制度性安排等角度，阐述了促进全球城市崛起的基本保证条件。

2　研究文献综述

　　"崛起中的全球城市"研究,确实是现实中提出的一个崭新课题。但崛起中的全球城市并不是一个完全孤立的现象,至少与全球城市有着密切的联系。从理论研究的角度讲,它是从全球城市研究中进一步拓展和引申出来的。因此这一问题研究,与全球城市理论乃至城市学有着密不可分的理论渊源。20 世纪80 年代以后陆续形成的"世界城市""全球城市""全球城市体系""全球城市区域"等理论假说,以及一系列考察世界城市网络关系的实证研究和建设现代国际大都市的对策研究,都为我们研究"崛起中的全球城市"提供了必要的理论准备和分析工具。

2.1　全球城市理论的形成与发展

　　城市作为一个单独的研究对象,已有较长的历史,并形成了具有独自体系的城市学。20 世纪 80 年代以后,越来越多的学者开始关注和聚焦一种非常特殊的城市类型(全球城市),并对其展开了深入研究,形成不同于传统城市学理论构架的各种理论假说。目前,有关全球城市的理论研究还在继续深化,并不断推出新的理论发展成果。

2.1.1　传统城市学研究

　　传统城市理论研究中,存在一个根深蒂固的理念,即作为农村地区服务中心的城镇。这对城市理论的影响是根本性的,也是非常强烈的。基于此理念,传统城市学家长期致力于对城市中心空间分布的系统本质的理解和描述。其中,具有代表性影响的有 Christaller 和 Lösch(1954)以传统的农业区域为基础发展的

"中心区位"的城市理论,以及 Burgess(1923)的同心圆理论、Hoyt(1939)的扇形理论、Harris 和 Ullman(1945)的多核心理论。这些所谓经典式的城市发展模型,其核心内容就是:在城市之间或区域较宽泛的尺度上,是一个相对自给自足的农业经济区域,其中城市中心地与其农村腹地进行着物资和服务的交换;在城市内部较狭隘的尺度上,则是一个集聚式城市的世界,其中作为主导性节点的 CBD 由传统的辐射状公共交通线路与郊区联系,郊区依赖于它们的服务,也为其提供劳动力(Hall, 1997)。

当然,在对城市中心空间分布的系统本质的理解和解释上,也有不同的意见分歧。例如,芝加哥社会学家从社会组织的角度提出了一种十分简单化、表面化的城市发展模式,即认为社会组织来源于空间竞争,这种竞争产生了一种与竞价—租金模型(bid-rent)相关联的"生态分类"形态。自此以后,阐述城市地区土地利用布局和土地价值的传统理论框架,就是以"最高价值、最佳用途"的概念与竞价—租金曲线的方法论为核心的。这种城市土地利用布局的模型,是与人口分布模型平行发展的。其中,最为典型的分析就是揭示了在 CBD 周围存在着一个"像火山口式的密度分布区",其土地价值最高的交叉点很可能就是行人最集中的地方,也常常是汽车交通最拥挤的地方。

后来,有些研究试图使这种标准的"单中心"模式能够适应许多现代城市由郊区化活动所引起的多中心结构。Hamilton 假设了由"机械化运输和电力布局"产生的"离心—分散"模型,与由规模经济和经济融合所引申的"向心—集聚"模型相抗衡。如工厂向外辐射迁移到郊区,人口的扩散使得城市地区辐射状地、正面地向外蔓延——与邻近地区先前存在的中心相互融合,也常常将其吞并。这些偏远的中心尽管被吞进集群中,但通常保留了作为商业次中心的功能。1963 年 Brian Berry 关于美国城市零售结构的论文也对"单中心"模式作了修正,区分出带状发展地带和次级中心。虽然这些研究突破了"单中心"模式的局限,但其理论模型仍然是建立在一个城镇及其腹地相对自我封闭的领域里,倾向于描述这种作为综合经济并有物理边界的城市体系空间布局,几乎没有注意更复杂和更大范围的关系问题。

因此,传统的城市学研究有一个明显特征,即大多局限于在一国范围内展开对城市问题的分析,包括研究城市间关系。其通常采用的方式,就是分析"国家城市体系"。在这一分析中,其典型方法就是选取国家人口统计中互不关联的数据,用城市人口规模来划分城市类型,而"首位城市法则"和"城市规模等级法则"等模型通常被用来描述这种"城市层级制度"。当然,也有少数学者专门致力于

"港口城市学"的研究,主要探讨商品如何通过这些港口城市流向世界各地。但这种研究在学术界影响不大,也只有少数学者参与。

在经济全球化影响日益增大的情况下,一些研究者也开始注意到其对城市发展的影响,但仍未摆脱传统城市理论基本框架的束缚,因而所有城市被视为参与到单个中心区位体系中(Chase-Dunn,1985)。在此情况下,至多是把城市与其腹地联系在更大范围内加以扩大化而已。也许,这些古典城市中心区位体系的理论模型仍然能够合理地描述区域层面的城市化模式,但并不能很好地解释全球城市化的模式。在传统城市学的理论框架内,无法包容那种城市超越自身腹地的更为广泛、更为复杂的世界范围内的关系或联系,因而是把基于全球广泛联系的全球城市研究以及世界范围内城市之间关系的研究排斥在外的。

2.1.2 早期全球城市研究及理论假说形成

早在 1889 年,德国学者 Goethe 就曾使用"世界城市"一词来描述当时的罗马和巴黎。1915 年,英国城市和区域规划大师 Geddes(1915)在其所著《进化中的城市》一书中明确提出了世界城市的概念,即那些在世界商业活动中占有不成比例数量的城市,并用来说明国家首都(如巴黎、柏林)的统领作用和商业、交通网络系统中的工业中心(如杜塞尔多夫、芝加哥)。Hall(1966)用范围的大小和强度两个概念来衡量城市的功能,从政治、贸易、通信设施、金融、文化、技术和高等教育等多个方面对伦敦、巴黎、兰斯塔德、莱茵-鲁尔、莫斯科、纽约、东京 7 个城市进行了综合研究,认为世界城市基本上是欧洲单一工业资本主义经济体系发展的产物,它们居于世界城市体系的最顶端。

20 世纪 60 年代以后,跨国公司日益成为全球化的主要载体,在带动资金、技术、劳动、商品在各国之间流动中发挥着重要作用,从而引起全球城市研究者的关注。Hymer(1972)开拓性地将跨国公司这一关键因素引入全球城市的研究中。他认为,在联系日益紧密的全球经济中,公司决策机制是至关重要的,跨国公司总部往往倾向于集中在世界的主要城市,如纽约、伦敦、巴黎、波恩、东京等。因此,可以采用跨国公司总部落户数量的指标来衡量城市的重要性和地位,并依其数量多少来进行排序。

然而,真正将世界经济的变化与城市研究直接联系起来,并大规模展开的全球城市研究工作,是在 20 世纪 80 年代初才开始的。随着新的国际劳动分工的出现,世界城市格局发生重大变化。西方不少研究者看到,城市的发展及功能变化已越来越难以用传统城市理论来加以解释,因而将注意力转向日益加深的国际经济交流上来,发现经济全球化导致了经济活动的地域再分工,进一步促成新的城市形态及功能的形成。Conhen(1981)是较早把跨国公司的经济活动和世界城市体系联系起来思考的学者之一。他认为,新国际劳动分工是沟通两者的重要桥梁,全球城市被视为新的国际劳动分工的协调和控制中心。因此,判断全球城市的主要标准开始转向其在全球经济中的地位和对全球影响力的方面。正是这种将城市化过程与世界经济力量直接联系起来的考察,为全球城市研究提供了一个理论框架,并由 Friedmann 和 Sassen 完成了该理论的基本假说。

　　Friedmann 从 Frobel、Scott 等的新国际劳动分工研究中得到启发,提出了著名的"世界城市假说"(world city hypothesis)。1981 年,他发表了《关于世界城市未来札记》的论文,开始关注起对世界城市的研究。1982 年,Friedmann 和 Wolff(1982)合作完成的论文《世界城市形成:研究和行动议程》中对世界城市的形成作了进一步探讨。1986 年,Friedmann(1986)在发表的《世界城市假说》一文中,提出了七大著名论断,对此加以进一步的完善。这一假说试图为新的国际劳动地域分工提供有关空间组织方面的理论基础,着重揭示了世界城市的等级层次结构,并对世界城市进行了分类。Friedmann 提出的"世界城市假设",尽管是非实证性观察得出的理论,但具有相当的合理性。他对世界城市的空间构成及其布局的独特性观点为学界所普遍接受,并被公认为是关于世界城市研究文献的创建性内容(Knox and Taylor,1995)。尽管此领域的研究后来取得了很大的进步,但他的独创性理论在该领域仍然处于统治地位,是考察全球范围内城市间相互关系的一般性基础理论。

　　美国芝加哥大学 Sassen(1991)教授从世界经济体系的视角切入,探讨城市中主要生产者服务业的国际化程度、集中度和强度,通过对全球领先的生产者服务公司的分析来诠释全球城市,从而成为此研究领域的有重大影响的代表人物。与 Friedmann 把世界城市作为一般"指挥中心"的初始想法不同,Sassen 把全球城市定义为发达的金融和商务服务中心,其本质在于它是为全球资本提供服务的地方而不在于它所进行的具体管理,从而并不把那种"集中化的指挥部"视为全球城市的本质性内容。Sassen 把全球城市设想为这个时代生产者服务业的生产地,并将其作为与 Friedmann 的世界城市定义相区别的关键所在。与 Friedmann 从宏观的角度来研究世界城市的发展相比较,Sassen 更注重于从微观的角度(企业区位选择)来研究全球城市。在研究方法上,Sassen 立足于实证研究,对纽约、伦敦、东京等城市作了大量的实证分析。因此 Sassen 的"全球城市"假说,实际上是在美国(或纽约/伦敦/东京)的实证经验的基础上形成的全球城市范例。由于其建立起一套全球城市的理论与检验方法,从而使其阐述的特定的全球城市成为普遍意义上的全球城市(Hamnett, 1994)。

Friedmann 和 Sassen 在"世界/全球城市"研究方面的成果,虽有较大的差异性,但也具有相当的互补性。Friedmann 的研究具全球综览性,在经验实证方面则尚有不足;而 Sassen 的研究正好相反,其观点被认为具有实证上的综览性,但因其研究对象局限于伦敦、纽约及东京,故全球的包容性不足(Taylor and Walker, 2001)。尽管目前对"世界/全球城市"假说有不同的批评,但必须加以充分肯定的是,这一假设大胆地将城市置于全球等级结构的视角之下,联系全球化对城市的功能、等级、社会和空间进行了全面的重新审视,无疑为我们认识和理解全球城市乃至崛起中的全球城市提供了全新的视野。

2.1.3 全球城市理论的发展

Friedmann 和 Sassen 的"世界/全球城市"假说提出来之后,引起学者们的广泛关注,同时也带来了各种批评意见。首先,Friedmann 有关世界城市假说的提出,主要是思辨性的和陈述性的,缺乏资料和数据的基础(Korff, 1987)。这一缺陷已经被广泛地提及(Short, Kim, Kuus and Wells, 1996; Taylor, 1997; Taylor, 1999)。当然,这里也有客观原因,如当时可用的数据资料都是以国家为单位的,缺少有关跨国性的城市数据。其次,这一假说更多关注于世界城市体系中高端层级的城市。Friedmann(1995)只提出了 18 个核心和 12 个半外围的世界城市,而未把更多的重要城市列入其等级体系中。当然,这也在很大程度上与缺乏足够适合的数据资料有关。再则,Friedmann 首创性地从总体上把世界城市构建成一个等级体系,与"国家城市系统"①研究中把国内城市构建成一个等级制度有一定的相关性。然而,根据实证分析得出的观察则是,即使在一国的城市中也不仅仅是机械地形成一个简单的等级模式(Pred, 1977)。从跨国的角度来看,一种简单的等级模式就显得更加的不合理(Taylor, 1997)。通常,都是依据城市的"重要性",或者只是按照规模的大小来进行城市等级的划分,但无论什么尺度,其本身并不能说明世界城市形成了一个等级制度。而且,定义一个城市等级制度,不仅是这些"重要性"或规模大小等因素,更需要展示"一系列的因素"(Lukermann, 1966)。特别是随着世界范围内迅捷的通信方式的发展,经济职能同时存在集中和分散两种趋势,因而世界城市的一种等级制度是尚不能确定的。

---

① "国家城市系统"是全球城市研究之前关于国家内部主要城市研究的一种范式。

正是在这种学术批评和争论中,"世界/全球城市"假说得以进一步发展与完善,并形成了研究全球城市的各种理论观点及学派。其中,比较具代表的有以下几种。

(1)以洛杉矶学派为代表的后现代主义全球城市研究。他们认为,Friedmann和Sassen的"世界/全球城市"假说的核心在于:经济全球化促使这类城市产生超越民族国家的影响,在全球层面上发挥控制功能,但近年来对于不同政治经济文化和管制下的全球城市研究表明,国家管理、民族文化和历史对于这类城市的影响并不一定如其假说所言。因此他们置疑Friedmann和Sassen的"世界/全球城市"假说过于依赖美国城市背景和少数城市的特殊性,而未能把不同政治国家背景的影响体现出来。也有一些学者把Friedmann的观点批评为经济决定论。在他们看来,有些城市,如华盛顿的国际化与其作为美国首都有密不可分的关系,其他一些国家的首都,如北京、首尔、东京的国际化也存在这样的首都影响因素(Hill and Kim, 2000)。

洛杉矶学派从后现代主义理念出发,把对全球城市的理解恢复到早期Hall所界定的更为宽泛的定义上。如Soja从政治、历史、文化和社会批评主义角度出发,认为当代的城市化是一个完全的全球化的社会过程,城市化与全球社会变革是相伴而生的,全球化的城市化或后福特主义城市化产生了像洛杉矶这样的全球城市(Soja, 1996)。Scott等认为,洛杉矶是全球经济、社会、文化和生态系统的一个重要节点,兼具世界城市的共性和个性。除了经济因素外,文化和意识形态在洛杉矶的发展中起到异乎寻常的作用,并在全球范围内得到广泛的传播(Scott and Soja, 1986)。Knox(2002)也认为,如今的全球城市已经是经济、政治、文化全球化的原因和结果。

(2)关于信息技术革命和全球城市发展关系的研究。随着信息技术的发展,其越来越深刻地影响城市之间的联系。以Castells、Batten、Warf、Hepworth、Lanvin等为代表的学者,从信息网络角度展开对全球城市和全球城市网络的研究,并成为20世纪90年代以后全球城市研究领域的一个主流方向。特别是Castells(1989),首次提出了信息城市的理论。他认为,信息成为所有社会过程和社会组织的原材料。经济生产、文化主流、政治军事赖以依存的社会结构都会建立于对信息和知识的收集、储存、处理和生产的基础上。新技术革命最重要的影响是服务转变,我们的世界将是一个新的社会结构——信息社会,而信息城市则是信息社会的体现。在此基础上,他把Sassen的观点融入其理论框架中,作为"流动空间"的中间层次,全球城市则被他视为对世界范围内"最具有直接影响力"的"节点和网络中心"的"最直接的诠释"(Castells, 1996)。尽管出发点不同,Castells 也总结出了与 Friedmann 相似的二元空间结构模式,从一个侧面给 Friedmann 的世界城市理论提供了有力支持。

(3)全球城市网络的研究。英国 Loughborough 大学地理系学者所组成的世界城市研究小组(GaWC)对全球城市网络的定量划分,作出了最具系统性的努力探索(Taylor,1995)。这一研究小组的成员们认为,传统的"世界/全球城市"研究偏重于其所具有的特质,充其量只是一种静态的探讨方法。如果要想深入掌握"世界/全球城市"的本质,应该更着重于其间的"关系"层面的分析。特别是 Taylor 通过对美国纽约、华盛顿、迈阿密、波士顿、旧金山、洛杉矶等大城市商业活动全球化的分析研究,深深体会到不论在世界/全球城市研究的理论层面还是实证研究上,均应摒弃过去静态观点而代之以动态角度。与此同时,在全球化趋势下,更应将全球城市的研究置于政治经济学的脉络中进行观察。因此,在对"世界/全球城市"层级(hierarchy)排序时,Taylor 及其同事们特别提出应发起一项全球的共同研究,以汇集"全球/世界城市"材料。Taylor 等人采用公司实证研究方法,通过大量的案例分析,测定了全球城市网络作用力的大小,并指出了全球城市网络形成的关键因素。这些研究成果,在国际城市学界产生了较大的影响。

此外,还有不少研究者从不同角度(主要集中在全球城市的特征、全球城市的评定和全球城市管理管制等三个方面)对全球城市进行理论分析与实证研究。例如,Hall(1996)对全球城市性质的研究。他认为,新国际劳动分工和全球化的出现使生产和创新在全球扩展,为新的全球等级网络结构的出现提供了物质基础,并强调历史对于城市现实和未来的影响以及不同区域的差异性。Lefevre(1991)将城市空间的变化视为社会政治经济变化的反映,强调要把空间变化与不同空间尺度乃至全球尺度的资本循环和经济社会变迁相联系。Abu-Lughod(1999)对美国背景下的全球城市即纽约、芝加哥和洛杉矶作了比较研究,Hamnett(1994;1996)则对全球城市社会极化问题进行了争论。还有一些学者则从跨国公司组织、政府行为、空间结构、适宜居住及可持续发展等方面,对全球城市的结构及机制进行研究。

2.2 全球城市理论及相关研究的主要观点

全球城市理论及相关研究大都从全球化、信息化及网络化等角度进行分析,涉及经济、社会、组织、空间等众多领域,是一种综合性学科研究。在现有的研究文献中,主要关注的内容包括全球城市内涵及特征描述性概念、全球城市形成机制、全球城市功能及作用、全球城市分类及其体系、全球城市网络化特征以及全球城市区域等问题。

2.2.1 全球城市的内涵及其解释

尽管研究者对全球城市至今尚未形成一个公认的定义,但并不影响其对全球城市基本内涵进行深入的探讨。从现有研究文献看,对全球城市的内涵有各种各样的解释。这些解释各有其不同的视角与侧重点,但都突出了全球城市的基本属性主要表现为"是否作为一个资本的积累、积聚地和是否充当组织、控制生产的分配、流通的角色"(Mollenkopf,1993)。

Hall(1966)将全球城市视为那些已对全球或大多数国家产生经济、政治、文化影响的国际一流大都市,具体包括以下几方面的内涵:主要的政治权力中心;国家的贸易中心;主要银行所在地和国家金融中心;各类专业人才聚集的中心;信息汇集和传播的地方;大规模人口中心(且集中了相当比例的富裕阶层人口);娱乐业成为重要的产业部门。

Friedmann(1986)指出,现代意义上的世界城市是全球经济系统的中枢或组织节点,是全球资本用来组织和协调其生产和市场的基点,是国际资本汇集的主要地点,是大量国内和国际移民的目的地。它集中了控制和指挥世界经济的各种战略性的功能,这种全球控制功能直接反映在其生产和就业结构及活力上。Friedmann(1995)在吸收其他相关研究成果的基础上,归纳出世界城市的五方面主要特征:(1)世界城市是全球经济体系的连接点,各区域经济通过世界城市的连接而成为一个有机整体。(2)世界城市是全球资本的汇聚地,但由于不同的政治制度、经济规模、城市规模及国际政治的影响,世界城市对全球资本的汇聚规模远小于全球资本的规模。(3)世界城市包括范围较为广泛的城市地带,世界城市的经济与社会的互动程度非常高。(4)根据世界城市的经济规模及其所控制的经济实力,可将其进行等级划分,如区域性的世界城市、国家级的世界城市或世界级的世界城市。控制全球资本的能力最终决定世界城市的等级,而它们对诸如技术创新、政治变革等外界冲击的消化能力,也对其在世界城市体系中的等级排序有重要影响。(5)世界城市的发展基本上掌握在跨国资本家的手里。

Sassen(1991)认为,伴随着向服务业和金融业转移的全球经济结构转型,赋予主要城市作为某些特定生产、服务、市场和创新场所的一种全新的重要性。全球城市不仅仅是协调过程的节点,而且还是从事某种特定工作的场所。它们是专业化服务的供给基地,这种专业化服务是跨国公司总部用来管理地域分散的工厂、办公室和服务代销商等网络所必需的。它们也是金融创新产品和市场要素的生产基地,这些对于金融产业的国际化和扩张都是至关重要的。她强调指出,全球城市具有以下四方面基本特征:(1)高度集中化的世界经济控制中心;(2)金融及专业服务业的主要所在地;(3)包括创新生产在内的主导产业的生产场所;(4)作为产品和创新的市场。同时她也指出,全球城市具有特殊的空间、内部动力和社会结构。富有朝气的全球城市为低收入群体创造了更多的工作机会,正如它们也使收入分布中的高端阶层更加富裕一样。但全球城市中新的经济增长也导致了更大的收入差距。

　　Castells(1996)认为,信息没有空间特征,信息技术也使得地理摩擦几乎为零,因此世界经济将由"地方空间"(space of place)转向"流动空间"(space of flows)。信息经济的流(动)也具有特殊的网络结构特征。从这一意义上讲,全球城市不是一个地点而是一个过程,即把生产中心、消费中心、服务中心以及从这些中心的地方社会融入某个整体网络的过程。作为全球网络中的主要节点,全球城市是"那些在全球网络中将高等级服务业的生产和消费中心与它们的辅助性社会联结起来的地方"。他还强调,"城市不是依靠它所拥有的东西而是通过流经它的东西来获得和积累财富、控制和权力"。因此,与以往对全球城市基本内涵的解释不同,Castells赋予其动态的、联系的内涵。

2.2.2　全球城市形成的基本动力

　　与探讨全球城市的基本内涵相联系,全球城市在什么样的力量推动下形成的问题,也是全球城市理论研究的重要内容之一。在此问题上,同样存在不同的理论解释与说明。

　　Friedmann(1986)认为,城市与世界经济整合的程度及其在新的国际劳动地域分工中的地位,将决定城市的功能和结构重组。世界上的主要城市将成为全球性资本流动的出发点与归结点,并通过复杂的全球城市体系成为整合全球生产和市场的指挥者和协调者。因此,全球城市形成的基本动力来自新的国际劳动地域分工。1995年,Friedmann进一步指出,世界城市是世界经济体系的空间表达,而世界经济体系是由经济发展水平不同的区域经济系统所构成的。经济实力越雄厚的区域,其拥有的世界城市的等级越高,反之就越低。

　　Sassen(1991)认为,全球经济的地域分布及构成发生了变化,产生一种空间分散化而全球一体组织的经济活动,从而赋予主要城市一种新的战略角色。其存在的基本动力在于:经济越是全球化,中心功能在少数几个城市(即全球城市)集聚的程度越高。因为资本流动的增加,不仅带来了生产组织的地理区位及金融市场网络的变化,还要求形成确保对这种新型的生产和金融组织进行管理和控制以及提供相关服务的新的生产形式。在此过程中,一些城市就成为国内外企业运作的跨国经济空间。Sassen 还进一步指出,全球城市形成的重要基础是投资国际化和金融证券化,其植根于那些技术及空间的变化之中,并赋予全球城市在现阶段世界经济中一个特殊角色。也就是,通过贸易和外国直接投资而形成的工业生产的国际化,形成了贸易、金融、会计和法律等领域提供相应配套服务的需求。特别是 20 世纪 80 年代以后,非银行金融机构主导了国际金融市场,由于金融市场是复杂的、竞争的、创新的、有风险的,其需要以高度专业化服务的金融中心为重要基础。但 Sassen(1995)同时也注意到,全球城市只是一种分析框架,用以抓住全球城市的共性,而每一个全球城市的功能在相当程度上要透过浓厚的当地制度环境和法律、行政框架才得以形成和发展。

Castells 从全球流动空间的角度,重新分析了全球城市形成的力量基础。他认为,通过建立全球性的具有"瞬时"通达性的网络,就可以消除国家疆域的壁垒。这种情况充分体现在以通信联系为基础的世界资本市场交易中。在这种情况下,如何获得信息空间的进入权和对信息空间主要节点的控制权,是在国际资本积累博弈中取得最终胜利并成为全球城市的关键之所在。因此,"世界城市产生于公司网络活动的关系以及以知识综合体和经济反射为基础的城市之间的联系之中"。Moss(1987)也指出,智能建筑、电信港、光纤以及其他关键技术,已成为正在浮现中的信息化城市的基础设施的一部分。这些电信设施的建设和扩张,对一个城市未来的经济增长以及在全球城市体系中的地位将起到决定性的作用。Lanvin(1993)表达了相同的意思,即信息已成为世界经济新的战略性资源,而电信系统则成为城市关键性的基础设施,先进电信设施在少数全球城市的集中,为它们进一步的繁荣提供了保证。Leyshon 和 Thift(1997)的研究结论也表明,全球城市的发展及其功能日益依赖于先进的远程通信网络和服务。远程通信网络加速了社会经济要素的集聚性增长,从而促进了全球城市的形成和发展。为了具体说明电信设施在全球城市形成中重要作用,部分学者还对全球性或区域性网络结构进行了研究,如 Warf(1989)对环太平洋地区的光纤链和电信港的分布研究,以及 1995 年对美国 BITNET 和 NSFNET 网及 Internet 的通达性研究,Hepworth(1990)对 IP Sharp 网和伦敦股票交易网的研究,Langdale

(1989)对国际租用网的研究等,均证明了全球城市在全球电信网络中的枢纽地位。尽管信息网络对全球城市的重要作用已得到公认,但由于缺乏相关数据,还无法对其影响程度进行测度。

2.2.3 全球城市的功能及地位作用

全球城市之所以成为一个专门的研究对象,在很大程度上是由于其特定的功能及其地位作用。在此问题上,大部分研究者是从全球范围的角度来研究其特定的功能及地位作用的,观点及意见比较统一,只是选择的研究角度有所不同而已。

Friedmann 和 Wolff(1982)认为,世界城市的经济从制造业向生产服务业和金融业快速转移正是这些全球变化进程的空间表现,在世界城市中的许多地方性的问题总是可以理解为超国家的影响结果,特别是那些跨国界的资本快速和无规则的流动。为此,Friedmann(1986)指出,世界城市的本质特征是拥有全球经济控制能力,这种控制能力主要来源于聚集其中的跨国公司总部。世界城市主要充当跨国公司总部所在地,其成长由少数快速增长的产业所支撑,如国际金融、国际贸易,以及各类商务服务。世界城市的另一个重要作用是其"榜样效应",它不仅是生产与消费中心,同时也是信息、娱乐及其他文化产品的生产与传播中心。同时,世界城市还是国际、国内劳动力及移民的主要集中地。世界城市由于经济发达、市场繁荣、就业机会相对多样化及高层次,因而能吸引大量劳动力及专业人才。

Sassen 对全球城市"生产者服务综合体"(producer service complex)进行了系统研究,认为高度专业化的生产者服务是全球城市发展的主要组成部分。首先,专业化和集聚经济促使城市成为生产者服务的有利区位,特别是对于最具战略性、最复杂的此类服务而言。其次,新兴信息技术对此类服务的生产及其分布日显重要,既有助于分散化,也有助于再集中。组织的复杂性使企业能够从这些新技术的运用中获取的利益最大化;同时城市也可能通过密集的企业与市场网络及紧密的社会关系提供这种复杂性。再者,为全球化运作的公司提供服务,意味着主导的生产者服务企业正在全球城市网络里不断扩张运营。生产者服务具有在城市中心区高度集中,且在主要城市的专业化程度更高等特征,这在一定程度上是与主要城市作为这些服务的合适生产基地及市场联系在一起的。Sassen(1995)还指出,全球城市服务功能的发展会因为全球投资和贸易的迅速增长以及由此带来的对金融和专业服务业的强大需求而进一步壮大。随着国际交易成为世界经济的主体,政府在世界经济事务中的管理和服务职能也会逐步为全球城市所替代。

由于国际金融中心是全球城市最重要的经济功能之一,特别是构成了最高等级的全球城市的主要功能,因此对国际金融中心的研究成为全球城市研究的一个特别分支。Reed(1981)在这方面做了开创性工作,他收集了美国 76 个城市 1900—1980 年有关金融、经济、文化、地理、政治方面的 50 多个指标进行多变量分析,勾勒出美国金融中心的等级体系和演变过程。此后,Reed(1989)又对全球金融中心体系进行研究,认为纽约、伦敦属于全球性金融中心;阿姆斯特丹、法兰克福、巴黎、东京、苏黎世属于第二层次的国际性金融中心;布鲁塞尔、芝加哥、多伦多、悉尼、圣保罗、新加坡、香港等属于第三层次的区域性金融中心。另外,Budd 和 Whimster(1992)、Lee 和 Schmidt-Marwede(1993)、Drennan(1996)、Meyer(1998)等人,也研究了全球城市作为国际金融中心的功能和作用。在这些研究中,对纽约、伦敦、东京属于全球性金融中心是大家比较公认的;而对第二、第三层次的金融中心则存在较大的分歧。

一些学者从全球信息化背景出发,研究了全球城市作为全球通信网络的主要节点而发挥的全球信息中心的功能和作用。Castells(1996)指出,作为一种历史趋势,信息时代的全球支配性功能和过程是以网络组织起来的。新的通信技术推动城市之间的国际连接,在全球信息网络中的全球城市充当着主要的节点,支配着互联网的全球地理结构。Graham 和 Marvin(1996)也认为,全球城市在塑造浮现中的全球地理和远程通信基础设施发展格局中有着关键性的影响,特别是全球城市的 CBD 在快速变化的通信景观中发挥主导作用。Drennan(1991)的研究发现,美国信息密集型的公司总部倾向于定位在全球城市。Malecki(2001)运用全球主要城市拥有的骨干网络宽带与网络数量等数据,从中发现全球范围的网络信息空间的分布倾向于全球城市。

还有一些学者通过研究揭示了全球城市还具有政治和文化中心的功能。如Hall(1966)曾将政治因素作为区别全球城市与其他类型城市的重要依据。他认为,全球城市应是"主要的政治权力中心、国际最强势政府和国际商贸等全球组织的所在地"。

2.2.4 全球城市分类及体系

Friedmann(1986)提出了衡量世界城市的 7 项标准:主要的金融中心、跨国公司总部所在地、国际性机构的集中地、第三产业的高度增长、主要制造业中心

(具有国际意义的加工工业等)、世界交通的重要枢纽(尤其指港口与国际航空港)、城市人口达到一定标准。按照这些衡量标准,Friedmann 采用"核心—边缘"的方法,在世界银行划分的核心经济体(泛指 19 个工业化的市场经济体制经济体)与半外围经济体(包括中等收入经济体中的工业化程度较高且实行市场经济体制的经济体)的基础上,分别区分出主要城市与次要城市,从而构建了世界城市层级体系(见表 2.1)。其后,Friedmann(1995)在原有衡量标准基础上增加了"人口迁移目的地"这一指标,并改变了区分核心经济体和边缘经济体的做法,而是按照城市所连接的经济区域的大小,重新划分了世界城市。其中,第一层次的世界城市有纽约、东京、伦敦;第二层次的世界城市包括迈阿密、洛杉矶、法兰克福、阿姆斯特丹、新加坡、巴黎、苏黎世、马德里、墨西哥城、圣保罗、首尔、悉尼;第三层次的世界城市包括大阪-神户、旧金山、西雅图、休斯敦、芝加哥、波士顿、温哥华、多伦多、蒙特利尔、香港、米兰、里昂、巴塞罗那、慕尼黑、莱茵-鲁尔。

表 2.1　John Friedmann 的"世界城市层级"

核心经济体		半外围经济体	
主要城市	次要城市	主要城市	次要城市
伦敦* Ⅰ	布鲁塞尔* Ⅲ		
巴黎* Ⅱ	米兰Ⅲ		
鹿特丹Ⅲ	维也纳* Ⅲ		
法兰克福Ⅲ	马德里* Ⅲ		
苏黎世Ⅲ			约翰内斯堡Ⅲ
纽约Ⅰ	多伦多Ⅲ	圣保罗Ⅰ	布宜诺斯艾利斯* Ⅰ
芝加哥Ⅱ	迈阿密Ⅲ		里约热内卢Ⅰ
洛杉矶Ⅰ	休斯敦Ⅲ		加拉卡斯* Ⅲ
	旧金山Ⅲ		墨西哥城Ⅰ
东京* Ⅰ	悉尼Ⅲ	新加坡* Ⅲ	香港Ⅱ
			台北Ⅲ
			马尼拉* Ⅱ
			曼谷* Ⅱ
			首尔* Ⅱ

注:* 首都。Ⅰ:人口规模 10—20 百万者;Ⅱ:人口规模 5—10 百万者;Ⅲ:人口规模 1—5 百万者。

Thrift(1989)在 Friedmann 世界城市分类的基础上,更强调服务功能的重要性,选择了公司总部数量和银行总部数量两个指标来划分全球城市等级,即全球中心(纽约、伦敦、东京)、洲际中心(巴黎、新加坡、香港、洛杉矶)、区域中心(悉尼、芝加哥、达拉斯、迈阿密、檀香山、旧金山)。Knox(1995)则从功能角度提出了全球城市的三个判别标准:(1)跨国商务活动,由入驻城市的世界 500 强企业数来衡量;(2)国际事务,由入驻城市的非政府组织和国际组织数来衡量;(3)文化集聚度,由该城市在国家中的首位度来体现。Simon(1995)将全球城市视为全球化经济社会活动在空间上的基点,其判别标准为:一是存在一个完整的面向国际机构、跨国公司、政府和非政府组织等客户的金融和服务体系;二是全球资本流、信息流和通信流的集散地;三是具有吸引专业国际移民、技术人才、政府官员和外交官的高质量的生活环境。

伦敦规划咨询委员会(The London Planning Advisory Committee, 1991)从基础设施、财富创造能力、增加就业和收入、提高生活质量等四个方面,对全球城市进行比较和分类。其中,第一层次的全球城市为伦敦、巴黎、纽约、东京;第二层次的全球城市包括苏黎世、阿姆斯特丹、香港、法兰克福、米兰、芝加哥、波恩、哥本哈根、柏林、罗马、马德里、里斯本、布鲁塞尔。

Beaverstock 和 Taylor(1999)等人则按照会计、广告、金融及法律四种主要的生产服务行业总部与分支机构在世界各大城市的分布情形进行分析,以上述行业的总部与分支机构分布的数量确定其分值。其分布数量越多,则得分越高,最高为12 分。3 分以下者,代表尚未形成能成为"世界/全球城市"的气候,均归为 D 类。其中,又依其是否具有成为世界城市的条件或潜力再区分为三大类,即具有成为"世界/全球城市"较强证据者(3 分);具有成为"世界/全球城市"若干证据者(2 分);成为"世界/全球城市"机会不大者(1 分)。在得分 12—4 的城市中,Talor和 Walker 两位教授则区分出三种"世界/全球城市"的主要层级(见表 2.2)。

在此之后,英、德两国多位学者,如 Talor、Doel、Hoyler、Walker 以及 Beaverstock 等人也以三层级的"世界/全球城市"体系为基础,针对亚洲环太平洋地区的世界/全球城市进行过 28 个城市、46 个全球服务公司的主成分因素分析,得出其解释 74.2%变异量的 5 项主因素,从而整理出环太平洋地区的世界/全球城市层级体系(见表 2.3)。但总体上讲,这些学者认为在学理上被再三提及和强调的亚洲环太平洋地区似乎并不存在。因为区内大多数城市经济往来的对象不是大西洋即北美太平洋区,而亚太地区内部城市与城市间的经济互动关系似乎尚未完全建立起来。

表 2.2 **Taylor 与 Walker 的"世界城市层级"(最高 12 分)**

分　　数		城　　　　　　市
Alpha 级世界城市	12	伦敦、巴黎、纽约、东京
	10	芝加哥、法兰克福、香港、洛杉矶、米兰、新加坡
Beta 级世界城市	9	旧金山、悉尼、多伦多、苏黎世
	8	布鲁塞尔、马德里、墨西哥市、圣保罗
	7	莫斯科、首尔
Gamma 级世界城市	6	阿姆斯特丹、波士顿、加拉卡斯、达拉斯、杜塞尔多夫、日内瓦、休斯敦、雅加达、约翰内斯堡、墨尔本、大阪、布拉格、圣地亚哥、台北、华盛顿
	5	曼谷、北京、罗马、斯德哥尔摩、华沙
	4	亚特兰大、巴塞罗那、柏林、布宜诺斯艾利斯、布达佩斯、哥本哈根、汉堡、伊斯坦布尔、多伦多、马尼拉、迈阿密、明尼阿波利斯、蒙特利尔、慕尼黑、上海

资料来源：Taylor, P. J. and Walker, D. R. F., 2001, "World Cities: A First Multivariate Analysis of their Service Complexes", *Urban Studies*, Vol. 38, No. 1, 45.

表 2.3 **环太平洋地区的世界/全球城市一览表**

Alpha 级世界/全球城市	东京、洛杉矶、新加坡、香港
Beta 级世界/全球城市	旧金山、悉尼、首尔
Gamma 级世界/全球城市	雅加达、墨尔本、大阪、圣地亚哥、台北、曼谷、北京、科伦坡、马尼拉、上海
具有成为"世界/全球城市"条件之其他城市	奥克兰、布里斯班、胡志明市、利马、西雅图、温哥华、阿得雷德、广州、河内、提华纳、威灵顿

资料来源：Taylor, P. J., Docl, M. A., Hoyler, M., Walker, D. R. F. and Beaverstock, J. V., 2000, "World cities in the Pacific Rim: A New Global Test of Regional Coherence", *Singapore Journal of Tropical Geography*, Vol. 21, No. 3, 236.

2.2.5 基于网络联系的全球城市研究

全球化和信息化进程的不断深化，全球城市联系日益强化，从而使由 Friedmann 提出、经后人进一步发展的世界城市等级体系的思想对描述目前全球城市变化方面的作用日益减弱。Short 等人(Short, Kim, Kuus and Wells, 1996)最先指出，在全球化和全球城市著作所涉及的核心问题上存在一个漏洞，即在城市之间的流动方面缺乏相关的数据检验。Knox(1998)更为明确地指出，几乎没有可用的数据去揭示世界城市之间的交流和相互依赖,而这些正是作为跨国的资本主义的世界城市核心思想的基本观点。Hannerz(1996)也观察到,需要对世界城市生活的内在特性和外部联系结合起来进行理解。因此,一些学者从对全球城市内部异同点的比较性研究转向城市间关系的研究,并在研究中逐步采纳了网络的思想和方法。

Amin 等人(Amin, Massey and Thrift, 2000)把城市定义为过程及其相互作用,因而城市被视为相互作用的社会竞技场,而不仅仅是具有建筑物之类实体的一个地方。这种"作为相互作用的地方的城市",其社会关系和活动在地理意义上是密集的。Massey(Massey, Allen and Pile, 1999; Allen, Massey and Pryke, 1999)等人也持有类似的观点,把城市看作社会关系的密集场所。由此,Massey(2000)把全球城市看作是构建人类网络的一个途径。例如,把纽约与伦敦都视为社会关系和活动高度密集的中心,那么这两座城市之间的那些关系便可以被概念化并被描述为密集度的等级。当然,其目的不是去定义社会关系紧密到什么程度才叫城市,因为那可能限制城市的大量增加,或许看不到一个城市中不同群体的不同人可能以不同方式被卷入国际联系中。

更多的学者从实证角度对全球城市网络进行了研究。如 Taylor(1997)分析了全球城市报刊业的地理分布,Short 和 Kim 等(1996)从电信容量方面对全球城市网络进行了探讨,Tee 和 Chen(1994)、Smith 和 Timberlake(1995)等学者采用国际航班旅客资料来研究全球城市网络之间的联系。Beaverstock 等(2001)还进行了一项新的实证研究,通过新的相关数据描述了 Castells 的"流动空间"并且抓住构成全球城市网络的城市之间的联系和关系。

Beaverstock、Smith 和 Taylor(1999)展开了对城市网络中的"节点"(即全球城市),以及关于全球城市之间关系、交流、联系的研究。在研究方法上,他们认为至少可采取以下三种资料收集方法以进行全球城市的分析:(1)通过对主要报刊有关商业新闻的内容分析,了解城市与城市之间商业代理关系;(2)通过深入访谈,掌握城市主要生产者服务业,如银行、会计师事务所、法律事务所、广告业及移民等的状况,进而认定城市的全球地位;(3)针对城市主要生产者服务业的地区分布状况,从组织角度探索全球城市之间的关系。据此,Taylor 等(2002)从"容纳力、支配指挥力和通道"等三大方面和七个不同侧面(全球城市连接、国际金融中心连接、支配中心、全球指挥中心、地区指挥中心、高连接通道、新兴市场通道)对全球城市网络作用力进行了测定。

2.2.6 全球城市区域研究

在全球城市网络分析中,所存在的问题之一,就是缺少对一般性城市在当今全球化中所承担角色的研究。这在很大程度上造成了一种偏差,即对全球城市网络中处于最高等级的城市的研究趋于深入,而对其等级较低的城市则缺乏研究。但一个很明显的事实是,全球化必然伴有世界上更多城市的介入,而不是由世界上极少数主要城市来支撑的。如果假设一个全球城市的存在表明当地、地区和国家经济进入了世界经济,那么随之而来的全球城市之间广泛的联系显然已经扩展到其他层面。Parnreiter(2003)指出,全球城市网络作为一个整体是建立在包含所有层面的网状分区基础上的,即大部分是在宏观区域、国家、次国家和地区水平上运作的通道。Brown、Catalano 和 Taylor(2002),Derudder、Taylor、Witlox 和 Catalano(2003),Rossi 和 Taylor(2004)等学者也都试图从更大范围来研究城市网络,以便对其的理解不仅仅局限于少数主要城市上。但这些分析仅仅是针对全球层面的节点而进行某种逻辑上的思考,并不能解释其他层面上的城市间联系,从而难以揭示国家、地区层面上的城市网络与更广的世界城市网络之间连接的途径。

20 世纪 90 年代末期,部分学者开始关注一种正在逐渐形成的新的地域现象,即全球城市区域。其代表人物 Scott(2001)在其主编的《全球城市区域》一书中指出,全球城市区域既不同于普通意义上的城市范畴,也不同于仅有地域联系形成的城市连绵区,而是在全球化高度发展的前提下,以经济联系为基础,由全球城市及其腹地内经济实力较为雄厚的二级大中城市扩展联合而形成的一种独特空间现象。在这些学者看来,全球城市区域是对全球城市概念在理论及实践上的延伸,并越来越明显地成为国际政治经济舞台上的一个独特空间。事实上,城市区域已经成为现代生活的主要空间舞台,而全球化是使这一现象得以出现的主要推动力。在全球化的大前提下,城市内的各行各业以前所未有的联系程度发展着,无论是制造业还是服务业、高技术产业还是低技术产业,而联系程度的强弱有时甚至可能决定一个产业的市场竞争力。因此,单纯谈论城市已经无法充分解释全球化时代下的产业竞争与发展现象。城市区域不仅是城市在空间上的扩展,也是城市功能升级、产业扩散、经济空间联系日益紧密的过程中形成的地域现象,从而为全球化时代的区域经济发展提供合理的空间解释。

2.3 国内研究现状

20世纪90年代以来,随着中国对外开放的不断深化和经济迅速发展,一些中心城市相继提出了建设现代国际大都市或国际性城市的战略目标。与此相适应,国内学界对全球城市的研究也开始兴起,并陆续形成了一些研究成果。

国内相关研究成果的主要特点表现在两方面:一是对国外全球城市理论的介绍和引进,其代表性文献包括周振华等人翻译的沙森的《全球城市:纽约、伦敦、东京》(2005),周振华、陈向明、黄建富主编的《世界城市——国际经验与上海发展》(2004),宁越敏的《新国际劳动分工、世界城市与我国中心城市的发展》(1991),汤正刚的《国际性城市的基本特征与形成条件》(1993),李立勋的《城市国际化与国际城市》(1994),姚士谋的《国际性城市建立的背景和机调》(1995),余丹林、魏也华的《国际城市、国际城市区域以及国际化城市研究》(2003),张建明的《再谈建立国际大都市》(1996)等。二是对中国建设全球城市的必要性和可能性进行分析,提出建设全球城市的战略思路等,特别是针对上海、北京、广州及一些沿海大城市的实证研究。其中,比较系统性的研究有蔡来兴等著《国际经济中心城市的崛起》(1995),顾朝林等著《经济全球化与中国城市发展——跨世纪城市发展战略研究》(1999)。

在相关研究的具体内容上,主要集中在以下几方面:

(1)全球城市的经济成因。蔡来兴等(1995)对国际经济中心城市的基本内涵、形成条件、发展趋势等作了全面探讨,特别是分析了世界经济增长重心转移与国际性城市形成之间的关系。姚为群(2003)通过分析纽约、伦敦、东京在形成全球城市过程中所面临的内外经济环境,探索国际大都市形成的条件,试图证明产业结构服务化是国际大都市形成的基础,服务贸易是国际大都市形成的推动力,以把握经济发展与城市系统演变之间的有机联系。沈金箴(2003)单独考察了东京的世界城市形成,揭示出原先充当国内经济中心角色的东京随着日本对外直接投资增加以及日本经济发展成为一个跨国体系,逐渐转变成为亚洲经济体系乃至世界经济体系的重要管理中心。跨国金融资本的流动更是促进了东京的中心管理功能的发展,巩固并加强了东京在世界经济中的中心控制地位。蔡建明、薛凤旋(2002)设计了一个六维模型来综合界定世界城市的形成,它们分别是政治经济环境、人口和技术人才、经济活力/控制力、能动性基础设施、生活环境质量和城市综合形象,并提出集聚高级的制造和金融部门有可能比机械地增加跨国公司总部数量更有利于体现城市的全球控制力。过杰(1995)总结了建设现代化国际性城市的基本条件。

(2) 国际大都市的发展新动向及趋势。刘秉泰等(2003)具体考察了东京工业结构演化模式及其驱动力;俞文华(1999)详细分析了战后纽约、伦敦和东京的社会经济结构演变及其动因;周一星(2000)从全球城市发展趋势展望了新世纪中国国际城市的发展前景;洪银兴等(2000)分析了国际大都市的发展趋势;沈开艳等(2001)把国际城市综合竞争力作为研究的主题,着眼于21世纪国际大都市发展趋势,实证分析若干国际大都市在提高综合竞争力方面的一些实际做法、规划设想,从中获得一些启示和借鉴。还有,沈金简、周一星(2003)认为,经济越全球化,中心控制功能越集中于少数的国际城市;全球经济重心的转移,促使世界城市的等级和格局发生重大的变化,在发展中国家(尤其是东亚国家)可能会涌现一批世界城市。顾朝林等(1999)立足于全球城市体系框架,对全球化、信息化背景下中国城市体系的发展进行了系统研究。

(3) 以现有全球城市为参照系,提出全球城市形成的标准与衡量指标,以及进行比较研究。白志刚(1996)通过纽约的案例分析来揭示全球城市的一般属性和基本特点;杨贤智等(1996)对上海与国际大都市经济、社会、环境进行了比较研究;沈开艳等(2001)将上海在城市综合竞争力方面的发展状况与国际大都市进行比较,提出上海提高城市综合竞争力和营造国际大都市发展新优势对策建议。另外,还有一些学者研究和借鉴国际大都市的布局规划及其实施机制,如孙施文(1998)探讨了建设现代化国际大都市的规划实施机制,等等。

(4) 从具体的国情出发,研究北京、上海、广州等建设国际大都市的对策。如宁越敏(1994)对上海建设现代国际大都市的分析;李立勋、许学强(1994)对广州建设国际城市的初步思考;甄明霞(2001)对上海国际大都市的分析;王鑫鳌(2002)对北京建成现代化国际大都市的基本内涵的思考;顾光建等(2000)对上海国际经济中心城市建设面临的机遇与挑战的分析,等等。

这些研究成果成功地借鉴了国外研究思路与方法,具有现实的针对性,比较准确地把握了中国现代国际大都市建设的特殊性。但国内对全球城市的研究起步较晚,更多地侧重于实证性分析以及个别城市之间的比较研究,更加注重于对策性思路的研究,总体上尚未建立相应的理论框架,从而其理论指导性相对较弱。

3 全球化、信息化与世界城市体系变革

在主流全球城市理论框架中,全球化与信息化是其研究不可或缺的重要背景及主要变量。大量的理论分析和经验实证表明,全球化浪潮塑造了以城市为中心的空间关系,信息化浪潮带来了城市"流动空间"的构建,以及这两大浪潮交互作用成为推动全球城市形成与发展的主要动力之一。毫无疑义,对崛起中全球城市的研究同样要置于全球化与信息化背景之中,并以此来揭示全球城市崛起的内生性及逻辑关系。但主流全球城市理论假说只是考察了全球化与信息化背景下那些少数处于顶端的城市(即全球城市),揭示了全球化、信息化与这些作为"指令中心"的全球城市之间的简单逻辑关系,而将崛起中的全球城市乃至融入全球化进程的一般城市排斥在研究视线之外。为此,我们考察全球化与信息化背景下的崛起中全球城市,必须修正其逻辑关系,增加新的解释变量,拓展理论分析构架的张力,以便能够把更为广泛的研究对象及内容,特别是把关于崛起中全球城市的研究包容进来。

3.1 全球化浪潮与以城市为中心的空间关系

全球化的兴起及不断推进,所产生的影响是多重的、综合性的。其中一个重要的方面就是引起了国际劳动地域分工的变化,在经济和空间两个方面给世界经济带来了深刻转变,重新塑造了以城市为中心的空间结构关系。

3.1.1 全球化进程中的国际劳动地域分工变化

尽管学术界对全球化的确切含义及其全部外延的理解上仍有一定的分歧,但多数学者认为,全球化是由地区经济扩展为推动力,促使新的国际劳动地域分

工的形成,并带来文化、政治乃至环境在全球范围内交互影响的一种过程。这一过程从空间上来讲,是各种资源在全球范围内的一种重新配置。

如果从地域经济扩展的一般意义上讲,全球化并不是一个全新的现象,其甚至可以追溯到16世纪。从那时起,就开始陆续出现了一系列全球化动向,包括大英帝国体系的建立,经济殖民化,以及各种世界贸易条约等。进入19世纪中叶,与全球化相一致的基础性条件均已建立起来,如一系列国际机构的出现、国家政府之间战略协作及其制度化、全球的交流方式及标准时间体系的确立、国际市场竞争及激励通行规则的形成,以及有关公民和人权观点的基本共识等。但在20世纪80年代之前,以殖民主义为标志特征的第一次全球化,一直处于缓慢进程之中,并以传统的国际劳动分工为基调,主要表现为工业化国家与非工业化国家之间的全球分工,即工业化国家主要从事工业制成品生产,而非工业化国家主要从事非工业产品和工业非制成品生产,并通过国家之间的贸易交换而实现其全球分工。

作为对这种传统国际劳动分工现实的思想反映和理论解释,形成了一种源于19世纪并在20世纪一度占据主导地位的向心空间组织理论,提出了所谓的"核心与外围"的空间结构。其核心地区由先进的、工业化的、以白人种族为主的国家所构成,而外围地区则由落后的、非工业化的、以有色种族为主的国家所构成。基于此理论,在世界范围内勾画出一个巨大的全球功能区域,即北大西洋工业核心区,外围地区(世界其他地区)则向其提供矿产资源、工业原材料及其农产品。与此同时,也形成了非常流行的以国家为主体的传统国际贸易理论,将国际贸易解释为有关国家之间进行的进口与出口活动的多样化的地理空间现象。

在这种传统国际劳动分工格局及国际贸易中,作为在世界经济层面上的一个独立经济单位(或经济行动者),国家扮演着十分重要的角色。相比之下,城市在世界经济中的重要性并不显著。在此全球化进程中形成的世界城市体系,也是一种以"中心地"等级体系为主的基本构架。因此我们说,尽管以殖民主义为标志特征的第一次全球化构成了当今全球化进程加速的基础,但它尚未与全球化城市(特别是全球城市)的特质之间形成直接的历史逻辑。从这一意义上讲,它并不能构成我们所要观察的全球化城市的历史背景。

自20世纪80年代以来,全球化进程呈现加速趋势,并带来了一系列全球经济的新变化。特别是在传统的"核心与外围"空间结构中,一些非核心国家的工业化开始兴起,形成了所谓的"新兴工业化国家"。这对工业化国家与非工业化国家的传统世界划分提出了挑战。Frobel、Heinrichs 和 Kreye(1980)

以及 Arrighi 和 Drangel(1986)都指出,"新兴工业化国家"的兴起,表明了不能再将贸易模式简单视为一种基于制成品与原材料在地域上相分离的概念。全球化加速发展的现实情况,也是如此。例如自 20 世纪 80 年代以来,产业内贸易的重要性越来越显著,并一直呈现上升趋势。在许多 OECD 国家,制造业产业内贸易的份额上升了 2/3,甚至更多。1996 年至 2000 年,美国制造业贸易总额中的产业内贸易占到 68.5%,德国为 72%,英国为 73.7%,法国更是高达 77.5%。同样,中等收入国家的产业内贸易份额也有增长,如墨西哥为 73.4%,匈牙利为 72.1%,韩国为 57.5%(OECD, 2002)。

到 20 世纪 90 年代,随着发达国家跨国公司的发展及其跨国经济活动的蓬勃兴起,其在全部经济活动中所占的比例发生了决定性的改变(Sassen, 1997)。在当今世界经济和国际分工中,跨国公司扮演了举足轻重的角色。目前世界上的跨国公司已达 6.2 万家,其不仅掌握着全球 1/3 的生产和 70% 的技术转让,更掌握着全球 2/3 的国际贸易和 90% 的外国直接投资。当今最重要的工业(如汽车、电子、航空、石化等)以及重要的服务业(如金融、保险、电信等)都已纳入跨国公司的全球化生产和服务网络体系。而且,这种大规模的跨国经济活动的内容本质和组织也发生了根本性的变化,国际贸易中传统的稀有材料和工业制成品的国家间贸易被跨国公司内部之间的商品、资本和信息流动所替代(Castells, 1996),从而使跨国公司内部贸易在全球贸易中的份额日益增大。到 20 世纪 90 年代末期,估计全球贸易中有 1/3 是由公司内贸易构成的,另外 1/3 的贸易额是通过 TNCs 控制的产品网络完成的(UNCTAD, 1995)。例如在美国,商品和服务的公司内贸易从 1982 年的 30.9% 上升到 2001 年的 34.5%。在日本 20 世纪 90 年代的出口中,公司内贸易从 16.6% 上升到 30.8%(United States Department of Commerce, 2000)。在一些特定的产业部门和国家,公司内贸易的权重显得更高。例如,美国进口的计算机及电子产品中有 2/3 是来源于美国公司在国外的附属子公司。1999 年,美国与墨西哥之间的贸易中有 56% 是由公司内贸易构成的(OECD, 2002)。

进入 21 世纪后,这一全球化浪潮继续推动着世界经济的发展和繁荣,并继续影响着世界经济和政治格局。在此过程中,还出现了两方面新的重大变化,即跨国公司(transnational corporations)向全球公司(global corporations)转型和发展中国家的跨国公司或全球公司兴起。

经济全球化在促进全球市场形成及更大范围拓展的同时,也极大改变了企业经营环境和竞争规则。面对迅速形成的全球市场,一批跨国公司开始调整其发展战略、管理结构及管理理念，从过去的多国经营转向全球经营，以更多地吸纳和整合全球资源，打造全球产业链。与一般跨国公司①相比，全球公司的全球化程度更高，其跨国指数（海外资产、海外销售和海外雇员与总资产、总销售和总雇员的比例）超过50%。根据联合国贸发组织的统计，1995年全球最大的100家跨国公司海外资产占其总资产的41%，到2004年该比例已上升到53%；其海外资产总额则从1994年的9000亿美元上升到2004年的47280亿美元，十年中增加了4倍。同期，最大的100家跨国公司海外销售占其总销售的比例从46%上升到56%。另据联合国贸发会议的资料，1994年全球最大100家跨国公司中，跨国指数超过50%的只有43家，超过70%的只有16家；而到2004年，超过50%的有61家，超过70%的有27家。跨国公司向全球公司战略转型的实质，在于吸纳与整合全球各种资源，包括资金、市场、原料、技术、人才，以全球资源参与全球市场的竞争（王志乐，2007）。因此，全球公司往往把大量资源投入全球经营网络，特别是那些重要的环节和节点，如在全球最适宜的地点设置采购中心、制造组装中心、研究开发中心、财务结算中心和营销服务中心，并在全球市场的若干重点地区和国家设立地区总部，统一管理协调公司各业务部门在当地的经营活动，形成一种多中心多节点的网络管理模式。作为全球市场开发者和经营者，全球公司已成为积极推进各国之间经济交往与合作的重要力量之一。

　　与此同时，全球化促使了发展中国家的大企业开始走出国门，广泛涉足全球业务，努力提高其在若干重要海外市场的地位，积极参与跨国并购活动，精心打造全球品牌，日益成为进军全球（包括发达国家）的新兴跨国公司。据《1997年世界投资报告》统计（UNCTAD，1997），1979—1981年间，发展中国家年均对外直接投资流量仅为13亿美元，占世界对外直接投资流量的比重为2.3%。但自20世纪80年代中期以来，发展中国家的对外直接投资迅猛增长，1986—1990年间发展中国家年均对外直接投资流量达到117亿美元，所占比重上升到6.7%；1995—1996年，发展中国家年均对外直接投资流量迅速增加到492亿美元，所占比重达到14.3%。从地区分布看，这主要是由亚洲新兴工业化国家和地区所推动的。1996年，南亚、东亚和东南亚的对外直接投资增长了10%，达到400亿美元，占整个发展中国家对外直接投资流量的89%和存量的80%。其中，印度和中国等发展中国家的对外直接投资增长及跨国经营发展更为迅速。

---

　　① 按照联合国有关机构的定义，跨国公司是指在两个或两个以上的国家建立分支机构，由母公司统筹决策和控制，从事跨国界生产经营活动的经济实体。

如印度企业的海外投资,2004 年才 15 亿美元,2005 年增加至 45 亿美元,2006 年已超过 100 亿美元。[①]2004 年以前,印度还只有一家公司(兰巴克西药业)跨国经营,到 2005—2006 年度已发展到 18 家。据格兰特桑顿公司的研究,印度企业的平均境外收购规模从三年前每次 1000 万美元上升到 4200 万美元。2006 年印度企业境外收购 266 宗,金额为 153 亿美元,名列世界境外收购排行榜的第 5 位,仅次于西班牙、美国、德国和澳大利亚。尽管目前整个新兴国家发起的并购行动的资金总额只占全球并购总额的 15%,但发展中国家跨国公司迅速成长并进军全球的发展趋势日益明显。这预示着全球化已进入一个前所未有的新阶段。在这一新阶段,不再只是西方掌握主导权。[②]

因此,20 世纪 80 年代以来的全球化浪潮不仅有更大的广度与强度,而且其内容及性质也发生了与以往完全不同的变化。特别是全球经济活动的组织形式及其空间结构逐渐进入一个深化转型的时期,形成了新的国际劳动的地域分工,其国际分工模式出现了重要变化,即从不同产业的全球分工,到产业内的全球分工,又发展到企业内的全球分工。这一时期的全球化,是一个产品、交换和消费在全球范围内融合的过程;与之相关的服务在世界范围内被融合(Sykora,1995),因而是以全球市场的创造、资本的快速流动、全球制造业的转移、复杂的生产链在全球范围内的延伸,以及全球消费者市场的内在联系为特征的。与此相关联,全球化也促使了新世界观和文化感知的结合。特别值得注意的是,它是对于全球的资源和环境的生态关怀,是后现代多元制和多元文化中非阶级化及非中心化世界体系的状态(Bauman,1998)。而这种综合无疑加强了全球的联系程度和世界的一体化结构,至少对于在世界体系中进行生产交换以及同世界通信和知识网络密切联系的那部分人口来说是如此。全球化发展的这些新变化,对于发展中国家的全球城市崛起来说,无疑是一个十分重要的背景条件。

3.1.2　国家及其城市、企业竞争关系的变化

20 世纪 80 年代以后,以发达国家跨国公司进军发展中国家为标志特征的全球化进程加速,在经济和空间方面给世界经济带来了两个主要的深刻转变。第一个与空间的概念有关,即不管距离因素是否被简单地消除,全球化已经重新勾画了其相互作用的空间约束(Cairncross,1997)。另一个与世界经济一体化

---

① 参见:马克・萨彭菲尔德,《印度企业:全球投资领域的新人》,美国《基督教科学箴言报》(网络版),2006 年 10 月 17 日。

② 参见:洛朗斯・巴戈、卡特里娜・贝尔纳,《全球化的新主人》,法国《焦点》2006 年 11 月号。

有关,即全球化带来了人才、货物和服务流动的解放,而与此相关的是国家和地区界限的日益消除(Markusen, 1999)。显然,这对于我们考察全球城市有非常重要的意义。因为这两方面的深刻转变,直接引起了国家及其城市、企业竞争关系的变化。由此,人们提出了一个非常重要的假设,即国家作为独立的经济单元的重要性下降,而城市作为经济单元的重要性迅速上升。支撑这一重要假设,或者说在这当中起直接作用的主要因素,可以从以下几方面进行分析。

全球化推动的贸易自由化进程,使民族国家对干预本国经济的能力受到不同程度的限制。正如我们在前面已提到的,构成当代全球化的遍布世界范围的商品流、贸易流等,有许多是通过产业内贸易或公司内贸易实现的,其贸易方式及贸易空间远比生产国与消费国之间的"单一化"传统贸易模式更为复杂。在此过程中,对生产和贸易伙伴的选择,也通常是由公司的战略行为所引导的,从而也更少受到国家因素的控制影响。不仅如此,在贸易自由化进程中,还形成了各种类型的跨国界的协调机构,例如在全球层面上形成了世界贸易组织等,在区域层面上形成了北美自由贸易条约(NAFTA)以及欧盟等。这些跨国界的协调组织机构所制定的有关关税、补贴以及其他非关税壁垒等条约,使得每一个相关民族国家对其国内产业、区域等方面的作用相对下降。另外,在此过程中,还出现了基于新技术的产业组织逐步外移趋势以及经济政策自由化等新变化。在这种情况下,传统国际贸易理论所强调的以国家为中心的空间关系的基本假设日益显露出某些致命的缺陷,从而也使国家的因素在解释当代国际商品贸易中显得越来越不重要。

与此相联系,随着国际投资规模的迅速扩大及其方式多样化,跨国并购已日益成为企业全球扩张的主要方式。在 20 世纪 80 年代以前,新建投资是企业进入国际市场的主要方式。到了 90 年代中期以后,跨国并购开始取代新建投资成为企业进入国际市场的主要方式。据《2000 年世界投资报告》统计,每年完成的跨国并购的价值从 1987 年的不到 1000 亿美元上升到 1999 年的 7200 亿美元。跨国并购在世界对外直接投资流量中的比重,则从 1987 年的 52% 上升到 1999 年的 83%(UNCTAD, 2000)。2005 年跨国并购规模仍保持在 7160 亿美元,占当年世界对外直接投资(9160 亿美元)的近 80%。这些通过并购途径而迅速扩大全球经营规模的跨国公司或全球公司,其资源配置方式打破了国家的界限,更多地依托于世界各大城市向各地扩散。也就是说,跨国公司或全球公司的国际生产与服务活动的控制与管理,主要集中在某些大城市,并以此为重要节点形成全球生产与服务网络体系。特别是全球公司,完全打破了母国的概念(即公司总部设在母国的通常做法），而在全球主要城市进行布点。例如，由日本索尼和瑞典爱立信合资建立的索爱公司，其总部既不在日本，也不在瑞典，而在英国伦敦，其研发中心设在瑞典、日本、美国、英国和中国，其制造中心和采购中心在中国。又如，世界钢铁巨头米塔尔钢铁公司发迹于印度，注册于荷兰，总部在英国伦敦，生产设施分布在全球 27 个国家。这种跨国公司或全球公司的发展模式带来了世界财富全球分布的新变化，更新了中心与边缘地理边界划分，强烈地改变了世界城市体系分布、城市功能和城市生活的性质（陈振光、宋平，2000）。这就使传统生产力要素对城市经济发展的推动和作用力逐渐得到调整，城市发展的动力及其要素变得更加复杂，从而也对传统产业区位理论形成了挑战。

在全球化加速进程中，还有一个重要的新变化就是出现了金融大规模的全球流动。近 20 年来，随着经济全球化和金融自由化，发达国家和发展中国家有关资本市场的大部分限制性措施开始逐步取消，加之通信和计算机方面的技术进步，使得全球外国直接投资（FDI）和外国证券投资（FPI）面临的投资环境不断改善，全球资本流动逐年增加。IMF 的统计资料显示，1990 年全球 FDI 和 FPI 的流量分别为 201 亿美元和 251 亿美元，到 2000 年则分别增至 15092 亿美元和 14944 亿美元，分别增加了 74.1 倍和 58.5 倍。2001 年受跨国公司并购周期性因素影响，全球 FDI 锐减至 7978 亿美元，而全球 FPI 则基本维持不变，为 13005 亿美元。2002 年全球 FDI 进一步下降至 6500 亿美元，FPI 也有所下降，为 10382 亿美元。①这种金融大规模的全球流动，也在很大程度上削弱了国家因素的影响地位，使经济活动的空间关系发生巨变。

总之，在全球化力量的驱动作用下，"国家"要素作用较以前有所下降，权力重心向城市下移。正如世界银行城市发展总部 Campell 指出的，世界潮流的方向是各个国家的决策权的重心下移，大量的决策权和公共财政支出从中央政府转移到城市地方政府。城市地方政府的决策范围扩大，相当部分的公共支出和城市发展政策的决策权已经交给城市；城市地方政府可利用的政策杠杆和财政杠杆增多了。在地方税收、土地政策等方面，城市地方政府比过去有了更大的决定权；由城市地方政府主导的城市贸易额大幅度上升，对外贸易权也由中央下放到地方、民间公司；对城市未来发展方向的控制权已基本掌握在城市地方政府手里，中央的干预大幅度减少（于涛方、顾朝林、涂英时，2001）。

尽管对全球化削弱了国家作为一个经济行动者重要性的观点尚有争论，但

① 参见 IMF, Balance of Payment Statistics, 2002, 2004。

目前大多数是认同此观点的。因此,有越来越多的研究者开始把注意力转到城市上来,并把城市作为全球经济的一个独立经济单位。Kresl(1995)指出,城市有能力运作基础性资源以及吸引全球投资,而这一特性是非常适合于一个高度竞争的全球经济需要的。从某种意义上讲,城市的实力往往代表着国家的实力,国家与国家间的竞争在很大程度上被具体化为以城市为核心的区域间的竞争(郝寿义,2002)。

事实上,在全球化加速进程中,城市(特别是大城市)重要性的日益凸显并不是偶然的,而有其内在的逻辑性。我们知道,全球化过程起源于地域经济的扩展,因而这种经济全球化在地域上产生了一种复杂的二重性:经济活动在地域上的高度分离与全球范围内的高度整合。这就导致了对高度分散化的经济活动进行控制与管理的需要。而城市,特别是在区位上具有独特优势的大城市,无疑是进行这种控制与管理的最佳空间节点。这就决定了全球化现象在地域经济的集结点——城市中表现得最为明显。在此过程中,那些日益全球化的城市,其功能、组织及体系结构也随之发生剧烈的变化,如服务业逐步取代制造业而成为城市发展的支柱行业;创新能力的高低成为城市发展的决定性因素,从而使城市成为创新基地;与此同时,城市也成为消费中心及产品销售市场。通过一系列的质变,这些城市也就逐步演化为全球经济网络结构中的主要节点。

总体上讲,全球化促进了城市作为一个经济单元的重要性日益突出,但这并不意味着城市只是全球化进程的一个简单消极的接受者,或者讲,简单地被动接受单一的全球化过程。我们之所以要提出这一点,是因为现有相关研究对其严重忽视,或者说将其片面化。大量有关全球化研究的文献中,通常是把全球化假设为消除地方差异或地方特色的变革过程,但又没有解释清楚为何全球化是消除地方的特性,以及是如何消除地方特性的。在这一假设下,推导出来的结论必然是:城市在全球化进程中只能有同一的发展模式,其发展势必具有同构化的趋向。事实上,在全球化进程中,全球与地方之间是非常复杂的关系。对于不同的地区和城市来讲,会有一系列在形式和强度上各不相同的全球化过程。因此,对全球化的认识迫切需要从一种无约束的现象的观点向以时空为基础的理论的转变(Short, et al, 2000)。这对于我们全面准确理解全球化与城市化的关系,以及全球化进程中的城市转型与发展,是十分重要的。基于时空的全球化概念所强调的是:全球化过程既是从区域流向全球,同时也是从全球流向区域。其中一个很好的例子,就是民族菜肴种类的增加,以及各种混合菜肴的出现。显然,从城市向全球的流动过程与从全球向城市的流动过程,也是如此。并且,全球化的过程是在外界刺激下发生的,而城市自身的变化就是其外部刺激之一。也就是,城市在全球化过程中的变化,反过来又促进全球化发展,使其上升到一个新的高度,即所谓的再全球化。一些学者指出,再全球化有时是建立在城市自身的形式之上的。从这一意义上讲,城市的全球化与再全球化并不一样。城市与其说在经历全球化,倒还不如说在经历再全球化(Short, et al., 2000)。因此全球化进程中的城市发展,特别是全球化城市的形成与发展,是与全球化进程相互作用的,并在其相互作用中形成自身的发展模式与特色。

3.2　信息化浪潮与城市"流动空间"

20 世纪 80 年代以来,以信息技术为核心的新科技革命带来的信息化,正通过信息技术的广泛应用及网络效应在全世界范围内展开。这种信息和通信新技术及海陆空的快速运输,使人类有可能克服地域的限制,将活动重新整合在一起。然而,距离的消失并不会使区位模式变得没有区别或导致城市消失。因为尽管大量信息可以通过电缆或太空在瞬间实现低成本的传播,但有许多隐性知识是无法通过编码来传输的,许多活动仍需要人们进行面对面交流。其结果是,在人类活动和居住地分散化的同时,也出现了空间上的集中。但与通常的地点意义上的空间集中不同,这是基于流动空间的集中。

3.2.1　信息化是城市化与城市发展的重要推动力

从历史上看,城市历来是信息聚集与交流的中心。因为城市的基本功能是协调经济活动,而信息则是各种协调方式的主要手段。不论是协调交易活动,还是协调研究和创新、产品、金融,以及所有形式的货物、服务、劳力、资本和土地的市场,信息都是至关重要的。这就决定了城市必定是聚集信息且集中信息交流的主要场所。我们可以观察到,从古代城市到现代城市中一直明显延续着这一信息的主要作用。人们基本上认同城市主要是交换和传播信息的中心,甚至在 19 世纪工业扩张达到顶峰时都是这样(Hohenberg and Lees, 1995)。

我们知道,信息资源生产、流动及其分布具有非均衡性的运行规律。研究表明,信息化指数与人均收入和城市化指数是高度相关的,其回归线是略微上倾的曲线。也就是,城市化水平越高,其人均收入也越高,从而更有助于信息化速度的加快。更为突出的是,由于经济(如贸易)和政治以及较此重要性稍差的地理、文化和历史因素的作用,大城市通常是高度密集的信息源和信息发送地,同时也是信息消费较高的地方,其人均信息供应量和人均信息消费量都相对较高。总之,信息化对城市,特别是大城市,有着较强的依附性。在信息化背景下,现代城市不仅是其所在区域的物资、能源、资金、人才以及市场的高度集中点,更是各种信息产生、交流、释放和传递的高度聚合点。

尽管信息化使活动分散化成为可能,但集聚的法则仍然有效。如果将韦伯的古典工业区位模式(解释传统的原材料和市场的集中)运用于先进的服务产业,我们可以观察到信息的流动和处理的区位集中现象。英国政府伦敦事务部曾开展一项对四个世界城市的研究(G. B. Covernment office for London, 1996),表明大量信息活动集中在四个主要领域:(1)金融与商务服务,包括银行与保险、法律、会计、广告和公共关系等商务服务,以及建筑、土木工程、工业设计与时装设计等;(2)管理与控制,涉及国家政府和机构组织、跨国机构以及跨国公司总部等机构;(3)创意产业和文化产业,包括现场艺术表演、博物馆、美术馆、展览会、印刷和电子媒体;(4)旅游,包括商务和休闲旅游(旅馆、饭店、酒吧、娱乐及交通服务)。所有这些均以信息的产生、传递和消费为核心的服务产业,由于其信息活动的即时性以及面对面交流的特性,往往有非常强的集聚力在起作用,因而高度集中在一些主要城市中。换言之,大量信息活动是集中在一些主要城市的核心地带。如果大量信息在某些点上高度聚集,这就非常像在一个很大的矿区采到了贵金属(Hall, 1999)。

与此相适应,互联网活动在地理分布上也具有明显的"城市偏好"(Gorman, 2002)。尽管人们使用互联网进行跨地域电子交易时,空间距离已不起作用,但互联网的布局仍有区位因素的考虑(Leamer and Storper, 2001)。事实上,互联网的经营厂商出于其企业的经济利益,必然会使互联网的基础设施尽可能地接近信息的生产和消费中心,并使两者的规模尽可能相一致。因此,通过直接的全球和地方联结,浮现中的电子基础设施的区位逻辑遵循于原有的全球城市网络(Graham, 1999)。也就是,互联网活动仍具有明显的对城市,特别是大城市较强的依附性。例如,Malecki(2002)利用全球主要城市所拥有的互联网骨干网络带宽与网络数量等数据,发现全球范围的网络空间分布倾向于世界城市。Moss与Townsend(1998)分析了1994—1997年间美国城市域名密度的变化状况,结果发现城市的域名增长率与其在国家城市体系中所处位置有关,现代服务业中心是增长最快的。

反过来,这种信息化的依附性也赋予了大城市独特的资源比较优势,对其发展的影响是十分巨大的。从一般意义上讲,信息化首先为城市经济社会发展注入了新的资源依赖。这对自然资源日益稀缺条件下城市经济社会何以持续发展的问题作出了解答。也就是,现代城市可持续发展的资源依赖,主要不是自然资源,而是知识与信息资源。自然资源只是城市经济得以生存的必要条件,但城市经济的发展则是由知识与信息资源来推动的。现代城市的经济发展,如果能充分利用和发挥知识与信息资源的比较优势,还将明显改变稀缺资源的竞争配置中发生的不稳定性,呈现报酬递增率(increasing returns)的明显规则性作用和趋向。因此,对于现代城市发展来讲,知识的凝聚和积累以及信息传递显得更为重要。

同时,由信息技术所引发的信息化浪潮正迅速改变着城市的政治、经济、文化及景观等各个方面,如"电子政府""电子商务""远程教育"等开始出现,城市综合信息网络也逐步建立。这些新的力量,正对原有的城市要素进行着快速的重新塑造与组合。一方面,信息化促进了物流、人流、技术流和资金流的聚集和扩散强度与速度,使城市的综合功能进一步明显加强,并形成了劳动分工跨出国境和制造业区位分离的结果。另一方面,传统工业时代留下的城市功能也相应地发生深刻的变迁,并通过城市的土地利用方式或空间格局的变化发生作用,使城市的发展向适应信息社会的生产方式和生活方式的方向转变。还必须看到,信息和通信技术的进步使各种"流"将空间上距离遥远的地域联系在一起,并引发了交易革命,包括国家之间和国家内部联系、交换和相互作用等方式的根本变化,从而成为巨型城市化发展的重要前提(McGee,1991),也为全球化城市的形成与发展提供了坚实的基础。

显然,信息化已成为城市化与城市发展的重要推动力之一。在这种背景下,由于信息化的发展速度是非线性的,因而凡是已经进入信息化的城市,其发展速度将越来越快,呈加速度方式发展,最终确立所处的枢纽和主干信息节点的地位,更有助于发展成为全球化城市。凡是没有能跟上信息化潮流的城市,则一步落后,并将步步落后,永远落后,不可避免地出现停滞或衰落,最后成为"被遗忘的城市"。

3.2.2 城市的流动空间

在信息化对城市的诸多改变中,其赋予城市更为特定意义的是:强大的信息收集、处理、传输以及再生能力,使城市成为国际生活网络中一个不可缺少的节点。亚里士多德曾说过,人们聚集到城市是为了生存,住在城市之后是为了过美好的生活。在过去的 2500 年左右,城市确实充分发挥了这一作用。但在 21 世纪的头十年,城市生活即将改变。在更多的时候,城市将不是人们过美好生活的地方,而是追求美好生活的人所途经的火车站。哈里斯教授指出,如今,城市是人口、信息、金融和货物流动的交汇点。一旦有了一个国际交通中转站,这些城区就会成为国际中心,有各种各样的活动,这些活动多数时候是以知识行业为基础的。①

因此在信息化进程中,更为重要的是开始引入一种新都市形式,即信息化城市。这种信息化城市具有以知识为基础、围绕着网络而组织以及部分由流动所构成等特征。它并非一种形式,而是一种过程。在这个过程中,对地方之间互动性(interactivity)的强调,打破了行为的空间模式,成为流动的交换网络。也就是,城市空间日益在功能方面超越物理上的邻近性而彼此关联。例如,城市的新工业空间将围绕信息流动而组成。这些流动依据周期和公司的不同,同时汇聚和分散了其地域性的组成部分。当信息技术制造业的逻辑从信息技术设施的生产者下渗到整个制造业领域里这些设施的使用者时,新空间逻辑也随之扩张,创造了全球产业网络的多重性。而其中的相互交错与排他性改变了工业区位的观念,从工厂基地(factory sites)转变为制造业的流动(manufacturing flows)(曼纽尔·卡斯特尔斯,2001)。在这当中,最为关键的是:城市的空间逻辑发生了转化,即从地方空间转化为流动空间。流动空间开始成为我们社会支配性权力与功能的空间展现。而且,这还是一个全球"流动空间"。曼纽尔·卡斯特尔斯(2001)认为,"在信息化进程中,我们的社会是环绕着流动而建构起来的","流动并非社会组织里的一个要素而已,流动是支配了我们经济、政治与象征生活之过程的表现。果真如此,那么我们社会里的支配性过程的物质支持应该是支撑这种流动,并且使这些流动在同时性的时间中接合,在物质上成为可能的各种要素的整体。流动空间乃是通过流动而运作的共享时间之社会实践的物质组织"。

城市流动空间的特征,表现为跨越了广大领域而建立起功能性连接,却在物理性的地域上有明显的不连续性。在这种"流动空间"中,城市之间的相互作用并不受其物理性距离的限制,因为节点间的接近性并不是网络结构组成的必要条件。相反,经验的证据表明,地理上的分散性带来了网络结构更高的效率(Kilkenny,2000)。因此,这一"流动空间"将使一系列社会文化的流动变得更

———————————

① 参见:卡拉·鲍尔:《让城市动起来》,美国《新闻周刊》2002 年 9 月 23 日。

加明显。Appadurai(1997)提出了五种主要的流动类别:(1)科技方面,由跨国公司、国际性组织和政府机构的技术的、软件和设备的传播流动所产生;(2)金融方面,由快速的资本、货币和证券流动所产生,并使其不仅表现在金融服务人员的地理集中上,同时还在迅速改变资本流入和流出的地理位置;(3)人群方面,由商务人员和外来工人、旅游者、移民和难民流动所产生;(4)传媒方面,由通过打印媒体、电视、电影渠道的图像和信息流动所产生;(5)观念方面,由观念构想的传播所产生。Knox(2002)在此基础上又增加一个种类,即(6)商品方面,由高端消费者热衷于的产品和服务(具有国际品牌、流行时尚等品位和特征的产品和服务)流动所产生。这些流动对于全球空间的组织,与稀有材料、工业制成品对于早期资本积累一样重要。

显然,这种"流动空间"与长期以来具有历史根源的、我们共同经验的空间组织,即地方空间(space of places)是有本质区别的。在以往城市发展中,这种地方空间是我们社会支配性权力与功能的空间展现。[①]曼纽尔·卡斯特尔斯(2001)认为,地方乃是一个其形式、功能与意义都自我包容于物理临近性之界线内的地域(locale)。建立在地方空间基础上的经济流动性,通常是在一个有着相对固定边界的具体地域或场所上展开的,或以此为基点而进行流动(集聚与扩散)的。基于这种地方空间的城市,更具有有形的生产或交易地点或场所的特性。

当然,在信息化进程中,这种城市空间逻辑的转换并非完全否定地方或场所的存在,更不意味着"地理位置的终结"。因为流动空间是建立在电子网络基础之上的,而这个网络连接了特定的地方,后者具有完整界定的社会、文化、实质环境与功能特性。城市及其网络并不存在于一种绝对抽象的服务空间。相反,世界地区存在着多面性的地理位置,城市在其中发挥着全球资本流动的基点的作用。从这一意义上讲,单个全球城市代表着关键的"区域—全球"联系,世界区域也代表了在真实地理空间中的"区域—全球"联接。然而,在这种网络里,没有任何地方是自在自存的,因为位置是由网络中的流动交换界定的。因此,流动空间的样貌是:地方并未消失,但是地方的逻辑与意义已被吸纳进了网络。也就是,由于我们社会的功能与权力是在流动空间里组织,其逻辑的结构性支配根本地

---

①　对于城市空间,我们不能仅从物理学意义上加以理解。在物理学里,空间无法脱离物质的形态而予以界定。但城市更是一个社会,所以还要参照社会实践来定义城市空间。卡斯特尔斯认为,空间是一个物质产物,相关于其他物质产物——包括人类——而牵涉于"历史地"决定的社会关系之中,而这些社会关系赋予空间形式、功能和社会意义。因此,空间是社会的表现,空间的形式与过程是由整体社会结构的动态所塑造的。

改变了地方的意义与形态。尽管每个时期里的高端中心的真实区位所在,对世界财富与权力的分配非常重要,但从新系统之空间逻辑的角度来看,更重要的则是网络的变通能力。

基于"流动空间"的中心城市,实际上是信息网络传输的节点。因此,各类高水平管理、服务机构通常会向这些信息节点汇聚。信息像磁石一样吸引经济向这些节点城市集聚,而通信技术则使节点城市对信息网络覆盖范围具有强控制力,加之信息技术发展与投资之间的互动效应,使节点城市具有非同寻常的意义(Pelton, 1992)。它们通常成为各类跨国公司总部及服务公司选址的热点。因此,全球城市体系中的城市定位不是根据过去的任何模式,而只是根据信息经济。城市的定位取决于它们创造、处理和交换信息的能力,特别是颇有专业化和特别享有的高端信息,这些信息始终依赖于相当程度的近距离面对面交流(Hall, 1997)。

另外,"流动空间"通过电信网和交通网把相距遥远的地点联系起来,并将其纳入全球空间,同时又把这些地点与大都市区内其他邻近的地点区分开,所以大都市内部的人口和活动则沿着交通轴线高度分散化,以至于整个大都市系统呈现出空间大肆延伸(形成扩展大都市区)而网络通信在大都市区内部的所谓流动空间内进行的特点。正如 Batten(1993)指出的,在信息化环境下,一种新型的城市形态——网络城市(network city)应运而生。它是基于快速交通和通信网络以及范围经济的多中心的城市集合体,与传统的中心城市相比,网络城市更富有创造性和竞争优势(Batten, 1993)。

因此,世界范围内的信息化进程,特别是大规模的网络化促成了空前的"超级聚集"(Tapscott, et al, 1999),正引起原有资源集聚与扩散空间格局的重组,使传统的"核心—外围"结构转变为以"全球—地方"为特征的垂直结构,促使多级、多层次的全球城市网络体系的形成。而基于流动空间的全球城市,其发展潜力将取决于:一是能否把所有有形的实体网络(即基础设施)的节点、密度和效率联结到世界各地;二是能否在世界无形的网络体系中发挥人口、知识、资金、货物和服务的全球性交换作用;三是有无创新性和适应性去不断开发网络中固有的潜在协同效应,并起到超前示范导向作用(Batten, 1993)。

3.3　全球化城市与世界城市体系变革

全球化与信息化的相互交汇作用,使越来越多的城市卷入全球经济关系之中,成为基于网络结构的全球化城市,从而带来了世界城市体系的根本性变革。主流全球城市理论从全球化与信息化直接推导出的全球城市的简单逻辑关系,与此并不相符,存在较大的理论缺陷。因此,必须重构全球化、信息化与全球城市形成和发展的逻辑关系,为崛起中全球城市的研究奠定理论基础。

3.3.1　全球化与信息化改变了整个世界城市体系

以上分别阐述的全球化与信息化两大潮流,实际上是相互交汇作用的。以信息技术为代表的新技术革命成为经济全球化的技术支撑,使得全球联系空前加强。由跨国公司或全球公司的全球贸易、投资和生产的国际化,以及金融主导经济一体化所推动的全球范围(除部分非洲国家)的国际经济、政治、文化的交流,正是借助于日益发达的电子信息技术、交通工具及其网络才提升到了一个历史空前的程度。反过来,现代信息技术的广泛运用及其网络化,也正是借助于资源要素大规模全球流动而得到迅速推广与普及的。

与主流全球城市理论只考察全球化与全球城市的关系不同,我们这里强调的是,全球化与信息化不仅仅造就了少数全球城市,也对其他城市产生重大影响。在全球化进程中,许多城市通过资金流、劳动力流、商品流、服务流而与全球城市网络发生关系。这些要素流和商品、服务流的发生,可能是公司的技术与组织创新、应对非均衡市场力量关系,以及超国家、国家、地区和当地不同层面政策的战略行为的结果。同样,在信息化进程中,城市之间的信息交流也导致了一种更复杂的城市系统。为此,有学者对互联网与原有全球城市体系的相关性提出质疑。如 Zook(2001)通过图示互联网域名在全球主要城市的分布格局,分析了全球网络信息市场的生产和消费的动力机制,最后提出一个问题:信息社会中的全球城市体系是一种"旧的等级体系还是新的网络"? Townsend(2001)在分析了互联网全球骨干网络的空间结构和通达性后,发现这种新的通信技术推动的城市之间的国际连接,与以前形成的体系有很大的区别,更多的城市以不同方式加入网络,即一些新的"网络化城市"正在崛起之中。从这一意义上讲,全球化与信息化进程使得大多数城市主动或被动地融入全球经济关系之中。在这种情况下,每一个城市都将成为全球体系中的一个完整的部分,既是全球商品和服务的生产者和市场,同时也是人员、资金、技术和信息、知识流动的中心环节。当然,其流动的规模有大小,作为中心环节的流量有高低。但较小的规模和较低的全球要素与商品流量,并不意味着这一城市缺乏与全球的紧密联系。正如 Marcuse 等人指出的,全球化进程对所有城市都有重大影响(Marcuse and van Kempen,

2000)。一些"中等城市"(medium cities)同与其毗邻的大城市一样,也必然对全球化趋势作出反应(Knox, 1996)。因此全球化与信息化不仅造就了少数全球城市,而且也必然伴有世界上更多城市的介入。

总之,从全球化与信息化交汇作用的结果来看:一是不断增强全球与地方的经济、文化和政治的联系,并形成不断一体化的全球生产和服务网络;二是国家要素的作用趋减,而城市日益成为全球生产和服务网络的空间载体,在全球经济中凸显其重要地位。此双重结果则共同决定了一种新的城市形态逐渐形成,即全球化城市。

这些在全球化与信息化交互作用中涌现出来的全球化城市,直接参与全球经济,融入全球的概念框架之中,成为重要的国际性舞台;同时,在连接国际经济与国内经济中的地位和作用也随之提高,能够比较有效地促进那些具有关键作用的人力资本、组织和制度的发展。因此,这些全球化城市不同于以往一般城市,其主要特征可归纳为:(1)具有高度集中的国际性活动的城市;(2)以国际化为导向的外向型城市;(3)与外部有着高度关联性的全球网络节点城市。全球化城市是纳入全球城市网络体系中的所有城市的总称,包括全球城市、崛起中的全球城市以及卷入全球化的一般城市等。也就是说,全球化城市是一个更为宽泛的概念,全球城市只是其中的一个部分。

那么,这些全球化城市又是怎样相互联系的呢? 这个问题会使人自然而然地联想到国家范围内的城市之间的联系,即一种"国家城市等级"模式。世界范围内的城市间相互联系是否也像其那样,呈现为一种"世界城市等级"呢? 从现有的经验证据来看,这个猜想似乎并没有被证明。传统的等级结构,在全球经济概念中只有有限的作用。因此,全球化城市之间是一种以"全球—地方"垂直联系为原则的全球城市网络关系,彻底改变了以"中心地"等级体系为主要构架的旧世界城市体系。在新的世界城市体系中,这些全球化城市均为这一全球城市网络中的节点。但其节点的地位有差异性,全球城市是全球城市网络的中心(基本)节点,其他全球化城市则是一般节点。有关全球化城市及其城市网络体系的具体内容,我们将在下一章予以阐述。

3.3.2   主流全球城市研究的理论缺陷

Friedmann 和 Sassen"世界/全球城市"假说从经济全球化的角度切入,抓住生产的全球分散化过程中跨国公司总部或跨国专业生产者服务公司在主要城市高度集中的基本特征来诠释"世界/全球城市",由此构建起经济全球化与全球城市之间的逻辑关系。而这一逻辑关系,恰恰忽视了全球化与信息化使大多数城市主动或被动地融入全球经济关系之中,进而成为全球化城市的重要影响,并将其排除在研究视线之外。

主流全球城市理论把经济全球化作为直接解释变量推导出全球城市的简单逻辑关系,与全球化与信息化导致的世界城市体系变革使众多城市蜕变为全球化城市而融入全球城市网络之中的实际情况并不相符合。这一理论缺陷在很大程度上限制了其研究的视角和范围,严重阻碍了该理论研究的深化,并引发了较多的争议和批评意见。

其一,由于简单地用全球化这一变量直接解释全球城市的形成与发展,使研究的注意力仅仅集中在少数全球城市上,更多关注于世界城市层级中高端层级的城市,而把其他许多重要的城市排除在外。例如,Friedmann(1995)只提出了18个核心和12个半外围的世界城市,而未把更多重要的城市列入他的等级体系中。当然,这里有缺乏足够适合的数据资料的原因,但更主要是由其理论分析框架所限定的。

其二,在主流研究观点中,往往把全球城市与一般城市截然分开,并把一般城市排斥在外,而将研究视线仅停留在已经形成的全球城市上,对其进行孤立的或割裂的实证分析或进行静态的比较研究,同时也不关注全球城市的具体形成过程,进而排斥了对正在崛起中的全球城市的研究。

其三,由于没有很好地解释全球化与信息化对整个世界城市体系的影响,所以 Friedmann 首创的世界城市等级体系在很大程度上沿袭了"国家城市系统"研究范式,从传统功能主义(构造主义)出发构建了主要城市间关系的等级模式。然而,根据实证分析得出的观察则是,即使在一国的城市中也不仅仅是机械地形成一个简单的等级模式(Pred, 1977)。从跨国的角度来看,一种简单的等级模式就显得更加不合理(Taylor, 1997)。而且,定义一个城市等级制度,不仅是这些"重要性"或规模大小等因素,它需要展示"一系列的因素"(Lukermann, 1966)。

针对这种主流观点的理论缺陷,已有一些学者提出,要将全球化/城市研究扩展到整个世界城市之间的关系,而不是仅仅局限于那些已有的全球城市上,要把注意力从对"全球城市"程度的经验性测量上转移出来,集中探讨全球化对所有城市带来的影响(Short, et al., 2000)。为了寻求对全球化/城市联系更广泛的了解,Grant(1999)以及 Grant 和 Nijman(2000)分别在对非洲和印度研究的基础上,提出了"通道城市"(Gateway City)的概念,以此来说明一个事实,即几乎所有的城市都能够作为一个经济、政治和文化全球化传播的通道。他们通过集中研究这些通道城市来具体分析全球化是怎样影响城市的。甚至还有个别学者从更为广泛的角度来理解和界定全球城市网络,如 Townsend(2001a)提出了基于因特网空间配置的新的"城市网络"体系。这种因特网活动的节点,是在一个比全球城市假说预料的更为广泛的信息生产区域中分布的,而不是完全集中在少数全球城市。给定在这些重要网点上集聚的信息传送地,包括部分主要使用者的所在地,那么这些网络城市将有新出现的就业机会。这是原有的全球城市研究中所没有包括的内容。

3.3.3　重构全球化、信息化与全球城市形成和发展的内在逻辑关系

我们认为,全球化与信息化交互作用带来的世界城市体系的根本性变革,是至关重要的。这一变革的产物,即基于网络结构的全球化城市,涵盖了已有的全球城市、崛起中的全球城市以及卷入全球化的一般城市。也就是说,全球城市只是基于网络结构的全球化城市中的一种特殊形态,同时还存在其他多种形态,如崛起中的全球城市、一般全球化城市等。

与主流全球城市假说从全球化、信息化直接推导出全球城市的简单逻辑关系不同,我们所构建的逻辑关系是"全球化、信息化——世界城市体系变革(基于网络结构的全球化城市)——全球城市、崛起中的全球城市和卷入全球化的一般城市等不同类型"。其中,世界城市体系变革是一个重要的中间解释变量。

事实上,全球城市也只有在这一世界城市体系变革中才能得到完整说明。因为在全球化与信息化交互作用的背景下,如果对于众多城市卷入其中而发生根本变化我们并非视而不见,那么一个非常实际的问题就是:少数全球城市的形成与其他城市的重大变化有否关系? 如果撇开后者,全球城市与其没有关系,那么这些全球城市又是在什么样的世界城市体系中形成与发展起来的? 进一步的问题就是:在传统的世界城市体系中,这些全球城市能否形成与发展起来? Friedmann 和 Sassen 的"世界/全球城市"假说中由于缺少了世界城市体系变化这一重要的中间解释变量,所以对此并没有给出一个完整的理论说明。相反,在我们构建的逻辑关系中,通过世界城市体系变化这一中间解释变量,可以清楚地表明全球城市、崛起中的全球城市以及一般全球化城市之间的关系,即基于全球城市网络结构的关系;全球城市是在全球城市网络体系中得以立足,并体现其作用和地位的。与此同时,崛起中的全球城市作为世界城市体系变革所衍化出来的一种特殊形态,也完全被置于全球化与信息化交互作用的背景之下,可以纳入

其分析框架之内。

因此这一逻辑关系重构，不仅建立起全球城市、崛起中的全球城市以及一般城市之间的联系，把全球城市和崛起中的全球城市置于全球城市网络中以获得更具说服力的解释，同时也有助于更准确地揭示一般城市的双重属性（既是全球的，又是地区的）。更为重要的是，运用世界城市体系变革这一重要的中间解释变量，将有助于我们在考察全球化城市多样性及特点时将其与全球化城市的动态过程结合起来，从其形成的特定背景、条件以及过程中来把握所形成的不同类型，并进一步拓展到有关那些正在崛起的全球城市的研究范围中。

4 全球城市网络及其节点

在前一章,我们虽然从全球化与信息化的背景中推导出基于网络结构的全球化城市这一命题,但并没有对此展开具体论述。由于全球城市网络覆盖全球且包容众多的全球化城市,既是高度成熟的全球城市发挥其战略性协调功能的网络基础,也是崛起中全球城市赖以发育与成长的网络基础,更是广大卷入全球化的一般城市运作的网络基础。因此在崛起中全球城市(及全球城市)的研究中,由全球化城市相互之间形成的全球城市网络是其分析的一个核心基点。脱离了这一网络基础,崛起中全球城市的许多研究问题便无从谈起。在这一章里,我们将具体讨论全球城市网络,并将崛起中的全球城市纳入全球城市网络框架之中,从相互联系的网络角度来揭示其基本内涵及属性。

4.1 全球城市网络及其特性

在全球城市研究中,就已涉及全球城市网络问题。因为全球化与信息化交互作用使世界城市体系发生变革,全球城市自然也就不能脱离全球城市网络而独立存在及发展,其举足轻重地位的地位与作用恰恰是在全球城市网络中体现出来的。这样,全球城市的详细阐释便同"全球城市网络"的界定建立了相关性(King, 1990)。一些学者根据当代世界城市相互联系的特点,提出了"全球城市网络"这样一种新的概念化的说明。

遗憾的是,这些概念化的说明都没有对全球城市网络下一个明确的定义。尽管 Castells 把全球城市作为其"流动空间"的中间层次,但他也没有再对这个"全球网络"提供任何其他的规定性。由于缺乏对全球城市网络的定义,因而在研究中不仅无法对它的运行情况——它的节点、节点之间的链接以及它们如何组成一个整体——进行细致分析,而且对其外延的范围也无法确定。显然,这很容易对其产生各种歧义。

更为要害的问题是,这些全球城市网络的研究从全球城市角度出发,重点分析全球城市之间以及与其联系较紧密的城市之间的相互关系。也就是说,大多数研究者都是从全球城市的角度提出和实证分析全球城市网络的。King(1990)当初提出"全球城市网络"这一概念,就是用来表述全球城市得以履行功能——由跨国公司活动引起的"指挥中心"在"新的国际劳动分工"中所起的控制和枢纽作用等——的新型组织形式。以后,Sassen(1994)的"跨国界都市体系"、Lo 和 Yeung(1998)的"功能性世界城市体系"以及 Short 和 Kim(1999)的"全球都市网络"等,均基本上延续了这一思想。因此在此类研究中,严重忽略了那些联系较弱的但更为广泛的一般全球化城市,实际上是把那些联系较弱的一般城市排斥在全球城市网络之外的。这与前一章分析的主流全球城市理论从全球化与信息化直接推导出全球城市的简单逻辑关系,从而将其他全球化城市排除在外有关。

基于对全球化、信息化交互作用与全球化城市的逻辑关系的重构,我们认为,全球城市网络并不是指"全球城市"的网络,即仅仅由若干全球城市连接而成。全球城市网络是指所有参与到全球化进程中来的城市(全球化城市)相互之间所形成的网络。除了全球城市外,也包括其他许多介入全球化进程并通过各种要素流和商品、服务流与世界其他城市发生联系的一般城市。当我们从全球城市网络的角度来观察时,所有与外部发生联系的城市均是其网络的一个节点,是作为该网络系统的组成部分而存在的。这一"节点"的概念,意味着城市之间持续的相互作用。尽管这些城市之间的联系程度会有所不同(或强或弱),但都是连接在全球城市网络之中的。

对于全球城市网络,自然要进行网络分析。但在全球城市网络提出之后的相当一段时间里,许多学者只是将其作为概念化的描述,而没有真正进行过网络分析。Smith 和 Timberlake(1995b)在倡导使用网络分析作为一种"将理论概念操作化的严谨的方式"之前,仅仅提供了"流"的分类学分析。只是到了最近几年,Taylor 等人在前人研究的基础上开展了开创性的工作,对全球城市网络进行了理论化的分析。

从完整意义上讲,全球城市网络由物理性和非物理性的关系所构成。前者包括交通、通信等基础设施网络;后者包括交易、交流、组织等社会网络。显然,基础设施网络对支持全球城市网络来说,不仅是重要的,而且是必需的。然而,由于全球城市网络的社会关系的经济性,尤其是城市间的关系从地理空间意义上建构了世界经济(Taylor,2001),所以我们更为关注和强调其作为一种社会网络、一种组织形式。作为一种社会网络,其节点是行动单位,其连接则是社会性的。

值得注意的是,与一般社会网络不同,全球城市网络有其特殊性。通常,大多数社会网络分析的对象是较小规模组织内的个体,而全球城市网络则是一个规模巨大的组织。但仅此这一点,并不能构成全球城市网络的独特性。因为国际上的民族—国家体系也被认为是一种社会网络,其规模更为巨大。从根本上讲,全球城市网络与一般社会网络的区别,在于这一社会网络中的行动单位有其特殊性。

我们知道,社会网络通常被定义为网络运作的系统层面和组成节点的单位层面,而作为节点的行动单位的活动则决定了连接本身。按此标准来看全球城市网络,那么其网络运作的系统层应该是世界经济,而节点层则是城市本身。但问题在于,城市本身只是一个空间环境,而非行动单位。如果没有相应的行动单位的一系列相关活动,城市之间的连接是建立不起来的,从而城市作为网络节点的说法也就不复存在。或许我们可以说,它是通过城市政府的活动来实现其连接的。确实,城市政府作为一个行动单位,在行使其权力,如制定有关政策并加以实施等,但这类活动至多是影响城市本身的环境,如改善城市的投资环境或商务环境等,而不可能决定城市之间的本身连接。尽管通过政府间的协议或合作等方式也可以实现个别或部分的城市间连接,但也不可能实现城市间的全部连接。城市政府并不像在其他社会网络中扮演主要角色的个体以及基于主权行使的民族—国家政府,可以被合理地解释为网络生产和再生产的关键主体。正因为如此,全球城市网络便成为一个特殊而且很难定义的社会网络。

然而,作为一个网络,其节点的行动单位是不可缺少的。那么,全球城市网络中的行动单位或关键性主体又是什么呢?按照 Friedmann 关于世界城市是控制和指挥中心的概念,其关键性主体或角色就是跨国公司,城市本身只是其实行控制和指挥决策的地点或场所而已。从这一意义上讲,跨国公司在城市内及跨城市的行为或活动才使该城市成为网络的节点,全球性公司的决策(而不是城市决策者)的集体努力才使全球城市网络得以形成。Sassen 的全球城市概念,实际上讲的是"全球服务中心"(即提供金融和其他商务需求的中心),由一组特定的高端生产者服务办公点构成,其最主要的特征之一是提供先进的生产者服务。这些生产者服务的业务或活动在某些主要城市的高度区位集中,既是为了产生良好的"集群"效应,也是因为其有效运作必须要求一个丰富的信息环境,以便在商务活动中保持领先地位。但前者并非必然导致其集中于这种一个或两个"巨大的服务中心"的城市;恰恰是后者,必然导致其集中在覆盖主要地区的城市中向全世界提供这些服务。并且,现代信息技术及网络的发展,使它们能够作为跨界网络进行运行,并为其处在世界各地的公司客户提供无缝服务成为可能(Porteous,1999)。如果按照 Friedmann 和 Sassen 关于世界/全球城市形成的基本观点,那么全球城市网络形成过程的首要角色或主体是跨国公司和大型全球服务公司,而不是城市本身。

　　城市本身理应成为城市网络的节点层,但城市网络的节点层又不能如此直接地由城市本身来定义,这就陷入了一个困境。为了解决这一难题,Taylor 等人在城市节点层的基础上增加了一个由先进生产者服务公司组成的次节点层,从而建构起由三个层次组成的内部相连的全球城市网络(见图 4.1)。其中,世界经济——网络在其中运作以散播服务;城市——知识在其中集聚以便于服务的生产;全球服务公司——生产服务。这三个层面综合起来能够正式定义为一个服务活动造成矩阵 S,由 n 个城市和 m 个公司所限定,以及由在城市 i 的公司 j 的活动 s_{ij} 所构成。因此,此矩阵中,每一列 j 代表着公司 j 的区位战略,每一行 i 代表着由城市 i 提供的综合服务。

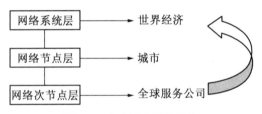

图 4.1　全球城市网络结构

　　在网络分析中,这种三层次结构是比较特殊的,属于一种边界渗透关系链接的网络类型。在这一环环相扣的联锁网络中,城市节点是通过次一级要素(生产者服务公司)连接的。也就是,在世界经济这种城市间的联锁关系中,节点(城市)自身组成重要的促进环境,但其本身并不是三层次结构中关键的决策层面。尽管城市政府可以通过"促进"政策吸引和留住"领头羊"公司,从而影响节点之间的关系,但却不能控制这种网络关系。在这三层次结构中,跨国公司和全球服务公司才是首要的行动单位。

　　在全球城市网络中,跨国公司和全球服务公司成为首要的行动单位,是由其业务或活动的特殊性所决定的。对于跨国公司"控制与管理"的活动性质,大家比较清楚,我们这里主要分析全球服务公司的活动特性。这些高度集聚于主要城市的生产者服务公司,由于其服务对象(公司)已经全球化了,所以它也别无选择,必须与此相适应来提供全球化服务,并需要及时了解何时何地向其客户提供相应的服务。当然,它也可以有另一种选择方案,即把公司的国外业务外包给在其他城市中的同行。但在实际操作中,这似乎并不可行。因为在一个处理信息和知识的领域中,创建服务的品牌并保持其品牌的完整性是非常重要的,并在很大程度上决定其竞争能力。这就促使那些服务大公司必须在世界各主要城市建立自己的办公网络,以便提供全球化服务。尽管 IT 技术构建了新的空间关系,使企业与市场之间有可能形成新的关系,并且对企业参与全球与地方市场来说是一个重要的媒介,但在竞争的市场中,当地的市场信息以及紧密的客户关系显得日益重要,从而使企业感到有必要在当地设立机构。[①]也就是,每个公司的成功都依赖于其在特定的主要城市设立办公点的选址战略。与此同时,为了有效地运作并战胜其竞争对手,它们处于各地的办公点不能互不相关、各行其是,而必须作为其全球活动中的一个协同细胞来运作。这就形成了它们相互之间的各种信息、知识、思想、计划、指令和其他方面的内部交流。正是这种所有公司的内部流,包括信息、知识、指令、战略、计划、人员等方面的流动,提供了一个网络联系的基础。而在其内部联系的背后,还有更宽泛形式的关系网络,如知识流网络、管制网络、文化网络、能量网络等对城市之间的关系起着重要的影响作用。从这一意义上讲,先进生产者服务是城市网络中的"联锁者",通过其活动将各个相关城市连接起来。

以上分析表明,全球城市网络是各种各样跨国服务公司的办公点之间网络的复杂混合体。为此,Taylor(2001)将全球城市网络定义为:由世界经济中先进生产者服务部门的公司内部流所构成的城市关系相互连接的网络。这里需要对Taylor 的定义加以补充的是,跨国公司的内部流(其各地的分支机构)也是构成城市关系相互连接的因素之一。

4.2 全球城市网络的节点

前面的分析已经指出,全球城市网络是一个诸多节点内在连接而成的界面。

---

① 网络的一个优势在于,如果你必须在别处做什么事,你就能适应它。但是,你必须派人去那里,因为只有人才能去感触、了解和认识它,然后他才能去认知它。但是信息技术又提供给规模经济一个可供操作的平台、一个与客户相联结的研究平台,而通过运用这个平台,则能减少人员间的接触。这些发展,使通过较小的实体存在而参与当地市场成为可能。参见 Grote, Lo and Harrschar-Ehrnborg(2002)。

尽管目前网络概念已经日益作为一个解释框架用于社会、经济和空间关系的研究中，但人们很少注意到构成网络的节点的功能。事实上，节点的功能是网络概念的核心内容之一。只有阐述清楚了节点的功能，才能全面理解全球城市网络的涵义。当然，节点的功能只有放在网络中才能予以揭示。在这里，我们把全球化城市视为一个节点，是为了更好地认识这些城市在全球经济中的地位决定及所起的特殊经济功能。

4.2.1　网络节点的连通性

作为全球城市网络中的一个节点，其本质属性就是连通性。因此一个城市在网络中的重要性，取决于它和其他节点之间的关联程度，取决于"它们之间交流什么，而不是它们那里有什么"（Beaverstock, Smith, Taylor, Walker and Lorimer, 2000）。从这一意义上讲，这些全球化城市（节点）之间的流动水平、频繁程度和密集程度，决定了它们在全球经济中的地位。

事实上，交流或流动是城市自身固有的特性。在历史上的任何时候，每个城市的主要功能就是协调经济活动。这种协调是为了有效组织生产、交换和消费而在经济主体之间进行的交流。Hohenberg 和 Lees（1995）认为，城市是一个组织起来进行人员、物品和信息交换的网络的一部分，至少从中世纪以后一直是如此。Damette（1994）提出，城市"提供了货物、金钱和信息的交流"。Gaschet 和 Lacour（2002）更为强调，大都市自身是由其"吸引、组织、过滤和扩展等一系列不断增长的货物、人员和信息流的综合能力"来定义的。在这种经济活动的协调中，信息确实是各种形式协调的主要手段。当协调由信息交换组成时，便会产生具有重要聚集效应的空间上的外部性（Guillain and Huriot, 2001）。因此当城市起着协调经济活动的作用时，它势必聚集信息并集中了信息交流。

然而，作为全球城市网络节点的城市，不仅是近距离互动的交流或流动，更是远距离互动的交流或流动。这意味着与生活在不同经济环境里，具有不同文化、不同行为规范、不同处事方式的远方经济主体之间的互动，意味着有更多经济主体之间的交流，以及更为复杂和不确定的交流。随着城市远程经济活动（特别是跨国界的长距离经贸、投资、金融等活动）的增加，将形成一个覆盖于传统的中心地点或分等级组织的网络式组织，使长距离交流扩展到远超过原来贸易覆盖区域的地方。但与此同时，由于生产和交换的复杂性要求将大量的专业运作、众多的技术、各种各样的知识和高层次的技能结合起来，并需要深入使用隐性信息，从而也产生了通过经济主体之间面对面接触的近距离互动的要求。这种全球化城市经济活动的近距离互动和远距离互动的并存,是其作为网络节点的最初特征。更为重要的是,这两种互动结合在一起,互相促进,从而成为全球城市网络节点的强有力的成因。而这种不断积累的过程,则带来了一个有利于提升城市网络节点稳定性的锁定机制。

因此,我们不能把网络节点城市简单视为一个经济"中心地",不应该过多地将它设想为一种贸易场所、港口、金融中心或工业重镇的角色,而是要作为资本等要素循环和积累的复杂网络的必要组成部分。这里我们有必要把作为网络节点的城市与"中心地"城市进行一个明确的区分。"中心地"城市,通常是传统的单一中心城市,具有所谓的中心功能;而作为网络节点的城市,并不是孤立的,它是与其他城市连接在一起的,形成一种新的多中心城市形态——网络城市。Batten(1995)将网络城市定义为,为实现经济合作、达到范围经济的显著效果,之前彼此独立但功能上存在潜在互补的两个或两个以上城市,借助快速而可靠的交通与通信基础设施发展演进而成的城市。他还进一步把这些创造性网络城市与那些单一中心城市(又称为中心地城市)作了特征比较,指出前者比后者具有明显的竞争优势(见表4.1)。

表 4.1　网络城市与单一中心城市特征比较

中心地系统	网络系统
中心功能	节点功能
依赖城市规模	不依赖城市规模
主从关系趋势	弹性与互补关系趋势
商品与服务的单一化	商品与服务的多样化
垂直通达性	水平通达性
单向流动	双向流动
交通成本	信息成本
对空间的完全竞争	对价格歧视的不完全竞争

资料来源:Batten, D.F.(1995)。

从网络的角度看,城市作为一个节点的价值,在于它和其他节点之间的相关性。因为正是这种旧的和新的联系维系着城市,并决定了城市的地位。Storper(1997)曾提出了"城市社会"的概念,着重强调没有一个城市能在孤立中存在并走向繁荣。这是非常有道理的,一个城市与其他节点之间的联系越多,其越有可能获得频繁流动的信息和知识,并通过生产、分配和消费方面的创新来抓住经济发展的机会。从这一命题中可以直接引申出一个重要结论:在全球城市网络体系中,城市间的联系是城市发展的核心问题,其直接关系到城市的兴衰。也就是说,随着时间的推移,一个城市所处地位的变化是由它与其他节点的相互作用所决定的。一般来说,城市的成长与发展是建立在联系扩展的基础之上的;而衰退的城市,其联系也在减少。当一座城市与周围没有联系时,也就意味着其死亡。

由此可以进一步推论:在全球城市网络中,作为一个节点的城市崛起(或者衰落),并不必然由其自身的物质属性(如规模、设施、物质财富等)所决定。从这一意义上讲,城市作为节点的功能似乎更少地取决于其所占有的各种物质资源、新技术及其路径依赖,而更多地依赖其在城市网络中的联系。当然,这并不是说,某些历史事件或特殊机遇不能够触发节点作为特定地区的独特的发展进程。但可以断言的是,在城市网络结构中,一个城市的发展机遇更多取决于节点之间的结构严密和联系紧密的互相作用,而非其自身的功能。

因此在全球城市网络中,对于每个节点最重要的测量就是其连通性。Taylor 等人将每个城市与网络"连接"的程度,称作"全球网络连通性"。这一全球网络连通性,可用两种方法来测量:一是计算城市作为网络体系中一个节点的规模,用城市内的网络机构的数量来表示;二是度量这些城市网络机构与其他城市的连接,以测量城市网络体系的通达性。通过这些测量,表明一个城市在我们定义的网络体系中的地位和条件特征。Taylor 等人的测量方法具有较大的可测性和实用性,但局限于某些网络机构及其对外连接的测度不足以全面反映一个城市的全球网络连通性。从理论分析的角度讲,城市之间的关联程度与其在网络中所处地位的关系,通常可以从两个维度来衡量:一是关联密度,即互相关联的层次越多、越密集,节点所能完成的吸收、传递和处理的功能就越强,该城市也就越显得重要。二是关联广度,即与其他节点的联系越广泛,其相互作用越大,该节点在网络结构中就越处于中心位置。当然,这种理论分析的测度,受其数据不足或可获得性差等影响,实际的可测性较弱。

总之,在全球城市网络体系中,其联系性的强弱程度决定了不同城市的能级水平。联系性较弱的城市,只能在其所在地区形成区域性的地位与职能;联系性较强的城市,会超出其所在地区形成全球性的地位与职能。因此,一个城市与外部的联系越广泛,连通性和协同性越强,其能级水平越高,在全球城市网络体系中的位置就越高;反之则反是。当经济活动的全球扩散和全球一体化促进经济活动最高层管理与控制逐步在空间集聚时,一些基础设施和区位条件好、能级水平高的大城市就可能进一步演化为各种要素极度集聚的节点,因而成为全球性经济实体的所在地,在地区乃至全球经济发展中具有举足轻重的地位,越来越主宰着全球经济命脉。

4.2.2 网络节点的多样性

作为全球城市网络的节点,其基本属性是同一的,并以连通性为其基本特征。然而,这些网络节点的形态则具有多样性,表现为不同的规模、类型、影响范围或权重等。网络节点多样性的研究,主要是揭示处于全球城市网络中的城市各自不同的功能及其地位,从而有助于我们进一步认识全球城市、崛起中的全球城市及全球化一般城市的界定与区别。

全球城市网络的节点,在与外部连接中,除了上面所讲的关联密度与关联广度外,还有一个关联性质或关联类型的问题,即全球导向连接或地区导向连接。上面所述的城市网络连通性的一般测算,只能说明该城市总体上融入世界城市网络的程度,却不能告诉我们其城市联系的类型。然而,外部连接中的关联性质或类型,对于确定网络节点的意义是十分重要的。因为不同关联性质或关联类型的城市,在全球城市网络中所发挥的功能及其地位是不一样的。作为全球导向连接的节点,通常起着全球经济协调功能,在网络中处于较高的层级;而作为地区导向连接的节点,通常起着地区经济协调功能,在网络中处于较低的层级。

当然,这两者之间也有一定的相关性。一般来讲,关联密度与广度较高的对外连接,通常连接的范围比较大,更倾向于全球导向连接;而关联密度与广度较低的对外连接,通常连接的范围比较小,更倾向于地区导向连接。但也可能存在不一致的情况,一些地区导向的连接完全可能在该地区形成紧密的联系,从而有较高的关联密度与广度,或者一些全球导向的连接由于其与本地区联系较少,从而表现出并不一定有特别高的关联密度与广度。

为此,Taylor 在研究城市连接度的基础上,进一步采取技术手段来确定其连接性质(全球导向连接或地区导向连接),从而把连接度与连接性区分开来。当然,也有一些学者对此提出质疑,如 Thrift(1998)指出:"在当代变化的、离散的和多重的但却只是部分关联的世界中,目前这种把全球城市的空间区分为地区性或全球性的观点是否明智?"我们认为,从理论上区分全球导向连接与地区导向连接还是有必要的。作为全球网络节点的城市,确实不可能在空间上截然区分为地区性或全球性的。因为一旦网络结构统治了城市之间的相互作用,那么这些城市一方面是全球的,在另一方面又是地区的,在全球经济中具有多重地位。尽管如此,在这当中仍存在一个倾向于全球或地区的权重差异。那些与全球城市网络关联性不强的城市可能承担着更多的地方性功能,而在网络中处于较高层级的城市将在全球体系中具有鲜明的特异性,从而使这类城市与其毗邻的城市有所区别。在现实中,我们可以看到,像纽约、伦敦和东京这样顶级的全球城市,往往是通过所有的活动展现其全球性。比如在英国,除伦敦外,其他城市在全球化进程中表现得十分类似,而伦敦作为一个与全球城市网络最紧密相关的城市,则有着完全不同的特征(Taylor and Hoyler, 2000)。

当然,这些全球城市也具有相应的多重地位。正如 Knox(2002)指出的,全球城市提供着全球和地区交汇的场所,包含经济的、文化的和社会事业公共服务等机构,并依次将国家和地区资源与全球经济联系起来,给国家和区域中心传递着全球化带来的动力。而更多的网络节点城市,则明显扮演着多重角色,即在一些经济活动中会采取多种功能展现其全球性,而在特定的本地发展轨迹中则会展现其另外的属性;在一定的网络结构中充当节点,但在另一方面担任地区经济发展的中心。正是这种双重潜力给予了节点特殊的身份,而不是将其变成全球的流行(和同质化)(Felsenstein, Schamp and Shachar, 2003)。

除此之外,全球城市网络中的节点还具有不同的权力类型,即控制权力和网络权力。在那些公司总部所在的城市,往往具有较强的控制权力。正是由于这些城市的公司总部控制了在其他城市的地区总部或公司分部,所以这类城市往往成为统治性的城市。但全球城市网络并不像一个等级系统那样按照从上到下的顺序简单运作。处于网络中有许多城市,往往是一些提供全球服务的公司声称"必须在那儿"的场所或地方。这就表现为一种所谓的"网络权力"。网络权力是从中心度的角度提出来的,即其在网络中所处中心地位的程度。其通常有三种计算中心度的方法:向度、紧密度和相关度。一个城市在网络中的中心度越高,其网络权力也就越大。那些具有较大网络权力的城市,通常被称为通道城市。例如,中国香港作为服务于外部客户进入发展迅速的中国市场的桥梁,补偿了其总部功能和"管理和控制"功能的不足,它所显现的正是这种高连接度所具有的强大网络权力(Taylor, Catalano Walker and Hoyler, 2002)。又如在欧洲,莫斯科也是领先的通道城市,吸引了许多希望在新俄罗斯服务市场取得一席之地的企业,尽管其自己并没有全球性服务企业(即在那里设立企业总部)。

在现实的全球城市网络中,这种控制权力和网络权力是同时存在的;前者表现为一个城市中集聚了公司总部的对外关联;后者表现为一个城市中由大量的"普通"办公室所体现的"次级支配"的对外关联(Taylor, Catalano, Walker and Hoyler, 2002)。一般来讲,控制权力的集中度较高,主要集聚在少数城市中,从而统治性的城市只是少数,如纽约、伦敦等,其在全球城市统治力的排名中是遥遥领先的。相对而言,城市的网络权力比较分散,因此这类通道城市相对较多,且分布较广,并具有各自特色。例如欧洲西北部的三个城市各有特殊的引人之处:都柏林是一个特殊的后台办公的工作地点;布鲁塞尔作为"欧盟的首都"的政治地位吸引了更多的超越其当地经济地位的全球服务;苏黎世在世界经济中扮演了连接核心与外围的特殊金融中心角色。

Armstrong 和 McGee 根据与世界联系性的强度及其影响范围的大小进行城市分组,具体描述了作为全球网络节点的城市在全球经济中具有的多重地位:处于最高层级的全球城市集中了跨国资本的决策权力,主要的国际银行、金融市场、跨国公司、通信网络以及其他至关重要的全球服务位于这些支配世界的城市(伦敦、纽约、东京——对世界金融机构的统治使它们荣膺此列);较特殊的支配性城市集中了特定的工业,如底特律的汽车工业和休斯敦的石油工业;政治支配性城市包括国家首都,如华盛顿特区、巴西利亚;区域性和当地的城市,以较低水平的公司活动为特色,其活动也日益受到国际贸易和产业重组的影响;全球等级中较低层次的城市承担着劳务移民的征募、自然资源和剩余价值的提取以及市场深化所必需的消费类型的扩散等任务(Brian,1996)。这种全球城市体系的组织原则,也为发展中国家城市功能的国际化提供了成长空间,如出口加工区、离岸金融中心、国际口岸城市、制造业出口专业化生产基地等。

另外,城市节点在功能上的专业化也日益显现。这非常不同于中心区位模型所认为的,凡在全球城市体系中处于相同等级的城市是发挥着同样功能的(Baskin,1996)。Camagni 认为,不同的全球化城市在世界体系中将发挥不同的功能,从而其本质特性及程度也将有所不同(Camagni,1998)。在美国,纽约主导着银行、会计和广告等服务,而华盛顿特区主导着法律服务、研发和协会组织服务。像波士顿、达拉斯和旧金山等城市的高科技产业,要超过纽约、洛杉矶和芝加哥等全球城市。在计算机行业,最有影响的软件公司"微软"坐落在西雅图,另一家有影响的生产商"戴尔"则位于奥斯汀,而主宰这一行业的城市却是旧金山—圣何塞。又如,柏林被称为"设计之都",约有 1.04 万人专职从事设计方面的工作,还有众多以设计为生的自由职业者,600 多家设计公司每年的营业收入达 14 亿欧元,并取得了许多国际成就,从徕卡相机的设计到各国宾客云集的时尚展会等。还有,爱丁堡被誉为"文学之都",阿根廷的圣菲被称为"民间艺术之都",等等。

值得注意的是,前面我们分析网络节点连通性,主要强调了城市间经济交流或流动的重要性,但城市作为当今经济、文化、政治和社会的全球化现象出现以及衍生的载体,其构成的是一个多重城市网络体系,全球城市间的经济流动只是多重网络构成模式中的一种。因此在分析网络节点多重属性时,还要考虑其他因素的影响作用。如果把城市的自身显著特点、发展历史以及各具不同特质的文化、环境等诸多因素考虑进来,那么网络节点的多样性就具有更强的张力,表现为不同的形态。

4.2.3　网络节点的动态性

前面我们已经指出,连通性是网络节点的基本属性。在全球城市网络中,其节点的形成及变化,是与信息、资本和投资等要素流动密切相关的。从长期看,这些信息、资本和投资等要素的流动具有内在不稳定性。每当历史上出现一些重大变化,主要是新的生产结构和组织以及新的技术条件,特别是运输和通信方式的进步等,信息、资本和投资等要素流动就会发生改变,形成新的流向、新的流量,有时经常是不规则的、突变性的变化。这就使网络节点的形式及特性都因其新的流向与流量的出现而发生重大变化。因此这些网络节点的城市,都在不断适应其环境的变化。在此适应变化的过程中,其协调功能可能延伸到新的行业的活动中,其结构和组织形式可能发生根本性的重组,其功能可能在空间上得以扩展。

从这一意义上讲,这些网络节点具有动态性特征,即不稳定性和不确定性。有的是渐进性的演化,有的可能是突变性的变化。而全球城市网络中的节点,则是一个不断适应环境变化的持续运动的结果。这种持续的运动,包括网络节点的缓慢发展和多样化以及不断增长的空间影响力。在这一持续运动中,网络节点本身不断地多样化、复杂化并在空间上不断延伸。因此整个全球城市网络结构的变动表现为这样一种情景:原有的某些重要节点,会因要素流动的改道而轻易丧失其地位;同时新兴节点也可能形成与出现,并处于持续的变迁之中。

从历史长河来看,这种城市地位的动态变迁更为明显。在不同时期的城市体系中,总有某些城市在世界上处于明显的领导地位。甚至在工业革命以前,少数若干城市已经在行使涉及高水平活动和长距离交易的重要协调功能,其所起的作用也会让人想起当今大都市所起的作用。例如在17世纪,伦敦、阿姆斯特丹、安特卫普、热那亚、里斯本和威尼斯曾经是大都市。到了18世纪,巴黎、罗马和维也纳等城市开始崛起"称雄",而同时安特卫普和热那亚的影响力则下降。到19世纪,柏林、芝加哥、曼彻斯特、纽约和圣彼得堡成为国际大都市,而威尼斯等城市不再风光。当然,当今全球城市网络结构中的节点动态变化,所处的历史背景及驱动力量已完全不同。在当今全球化与信息化交互作用的背景下,国际大都市的关键角色不再与帝国的力量或是贸易的组织有关,而是与跨国公司、国际银行和金融行业、超国家的政治以及国际代理机构的运作有关(Knox,2002)。但其相同的一点是,都反映了城市地位变化的动态性。正如 Hall(1999)指出的,由于技术、经济、政治的快速变化,在等级结构中没有一个城市占据着绝对明确的位置。次全球区位的城市尤其与全球区位的城市进行着竞争(如法兰克福与伦敦、米兰与巴黎)。

　　从客观趋势来讲,要素流动的重大改道或变动,在相当程度上是与世界经济中心的转移相联系的。每当世界经济中心发生转移时,全球要素流动的方向及规模都会有重大的改变,从而导致网络结构中城市节点的功能及地位变化。但在此过程中,同样受到世界经济中心转移影响的若干城市哪个能成为新的要素流动的主要通道或控制管理中心,或者在新的要素流动中这些城市扮演何种不同的角色,较大程度上与其所处的地理区位、发展基础以及历史因素有关。必须看到,这并非偶然取决于其地理区位,也不是单纯地依赖于历史与传统的延续,而是通过参与者所付出的努力取得的。正如 Bourdeau-Lepage 和 Huriot(2003)指出的,并不是所有城市都经历了大都市化。大都市化仅仅是指那些对后工业时代现代科技和经济进步反应更快更大的、发展出了有效的和领导性的协调功能的大城市。

　　因此,网络节点本身的内部因素对其地位的变化也起着积极作用,其大致有四个方面:一是内在政治环境的变化。例如约翰内斯堡,由于国际社会对南非实行种族歧视政策采取制裁,加上城市内部持续的动乱和政治不稳定,失去了其在南部非洲的领先地位。又如,里约热内卢一度在世界城市体系中上升到相当高的位置,但政府迁都到巴西利亚后,它在与圣保罗的竞争中失去了优势,其所处的地位明显跌落。二是城市面对全球经济调整等外部变化的创造性反应能力。一个城市能否成功地实现从劳动密集型生产向资本密集型生产再向知识密集型生产的转变,成功地进行经济结构的调整,将在很大程度上决定其在世界城市体系中的位置。许多 19 世纪末和 20 世纪在汽车、钢铁、煤炭、金属制品等重工业方面具有重要地位的老工业地区的城市,如曼彻斯特、埃森、底特律,由于缺乏这种创造性反应能力,在知识经济时代就再也难以恢复以前作为"世界工厂"的重要地位。三是城市的竞争与合作能力。一个城市既能保持自身竞争优势,又具有对外较强的合作能力,将对全球资源要素的流动形成强大的吸引力。四是城市的可持续发展能力。只有那些环境优美、具有可持续发展能力的城市,才能成长为全球性的城市。

4.2.4   网络节点的衡量指标

以上分析初步表明,全球化城市作为全球城市网络中的节点,不仅在连通性程度、连接类型等方面有较大的不同,而且在其功能上也有较大的区别。为了对其差异性有一个大致的识别和区分,我们可以根据网络节点的特征及功能构建相应的测量指标体系。由于网络节点的每一特征,都能够从其功能方面予以考察,并得到充分反映,所以要把其连通性等特征与功能结合起来考虑,并在此基础上构建一个测量全球化城市的"全球化程度"或"城市全球化程度"的指标体系(表 4.2)。

表 4.2   全球化城市指标分类

		集中性 (国际性活动集中程度)	外向性 (国际化导向)	关联性 (联系或网络)
经济功能	资本流动,资金融通,控制与管理,高级商务服务等	跨国公司总部和地区部;外国直接投资;金融中心指标;全球服务公司;生产者服务的比重等	相关国际与国内指标的比例,如跨国公司总部/国内公司总部	总部与分部的网络;FDI 进出网络;生产者服务的网络等
	交通运输,通信,消费,R&D 功能等	专利数;研发机构;电信节点;交通枢纽;人口及外来劳动力;贸易量等	相关国际与国内指标的比例,如国际通信/国内通信	航运网络;电信网络;物流网络;贸易网络等
其他功能	政治、文化、教育和知识功能	国家首都;外国侨民和游客;国际组织、国际节庆、国际会议和事件;国际学校;联合国教科文组织的文化自然遗产等	相关国际与国内指标的比例,如海外游客/本国游客	流动的国际网络

资料来源:Hunmin, K.(2006)。

表 4.2 的每一格中,均为一些代表性的指标。由这些指标测定出来的综合指数可以用作全面衡量全球化程度,也可以用于确定某一具体城市在全球城市网络体系中的位置。同时,分解指数可以表明一个城市在全球城市网络体系中的特定角色,即可用来确定属于哪种类型(管理、交通、消费、生产或研发)的城市节点。同样,这些指标还可指明该城市在全球经济、政治、文化和其他方面的相对位置。

按照这种指标体系来进行测量,我们可以看到,全球化城市在全球城市网络中的地位及连通性程度是不同的,其关联方式与联系通道也有着较大的差异,从而呈现出多层次、多样性的格局,表现为一种色彩丰富的马赛克图案。也就是,全球化城市并非统一模式化的脸谱,而是具有各自不同的特质。

全球化城市各自特质的形成,取决于各种决定因素的综合,并取决于一个长期累积的基础。例如,伦敦成为一个具有多样性综合功能的现代国际大都市,有许多重要的因素在起作用。从历史基础上看,伦敦具有良好的基础设施和大量的知识、技能、语言和影响力,成为商务布局的关键因素。从管制环境来看,伦敦保持了对商务的开放性,并且以适宜的管制、税收和用工政策等优势而成为全球市场布局的选择。从集聚与规模经济效应来看,伦敦拥有欧洲最高级的资本、知识和技术流。从劳动力市场与人才来看,伦敦有从事国际商务活动所需要的高级技术和具有多种语言与文化的专业化劳动力市场。从城市文化来看,在"人力资本驱动"的经济活动中,伦敦是一个更适合于生活与居住的城市。而这对于它成为国际商务中心,则是十分重要的。同样,对于那些崛起中的全球城市以及一般全球化城市来讲,其各自特质的形成与发展,也是如此。

4.3 基于网络结构的崛起中全球城市

从全球城市网络的角度观察,全球城市的特质主要表现在与其他城市广泛而密集的相互作用上。从这方面来看,过去曾经在这一学科中占统治地位的那些基于经济实力、竞争力等指标对城市地位进行的静态排位已经远远不够了。相反,通过观察节点之间的流动来分析其相互作用的方法①,显得更为重要。同样,对于我们所要考察的崛起中全球城市,也要采取相同的方法来揭示其在网络结构中所处层级及特质。

4.3.1 崛起中的全球城市:在网络结构中所处的层级

通过前面的分析,有一点已是清楚的,即崛起中的全球城市是被纳入全球城市网络之中的城市,是网络结构中一种特殊形态和类型的全球化城市。但问题

---

① 这里的"流动"指的是资本的运动、交通通信、国际投资、市场信息、文化商品和熟练技术的劳动力的流动。

是,同为网络结构中的全球化城市,崛起中全球城市如何与全球城市,以及其他一般全球化城市相区别? 传统的一种通用办法,就是通过城市等级的划分来加以相区别。对于城市的等级划分,历来是城市学和全球城市研究的热点之一。

纵观城市等级划分的研究,曾有四种主要方法被广泛运用,而每种方法代表不同时期的研究重点与核心。其一,以跨国公司总部选址为主要指标。拥有的跨国公司总部越多,其在全球城市体系中的等级也越高。这是早期以 Friedmann 的世界城市假说为代表的研究方法。其二,将城市功能的发挥与潜在经济发展能力结合起来,不仅考虑跨国公司总部,更注重跨国公司的创新与决策能力的地域分布,并以此作为世界城市等级划分的基础。其三,以城市在全球经济中的整合程度,对全球资本的吸引能力及其提供生产者服务的能力,作为划分现代国际城市等级地位的依据。其四,从产业结构变动与产业重组的角度出发,选择主导性产业发展为划分依据。也就是,传统制造业在新技术、信息产业的高度发展下,其重心地位逐渐丧失,而金融及高级服务业则成为城市国际化程度的体现。显然,这些不同时期城市等级的划分依据,都是从城市内部组织构造及其属性的角度出发来划分其等级层次的。这些传统标准过于注重现代城市的本身内容,而忽视了其在全球城市体系中的相互联系与影响(Knox,2002)。因此,采用传统的城市等级划分标准对全球网络中的全球化城市进行层级划分,其本身是有严重缺陷的。

对于全球网络中的全球化城市的层级划分,必须采用能反映网络结构内在要求的研究方法及标准。前面的分析已经指出,作为全球城市网络中的节点,一些城市充当了基本(中心)节点的角色,一些城市是次中心节点,而大部分城市则是一般节点。另外,从全球化城市的内部组织构造特征与其外部连接的网络化水平来看,也明显反映出一些城市的总体联系性很强,而另一些城市的总体联系性较弱;一些城市诸多方面的联系性较强,而一些城市只是在某一方面的联系性较强。因此,对于全球网络中全球化城市的层级划分,要采取既注重城市本身属性,又考虑城市间相互联系的研究方法,将全球城市体系作为全球化环境下的总体来对待。

伦敦 Loughborough 大学地理系的学者们在这方面作了富有成效的探索性研究。他们根据全球城市的四方面主要功能及其网络化联系(国际会计、广告、银行、法律服务)对 122 个城市进行分析,得出了三个层次的体系结构(Beaverstock, Smith, Taylor, Walker and Lorimer, 2000)。第一层次的 10 个全球城市,在这四个服务功能中都有全球性的突出表现。其中,最高分的是伦敦、巴黎、纽约和东京。第二层次的 10 个全球城市,在其中的三个服务功能方面有全球性的突出表现,如旧金山、悉尼、多伦多和苏黎世等。第三个层次是 35 个全球城市,在其中的两个服务功能方面有全球性的突出表现,包括阿姆斯特丹、柏林、迈阿密、大阪、罗马和华盛顿等。

根据全球网络连通性或网络化联系的程度,我们可以将全球城市网络中的节点归纳为以三种不同的方式联系在一起。其一,具有一个高等级全球连通水平的簇群。有相似水平的完全连通的城市往往被归入这一类,例如作为主导节点的纽约和伦敦明显属于这一簇群中的成员。其二,具有较强地区连通性的簇群。世界同一地区内具有较大连通性的城市往往被归入这一类。其三,存在这两种维度相互作用趋势的簇群。那些既有一定全球连通性、又有一定地区连通性的城市往往被归入这一类。在这一簇群的成员构成中,有较高水平连通性的,趋向于受较少的地域性限制;而有较低水平连通性的,趋向于更受地域性限制。在此基础上,我们可以把基于网络结构的全球化城市划分为不同层级及类型。

第一种类型是具有高度全球连通性和全球协调功能的城市,属于已经形成和成熟的全球城市。它们具有最广泛、最密集的全球网络连通性,从而是全球城市网络中的中心(基本)节点。目前,这类全球城市大都在发达国家。

第二种类型是全球连通性正在逐步增强、全球协调功能正在逐步形成的城市,属于崛起中的全球城市。它们具有较广泛、较密集的全球网络连通性,是全球城市网络中的重要节点。目前,在发达国家和发展中国家都有这类崛起中的全球城市。

第三种类型是全球连通性和全球协调功能尚较弱的城市,属于具有发展潜力的一般全球化城市。它们只是全球城市网络中的一般节点。这类城市比较普遍,特别是在发展中国家相对较多。

当然,全球化城市的层级是动态变化的。在这种动态演进的全球化城市层级中,已有的全球城市虽然居于主导地位,但也可能发生衰退,其全球连通性和全球协调功能趋于下降;具有发展潜力的一般全球化城市,若能抓住机遇,充分发挥其潜在能力,也可能通过不断增强其全球连通性和全球协调功能,逐步成为崛起中的全球城市,并向全球城市演化;崛起中的全球城市,有可能在加速崛起中发展成为全球城市,但也有可能在停滞或者后退中沦落为一般全球化城市。

4.3.2 传统功能主义方法批判

在层级划分的基础上对崛起中的全球城市与全球城市、一般全球化城市作了相对区分后,就要进一步深入研究崛起中的全球城市的特质,以揭示崛起中的全球城市的基本属性及特征。但这里首先遇到的问题是:用什么样的方法来进行研究?

在城市学研究中,长期居统治地位的城市中心空间分布理论所运用的是功能主义(和构造主义)的基本方法,即通过城市结构分析来揭示其内部特征及功能,并由此来界定城市特质和确定城市地位。在实证分析中,通常运用与此相关的基于经济实力、竞争力等标准的重要指标,对城市地位进行静态排位。在主流全球城市研究中,也沿用了这一传统功能主义(和构造主义)的基本方法,有相当一部分学者注重于通过挖掘其内部特征及功能来界定全球城市。如 Lo 和 Yeung(1998)提出,全球城市也许是由于其在全球经济中扮演的角色而杰出,而之所以能扮演这一杰出的"角色",则是由其内部特征及功能决定的。Fröbel 等(1980)描述了"新的国际劳动分工"是大公司为拓展新的"全球范围"而采取的世界性生产策略的结果。这种新的全球经济要求有指挥与控制中心,以发挥其功能,而全球城市就被认为是这样的中心。以后,这一思想被 Friedmann 进一步发展为"世界城市"假说。这也就是说,全球城市的内部特征,表现为是跨国公司总部所在地,其在那里发挥着组织新的国际劳动分工的功能。

在 20 世纪 70 和 80 年代,确实是有许多跨国公司总部坐落在西方主要城市,从而在很大程度上验证了 Friedmann 的假说。但随着现代信息技术及网络的发展,新的通信技术不再要求总部功能仅仅在这些大城市中向外传送。另外,90 年代那种绕开西方城市的公司总部而在所谓"新兴市场"中的资本流显得越来越重要。其结果是,跨国公司总部经常被分散化,寻求新的(比较便宜的)区位(Castells, 1996)。这些新的变化说明,全球城市不再被跨国公司总部所在地的内部特征来界定。如果跨国公司总部不再成为全球城市的内部特征,那又是什么呢?针对这一问题,Sassen(1994)提出了一个可能的答案,同时解释了为什么尽管存在现代电子通信带来的非集中化的压力,而一些经济功能仍继续保留在城市。这一答案的关键,就是考虑到先进的生产者服务,并把这些服务活动界定为能够通过向各类公司提供专业帮助来促进世界经济的运行。许多先进生产者服务公司,如银行、会计、保险、广告、公共关系、法律服务以及管理顾问等部门,通过实施全球战略,逐步发展成为该专业领域的跨国公司,其业务是面向全球的主要客户及跨国公司的。而且,这类先进生产者服务是高度专业化的,其本身也需要由其他生产者服务公司来提供服务,即需要互相提供服务,所以这类面向全球的先进生产者服务比跨国公司的"全球服务"更为深化。由于这些先进生产者服务公司所提供的更多、更新的服务产品,包括新的金融产品、新的广告包装、新的多样化的法律文本等,是基于专业的知识和通过综合不同专业知识的方式生产出来的,所以为了能够把这些综合专业知识融合在一起,其势必要求在一个知识密集的环境中运作。那些全球城市通过个体知识的密集集聚,提供了这样一个环境,便于其专业人士的面对面交流。因此,在 Sassen 看来,先进生产者服务公司的高度集中是全球城市的内部特征。

　　尽管 Sassen 与 Friedmann 在有关全球城市的内部特征及功能认识上有所不同,但实际上都是从传统功能主义出发来考察全球城市,立论于"假定主要城市具有战略作用"(Sassen, 1994),倾向于将全球城市描绘为"控制中心",与其他城市的关系是核心、半周边和外围的全球层次结构。这与当时主流性的世界城市体系等级结构的观点是高度吻合的。与此相联系,过去许多有关划分城市等级以及界定国际大都市的标准,往往仅限于城市功能的内部特征及功能。例如,Friedmann 提出的七条标准:主要的金融中心,TNCS 的总部,国际机构,商业服务部门的快速增长,重要的制造中心,重要的运输中心和人口规模。其他一些研究还增加了新的标准,比如通信(Hepworth, 1990; Warf, 1989, 1995),生活质量(Simon, 1995),国际事务和文化中心(Knox, 1995; Rubalcaba-Bermejo, et al, 1995),移民目的地(Friedmann, 1995)。这些标准所强调的,是全球城市具备的各种功能,以及全球城市功能的差异性。

　　基于传统功能主义的城市或全球城市的考察,偏重于其内部特征及功能分析,势必会片面突出城市"中心"地位及等级结构,而忽视其外部连接的网络化特征的新变化;过于强调城市功能的差异性,而忽视城市之间的联系以及它们与全球化过程的联系。正如一些学者批评的,如此过于强调全球城市功能的差异性,只能导致忽视全球城市网络的连接和可塑性。事实上,许多变化都是通过全球城市来处理和传达的,而这些城市是通过多种连接与当前的世界经济保持联系的节点(Hall, 1996)。因此,考察全球网络结构中的崛起中的全球城市,不能简单沿用传统功能主义(和构造主义)的方法,而要结合运用通过观察节点之间的流动来分析其相互作用的方法。

　　与基于传统功能主义的城市、全球城市的考察不同,我们这里首先要强调的是:在当今全球化和信息化的背景下,崛起中的全球城市与其他全球化城市一样,具有明显的外部连接的网络化特征。尽管历史上的贸易型大都市、制造型大都市也都有较广泛的外部连接,但绝对是不能与当前全球"流动空间"中的网络化相比拟的。在目前情况下,如果一个城市不进入全球城市网络,其协调功能是十分有限的,无法向全球化城市的方向演进。如果一个城市不处于全球网络基本(中心)节点的地位,根本就不能称为全球城市。从这一意义上讲,崛起中的全球城市既不是由其内部特征(如劳动力、企业、行业及产业结构等),也不是由其实现的功能(如协调、服务、控制、监督等)来界定的。对于全球城市来讲,也是如此。Castells(1996)明确地指出,全球城市不是被其内部特征所界定的,而是由其在全球"流动空间"中的战略地位所界定的。Thrift(1998)也认为,"全球城市不能被看作是有限边界的国家,或不同种类的、已经固化确定的连续体",它应当被看作"总是相互作用和处于某一过程的事物"。因此,我们要从全球网络节点之间流动的角度,围绕全球连通性这一核心要素来揭示崛起中的全球城市的特质。

4.3.3 崛起中全球城市的特质

对一个城市来讲,全球连通性意味着双重涵义:一是外向性,主要表现为面向国际,在全球层面所起的作用相对较大。二是关联性,主要表现为与外部联系密切,并处于网络联系之中。因此,崛起中全球城市的外部特征可以归结为两点:(1)崛起中的全球城市是外向型城市,以国际化为导向;(2)崛起中的全球城市是全球网络中的节点城市,与外部有着高度的关联性。

当我们把崛起中的全球城市视为全球城市网络以及世界经济的"节点"时,固然强调了其外部的相互依赖性和流动性特点,但并不能以此来否定其内部特征,或将两者截然分开。崛起中全球城市的外部连接网络化特征,恰恰是要以其相应的内部特征来支撑的,或者说要求其内部特征与此相适应,因而两者之间是有机统一的。在全球城市问题上,也同样如此。例如,Sassen 在全球城市研究中所挖掘的先进生产者服务的内部特征,与 Castells 所强调的全球网络基本节点的外部特征是可以统一起来的。因为,与跨国公司总部有所不同,先进生产者服务公司除了高度集中于主要城市外,其全球战略本身就是一个全球网络化过程。正是凭借先进生产者服务公司的全球化网络,全球城市的连通性及其网络才得以建立起来。因此我们在此要强调的是,揭示崛起中全球城市(包括全球城市)的特质,要从其外部连接的网络化特征着手,进而分析与其相一致的内部特征。

主流全球城市研究已对全球城市的内部特征作了大量分析(如:Bosman and Smith, 1993; Clark, 1996; Cohen, 1981; Friedmann, 1986; Hall, 1984; Hymer, 1972; Reed, 1989; Sassen, 2000; Short, et al., 1996),归结起来就

是:具有高度集中的国际性活动的城市。支撑这种国际性活动的组织基础,是各种类型的全球性公司和国际性组织机构。因而,它也表现为是各类全球性市场(商品、金融期货、投资、外汇兑换、股票证券和债券等)所在地;各种高级专业商务服务(特别是国际金融、会计、广告、房地产开发、法律服务等)高度聚集的所在地(Beaverstock, Taylor and Smith, 1999;Leslie, 1995;Moulaert and Djellal, 1995;Warf, 1996);大公司总部(不仅指跨国公司,也包括主要的国内企业和外国大公司)高度集中的所在地(Godfrey and Zhou, 1999);各种国内外商贸及其他行业协会高度集中的所在地;各类NGO(非政府组织)和IGO(跨政府组织)的所在地;具有国际影响力的媒体组织(包括报纸、杂志、图书出版和卫星电视)、新闻和信息服务(包括新闻编辑、在线信息服务)及文化产业(包括艺术设计、时尚、电影和电视)的集中地。

由于崛起中的全球城市的网络连通性程度与全球城市不在同一个层级上,所以上述全球城市的内部特征及其组织构造的归纳性描述并不完全适合于崛起中的全球城市。但崛起中的全球城市作为潜在的全球城市或未来的全球城市,其追求的目标及其定位是一致的,只是程度上的差异罢了,因此其中仍有不少可以用来作为崛起中全球城市内部特征的参照与借鉴。例如,顶级的全球城市高度集中的是跨国公司总部和国际性组织机构;而崛起中的全球城市更多地集中了跨国公司地区或国内总部和大公司总部,或者是跨国公司和大公司的研发总部、营销总部等。又如,崛起中的全球城市也已开始成为个别全球性市场的所在地,或者已集中了一批对全球有一定影响力的各类大市场;同时,也已开始成为聚集各种高级专业商务服务的所在地、各种国内外商贸及其他行业协会高度集中的所在地,以及各类非政府组织的集中地。崛起中的全球城市在新闻传媒、信息服务及文化等方面同样也集中了不少相关组织机构。

尽管崛起中全球城市的内部特征及其组织构造还不像全球城市那样鲜明,但已开始具备相应内部特征及组织构造的基本雏形。而且,在现实生活中,上述的组织构造也并不一定在某个崛起中的全球城市中得到完整的体现。特别是像国际性的非政府组织和跨政府组织(世界卫生组织、国际劳联组织、联邦律师协会、农业生产者国际同盟等),往往相对集中于少数城市(见表4.3)。因此对于许多崛起中的全球城市来讲,也许并不具备这一组织要素,但这并不影响从理论抽象层面上对崛起中的全球城市内部特征及组织构造的大致描述。只须强调一点,即作为一个崛起中的全球城市,其组织基础是朝着能够支撑国际性活动的方向发展的。

表 4.3　联合国机构及主要国际组织总部(联络处)在世界 18 个城市的分布情况

	柏林	布鲁塞尔	维也纳	莫斯科	伦敦	罗马	斯德哥尔摩	巴黎	马德里
数量	6	60	15	14	57	31	14	208	5
	香港	墨西哥城	新加坡	纽约	首尔	曼谷	东京	北京	上海
数量	3	4	4	21	2	13	16	2	0

资料来源:李庚等,《北京与世界城市发展水平比较研究》,《城市问题》1996 年第 2 期。

　　另外,从已有全球城市的经验看,上述这种组织构造越是完整,其相互之间的协同效应就越强;反之,如果其组织构造中只是突出某几个方面,其相互之间的协同效应也就越弱。例如,纽约具有相对完整的组织构造,其相互之间的协同效应就十分明显。它以其文化和信息中心的地位吸引着跨国大公司,而大公司总部和全球市场的中心地位又吸引了大量高端的专业化商务服务;反过来,正由于集聚了大量的大公司总部和专业化商务服务公司,以及具有全球市场的中心地位,形成高密度、高频率的信息流动,其文化和信息中心的地位得到进一步加强。因此,纽约不仅是全球金融中心和先进生产者服务(会计、律师、咨询等)中心,而且也是媒介、信息中心和文化中心。早在 20 世纪 80 年代,纽约就有 17 家电视台和 39 家广播电台。全美三大广播网哥伦比亚广播公司(CBS)、全国广播公司(NBC)、美国广播公司(ABC)的总部都设在纽约,三大巨头控制着 2139 家电台和电视台,能够左右全美的新闻和娱乐。纽约也是美国出版业的中心,美国三大报之一《纽约时报》,美国主要报刊《华尔街日报》《纽约每日新报》《纽约邮报》《商业周刊》《时代周刊》《新闻周刊》《外交季刊》等都在纽约出版发行。因此,对于崛起中的全球城市来讲,应该具备上述组织构造的相对完整性,即便其层次低一些也无妨。

　　崛起中全球城市的内部特征及组织构造,是与其外部连接的网络化特征有内在联系的,具有高度的一致性。因为其内部组织构造中的任何一种要素,都有其自身的全球或地区网络,从而十分有助于城市对外的广泛连接。在全球化与信息化的背景下,一个城市在世界城市体系中所产生的影响与控制力,是通过生产和消费高级、先进的服务并促进城市发展,从而在全球网络中发生联系得以实现的。崛起中全球城市外部连接的网络化特征,其状态衡量的关键指标应该是:该城市是否有能力为公司或者市场的全球运营提供服务、管理和融资;不同生产服务领域的公司是否有全球网络的辅助设施;该城市是否有明显的生产者服务出口;该城市中是否有外国公司的总部;该城市是否有为跨界运营提供融资的机构;该城市是否有全球化的市场,以及它是否成为全球产权市场的一部分等。Stanback 和 Noyelle(1982)曾对美国的城市体系构成进行了一项研究,他们把美国 100 个重要城市分成五大类:枢纽中心(又分为全国性枢纽中心、区域性枢纽中心和次区域性枢纽中心三类)、功能性枢纽中心、行政中心、生产中心、居住中心。纽约、洛杉矶、芝加哥和旧金山被列入四大全国性枢纽中心。他们认为,枢纽中心是城市体系的最高层级,其特点是:公司总部及相关行政与控制职能的高度集聚地,是生产者服务特别是高级服务公司的集聚地,这些功能不仅服务于枢纽中心本身,而且服务于整个城市体系。

作为一个具有全面发展的组织构造的崛起中的全球城市,不仅银行/金融、生产者服务的全球网络联系性较强,媒介/文化联系性等方面也都处于前列,因而在全球网络总体联系性上会趋向靠前的位置。相比之下,作为一个具有重点方面发展的组织构造的崛起中全球城市,可能在银行/金融业方面表现卓越,有较强的银行/金融全球网络联系性,但在其他商务服务领域却没有相应的地位,从而在总体联系性上会趋向于排在相对较低的位置。这两方面排名的明显反差,在一定程度上反映其并不是一个"全面发展"的崛起中的全球城市。

但对于大多数崛起中的全球城市来讲,由于其处于"演化过程"中,并不具有"全面发展"的普遍性特征,往往在国际交往中只有一个或多个方面表现特别突出,其影响力是超越地区、跨越国界、波及全球的。Taylor(2003)在测量欧洲城市在全球网络中的联系性时发现,欧洲城市在银行/金融方面的联系性,在世界上的排名要低于其整体联系性的排名(这可以从亚太地区城市在银行/金融业的相对重要的地位中得到反映)。而在媒介的联系性方面,则立即显示了欧洲城市在这一领域的特殊重要性:世界前 25 位中有 16 座是欧洲城市。相反,如果把非政府组织作为城市连接因素加以考察时,欧洲城市的表现就不佳了,只有 6 座城市进入。这部分说明了欧洲城市在全球城市网络中不同的重要性,同时也显示了崛起中的全球城市处于"演进过程"的独特形态。

在分析了崛起中全球城市的内部特征与外部特征及其有机统一的基础上,我们进一步考察其主要功能。众所周知,城市的基本功能是经济社会的协调功能。崛起中的全球城市作为全球网络的次节点,在一定程度上控制与承载着互相依赖的资源要素、金融和文化的流动,并共同推动全球化的发展。它们也提供了全球与地区交互的平台,包容着经济社会文化和机构的设置。这些都促进着地区和大都市的资源整合,并推动着全球化的进程。同时,它们在一定程度上调整着全球化对地区政治经济的推动力。因此,崛起中的全球城市已超越了国家城市体系的范围,其节点区位功能及协调功能更多地表现为跨国界的城市与城市之间的联系。

这种基于全球连通性的重要协调功能,如果从职能上进一步划分,可以归结为经济协调功能和非经济协调功能。在现代经济中,最强大的经济协调功能主要表现为主导和控制全球经济的功能(只有全球城市具有这种战略性协调功能)。体现这种功能的,则是全球资本流动、跨国公司总部和全球公司以及全球生产者服务。崛起中的全球城市虽然还达不到这一水平,但在全球资本流动、全球产业链管理、全球生产者服务等方面也开始发挥重要的协调功能。另外,世界制造或生产中心,交通和通信中心,研发中心和消费中心,在全球经济中也起着不容小觑的作用。崛起中的全球城市在这方面的协调功能相对较强,具有一定的优势。尽管与前面所讲的主导和控制全球经济的功能相比,其协调及连通的影响力较弱一些,但这些经济功能在城市的对外联系中也起着重要作用,与全球连通性是高度一致的。

在以往的城市研究中,对经济协调功能是强调得最多的。但值得注意的是,以往关注甚少的非经济功能,如政治、文化、教育和知识生成功能也是估量全球化影响的必不可少的因素(Lever, 2002; Short, Kim, Kuus and Wells, 1996)。特别是以知识为基础的文化功能,将成为未来的主流之一。崛起中的全球城市在非经济功能协调方面,还是有较大发展空间的,在某种程度上更具有跨越性。关键是要予以高度重视并抓住机遇,不断强化非经济协调功能。

5 全球城市区域:新的空间结构

在全球化和信息化的推动下,全球化城市正通过网络全面融入区域、国家和全球经济的各个层次中。其中,一个明显的发展趋势就是全球化城市之间及与其毗邻的腹地形成了密切的内在联系,呈现出所谓的全球城市区域的现象。全球城市区域是对全球城市及全球化城市概念在理论及实践上的延伸,并越来越明显地成为国际政治与经济舞台上的一个独特空间。这对于发展中国家的全球城市崛起来讲,具有十分重大的意义。随着环境条件的变化,目前发展中国家的全球城市崛起,也许并不能像发达国家早期崛起的全球城市那样在地域空间中"单独"形成与发展,而是内生于全球城市区域发展之中的。因此,在崛起中全球城市的分析框架中,全球城市区域这一新的空间结构将成为其重要组成部分之一。

5.1 全球城市区域:当代全球经济的基本空间单位

在前面分析中,我们着重考察了全球化和信息化交互作用对城市本身的影响,例如它使大多数城市主动或被动地卷入全球化进程之中,从"地方空间"转变为"流动空间",促进了世界城市体系的变革,形成了全球城市网络,以及对全球化城市特质的塑造等。然而,各种经验分析表明,全球化和信息化进程不仅仅对城市本身产生重大影响,也波及很广泛的城市地区。全球城市区域日益成为当代全球经济的基本空间单位,并成为全球城市发展的地域空间基础。

5.1.1 地域空间新变化

在传统的国际劳动分工格局及国际贸易条件下,世界城市体系是一种以"中心地"等级体系为主的基本构架。在此构架中,全球经济中处于战略地位的全球城市表现出明显的跨国界空间的中心化程度,而往往在一定程度上与其国内、周边地区相隔断,即所谓的"灯下黑"现象。正如 Sassen(2001)指出的,这类城市与其他国内城市之间的经济联系出现严重的失衡,与其他城市在战略资源及相关经济活动的集中程度上出现严重失衡。

　　全球化与信息化进程的日益深入,促进了全球市场的创造、资本的快速流动、全球制造业的转移、复杂的生产链在全球范围内的延伸等一系列新变化,更新了中心与边缘的地理分布,强烈改变了世界城市体系分布、城市功能和城市生活的性质。正如 Hall(1997:311—322)指出的,尽管"中心地"仍然存在重要的规模经济和集聚经济,它们可能朝着进一步集聚的方向良好地运作,但这也可能为在重要国际势力控制下形成的新的区域发展所修正,如东亚新形成的大都市连绵区。一些学者在研究中也发现,全球化和信息化的影响波及很广泛的城市地区,极大改变了传统产业区位的空间分布。例如 Hodos(2002:358—379)在有关费城的研究中认识到,更为广泛的大都市地区活动是全球经济的一个部分。在许多大都市区,位于全球城市核心区之外的生产活动,诸如先进制造、研究与开发以及后勤与运输仓储等,目前都是其全球功能的一部分。当他把费城作为一个超越其中心城区的区域来研究时,发现许多公司是全球投资和全球生产运作的,其中有 12 家 1999 年全球财富 500 强企业的公司总部。在化工和制药业,有 50% 的外国雇员为外资公司工作。该地区经济明显呈现出全球市场导向的特征。Gertler 在对多伦多的研究中发现,大多伦多地区有重要的全球性产业部门,继而表明其具有全球化的角色。除了一般研究中提及的金融与商务服务业外,他还提出了汽车产业、信息和通信产业、工程设计、卫生教育和文化产业等许多活动,是通过大多伦多地区向外扩散的。O'Neill 和 Moss(1991)关于纽约的分析,也观察到了这一城市空间框架中的全球化影响。从纽约全球城市区域来看,发现有全球财富 100 强企业中的 13 个公司总部,7 家不同的服务公司和 38家社团研究机构。但如果按照原有的中心城区来定义的话,其是不计算在内的。根据这一观察到的情况,他在其政策展望上强调了制造业(通过总部功能以及研发)将在区域的未来发展中所扮演的角色,并建议在政策设计上要吸引这些活动在该区域落户。另外,Markusen 等(1999)的研究,则提供了美国、韩国、巴西和日本等次级城市中产业及其就业迅速增长的例子。

　　人们已越来越注意到,在世界城市体系发生根本性变革的情况下,越来越多基于全球网络结构的全球化城市的涌现,正在改变那些在全球经济中处于战略地位的全球城市与其国内及地区其他城市之间的关系。特别像纽约、伦敦、东京这样的超级全球城市，正通过城市网络全面融入区域、国家和全球经济的各个层次中。其中，一个重要方面就是通过高度的地区交流与合作，包括高度发达的资本、信息以及人力资源流动，与其毗邻的周边城市形成强大的内在联系，并全部整合在全球经济体系之中。在这当中，人们可以发现一个非常复杂的、有选择的分散化过程，即某些活动，特别是需要面对面交流的活动仍留在中心区，而许多其他活动则往往转移出去，如果不是转移去了大都市圈的次要的（"次重要性的"）中心，就是转移去了更远的城市。例如，在纽约，现在从曼哈顿核心区向康涅狄格和新泽西州郊区中心转移的高端服务功能非常明显。在伦敦也可看到类似的现象，如在所谓的伦敦西部或新月形地区，以诸如斯劳（Slough）、海维康（High Wycombe）、雷丁、布莱克内尔（Bracknell）、奥尔德肖特（Alder-shot）、贝辛斯托克（Basingstoke）等镇为中心，逐步生长发育着一个明显的多中心城市区域，包括了由 20 或 30 个中等城市组成的网络化城市群，吸引着大量对办公设施的新投资。这些办公设施分布在这些城镇中心内，也有的在城镇边缘的商务区中（Baras，1988）。在这当中，除了按照规划发展起来的布莱克内尔、贝辛斯托克外，其余的都是历史上已经建成的地区，只不过是随着时间的推移获得了新的功能。

事实上，这种新的情况并不仅仅发生在发达国家，在发展中国家也越来越显现出来。随着全球商品链的空间延伸和国际产业大转移，中国、印度等发展中国家正在大规模地承接国际产业转移。例如，中国承接了大量国际制造业转移，成为世界加工基地。随着外商直接投资规模的增大，以及加工贸易方式中境内加工链条逐步延长、产品增值率较大幅度提高，加工贸易在贸易结构中逐步占据主导地位。在进出口总额中，加工贸易占 55％以上，加工贸易中外商投资企业占 85％以上。同样，印度承接了的大量服务外包以及软件开发与生产，也都具有明显的全球化生产功能。这种全球商品链向发展中国家的空间延伸，并不是仅仅集中在个别主要中心城市，而是集聚于某些以主要中心城市为核心的区域之中。

在中国，这些外部转移进来的全球性生产活动，主要集聚在长江三角洲、珠江三角洲和环渤海湾地区。其中，长三角地区又是跨国公司在中国最为集中的地区。世界 500 强企业中，已有 400 多家在长三角地区落户。在这一地区，除了上海吸引了大量外商直接投资外，江苏、浙江两省的许多城市也都吸引了大量的外商直接投资，大规模地承接了国际产业转移。从动态过程看，上海实际利用外商直接投资额占长三角地区实际利用外商直接投资总额的比重还是趋于下降的,从 1990 年的 46％一直下降到 2003 年的 22.7％,而苏州则从 8.83％上升至 26.38％,超过上海。目前,长三角地区的许多生产活动或主导性的生产活动,都是全球商品链的一部分(制造加工环节),完全是由国际市场导向的。在珠江三角洲和环渤海湾地区,也是如此,已明显成为参与国际产业分工和国际竞争的平台。

这些都充分表明,全球化和信息化进程对越来越多的城市和地区产生重大影响,并将其卷入全球经济一体化进程之中。在此过程中,各种类型的产业部门(无论是制造业或服务业、高技术产业或低技术产业)都以前所未有的超地域的广泛联系而生存与发展;与此同时,又高度集聚于更为广泛的城市地区之中。在这种情况下,以"中心地"的单一城市为空间单元,已经无法充分解释全球化时代下的产业竞争与发展现象。

总之,在全球化和信息化进程不断深化的背景下,许多地区正受到越来越大的全球竞争的压力。因此,它们面临一个选择,要么被动地服从于这些压力;要么积极地进行制度建设及制定有关政策,尽可能吸取全球化带来的好处。在目前中央政府越来越难以处理来自不同地区的各种各样要求以及对其进行监督的情况下,全球城市区域无疑是一个特别重要的选择。这就促进了国家城市体系的稳步重构,使众多的中心城市演化为一个世界范围综合性的丰富多彩的城市超级集群,即全球城市区域。

目前,这种基于全球城市区域的城市体系调整与重构,还出现了跨国延伸的趋向。特别在欧盟国家,正大力倡导多中心和平衡的空间发展战略理念(CEC,1999)。这当中蕴含的战略思路是:面临全球化带来的不断增强的竞争压力,城市之间的协同发展可以使欧洲的区域能够在世界上更有效地运作。为此,这种协同发展战略在不同空间尺度中得以推行。作为整个欧洲的中心,由伦敦、巴黎、米兰、慕尼黑和汉堡组成的所谓"五边形"被认为是欧洲真正具有全球意义的经济一体化区域,这些城市的合作将有助于保持欧洲在世界上的地位。与此同时,为了克服"五边形"地区诸如经济过热或过度拥挤等问题(这些问题都被认为是进一步吸引投资的威胁),也强调其他的城市区域之间的协作发展。为此,有建议提出,在英格兰北部可以设立一条有力的东西向贸易发展轴线,连接都柏林(目前欧洲发展最快的城市中心之一)、利物浦、曼彻斯特、谢菲尔德、利兹、赫尔,并进入北欧。

5.1.2   全球城市区域的规定性

目前,已有部分学者开始注意到经济全球化带来的一种新的地域现象,即正在逐渐形成的全球城市区域。①这一全球城市区域是在全球化高度发展的前提下,以经济联系为基础,由全球城市及其腹地内经济实力较为雄厚的二级大中城市扩展联合而形成的一种独特空间现象(Scott, 2001)。它既不同于普通意义上的城市范畴,也不同于仅有地域联系形成的城市群或城市连绵区的含义。这些全球城市区域已成为当代全球经济的基本空间单位(所谓全球经济的区域发动机),尽管它们在国家或国际层面上并没有正规的特别是明显一致性的政治形式(尤其是在美国)(Scott, Agnew, Soja and Storper, 1999;Scott, 2001)。

为了对全球城市区域有一个较全面和深入的理解,我们首先解读一个与此类似和某种程度相关的"城市区域"的概念。不管是理论上还是实践中,城市区域并不是一个新的概念。例如美国从1930年起至1960年,就先后提出了"大城市地区""标准大城市地区""标准大城市统计区"等概念。1980年美国政府又进一步提出了人口在100万以上的"大城市区域"的规定。

一般来讲,城市区域是城市化发展进入后期阶段的产物。我们知道,在城市化进程中,始终存在着一对空间相互作用的基本要素,即集聚与扩散。通常,城市形成与发展在地理空间上的表现,首先主要是集聚过程,吸引各种资源要素向城市集中,引起城市人口密度的增加,而发展到一定程度后,经济辐射能力不断增强,经济辐射范围不断扩大,其扩散将上升到主导地位,不断向周边地区扩张,使城市范围得到扩展。作为城市的扩散效应,这种由点及面的扩展在空间联系上远远超出城市本身,导致城市区域化。因此,城市区域这一概念主要是作为城市化进程的产物而提出来的。

从城市区域的形态上讲,大致可以划分为两种类型:单一型城市区域和复合型城市区域(杨波等,2006)。前者是指城市本身就是一个区域,它的发展既表现为城区半径的扩大,也表现为城市群的组合。例如,伦敦先从较小的"伦敦城"发展到"内伦敦",再到"大伦敦",最后发展到巨大的"伦敦区域"。后者主要是指由于城市集中发展之后的循序性扩散与跳跃式扩散,使许多原本不相关的或联系很少的城市逐渐连为一体,所形成的城市区域。

不管是哪一种类型,这一"城市区域"的概念反映了新的可将现有不同管辖权边界的中心城区、郊区、邻近地区乃至其腹地的利益结合在一起的空间范围。在此空间范围中,无论是经济联系还是文化、政治联系,都远较与其他地区的联

---

① 1999年地理/规划学家Allen Scott在美国加州大学洛杉矶分校公共政策与社会研究学院举办了全球城市区域学术会议,与会350名学者、官员、企业家、社区领袖对全球城市区域进行了广泛的讨论。

系为甚。显然,这与具有明确管辖权边界的单一城市(包括所属的郊区)的概念
是不同的。另外,这种具有不同管辖权边界的中心城区、郊区、邻近地区乃至其
腹地的利益结合在一起的基础,主要是经济联系而非单纯的地域联系。因此,城
市区域不仅是城市在空间上的扩展,也是城市功能升级、产业扩散、经济空间联
系日趋紧密的过程中形成的地域现象。

　　应该讲,城市区域是传统城市学意义上的一个概念,其建立在这样一个基本
理论上,即这些城市与其国家、地区以及较大的经济社会结构之间存在着连接。
在一个国内封闭系统下(传统城市学研究通常以此为前提条件),城市经济确实
是明显置身于区域经济中,并经常反映区域经济的特征。但问题是,当这一城市
区域中存在着全球城市的情况下,由于全球城市是面向世界市场的,具有很高的
跨国界空间的中心化程度,主要是全球范围内的广泛联结,明显表现为一种超国
家关系,而其国内及周边其他城市尚属国内联结的城市,主要表现为国内地方关
系,所以在 Friedmann、Sassen 等人描述的全球城市中,其与腹地内的二级大中
城市的联系是相对弱化的,并被认为这与传统学术关于城市系统的主要命题相
抵触,即这些体系推动促进地区经济和国家经济在地域上的融合。可见,城市区
域这一概念并不能用以解释全球城市与其周边地区的关系,而且与 Friedmann、
Sassen 等人描述的全球城市是相互冲突的。

　　如果说城市区域是作为城市化进程的产物而提出来的一个概念,那么全球
城市区域概念的形成,不仅仅是城市化进程的产物,更是高度发展的经济全球化
与信息化交互作用的直接结果。其中,最为关键的差异就在于,全球城市区域是
以区域内全球化城市(或具有全球城市功能)的相互联结为基础的地域空间。

　　Hall(2001,59—77)对如何定义全球城市区域曾提出过一个很好的思考角
度。他认为,如果全球城市的定义建立在其与外部信息交换的基础上,则全球城
市区域的定义应当建立在区域内部内在联系的基础上。但需要进一步明确的问
题是,区域内部的内在联系属于什么样性质。如果只是单纯的国内地方联系,那
么从简单的地理学角度讲,全球城市区域可以说是由一些主要大都市区或与程
度不一的周边腹地连接在一起的大都市区所构成的,其自身是一个分散的城市
住区的场所。显然,这与城市区域的概念没什么本质性区别。

　　我们认为,全球城市区域形成的基本前提条件,是此区域中相互联系的诸多
城市均参与到经济全球化的进程之中。这里,不仅仅是作为区域主要核心的大
都市,而且与此内在联系的二级大中城市,也都是高度全球化的城市。这也就意
味着,该区域的大多数城市均具有全球范围的联结。因此,它们之间的内部经济

和政治事务将以错综复杂的方式联系起来,是不断加强的具有更多广泛性的超国家关系。显然,这与一般城市区域内相互联系所体现的国内地方关系,是完全不同的。事实上,只有当这一区域整个卷入全球化进程之中,其大部分城市均蜕变为全球化城市的情况下,其中处于核心地位的全球城市才能与其腹地内的二级大中城市的联系内生性地强化,并共同表现为超国家关系。显然,不论是全球城市概念还是城市区域或其他大都市区等概念,都无法反映与表达全球城市区域内部的超国家关系的内在联系,并准确揭示全球城市区域的特殊规定性。

因此,从根本上讲,是全球化和信息化的交互作用下涌现出越来越多的全球化城市在某些地理空间的集聚,促使全球城市区域的兴起与发展,并越来越成为处理和协调现代经济和生活的中心区域。如果撇开诸多全球化城市地域空间集聚这一基本要素,我们也就无法定义全球城市区域这一概念。

从现实的演变来看,伴随着全球化和信息化的推动,越来越凸显出空间接近和集聚对促进经济生产能力及形成竞争优势的重要性。顺应这一发展趋势,一些全球化城市从早期的地域空间扩张转向与邻近区(县、都会区、市等)形成空间松散的俱乐部联盟,以便在应对全球化的挑战和机遇的基础上寻求效率。正是在这种有着高度经济联系的全球城市区域中,才有足够的人力资源、资本动力、基础设施以及相关服务行业支撑具有全球化标准的生产,才能成为以更大的竞争优势争夺全球市场的大规模企业群集或公司网络构建的地域平台。因此,巨大的全球城市区域充当了企业参与全球市场竞争的地域平台。这些企业扎根于全球城市区域的相关资源中(Scott and Storper, 2003:579—593)。也就是,强烈的全球化压力和地区间竞争,促使全球城市区域具有内在的更为宽泛的空间经济特征。从这一意义上讲,全球城市区域恰好是使全球化成为可能的空间结构,或者说是全球化赖以推进的空间基础。因此,全球城市区域不仅是经济全球化的结果,同时也是全球经济的驱动力之一。全球化与全球城市区域的发展,不过是一个整体的两个不同侧面而已。

由于全球化促使城市区域的经济与世界市场的联系程度不断加深,从而刺激经济的增长,反过来又进一步鼓励专业化生产出现在既有的网络中。例如好莱坞的电影、硅谷的半导体、纽约和伦敦的银行与金融服务、巴黎的时装等,都代表着灵活的生产网络的集群产出,其命运是与世界市场的需求紧密相连的。也就是,作为当地关系网络的经济活动,融入了更加扩展的地区间竞争和交流的全世界网络。为此,在世界范围内,通过大规模的资本与劳动力重新配置的方式,许多一流的产业部门在当地形成了与日益全球化的市场相联系的密集的生产者集群。全球城市区域的发展,是与全球化导向的产业集群紧紧联系在一起的。

高度集聚的全球化导向的产业群,成为全球城市区域的明显特征之一。

　　另外,在全球城市区域中,诸多全球化城市均具有超国家的空间联结关系,并作为全球城市网络的不同节点具有各自特性及其地位,发挥着不同的职能。因此与单一核心的城市区域不同,全球城市区域往往是多核心(中心)的城市扩展联合的空间结构。对于这一"多中心"的空间结构,具体表现为到底是圈层的,还是带状的,或是其他的形态,目前还有争议。Hall(1999)认为,全球城市区域应该具备多中心的圈层空间结构形态:核心是中央商务区,如伦敦城(City of London)、夏特雷(Chatelet)、丸之内线/大手町(Maurnouchi/Otemachi)等;稍外围是新商业中心区,如伦敦西区、巴黎16区、Akasaki/Rippongi等,集聚着某些种类的办公活动(尤其是总部)和娱乐/文化活动;然后是内部边缘城市(inner edge city),主要是工商业用地的外围扩展,与第一、第二层次的中心有一段距离,如拉·德方斯、加拿利码头(Canary Wharf)、世界金融中心、新宿、波茨坦广场等,高度集聚新的办公场所及娱乐场所;再往外即外部边缘城市(outer edge city),由一些交通节点上的城镇组成,成为中心市区与外部的联系点,如伦敦的Western Sector、Roissy(戴高乐机场所在地)、Kista-E4走廊、阿姆斯特丹-Zuid等;其外则称为"边缘城镇复合体",在此圈层主要聚集了一些中心市区企业的研发部门或"后台办公",如克罗尹顿、雷丁、Cergy-Pontoise(巴黎的新城)、大宫、川崎、格林尼治(美国康涅狄格州);在城市区域的最外圈,则分布着遵循劳动地域分工的专业化次等级中心,其为中心区及其他圈层提供教育、娱乐、商务会展等服务(体育场、圆形剧场、会议和展览中心、主题公园),如格林尼治的新千年穹顶(Greenwich Dome)、巴黎迪士尼乐园、东京滨水区等。至于"多中心"的空间结构形态,是否就如Hall所描述的那样,尚可以讨论及作进一步的实证考察。但不管其空间结构是一种什么样的形态,有几点则是明确的,即它们创造的不是传统的单一中心城市,而是新的多中心的城市形态;它们位于一些节点上,尽管从中心到边缘的这些点可能是非常分散的;多个中心之间形成基于专业化的内在联系,各自承担着不同的角色,既相互合作,又相互竞争,在空间上形成了一个极具特色的城市区域。从这一意义上讲,全球城市区域的圈层形成与圈层的专业化转变是同步进行的。

5.2　全球城市区域空间结构的解释

　　在全球化和信息化背景下,全球城市区域形成并发展,日益成为当代全球经济的基本空间单位,这是一个非常重大的变化。对于这一变化,要给予相应的理论解释。传统城市/全球城市理论是以单一中心的地域空间为基础的,其分析框架已无法扩展用以充分解释全球城市区域的独特空间结构。因此,我们要寻求新的理论及方法来分析全球城市区域,把握其空间结构的新变化。

5.2.1 重新审视传统城市理论的空间结构

我们在前面已指出,主流全球城市理论研究是从全球化、信息化的特定背景中直接推导出全球城市假说的,因而其研究往往把视角聚焦在全球化、信息化对全球城市本身的影响上。这不仅忽略了全球化、信息化对一般城市的影响(在前面分析中我们已予以评论),实际还暗含着对传统单一中心城市概念运用的沿袭及其进一步扩展。

无论是 Friedmann 的世界城市等级体系,还是 Sassen 论述纽约、伦敦、东京的全球城市,无一例外是以单一中心城市的地域空间为基础的,只不过这种单一中心城市的地域空间更为扩大化(超越了国界)了。因此在他们看来,全球城市是一种在主导性金融活动和商务中心之间的跨国联系的强化,与其腹地及国家城市体系之间联系的弱化。从原则上讲,一个城市应当嵌入其国内城市体系,与自己的城市腹地和民族国家联结在一起。但全球城市在区域、跨国和全球中的联结不断提升,增强了它们之间的跨国联系,从而导致这些城市与其国内城市体系之间的联系降低(Sassen,2000:55—56)。尽管这是对传统城市学关于城市与其腹地深度相关观念的重大改变,但并未从根本上由此改变单一中心城市的基本模式。即使是 Castells 所倡导的信息城市,具有"流动空间"的特征,但仍然以单一中心模式的城市作为其网络体系的节点。我们认为,主流全球城市理论研究立足于单一中心城市的地域空间,绝非偶然,只要其自身的逻辑贯穿了理论的一致性,就必然会依托和强化单一中心的城市模式。

前面的分析已经指出,全球城市研究的理论起点是以跨国公司的生产分散化及生产全球化为基础的,其重点分析了生产分散化过程中控制与管理功能以及相应的生产者服务功能在主要城市高度集中的必然性,并使这些城市成为全球城市网络中具有全球性功能的基本节点。显然,这一研究为我们理解跨国公司全球战略实施的空间布局,提供了一个有效的分析工具。但正如我们前面分析指出的,主流全球城市研究的一个重要缺陷,在于其定义范围过于狭窄,主要研究一些顶级的全球城市(特别是那些制造产品生产大量向全球转移的城市,如纽约、伦敦、东京等),而没有把全球化、信息化进程中更为广泛卷入的一般城市及完整意义上的全球城市网络纳入其分析框架。因此,主流全球城市研究在构建全球化、信息化与全球城市之间的逻辑关系时,只是注重全球商品链中处于高端的总部控制与管理以及生产者服务功能的部分,并且将这一部分视为是可以自成体系的,即基于生产者服务内部网络的全球城市网络。尽管在全球城市研究中,也提及总部控制与管理以及生产者服务功能是直接面对分散化生产的,但由于其定义范围的狭窄及分析框架缺失,并没有把这种分散化生产融入特定的城市空间性分析之中。

我们知道,有关全球商品链的研究,对全球性的分散化生产问题给出了较好的理论解释。在 Braudel(1984)研究的基础上,Hopkins 和 Wallerstein(1986:157—170)提出了"全球商品链"这一概念,即"有关劳动、生产直至最终形成商品这一完整过程的网络"。以后,通过 Gereffi 等(1994)所作的研究,使这一概念有了相对完善的范式。全球商品链的理论,作为一种主要的政治经济分析工具,主要集中于对公司及其他机构的价值创造体系的研究,即研究跨国网络控制及其过程中的价值创造与分配,以及从原材料开采、主要加工过程扩展到贸易、服务及制造过程到最终消费和废弃物处理等不同阶段的一系列节点。整体上看,全球商品链也许连接着不同的生产、贸易和服务提供过程的组织模式,甚至可以包括外部与内部市场的溢出效应(Gereffi and Kaplinsky, 2001; Pelupessy, 2001)。这些机构之间的连接被设想为一个连接着不完善市场序列的链条,反映了由市场力量非均衡而导致的不平等的价值分配。应该讲,全球商品链的研究反映了经济全球化的现实,为我们理解跨国公司全球战略及全球生产体系提供了一个有效的分析工具。然而,在主流全球城市研究的特定分析框架中,由于无法容纳这种根本不在其中的全球分散化生产,所以并没有很好地吸收全球商品链的研究成果,使之与其有机地结合起来。

当然,全球商品链研究本身也存在一个重要缺陷,即缺乏对商品链的空间性的全面分析(Leslie and Reimer, 1999:401—420)。在这一研究中,往往置全球商品链连接来自世界各地输入的理论观点于不顾,简单地将其输入归结为来自特定的场所,以及向不同地区提供输出。尽管有关的一些研究成果也注意到全球商品链在促进地区发展和激发地方潜力方面所起的重要作用(Schmitz, 2000:1627—1650),但其空间性概念并没有成型化。另外,全球商品链分析中还存在着一个特有的局限性,就是缺乏对生产者服务在建立和维持全球生产网络中所起关键作用的理解。尽管最初也曾有学者呼吁要挖掘服务部门之间的联系纽带(Rabach and Kim, 1994:123—143),但全球商品链分析并没有进一步深入到这一领域之中。

因此,尽管主流全球城市研究与全球商品链研究都是以全球化为背景的,并有其共同的理论基础,即世界体系分析(当然,其程度不同),但却各自独立发展,相互之间几乎没有什么交叉影响。其结果是,这两种分析框架在分别证明商品链或城市网络的地位上是较为出色的,但它们之间的关系似乎是模糊的,并不能很好地综合解释现实中的问题。例如,有的学者在对墨西哥城和智利的圣地亚哥的较为深入的研究中发现:一方面,现有的大量有关高端生产和外国投资水平持续上升的数据表明,智利和墨西哥的国民经济具有日益融入全球商品链的特征;另一方面,有迹象表明,墨西哥城和智利的圣地亚哥的城市经济与由组织全球性生产者服务公司所形成的跨国网络之间有紧密的联系(Beaverstock, Smith and Taylor, 1999:445—448; Derudder, et al., 2003:875—886)。如果把这一问题分开来看,我们知道智利和墨西哥正逐步融入全球各种商品链之中,同时也知道全球性的生产者服务在墨西哥城和智利的圣地亚哥高度集中,但我们却不知道这两个城市中的先进生产者服务是否必然表明了两国的生产与世界市场的关系。因此,对于全球化的空间性问题解释,单独利用其中某个理论模型是不行的,分别利用这两个理论模型也是有问题的。也就是,全球商品链与全球城市网络研究之间缺乏关联性是有问题的(Parnreiter, 2003)。

事实上,当工业品制造或农产品加工方面的商品链是由代表性的大型跨国公司组织及其控制时,全球城市网络通过出于自身利益要求而向跨国公司提供先进生产者服务,是与全球商品链结合在一起的。应该讲,这两种分析框架的有机结合是有其现实基础的。主流全球城市研究之所以不能很好地吸收全球商品链的研究成果,并将其内化为分析框架的构成部分,并不是研究者们一时疏忽,而是其本身固有的理论缺陷及分析框架的局限性,完全排斥了基于全球生产分散化的全球商品链的空间分布特征,从而也就决定了其只能固守在单一中心城市的地域空间的基础上。显然,基于单一中心城市地域空间的全球城市研究,对于上述那种全球化条件下的超地域广泛联系的产业竞争与发展、全球化的城市地区等现象,并不能给予有说服力的充分解释。当一种理论不能很好地涵盖现实中更多的信息,并予以充分解释时,实际上也就意味着认识上的相对性或局限性。而这一局限性,主要体现在单一中心城市地域空间的观察视角上。

为此,Gordon和Richardson(1996:1727—1743)指出,强调不断分散化的模式仍然被传统中心模式所遮盖。城市经济理论仍然被倾向于分析流行的单一中心的模式所主导,还没有研究出令人信服、可选择的、更准确预测现实的理论模式(与一系列按固定传统风格处理的实际情况相对照)。Hall(1997:311—322)进一步提出,要依据城市在全球化信息经济中的地位,而不再依据传统的零售服务供给、制造业等活动,研究出单独的一组城市发展模式,进行地理定位(如特有的商务中心),将它们与其大都市连绵区内的其他地方联系起来,同时也与其他类似的大都市连绵区(确实存在于其他国家和大陆)内的其他地方联系起来。一个有关信息交换的独特理论应包括并评价这两种联系。结果应当是,根据在全球信息流动集合中的定位,形成一个新的城市中心与次中心的等级结构。

总之,通过对主流全球城市理论空间结构的重新审视,我们可以清楚看到,对于全球化下的城市空间结构变化,已不能沿袭传统的单一中心城市模式来加以解释,必须转换新的观察视角和构建具有更大包容性的分析框架。这就首先要从全球化对卷入其中的所有城市产生的影响出发,并延伸到受其广泛波及影响的城市地区,然后再把全球城市研究和全球商品链研究这两个有关当代全球化过程的空间模型进行综合,突破单一中心城市模式的局限,从新的空间视角来考察全球城市网络中的全球化城市。这里要强调的是,从主要的全球城市研究拓展到更为广泛的全球化城市研究,增大其分析框架的包容度,是基本的前提条件。否则,就很难把全球商品链的空间性容纳进来,并将其与全球城市发展的地域空间有机结合起来。

5.2.2　全球城市区域的空间逻辑

前面我们已指出,全球城市区域是作为全球化的空间形式出现的,表现为全球经济的基本空间单位。但从表面上看,全球化与城市区域的中心作用似乎是相互矛盾的。因为全球化使世界各地的相互往来日益密切,强调了地域的淡化,再加上现代交通、通信技术等技术手段越来越先进,也有助于消除空间障碍。而恰恰在这种情况下,全球城市区域作为一种极为重要的空间现象出现,强调了区域的重要性。那么,这一似乎矛盾的两方面是如何统一起来的呢?

Scott(2006:84—91)曾用网络结构(以及相关的相互交易)来解释全球城市区域的空间逻辑。他认为,这种网络结构构成了经济组织和社会生活的基本框架,而其具有内在的两重性:(1)其作为一个实体的状态,有明确的空间结构标志,特别表现为任何双边或多边交易必然带来地域依赖的费用或成本,即空间交易成本(包括时间与运输的费用);(2)其作为一个社会组织的状态,有明确的结合与相互联系的方式,往往有强烈的协同效应(参见 Scott,1998),即组织合约问题。根据这一网络结构的内在两重性,我们可以在理论上设想两种简单的极端情况:一种情况是空间交易成本很高,而组织合约却十分简单。在此经济中,其交易活动纯粹是线性的,缺乏协同。由此可以预见,其交易活动向都市及区域的扩展是相当有限的;另一种情况是,在某种纯粹虚拟的世界里,空间交易成本为零,那么不管其组织合约是简单的还是复杂的,都可预见其交易活动在一个国家地域中的随意性。然而,在我们现实世界中,由于经济和社会关系本身始终在空间上的分布是广泛的,所以其都将承担空间交易成本;而且空间交易成本是不同的,通常是一个很大的变数,有时极高(如各种面对面的信息交流),有时极低(如国际货币流通),完全取决于生产活动的类型。同样,组织合约的种类也十分繁多,从非常简单的、线性的到高度协同的交易。

依据上述的假设,我们来分析当今经济体系中通常存在的两种具有代表性的生产活动类型及其空间交易成本。一种是高度常规化的生产活动,其依赖于已经被规章化的知识形式,依靠机械及其工艺过程,主要表现为一种重复行动的模式。这类生产活动的空间交易成本是较低的,即使其生产者之间有很大的空间隔离,也不会影响交易的效率。在这种情况下,相关企业间的联系对其区位选择的影响,也许是相当有限的。因此,这类生产企业的区位选择,更倾向于土地价格比较便宜而与其相关公司距离较远的地区。

与此相反,另一类经济活动有着巨大的不确定性,而且彼此之间的互动性很强,对生产者的能力有特殊的要求。例如在高科技产业,生产者经常面临的不仅是基本技术自身的迅速变化,而且还有不同时期顾客对其产品需求的千变万化。又如在专业商务服务和金融服务中,从项目导向转变为客户为本的服务产品意味着企业必须实行不同技能和资源的组合,以满足客户的特殊需求。进一步讲,由于这类生产活动高度专业化,其自身的技能和资源(尤其是人力的智力资产)具有较强的资产专用性,不能被普遍利用或通用。同时,要求更为广泛的产品差异化,也面临着较大的市场波动。在这种情况下,空间交易成本将随着距离的扩大而增加,因而生产者的地域空间分散化将导致其效率的迅速下降。显然,当空间交易成本是很高的,特别是涉及那些频繁、难以预测和多变的面对面交谈时,要想使交易顺利进行,许多重要的经济环节必须依赖于各方的互相接近。

我们知道,在以往工业化时代,经济活动主要趋向于更常规化的生产模式,尤其是制造业。但随着后工业化时代的来临以及经济全球化,现代经济增长的主导力量是由高新技术产业、新工艺制造、文化产品部门、新闻媒体、商务和金融服务等活动为代表的。另外,由于经济环境趋于比以往更加不稳定,也迫使许多部门的企业采取更灵活的技术和组织模式。此外,还有技术进步的因素,即目前新的信息技术越来越运用于非标准生产过程,以增加收入和开发更多的品种,扩大市场份额。因此,在整个经济体系中,第二种类型的生产活动越来越趋于普遍化,即使目前尚未占据主导地位,但这种灵活的网络化生产体系和价值链的产出和就业已经占了越来越多的份额。在此背景下,全球城市区域成为降低空间交易成本,实现互动协同效应,增强竞争力的重要保证。在许多国家,原先以国内市场为导向的生产企业都发现面临着贸易自由化和取消国家保护与奖励政策的影响,为了及时转向以国际市场为导向,与进口产品进行竞争,迫使其采用更多的唯有在全球城市区域才能获得的先进生产条件。Scott通过网络结构两重性(空间交易成本和组织合约)来分析非常规化的互动性较强的经济活动趋于区域接近,从而对全球城市区域的空间逻辑作出解释,是比较适合于用来说明那些处于后工业化时代经济高度发达的全球城市区域的,因为这些区域内是以非常规化的互动性较强的经济活动为主导的。

但我们上面所说的全球城市区域,并不限于发达国家的大都市及区域发展的过程。实际上,这种发展趋势是在全球范围内发生的,发展中国家也有许多全球城市区域的形成与发展。其中,最突出的例子包括曼谷、布宜诺斯艾利斯、开罗、雅加达、拉各斯、墨西哥城、里约热内卢、圣保罗、上海、德黑兰。显然,在这类发展中国家的全球城市区域中,目前尚未形成以非常规化的互动性较强的经济活动为主导的基本格局,反而表现为高度集聚了大量常规化的生产活动,特别是制造业生产活动的大量集聚。对于这类全球城市区域的空间逻辑,Scott的理论解释就显得有一定的局限性。因为按照他的说法,由于这类生产活动的空间交易成本较低且互动性较弱,其区位选择更倾向于土地价格比较便宜而与其相关公司距离较远的地区,并不会产生区域接近的结果。我们认为,要在网络结构解释的基础上引入全球商品链理论和产业集群理论,才能对全球城市区域的空间逻辑作出全面的解释。

首先必须看到,尽管发展中国家仍处于工业化时代,经济活动主要趋向于更常规化的生产,尤其是制造业,但在融入全球化进程中,其常规化的生产,尤其是制造业越来越成为全球商品链的一个环节。作为全球商品链的一个加工制造环节,尽管其常规化和互动性较弱的基本属性没有改变,甚至其属性更为弱化(因更加专业化的分工),从而空间交易成本有可能更为低下,但由于全球商品链是一种全球资源要素的空间配置,所以其区位选择的方向和范围发生了根本性变化,即全球区位选择。

从单个跨国公司的某一类全球商品链来讲,其加工制造环节的全球区位选择也许趋于分散化（分布于全球各地），但对于跨国公司全球商品链的整体而言，其加工制造环节的全球区位选择则趋于相对集中化。也就是，跨国公司受利润最大化目标的驱动，总是倾向于把商品链中的加工制造环节布局在那些劳动力成本较低及其素质较高、基础设施条件较好、生产配套能力较强、经济活动较活跃、社会与政治环境较稳定的开放型地区和区域，以获取最大的投资回报。与此同时，经济全球化趋势也不断增强了发展中国家的某些区域对国内和跨国大公司的地区吸引力。在此过程中，加工制造活动的空间相对集中，使规模经济、相互配套、知识与信息共享等产业集群效应不断显现。反过来，这又成为促进地域空间集中化的催化剂。因此，在某一时间节点上，国际产业转移，特别是加工制造环节的国际转移，总是趋向于地域空间上的集中化，甚至会在发展中国家的某些地区形成大规模的全球加工制造基地。

在大规模的加工制造活动集群的基础上，势必会带动许多与加工制造活动相配套的研发、营销、物流、技术服务等服务活动，促进商务和金融服务、广告咨询服务、会计审计服务、法律服务等发展。这不仅促进了本地的许多非常规化的互动性较强的经济活动的开展，而且也极大地吸引了全球服务公司的进入，促进了服务业的国际转移。当然，这些非常规化且互动性较强的生产者服务活动通常更集中于该区域的中心城市。

因此，发展中国家的全球城市区域具有常规化生产活动与非常规化生产活动并存，甚至是以常规化生产活动为主导，且相互交织与互动的明显特征。尽管在这一点上它与发达国家的全球城市区域有所不同，但同样也是集中了大量参与全球市场竞争的企业或公司网络，并越来越具有全球市场竞争的地域平台的功能。并且，随着全球化进一步继续扩大国际市场，扩大生产领域，这些区域的经济也在增长。

总之，在网络结构解释的基础上引入全球商品链理论和产业集群理论，不仅能够对发展中国家的全球城市区域的空间逻辑作出较为有力的理论解释，而且也同样适用于发达国家的全球城市区域，因而更具有理论解释的完整性。事实上，在发达国家的全球城市区域中，那些主导性的非常规化且互动性较强的经济活动，也是全球商品链中的环节之一，只不过是附加值更高的主要环节而已，如研发、设计、控制、管理、策划、营销等活动以及高端的生产者服务活动。同样，这类生产活动的空间接近，更能体现产业集群效应，特别是在隐性知识交流与共享方面。因此，全球城市区域的空间逻辑，在于基于网络结构的全球商品链的空间布局及其集群空间效应。

5.3　全球城市区域与崛起中的全球城市

从前面有关全球城市区域的基本内涵的分析中,我们已经可以看到,全球城市区域形成的基本前提之一是该区域中的城市全球化,全球化城市与全球城市区域的形成是高度相关的。也就是,全球城市区域是不可能脱离全球化城市这一要素而单独存在;否则,其至多是一个城市区域的概念。从这一意义上讲,全球城市区域是全球化城市的一种空间集聚形态。当然,这并不仅仅是地理邻近的涵义,而是基于网络结构的内在联系的空间集聚。这里我们要强调的是,与发达国家早期单独形成的全球城市逐步融入区域层面(促进全球城市区域形成与发展)不同,发展中国家的崛起中的全球城市与全球城市区域之间是一种共生性关系,其形成与发展寓于全球城市区域发展之中。

5.3.1　全球商品链向发展中国家延伸的空间分布特征

在全球化过程中,全球商品链向发展中国家的拓展与延伸是撬动其卷入全球化进程的重要杠杆之一。一般来讲,全球商品链向发展中国家的拓展与延伸,既根植于国家、地区层面的网络中,也存在于城市网络里。但由于全球商品链不同环节的空间分布取向是不同的,所以这种外部嵌入的全球商品链的空间分布到底集中何处,在很大程度上首先取决于其承接全球商品链的哪个环节。

对于发展中国家来讲,通常是承接全球商品链中处于"低端"的加工制造环节。这一"低端"过程,是与低工资、低技术与低利润的输入—输出相联系的。而且,这种加工制造通常是高度常规化的生产活动,其生产所需的原材料及其要素投入的品种、数量以及在什么时点上投入都相对固定化,可以实行大批量的计划采购,也可以便利地从远距离获得。这意味着可使其单位成本保持在较低的水平上。因此在实践中,这类常规化生产的区位选择,通常是与廉价的场所、低技术劳工相一致的,有时远离大城市中心的。特别是"两头在外,大进大出"的加工贸易的生产方式,对场所及环境条件并不具有很高的特定要求,而更着眼于较低工资的劳动力、便宜的土地价格、便利的交通以及享有相应的优惠政策。因此,全球商品链"低端"环节的空间分布具有相当的离散性。

但与此同时,这些加工制造活动也有一个生产配套、规模经济、运输仓储等服务平台共享、信息与知识互补等产业集群效应问题。这种谋求进一步加强各地经济力量的集中接近,部分可以被解释为一种对经济竞争加剧的战略回应,特别是通过产业集群可以大大提高竞争优势。其一,不同公司和参与者通过部分的紧密连接和空间集中的集群,可降低空间交易成本以及增加生产的灵活性和信息效应,从而有助于提升经济系统的整体效益,使其参与者的工作效率得到提高。其二,在当地产业网络的内部交易联系中会产生巨大的思想和知识流,从而强化经济活动中的学习、创意和创新。当然,这与内含于劳动力中的不同技能、情感和经验的多样化有关,但不可否认,相互依赖的生产者在一个地方的聚集,会增大形成新观点、新见识碰撞或形成实用性知识的可能性。其三,与处于远距离分隔的区位相比,公司可以获得更具多样化的供应渠道和商业机会,从而将使企业更加灵活,减少过多的投资存货。否则,为防止供应链断裂或市场销路甚高的风险,就必须增大投资存货。由此可见,全球商品链"低端"环节的空间分布又有相应集中的客观要求。

全球商品链"低端"环节的空间分布呈现离散性与相对集中的"悖论"现象,实际上是同时存在的两种内在要求的力量抗衡。其最终导致的结果往往是:更倾向集中于某些区域,且分散于该区域中不同城市的空间分布格局。例如,中国大量的外商直接投资及其开发区,主要集中在长三角、珠三角和环渤海湾地区,而在这些区域中,则是分散化的,主要分布于不同城市之中。这种全球商品链"低端"环节的空间分布特征所产生的一个重要影响,就是带动了整个区域的对外经济联系发展,促进了该区域诸多城市进入全球化进程。因为这种全球商品链的加工制造环节的外部嵌入,在该区域内形成了"两头在外"的大规模加工贸易活动,从而导致了大量的外部资源(原材料与能源、半成品、零部件等)流入与产成品的流出。

在此过程中,可能会出现一个比较突出的地区产业结构变化,即地区产业同构。例如有相当一部分专家认为,长三角地区存在严重的产业同构现象,同类产品竞争的内耗过大而外部竞争不足,影响了整个长三角整体联动效应的发挥,遏制了区域经济一体化向更高水平迈进。对此,也有一些学者就其合理性进行某种解释,有的认为产业结构是一个微观层面的问题,可以任其依靠市场的力量最终决定产业结构取向;有的认为产业趋同在某种程度上可以造成产业集群,使三地产业向集聚发展(陈建军,2004);有的认为长三角在区域上几乎是匀质性的自然条件,要素禀赋、技术条件必然会使整个区域内部的各次区域趋同发展(朱同丹,2003)。这些解释都有一定的道理,但没有抓住要害问题。我们认为,这里最关键性的问题在于:这种地区产业结构变动到底是国内市场导向的,还是国际市场导向的？是内生的，还是外部嵌入式的？从全球城市区域的角度看，长三角地区的许多生产活动或主导性的生产活动是全球商品链的一部分（制造加工环节），完全是由国际市场导向的。而且，其大部分生产是外商直接投资项目，是外部嵌入式的产业集群。也就是，跨国公司是建立区域生产网络的主要实施者。由于在华投资的跨国公司主要是效率追逐型的（efficiency-seeking），而不是市场追逐型的（market-seeking），因此为了使其生产成本最小化，不仅将生产过程分解出来的某一步骤或环节放在生产成本最低的地方，而且通过产业集群形成规模经济、互补效应等。目前，已经有个别学者注意到，长三角地区的产业同构是其共同接受国际制造业大转移的产物，因而是合理的（夏永祥，卢晓，2006）。在某种意义上讲，这种地区产业同构恰恰还是全球城市区域作为一个地区平台参与国际产业分工和国际竞争的明显特征之一。

　　至此，我们已经揭示了全球商品链"低端"环节的空间分布特征，但问题的分析并没有到此结束。发展中国家在接受国际产业转移过程中，虽然总体上是处于全球商品链的"低端"（加工制造环节）位置，但由于这些加工制造活动的顺利进行有赖于相关配套的生产者服务，包括研发、设计、技术咨询、维修、运输仓储、广告、营销以及会计、审计、法律服务等，再加上大规模的区域产业集群以及国内巨大的潜在市场需求，因而也会吸引一部分全球商品链的"中端"乃至"高端"环节的进入。当然，作为由外部嵌入的全球商品链的加工制造，由于其研发、设计与营销"两头在外"，所以一部分相关配套的生产者服务是来自国外的，或者是在国外实现其服务配套的。但随着加工制造领域外商直接投资的大规模化以及区域产业集群化，那些进行全球商品链管理与控制的跨国公司地区或国内总部、跨国公司的研发机构和采购中心以及提供专业商务服务与金融服务的跨国公司等也会相继进入，就地提供相应的生产者服务。这一全球商品链的高端过程，则是与较高的工资、技术与利润的输入—输出紧密相关的。

　　与加工制造的生产活动不同，这类生产者服务通常是非常规化的活动，并要求与其他相关公司形成较为稳定的业务关系。这就决定了此类服务公司必须密切关注市场的变化，及时调整其内部资源要素的配置。为此，这类服务活动高度依赖于高层次地接触各种各样的信息和资源。尽管信息化加快了信息的传送与处理，但潜化于这些过程的知识通常是相当隐性的，能否及时获取这种经济性的有益知识，取决于人际关系和能否用意会的方式解读信息。另外，由于这类生产者服务活动的专业化程度及其灵活性趋于不断提高，其企业面临着在快速变动的网络交易中出现新的合约谈判或调整其购销关系，以及人力资本快速流动等问题,所以要求其具有高度的公司专业程度及其互补性,需要相互提供保险,以应对重大突发事件或无法预料的投入需要(灵活经济的一个重要特点,就是制定长期生产计划非常困难)。因此它们之间形成错综复杂的网络或专业的联合体,具有较强的生产协作关系。许多贸易和非贸易的相互依赖,通常是在这些由各个生产者组成的网络中实现的。在这种广泛的交易关系网络中,既明显存在某些较高的空间交易成本,也有大量的收益递增效应的补充(如许多现代灵活的金融资本部门)。在具有较强的生产者间的生产协作关系以及需要"面对面"信息交流的情况下,为降低高额的空间交易成本,这些产业活动更倾向于在空间位置上靠近对方。由此而发生的聚集,将不仅有大量的国内交易活动,而且也倾向于与外国客户的产品和服务的多边贸易活动。城市是作为许多相互依赖的活动高度集聚而构成的,也是新的社会交往和经验源源不断发生的地方,每天有大量的信息创造和传播,自然也就成为这类生产者服务活动最为适宜的场所。特别是中心城市,更适合于生产者服务活动,从而往往成为生产者服务部门的集中地。

另外,一个新的变动趋向是,随着技术进步的加快,日益激烈的公司之间的竞争,新市场的开放和公司特定资产流动性的增强,导致了跨国公司全球生产动机的变化,即以寻求创造性资产①为目标的 FDI。正如 Dunning(1988)指出的,在过去的十年中,跨国公司对外直接投资动机的最显著的变化就是创造性资产寻求型 FDI 的快速增长。这时 FDI 较少地强调利用既有的所有权特定优势,而更加关注通过并购新的资产,或与外国公司建立合作伙伴关系来扩展自身优势。在某种程度上,这种 FDI 与早期的自然资源寻求型 FDI 有相似之处,但它们在区位选择上却有很大的不同。其部分原因,是因为可利用的创造性资产,如技术知识、学习经验、管理专长和组织能力等主要集中在先进的工业国家或较大的发展中国家。因此那些倾向于通过 FDI 建立优势的公司就会寻找机会投资于特定的区位,以获取和利用公司所需要的创造性资产。在发展中国家,这类寻求创造性资产为目标的 FDI 将更多地集中在主要大城市。

因此,与加工制造活动的区位选择不同,外部嵌入的全球商品链的"高端"环节通常趋于在少数的主要城市集中。因为这些中心城市可以发挥经济最先进部分的基础点的功能,作为连接全球经济的主要节点。显然,这种集聚对城市作为学习、创造、创新中心功能的能力提升,有许多积极的影响。如果这种基于不确

① 创造性资产,也称战略性资产,是在自然资源基础上,经过后天努力而创造出来的基于知识的资产,包括像金融资产存量、通信设施、销售网络等有形资产,也包括信息存量、商标、商誉、智能、技能、才能、关系等无形资产。

定性、灵活性和复杂性网络的生产者服务集群在某一中心城市大规模出现,而不是偶然和突发事件的结果,将有助于巩固与发挥空间的动态集中。

5.3.2　崛起中的全球城市寓于全球城市区域发展之中

综上所述,全球商品链向发展中国家某些地区的大规模延伸,将按照"高端—低端"的边界构成链条内价值增值和利润获取的不均等的空间分布,形成高端过程主导的场所(即高端生产区)和低端过程主导的场所(即低端生产区)。当然,现实中的全球商品链的空间分布,是更为复杂的。

首先,这一"高"与"低"的含义,是随着时间与空间的不同而有较大的变化。其过程背后的特定运行机制,也是如此。从历史上看,这两个过程的一个特征,就是它们分别朝着集中与分散两个方向发展。其中,市场力量的演化、进入壁垒和链条管制的模式等,都将对其发展方向产生重大影响。另外,所谓的"高端"与"低端"并不是一个纯粹单一的过程,而是一个混合过程。对于生产链中的任一环节上的混合过程,我们主要是依据哪一过程占主导而经验地分类为"高端""中端"和"低端"。因此,在所谓的"高端生产区"中,也包含着众多的(即便是少数的)低端过程;而在"低端生产区"中,也包含着某些高端过程。例如,在长三角地区承接全球商品链延伸中,尽管上海是吸引跨国公司地区和中国总部及金融等生产者服务高度集中的"高端生产区",但也承接了众多加工制造的低端过程;而苏州、昆山、无锡等城市虽然以承接全球商品链的加工制造为主,但也引入了某些高端过程。因此,这显然不是简单加以定义的一个"双重世界",而是一种基于非常复杂的社会模式的相反过程交织在一起的最为复杂的地理空间。在某些地区,如果这两个相反的过程大致处于均衡,聚集或分散效应尚未充分发挥,还没有哪一个过程明显占据主导地位,那么可将其视为"中端结构"。

在一个区域中,全球商品链按照"高端—低端"的不均等的空间分布结构,通常是与其城市层级体系高度吻合的。中心城市是由其"高端过程"(诸如先进生产者服务的供给)主导的节点,与"高端生产区"相对应。当然,其内部也存在着低端过程,表现为社会极化效应,如那些服务于专业先进生产者服务的传统部门是低工资、低技术的过程。在大城市中,存在着专业性服务和其他高收入工作,但并不居主导地位,而是存在一个生产链高端与低端的混合过程,其中低工资、低技术经济过程也是重要的。一般的中小城市是由其"低端过程"主导的节点,与"低端生产区"相对应。

总之,当全球商品链向发展中国家某些区域大规模延伸时,该地区中的所有城市都可能融入其中。即使它们只是"一般性"城市,在进入的全球商品链中也仅仅扮演着外围的角色,但已处于这种流动空间之中,与世界经济开始发生紧密的联系。也就是,全球商品流分支从这些城市节点中获取价值的增加,并进一步产生出这些城市的利润流。而该区域中的主要城市,则是全球商品链延伸的一个特定的和关键的节点,由先进生产者服务嵌入其生产过程之中。从这一意义上讲,主要城市是一系列链条中的一个服务节点,并由此获得其综合性的中心地位。这种通过主要城市而提供的生产者服务,不仅支撑了城市网络的连接,而且在连接分散化的生产与消费点方面也是必不可少的,从而对于生产链的顺利运作也是不可或缺的。因为它们提供了关键要素的投入,从最初的银行贷款到生产,直至利用广告公司的服务方便于最终消费等。正因为如此,这些服务中介机构提供了全球商品链与全球城市网络之间的相交点(Parnreiter, Fischer and Imhof, 2005),从而使两者建立起联系。由此可见,高端、中端和低端生产区的空间结构是由全球商品链来形成和维系的,而全球商品链反过来又通过全球城市网络得以形成与维系。

我们可以看到,在外部嵌入的全球商品链促进区域内城市全球化的基础上,作为"高端生产区"的中心城市,与其地域邻近的作为"中、低端生产区"的一般城市之间有着内在的全球性联系,形成了"总部与生产者服务—加工制造"的区域功能分工与合作的模式。如果没有这种全球商品链大规模延伸所形成的区域广泛分布的加工制造活动,也就不会形成对全面服务的需求,促使全球商品链的高端环节(控制与管理、先进生产者服务等)嵌入该地区主要城市的生产过程,并使其作为全球商品链的服务节点而获得综合性的中心地位。反过来,如果在这一区域中没有一个能充当跨国公司和国内大公司的特殊节点,那么全球商品链向该区域的大规模延伸也难以顺利进行与持续发展。因为全球商品流基本上都包含在核心形成过程中,而无论其生产位于什么地方。这些核心过程,对于实施生产链的控制是必需的。因此这一区域中广泛的对外经济联系,通常是以全球城市网络的主要节点城市为中介的;区域产业集群而形成的大规模经济流量,也是通过网络体系中的主要城市的服务功能而流动的。

分析至此,我们可以从"路径依赖"的角度将崛起中的全球城市描述为:在全球商品链向发展中国家延伸,且集中于某些区域的条件下,借助于该区域城市全球化基础上的广泛对外经济联系,依托于该区域形成的内外交互的大规模经济流量,并在其中发挥连接国内经济与世界经济的桥梁作用,发挥经济、金融、贸易、航运中心的功能,进而演化为全球城市网络的主要节点城市。也就是,发展中国家的全球城市崛起,基于区域的城市全球化,寓于全球城市区域发展之中。

6 全球城市崛起:前提条件及战略目标定位

在前三章,我们分析了崛起中的全球城市的背景条件、网络化基础及新空间结构等问题,并在修正和拓展主流全球城市理论的基础上,建构起一个分析崛起中的全球城市的理论框架。接下来我们将利用这一理论分析框架,以中国为蓝本,进一步探讨崛起中全球城市的发展模式及其路径选择问题。在本章中,我们首先考察全球城市在中国崛起的基本前提条件、战略性要求与现实差距、战略目标定位及目标趋向等问题。

6.1 高度融入全球化进程

前面分析已经指出,全球城市作为全球经济网络的基本节点,很大程度上是全球化进程不断深化的产物,同时它反过来又成为推动全球化进程的重要力量。这也就从根本上规定了全球城市的崛起不可能游离于全球化进程之外。中国经济以高度开放的姿态融入全球化进程,并日益凸显在世界经济中的地位及作用,这是我们考察全球城市崛起的一个基本前提条件。

6.1.1 对外开放与外向经济依存度

以 1978 年的经济体制改革为标志性转折,中国打破了长期关闭自守的经济格局,实行对外开放,参与国际产业分工,承接全球商品链的相关环节,寻求国际经济合作与交流,逐步进入全球化进程。特别是 2001 年中国加入世贸组织后,更是从体制、机制改革上入手,实行全方位的对外开放。在五年过渡期中,颁布或修订了 1000 多部法律法规,并使其平均关税率从 2001 年的 15.3% 逐步降低到 9.9%,还降低或消除了大量非关税壁垒,放宽了国际服务提供商的市场准入条件,提高了政府程序的透明度,以便使贸易体系符合世贸组织的规定。

一个国家的对外开放,是其进入和参与全球化进程的首要条件之一。对外开放的程度,实际上反映了参与经济全球化进程的"门户"大小。一般而言,其"门户"越大,进入和参与全球化进程的规模也就越大;反之则反是。因此,经济对外开放程度是衡量进入和参与全球化进程的重要指标之一。随着中国对外开放的不断深化,外向型经济日益壮大,目前中国经济已具有高度开放性的显著特征,其经济活动越来越与国际市场密切相关。从横向比较来看,中国的经济开放度不但高于印度、墨西哥等发展中国家,而且高于美国、日本、英国等发达国家。例如日本的经济开放度尽管比 20 世纪 80 年代已有所提高,但目前进口额仍只相当于其 GDP 的 11% 左右,而中国 2005 年已高达 29.6%,进出口总额相当于 GDP 比例高达 63.9%。

在对外开放过程中,引进外商直接投资或引入全球商品链是其重要内容之一。最初,中国是通过设立经济特区、沿海开放城市,实施各类开发区等制度安排以及优惠政策,吸引外商直接投资和全球商品链向国内延伸。1992 年以后,进一步放宽直至取消对外商投资企业内销的限制,再加上此期间中国经济的高速增长,给旨在获得中国市场的跨国公司投资提供了一个强有力的刺激,由此形成了发达国家跨国公司大量进入中国投资、外资持续流入的局面。据统计,1979 年至 2004 年全国累计批准设立外商投资企业 508941 个,合同外资金额达 10966.09 亿美元,实际使用外资金额为 5621.05 亿美元,全世界最大的 500 家跨国公司中已有 400 多家在中国设立了企业。在 2003 年,中国超过美国成为世界最大的资金流入国。2004 年,全国新批设立外商投资企业就达 43664 家,合同外资金额达 1534.79 亿美元,实际使用外资金额达 606.30 亿美元。[1]2005 年,实际使用外资金额达 700 多亿美元。FDI 总量占中国 GDP 的比重已经超过了 40%,大大高于发达国家、亚洲国家和地区。

通过吸引外国直接投资,特别是跨国公司的直接投资,不仅获得了资金、技术和销售网络等要素条件,促进了中国制造业体系的配套能力提升及产业升级,推动了中国产业与区域经济的发展,而且促进了中国产业嵌入全球价值链,比较便捷地融入了全球生产体系。目前,中国已加入了国际产业分工的总体格局,其组装和一般加工业已成为国际产业链条中的重要环节。中国作为世界"工厂和市场"的双重基地,已成为全球最具吸引力的投资东道国。尽管目前中国的工资和相关成本趋于提高,但却拥有周边国家所不具备的产业集聚,从而对外资仍具

---

① 数据来源:《中国统计年鉴》,中国统计出版社 2005 年版。

有相当的吸引力。据日本合作银行所做的"2006年度海外直接投资调查",被视为今后三年有希望的投资地中,中国仍居第一位(但得票率已从2004年的93%下降到2006年的77%),印度居第二位,越南和泰国分列第三、第四位。[①]

随着外商直接投资的大量进入,国际制造业向中国大规模转移,也带动了中国贸易规模的迅速扩大。据统计,中国进出口总额从1978年的206.4亿美元增长至2001年的5096.5亿美元,2005年又跃升至14219.1亿美元,2006年超过1.7万亿美元,比2001年增长两倍。特别是出口,从1980年的181.2亿美元增加到2004年的5933.6亿美元,出口在GDP中所占比重从1980年的6%的低水平稳步地上升至2004年的36%(见表6.1)。中国的出口额已经从1979年占世界出口总额不到1%上升到2004年的6.5%,居世界第三位。自20世纪90年代以来(除1993年外),开始从贸易逆差转变为贸易顺差(见表6.1)。连续十多年的贸易顺差,再加上大规模的外资流入,使外汇储备不断迅速增加。2006年,中国的外汇储备已达1万多亿美元,相当于当年经济总产出的45%左右。

表6.1　中国的出口比重与贸易平衡(1980—2004)

年　份	出口/GDP (%)	出口金额 (亿美元)	进口金额 (亿美元)	贸易差额 (亿美元)
1980	6.0	181.2	108.9	−11.4
1985	9.0	273.5	422.5	−149.0
1990	16.1	620.9	533.5	87.4
1991	17.7	719.1	637.9	81.2
1992	17.6	849.4	805.9	43.5
1993	15.3	917.4	1039.6	−122.2
1994	22.3	1210.1	1156.2	53.9
1995	21.3	1487.8	1320.8	167.0
1996	18.5	1510.5	1388.3	122.2
1997	20.4	1827.9	1423.7	404.2
1998	19.4	1837.1	1402.4	434.7
1999	19.7	1949.3	1657.0	292.3
2000	23.1	2492.1	2251.0	241.1
2001	23.0	2661.5	2436.1	225.4
2002	26.0	3256.0	2951.0	305.0
2003	31.0	4328.3	4127.6	254.7
2004	36.0	5933.6	5613.8	319.8

资料来源:《中国对外经济贸易年鉴》,各年份。

---

① 数据来源:斎藤真由美,《中国开始有选择地引进外资》,《日刊工业新闻》2006年12月6日。

从动态过程看,这种大规模贸易发展态势是随着贸易结构的转变而不断增强的。1980—2005 年,中国初级产品出口比重从 51.6% 逐步下降到 6.4%,工业制成品比重从 48.4% 上升到 93.6%。制成品出口内部结构也发生了深刻的变化,机械及运输设备的出口迅速增长,在全部出口中所占比重从 20 世纪 90 年代初的 10% 上升到 2004 年的 42.9%。中国目前的工业制成品比重已超过国际平均水平,与德国处在同一水平上。而且,工业制成品顺差较大,初级产品则有较大的逆差。工业制成品进出口顺差从 2001 年的 419 亿美元上升到 2005 年的 2007 亿美元,初级产品进出口逆差则从 2001 年的 194 亿美元上升到 2005 年的 987 亿美元。

从未来发展来看,这种基于全球生产体系的大规模贸易活动仍有可能持续下去。因为从人均角度来看,中国在贸易发展水平上仍居于发展中国家的水平。2004 年,中国出口额在世界总出口额中所占比重为 6.5%,而中国人口在世界总人口中的比重为 1/5,即中国的人均出口水平仅为世界人均出口水平的 1/4,而发达国家人均出口水平则数倍于世界人均出口水平。从这个意义上说,中国的出口增长潜力仍是非常巨大的。按世界出口贸易每年增长 5%,中国出口每年增长 12% 计算,则中国出口占世界总出口比重达到 20% 还需大约 15 年时间。或者说,至少在未来 15 年内,中国仍有可能继续保持两位数的增长。

相当一段时间,中国是以"引进来"为主的方式参与全球化进程的,但近年来实施"走出去"的力度进一步加强,对外投资及海外并购发展较快。数据显示,过去五年,中国海外投资年增长率达到 86%。截至 2006 年底,中国累计对外直接投资达到 733.3 亿美元。2006 年非金融类对外直接投资已达 161.3 亿美元,较上年增长 31.6%,其对外投资在全球的排名从 2005 年的第 17 位上升到第 13 位。原先中国对外直接投资主要集中在采矿业,近期也开始转向制造业领域。2004 年在中国非金融类对外直接投资中,采矿业占 52.8%,商务服务业占 26.5%,制造业占 13.5%,批发和零售业占 3%,其他行业占 4.2%;而 2005 年的制造业比重上升到 29%,采矿业下降到 28.7%,信息传输、计算机服务和软件业占 26.3%,商务服务业占 5.2%,批发和零售业占 3.2%,交通运输业占 2.2%,农林牧副渔业占 1.8%,建筑业占 1.7%,其他行业占 1.9%。[①]在对外投资方式上,国内有竞争力的企业更多地采用收购兼并方式开展对外投资。例如,中石油在哈萨克斯坦和厄瓜多尔成功收购油田;中海油在尼日利亚收购油田;中石化收购俄罗斯乌德穆尔

---

① 数据来源:张幼文、黄仁伟等,《2007 中国国际地位报告》,人民出版社 2007 年版。

特石油公司;中国铝业在澳大利亚收购铝土矿;五矿集团和世界最大铜商智利
Codelco建立了合资企业。又如,中国联想集团收购了IBM公司的个人电脑业
务;TCL集团收购了汤姆森公司的电视机制造业务;中国蓝星集团总公司收购
法国罗迪亚公司等。从区域来看,非洲已成为继东盟之后中国海外投资的另一
个首选之地,如中国企业在肯尼亚或毛里求斯开办工厂,2006年投资总额已达
63亿美元。中国也向其服务领域投资,如中国移动公司2006年9月宣布收购
埃塞俄比亚的一家移动通信运营商。据统计,2006年中国以并购方式实现对外
直接投资47.4亿美元,占同期对外直接投资总量的36.7%。①

德意志银行的研究报告预计,在未来五年中国对外直接投资的年均增长率
很可能超过20%,对外直接投资额将在2011年达到600亿美元,可能成为亚洲
地区最大的对外投资国。其中,资源行业的对外投资可能达到总投资的2/3,其
次为码头、汽车、银行、电信、电子等行业。

6.1.2　全球经济中的"中国因素"凸显

对于全球城市崛起来讲,高度参与和融入全球化进程只是一个必要条件,而
非充分条件。在第4章有关全球城市网络结构的分析中我们已经指出,世界经
济的变化是影响网络结构中城市节点变化的主要因素。具体来讲,大致有如下
几个方面:一是世界经济发展水平的变化,如总体经济实力水平的提高,从工业
经济时代转向服务经济时代,世界贸易、投资规模扩大及其结构变化等;二是世
界经济全球空间拓展的变化,如国际产业转移,全球商品链的空间延伸,世界市
场空间分布变化;三是世界经济格局的变化,如增长"引擎"的替换,增长重心的
转移,增长半衡力量的改变等。这些变化都将引起全球资源、要素及商品与服务
等流动方向及路径的改变,引起全球网络节点的重新分布及节点变化。一般来
讲,那些位于全球资源、要素等主要流向及流动经过的城市节点,其连通性程度
越来越高,所处的地位也越来越重要;而那些偏离于全球资源、要素等主要流向
及流动经过的城市节点,其连通性程度相对较低,所处的地位趋于下降。由此引
出的一个推论是:一些城市在高度参与和融入全球化进程的基础上也许可以成
为一般全球化城市,但由于其并不位于全球资源要素主要流向及流动经过区域,
故未必能作为全球城市而崛起。从这一意义上讲,世界经济中心的转移及母国

①　数据来源:中国商务部网站:http://www.mofcom.gov.cn/aarticle/a200701/20070104310215.
html。

因素在全球经济中的凸显,是全球城市崛起的充分条件。

　　Dunning(1981)曾提出投资发展水平理论,旨在从动态角度解释一国的经济发展水平与国际直接投资地位的关系。他对 67 个国家和地区 1967—1978 年间的直接投资流量与经济发展水平的资料进行实证分析,结果发现,一国(地区)直接投资的流出量或流入量与该国(地区)的经济发展水平呈现高度相关的关系。Dunning 的这种投资发展路径,在中国得到了充分的体现。在对外开放过程中,中国充分享受了全球化的成果,有力促进了经济持续高增长,迅速扩大了经济总量规模。20 世纪 90 年代,中国经济的平均增长率达到 7.5%—8.0%。进入 21 世纪后,经济增长进一步加速,特别是从 2003 年起中国经济增长率一直在 10% 的高位平台上加速,2003 年为 10.0%,2004 年为 10.1%,2005 年为 10.4%,2006 年进一步上升到 10.7%。从经济总量规模来讲,根据国家统计局和世界银行数据,2005 年中国 GDP 达到 22350 亿美元,位居世界第四,占世界经济的份额由 1978 年的 1.8% 提高到 2005 年的约 5%,仅次于美国、日本和德国。更为重要的是,中国经济高速增长及其总量规模的迅速扩大,对世界经济的影响越来越大。据世界银行资料,2000 年至 2004 年,中国经济增长对世界经济增长的平均贡献率为 15%,仅次于美国,已日益成为世界经济增长的一个重要助推器。而国际货币基金组织 2007 年发布的世界经济展望报告已指出,2007 年中国将首次超越美国成为对全球经济增长贡献最大的国家,中国经济发展对世界经济的贡献将占到 1/4 左右[①]。

　　增长结构分析表明,这种经济高增长主要得益于开放条件下的工业化加速发展进程,主要源于制造业的迅速增长。统计表明,改革开放以来,中国制造业增长是全球最快的(见表 6.2)。其中,1985—1990 年中国的工业生产指数上升了 86%,1991—1996 年工业生产指数又上升了 2.75 倍。而世界上其他的制造业大国,如美国、日本的增长相对较低,日本在 20 世纪 90 年代后甚至出现了负增长。在这种增长势头下,中国制造业所占的全球份额呈不断上升之势。1980—1997 年的 17 年间,中国占世界制造业增加值的份额从 1.4% 上升至 5.9%,平均每年上升约 0.26 个百分点。经过十几年的迅速发展,中国在不少重要工业产品方面已成为世界上数一数二的生产大国,现已有 100 多种制造产品的产量处于世界第一位,囊括了家电制造业、通信设备、纺织、医药、机械设备、化工等十多个行业。这表明,中国制造业已日益成为世界的新生力量。

---

　　① 参见:www.ce.cn/xwzx/gnsz/gdxw/200707/27/t20070727_12326203.shtml.

表 6.2   工业生产指数的国际比较

	1985 年	1990 年	1991 年	1996 年		1985 年	1990 年	1991 年	1996 年
中　　国	176	328	111	416	美　　国	112	126	98	117
以色列	120	132	107	151	英　　国	108	123	97	108
日　　本	118	148	102	98	丹　　麦	121	133	100	117
马来西亚	138	236	111	87	澳大利亚	114	126	100	110
韩　　国	164	302	110	163	法　　国	101	144	99	100
菲律宾	231	451	115	168	芬　　兰	116	132	91	121
加拿大	115	128	96	114	巴　　西	99	100	97	112

注:1985—1990 年以 1980 年为 100,1991—1996 年以 1990 年为 100。
资料来源:《国际统计年鉴》(1998)。

更为重要的是,中国经济运行不仅依托于全球发展空间,而且也越来越参与到世界经济均衡之中。目前世界经济处于多极均衡,中国经济已成为其中的重要一极。首先在东亚地区,中国已日益成为新的经济集成国家。1990 年,在亚洲外国直接投资总额中,中国吸引外国直接投资额只占其 18.7%,而东盟占到 66.4%;但到 2004 年,中国在亚洲外国直接投资总额中的份额已上升到 58%,而东盟的份额缩减到 22.2%。而且,随着中国成为世界制造业基地,中国在亚洲已取代美国成为韩国、新加坡的最大出口市场,并成为东亚制造业网络的关键。1992—2002 年,中国与日本的双边贸易增长了 300%,与韩国的双边贸易增长超过 700%,与泰国的双边贸易增长超过 800%,与印度的双边贸易增长约 1100%,与菲律宾的双边贸易增长约 1800%。东亚国家(地区)对中国享有巨额贸易顺差。其结果是,自 1990 年以来美国与亚洲的贸易逆差所占的份额略为缩减,只不过是这种逆差从日本、中国香港、中国台湾、韩国和东盟转移到中国而已。在这种情况下,中国经济对亚洲经济的影响日益增大(见图 6.1)。

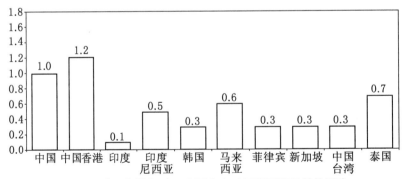

图 6.1   中国经济加速一个百分点对亚洲经济增长的影响
资料来源:花旗集团利用牛津经济预测模型分析结果。

不仅如此,中国(及东亚国家)与美国之间的经济制衡关系,已日益成为影响整个世界经济态势的重要因素。中国(及东亚国家)与美国之间的经济制衡关系,突出表现在:(1)美国日益增长的贸易逆差对应于中国(及东亚国家)日益增长的贸易顺差。2005 年美国经常账户赤字高达 8000 亿美元,占到美国 GDP 的 6.5％,2006 年预计要超过 GDP 的 7％。(2)美国日益扩大的负储蓄对应于中国(及东亚国家)日益扩大的净储蓄。2005 年美国对外债务总额超过 2.5 万亿美元,美国的储蓄率则降低到 0.3％以下。而亚洲国家外汇储备超过 3 万亿美元,储蓄率居高不下。其中,中国外汇储备已达 1 万多亿美元,国民储蓄率高达 46％。(3)美国日益强劲的需求增长对应于中国(及东亚国家)日益强劲的供给增长(见图 6.2)。目前美国进口的物质产品已经相当于国内物质产品消费的 40％,其中进口物质产品中有相当部分来自中国。例如全世界向沃尔玛供货的 6000 家企业中,80％在中国。2005 年,沃尔玛进口的中国产品将近 200 亿美元。1995 年沃尔玛在美国售出的产品中,仅有 5％来自中国,今天每两件售出产品中就有一件来自中国。

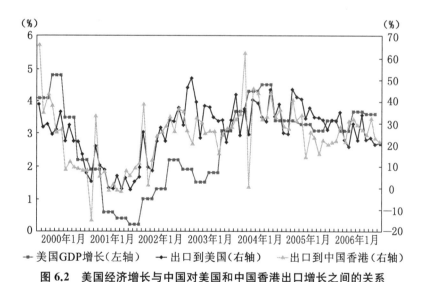

图 6.2　美国经济增长与中国对美国和中国香港出口增长之间的关系
资料来源:CEIC 数据有限公司。

在美国高消费、低储蓄与中国(及东亚国家)低消费、高储蓄两种截然不同的经济结构之间,其对应关系很大程度上依赖于一种循环机制。美国等发达国家对中国的大量直接投资,极大地提高了中国的生产能力,并强有力地支持其出口增长,对美国形成巨额贸易顺差,从而积聚了巨大的外汇储备。而这些外汇储备中,相当一部用于购买美国债券。美国财政部的数据显示,截至 2005 年 6 月,中国公共和私人部门共持有至少 5273 亿美元的美国证券,包括 4500 亿美元的长期美国国债或政府机构债券。这些资本不断流入美国,弥补了美国经常账户的巨大赤字,带动了美国长期利率走低和资产价格上涨,进而通过财富效应支撑了美国政府和私人的消费需求,使之成为美国经济增长的主要动力来源;而这又反过来对中国的出口增长形成强有力的拉动(见图 6.3)。

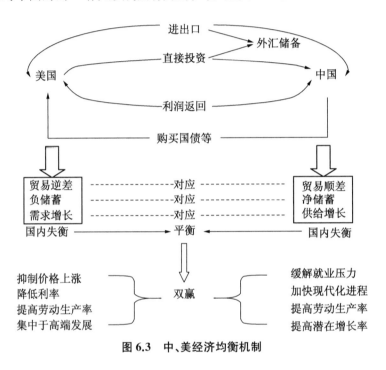

图 6.3　中、美经济均衡机制

在这样一种循环机制中,双方在相互制约中得到共赢,共同成为推动全球经济增长的"引擎"。同样,一旦制衡失灵,也将相互影响其经济增长,并直接对全球经济形成重大冲击。为此,自 2005 年以来,美国对华政策出现重大的战略调整,从原来对中国夹击与围堵转向交流与合作,要求中国在全球体系中承担更多责任。

6.2　全球城市崛起的战略性要求

中国全面参与经济全球化,并日益凸显在全球经济中的"中国"因素,势必会提出这样的战略性要求，即全球城市的崛起。也就是，不管从全球战略角度出发，还是从国家发展战略来讲，全球城市的崛起都已成为中国经济发展以及在全球经济网络中占据一定位置的迫切要求。但中国主要城市的发展现状，尚不适应这一战略性要求，迫切需要实行城市转型及经济发展方式转变，开辟新的发展空间，转向新的发展轨道。

6.2.1　战略性要求

根据上面的实证分析我们可以看到，中国以高度开放的姿态融入经济全球化，大量承接全球商品链的空间延伸，更大规模地参与国际产业分工，日益成为世界制造业基地，已显现世界经济全球空间拓展的变化。例如，中国的长三角、珠三角和环渤海湾地区已成为世界工业品的"加工厂"，形成了广泛的对外经济联系，特别是"大进大出"的加工贸易，带来大规模的经济流量。2004年长三角地区进出口占全国进出口总额为36％，集中了30％的工业制成品出口总量和31％的外资企业出口总量（胡国良，2005），其外贸依存度达到182.6％。在该地区，电子及通信设备制造业、服装及其他纤维制品制造业、电气机械及器材制造业的国际化程度最高，其制成品2004年出口交货值占到了该地区全部工业品出口的78％，代表了长三角地区制造业在国际制造业分工体系中的地位与作用。

在高度对外开放和参与全球经济循环的基础上，中国经济持续高增长和经济规模迅速扩大，不仅在国内的联系上，而且在与外部的联系中都产生了巨大的经济流量。同时，这一巨大的经济流量又是与中国日益成为世界经济增长"引擎"之一和全球经济增长平衡力量之一紧密联系在一起的。正如国际经验所表明的，巨大的内外经济流量通常与国际经济中心转移有着内在的关系。当一个国家在内外经济联系中出现这一巨大经济流量时，作为其中转和交汇的重要载体的中心城市，也就要越来越多地承担起全球网络节点的功能。由此看来，中国内外经济联系中的流量规模迅速增大，势必要求一些中心城市越来越多地承担起全球网络节点的功能。

与此同时，这种融入经济全球化带来的增长影响力以及内外经济联系中的流量规模迅速增大，事实上正在逐步改造中国城市功能和促进城市发展，并使其转变成为全球化城市，从而为中国全球城市的崛起提供了必要的条件和现实基础。Castells（1996）等人都将城市看作是一个过程。Jacobs（1970）进一步指出，这是经济生活发生扩张的过程，并把进口替代所创造新工作的过程看作是促进城市发展的过程。因此,经济成功的国家和地区都有助于促进城市发展,并不断创造新的工作。显然,中国基于融入经济全球化的持续经济高速增长,不仅将极大地促进城市发展,而且也将深刻地改变城市功能。

在中国实行对外开放并日益融入全球化的过程中,城市特别是沿海较发达地区的城市扮演了十分重要的角色。众所周知,在现代经济中,作为区域经济的发展中心和科学技术创新的基地,城市在国民经济发展中具有举足轻重的地位。例如,目前中国工业总产出的 50%、国内生产总值的 70%、国家税收的 80% 都集中在城市。因此在对外开放过程中,城市凭借其区位条件优越、经济基础雄厚、交通运输便利和通达、基础设施较为完善、产业与相关服务配套、文化科教发达、专业人才和高素质劳动力集中、信息与知识交流密集等良好的环境条件,成为吸引外国直接投资、承接全球商品链延伸的主要空间载体。特别是沿海城市率先实行对外开放的试点,吸引了大量外商直接投资,不仅有力地促进了城市经济社会的发展,而且极大地拓展了对外经济联系,提高了经济外向度和城市国际化水平。例如长三角 15 座城市(台州市未统计进去)共有各类国家级园区 37 家,包括高新技术产业开发区 6 家、经济技术开发区 11 家、金融贸易区 1 家、出口加工区 13 家、保税区 3 家和风景旅游度假区 3 家,占了全国 170 家的 21.8%。有的学者通过对长三角地区 16 个城市制造业的空间集中度细分发现,92% 的工业总产值来自这些中心城市及其所属的工业园区和经济技术开发区(胡国良,2005)。与此同时,在大规模贸易活动中,城市日益成为连接国内与国外的门户和通道。

城市在积极参与对外开放和融入全球化的过程中,自身也得以迅速发展,特别是城市功能发生了重大变化。长期以来,在传统体制的束缚下,相对于工业化发展水平,中国的城市化进程是严重滞后的,城市发展比较缓慢。市场化导向的体制改革,不断冲破束缚城市化的体制障碍,并形成了城市化与工业化相互促进的内生机制。但必须看到,在城市化与工业化形成相互促进的过程中,基于全球化的外向型经济发展起了重要的催化剂作用。改革开放以来,特别是 20 世纪 90 年代以后的中国工业化进程加快,在很大程度上是与承接国际制造业转移紧密联系在一起的,融入了对外开放的大循环。而城市作为承接全球商品链向中国延伸的主要空间载体,成为工业化进程加快的有力支撑,并要求以城市为核心进行资源的有效整合与优化配置,通过城市的集聚与辐射功能来带动周边地区及更大区域内的经济发展,以构建有机的区域性、全国性的经济协调与运作体系。这不仅极大地促进了城市化进程,而且使城市在经济、政治等方面的重要地位迅速提高。在此情况下，现阶段中国经济发展在空间结构上越来越聚焦于城市。经济高速增长促进城市的迅速发展；反过来，城市的迅速发展又成为经济高速增长的动力源和支撑基础。

更为重要的是，在中国经济融入全球化的过程中，城市作为承接全球商品链向中国延伸的主要空间载体，日益融入全球的概念框架之中，已越来越成为重要的国际性舞台。与国际贸易不同，外国直接投资通过就业岗位创立和直接参与彼此之间的内部经济活动使得双方的经济与社会发生直接的联系。因此，以吸引外国直接投资及承接全球商品链某一环节的形式来参与国际产业分工，更容易形成内部经济与外部经济的相互渗透和相互作用。随着中国参与国际产业分工体系的程度不断加深，内部经济与外部经济的渗透与互动态势日益明显。城市作为一个重要的空间载体，在内部经济与外部经济之间渗透与互动中充当了重要角色，起到了重要的桥梁和通道的作用。反过来，在连接内部经济与外部经济的交互作用下，城市中全球势力的作用也越来越突出，并逐步演化为全球化城市，融入全球城市网络之中。近阶段还出现了一个新的变化，即通过海外投资增强城市外部连接及影响力的方式开始显现。例如，2000年上海市新增海外投资企业仅34家，投资额仅3274万美元；2006年新增海外投资企业达75家，投资额达32977万美元；2000—2006年的年均复合增长率达到31.3%（见表6.3）。

表6.3　历年上海市新增海外投资企业与新增投资额

	2000年	2001年	2002年	2003年	2004年	2005年	2006年
新增企业数（个）	34	32	64	81	91	59	75
新增投资额（万美元）	3274	5384	13494	17200	32824	68775	52977

资料来源：上海统计网、2006年上海市国民经济和社会发展公报。

从目前主流的全球城市研究文献来看，对中国哪些城市是首要的"全球城市"至今尚未能予以全面的确定，所以也谈不上确定某个城市在国家和全球城市网络中的具体位置。一些国外学者认为，目前中国一些主要城市还只是国内的中心城市，尚未达到全球城市的地位（Yeung, 1996；1997），但同时也指出了，由于中国在世界经济中的飞速发展，这些首要城市具有实现全球城市的潜能。其中，三个最有竞争力的城市是香港、北京和上海（Yulong and Hamnett, 2002）。香港很可能继续充当中国连接全球的桥梁和窗口。北京和上海都有其作为潜在全球城市的实力。北京的最大优势是作为中国的首都，已成为国民经济决策、管理和监督机构与组织的集聚地。上海在1949年以前已经是远东的重要金融中心,目前在中央政府的支持下,作为中国的经济中心,上海的重要地位得以恢复,这使得它既能在国内城市层级上处于首要地位,又能在全球城市体系中的地位有大幅攀升。

更值得指出的是,北京和上海在对外连接中都具有显著的全球性的特征。Taylor(2006)在区分连接度(联系程度)与连接性(联系类型,即全球导向连接或地区导向连接)的基础上,曾对亚洲城市进行过实证分析。其计算结果的是,北京和上海在全球城市网络中具有独特性,即它们比连接度相同的其他城市具有更好的连接性。尽管上海和北京的连接度近似于吉隆坡和雅加达,但它们在联系类型上更全球化,更少地方化。上海和北京的全球性类似于香港、东京、新加坡等城市,上海的全球导向指数达到1.167,甚至超过香港的1.110、东京的0.949和新加坡的0.640。不管这些评论是否符合实际情况,有一点则是可以肯定的,即随着中国在融入全球化过程中的经济高速增长及在世界经济中的地位提升,其全球城市的崛起已成为一种战略性要求。

6.2.2　战略性要求与现实差距

在传统经济体制下,通过计划性的资源配置,中国一些主要城市发展成为单一功能的制造业城市,而在当时国门紧闭的情况下,更是一种典型的封闭式的国内制造业城市。改革开放之后,市场化进程的推进,为城市发展注入了新的要素和能量。特别是资金、土地等要素市场化、引进外资、产权改革、分权化的财政体制改革等,极大地释放了城市潜在的经济能量,形成了对城市经济发展的强大推动力。在此基础上,城市功能开始发生重大变化,特别是城市综合服务功能不断得以强化,并在区域经济发展中起到了核心作用,在连接国内经济与国际经济中起到了重要的桥梁作用。但从根本上讲,中国一些主要城市仍未彻底摆脱传统工商业城市的发展模式,与全球城市崛起的战略性要求相比,尚有较大的差距。即使像上海这样的国内主要中心城市,定位于建设现代化国际大都市的战略目标,也还是有不小的差距。下面我们以上海为例进行具体的剖析。

20世纪90年代以来,上海经济呈现了持续的高速增长。这在很大程度上是改革开放带来的体制能量释放所致。但这一经济增长仍然是建立在原有城市发展模式及其基础之上的,其突出的表现之一,就是投资驱动型的城市物质资本与财富迅速增长和积累,以及现代服务业发展的"短腿"现象。实证分析表明,自90年代以来,在影响经济增长的三大变量中,消费对GDP的贡献率波动不大,基本上稳定在41%—45%的区间内,在2002年达到一个峰值(45.40%)后,出现了一定程度的下降,2004 年降到 43.78%①,仅比最低的 1998 年 41.38%高出 2.4 个百分点;而投资的贡献率则经历了较大的起伏,从 1990 年的 42.55%,迅速攀升到 1996 年的 66.44%,然后又几乎以同样的速度滑落到 2002 年的低点 44.55%。2003 年和 2004 年又出现回升的势头,2004 年投资对经济增长的贡献率达到 48.42%;净流出对 GDP 的贡献率则呈现出与投资相反的走势,在 1996 年达到 -9.60%的最低值,然后逐渐回升,但在 2002 年达到一个高点(10.05%)后,又出现了一定程度的下滑,2004 年是 7.81%的水平,相比 1990 年的 15.57%,贡献率几乎下降了一半(见图 6.4)。

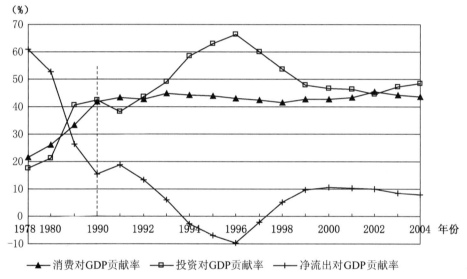

图 6.4　上海历年消费、投资和净流出对 GDP 的贡献水平

从图 6.4 中我们可以分析出几点有价值的信息:(1)20 世纪 90 年代以来,投资成为推动经济增长的主要动力,但投资的贡献率波动较大,在 1996 年达到峰值 66.44%,其后逐年下降,2003 年和 2004 年虽略有上升,但力度已明显减弱。(2)消费的贡献率在 1991 年便已达到 43.19%的水平,其后的十余年基本保持不变,且严重低于全国平均水平(60%左右),表明上海消费能级受到很大程度的抑制。(3)净流出的贡献率大幅下降,与此相对比,1978 年上海净流出的贡献率高达 60.77%,表明上海对全国和海外经济的辐射力和影响力在大幅下滑。

---

① 　如无特殊说明,本节中所用数字均来自《上海统计年鉴》各相关年份,2004 年的数据来自上海市 2004 年统计公告。

　　另外,从收入法核算的 GDP 角度进行分析(如图 6.5 所示),可以发现劳动者报酬占 GDP 的比重从 1993 年开始逐年下降,在 2004 年达到 32.84% 的水平(作为比较,2003 年全国水平是 49.62%);固定资产折旧和生产税净额占 GDP 的比重则稳步上升,分别从 1990 年的 12.29% 和 19.74% 上升到 2004 年的 14.61% 和 26.64%;而作为反映企业利润指标的营业盈余则出现了连续二十余年的持续下降,其比重从 1978 年的 56.69% 下降到 1990 年的 35.71%,然后又下降到 2004 年的 25.91%。

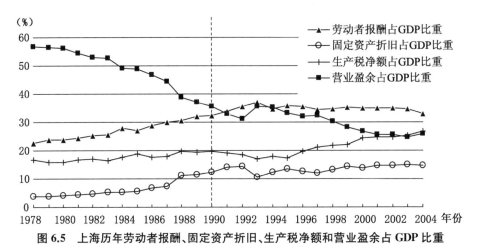

图 6.5　上海历年劳动者报酬、固定资产折旧、生产税净额和营业盈余占 GDP 比重

　　结合图 6.4 所表达的信息一起进行分析,可以勾勒出上海经济增长方式的一个基本轮廓:劳动者报酬的降低和生产税净额的增高表明 GDP 中越来越大的一个部分被政府拿走,并以投资的形式回到社会再生产的循环过程中,而投资比重的增加直接导致固定资产折旧水平的提高,但由于上海已经步入投资边际收益递减的阶段,所以在宏观上表现为投资对 GDP 的贡献率逐年下降,在微观上表现为企业利润的持续走低。

　　在这一投资驱动型的经济增长中,上海产业结构发生了重大变化,第二产业对经济增长的贡献率自 1978 年以来便持续下降,而第三产业则恰好走出一条相反的轨迹(如图 6.6 所示),并在 1999 年首次超过第二产业,该年第二、第三产业的贡献率分别为 49.59% 和 48.43%。但在达到 50% 关口以后,原有的产业发展的动力似乎明显减弱,第二产业比重不再下降,第三产业比重也并未出现预期的持续上升,而是出现了一个调整盘桓期。从目前的发展态势来看,这一调整仍在继续,且短期内的突破方向并未明朗。另外,这种产业结构转变还带有一定程度的表层高度化,即产业部门的产值与就业比例关系发生了变化,其内部结构仍表现出以传统产业部门为主、以低附加值产业部门为主,其内含的技术程度、智力程度并不很高。与此相适应,产业组织基本上仍保持着传统等级制的组织结构,以及传统的以产业分立为基础的市场结构。这种产业结构表层高度化容易出现其比重关系的不稳定性,出现第二、第三产业的结构关系发生逆转的现象。

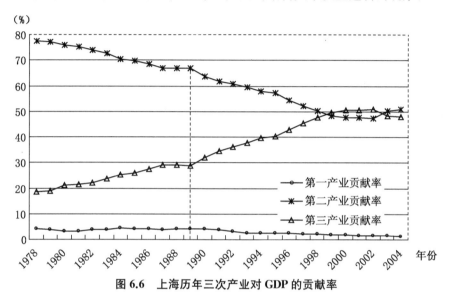

图 6.6　上海历年三次产业对 GDP 的贡献率

　　这种在原有城市发展框架下的大规模投资推动,不仅因其自身存在的问题而对后续的增长带来负面影响,而且随着时间的推移,其推动效应明显下降,难以为继。主要表现在以下几方面:

　　其一,投资结构不尽合理。在整个 20 世纪 90 年代的大规模投资推动中,全社会固定资产投资基本上投向基建和房地产,两者占总投资的比重从 1992 年的39.82％迅速攀升至 2003 年的 74.57％。其中房地产投资总额上升的幅度最大,从 1990 年比重为 3.59％上升到 2004 年的 38.11％。

　　其二,投资的边际递减效应明显。从 1990 年开始,每一元固定资产所对应的增加值出现全面下降,从图 6.7 可以看出,这一趋势在总体经济及三次产业中均有不同程度的表现。其中总体经济从 1990 年的 0.64 元,下降到 2004 年的0.44 元,下降了 31％;一、二、三次产业分别从 1990 年的 1.52 元、0.60 元和 0.68元下降到 2004 年的 0.73 元、0.47 元和 0.41 元,降幅分别是 52％、22％和 40％。每一元固定资产对应的增加值可以看作是衡量固定资产投资效率的指标。从图 6.7 的数据可以看出,上海第一产业的投资效率是最高的,而第三产业的投资效率最低,这清楚地表明上海制造业和服务业的发展程度同发达国家相比仍有很大的差距,上海的产业发展水平和城市功能仍停留在一个较低的阶段,制造业和服务业中的高附加值部分发育严重不足。特别是服务产业,高端部门份额不大,仍以投资为主要推动力,其投资效率又如此之低,表明主要承担城市服务功能的现代服务业的地位远没有达到同世界城市相匹配的水平。

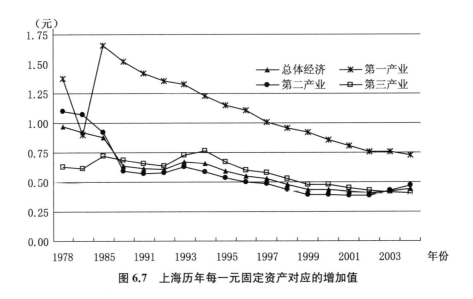

图 6.7　上海历年每一元固定资产对应的增加值

　　其三,收入与消费的增长效应微弱。1999—2003 年的上海统计数据显示,居民可支配收入的总平均水平一直在稳步提高,其增长速度基本上与 GDP 的增速协调一致。但是如果对收入水平进行分组研究,情况并不乐观,中等收入水平以下的居民的可支配收入增长远远落后于 GDP 增速,甚至从 2001 年开始,最低收入户的可支配收入一直呈负增长状态。另一方面,从居民的消费支出研究得出,上海城市居民并未因可支配收入的整体增加而增加其消费支出。也就是说,虽然收入增加,但居民消费却更加谨慎了。消费的持续疲软,一方面是由于国民收入分配更倾向于财政,另一方面是由于收入分配不公造成居民收入差距拉大。因此,在"居民收入提高—消费支出增长—促进经济发展—创造更多的就业岗位—进一步提高居民收入水平"的循环中存在较严重的薄弱环节和梗塞。

　　其四,几个重要产业的增长动力趋缓。图 6.8 列出了上海五个重要产业的发展趋势[①]。可以看出,波动最大的是金融产业,其对上海 GDP 的贡献率走出

──────────

　　① 由于在 2000 年以后上海工业领域的六大支柱产业进行了调整,为了增加可比性,这里选了未作调整的三个产业,其中钢铁制造业在 2000 年后统计的是精品钢材制造业的数据。

了一条"倒 U"形曲线,在 2000 年达到顶峰后,目前又回到 20 世纪 90 年代初的水平。房地产业对整体经济的贡献率一直呈稳步增长的态势,从 1990 年的 0.5% 攀升到 2003 年的 7.42%,升幅巨大,但房地产业要受到土地供给的刚性约束,达到一定程度后高增长便难以保持,同时国家宏观调控政策也对房地产业的增长形成强大的压力。显然,靠房地产业拉动经济增长是难以为继的。工业领域的三大支柱产业的增长动力从目前来看也出现了增长乏力的问题,其中石化产业和钢铁制造业对 GDP 的贡献率从 1995 年便开始下降,分别从 1995 年的 5.72% 和 6.00% 下降到 2003 年的 3.95% 和 4.80%,降幅分别为 31% 和 20%。汽车制造业对 GDP 的贡献率倒是一直处于增长的态势中,从 1995 年的 3.38% 增加到 2003 年的 7.06%。但在 2004 年,汽车产业增加值出现了大幅下滑,其对经济增长的贡献率跌落到 5.42% 的水平。相比之下,信息产业和成套设备制造业(图中未标出)从 2000 年至今一直保持着稳步增长的态势,其中信息产业对 GDP 的贡献率从 2000 年的 7.4% 增加到 2004 年的 11.4%,成套设备制造业对 GDP 的贡献率从 2000 年的 2.9% 增加到 2004 年的 4.3%。这两个产业可能会成为上海未来几年内重要的经济增长点。但考察信息产业的结构,可以发现,上海信息产业的主体仍然是信息产品制造业,其比重经过四年的发展不降反升,从 2000 年的 57.9% 上升到 2004 年的 58.2%。上海信息产业仍未摆脱制造业的发展模式,这在很大程度上会制约上海城市服务功能的提升。

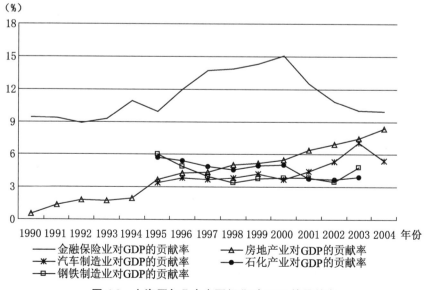

图 6.8 上海历年几个主要行业对 GDP 的贡献率

通过以上的实证分析,我们可以看到,2004 年之前上海经济运行的表现及其态势基本上是传统发展模式的一种客观反映。近年来,这种情况有所改变,特别是 2006 年起开始呈现较明显的经济增长方式转变趋向。但总体上,与全球城市崛起的战略性要求还有较大的差距。在中国的其他一些主要城市,如北京、广州等,也是类似的情况。

6.3   全球城市崛起的战略目标定位及其变化趋向

中国全球城市的崛起,其目标是扮演全球角色。在全球网络化的背景下,这种全球角色日益取决于城市与外部联系的能力及其连通性,取决于城市能级水平所决定的在全球城市网络中的地位。因此,对于崛起中的全球城市而言,并不是谋求一般常规性的城市发展,更不能继续走扩大经济规模和增强经济实力的传统城市发展道路,而是要根据其战略目标定位全面实行城市转型,即:由工商业城市向经济中心城市的转型;由制造业生产城市向商务服务城市的转型;由单一功能城市向多元功能城市的转型;由地方化城市向全球化城市的转型;由"单点"城市向"区域"城市的转型。只有通过这种深刻的城市转型,才能提升城市能级水平,融入全球城市网络,朝着全球城市的目标发展。

6.3.1   全球城市崛起的目标定位

全球城市崛起的目标定位,也许并不是一个十分棘手的问题。中国一些主要城市均已提出或明确了其发展战略目标。例如,上海在 20 世纪 90 年代就提出了建设"四个中心"和现代化国际大都市的战略目标,即建立起以适应国际大都市为核心的新兴产业体系、以"三港两网"为核心的基础设施体系以及促进人的全面发展为核心的社会事业体系,最终形成国际经济中心、金融中心、贸易中心和航运中心。这一战略目标也得到了国务院的批准,并成为一个国家战略。

但问题是,其目标定位的内涵,要与时俱进,不断深化。上海 90 年代提出建设"四个中心"和现代化国际大都市,在其内涵上更多的是强调城市的等级概念及其竞争关系,突出的是集中控制功能。例如上海在前十多年的发展中,凭借独特的区位优势、历史基础以及浦东开发开放等有利条件,形成强大的集聚力,吸引了国内外的大量资源要素流入,促进了上海城市建设和发展。但在向内大量集聚过程中,上海对外辐射功能的培育及其作用严重不足。例如,在对外产业转移,技术、资金、人才、管理、品牌等要素对外输出,外部网络构建,面向全国与全球的服务流出等方面,缺乏足够的能力,存在较大的差距。

然而,正如前面分析指出的,崛起中的全球城市的协调功能,是内含于全球连通性之中的;其协调功能的大小是通过全球连通性程度来体现的。决定一个城市能不能成为国际经济中心和全球城市的,不仅仅是城市的规模和形态,也不仅仅是城市拥有的资源量和存量资本堆积,而是该城市是否处于全球城市体系的主要网络节点上,是否具有大规模可供配置的经济流量。从这一意义上讲,全球化与信息化时代的全球城市,本质上是全球网络中的主要节点城市,其强调的是基于网络的对外联系及其竞争合作关系,突出的是服务协调功能。因此,全球城市崛起的目标定位要立足于建立具有全球广泛连接的网络,并通过全球连通性发挥其重要的协调功能。这种基于全球连通性的协调功能,通常是以远距离的互动为特色的,其具体表现为三个方面:其一,这种协调活动是无形的、个性化的、全球化的以及信息密集型的,高度集中了先进专业服务,具有较高水平的协调与服务功能;其二,自身开始形成多极化以及各极专业性的空间结构,即中心城区高度集中了高级专业服务,而在其外围创造出了新的专业化服务带;其三,在全球网络系统中逐步占支配地位,其协调功能本身更多是全球性的和全球同步的。

事实上,即使是那些已经成为“全球城市”的城市,也在根据时代发展变化的新要求不断深化对其内涵的认识和理解,并对其目标定位进行充实和完善。例如,日本以 2050 年为目标所制定的东京发展规划,已不把原先那些城市规模、经济实力等数字作为追求的目标,而是侧重于从量向质的转换、从划一的目标向多元化和个性化方向转换,力争成为一个在世界处于领先地位的富有魅力的繁华的国际大都会。在这个总目标下,规划确定了五大方面的发展目标观念:第一,保持并发展具有国际竞争力的城市活力;第二,创造和发展能够保持持久繁荣的环境;第三,创造有特色的城市文化;第四,创造安全、健康、舒适的高质量的生活环境;第五,形成市民、企业、民间团体等多样化相互协调的发展主体。

总之,中国全球城市崛起的目标定位,主要不在于提出相应的概念或口号,而是要准确把握其符合时代特征的基本内涵及要求。如果在基本内涵认识上有所欠缺,势必就会出现目标偏差,进而在城市发展基础构建、城市发展模式选择、城市发展格局调整以及城市发展空间拓展等一系列重大问题上发生严重失误。因此,这就要求我们从全球化与信息化的时代要求出发,立足于国家利益和国家战略需要,深化对目标定位内涵的认识,准确、科学地把握全球城市崛起的发展方向,不断充实和完善其目标定位的内容。

6.3.2 全球城市崛起的目标趋向

全球城市崛起目标定位的基本内涵,总是通过相应的形式表现出来的,特别是表现为某种具有代表性的发展趋向。尽管我们不可能事先一下子就弄清全球城市崛起的全部内涵,而要在实践中逐步加深对其内涵的理解与认识,但必须一开始就要紧紧抓住其目标趋向。如果其目标趋向都弄错了,那么在推动全球城市崛起中就会"失之毫厘,差之千里"。事实上,深刻理解和把握了全球城市崛起的目标趋向,反过来也有助于加深对其目标定位内涵的认识。

在我们看来,全球城市崛起的目标趋向就是较大幅度地提高城市能级,在全球城市网络中占据重要节点的位置,为全球和当地之间提供一个界面,包括经济的、文化的和组织机制上的,充分发挥把国家和地区内的资源引入全球经济中,同时把世界资源引到本国和本地区内的重要作用。而这一城市能级的提升,将建立在经济服务化、集约化和网络化基础之上。只有这样,才能更大范围地参与世界经济过程,更深入地融入国际产业分工及世界城市体系之中。

在当今经济网络体系中,城市作为其中的一个重要节点,越来越具有流动空间的属性,从而城市能级水平的高低也越来越依赖于是否具有更大的流动性和集聚以及辐射能力。因此,全球城市崛起的能级水平的提升,势必要求转向经济服务化,必须能够提供大量的现代服务活动,特别是生产者服务。在经济服务化的过程中,将发生两方面的重大变化。一方面,越来越多的制造业将变得无形,开始以个人品位而定制,其业务模式将从制造一种产品转向提供一种服务。另一方面,许多服务行业开始具备大规模生产的特点,并可以将规模经济与个性化服务结合起来。同时,越来越多的服务可以在远离最终市场的地方提供。例如,金融服务、娱乐、教育、安全监控、秘书服务、会计及游戏程序都可以在远离最终用户的地方进行生产和销售,特别是远程医疗服务等。

我们知道,城市凭借其独特的区位优势吸引各种资源要素向其集聚,但如果不能对这些资源要素进行集约化的配置,至多只是形成城市规模的扩大或城市存量资本的大量堆积,而难以形成对外强有力的辐射能力。因此,全球城市崛起的城市能级的提升,势必要求以经济集约化为其重要基础。在经济集约化过程中,也将发生两方面重大的变化。一方面,城市在超越其本身市域范围内实行的大规模的资源配置,要求将分散功能相对集中,以促进产业集群,形成良好的产业经济生态圈。同时,要求深化与强化主要的城市功能,突出其特色,形成核心竞争力。另一方面,要求进一步增强经济运行的集约化,如提高资源要素的利用程度,降低资源要素的耗损,降低运作成本,提高资源配置效率,并促进资源要素的高效流动。

由于当前城市化是在经济全球化与信息化的背景下大规模地展开的,城市尤其是大城市日益融入全球的概念框架中,城市间各种要素的迅速流动使得全球各城市联系得更加紧密,由此形成了多极与多层次的世界城市网络体系。因此,全球城市崛起的城市能级提升,势必要朝着经济网络化的方向发展。在经济网络化过程中,也将发生两方面的重大转变。一方面,经济网络的本质要求是互通、互联,特别是处于网络中重要节点,更需要有广泛的外部联系性。这就要求城市必须具有更大的开放性,从注重于自身内部发展转向与外部建立广泛的联系。另一方面,城市作为经济网络中的一个重要节点,将更多地承担起各种资源要素在网络体系中流动的功能,从而越来越显示出城市流量经济的发展模式。

从目前中国一些主要城市,如上海、北京、广州等现有的基础及其发展积累水平来看,已具备了城市能级提升的基本条件,并有其强大的内在推动力。其一,城市的硬件构架及其形态已初步形成,且内在政治、社会环境的稳定。其二,城市面对全球经济调整等外部变化已具有相应的创造性反应能力,正在顺利地实现从劳动密集型生产向资本密集型生产再向知识密集型生产的转变,以及经济结构的调整。其三,城市的综合服务功能正在迅速增强,其影响力不断提高并向更大的范围扩散。其四,城市发展的潜力较大,成长性较好,具有相应的可持续发展能力。此外,北京举办 2008 年的奥运会、上海承办 2010 年世博会、浦东综合配套改革试点、洋山港建成启用等重要的发展契机,也将成为这些城市能级提升的驱动力量。

但问题在于,要明确全球城市崛起的目标趋向,抓住各种机遇,乘势而上,推动城市的经济服务化、集约化和网络化进程。目前,由于受城市用地的限制以及土地级差的支配,地均产出的要求越来越强烈,已成为城市产业的市场选择的一个重要指标。另外,商务成本的迅速提高,正在重新调整产业进入门槛,强行驱逐低收益的产业部门。再加上国内外及周边地区强有力的竞争挤压,迫使一些缺乏竞争优势的产业部门逐步消亡。显然,这将促使主要城市产业部门实行更新换代,或者是更替换新,重点转向内含高度化,即:新兴产业部门替代传统产业部门;高端或高附加值产业部门替代低端或低附加值产业部门;高技术、高智力含量的产业部门替代低技术、低智力含量的产业部门。与这种产业结构内含高度化相适应,要求产业组织结构发生相应的变动。在先进制造业与现代服务业融合发展的过程中,部门间业务交叉与市场交叉等新变化使企业打破彼此分工界限,并使企业相互介入。企业之间不单纯是一种竞争关系,更是一种协同关系。这不仅要求在产业自动化、智能化的基础上实现组织结构柔性化,而且要求逐渐演变为原子式的组织结构,以及适应灵活多变的市场组织方式。

伴随着经济规模的进一步扩大及城市功能转变,社会发展将处于越来越重要的位置。国际经验表明,在经济起飞后的一个阶段,经济高速增长将带来诸多社会问题,特别是结构性失业、劳动者教育水平滞后、收入分配差距扩大、弱势群体的贫困化等,能否妥善解决这些社会问题将直接关系到这一经济高速增长的持续长度。对于崛起中的全球城市来讲,随着产业体系重组与城市形态变化,城市的社会体系也将同时发生深刻变革。根据国际经验,其中最为突出的变革包括在以下方面:其一,城市居民的收入和社会地位根据全球化的参与程度不同而逐渐发生分化;其二,总体就业规模扩大,但是出现"两端增加、中间减少"趋势;其三,社会权力向跨国组织转移,跨国资本的影响力日益扩大;其四,城市社区布局出现新的"两极",即与全球化相关的国际社区和与本地化相关的大众社区;其五,在文化上形成"全球主义"与"民族主义"的思潮对立;同时在国际化进程中业已出现的问题在城市化的过程中进一步放大。因此,在全球城市的崛起中,社会发展问题将日益提到重要的议事日程上来,包括城市治理、社区建设、社会保障、就业以及教育与文化发展等。妥善处理与解决一系列社会问题,将在很大程度上起到促进城市经济增长的作用,并与经济发展形成互动关系。

7 崛起中全球城市的路径依赖

国际经验表明,全球城市崛起的基本前提条件及基础要求是大致相同的,其目标追求或目标定位也可能趋同化,但由于所处的背景条件、自身基础、区位因素、历史过程等不同及其构成的特定路径依赖,通常呈现多样化的不同发展模式。因此,全球城市并没有一个标准的演化模式(包括已经形成和正在崛起的世界/全球城市),同时也不存在所谓的"模式化"的全球城市,像纽约、伦敦、东京等城市也都表现出明显的差异性。这种已经建立和正在凸显的全球城市间的差异性,应该归功于不同的历史和地理环境的形成及其路径依赖,以及内在制度能力和摸索性实践行为(通过战略行动者)的不同结构(Olds and Yeung, 2004)。在这一章里,我们将重点探讨中国崛起中全球城市面临的主要约束条件及其路径依赖问题,初步阐述中国全球城市崛起的演化模式。

7.1 主要约束条件:卷入性参与全球化进程

前面的分析已经表明,全球化与信息化交互作用是全球化城市(其中包括全球城市)形成与发展的主要动力之一。全球城市的崛起,作为逐步融入全球网络的流动空间建构,也必须基于全球化、信息化等新的发展动力。这里除了全球化进程本身发展水平外,一个国家或城市在什么样的发展起点上,以何种方式进入全球化进程及其在全球化中扮演什么样的角色等,也通常反映在全球城市崛起的主要约束条件中。作为发展中国家,中国参与全球化进程,无论在起始基础、时间空间、环境条件等方面,均与发达国家大不相同。总体上讲,中国是在一个较低发展水平的基础上,卷入性参与全球化进程的。这在很大程度上构成了中国全球城市崛起的特定约束性。

7.1.1 卷入性参与全球化进程的主要特征

我们知道,发达国家是在本国经济及其企业高度发展的基础上,通过对外直接投资等途径不断向外扩展,以主动进行全球生产布局的方式参与全球化进程的。尤其是 20 世纪 80 年代以后,全球化处于一个加速过程,打破了传统的由自然资源区位所决定的国际地理贸易格局,其经济活动的组织形式及其空间结构逐渐进入一个深化转型的时期,形成了由金融和专门服务业为主要内容、由外国直接投资为主要方式、以产品生产和服务国际化为主要特征的国际交易新格局。这种新国际贸易格局的形成,强化了发达国家跨国公司全球商品链向发展中国家延伸、全球制造业区位向发展中国家转移的趋势。因此,到目前为止,经济全球化仍是由发达国家所主导的。

中国作为发展中国家,是在人均收入水平较低,综合国力较弱,二元结构显著,现代化程度不高,城市化发展滞后的发展基础上进入和参与全球化进程的。尽管从参与全球化进程的姿态上讲,我们采取了积极主动的对外开放政策,如扩大对外开放,大力发展对外贸易,主动吸引外来投资等,但由于经济实力及其企业发展尚处于较低水平,在全球经济中还不具备强有力的国家竞争力和企业竞争力,从而不管是在传统国际贸易格局下还是在当代全球商品链分工格局中,发展中国家总是处于"被动"的局面。在国际贸易中,发展中国家以低附加值商品出口为主参与国际产业分工;在全球商品链中,发展中国家是以加工制造为主参与产业内和企业内的全球分工。因此从参与全球化进程的方式及其实质内容来讲,发展中国家具有很大的被主导性,即主要是通过吸引外国直接投资的方式,以廉价劳动力、巨大的潜在市场等比较优势承接全球商品链中处于低附加值的加工制造环节,形成"大进大出"的加工贸易流量的方式进入全球化进程之中的。从这一意义上讲,中国是被卷入到全球化进程之中的。由于这一"卷入"是以实行积极的对外开放为前提的,故可将其称为"卷入性参与全球化进程",以区别于发达国家主导性参与全球化进程的不同属性。

在新的国际劳动地域分工的条件下,与其他发展中国家一样,中国主要是通过吸引外国直接投资,承接由跨国公司主导的全球商品链向发展中国家的拓展和延伸。在此过程中,呈现出十分明显的基于直接投资的资本流动非对称性,即外商直接投资的大规模流入与中国对外直接投资的极少流出。例如 2005 年上半年,外国来华直接投资净流入 264 亿美元,而中国对外直接投资净流出才 39 亿美元,前者为后者的 7 倍。而且,与上年同期相比,净流入是减少了 51 亿美元,净流出是增加了 29 亿美元。可想而知,前几年两者之间相差更大。因此在国际直接投资方面,基本上呈现一种单向流入的基本格局。

进一步讲,外商直接投资的大规模流入是与跨国公司主导的全球商品链向中国拓展和延伸结合在一起的。我们知道,在发达国家的跨国公司所主导的国际产业链上,各国是凭借自身不同的要素优势而占据不同附加值含量的生产环节的。作为一个正在快速推进工业化的发展中大国,中国凭借劳动力成本低廉且劳动力素质较高、优良的基础设施、工业配套能力较强、拥有广阔的国内市场、社会与政治环境稳定及日益开放的外贸、外资体制等优势,吸引了越来越多的跨国公司选择中国作为面向全球市场的制造基地。数据表明,在大规模引入的外商直接投资中,大部分是流向制造业领域的。截至 2003 年,外商直接投资项目总数中,第二产业占 75.26%;其合同总额中,第二产业占 67.01%(见表 7.1)。2005 年上半年,外资的投向领域,仍以制造业为主。制造业外商直接投资占比为 71%,其次是房地产业及租赁和商业服务业,占比分别为 9% 和 6%。

表 7.1 外商直接投资产业结构(截至 2003 年)

产业名称	项目数(个)	比重(%)	合同金额(亿美元)	比重(%)
总　　计	465277	100	9431.30	100
第一产业	13333	2.87	180.36	1.91
第二产业	350170	75.26	6320.10	67.01
第三产业	101774	21.87	2930.84	31.08

资料来源:中国投资指南网,http://www.fdi.gov.cn。

从动态过程看,这种全球商品链向中国的延伸,表现为逐步从制造业的低端环节向高瑞环节发展,从零配件生产向基地化生产发展的过程。在 20 世纪 80 年代,发达国家和地区主要是陆续将劳动密集型加工制造业向中国沿海地区转移。90 年代初以后,传统劳动密集型制造业中的 FDI 呈现停滞趋势,而劳动密集型的高科技制造业,如电子器件、通信、计算机装配等开始向中国转移。例如1997—2000 年间,纺织业吸引的合同外资仅仅从 11.43 亿美元增加到 19.88 亿美元,其实际投入的外资则经历了绝对下降(从 18.59 亿美元下降到 13.68 亿美元)。与此同时,电子及通信设备制造业的合同与实际外资均经历了迅速的增长,前者从 29.44 亿美元增加到 113.6 亿美元,后者从 26.59 亿美元增加到 45.94 亿美元。在电子及通信设备制造业内,电子计算机与电子器件的合同外资金额2000 年分别达到 8.7 亿美元与 18.8 亿美元,与 1999 年相比分别增长了 80.06%

与64.63%。在此之后,发达国家和地区又开始将部分资本密集型重化工业(如石化等)向中国转移。经验表明,发达国家向发展中国家的产业转移(特别是制造业),不论是垂直分工还是水平分工,其输出的产业技术水平通常是高于输入国的产业技术水平。如果没有这种产业技术水平的落差,就难以形成产业转移的势能。因此在国际产业转移中,输出国凭借这一产业技术水平落差,掌握着较为主动的选择权,即转移什么样的产业或生产链中的哪部分环节,以及转移的次序和时间安排。相对而言,承接产业转移的国家,通常是处在被选择的位置,带有较明显的被动接受的特征。

进一步的考察表明,这种外国直接投资,大部分是全球商品链向中国的延伸,采取"两头在外"的生产流程,即大部分技术含量比较高的零部件和技术都由国外提供,大量的产成品则集中出口到欧美等其他国家,属于加工组装性质。如在长三角地区,一半以上的制造业企业属于加工组装性质,具有相当的普遍性。这种生产模式虽然能带来GDP的增长,但由于其生产环节没有产业链的进一步展开,也没有演化出更细的产业分工,所以对国内产业的扩散带动以及对中心城市周边地区的带动影响力较弱。然而,这种生产模式衍生出了大规模的加工贸易。随着外商直接投资规模的增大,以及加工贸易方式中境内加工链条逐步延长、产品增值率较大幅度提高,加工贸易在贸易结构中逐步占据主导地位。2005年上半年,加工贸易方式的进出口额占进出口总值的47%,超过一般贸易43%的比重。[①]另外,外商投资企业在进出口中逐步占据主导地位。至2004年,外资企业在全部出口中所占比重已从1985年的1%上升到超过50%。2005年上半年,外商投资企业进出口额占进出口总值的57%,远高于国有企业的27%比重。这极大地促进了中国基于全球生产体系的大规模对外贸易活动。

由于单向流入的外国直接投资主要采取加工贸易的生产方式,其区域集中的选择性较强,主要流向一些经济发达和先行开放的地区。特别是在中国地区发展处于明显的非均衡状态,且东部沿海地区率先实行对外开放的情况下,这种外来投资的区域集中特征表现得更为明显。例如长三角、珠三角和环渤海地区,发展水平普遍较高,占全国6.3%的国土面积和24.2%的人口,却生产了占全国48.3%的国内生产总值,且交通通信等基础设施较完善,具有良好的区位优势,因此外商直接投资的流入明显向这些区域倾斜,形成高度的区域集中。1993

---

① 数据来源:国家外汇管理局国际收支分析小组:《2005年上半年中国国际收支报告》,《金融时报》2005年11月28日。

年,这三大核心区外商直接投资及其他投资占各省市区的比重为 71.03％,到 2001 年该比重已经增加到 77.55％,提高了 6.52 个百分点。[①]2005 年上半年,长三角、珠三角和环渤海地区三大区域实际利用外资总额占全国总量的 87％,与上年同期相比增长 16.4％;其进出口贸易占全国 77％,比上年同期增长 23.94％。特别是长三角(江浙沪两省一市)实际利用外资占全国总量的比重较高,通常要占到 1/3 之多,2003 年和 2006 年分别高达 50.65％和 48.12％。在这大规模引进外商直接投资中,长三角已成为中国跨国公司最集中的地区。世界 500 强企业中已有 400 多家在长三角落户,其中上海近 300 家,江苏 180 余家,浙江近 60 家。同时,长三角地区也是国内大型企业最重要的集聚地,2005 年中国企业 500 强中,长三角地区就有 120 多家,其中上海 44 家,浙江 42 家,江苏 40 家。根据国家商务部 2005 年 2 月 27 日发布的《2005—2007 年跨国公司对华产业投资趋势调研报告》,在今后三年,跨国公司将普遍扩大对华投资,从选择投资区域企业数的发布情况看,长三角以 47％的压倒性优势,成为跨国公司的投资首选;环渤海地区占 22％;珠三角占 21％;其他地区占 10％。国内外资源及其产业源源不断地向这些主要地区高度集聚,使这些地区成为全国乃至世界上最富有生气和活力的经济区,并形成了世界瞩目的重要"产业聚集之地"。

表 7.2　历年江浙沪与全国实际利用外商直接投资数及其比重

	2001 年	2002 年	2003 年	2004 年	2005 年	2006 年
江浙沪(亿美元)	137.26	185.56	271.01	253.6	277.56	334.27
全　国(亿美元)	468.78	527.43	535.05	606.30	724.40	694.70
江浙沪占全国比重(％)	29.28	35.18	50.65	41.83	38.32	48.12

资料来源:各省统计年鉴和中国统计年鉴。

在外国直接投资向主要经济区域集中的同时,由于这些区域中的大中小城市,甚至包括许多建制镇,都具备吸引加工贸易型外部流入的环境条件,所以其流向城市的分布则趋于分散化,既有流向该区域中大城市或主要城市,也有相当流向该区域中的中小城市或一般城市。例如,在长三角地区,外商直接投资的城市分布是比较分散化的。1990 年在长三角实际利用外商直接投资总额中,上海所占的比重为 46％,以后一直趋于下降,到 2003 年已降至 21.59％,2004 年和

---

①　数据来源:贺敬芝、孙云:《FDI 对中国区域经济发展影响的反思》,《世界经济研究》2005 年第 11 期,第 16—20 页。

2005 年比重有所上升,但 2006 年再次下降至 21.26％(见表 7.3);而苏州则从 8.83％上升至 26.38％,超过上海。仅在苏州高新区 52 平方公里的土地上,就聚集了来自 30 多个国家和地区的 800 多个外资项目,其中投资上亿美元的项目有 10 多个,千万美元的项目有 188 个以上。在吴江已建成的 20 平方公里开发区中,聚集了 300 多家外资企业,其中 90％以上的企业生产电脑主机、显示器、电脑笔记本及其配套的电子资讯相关产品,区内配套率在 90％以上。①可见,中国全球制造生产基地的形成及其空间布局的特征,即区域集中及其城市分散化,在很大程度上是由外国直接投资的区位选择所设定的,是跨国公司安排的全球商品链空间布局的结果。

表 7.3　历年上海与长三角实际利用外商直接投资数及其比重

	2001 年	2002 年	2003 年	2004 年	2005 年	2006 年
长三角(亿美元)	137.26	185.56	271.01	606.30	277.56	334.27
上　海(亿美元)	43.92	50.30	58.50	65.41	68.50	71.07
上海占长三角比重(％)	31.99	27.11	21.59	25.79	24.68	21.26

资料来源:两省一市统计年鉴。

7.1.2　中国全球城市崛起的特定约束性

前面的分析已指出,中国主要是通过吸引外国直接投资,使全球商品链向中国延伸,从而承接国际产业的转移。而在此过程中,每一次国际产业转移的升级,总是表现为外部移植的产业水平要高于国内水平,进而促进国内产业发展水平的提升和产业结构升级。也就是,中国产业发展,总体上是一种外部移植促进为主导的产业升级模式。这种在承接国际产业的转移中,通过外部移植的产业促进整体产业升级的环境条件,对于崛起中的全球城市依据在全球城市网络中的定位来寻求新的经济功能和形成新的城市系统,有着重大的影响和特定的约束性。

作为发展中国家,中国制造业发展的基础及整体水平并不高,与发达国家有较大的差距。即使作为国内制造业中心或加工基地的一些大城市,也是如此。当然,在封闭经济条件下,中国一些大城市作为是国内制造业中心或加工基地,凭借其较高的产业发展水平,也许具有向周边地区乃至在全国范围转移制造生

---

① 数据来源:当代上海研究所:《长江三角洲发展报告 2005》,上海人民出版社 2005 年版,第 59 页。

产活动的能力。例如,在改革开放之前,上海制造业水平在全国处于领先地位,有许多享誉国内的名牌产品,完全具有向周边地区乃至在全国范围转移制造生产活动的能力。甚至在改革开放初期,浙江、江苏等的民营企业发展在很大程度上受益于上海"非正规"的局部性产业转移(如以经济联合名义的设备租赁、"星期天"工程师和退休专业人员的技术输出等)。但在开放经济条件下,国内制造业发展水平与发达国家的差距就完全显性化,并形成较大的反差。国外的技术、设备等均比国内高出一筹,有的甚至要领先好几代。因此,作为国内制造业中心或加工基地的大城市,原先封闭经济条件下保持的较高产业发展水平的优势就不复存在了。在这种情况下,通过直接从国外引进先进技术、设备,接受来自外部的技术创新扩散,便可以迅速站立在高于国内水平的新的起点上。而且,即使是那些原先没有什么工业基础的地方,通过此捷径,都有可能在高于国内水平的新起点上迅速推进制造生产活动的发展。因此,这也就成为各地实现经济和产业跨越式发展的最佳选择。当周边地区乃至全国更大范围内都通过这一捷径发展制造业,并形成蓬勃兴起之势时,原先这些大城市所谓制造业"高地"开始夷为"平地",甚至塌陷为"洼地",在强有力的国内外竞争中呈现颓败之势。我们可以把这种情形,比较形象地归结为"孤岛沉没"效应。

另外,以外国直接投资单向流入,并辅之以大规模贸易活动的方式参与全球化进程,通过外国直接投资促进基于全球生产体系的大规模贸易活动发展的环境条件,对于全球城市的崛起及其在全球城市网络中的定位,也有重大的影响和特定的约束性。中国主要是引进外部的技术、资金、设备、管理等资源要素,接受全球性的资源配置,所以城市在全球联系中更多地是充当外部资源流入与产成品流出的桥梁作用,甚至是扮演外部资源(资本、技术等)与本地资源(劳动力)相结合的生产加工集聚地的角色。当然,伴随着这种资源要素的单向内流,也会形成相应的服务流,如投资信息服务、中介服务、咨询服务、会计与审计服务、法律服务等,但其服务流的扩展则是比较缓慢的。此外,这种单向内流的外国直接投资采取的加工贸易方式,也会通过大规模的贸易活动形成相应的服务流,特别是现代物流服务、各类中转服务、海事服务以及配套服务等,但由于贸易活动所形成的相互关联性远不如双向外国直接投资的深度,所以其服务流扩展的程度相对较低。

由于缺乏这种资本(直接投资)要素的交互式流动,即使像上海、北京等中心城市也难以成为全球经济协同中的一个交互式节点,而只是在全球范围内施加影响的重要"中转"节点,充当负责接受或运送内向流动的协调/运送中心。相对于发达国家的全球城市来说,它只是有限地连接全球经济。当然,这些城市扮演着重要角色,因为它们在一个国家中处于特殊的区位,通过那里的关键行动者及机构的运作与全球的流动空间发生联系(Meyer,2000)。但这种城市外部联系的建立是嵌入式的,更为频繁地依赖外部输入的联系,而不是主动向外(全球)输出及其延伸的结果。

还有,外国直接投资向主要经济区域集中且流向城市分散化的格局,并通过外部流入促进当地经济发展和增强全球联系性的环境条件,对于中国全球城市的崛起及其路径依赖,也有重大的影响和特定的约束性。在传统计划体制下,中国城市主要是与其腹地形成一定的经济联系,类似于"核心—外围"的模式,城市之间的经济联系较弱。而且,这种经济联系主要是通过严格的计划调拨机制来实现的。改革开放以后,市场化的经济联系是日益趋于扩展和深化,但由于全国统一市场尚未真正形成,仍受到行政区划和地区分割的严重影响,中国城市之间的经济联系发展是不充分的,相互之间的关联性并不十分紧密。而在对外开放中,外国直接投资向主要经济区域集中且流向城市分散化的格局,首先带来的是该地区及其城市的全球性联系增强。这一方面意味着更多的城市趋于国际化,建立起全球性联系;另一方面则意味着这些城市都只是建立起有限的外部联系,而没有一个城市能建立起非常突出的全球性联系。因此在这一过程中,尽管中心城市的全球联系性也进一步强化,但其在全球联系性上的地位不是被进一步极化,反而是随着其他城市的全球联系性增强而相对削弱了。

还必须看到,中国目前仍处于投资推动型增长的发展阶段,引入外商直接投资的规模与经济增长有着高度的相关性。这在更大程度上强化了城市经济发展对外来资金、技术、设备、管理等要素的严重依赖,以及对国际市场及其外部营销网络和信息网络的严重依赖。与此同时,在外部资源流入的区域集中化及区域内城市的分散化的情况下,也势必形成同一区域内诸多城市快速发展,各自具有较大经济规模和较高发展水平的基本特点。例如,上海周边的苏州、无锡、杭州、宁波等10余座大中城市,发展速度快于上海,总体规模和发展水平逐渐接近上海,形成了整体快速发展格局。其中,苏州人均GDP已于2003年达到上海的水平。按粗略预测,大致在2010年前,无锡、常州,以及杭州、宁波、绍兴等市,人均GDP将接近或达到上海水平(卓勇良,2005)。尽管人均GDP并不是城市经济实力及其功能的主要解释变量,但这在一定程度上反映了上海周边地区城市已具有与其相近的发展水平、发展起点和竞争实力,从而使上海长期以来在长三角地区的城市极化地位有所下降。1978—2003年,上海第三产业在沪苏浙三地中的比重,从 41.2% 下降到 26.9%,就是一个例证。

因此,这些城市在其国内联系并不十分紧密的基础上呈现出全球联系性的不断增强,客观上形成一种对国内中心城市的离心力,驱使其相对摆脱或游离于国内城市之间的依赖性联系,特别是相对弱化与国内中心城市的依赖性联系。这种状态甚至会发展到一种极端的情况,即这些城市的国际联系程度超过或强于国内联系程度。显然,这将对中心城市地位极化有较大的负面效应。我们可以把这种状态称为全球联系性的泛化效应。

7.2 中国全球城市崛起的路径依赖

中国卷入性地参与全球化进程对全球城市崛起形成的特定约束性,意味着我们不可能完全按照发达国家全球城市兴起之时的经济功能转换的逻辑过程,也不可能完全复制像纽约、伦敦、东京这类全球城市所具有的流动空间的构造方式,更不可能模仿这些全球城市单极化发展的格局。这些特定的约束性,在很大程度上决定了中国全球城市崛起的路径依赖。

7.2.1 城市功能转换的逻辑过程:借助于全球商品链

我们知道,全球化、信息化等新的发展动力,促使城市传统功能逐步丧失,而以新的功能来予以替代。其失去的功能,主要是在货物的制造和处理方面,而新的功能包含了信息的创造、交换和使用,并由此形成了由人流和信息流联系起来的、复杂的城市系统。在这个城市系统中,各个组成部分同样地卷入了一个摈弃旧活动、获取新活动的过程(Gordon and Richardson, 1996)。例如像纽约、伦敦等全球城市,均经历了这一经济功能转换和城市系统更新的过程,主要是通过制造生产活动及其企业向外(国内外)转移,同时保留及集聚了大量与其分散化的制造生产活动有直接关系的管理与服务机构,从而实现了从制造业中心向金融商务服务中心的转变。

在发达国家,全球城市的经济功能转换是一个自然演化过程。其中,一个非常重要的前提条件是:其制造业发展在国际上是高水平的,制造企业在高度发展的基础上完全具备了向外转移的能力(如拥有技术、品牌、营销网络、管理诀窍等)。因此,在全球化、信息化等新动力的推动下,这些城市中的制造生产活动不断向外转移,并在全球范围内进行生产基地的布点,而对这些外移制造生产活动的控制与管理职能以及相配套的生产者服务，不仅在这些城市中继续保留和发展，而且高度集聚化，形成了强大的远程协调功能。正是在这一基础上，生产者服务的大量兴起，服务产业的比重不断提高，以服务经济完成了对城市旧经济功能的替代。可见，这些城市的传统制造功能丧失，很大程度上是制造生产活动的主动向外转移的结果，而不是其自身衰败或自行消失所致。

与此不同，在中国卷入性参与全球化进程中，外部移植产业对国内产业的冲击，引发大城市制造业的"孤岛沉没"效应，使其逐步丧失对外辐射和转移的能力。在这种情况下，这些大城市制造功能的丧失，并不是其生产活动主动向外转移的结果，而是一种典型的制造产业衰败或自行消失的表现。在此过程中，显然也就不复存在所谓对制造生产活动分散化的控制与管理的职能，从而与此相配套的生产者服务发展也就丧失了坚实的基础。这意味着，在城市旧的经济功能丧失的同时，并没有内生出新的经济功能可用以替代。其结果，只能是经济实力下降，城市趋于衰退。

如果这些大城市不甘心由此沉没，势必也要通过引进外来先进技术、设备、管理等来提升制造产业水平，提高制造业的竞争能力。上海在"十五"期间提出构筑工业新高地，实际上是对其制造业"孤岛沉没"效应的一种强烈回应。显而易见，这只能是进一步强化其原有的制造功能，在较长一段时间内形成新旧经济功能相对峙的局面。因此，这种外部移植产业所导致的"孤岛沉没"效应，通常会对这些大城市的经济功能转换形成一种"倒逼"机制。

因此中国全球城市的崛起，一方面必须经历一个以新的经济功能替代旧的经济功能、以新兴经济活动替代传统经济活动的过程，最终形成以服务经济为基础的产业结构体系和城市综合服务功能体系；但另一方面，受到外部移植产业的"孤岛沉没"效应冲击及其"倒逼"机制的特定约束，城市新旧经济功能的转换不具有自然演化的内生性。也就是，发达国家城市发展中的经济功能转换的逻辑过程，在中国当前特定的条件下是无法体现的。在这种情况下，中国全球城市崛起所必须完成的城市经济功能转换，可能也只有借助于日益延伸到中国的全球商品链，通过不同于发达国家的途径方式来实现。

首先，在城市旧的经济功能丧失中无法内生出新的经济功能的情况下，一个可弥补的办法就是从外部移植新的经济功能进行替代。具体讲，就是吸引跨国公司地区总部及研发中心、外资金融机构及各类生产者服务公司（如会计师事务所、律师事务所、中介咨询公司等）入驻城市。这些机构的进入，自身就带来了大量新的经济活动（主要是服务活动），而且这些机构在全球或地区具有广泛的网络,由此也带来了大量的人流和信息流。因此当这些机构的进入及其活动达到一定的程度,并带动本地服务活动的兴起(大量是与其配套的服务活动),便能赋予城市新的经济功能。新加坡、中国的香港等,在一定程度上属于这种类型,依靠大量外部移植的新经济功能进行替代,从而发展成为全球城市。然而,它们并不像中国另一些大城市在外部冲击下几乎丧失了制造业转移能力,还是有相当一部分制造业实现了向外转移,如香港的制造业大部分转移到了珠江三角洲地区。但这些数量与规模有限的制造业转移并不足以构成其确立管理与服务的中枢地位,主要还是依靠外部移植进来的新的经济功能。

当然,这些管理、服务机构并不是凭空、随机进入的,而是伴随其大量直接投资,并已形成大规模生产活动的基础上才选择进入某些大城市的,即全球商品链的空间延伸是这些机构进入的前提条件。尽管像新加坡、中国香港等,全球商品链并没有直接延伸到自身地域空间,在其本土范围内形成大规模生产活动,但在其邻近地区已承接了这种全球商品链的延伸,所以才有大量外国管理、服务机构进驻的可能性。如果全球商品链并没有延伸到东南亚地区及中国,新加坡、中国的香港就不可能吸引大量外国管理、服务机构的进驻。此外,一个更为重要的充分条件,就是城市的环境条件能否满足这些外来管理、服务机构的有效运作。除了城市的区位、基础设施、交通与通信、办公楼宇、专业人才、生活居住等环境条件外,更重要的是管制程度、经济政策、市场秩序等软环境。如果缺乏相应的环境条件,这些机构就不会轻易进入,即使进入了(出于长远考虑的战略性布局),也无法有效地运作。

从中国目前的实际情况来看,国际制造业大规模向中国转移,在长三角等地区形成世界制造业基地等现象,均表明全球商品链的空间延伸这一前提条件基本具备。在环境条件方面,一些大城市,如上海等,也具备良好的区位、相对完善的基础设施、便捷的交通与通信、甲级写字楼及星级宾馆、相应的专业人才,以及较好的生活居住等条件。因此,已经初步具备了吸引跨国公司地区总部等机构的相应条件,形成了发展总部经济的重要基础。截至2006年底,入驻上海的跨国公司地区总部已达154家,外资投资性公司150家,外资研发中心达到196家,国内企业总部达到200多家。但必须看到,在管制程度、市场秩序等软环境方面,尚有较大差距,特别是金融自由化程度较低。例如,受资金管理的限制,跨国公司难以对分布于中国不同省份的下属公司之间的资金进行统一调度。显然,这将严重影响其管理服务功能。这种环境条件的缺失,严重影响外国管理、服务机构的进入速度与规模,即使目前已进驻上海、北京等大城市的跨国公司地区总部或中国总部,以及金融商务等服务公司,也有相当一部分是属于"抢滩"性质,其运作的能量有限,难以赋予城市新的经济功能。因此,加强立法与执法,放松管制程度,整顿市场秩序等软环境改善,已成为十分迫切的事情。

其次,在城市旧的经济功能丧失中无法内生出新的经济功能,且缺乏相应软环境条件从而影响外部植入新经济功能的情况下,一个不得已的选择就是:借助于全球商品链提升制造业水平,发展先进制造业,并通过自主创新增强制造业向外转移的能力,逐步转向服务经济。这里的关键,不在于要不要制造业,而在于如何发展制造业。

在此问题上,现有的研究存在一些偏差及其误导。大多数有关全球城市的研究表现出来一种倾向,就是把全球城市的功能简化为金融中心与为公司提供专业化服务的中心。我们并不否认金融中心与商务服务中心作为全球城市功能的重要性,但也必须清醒地认识到,全球城市与大都市区域继续对制造产业发展起着重要作用,它们尤其是知识型生产链与创新生产簇群的核心场所。除了一个大都市区域内部企业之间的联系外,从全球范围看,这些城市"知识簇群"(knowledge clusters)里的创新领导性企业高度依赖于与其他城市区域里的创新企业之间的联系。城市区域的产业与服务簇群之间的跨国联系可能是城市全球化现象的基础(Krätke and Taylor, 2004)。因此,在全球城市崛起过程中,通过制造业结构升级,发展先进制造业,培育制造产业部门的创新领导性企业和形成创新生产簇群,也同样是十分重要的。

从国际经验看,也有这方面的先例。与纽约、伦敦不同,东京在服务业迅速发展的同时,仍然是日本工业最发达的城市之一。1955 年后,东京的工业发展,从从业人员规模来看,其增长保持到 70 年代左右。从 1955 年的 76.47 万人增加到 1965 年的 140.45 万人,然后便开始持续下降,1990 年又回复到 1955 年的规模水平,2000 年从业人员便只有 55.56 万人。[①]在 20 世纪 80 年代以前,东京一直是日本最大工业中心,此后尽管因工业外迁,其工业地位在国家经济中有所下降,但仍是日本重要的工业城市。1987 年东京的工厂数量、工业销售额分别占全国的 12% 和 7.3%,仅次于爱知县、神奈川县和大阪府,居全国第四位。[②]因此,东京发展成为世界顶尖的全球城市,离不开工业化阶段积累起来的强大制造业基础。

---

① 数据来源:刘秉泰、卢明华、李涛:《东京工业结构演化模式及其驱动力研究》,《世界地理研究》2003 年第 1 期。

② 数据来源:蔡来兴等:《国际经济中心城市的崛起》,上海人民出版社 1995 年版,第 189—265 页。

但我们必须看到,东京制造业发展有两个明显特点:一是工业的行业分布相当集中,即出版印刷、电气机械、运输机械、食品、一般机械五大行业。自 20 世纪 70 年代以来这五大行业就一直位于主导地位,且在东京工业中的比重不断增加,尤其是销售产值排名前两位的出版印刷业和电气机械业,自 90 年代就占了东京工业总销售额的 1/2 强。二是时尚、信息相关型产业在工业中的地位持续上升,其相对比重从 1955 年的 15% 增加到 2000 年的 32%,技术密集型的电机、通信机械、精密机械和运输机械所占比重也逐渐加大,而一般机械业逐渐衰退,食品业处于下降的趋势,钢铁业和化工业则在五六十年代就退出了五大主导产业之列。这两个特点表明,支撑现代国际大都市建设的制造业发展,是高度集中于适合城市特点的少数先进产业部门,并且是在创新基础上的不断能级提升,最终演变为具有中枢管理功能的部门。

东京的案例对中国全球城市的崛起,具有较大的借鉴意义。在中国目前特定的条件下,片面要求一些大城市摒弃制造业、发展服务业,是不切合实际的。事实上,在这种特定情况下,即使放弃了制造业,也并不能因此使服务业,特别是生产者服务业发展起来,反而只会导致整个城市经济的衰退。当然,继续保持现有的制造业发展模式,也将无济于事。因此,这些大城市在大力发展服务业的同时,要借助于全球商品链的延伸而着力转变制造业发展模式。打破制造业门类齐全、全面发展的格局,选择具有比较优势的重点行业,集中发展适合城市特点的先进制造业。跳出单纯依赖技术引进与再引进的怪圈,着力于引进消化、模仿创新、创新后改进和集成创新乃至原始性创新,通过增强自主创新能力来提高制造业水平。摆脱全球商品链中从事低附加值的一般生产加工的路径依赖,走向自创品牌和增强生产者服务功能的价值链的高端。

从中国目前情况来看,借助全球商品链的延伸及世界制造业基地,吸引外部的管理、服务机构进驻一些大城市,是具备相应条件和完全有可能的,但完全依靠外部移植的新经济功能来完成对旧经济功能的替代,则是行不通的。为此,同时还要借助全球商品链的延伸来提升和发展先进制造业,并在创新的基础实现生产向外转移,强化其管理与服务功能。总之,中国全球城市的崛起,要借助于全球商品链的空间延伸,通过外部移植与内部培育新的经济功能来实现城市转型。

7.2.2 流动空间的构造方式:依赖于大规模贸易流量

从发达国家的全球城市形成与发展来看,主要是通过服务流的扩展而与外部其他城市建立起广泛的联系,具有较强的外部连通性。高度集中于全球城市的跨国公司总部对全球商品链的控制与管理,主要是通过技术、设计、品牌、销售网络等服务流来实现的;同样,大量集中于全球城市的专业商务服务的提供,也是通过信息、知识等服务流来实现的。事实上,在整个全球城市网络中,服务流在节点的连接中起了主要的作用。而作为外部连接最广泛、最密集的全球城市,自然是服务流最为频繁的重要节点。例如,伦敦就业比重高达 82% 的服务业,其服务出口就为英国国际贸易收支平衡作出了突出贡献,仅律师、医疗服务、文化娱乐业带来的净收入高达 27 亿英镑,保险业对英国经济的贡献更高达 40 多亿英镑。

但这里的一个前提条件是,发达国家具有全球性资源配置的能力,既有大量的向内流入,又有大量的向外流出,特别是金融的双向流动。例如,2003 年美国对外直接投资中,流入欧盟的比重为 65%;而在美国的外来直接投资中,近 75% 来自欧洲。在这种资本双向流动中,两国公司资产呈现出交叉空间分布的状态。在 2001 年,5.8 万亿美元的美国公司资产中有 60% 在欧洲;而欧洲公司资产中近 70% 在美国,达 3.7 万亿美元。这种相互关联性的指标之一,是外国子公司的销售水平,如一家欧洲公司在美国的子公司于当地生产商品的销售额。2001 年,欧洲公司在美国的子公司,其商品销售额占在美国的外国子公司的商品销售总额的比重高达 51%,其服务销售额占在美国的外国子公司的服务销售总额的比重高达 54%。与商品贸易不同,外国直接投资通过就业岗位创立和直接参与彼此之间的内部经济活动使得双方的经济与社会发生直接的联系。外国直接投资的双向流动,通常会形成深度的、双边的经济一体化。因此,在这种资源要素交互式流动中,不仅形成大规模的服务流,而且使承载这些服务流的城市自然而然地成为一个交互式节点,并向全球城市的方向演化。

与此不同,中国在卷入性参与全球化进程中,外国直接投资的单向流入难以直接形成大规模的服务流。在这种情况下,中国的城市更为频繁地依赖全球城市的外来输入,而较少有相互之间的交流,更不会(或不能)像那些主要全球城市那样促进服务于全球经济发展的资本(或信息)的外向流动。但必须看到,外国直接投资的"两头在外"加工组装的生产流程所带来的大规模商品贸易流,却是中国全球城市崛起中一个不能忽视的重要变量。[①]

　　[①]　目前主流的全球城市研究,通常撇开商品贸易而侧重于研究服务贸易对全球城市形成与发展的影响。我们认为,这是有一定局限性的,要把现代贸易理论引入到全球城市研究中来。

　　在有关全球化背景的分析中,我们已经指出,与传统的世界贸易格局(核心与外围)不同,现代国际贸易是建立在全球商品链基础上的,从而形成了不同的贸易类型。一种是基于专门知识和技能的"赢者通吃"的贸易活动,其支撑了伦敦和纽约的地位。第二种是广为人知的由国际劳动分工所形成的贸易类型(在实践中,表现为生产从高工资国家向低工资国家的转移)。第三种是基于水平分工的贸易类型。在许多国家,其制造业或大量服务业的大规模灵活生产或多样化质量生产的技术差不多是同一时期的。这意味着一定范围内的国家和地区可以参与基于专门知识与技能生产的产品和服务交换,当地公司可以从事全球的重要生产。

　　中国目前大规模的贸易活动,大多属于第二种贸易类型,也有一部分是第三种贸易类型。此类贸易活动,已完全不同于传统的"核心与外围"的贸易关系。从形式上看,在此贸易活动中,发展中国家已不是仅出口本地原材料、能源来换取发达国家的工业制成品,而是大量进口原材料、能源和大量出口工业制成品,形成了基于全球生产的大规模贸易流量。但其本质的区别就在于:这种新模式不仅是降低劳动成本,体现比较优势,更重要的是存在着复杂的知识流动。因为"跨国公司在发展中国家的当地合伙人是按国际生产标准从事生产的——(而且)这种知识流动及伴随的经验将对那些'去地方化'活动产生重要影响"(如重新部署到第三世界国家)。在这些关联中,通过学习和从一个产业到许多其他产业的知识运用,使简单的贸易效应得以丰富。这意味着一些国家和地区能够通过全球商品链以及在此过程中获得开发项目而发展起来。台北和新加坡的经验就是很好的例证。在不久的将来,上海和广州也许会出现这种情况(Storper,2000)。这就意味着,并不像传统贸易理论所认为的在少数国家中的少数城市和地区将主导经济贸易活动,而有可能扩展到更多国家中的城市和地区中去。

　　由于商品贸易流量主要是通过作为贸易中心和航运中心的城市节点而实现的,所以基于全球生产的大规模的商品贸易流量,将使这些城市在全球经济贸易活动中起到重要的作用,同时也将使这些城市极大地扩展对外联系。Foster 曾提出一种测量贸易对城市影响的方法。她以美国城市为蓝本,探讨了全球贸易中心的影响力(通常作为一个当地贸易重要性的制度性反映)是否反映在美国和加拿大 90 个城市全球关联的影响力上,以及世界贸易中心在大都市区中的区位。尽管世界贸易中心具有多样性的活动,并且各地的贸易中心都有很大的不同,但她发现,具有世界贸易中心的 48 个大都市区有着更大的规模和更深的参与全球贸易的程度。它们比没有世界贸易中心的 48 个大都市区,有更高的人均出口额、更多的"姐妹"城市、更多的海外游客以及更有可能被移民列入移居城市的候选名单(还有更多的人均空中旅客数)。虽然这一全球关联的测量方法是比较粗糙的,但其结论还是十分重要的,强调了贸易在当地的外部联系产生中所起的重要作用,从更广的意义上说明贸易起到了全球关联的通道作用。

　　一般而言,城市外贸依存度与城市国际化程度之间存在着高度的相关性。外贸依存度高,与国际市场的联系更紧密,对周边国家、地区的辐射力和经济拉动力也越强。因此,一些全球城市除了有较高的服务流量外,也就具有较高的外贸依存度。纽约、伦敦、东京的外贸依存度都在 500% 以上。中国香港 1990 年的外贸依存度为 220%,1998 年升至 352%;1995 年新加坡外贸依存度为 180%,1998 年升至 230%。近年来中国一些主要城市的外贸依存度迅速提高,且与全国的差距逐渐拉大,明显高于全国水平。如观察上海历年来外贸依存度数据,可以发现,其呈现加速提高的态势。1996—1999 年外贸依存度由 62.6% 稳步上升到 76.3%;2000—2001 年外贸依存度保持在 95% 左右;2002—2004 年外贸依存度由 104.8% 迅速提高到 164.1%;2006 年上海外贸进出口总额 2274.89 亿美元,比上年增长 22.1%,外贸依存度已达 174.9%,比全国 63.86% 高出 111 个百分点(见图 7.1)。如果按口岸统计口径,2006 年上海口岸进出口商品总额达 4287.5 亿美元,比上年增长 22.3%,占全国进出口总额比重达 25%[①],其外贸依存度高达 331.9%(按 2006 年年度汇率平均价 7.9718 计算)。

外贸依存度(%)

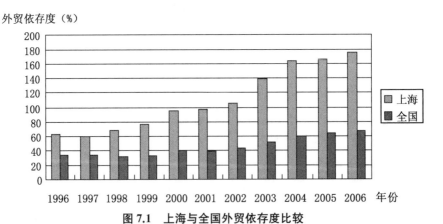

图 7.1　上海与全国外贸依存度比较

资料来源:上海统计网(2006 年外贸依存度采用 2006 年年度汇率平均价 7.9718 计算)。

———————

① 数据来源:上海市人民政府发展研究中心:《2007 上海经济年鉴》。

　　可见,中国全球城市的崛起,并不具有发达国家主要城市基于资本双向流动的服务流迅速扩展的环境条件,而是要更多依赖于外国直接投资的单向流入及其带来的大规模贸易流量,通过商品贸易流来扩展对外联系,与全球的流动空间发生联系,并借助于商品贸易流来扩展服务流,形成商品贸易流与服务流的互动,更深层地融入全球城市网络之中。

7.2.3　发展形态:寓于全球城市区域

　　我们知道,发达国家在主导性参与全球化过程中,本国的一些大公司日益演变为跨国公司,并在价值链分解的基础上,寻求在成本最低的国家或地区去组织生产,将生产加工环节大量向外转移,且在全球空间中分散化,而公司总部及其相配套的先进生产者服务则高度集聚在本国的中心城市。这些原来的国内中心城市,由此转变为世界经济体系的重要管理与协调中心。例如,纽约、伦敦等都是在本国经济高度发展及向外扩展,本土大企业演变为跨国公司实行生产分散化的基础上,依托于先进生产者服务的全球供应、金融资本的全球流动以及全球商品链的控制与管理等巨大经济流量而确立世界经济的中心控制地位的。尽管日本相对于欧美是后起发展国家,但东京成为全球城市也同样如此。1985 年的《广场协议》使日元升值,美元遭贬,极大地促进了日本的对外直接投资(FDI),以寻求更低生产成本。随着日本 FDI 流向其他国家,包括亚洲和欧美等国,日本经济日益发展成为一个跨国体系。以往作为日本国内经济中心的东京,由此便成为这个跨国体系的中心,开始充当整个亚洲经济体系乃至世界经济体系的重要管理与协调中心的角色。跨国金融资本的流动,则进一步促进了东京这一功能的发展,巩固并加强了其在世界经济中的中心控制地位。同样,发达国家的其他一些全球城市虽然不像纽约、伦敦、东京具有如此的综合性及其顶级地位,但也都遵循着这一逻辑路径而形成与发展起来的。

　　由此可以看到,在发达国家主动推进全球化或主导性地参与全球化进程中,通过生产的全球分散化和管理、控制中心及其相关生产者服务的高度集中化,完全有可能使某些中心城市单独演化成全球城市。尽管其地域邻近的周边城市,外向性程度并不高,全球联系较少,仍然以国内联系为主,但这并不影响这些城市凭借传统因素或特定的区位不断地极化发展,进一步走向全球城市。例如纽约、东京成为美国和日本的经济中心,具有难以撼动的核心地位。这些中心城市与其周边城市乃至国内其他城市相比,明显处于更高层级。纽约人口占纽约大都市圈的 61.6%,GDP 占 60.3%,是周边地区合计的 1.2 倍多;东京都的人口比重虽然较低,但 GDP 占东京大都市圈的 54.9%,第三产业占 60.8%(2002 年)。因此 20 世纪 70—80 年代出现的全球城市(如纽约、伦敦等),在城市关联性上可谓"鹤立鸡群",具有"外强内弱"的明显特征,即具有十分强大的全球联系,却与其周边城市及国内城市的联系性相对较弱。也就是,在此区域中,尽管已经出现具有高度全球性联系的全球城市,但其他的邻近城市尚未全球化,相互之间更多地形成国内联系。特别在美国,除了纽约以及迈阿密(作为连接拉美的重要的混合型城市)外,没有一个内陆城市其重要的关系能超出自己的国家。这与美国的巨大的经济规模及其长期发达有关,与美国金融商务服务的广阔市场有关。这使企业很少有"走向全球"的激励以达到与其他地区相同程度的全球服务地位。这实际上反映了全球城市在区域空间中的单一性,并不存在以其为核心的全球城市区域。

从这一意义上讲,发达国家早期形成的全球城市通常表现为单极化发展格局,即若干个别单体城市发展为全球城市,并不是与全球城市区域同时生成的。事实上,发达国家早期单独形成的全球城市,是在以后日益深化的全球化与信息化进程中,通过其空间扩展融入区域层面的。其典型的形态,是大都市区或大都市圈的形成与发展。与此同时。这一区域中的其他城市也日益全球化,融入全球城市网络,建立起广泛的外部联系。在此区域全球化的基础上,这些全球城市与其邻近的城市之间开始形成密切的经济联系,并促进了全球城市区域的发展。

与此不同,由于融入或参与全球化与信息化进程的方式不同,发展中国家并不具备通过生产全球分散化和管理、控制中心及其相关生产者服务的高度集中化,从而使某些中心城市演化成全球城市的路径依赖,不可能复制发达国家早期全球城市单独形成的发展模式。恰恰相反,在当今全球化与信息化进程不断深化的背景下,发展中国家承接全球商品链的拓展与延伸,首先促进的是区域的全球化城市发展,以及以此为基础的全球城市区域的不断兴起。

在大多数发展中国家,外资导向型的经济活动通常高度集中于某些城市之中。而这些城市往往本身就是其国内经济中心,如曼谷仅拥有泰国人口的 13%,却完成了全国银行、保险和房地产业国民生产总值(GNP)的 86%,制造业 GNP 的 74%;阿必加(科特迪瓦首都)仅拥有全国人口的 15%,却实现国家经济和商业贸易的 70%以上;拉各斯的人口仅占尼日利亚总人口的 5%,却创造了制造业总增加值的 57%,拥有全国高技术劳动力的 40%。[①]因此当外资导向型的

---

①   数据来源:Kasarda, J. D. and Parnell, A. M. 1993, *Third World Cities*, London: Sage。

经济活动向这些城市高度集中时,便促进了其大城市(包括巨型城市)和以走廊形式出现的扩展大都市(如雅加达—万隆、里约热内卢—圣保罗)或诸如曼谷大都市区这样的扩展大都市区的发展(Lo and Yeung, 1996)。同样,中国也承接了大规模的跨国公司全球商品链的拓展与延伸,特别是长三角、珠三角和环渤海湾地区形成了高度外向型经济。在外部资源大规模流入从而使中国城市嵌入式地形成全球性联系的情况下,不仅将促使该地区的诸多城市国际化,而且也将形成多点并重快速发展格局,更多地表现为区域内城市多极化发展趋向。在此过程中,该区域的诸多城市不仅迅速实现了高度工业化,而且也越来越扮演起外部资源流入与产成品流出的"通道"角色,对外经济联系日益广泛和密切,成为国际性活动与交流频繁和密集化的场所,最终从一个国内或地方城市迅速演化为全球化城市。

假如没有这种全球商品链的外部嵌入,这些国内或地方城市不可能在短时间内形成如此广泛的对外经济联系,并迅速地朝着全球化城市的方向演化与发展。因为与发达国家不同,发展中国家本土公司的国际竞争力较弱,特别是在研发设计和国际营销方面十分薄弱,从而对外贸易发展相对有限。本土公司走出国门,演变为跨国公司,向全球拓展其分散化生产,则更为困难。在这种情况下,单靠其内源力量来发展对外经济联系,向全球化城市演进,是一个较长期的过程。但借助于全球商品链的大规模延伸,则可以使这一区域中的城市在较短时间内建立起全球联系,向全球化城市演进,并融入全球城市网络之中。特别要指出的是,在全球商品链大规模嵌入的区域中,当地城市向全球化城市的演变并不是个别现象,而是一个集体发生过程。例如在长三角地区,不仅仅是上海向现代国际大都市目标迈进,苏州、无锡、南京、杭州、宁波等城市也都同时在向全球化城市演进。珠三角地区和环渤海湾地区,也是类似的情况。

当然,这种由外部推动而迅速改变并成为全球化城市的区域,能否进一步发展成为全球城市区域还取决其他各种因素,如区域中诸全球化城市之间的联系,以及其中是否具有核心地位的中心城市等。但从经验事实看,这种区域内的全球联系性泛化,会反过来促进和带动区域内城市间的相互关联性。因为这些城市的全球性联系增强,是全球商品链向中国延伸和拓展的产物,是区域全球化的反映。作为全球商品链向中国延伸而形成的这种城市的全球性联系,并不是孤立的、完全分割的,而是有内在联系的。我们可以看到,目前中国的长三角、珠三角和环渤海湾地区已经成为世界工业品的"加工厂",也已逐步形成大量的、密集的、极化的(或多极化)纳入到世界体系中的劳动和资本的集群。这些区域内的产业集群,大部分是跨行政区划分布的。例如,长三角地区电子信息产业形成了以上海、南京、杭州为中心,沿沪宁、沪杭甬沿线集中分布的空间架构;装备制造业也将形成以上海为龙头,沿沪宁线、沿江、沿沪杭甬及甬台集聚发展的总体空间架构;跨越上海与浙江的杭州湾两侧的石化产业集群等。这种区域内的产业集群,本身就有增强相关城市间经济联系的内在要求。

而且,正如我们在第 5 章分析中指出的,全球商品链的高端、中端和低端过程的空间分布之间,也是具有内在联系的。随着全球商品链向中国延伸的不断深化,特别是"高端过程"的不断转移进来,势必会在区域范围内实现"高端生产区"和"中、低端生产区"的完整化和系统化,形成了"总部与生产者服务—加工制造"的区域功能分工与合作的模式,从而使作为"高端生产区"的中心城市与其地域邻近的作为"中、低端生产区"的一般城市之间形成紧密联系,并使作为"高端生产区"的中心城市地位不断极化。这种通过外部联系增强反过来促进其内部联系深化,是中国全球城市崛起的一个重要的反作用机制。

因此,中国全球城市的崛起,其外部联系性增强及其地位极化,将受到地区全球性联系泛化效应的特定约束,不可能复制像纽约、伦敦、东京那样的单极化发展格局。那种撇开全球城市区域的发展,试图将个别中心城市单独建设成全球城市的战略思路,是缺乏历史基础和现实约束性的。中国全球城市的崛起,必定产生于这一区域的全球化城市之中,而不是独立于其外的。从这一意义上讲,发展中国家的全球城市崛起依赖于全球城市区域的发展,与全球城市区域是一种共生性关系。如果能够自觉意识到这一点,加强全球城市区域中的合作与协调,积极组建地域联盟(无论自上而下达或自下而上),促进其协作规定的集体秩序,共同谋求提高处理行政和政策问题的区域能力,形成一些可利用的新的空间范围,即充当了企业参与全球市场竞争的地域平台,以适应不断变化的世界体系,将提高整个全球城市区域的竞争能力和促进其经济效益。

目前,中国一些经济发达地区及城市开始认识到区域合作与协调的重要性,并已有所行动。例如广州和深圳制定了一个新的南北战略,以香港、澳门、广州为中心形成一个粤港澳金三角地带,促使珠三角城市群产生一个巨大的飞跃,同时将会利用西部和内地的资源进行产业扩充,有效配置内地一些资源。而在此过程中,崛起中的全球城市将以经济联系为基础,扩展联合其周边经济实力较为雄厚的二级大中城市,一方面将充当全球城市网络的重要节点;另一方面又将担任地区经济发展中心的角色,起着协调、整合城市区域资源和强化区域内城市经济联系以融入全球化网络的重要作用。

8 全球城市崛起中的竞争与合作关系

城市发展过程中,始终伴随着基于集聚与扩散的城市间竞争。在一定程度上,这种城市间竞争推动了城市的发展。但在一个更加复杂的当代全球化背景下,城市的发展及其成败并非简单地由城市间竞争来决定。在全球城市网络中,城市间合作行动的过程被置于重要的地位,至少与城市竞争同样重要。对于融入全球城市网络之中的全球城市来讲,外部的合作显得尤为重要。因此,不是单纯的城市间竞争,而是"竞争与合作"才能成为推动全球城市发展的重要驱动力量。在中国的全球城市崛起中,将面临国际、国内双重的竞争与合作关系,唯有建立起多方参与者的协同机制,才能形成强有力的驱动力。

8.1 传统城市竞争的流行思潮及理论

各种迹象表明,在中国全球城市的崛起中,深受以城市竞争为驱动力的流行思潮和传统理论的影响。从许多研究文献透露出来的信息看,似乎只有通过城市竞争,并以压制其他城市发展为代价才能实现全球城市的崛起。在此影响下,一些城市片面强调城市竞争及提高城市竞争力,特别是在实际操作中片面强化城市的集聚能力和经济实力,从而导致城市间的恶性竞争。事实上,这种城市间恶性竞争以及此消彼长的零和博弈,并不符合基于全球城市网络的城市发展的要求,也不利于中国全球城市的崛起。因此,我们首先有必要对传统城市竞争的流行思潮及其理论作一个深刻反思。

8.1.1 基于城市竞争的"思考全球,行动本地"思潮

在 20 世纪 80—90 年代,国际上曾出现一种基于城市竞争的"思考全球,行

动本地"思潮,并为政策制定者和政治家所普遍奉行。这一强调城市竞争的思潮出现,决非偶然,而是与全球化进程中城市地位、功能、作用的上升,城市竞争越来越具有全球化竞争的性质等背景条件有关。

　　从宏观层面来分析,城市竞争越来越成为国家对全球资源实现战略争夺的表现。我们知道,经济全球化从空间上讲是各种经济资源在全球范围内的一种重新配置过程。这种全球化的资源配置打破了国家的界限(即意味着国家的边界及地位作用的削弱),并使城市作为全球网络的节点直接参与全球经济,从而使各国为了促进自身经济增长而产生的竞争往往转变为城市与城市、区域与区域之间的竞争。在此过程中,人们开始意识到,城市竞争力决定着对全球资源实现战略争夺的力度。为此,世界各国与地区的政府积极致力于培育和提高其城市竞争力,以此期待在新世纪对全球实现最有利的战略争夺。

　　从微观层面来分析,城市竞争主要体现在产业、企业的地理集中性的效应上。由于全球化与生产、交通和通信等方面的技术变迁使经济活动的空间关系发生了巨变,造成了市场要素的新的固有特点——高度的全球流动性,这就使一些对城市发展起决定作用的要素(如高质量的人力资本、资金、技术与知识等)更容易向城市集聚,同样也更容易通过"用脚投票"的方式来影响城市发展。同时,企业也可以随时按照其发展战略的制定,变动其所在城市或区域的地理位置。因此,城市在未来的战略规划制定、基础设施建设、投资环境、综合服务功能等方面,对产业的集聚、新企业形成的支撑、中小企业的健康发展,以及促进高校、研究机构与企业之间有效的技术交流联系等各个方面有着重大的影响作用。

　　正是在这一背景下,各国政策制定者和政治家普遍奉行基于城市竞争的"思考全球,行动本地"思潮,形成了一种立足于地域基础的理论与实践行为,即强调当地经济增长战略的重要性,全球竞争优势被认为是当地经济增长战略的结果(参见:Hillier, 2000; Savitch and Kantor, 1995; Senbenberger, 1993)。其主要手段与途径,就是通过基于资源驱动型战略的发展(通常是大规模的基础设施及建筑项目的建设)来提升城市在全球城市等级体系中的地位。在实际操作中,城市政府往往把注意力集中在城市资本存量增大、物质财富积累、城市环境改善等方面,强调城市竞争来自当地所依赖的利益(例如土地所有者、银行、公司等),使其城市显现出比对手城市具有更大的全球投资吸引力。也就是,运作"当地财产"来最大限度地增强城市对资本流动的吸引力(Savitch and Kantor, 1995)。

　　尽管这一思潮目前在国外已越来越受到质疑和反思,但在中国仍较为流行,并有着较为普遍的反映。究其原因,除了上述的背景条件外,还有一些中国现阶段特定的基础条件在起作用。例如,改革中的地方分权,使城市政府掌握了更多的资源,特别是土地资源等;政府改革尚未到位,事权与财权不对称;GDP 的政绩考核,对增长速度的追求等。这些因素条件在一定程度上成为滋生这种思潮的肥沃土壤,不仅使地方政府更容易接受这种思潮,而且也使地方政府有能力大行其道。受这一思潮的影响,不少城市在制订经济社会发展规划时纷纷提出"以增强城市竞争力为主线",强化城市竞争的驱动作用;有些则是在"经营城市"的口号下强化城市集聚资源的能力。

当然,这里面也普遍存在对城市竞争概念的片面理解的倾向。例如,有的认为,城市竞争力主要是指一个城市在竞争和发展过程中与其他城市相比较所具有的吸引、争夺、拥有、控制和转化资源,争夺、占领和控制市场,以创造价值,为其居民提供福利的能力。城市价值是由城市企业或经济人创造的,其集合化优势就是城市竞争力(刘春敏,2002)。也有的认为,在经济全球化背景下,一个城市的竞争力很大程度上将取决于它能否吸引到跨国公司和相关资本的流入(蔡建明、薛凤旋,2002)。因此城市竞争力是依靠地方禀赋优势(如土地、银行、有效率的企业)从而使其比别的城市更能吸引外来投资。在一些示例中,城市"比较优势"被认为是地方经济增长战略的结果。一些人把城市竞争力归结为是企业界领袖推进发展战略的结果。也有一些人认为采用政府干预的手段塑造一个城市的竞争力。

正因为如此,在实际操作中,增强城市竞争力往往被简单演绎为对外部资源(特别是外资)的争夺,如通过各种减免税、人为压低地价及租金等优惠政策吸引外来投资,并排斥区际资本流动和产业转移。这往往造成城市间的过度竞争和严重的地方保护主义倾向,使其重大基础设施以及铁路、公路、航运、航空等多种设施之间缺乏有效的配套与衔接,资源浪费与设施短缺并重;缺乏有效空间管制,空间开发和分工秩序不合理;区域政策缺乏衔接,难以建立由市场和企业为主导的区域竞争协调机制等。这种地区和城市间的恶性竞争,给国家层面的外资政策调整和产业结构调整带来了巨大困难,使得国家的调整策略在地方难以得到有效的贯彻实施。而且在此过程中,由于城市政府的政策杠杆是地方性的,实际操作的焦点基于单个城市,着重于吸引外来投资的基础设施建设方面(新办公楼、机场和电子通信方面的投资等等),从而也忽略了全球城市网络本身,忽视了城市的成功依赖于其连通性的重要性。

8.1.2 传统城市竞争力研究的理论内核

上述这种思潮的出现,除了一定的现实土壤外,有其深厚的理论基础,即居主流地位的传统城市竞争力理论。传统城市竞争力研究通常是把城市视为建立在地方空间基础上由大量投资堆积或要素凝固化而形成的生产与生活高度集中的物质空间体,从而主要考虑要素条件、企业战略、结构和竞争对手、需求条件以及相关支柱产业等之间的关系,并由此认为城市竞争力源自地方区域的生产集群。许多研究文献都认为,城市竞争力概念是在一个城市内部特征的功能上形成的,并围绕"产出能力""要素能力""过程能力"来界定及阐述城市竞争力的基本内涵及其核心问题。

　　美国学者 Kresl(1995)认为,城市竞争力是城市创造财富、提高收入的能力,其衡量标准是:能创造高技术、高收入的工作;能生产有利于环境的产品和服务;生产集中于具有某些理想特性的产品和服务,如收入需求弹性高的产品;经济增长率应该与充分就业相衔接,不产生市场过载的负面作用;城市从事于能掌握其未来的事业;城市能加强其在城市等级体系中的地位。Gordon 等人提出,城市竞争力是一个城市在其边界之内能够比其他城市创造更多的收入和就业。在国内,也有较多学者持类似的观点。有的认为,城市竞争力主要是指一个城市在竞争和发展过程中与其他城市相比较所具有的多快好省地创造财富和价值收益的能力。城市价值收益的获得及获得的多少决定于城市创造价值的能力,决定于城市的竞争力(倪鹏飞,2003:49—50)。有的认为,城市竞争力是一个城市为满足区域、国家或者国际市场的需要生产商品、创造财富和提供服务的能力,以及提高纯收入、改善生活质量、促进社会可持续发展的能力(于涛方等,2001)。这种提法把"创造财富和价值收益"的内容进一步具体化了。

　　这些强调城市产出能力及其表现的观点,通常还会进一步深入揭示在其背后起决定作用的城市竞争要素的强弱。Kresl 在区分城市竞争力表现(显性要素)与城市竞争力决定(决定要素)的基础上[①],从影响城市竞争力的作用方式上区分了决定要素的不同属性,即经济决定因子和战略决定因子,前者包括生产要素、基础设施、区位、经济结构、城市适宜度;后者包括政府效率、城市战略、公共与私人部门合作、制度弹性等,并以此构建了城市竞争力模型,即城市竞争力＝f(经济决定因子＋战略决定因子)。他认为,战略决定因子的作用不是直接显露出来的,而是通过与当地大学、研究中心相关的部门的积累表现出来。与此相近似,国内也有一些学者认为,城市竞争力是指城市在国际化和市场化舞台上,在生产力要素的综合表达上,在提升生产力水平的动力培育上,在发展模式选择

---

　　① Kresl 认为,城市竞争力没有直接被测量分析的性质,人们只能通过它投下的影子来估计它的质和量。根据这一思想,他构造了一套变量(指标)来表示城市竞争力:城市竞争力＝(Δ制造业增加值,Δ商品零售额,Δ商业服务收入)。这些都是显性要素,与其决定要素相区别。

与制度创新上所表现出的比较优势和综合潜力（《中国城市发展报告（2001—2002）》：257）。也就是，把竞争要素的强弱归结为比较优势和综合潜力。

除此之外，也有一些研究强调城市的过程能力。英国学者 Begg（1999）通过一个复杂的"迷宫"说明了城市绩效的"投入"（自上而下的部门趋势和宏观影响、公司特质、贸易环境、创新与学习能力）和"产出"（就业率和生产所决定的生活水平与生活质量）的关系。这种关系在很大程度上取决于其过程能力的大小（见图 8.1）。

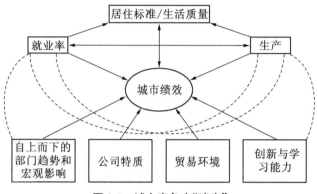

图 8.1　城市竞争力"迷宫"

Deast 等（2001）综合考虑了经济活动要素与场所特质要素，同时又从动态过程把城市竞争资本和潜在竞争结果两者结合起来分析，建构了线性投入产出式的结构体系。他们把城市竞争力视为竞争资本与竞争结果的统一。其中，城市竞争资本是由经济环境、制度环境、物质环境和社会环境等构成；竞争结果则在企业层面与场所层面体现出来。尽管竞争资本是获得其竞争结果的前提条件，而竞争结果是竞争资本实际运用的体现，两者之间有一个转化过程，但两者之间是互动的、互为影响的，从而形成一种过程的可持续能力（见图 8.2）。

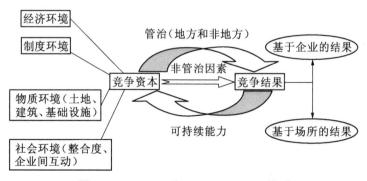

图 8.2　Iain Deast 和 Benito Giordano 模型

　　上述这些城市竞争力的界定及其模型建构,尽管在方法和具体内容阐述上有所不同,但都将视线集中于内部因素上,着眼于内部诸元素之间的结构状态,强调其内部"产出能力""要素能力"和"过程能力"的提升及其整合。其中,Kresl的城市竞争理论是此类观点的一个极端代表。他认为,可以通过测量城市的经济与战略要素来进行城市竞争力的比较,而城市的经济与战略要素都是城市内部问题。因此,外部原因必须从城市竞争的任何解释中被区分开来。其理由是:一个城市的竞争力与其全球化能力不一样。全球化强调的互相联系,而城市竞争力只是城市的问题。在他看来,一个城市可以十分具有竞争力而不与别的城市交流联系,就好像一个城市可以处于城市体系中而却不具备任何竞争力一样。一个城市在没有提高其国际城市地位的同时,可能戏剧性地增强其竞争力,甚至其国际竞争力。

　　另外,尽管这些城市竞争力界定及其模型建构的分析角度有所不同,但都暗含着城市等级体系的基本理念,实际上是一种等级分析方法。城市等级模型是建立在一系列竞争关系之上的。正是基于这种竞争,其基本结构才得以形成并复制。据此,在城市等级理论下,各城市之间主要是一种竞争的关系,因为各城市都试图通过努力提升至该结构的一个更高等级位置上。

　　总之,有关城市竞争力的主流文献普遍存在一种倾向,即忽视城市成功发展中的外部因素(与外部的连通性),过于强调内部经济与战略因素、禀赋比较优势等对城市竞争力的决定作用。如果说在工业经济时代的城市发展模式中,以大量的要素向城市集聚并沉淀下来促成城市规模与容量急剧扩大为特征,从而使人们更集中于对城市内部因素的关注,尚有一些"合理性"的话,那么在当今经济全球化与信息化促动城市经济主要依赖于相互联系及流动的情况下,再继续把内部因素作为对城市竞争力的主要解释就会越来越显得苍白无力。

8.2　全球城市网络中的竞争与合作

　　我们指出上述思潮及传统城市竞争力研究中存在的问题,并不是要简单地否定城市竞争,而是为了进一步思考如何准确理解城市竞争的基本内涵,特别是在全球化与信息化背景下应该把城市竞争放在什么样的位置上,以及全球城市网络中的竞争与合作关系。这需要我们以动态的眼光来看待城市竞争的历史演化过程,特别要从全球化与信息化条件下的全球城市网络发展的内在轨迹来挖掘城市竞争的基本内涵,并赋予其在城市发展中的适当位置,用全球城市网络的理论框架和网络分析方法来阐述城市间的竞争与合作关系。

8.2.1　城市竞争的历史演化及其作用

我们知道,城市化总是意味着去寻求对于时间和空间的压缩能力。从古代到现代,人的活动半径(空间压缩能力)与人的速度增加(时间压缩能力),有着连续的和梯度式的提高。城市的形成与发展,使其成为人类历史长河中时空压缩能力增长的典型代表(《中国城市发展报告(2001—2002)》:13)。城市化的过程体现了人类获取物质、能量、信息的高度集聚特征,社会财富的增长随着时空压缩能力的提高而提高。在资源要素既定的情况下,城市化过程的高度集聚特征势必形成对资源要素的争夺,从而构成城市间的竞争。

从这一意义上讲,城市间的竞争由来已久,是一种非常普遍的现象。然而,城市竞争的本质属性是通过某种特定的方式和形式表现出来的。在城市发展的不同阶段,竞争的影响因素也因之而异,从而使其竞争的内容、方式等发生变化。正如 Berg 和 Braun(1999)指出的,城市的竞争在很大程度上取决于城市的发展阶段。也就是,城市竞争在其不同发展阶段有着不同的内容及其表现。

我们看到,在城市化初期发展阶段,由于城镇的形成要靠大量要素的空间集聚,其集聚的功能比较明显,而扩散则相对有限。另外,这些正在形成与发展起来的城镇尚未成为功能相对独立的单元,其集聚与扩散的范围有限,与其他的城镇联系相对较弱。因此,城市之间的互补等功能及其竞争也相对较弱。

当城市发展进入工业经济时代之后,随着城市中制造业的大规模发展,要求在更大范围内进行集聚,并随着城市体量增大和规模扩大,促进了中心城区向郊区的扩散。这就形成了一定范围扩散与更大范围集聚并存的局面。在这种情况下,城市竞争发生较大的变化,主要表现在对要素集聚的争夺上,特别是与周边地区的城市形成比较激烈的竞争。随着城市的进一步发展,城市能量的高度集聚形成强有力的扩散,从而使集聚与扩散的程度大大加深,其范围不断扩大。这在很大程度上拓展了城市的竞争范围,大城市不仅仅与其周边城市竞争,而且与其他距离很远的城市发生竞争,即城市的广域竞争。

与此同时,我们也要看到,在城市发展的一般过程中,与外界的连通性不仅是客观存在的,而且是必不可少的前提条件。在城市这一节点上,高度的时空压缩带来的高能量以及能量转换,势必提出与外界连通性问题。时空压缩越大,其与外界的连通性越强。这种城市与外界的连通性,是通过各种有形与无形要素的双向交互流动来实现的。从这一意义上讲,城市之间的竞争与合作,历来就是同时存在的。

在全球化与信息化条件下,城市在空间利用方面取得更大的区域适应性,从而为其在布局选择、规模构造以及产业选择方面提供了更大的灵活性。与此同时,城市的集散更为广泛与深入,软性的生活质量、环境、文化服务水平和对知识的获取等成为新时期区位的重要因素。更为重要的是,伴随着全球城市网络的形成与发展,任何一个城市都面对着一个具有规范的外部世界,是不可能脱离网络关系的。由于全球城市网络是许多单个城市结合而成的,是基于协作关系而构建的——如果没有这种基本的相互关系,任何网络都会失去其功能并遭受失败(Powell,1990),从而全球城市是通过网络进入其中的,"城市被视为是多方面的连接"(Thrift,1997)。从这一意义上讲,对于全球城市而言,所感兴趣的不是其在内向而稳定系统中的固定位置(Virilio,1999),而是其中的流进与流出的途径,加速与减速的收缩和扩张(Jameson,1984)。因此,融入其网络的城市具有与外界更广泛的连通性,凸现城市价值流的功能与价值取向。

8.2.2　城市竞争力理论的批评与变革

传统城市竞争力研究过于强调城市积累、内部因素及其作用,而忽视决定城市竞争力的外部联系因素,与全球化和信息化背景下全球城市网络所提出的现实要求越来越不相适应。为此,传统城市竞争力理论遭到来自各方面的质疑。Krugman 曾批评 Kresl 建立的多变量评价体系没有充分吸收国际贸易理论的成果。他认为,与直觉判断相反,为了城市的繁荣,最佳的选择是让城市积极参与国际分工。另　些学者也持有类似的看法,认为城市竞争力和经济增长是以区域的贸易和出口为基础的,是由区域外的可贸易条件决定的,而这种可贸易条件则日益以生产及其贸易过程的创新为基础。在他们看来,产业、企业在城市的"簇群"只是竞争力结果的外在表现,而不是竞争力的源泉。按照此种看法,那么有竞争力的城市是那些全球经济体系中的"通道"或者"节点"城市,如伦敦、巴黎、纽约以及东京等等。Hubbard 和 Hall(1998)对 Kresl 的观点提出更为严厉的批评,认为这是一种把竞争与合作分割开来的目光短浅的研究。

目前已经有越来越多的学者注意到,外部联系因素与内部因素一样重要,都对城市竞争力起着重要的影响。例如,Webster 和 Muller(2000)在分析城市竞争力中区分了两类不同的要素:一是"经济活动"要素,如金融、旅游、计算机制造、非正式部门角色、科技、创新等等;二是"场所特质"要素,如区位、基础设施、自然资源条件、城市环境宜人程度及城市区域形象等区域禀赋,以及人力资源和企业文化、管治和政策体系。他们认为,城市竞争力由城市活动和场所两者共同决定。前者是更多地与外部相联系,是城市在现实世界中竞争的表现、过程和结果;而场所具有不可交易性(non-tradable),在很大程度上反映了内部的特质。场所要素决定活动要素发挥作用的空间和方式,如人力资源、区域禀赋、制度环境等决定了城市活动的选址和定点、扩展或者压缩等。另外,Sotarauta 和 Linnamaa (1988)在建构城市竞争力模型时,不再把注意力放在企业和就业等单个方面,而是把城市作为一个整体来看待,有意识地发展城市的核心竞争优势。其中,特别重视了网络及其管理的作用。Linnamaa 认为,城市的各类功能和活动以网络的方式来组织,而不是由纯粹的科层方式和市场方式来完成。在此过程中,城市之间既有激烈的竞争又有紧密的合作。城市的发展模式越来越建立在合作与网络的基础之上,网络管理越来越成为城市竞争力的一个要素。因此,在其归纳的6 个城市竞争力要素中,强调了制度和政策网络、网络中的成员(见图 8.3)。

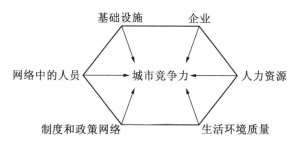

图 8.3　Linnamaa 的城市竞争力要素模型

还有一些学者(Cox, 1997: Cox and Mair, 1988: Cox and Wood, 1997)更为明确地提出,城市竞争力明显来自外部影响。他们认为,通过当地社会关系的价值流的提高,涉及处于各自不同空间的机构、制度和实践的合作。尽管这些观点尚缺乏关于城市之间关系的经验主义证据,但却已意识到互相联系才是城市竞争力的核心。Beaverstock 等(2001)在考察了伦敦与法兰克福的关系后明确指出,城市之间的竞争对商务流是有害的,这就需要一种国际协作。

8.2.3　城市竞争与合作的相容性

在城市竞争力研究中,由城市网络分析取代替代传统的、静态的城市等级模型是一个十分重要的进步。按照城市网络分析的方法,城市竞争力应被视为一种体系化的现象,是建立在全球城市体系的互通性的基础上的。尽管城市间的竞争也是全球城市网络形成过程的一部分(Kresl, 1995),但这仅仅是整个过程的一小部分。在一个全球城市网络中,各城市承担着一种互补、协同的作用,这种竞争只是服务于全球各市场中的企业之间的竞争,而不是城市之间的竞争。当然,这里涉及研究中的一个核心难题,即如果城市真的形成一个网络,它如何与城市竞争的过程相一致。我们知道,经济网络通过行动单位之间的合作过程得以发展与繁荣,而竞争是开放市场交易的特征之一。对于依赖成员之间紧密互动的网络而言,竞争是"诅咒"(Powell, 1990)。

如果按照上述主流文献对城市竞争的理解及其解释,这两者之间确实是无法相容的。即使存在一定程度上具有相容性的话,那也只是竞争主导下尚可包容的个别合作,其本质还是以竞争排斥合作。正因为如此,尽管目前"城市间既是竞争又是合作"(Begg, 1999:795—809)这一点已越来越被人们所接受,但其研究总体上还是强调竞争,几乎没有打算涉及城市合作的问题(Lever and Turok, 1999)。因此对这一核心难题的研究,不能像上述主流文献那样立足于工业经济时代,而要将其放到当今全球化与信息化背景下来进行考察;也不能沿袭城市等级模型的理论框架及分析方法,而要用全球城市网络的理论框架及网络分析方法来取而代之。

从城市网络的角度来观察,城市的繁荣并不是由其超过对手的"竞争优势"所决定的。在竞争的旁边,是合作的运作。因为,唯有合作的运作,才能形成网络关系,并使网络中的流量大规模扩展。Sassen(1994)指出,如果城市之间在全球商务活动上仅有彼此之间的竞争,它们就不能构成跨国界的体系。她还专门从城市在金融、投资中扮演不同角色的角度,描述了伦敦、纽约和东京之间合作的一种模式,表明城市之间并非为简单的商务竞争。Camagni(1993)比较全面地阐述了全球城市网络是一个联锁的网络,提供了一种发掘城市间"合作"关系的方式,表明城市间的广泛合作显得越来越重要。因此,从与其他(世界)城市连结的数量和质量来界定城市经济的成功,是至关重要的。换言之,城市的成功依赖于全球城市网络中的连接(Beaverstock, et al., 2002)。在这种情况下,城市竞争越来越具有全球化竞争的性质,同时也越来越具有城市间广泛合作的趋向。如果一个城市缺乏对外广泛合作的基础,其竞争力水平是难以有效提高的。一些经验实证也表明,尽管许多城市为提升国际竞争力而实施积极的推进活动,设计其所谓的国际化比较优势,但却成效甚少,其主要原因就是缺乏适当的经济、社会和文化的基础,而这些基础是与全球城市网络相连接所完全必需的(Loftman and Nevin, 1998)。

而且,在全球城市网络中,即使我们讲"城市竞争",也要放在一个特定的涵义上加以运用,不能将其等同于或混同于一般的市场竞争。Krugman(1994)曾经指出,经济竞争的概念应该限于直接参与市场竞争的主体。因为真实的竞争意味着:一旦失败,就从市场上实际消失了,如通过破产而绝对失败,通过接管而相对失败。显然,市场不会使国家消失,也不会迫使城市破产。从这个角度讲,只有公司才在世界市场上竞争。国家及其城市只是为其公司在世界市场上的成功提供了有利的条件,但其本身并非是市场竞争的独立组成部分,而仅仅是现实市场的附属部分。尽管在吸引外来投资及其公司入驻、资源要素流动等方面也存在着"城市竞争",但真实的竞争却是发生在公司之间的。

城市间的合作,当然包括城市政府之间签订的各种经济、文化、社会等方面交流与合作的协议,或缔结为友好城市等,但更深层次的基础则在于企业间的网络关系。因此为了深入认识城市间的合作,我们要从企业竞争对区位选择的角度来阐述对不同城市之间网络空间的影响。

在当代条件下,尽管各个产业的市场特征是不同的,但所有企业都面临着全球化与地方化的矛盾。这种根本性的压力影响着城市之间的网络空间(Beaverstock, et al., 2001)。因为全球化—地方化的压力,催生了企业在组织结构、知识创造、业务操作与区位选择等方面的一系列矛盾,并使其采取了新的战略与策略措施。例如企业跨越地理空间在国际市场上的扩展,会引起企业间的合并和联合,以使企业组织合理化;但与此同时,企业为保持核心竞争力也强调其核心功能提升(通过从外部购买一些非核心功能)和在市场中体现其灵活性,从而又会对打破企业传统纵向组织结构产生反向作用力。这种促使企业在产业的上下游找到一个合适的市场位置的压力,可能会推动不同城市之间商业关系的不断重构。又如,商务服务的知识产品也有类似的矛盾性。由于专业技术人员及他们的商务知识是该类企业的核心资产,所以企业在劳动力市场争夺专业人员方面的竞争与抢占服务市场份额方面的竞争,既会导致专业化,也会形成多样性(只有这样,企业才能将其提供的服务与竞争者加以区分)。这种知识技能的竞争,也会导致城市之间新商业模式、战略联盟和市场多样化的形成。还有,在企业运营方面,同时存在分散化与集中化的趋向:一方面,控制风险和降低成本的压力使其趋于集中化;另一方面,IT 技术的发展使得一些功能几乎可以置于世界的任何一个地方。这就使企业逐渐把其重要的全球功能放在某些少数主要城市,但同时又必须在其他一些城市设立分支机构以实现组织目标。即使在企业的区位选择方面,也有类似的矛盾性。一方面,竞争使企业从成本昂贵的国际性城市分离出一部分功能到成本相对较低的地方去(劳动力成本和空间成本);另一方面,面对面直接联系的经济集聚和知识在世界城市间的高密度传播,都对地理集中具有较大的推动力。

上述这些由全球化—地方化引发的一系列矛盾,对企业形成了双重压力。一方面,跨国服务的需求赐予企业以扩大其市场覆盖范围的动力。如果在这方面失败了,将会严重影响它们的业务发展及竞争能力。为此,它们感到在其他国家的城市设立分支机构是绝对必要的。另一方面,全球化的市场竞争也使企业感觉到了贴近其客户、积极参与当地市场的压力。这种双重压力导致企业规模的扩大,以达到服务全球和当地两个市场并能够为其客户提供综合的"无缝"跨国服务。正是这种企业的区位选择及其网络式的空间分布,提供了城市网络得以运作所必需的相互依赖的基础。也就是,企业间在跨国市场中的竞争,导致了城市间不断增长的互相依赖性。

这完全支持了一个重要论点:只有在全球城市网络中才能正确理解城际关系。这种城际关系表现为:城市(节点)之间更多的是相互依赖,可能只存在一种微弱的"附属性的竞争"。当然,对于城市来说,改善环境条件以吸引企业也是十分重要的,但与全球城市网络构成的总体进程相比,这只能算是一个很小的特征。许多实证分析也表明,城市间的合作具有较大的互补性。例如,伦敦相对于法兰克福的竞争优势,并不会对法兰克福在欧洲空间流中的地位形成危害。伦敦并不是以牺牲法兰克福为代价而获得成功,因为它们都是构成欧洲世界城市网络的完整的部分。相反,伦敦高度集中的市场、技术及经验,对法兰克福的商务活动是有益的。法兰克福加强与伦敦的联系,对法兰克福的跨国商务活动的发展是十分重要的。同样,法兰克福作为一个从伦敦到欧洲大陆市场的"要塞"的重要性不断增强,对伦敦也是有利的。

在实践中,已有越来越多的城市认识到,随着进入全球城市网络体系的城市数目不断增加,基于全球化的经济联系的发展将是空前的,科学与信息的交流更是如此,因此城市间的合作必将有助于提高在安全、环境和总体生活质量方面的市民福利。例如,巴黎认为,城市间科学与信息的交流将有助于发展团结与合作。作为全球城市发展战略的一部分,它把与世界其他大城市(莫斯科、洛杉矶、罗马、马德里)以及与法国的马赛、莱昂等合作列入重要的战略发展计划,积极推行与世界各大城市尤其是欧盟城市的文化和技术合作,不断增加交流的次数并使之规范化。为此,巴黎市政府已经与20个主要城市签署了合作协议,并与华盛顿、马德里和雅典三个城市订立了友好协议,其核心内容就是积极推进国际合作的行动、加强对话精神并通过巩固动态的伙伴关系开放所有领域、促进文化合作等。

8.3　竞争与合作驱动下的全球城市崛起

前面的分析表明,在全球城市网络条件下,全球城市发展的驱动力,不是单纯的城市竞争,而是竞争与合作。与发达国家早期的全球城市发展不同,中国全球城市的崛起是在全球城市网络业已形成与完善的条件下展开的,而且这种全球城市网络已在很大程度上延伸到国内,在空间形态上表现为全球城市区域。在这种情况下,中国全球城市的崛起完全是由竞争与合作驱动的,并且还是双重的竞争与合作的驱动。这就需要有一种多方共同参与的协同机制,以保证竞争与合作中的互利、共赢的实现。

8.3.1　崛起中的全球城市:面临双重竞争与合作

中国全球城市的崛起,将面临双重的城市竞争与合作。一方面,与国际上主要城市的竞争与合作,主要表现为其在超越了本土范围的全球城市网络中的作用及其功能;另一方面,与国内城市的竞争与合作,主要表现为其在国内城市网络中的作用及功能。这两者之间,既有区别,又有联系。

根据以上的分析,城市的竞争与合作是一个有机整体,不能分割开来的。但在竞争与合作的程度上,其权重可能不同:或者是竞争程度高一点,而合作程度低一点;或者正好相反。在这一竞争与合作的"光谱"的极端两极,就是单纯的竞争或单纯的合作。当然,这种绝对状态在现实中可能不存在,但在理论上可以作这样的假设。为此,根据国际与国内双重的竞争与合作的格局,我们可以构建一个简单的理论模型(见图8.4)。

在B区间,表明一个城市既与国内城市有较强的竞争关系,又与国外城市处于竞争之中,而少有两个维度的合作。在这种情况下,它必须具有很强的国内竞争力,同时还要有国际竞争力;否则,是无法吸取国内资源与国际资源向其集聚的。退一步讲,即

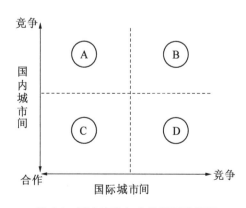

图 8.4　城市竞争与合作的双重模型

使它凭借特殊的优势条件可能吸取到国内外资源,但发展起来的至多只是一个巨型城市或超级城市,而不是基于网络联系的全球城市。显然,这种过于强调竞争而忽视合作的状况,正是我们前面所批判的,并不构成全球城市崛起的驱动力。

在 C 区间,表明一个城市既与国内城市有较强的合作关系,又与国外城市有较多的合作,而少有竞争关系。在这种情况下,它将发展成为一个典型的连接国内外的"通道"城市,尽管其吸取国内外资源的内向集聚较弱,城市的规模及实力也许并不很强大。在现实中,由于这种广泛的国内外城市合作受到各种条件的制约,因而其不具有较强的现实普遍性。

在 A 区间,表明一个城市与国内城市有较强的竞争关系,但与国外城市保持着更多的合作关系。在这种情况下,它不仅与国内城市争夺国内资源,而且在国外资源向国内流动时,也与其他国内城市争夺国外资源。如果它比国内其他城市具有更强的竞争力,那么则可吸取国内外资源向其集聚,并在其规模及实力不断增强的同时,成为具有较高国际化程度的城市,乃至全球城市。

在 D 区间,表明一个城市既与国内城市有较大的合作关系,又与国外城市有较强的竞争关系。在这种情况下,有两种可能性。如果它在与国内其他城市合作的基础上并没有形成较强的国际竞争力,那么将发展成为国内城市体系中的核心城市或中心城市。如果它在与国内其他城市合作的基础上形成了较强的国际竞争力,吸取国际资源大量向其集聚,那么将可能发展成为全球城市区域中的核心城市。

以上的理论分析还只是从单一城市的角度出发的,如果考虑国内有 N 个城市要想发展成为全球城市,那么就要换一个角度来分析城市竞争与合作关系。下面我们扩展到一个国家内 N 个城市的视角来分析其竞争与合作的可能状态及其对全球城市崛起的影响。

首先,这里要区分大国经济与小国经济对城市竞争与合作关系的不同影响。由于大国经济有较大的国内市场规模,资源的国内流动有较大空间,并形成了比较完整的国内城市体系,所以除少数城市具有高度的外部连接性外,相当部分的城市更多地侧重于国内竞争与合作,城市之间的国内联系较多,而与外部连接较少。例如在美国,除了纽约、芝加哥等全球城市外,其他城市主要是国内的竞争与合作关系,其外部连接性均比欧洲城市要低。相反,小国经济中的主要城市一般更倾向于国际竞争与合作,其外部连接程度较高。

其次,要进一步考虑城市的功能定位对城市竞争与合作的影响。大国的首都或经济中心城市以及地区一体化程度较高的经济中心城市,由于具有政治、经济、文化等多功能地位,通常是朝着综合型全球城市方向演化的,如纽约、东京、伦敦等。而中小国家的城市或大国的一般城市,由于不具备很强的综合优势,往往只能选择专业型国际化的途径,如日内瓦、阿姆斯特丹、布鲁塞尔等。

如果国内 N 个城市都定位于建设综合性功能或相似的专业性功能的现代国际大都市,那么相互间的竞争将大于合作。这些城市为了实现其目标,不仅要从国内,也从国外吸取重大的资源及其投入。而当这些来自全球经济/文化的流动在进一步地转向和(或)分配到该国其他城市以前,往往已流向某一特殊的正在崛起的全球城市。因此,它与国内其他城市存在着更多的潜在竞争,而其他城市对其也形成某种挑战。假定在国际的城市竞争与合作中存在其发展可能性的条件,那么其国内竞争的结果,往往只有一个城市或极少数城市能够作为全球城市崛起。因为在一定程度上,某一全球城市的竞争力是由其在超越了特定地区、国家的全球城市网络中的作用及功能决定的(Coe, et al., 2003)。一旦当其形成这种强大的竞争力,本国的其他城市也就很难再成为具有支配地位的全球城市。例如在英国,只有伦敦能成为全球城市。因为它形成了如此强的影响力,适合作为全球经济的战略节点。在这种情况下,英国其他城市实际上是不可能与伦敦竞争的。当然,这还要取决于全球城市网络中主要节点的力量对比及其变动的可能性,即是否存在替代原有综合性功能全球城市,或在网络体系中新增加综合性全球城市的可能性。因此在一个国家中,通常只有一个占支配地位的综合性功能的全球城市,尽管它与该国其他城市有重要的联系。这主要是因为它与该国其他城市区域之间存在着竞争关系。同样,在一个国家通常也只有一个同类型的专业性功能的全球城市,而不太可能同时存在两个同类型的专业性功能的全球城市。这种城市间相互作用的程度,对于我们理解为什么一个国家内几乎没有可能同时存在若干相同类型占支配地位的全球城市,有着重要的意义。

如果国内 N 个城市在建设全球城市中,有综合性功能与专业化功能定位的差异,或者有明显的不同专业化功能的定位,那么相互间的合作将大于竞争。因为在错位发展的情况下,其在不同层面上运作,根植于不同的空间经济网络(尽管有所重叠),从而较少地在国内相互作用(竞争)及进行资源要素的流动。在这种情况下,N 个城市都有可能发展成为具有不同专业化功能的全球城市,如果国际竞争与合作条件允许的话。例如在美国,就同时存在若干各有专业化功能的全球城市,纽约是金融方面的主要全球城市,旧金山是高科技方面的主要全球城市,洛杉矶是文化产业方面的主要全球城市(Abu-Lughod, 1999)。这三个城市都能够成为占支配地位的全球城市,是由于其更多的在全球经济/文化中的清晰定位,形成了一种基于全球城市网络的向全球扩散与辐射的经济系统。也就是说,所有全球城市/全球城市区域主要依赖于更多国外市场来维持其生存(Hill and Kim, 2000)。

因此,中国全球城市的崛起,要有明确的功能定位,即哪些城市是综合性功能定位,哪些城市是专业性功能定位,并在专业性功能定位中要错位发展。综合型全球城市的形成和发展需要一个相当长的积累过程,如纽约全球城市的形成,是百年历史不断积淀和持续创新的结果。当然,重大历史事件的发生、全球经济结构调整以及发展区域重心的转移等,往往是后起的有一定基础的大都市加快综合型全球城市崛起的重要机遇。相对来说,专业功能型全球城市的崛起并不需要如此长时间的积累,尤其是在经济全球化加速的今天,城市某个方面、某种功能的国际化可以在短时间内快速起步,迅速形成。但不管是哪种类型的全球城市崛起,都要在进一步加大对外连接中,改变目前中国普遍存在的城市竞争大于合作的局面,加强与国内城市合作,特别与其周边城市的紧密合作,形成较强的国际竞争力,力争成为全球城市区域的核心城市。

8.3.2　城市竞争与合作的多方参与者

前面的分析表明,全球城市的崛起要从对抗性竞争转向合作性竞争。这种合作性竞争,强调的是共赢,是一体化、关联度、共同协商制度(连玉明,2003)。那么基于城市网络的城市竞争与合作,又是通过什么机制来实现的呢? 这首先需要研究其中的参与者及其相互之间的关系。

一谈起城市竞争与合作的问题,人们通常首先想到的是城市政府。其道理很简单:为吸引企业入驻而改善城市投资环境(所谓的城市竞争)的实施者是城市政府;同样,城市之间合作项目的签署与执行的主体也是城市政府。况且,在全球化进程中出现权力下移城市的趋向,使城市政府拥有相应的资源,包括土地、基础设施等物质资源和政策资源等,从而在城市竞争与合作中能够有所作为。特别在中国经济转型期间实行中央与地方的分权,城市政府实际上掌握与控制了许多可支配资源,在城市竞争与合作中具有较大的发言权。因此,在人们的直觉中,实施城市竞争与合作的主体,唯有城市政府。然而,这种直觉是错误的。城市竞争与合作的参与者是多元主体,除了城市政府外,国家及其部门、企业等也是重要的实施主体。

在传统全球城市研究中,有一种去国家化的主流观点,即随着全球化进程的深化,民族国家实行积累作用的能力趋于削弱。例如全球城市研究的代表人物Friedmann 和 Sassen 都认同去国家化,但其观点又有所区别:前者将其定位于"国家消亡"过程,而后者认为是"系统中断"(Brenner,1998)。Friedmann(1986)认为,某个城市与世界经济整合的方式和程度、在新的劳动分工空间中所赋予的功能,将对发生在其中的结构变迁起决定性作用。在他看来,全球城市和地域国家是两个完全对立的"政治—经济"单元。全球城市的兴起,势必削弱民族国家的影响力,尤其是在地方层面上(Friedmann,1995)。因此他预测,这是一个渐进的国家消亡过程。Sassen(2000:13)教授采取的方法相对温和,以"系统中断性"来强调系统的增量效应。她认为,在以前的世界经济中,全球城市的主导产业与国民经济的总体增长之间有密切的关系,而现在却表现为显著的不对称:促进全球城市增长的条件中包含着导致美国、英国、日本其他地区衰败的重要因素,并导致政府和公司债务增加。为此,她断定,过去人们认为的国家经济增长与其增长形式之间的关系可能存在系统中断,从而存在着全球城市形成与城市—国家分离之间联系的必要性。换句话说,这些经济上愈加突出的全球城市体系正演绎着自己的逻辑、脱离国家政治作用与行动,即全球城市从其国内城市体系中"脱离"出来而成为全球城市体系的一部分,从而导致全球城市与其国内城市体系及民族国家的脱节。这些全球城市共同构成了一个系统,而不只是彼此竞争。因此,对全球城市网络中的经济增长有利的事,不一定对国家的经济增长有益(Sassen,1991)。例如,对伦敦和纽约有利的事,对英国和美国未必有利。

显然,按照这样的逻辑来描述某个城市成为"全球城市"的过程,习惯上会低估国家(政府)有目的地打造全球城市以及大企业主动参与旨在打造其全球城市的作用。事实上,在全球经济背景下,城市政府地位的提升并不意味着国家作用的完全丧失。Weiss(1998:70—80)曾分析了国家在全球化过程中的作用,并指出四个关键维度:(1)有管理的支持:即政府和企业间稳固的协同合作机制,将公共资源投放到功效最大化方面,如产品升级、降低价格或扩大出口;(2)公共风险的化解,即为了争取与相关生产者的合作,公共部门吸收全部或大部分风险,并经常在国内市场的生产者和消费者之间进行调解;(3)私人部门治理,涉及"诱导"经济社会的自治能力,政府引导私人部门的协调体制,政府充当"最后的协调者";(4)公共—私人部门创新联盟,涉及获得、提升和扩散技术的政策,公私技术伙伴关系和网络服务于培训资本,通过政府制定业绩条件来规定公共责任。显然,这些方面对全球城市也是起作用的。因为尽管金融及生产者服务的全球化被嵌入到网络中的战略性场所(节点)中,但这些战略性场所还是嵌入在民族国家的疆域内。在全球各地开展业务的企业,同样需要在所在国家内受到产权保持和执行合同的有效性,而国家法律制度仍然是保证产权和合同执行的可靠保障。

我们知道,不管全球化进程中的权力下移城市趋向如何,"城市经济"并不是具有自治权的"国民经济"。国家制定的区域和城市发展战略以及设定的可以做或禁止做的管制框架,将使城市按特定的方式运行。犹如英国的全球城市,是在一个不同于美国全球城市的环境中运作的。因此,不同制度体系及其组织的国家,在全球城市形成的过程及其治理方面发挥着至关重要的作用。Brenner(1998)在对欧洲全球城市形成的研究中指出,如果不考察其国家的作用,就不可能充分理解全球城市的形成。Douglass(2000a)也提出类似的观点,国家与全球城市相互作用的模糊性与一个更神秘的问题有关,即目前所确定要建成为全球城市的中心地区如何真正成为全球城市。

对于中国的全球城市崛起而言,国家在其中所起的作用或"国家战略"也许显得更为重要,是必不可少的。前面的分析已经指出,全球城市崛起的前提条件是融入经济全球化与信息化进程。在中国,正是中央政府有意识、有目的、有计划地实施对外开放战略,促进了国民经济以及城市经济融入全球化进程之中。在中国,大都市区融入全球经济体系中,国家始终发挥着重要作用。另外,中央政府还把全球城市的打造作为将本国与全球经济联系的战略实践,如明确定位上海建设现代化国际大都市,并从各个方面(包括浦东开发开放、国际金融中心建设等)予以支持,从而使上海的战略地位迅速提升。显然,这种国家战略在中国全球城市崛起过程中起着决定性的作用。

而且,在中国全球城市崛起过程中,由于受到中央政府的巨大影响,包括控制潜在全球城市与全球城市体系接合的过程,并没有出现如有些学者预言的全球城市形成与其所在国家当地关系弱化的情况。伴随着上海、北京及其他许多中国城市与全球城市体系的联系越来越紧密,其在国家城市体系中的地位及其作用也日益提升,基本上与国家城市体系形成过程的取向(包括国家政策和国家实践活动)是一致的。全球经济和跨国公司在中国的发展,中国在世界经济中的地位提升,中国政府努力推动主要城市成为连接全球经济体系的桥梁等,都在很大程度上促进了中国全球城市的崛起。即使像许多人所说的那样,非平衡发展、隔离和脱离等是全球城市形成和全球城市体系形成的必然结果,中央政府对该过程的有意识控制也可以减少这些负面效应。正如 Timberlake 和 Xiulian(2006)指出,全球城市的形成,既是地方的,又是全球的,而且是通过全球和地方(如国家)两股力量的相互作用。这些判断对于国土广大、几十年来一直由高度中央集权管理城市兴衰的中国城市尤为正确。

总之,在全球城市形成过程的研究中,国家的作用是非常重要的(Brenner,

et al., 2003；Peck and Yeung, 2003）。正因为国家参与全球城市崛起的能力和作用是十分明显的，并能够对城市竞争与合作关系的变化做出反应，因而国家是全球城市崛起及其竞争与合作机制中的重要参与者之一。如果考虑到行业管理的特殊性，在深入考察其对城市竞争与合作的影响时，可以将其进一步细分为中央政府及其政府部门。

除了国家在城市竞争与合作机制中所起的作用外，还必须考虑企业在其中的重要地位。正如我们前面提出的，城市的真实竞争是企业之间的竞争，城市政府并不构成真正意义上的竞争者。同样，城市间的合作，也并非只是城市政府之间的合作。事实上，城市之间的联系主要是以不同城市企业间的联系为基础的，城市间的流量主要是由不同城市企业间的经营活动和业务往来所构成的，从而城市竞争与合作的许多项目都是市场机制作用下在企业层面展开的。在全球化条件下，企业之间存在着较为紧密的业务联系。特别是先进生产者服务公司，其业务范围通常超越其所在地域，但由于许多服务难以远距离地交易，大多数生产者服务公司必须进入外国市场，通过广泛的地区和分支机构向其当地客户提供服务，从而使城市之间形成连接。因此，企业特别是全球公司无疑是城市竞争与合作关系的重要参与者。

另外，在成熟的市场经济条件下，政府作为"守夜人"并不直接干预企业的经营活动，也不直接管理企业活动。对于企业间的经济联系和业务往来及其相互之间的竞争与合作，政府并不能施加特别的影响。在这方面，通常是由各种行业协会等机构提供管制框架及其产品（服务）的专业标准，以管理公司的活动。在先进生产者服务中，这类机构的重要性特别明显，其税务、标准和业务活动受到行业协会特别是专业性机构的管理。不同的生产者服务部门，由于其属性不同，因而有不同的"进入"门槛。律师事务所是在不同于保险公司的专业范围内进行运作的，广告公司是在不同于会计的专门范围内进行运作的。一般来讲，与金融体系（如会计、法律、投资银行等）、房地产开发和提供金融相关专业服务直接相关的部门，既受制于自身公司章程，也受到行业成员标准的严格管理，但其他一些生产者服务，像广告、行政查询和不动产代理等部门，则更多地依赖于行业自律，按照相对较松的国内和国外的规则进行经营活动。因此，每个行业中的正规与非正规的进入资格、惯例、规则、习惯与传统，影响其行业内的每个公司行为，灌输给其特殊的价值观及其特性。由于这类机构对企业跨地区、跨国界的经营活动有较大的影响（即有利于或阻碍企业的跨地区或全球化经营），所以在某种程度上也是城市竞争与合作关系的重要参与者。当然，在中国经济转型时期，特别是国有企业（包括国有控股企业）名义上实行了"政企分开"，但政府事实上仍可通过出资人代表的人事任免、资产重组等途径对其施加特别影响，以干预其经营活动。与此同时，行业协会等机构所发挥的功能有限。因此，这类机构作为城市竞争与合作关系的参与者的作用并不明显。

也许我们可以这样总结：在城市竞争与合作中，城市政府确实起着重要的作用，处于首当其冲的位置，但并不是唯一的主体。在城市竞争与合作机制中，存在着一个由多方参与者构成的"发展联盟"，包括国家（包括政府部门）、城市政府和企业、行业协会等。

8.3.3　城市竞争与合作的实现机制：参与者之间的协同效应

Beaverstock 等（2002）曾提出一个包括四类参与者（即城市、公司、行业部门和国家），通过两个纽带（即城市—公司、国家—行业部门）和两个团体（即国家中的城市、行业部门内的公司）而创造、支撑和改变全球城市网络的协同效应模型，强调了四类参与者是通过协同效应来促进全球城市网络的。在这当中，城市、公司、行业部门和国家是异质的结合，其各自网络在创造和支撑全球流动空间中相互交错作用。由此我们可以推论：这些参与者之间的关系，直接影响城市竞争与合作的基本格局，最终决定城市在全球经济中的成败。因此在全球城市崛起中，其形成什么样的城市竞争与合作关系，不仅是城市政府的战略导向及其发展政策的问题，也大量涉及包括企业、行业部门和国家等参与者的行为方式。

总的来讲，这些参与者的行为方式要有助于产生协同效应，才能调整与改善城市竞争与合作关系，促进全球城市的崛起。其协同力的大小，直接关系到全球城市崛起的进程速度。所谓协同力是指各行为主体通过特定文化、经济、社会和政治关系的组合而紧密联系在一起，并相互作用而产生大于个体能力之和的能力。那么，在全球城市崛起及其竞争与合作中如何形成这种协同力？根据国际经验以及针对中国目前的现状，大致有以下几方面内容。

从国家政策对城市直接影响的角度讲，主要涉及两个方面。其一，将全球城市崛起列为国家战略，予以持久性的支持。目前，许多国家对全球城市建设都相当关注和支持，其意图是利用这些城市来促使一国经济嵌入到世界经济之中，从而通常是用非常强的政治和制度意志将其列为"国家战略"，经常对其配置实质性的资源，引起调整性的变革（Robinson，2002）。国家对这些特定城市支持的持久性，是将其发展成为全球城市的关键条件。这种明确的国家战略实际上也是给出了一个信号，在很大程度上可以避免国内城市发展定位不清而引起的相互间的恶性竞争。同时从国家层面制定区域发展规划,把全球城市的崛起放在区域发展中进行指导性的协调和引导,以促使城市错位发展基础上的更大合作。其二,更多地授权与城市政府以创造国家与城市之间的合力。在现代经济社会里,基于对公众的责任,政府行为必须满足地方要求,并适应地方资源和地方机遇的特点。而清晰的地方分权,则为更切合实际地提供公共服务、提高生活质量和地方竞争力提供了可能(世界银行,2003)。从这一意义上讲,权力从国家下移至城市的再地区化主义,在某种程度上是国家为促进全球城市崛起采取的重要举措。在这种条件下,城市将有更大的发展空间和潜力。正如 Brenner(1998)提出的:欧洲发展经历表明,在全球化时代,全球城市日益与使再区域化的政府机构和权力相协同,其部分意图就是通过重构"全球"区域政府来提高其主要城市区域的全球竞争优势。

从国家体系与行业部门之间的相互作用来讲,主要涉及的内容有:第一,整个国家的管制框架对行业部门活动有较大的影响。如果国家法律和经济政策相对自由化,也许是促进全球城市之间流动的关键;否则,将起到损害城市之间流动的作用。例如,与英国的银行体制不同,日本仍然是一个管制非常紧的金融体系的典型,因而在与较少管制的欧洲、中国香港和美国市场的交往中,位于东京的外国金融机构的活动就受到较大限制。第二,国家经济政策的变动,特别是金融交易的立法框架的修正,对行业部门的制度性文化及其业务有较大的影响。在超国家(如欧盟)、国家(如中央政府)和地区层面上的政策制定,例如鼓励特定的经济行为模式以及经常有条件地支持具有外部性的项目等,也许对商业活动及其文化形成冲击。因而,一些国家产业政策在很大程度上将潜移默化地影响特定行业部门的企业文化(Beaverstock, Taylor and Smith, 2000)。

从城市管理当局来讲,其竞争政策的制定,应该从基于每个全球城市都是全球城市网络的一个组成部分的认识出发(Taylor, 2001),着力于有关改善商务环境条件的一般性政策,而不是针对其他城市的某些竞争性措施,并向中央政府游说以取得支持。事实上,大多数跨国公司对牺牲 A 城市而推销 B 城市的做法可能并没有什么兴趣。对于城市管理当局来说,最主要的是营造一个良好环境,为国内外企业提供世界上屈指可数的一流舞台。在这个舞台上,要有一流的"演员"(即企业)来表演或参赛,而不管其获取奖项的演员是本地的、国内的还是国外的。换一种说法,对于一个大都市来讲,其最好的"演员"就是那些能使这一城市变得重要的公司或机构,尽管这些一流的公司或机构可能绝大部分是外国的,而不是本国的。这不仅对纽约、伦敦、东京和法兰克福等全球城市是如此,而且也适用于香港与新加坡之间的竞争,即在这两个城市中,几乎所有高端生产服务的大公司都是外国的。从这一意义上讲,城市的国际竞争力主要表现在商务环境及其具有一流的公司或机构。另外,鉴于中国全球城市崛起寓于全球城市区域发展之中,城市管理当局要从区域层面探讨发展之路,寻求在地区合作中形成自身的核心竞争力。目前,人们已越来越认识到区域合作与协调的重要性,并开始有较大的行动。例如,江苏省泰州市在"十一五"规划中确立了"错位互补,联动合作,对接融合"的基本思路。在实践中,也有一些成功的地区合作的探索与尝试,如江苏靖江与江阴两地打破行政障碍联合搞开发区,由江阴提供品牌、人员,靖江提供土地,两地共享税收和 GDP。

从企业的角度来讲,关键是要有公司自身的网络,并在城市网络中形成连接,即在主要城市有其分支机构,与城市形成一种互惠的关系。例如,美国律师事务所在伦敦的分支机构,也许在促进伦敦继续保持原先卓越的全球城市地位中获得自身较大的收益。同样,位于英国省会城市的广告或传媒机构,也许在伦敦的城市网络中得以很好地运作,特别是位于那里的主要服务公司。对于本地或本地企业来说,就是"走出去"对外扩展,在国内外主要城市设立分支机构,与其他城市网络建立起联系。前面分析已经指出,现阶段中国企业实施"走出去"战略尚有一定的难度,但这是一个努力方向,迟早要走出"家门"和"国门"。在现阶段主要依靠"引进来"的情况下,那些正在努力崛起的全球城市则要对引入的公司和机构有所选择,即优先引入具有公司网络特别是全球网络的组织或机构,而不是注重于其资金规模以及能带来多少产值。尽管这些公司引入的资金规模不很大,但它将带来全球的联系以及大量的信息、人员等流量,将极大地促进城市在全球流动空间中的地位。

总之,在全球城市崛起中,企业、部门、城市及国家是通过有关的连接而相互作用的。尽管在此过程中也许有矛盾与冲突,但借助于全球城市网络的一致性是联合行动。我们认为,全球城市的崛起是在一个特定的文化、经济和政治关系的界限内,由各类参与者通过公司网络(与部门网络是连接在一起的)和城市网络(与国家网络是连接在一起的)创造合成的结果。因此,我们不赞成全球城市崛起仅仅是由"企业家式"的城市政治家实施增长战略的结果(参见 Savitch and Kantor, 1995),也不同意那种国家强制干涉是保证全球城市成功的观点(参见 Yeung, 2000)。基于同样的理由,我们并不认同那种简单地用外国公司进入的数量或生产者服务集群来界定全球城市。相反,我们的分析提出,全球城市只有用其在全球城市网络中的关系配置的属性来界定,其崛起是通过城市、公司、部门和国家的协同效应来支撑和维持的。

9 流量扩展导向战略及其发展模式

在全球化与信息化交互作用的推动下,城市的"地方空间"日益转化为"流动空间"。作为全球网络的主要节点,经济流动性被赋予新的内涵及其特征,从而也催生了大规模的经济流量(信息、知识、货币和文化等)。国际经验表明,全球城市的产生与再发展,正是通过基于全球连通性的大规模流量才得以实现的。对于崛起中的全球城市来讲,首要的任务就是扩展全球连通性,构建全球网络节点,增强基于集聚与扩散交互的经济流动性,夯实能够承载大规模流量的现实基础。为此,崛起中的全球城市通常要推行基于网络关联的流量扩展导向战略及其发展模式。

9.1 全球城市崛起的战略导向性

对于崛起中全球城市来说,不管其路径依赖如何,都有一个战略导向性问题。这种战略导向性,就是实施与其目标定位相匹配的发展战略及其模式的一种选择。适合时宜的发展战略及其模式是其目标定位实现的重要保证,因而崛起中的全球城市要有一个明确的战略导向性。

9.1.1 崛起中的全球城市:立足于流量扩展

目前中国一些城市建设全球城市的目标定位已日渐清晰,如上海将于2020年基本建成国际经济、金融、贸易、航运中心之一和社会主义现代化国际大都市。在这些目标设定或目标定位上,也许存在与实际情况或未来发展有某种偏差的情况,如不切实际、好高骛远等问题,但这可以在动态发展中加以不断调整和修正。一个更为关键的问题,在于实现其目标的战略导向性是否已经明确或是否选择得当。如果战略导向性尚未十分清晰,那意味着目标设定实际上是模糊不清的,往往沦为一种空洞的口号或标签;如果战略导向性选择不当,那就会与设定的目标南辕北辙。

从目前中国的实际情况看,对崛起中全球城市的战略导向性问题,尚处在摸索过程中,还没有形成一个清晰的轮廓,因而也不可能提出一个自觉加以实施的明确意图。因为我们在现实中观察到的,更多是沿袭传统的城市发展战略及其发展模式,以及与此相联系的对全球城市认识上的偏差。例如一谈起全球城市,人们首先想到的是一个物理性实体的概念,即具有庞大体量、巨大规模、雄厚实力、一流水准的城市。在人们的潜意识中,这种城市是由大量物质财富和实物资本沉淀而堆积起来的,是以大规模的存量凝固及其积累为基础的。正是在这种意念支配下,不少地方往往热衷于城市规模扩展和物理体量增大,一味追求自身地域的财富积累与实物资本扩大,片面强调城市经济总量或经济实力的提高以及扩大其在全国的所占比重等。由此带来的是:用所谓的"大手笔"规划城市规模发展和城市空间扩张,全面实施"东进、西扩、南下、北上"的全方位城市扩张,盲目提倡多组团的城市空间布局,迅速扩大城区面积和增加人口规模,甚至计划在五年时间内将城区面积扩大几倍、人口规模翻几番等。与此同时,大规模投资于城市基础设施建设,大兴土木,建桥修路,并且盲从于世界一流水准,实行所谓"高标准"的城市建设和发展,不顾条件、不适时宜地建造超大型的广场、剧院、体育场馆等,大搞豪华建筑群、时尚街区、高级住宅、高档娱乐场所等,盲目进行城市周边环境的再造。为了增强城市经济实力和增加物质财富,千方百计吸引、集聚和发展那些能给城市带来较高产值或财富的产业部门,并在其有限的地域内进行空间布局,甚至不顾本地区位、经济等条件盲目培育各类中心功能,以集聚各种资源要素。

这种战略导向性是与全球城市的本质属性不相符的,与全球城市发展趋势是背道而驰的,从而不利于我们实现建设全球城市的目标定位。因此在中国全球城市崛起中,探索并逐步明确其战略导向性问题是十分需要和迫切的任务。但作为发展中国家的全球城市崛起,不仅鲜有这方面的成功先例,而且在其自身发展经历中也未曾作过尝试性的实践,因而在战略导向性方面没有更多的经验积累。面对这样一个全新的课题,自然有一个学习过程,包括对全球城市发展规律性的认识、发达国家全球城市的经验借鉴、建设实践中的探索等。

前面的分析表明,在全球化与信息化的背景下,全球城市形成的动力机制及其进程是全球性的,其本质属性更多地表现为在全球化中的连通性。对于一个崛起中的全球城市来说,其关键在于融入各类世界网络体系的程度。一旦进入这个网络,并且有较深程度的融入,与外部建立起广泛的经济联系,具有大规模的经济流量,就为其提供了更大范围、更有效率的资源配置的可能性空间,增大了可利用资源(包括信息、知识等)的来源与渠道,从而有助于提升其调动与配置资源的能力,促进经济增长和城市发展。从这一意义上讲,城市经济增长已越来越取决于这一城市与其他(国际)城市交流与联系的数量与质量。

不仅如此,对于崛起中的全球城市来讲,还必须争取在这一网络体系中处于较高的位置。而一个城市在网络体系中所处的位置,很大程度是建立在经济流量规模及其范围基础上的,即经济流量规模越大,流动范围越广,其所处的位置越高;反之亦然。进一步讲,基于全球城市网络体系的流量规模大小的背后,实质上是一个网络权力问题。一个城市的外部联系越广泛,所连接或被连接的城市数量越多,其在网络中的中心度或权力潜能越大。如果一个城市接受更多外来的联系(即高内向度),表明其本身比较杰出或具有优越性,从而被其他城市所追求;如果一个城市对外发出更多联系(即高外向度),表明其具有影响力,能与其他城市交流,或使其他城市在意其看法。显然,具有较高中心内向度和外向度的城市,其流量规模自然比较大,从而具有较大的网络权力,并可能在网络体系中占据有利地位。例如,它们会有更多满足自己需求的方法,因而对其他个体的依赖性就比较弱;它们能够获得或者利用网络中更多的资源,从而具有更大的发展潜力和空间;它们常常充当交易的第三方或中介,并能从中收益(Hanneman and Riddle, 1988)。在国际经济循环的大系统中,处于全球城市体系第一、第二层次的全球城市比其他中心城市在国际舞台上发挥更为重要的作用,在开拓国际市场和参与国际分工以及扩大国际影响带动本国其他城市发展等方面都具有明显的优势,其主要原因也就在于此。

事实上,对于全球城市体系中第一、第二层次的全球城市来讲,尽管都是全球或区域性国际金融贸易中心、国际控制和决策中心、国际文化和信息交流中心,但经济流量的差异也直接影响其在世界经济政治中的控制力与影响力的强弱。在人们的感觉中,东京与纽约、伦敦等相比,总显得控制力与影响力相对低一些,其中一个重要原因就在于东京的经济流量相对较弱。例如,东京的成田机场 1998 年的起降次数仅为 12.76 万架次,而纽约的肯尼迪机场为 36.22 万架次,伦敦的希斯罗机场是 45.14 万架次,巴黎的戴高乐机场则达到 79.10 万架次,新加坡的樟宜机场也有 17.74 万架次。又如,东京在 1998 年接待了 250 万外国游客,而纽约每年则接待海外游客约 2500 万人,年国际旅游收入约 120 亿美元;巴黎每年接待海外游客为 1200 万人;连新加坡和香港也远远超过东京,新加坡

1999年接待海外游客达到696万人,国际旅游收入为65.01亿美元(1998年),香港1998年国际旅游收入为71.14亿美元。从城市人口与年接待外国游客人数之比来看,东京的差距也是很明显的,巴黎几乎是1∶5,而东京仅为1∶0.2。另外,1999年东京举办了63次国际会议,而纽约、新加坡、伦敦和巴黎分别为88次、140次、160次和247次。还有数据表明,截至2000年,居住在东京的外国人仅为26万,约占东京人口的2.2%,而纽约早在1990年就达到了28.4%。显然,这些经济流量上的差异直接影响其在世界经济政治中的控制力和影响力,决定其城市竞争力水平。

即使不像纽约、伦敦、东京等全球城市那样具有全面(综合)的经济流量,但只要具备了网络中优越节点的特性,同样可以在某些个别方面的形成很大的经济流量,具有核心竞争力。现实表明,在某些情况下,最不可能变成中心节点的地方,由于其历史的特殊性,最后导致以某个特殊地域性为中心构成特定的网络。例如,明尼苏达州的罗彻斯特(Rochester)、巴黎郊区的维勒瑞夫(Villejuif)成为先进医疗与卫生研究的世界网络中彼此有紧密互动的中心节点,就是因为马耀诊所(Mayo Clinic)在罗彻斯特,法国政府主要的癌症治疗中心在维勒瑞夫。由于偶然的历史原因,围绕这两个奇特的地域性接合而形成了知识生产与先进医疗的复合体。一旦建立,它们便吸引了世界各地的研究人员、医生和患者,从而成为世界医疗网络里的节点,形成医疗方面的大规模流量。

因此对于崛起中的全球城市来讲,能否进入全球网络,进入到什么程度,以及在这个网络中处于什么样的位置,都是十分重要的问题。这将最终决定一个城市能否崛起为全球城市的命运。如果一个城市难以融入这一网络中获得协作效应,甚至会被边缘化,那么将极大地限制其经济发展,严重削弱其竞争力。从这一意义上讲,能否崛起为全球城市,不是因为这个城市的性质,也不是由于这个城市沉淀下来的资本存量,更不是起因于这个城市的规模,而是取决于融入全球城市网络的程度及其形成的协作效应。因为这种基于全球网络的协作效应,将大大增强其城市竞争力,从而比其他城市具有更大的竞争优势。正因为如此,许多国家的中心城市纷纷提出国际化发展的战略目标,勾画对城市未来发展建设的整体设计,旨在融入全球城市网络,重塑全球网络节点的基本功能,扩展经济流量,并以此来提升城市在未来全球城市体系中的位置。

总之,全球城市的崛起是一个连续不断地融入全球网络的过程。它主要表现为通过生产和消费那些高端、先进的服务及其促进该城市发展,从而在全球网络中发生广泛的联系,成为全球网络的主要节点。在此过程中,日益形成和显现的一个重要特征,就是基于网络节点的强流动性及其大规模流量。对于崛起中的全球城市来说,首要的核心问题是积极扩展外部联系,构建与全球经济功能性连接的流动空间,融入全球网络,扩展基于网络节点的流量规模。

9.1.2 基于流动空间的流量扩展

应该讲,建立在场所(地方)连接性基础上的经济流动性,是城市固有的本质属性。但基于网络节点的流量扩展,则是经济流动性置于流动空间之中而发展起来的一种新形态。它既不等同于经济领域的流通活动,也不是传统意义上的城市集聚与扩散所表现的经济流动性,但又与城市经济本质——经济流动性是高度一致的,反映了在新的城市空间条件下的经济流动性。为了加深对这一问题的理解,我们不妨对城市发展过程及其经济流动性作一个简单的历史回顾。

从城市的产生过程看,其本质就是流动经济或流通经济,是"城"与"市"的有机结合。"城"作为资源要素集聚和物质财富累积凝固化的产物,只是一种形式和外壳形态;经济流动或流通所形成的"市",才是其主要内容。城市只有建立在繁荣的商业交换活动(或要素流动)基础上,才真正摆脱城郭的外形而具有市场交换的实质内容。从这一意义上讲,正是商业革命促进了真正意义上的城市兴起与发展。纵观城市发展的历史过程,具有流动性的贸易活动(或要素流动)在城市经济中的地位有增无减:从古代城市凭借交通便利等条件,通过各种产品集散以巩固其地区的中心地位;到近代城市凭借区位、环境等条件,通过各种要素流动来建立其工商经济中心的地位;再到当代城市凭借技术、网络等条件,通过知识、信息等高密度交流来形成世界城市体系。在这一个过程中,始终贯穿着经济流动性这一主线,而且伴随着流动范围的急剧扩大及其程度的不断深化。

当然,在城市经济发展过程中,也会有大量的资源要素凝结或固化,如大量的固定资产、基础设施、相对稳定的人力资本等,从而形成规模庞大的存量。但这些存量主要是构成了作用于城市经济流动性的物质基础,其本身并不能直接体现出城市的基本功能。城市经济的基本特征,就是经济流动性中的资源配置活动。也就是,通过建立有效的运行平台、提供合适的运作环境,吸引资源要素向城市集聚,在城市中重组整合并运作,再向周边地区辐射,以实现诸要素的价值增殖和规模扩大。正是在此过程中,城市的经济规模不断趋于扩大,并推动了城市经济的发展。

因此在有关城市职能的定义中,通常是把为城市以外地区提供货物和服务的经济活动称为"基本职能"或"基本活动",而为城市本身提供货物和服务的经济活动称为"非基本职能"或"非基本活动"。沃纳·赫希(1990)曾对城市的对外和对内功能的形成过程作了精辟的论述,分别将二者称为"非中心地方功能"和"中心地方功能"。他说:"与生产有关的力量和与需求有关的力量发生作用并激发城市经济产生时,某些非中心地方功能就会增长,即地方性的为较大市场服务的工业、商业和交通运输业的基础活动就会增长。"由于城市经济的发展,总是与其功能特别是非中心地方功能的增长联系在一起的,所以在此过程中,势必导致经济流动性不断趋于增大。从这一意义上讲,城市经济的本质是经济流动性。

然而,长期以来,这种经济流动性是在具有历史根源的、我们共同经验的空间组织即地方空间(space of places)中实现的。基于地方空间的经济流动性,通常是传统的点对点的"单边流动"或点对面的"多边流动",并具有明显的物理性的地域上的连续性,在很大程度上受制于交通运输能力。随着城市空间逻辑的变化,城市经济的基础被改变了,其经济流动性被置于流动空间之中。在以流动空间为基础的城市经济发展中,我们社会中的主要支配性过程都接合在网络里,而这些网络连接了不同的地方,并且在生产财富、处理信息以及制造权力的层级里分配每个地方特定角色与权力。一个城市进入这个网络,意味着其对外具有广泛的经济联系,并通过这个网络有大量的经济流动。这也就是说,流动空间的特征在于跨越了广大领域而建立起功能性连接,却在物理性的地域上有明显的不连续性。显然,这不仅大大拓展了城市经济流量的规模,更主要的是根本上改变了经济流动的方式,即可以超越物理性地域的连续性而进行流动。

因此,在城市的"地方空间"日益转化为"流动空间"的情况下,城市的经济流动性在内容、层次、形态等方面得以进一步提升。当经济流动性置于流动空间之中,就表现为基于网络节点的大规模资源要素流动及其从中得以有效配置的流量扩展,从而与建立在地方空间基础上的传统经济流动性有较大的区别,呈现与其不同的特征。

传统意义上的经济流动性是建立在地方空间基础上的,以城市为物质载体吸纳各种资源要素向区内集聚,在当地进行配置来促进和带动相关产业的发展,并将形成和扩大的经济能量(包括生产的产品与服务以及各种要素)向周边地区乃至更远的地区辐射。但在流动空间基础上,城市只是网络体系中的一个节点,或者讲是一个具有广泛外部联系的节点。通过这一节点,流动中的各种资源要素被重组、整合、提升,从而能够被配置到最为经济的时间与空间中去。这就赋予了经济流动性的新含义,即它不是一个点上的集聚与扩散,而是网络中的流动;不是在城市产业配置中的资源要素流动,而是在城市流动中的资源要素配置。这种置于流动空间之中的经济流动性,才构成流量扩展导向的城市发展的基本特征。

由于流动空间的特征是跨越了广大领域而建立起功能性连接,可以超越物理性地域的连续性而进行流动,不必完全依赖于邻近地区经济发展水平,从而大大拓展了城市经济流量的规模。更为重要的是,它是以推动和促进各种资源要素在流动中增值为主导性的经济模式。尽管在此流动过程中,也会有一些资源要素沉淀下来,被配置在当地产业中,但大多数资源要素只是通过这一节点而在更大范围内得以合理配置和利用。显然,与那种依附于为城市产业配置与发展而发生的经济流动性相比,它比以往任何时候都具有更大的流动规模、更高的流动频率和更大的流动范围。因此,通过大规模资源要素流动来实现城市经济能量的倍增,是流量扩展导向的城市发展的又一重要特征。

城市作为网络体系中的一个重要节点,并承载着大规模的经济流量,是以高度的系统开放性为前提的。而且,与一般经济系统为其自身能量转换而“对外交流”不同,流量扩展导向的城市发展模式则是以推动和促进各种资源要素流动为己任,从而要求有更大的系统开放性和更广泛的联系渠道和流动通道。因此,保持城市系统的高度开放性,促进各种资源要素在更大的时间与空间范围内的流动,是流量扩展导向的城市发展的必然要求。

然而,为了保证大规模经济流量顺利通过城市这一节点而得到更有效率的配置与利用,城市内部运作系统必须协同化,与外部必须有良好的协作性,两者缺一不可。如果城市内部运作系统缺乏协同性,出现流动通道的“梗阻”,资源要素在这一节点上就得不到有效重组、整合与提升,从而大大影响经济流量扩展;如果与外部缺乏良好的协作性,资源要素流动的来源与去处就会成问题,从而在根本上造成经济流量的萎缩与枯竭。因此,强调内部运作系统协同化和外部关系协作性是流量扩展导向的城市发展的内在要求。

与传统城市网络体系不同,以城市流动空间为基础的网络体系是建立在电子网络化基础之上的。正是通过现代信息技术的运用以及信息基础设施(如互联网),资源要素流动突破了物理性的时空界限,使大规模的、即时性的流动得以实现。电子网络化已成为城市经济流量扩展的重要物质基础和主要技术手段。

总之,以流量扩展为导向的城市发展,不仅延承和浸透着城市经济流动性的本质属性,而且是其在经济全球化与信息化背景下更高级形态的新发展。在此发展过程中,城市作为网络体系中的重要节点,既是一台“搅拌器”,即各种资源要素通过城市的流动完成更高效率的重新组合;又是一台“放大器”,即重新组合后的各种资源要素通过城市的放大作用实现经济能量的倍增。

9.1.3　流量扩展与外部联系性、网络连接度的关系

　　通过上面的分析,我们初步揭示了全球城市崛起的实质在于不断融入世界网络体系,并逐步充当网络体系中的主要节点,强化基于流动空间的经济流动性。在这当中,涉及扩大对外联系、提高网络连接度、扩展流量规模等内容。那么,为什么我们要把全球城市崛起的战略导向性表述为流量扩展,而不是其他诸如扩大对外联系、提高网络连接度等概念呢? 这就需要分析流量扩展与扩大对外联系、提高网络连接度等之间是一种什么样的关系。如果弄清楚了它们之间的关系,这一问题也就迎刃而解了。

　　一个城市的流量扩展,尽管也涉及其内部流动性的增强,但最为根本的动因是外部流动性的增强,尤其是基于流动空间的流量扩展。毫无疑问,这种流量扩展是以对外联系的扩大为前提条件的。而且,从总体上讲,外部联系性与流量规模之间具有同向变化的相关性。也就是,在原有外部联系中的流量不变的既定条件下,外部联系的扩大势必增大流量总规模;或者随着原有外部联系的深化(即相关度提高),即使在不扩大外部联系范围的情况下,流量总规模也随之增大。但外部联系与经济流量毕竟是两个概念,在现实表现中有时并不完全一致。例如,某一城市的对外联系范围也许并不广泛(数量有限),但与每一个关联城市之间的经济往来却很频繁,从而其流量规模比较大;相反,某一城市可能对外联系相对广泛,但与每一个关联城市之间的经济往来并不频繁,从而其流量规模比较小。这就是我们在现实中经常看到的,尽管许多城市对外联系不少,但网络中只是部分城市拥有较高的流动性;也只有部分城市有较高的相关度(Timberlake and Xiulian, 2006)。从这一意义上讲,流量扩展比外部联系性更能直接反映一个城市融入世界网络的实际情况。

　　同样,基于流动空间的流量扩展与网络连接也关系密切,是以网络连接为基础的。而目前对全球城市的理论研究已从传统的全球城市"特征"分析(以Friedmann 为代表)转向网络分析,其中最为突出的研究成果是有关网络连接度的分析。例如,Alderson 和 Beckfield(2004)基于世界跨国公司 500 强办公地点的全球城市网络体系研究;世界城市研究小组(GaWC)基于生产性服务公司网络的全球城市网络体系的研究(Beaverstock, et al., 1999),等等。Taylor(2001)曾用一个数学模型来表示其网络连接度。n 个城市中有 m 个先进生产性服务企业,城市 i 中的公司 j 的服务值被定义为在该城市的公司办公点在其办公网络中的重要程度,用 v_{ij} 来表示。一组所有服务企业 $n \times m$ 就构成服务值矩

阵 **V**。服务值矩阵 **V** 中最基本的关系可以表示为：

$$r_{ab,\,j} = v_{aj} \cdot v_{bj} \tag{1}$$

这是以公司 j 表示的城市 a 和城市 b 的基本关系。对此进行加总，城市互联度可以表示为：

$$r_{ab} = \sum_j r_{ab,\,j} \tag{2}$$

每个城市最多有 $n-1$ 个这样的联系，这些联系对应于其他城市也有公司办公点。网络内每个城市的总关联状况，则可以表示为：

$$N_a = \sum_i r_{ai} \quad (\text{这里 } a \neq i) \tag{3}$$

N_a 是城市 a 的全球网络连接度。一个城市的全球网络连接度高，说明其很好地融入到全球经济之中。显然，这种网络连接度的度量结果具有较大的现实意义。首先，连接度在很大程度上意味着这个城市的全球服务业务开展得好，可以为其他许多城市提供"无缝"服务。其次，它们反映出这些规模较大的服务企业发展得很好，从而显示出其所在城市的经济发展。更为重要的，这种网络连接度的分析能够较好地反映流动空间条件下的全球城市基本特征，并在一定程度上揭示了经济流动性。因为这一连结网络模型隐含的前提条件是，办公点规模越大与越重要（服务值），其业务量就越大，从而与其他办公点之间的各方面联系也就越多。等式(1)清楚地指出：两个小办公地构成的网络中的流动将比两个大办公地要少。但这一网络连接度的分析也存在一定局限性，主要表现为将全球城市的流动性仅限于基于先进生产者服务公司的服务流，并且还只是其公司的内部流动。这里实际测算的，只是公司内部联系，即公司内部的信息、知识、指令、计划、创意、建议、人事等跨国界、城市的流动。因此，这种网络连接度的分析不足以揭示全球城市网络流动性的发展全貌。

在全球化进程中，随着新的国际产业地域分工格局的形成，跨越国界的全球生产商品链已经把越来越多的发展中国家及其城市引入到全球化进程之中，形成了相互之间的生产、技术、营销等网络联系。与此同时，也带来全球贸易的快速增长，商品流量的规模不断增大，从而增大了全球与地方的经济联系。因此，我们不能忽视全球生产链及其全球商品流在全球城市网络形成中的作用。无论在理论还是在实践上，这一点对那些正在崛起的全球城市来讲都显得十分重要，特别对发展中国家的主要城市更是如此。事实上，更多的城市，特别是发展中国家的城市往往是通过全球贸易及全球生产链进入全球城市网络的，然后才有可能吸引和集聚全球性的先进生产者服务公司,并通过其内部网络完全融入全球城市网络。为此,我们认为,除了先进生产者服务公司之外,参与全球生产链的先进制造业公司,特别是高新技术企业也应是城市网络次节点的组成部分。也就是,要把全球城市网络定义为由世界经济中先进服务者服务部门和先进制造业部门的公司内部流所构成的城市关系相互连接的网络。正是多种多样的物质流和信息流跨越地理空间,才把全球城市联系在一起的。

撇开 Taylor 等人有关网络连接度模型的局限性,就网络连接度这一概念来讲,总是隐含着网络流动性的实际内容。从这一意义上讲,网络连接度所要表达的意思,是与流量扩展一致的。但网络连接度并不能全面、准确地反映全球城市网络流动性本质与现象的统一。Jacobs(2000)指出,一个活力城市将是连接性很强的城市,不具有连接性的城市最终将成为一个"呆滞"城市。然而,连接性越来越强并不必然意味着城市越来越有活力,那要取决于从事城市连接的人如何使用这个城市。最终,还是由城市运行的过程来定义其经济动力。

因此我们认为,流量扩展作为一个具体的发展形态贯穿于城市运行过程之中,更能全面反映全球城市的网络流动性本质与现象的统一,同时也直接体现了网络连接度。一个节点城市的流量越大,其经济流动性越强,其网络连接度也就越高;反之亦然。当然,在目前的全球城市研究中,这种流量分析面临着缺乏相应数据的致命弱点。尽管也有一些学者试图通过流量分析来系统地评价某城市在全球城市体系层级中的相对位置,如 Shin 和 Timberlake(2000)等人将城市间航空旅客数作为测算的基础,运用标准网络分析测算城市的全球性程度,但显而易见,航空旅客数只是城市流量中的一部分,不足以全面衡量城市的网络流动性。好在我们这里并不是要进行实证性的流量分析,而只是从流量扩展这一概念的基本内涵出发提出崛起中的全球城市的战略导向性,这应该不会有太大的问题。

9.2　流量扩展的空间结构模型

基于网络节点的城市经济流量,其本身也可视为一种特殊的城市空间结构。然而,我们不能简单运用诸如增长极理论、点轴开发理论、核心—边缘理论、圈层结构理论等传统区域空间结构理论来加以解释。因为这些传统的空间结构理论均是立足于物理性的地域空间来研究区域经济系统中各系统、各要素之间的空间组织关系的,包括诸要素在空间中的相互位置、相互关联、相互作用、集聚程度和集聚规模以及地区的相对平衡关系等,主要回答诸要素如何在空间中生成、运动和发展,如何结合成生产力的空间整体。相反,网络流量扩展的空间结构是建立在流动空间基础上的,其基础本身就是对传统空间结构理论基本立足点的根本性颠覆。尽管传统空间结构理论中关于资源要素流动的作用机理及其效应等,仍可用来描述网络流量扩展的基本运作状况,但从总体框架来说,则需要用新的空间结构理论对网络流量的空间结构加以阐述。在此,我们构建了一个初步的理论模型,以揭示网络流量扩展的基本要件及其结构体系,勾勒出网络流量扩展的运作机制及其基本特征,并大致描述网络流量扩展的空间结构演进过程。

9.2.1 网络流量扩展的结构体系

网络流量扩展的核心,是作为节点的城市在网络中的连接范围扩大化、交互联系深度化和关联密集化。这些网络的连接、联系和关联,均是通过流动性来体现的。各种有形或无形的流动物(对象),则是这种流动性的物质载体。衡量城市间联系程度的流量,就是由这些流动物(对象)的数量所构成的。

这一流动对象具有多种类型,且相互间有密切的关系,从而是一个复杂的综合体。出于不同的研究意图及其目标对象的指向,对此有不同的分类方法。国内有的学者将其划分为:物质流、能量流、信息流、货币流、人才流(《中国城市发展报告(2001—2002)》)。Smith 和 Timberlake(1995a)则从一个全新的角度将其划分为两大类——形式流(人,信息,物质)和功能流(文化,经济,政治,社会),并以此创建了城市间联系的新类型。如果按照资源要素比较通用的分类来划分,这一流动对象是由货物流、资金流、人力流、技术流和信息流等所构成(见图 9.1)。特别要指出的是,作为网络流动性的物质载体,这种资源要素的流动是以网络关系为基础的,是一种网络化的流动。这种网络关系相对复杂,可以有不同角度和不同层次的分类,例如:与不同国家和地区之间的网络关系,与国内城市及地区的网络关系,城市内部的网络关系;又如:产业网络关系,企业网络关系,消费者的网络关系,个人网络关系等。

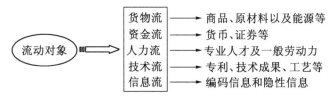

图 9.1　流动要素构成

作为客体对象,资源要素的流动是通过组织机构和个人群体的活动行为来完成的。社会中的任何组织机构和个人群体的活动行为都在产生或促成某种程度的资源要素流动。①特别是全球城市已成为当代世界经济中的"特殊场所",居住着对经济成功具有反射重要性的"知识精英"(Storper, 1997)。在 Thrift(1998b)的理解中,反射这一概念是核心的意思。他把世界作为一个通过人、机构和知识团队的工作去建立与保持联系的地方。更重要的是,这些团体的行动是作为知识、资本、人与商品在世界各地流动的关键中介者和转换者。从一般意义上讲,所有参与社会经济活动的组织机构和个人群体都是促进资源要素流动的主体,构成网络流量的一般主体基础。

然而,从网络流量的特定内涵及其要求来讲,在其中发挥重要的独特作用的,主要是那些能够带来或促进大规模经济流量的机构和组织。这些机构和组织本身也是网络化的,从事着网络化的运作,因而是网络流量扩展必不可少的、具有特定性的主体。这些网络化的机构和组织,大致可分为五类:

(1) 大型企业集团,包括生产型企业集团和投资公司。生产型企业集团的生产经营有较大的规模,要求大量的资源要素投入,并有大规模的产出。其生产经营活动本身就产生了一定的经济流量,特别是原材料、中间产品及产品等货物流,也包括相应的资金流、信息流、技术流等。特别是外向型的大型企业集团,与外部有着广泛的供求关系,能带来较大的经济流量。但从网络流量扩展的角度讲,这类企业在其中所起的作用,主要不是其生产制造过程,而是在其生产链的两端,即上端的研究与开发和下端的营销活动,也即生产链"微笑曲线"中附加值较高的两端。这类企业的研究与开发和营销活动都将进入网络体系,与外部发生广泛的联系,并形成高密度的信息流、技术流、人才流和资金流。大型投资公司开展多方面的投资活动,与外部也有较广泛的联系,其筹资、融资、投资以及参与经营管理等均可产生较大的经济流量,特别是资金流量。

(2) 公司总部,主要指跨国公司总部及其地区总部、国内大型企业集团总部、国内金融机构总部或业务执行总部等。就国内机构而言,企业集团总部进驻以后,一般都会把企业的管理、技术和营销等功能部门带来,这样就会有资金、人

① 从完整的意义上讲,社会中任何组织和个人群体的活动行为,包括市场活动行为和非市场活动行为,都会产生不同程度的资源要素流动,但在市场经济条件下,非市场活动行为产生的资源要素流动是极小部分,尤其对于流量经济来讲,完全可以忽略不计。因此,文中所提及的活动行为均指市场活动行为。

才、技术、信息和部分实物的流入；由于企业的生产加工基地大多会选择在区外其他比较适宜的地方，因此就会自然产生要素向外扩散辐射的流动；再加上企业集团规模比较大，相对应的资源要素流动规模也比较大，这对推动所在城市发展流量经济就会产生比较明显的效果。就国外机构而言，如果把地区总部或投资机构设在某一中心城市，那么这一中心城市就会成为这些国外组织或机构向这一地区甚至是更大区域范围进行投资的基地，大量投资于这一地区的资源要素会先行进入这一中心城市，然后再流向其他地区；其中有一部分资源要素还会在中心城市进行重组和整合，在产生更大的经济能量之后向外辐射；特别是这些大的组织和机构在全球建有投资和销售网络，它们的进入对要素流动空间的拓展和推动流量经济向国际范围发展具有积极的作用。例如全球500强大企业超过60％在香港设有办事处；跨国公司在香港设有办事处的达3200多家，还有多个国际采购机构云集香港，这些都对香港承载大规模经济流量起了重要作用。

（3）服务类组织机构，包括研发机构、金融机构，会计师事务所、律师事务所、资产评估事务所、企业咨询机构等市场中介机构以及行业协会等。在现实经济生活中，这类为要素交易和流动提供配套服务的组织机构都有其广泛的网络关系，并主要依赖于网络关系开展业务，从而对促进资源要素流动有着重大的影响，是网络流量扩展不可缺少的组织机构。这类服务性组织机构对网络流量扩展的推动作用，主要体现在两方面：一是其本身业务就可以带动资源要素的流动，如金融服务机构的业务带来大量的资金、信息流动等；二是它在规范的市场运行中，通过直接为企业和居民提供市场中介服务、创造市场机会、提高市场效率，来间接促进资源要素的快速流动。这类服务企业对推动资源要素流动和提高整个市场体系的运作效率方面，具有非常重要的作用。

（4）国际性组织，包括联合国机构及主要国际组织总部（联络处）。尽管这类机构有相当部分是非经济组织（当然，也有像世界银行、货币基金组织等经济组织），但其极为广泛的国际网络联系，自然会带来大量的信息流和人流，直接和间接地促进网络流量的扩展。

（5）媒体组织，包括报纸、杂志、图书出版、电影和电视、在线信息服务以及艺术设计、时尚等文化传播和创意机构。这些组织机构通常也具有广泛的网络联系，且业务量较大，能带来大量的信息流，同时也促进相应的资金流和人流等。例如，香港的地面卫星及有线广播营运商通过170多个频道提供各种类型的广播服务；130多个国际传媒在香港设有办事处。

上述这些组织机构及个人群体是通过其有目的性的活动，促进了资源要素的网络化流动。而这些组织机构及个人群体的业务活动开展,必须依赖于相应的运作平台。这些运作平台主要是指各种资源要素通过城市这一节点进行流动并实行有效配置所必需的软、硬设施和场所。它构成了网络流量扩展最为重要的支撑条件。按照其不同的功能,这一运作平台可分为三大类:

其一,基础性运作平台,主要是指资源要素赖以流动的基础设施及其硬件设施,如道路交通设施、港口码头、机场、信息通信设施以及适宜的办公居住场所等。这是资源要素在空间和时间上移动的必要通道。大规模的网络流量扩展,要求这些基础设施齐全配套、便利高效和安全。例如,伦敦有总长 400 公里的地铁,每天运客量在 300 多万人次。巴黎地区有 1000 多公里的轨道交通系统,其中市郊铁路每天运客在 100 万人以上。日本东京城市圈约有快速轨道交通线 2000 多公里,仅东京市内 35 公里长的环线高架铁路,每天运客量就高达 300— 400 万人次(熊贤良,2000)。纽约市的国际机场就有 3 个,每天乘飞机来往的国内外旅客有 6 万人,公共汽车线路长 2735 公里,每天运载乘客 170 万人,地铁线路长达 1179 公里,每天运载乘客 370 万人(白志刚,1996)。

其二,交易操作平台,主要是指以达成资源要素产权让渡,从而发生转移与流动的交易平台,包括商品市场、资本市场、期货市场、技术市场、人才市场等。大规模的网络流量扩展,要求有高度发达的市场交易系统,包括完整的市场体系和运作高效的市场机构,以及这些要素所有权在不同所有者之间进行交易所必需的软硬设施条件。且不说纽约、伦敦和东京等全球城市都有高度发达的全球市场,就香港而言,也是全球第十大银行中心,有 263 家持牌银行,来自世界 40 多个国家,其中 79 家排名在全球 100 家顶尖银行行列中。这些金融机构资产总额达 67000 亿港元,客户存总额为 33500 多亿港元,贷款总额接近 25000 亿港元(关炳銮,2005)。

其三,服务平台,主要是指为资源要素产权转让以及发生实际位移提供相关服务的运作系统,包括金融服务、运输服务、商业服务、鉴证类服务、中介性服务、技术性服务、政策服务、信息服务等。在这一服务平台上提供的多样化、高质量、复合型、连续性的服务,成为促进资源要素快速流动的润滑剂。这一服务平台的构建,除了配套齐全的服务机构外,根据香港的经验,要有一大批国际级的咨询、贸易、金融、保险、市场推介、研究开发、产品设计、法律、会计、工程、顾问、公关等专业人士为商界提供世界一流的服务。

这三类运作平台是一个有机的整体,缺一不可。由于资源要素的流动首先在于其产权让渡,所以提供交易活动的操作平台是核心。基础性运作平台和服

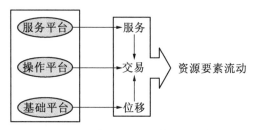

图 9.2 网络流量扩展的运作平台

务平台则为资源要素实际流动提供了必要的条件(见图 9.2)。

当组织机构及个人群体在相应的运作平台上开展各种业务活动时,还会受制于外部环境条件。这种外部环境条件不仅直接嵌入运作平台之中,关系到运作平台的软件水平,而且影响组织机构及个人群体的行为方式。因此,环境条件的优劣,直接影响网络流动性,从而决定网络流量扩展程度。例如香港这一弹丸之地,之所以有大规模的经济流量,是与它具有优越的环境条件分不开的。香港是 WTO 成员,又是完全自由贸易区,进出口货物(除少数外)无限制、无关税;外汇自由兑换和进出,不受任何管制;特区护照已获 130 多个国家的免签证,出入境自由;法律健全完整,政府越权无效,法院独立于立法行政局之外;商业法也十分完善,商人可以在完全公平、公正的法律保护环境下进行经济活动;政府廉政、效率高,各项商务服务机构配套完整,商人可得到为商业发展而必需的信息。因此,香港连续七年被评为世界最好经商环境的城市,美国传统基金会连续十年将香港评为全球最自由的经济体系。在政府规模、自由国际贸易、信贷、劳工及工商业规管方面,香港均名列前茅。

这一环境条件涉及社会、政治、经济、文化等方面。在经济全球化趋势的影响下,还应包括国内市场环境与国际市场环境的衔接。具体讲,有以下主要方面:(1)体制环境,包括建立起比较完善的市场经济体制和相应的法律法规体系,尤其是在一些共同规则和通行惯例方面与国际市场相衔接,消除资源要素在国际间流动的体制障碍。(2)政府管理,包括政府管制、公共管理、经济调控等方面。行政管理部门办事效率较高,经济调控方式及其手段工具比较完善,政府的政策与规章有较强的透明度等,都将使资源要素流动提供良好的环境和条件。(3)市场环境,包括各种明确的市场规则和行为标准,良好的社会信用基础,讲究信誉和商誉,公平、公开、公正的交易环境等。良好的市场环境增强了市场主体行为的确定性,减少了交易费用,提高了信息对称性和经济绩效,有助于促进交易活动和资源要素流动。(4)社会文化,包括历史文化、传统习俗、建筑风格、城市风貌、文明程度、社会氛围等方面。具有深厚的文化底蕴,且有较大包容性和多样化的城市文化,以及崇高创新和宽容失败的城市精神,都十分有助于资源要素的流动。

　　综上所述,作为网络节点的流量扩展,从理论上讲,涉及流动对象、主体基础、运行平台和外部环境等基本要件。这些基本要件之间是相互联系、相互依赖、共同发挥作用的,从而形成一种网络流量扩展的结构体系(见图9.3)。

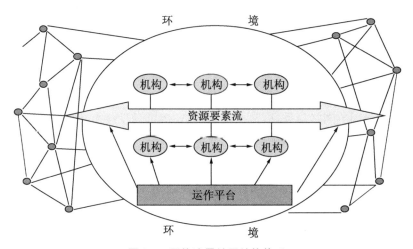

图9.3　网络流量扩展结构体系

9.2.2　网络流量扩展的运行机制

　　首先要承认,要素的流动性与其本身属性有关。一般来讲,全球要素流动是存在体制偏向的。也就是,高级要素的流动是充分的,如资本、技术、优秀人才、标准、品牌、跨国经营网络、跨国企业组织等极易流动;低级要素的流动是不充分的,如加工型的一般劳动力等,而土地、自然资源等基本是不能流动的。这种要素本身流动性的差异,往往导致生产能力由高级要素拥有国家向低级要素拥有国家的集中。

　　如果撇开不同要素流动性的差异,那么对于同一种要素流动来讲,就有一个流向的驱动性问题。我们知道,任何物体的自然流动,都是因为存在不同水平的势能差。资源要素的经济性流动,很大程度上也凭借这一势能差。所谓经济性流动的势能差,主要指要素利用的成本与收益比较的差别。因为在具体的社会经济环境中,不同的空间生产力系统,只有在存在利益关系的前提下,才可能发生相互作用,从而导致要素的实际流动。

正是这种势能差的作用,不管是资源要素向城市集聚与扩散的流动,还是资源要素通过城市这一节点的流动,其流向通常总是由净收益或边际收益低的地方流向净收益或边际收益高的地方。例如,我们前面提到的东京成田机场的起降次数,远比纽约的肯尼迪机场、伦敦的希斯罗机场、巴黎的戴高乐机场要低,除了成田机场开业20多年后始终只有一条跑道(后来添了1条2180米的跑道),且不是全天候的原因外,还有一个主要原因就是所收取的飞机落地费较高。以波音747机型为例,2001年在成田机场每次降落须支付95万日元,而同年香港机场仅为41万日元,纽约为54万日元,巴黎是33万日元,法兰克福只有17万日元,首尔也不过31万日元(均按当年平均汇率折算)。这种成本与收益比较的差别,就构成了机场流量的势能差。在其他条件相同的情况下,更多的航空人流、货流将趋向于纽约、巴黎等机场,而不是东京成田机场。当然,一个城市流量的势能差,其构成的因素要复杂得多。

在以往的城市经济研究中,通常是用区位条件等比较优势来解释这一势能差。也就是,城市具有比其他地区相对较高的势能,主要是因为其所处的区位条件等具有比较优势,更加有利于资源要素的组合与配置,产生较高的效率。以后,又进一步发展成为用竞争优势来阐述这一流动的势能差。也就是,由于城市本身的积累及其能力的培育,包括经济结构调整、产业结构高度化、企业组织发展、知识与人才集聚、文化积淀等,逐步形成规模经济、集聚效应等竞争优势,从而使资源要素在城市中的配置和利用更为有效。在基于"流动空间"的网络流量扩展中,这类所谓的比较优势和竞争优势仍然发挥着作用,但更为突出和重要的,则是城市的网络优势。网络外部性的存在,使网络价值随着网络扩大时节点增多而呈指数增长。网络越大,其潜在价值越高。显然,广泛的对外联系及其网络关系,为资源要素配置与利用提供了更为广阔的空间和更多的机会,从而形成了促进资源要素通过城市这一节点流动的势能差。因此,在我们看来,是比较优势、竞争优势和网络优势共同构成了网络流量扩展的基础,即具有较高经济性流动的势能差。

在空间势能差的基础上,网络流量扩展的利益驱动主要表现在:(1)促进交易活动的规模化、多样化和多层次化,从而大大提高了交易活动的成功机率,并降低了交易成本,增大了交易的净收益。对这种比较利益的追求,导致大量资源要素在城市节点的流动,以获取相对较高的交易净收益。(2)为资源要素的配置提供了更大的可能性空间(包括城市与城市之外的范围)以及更多的选择机会,从而使不同资源要素之间能够找到较为合理的组合,实现"物有所值,物尽其用"。同时,这也将使不同资源要素配置之间能够找到较为合理的配合(配套),呈现出规模经济、产业集群、价值链延伸等互补效应。对这种互补利益的追求,导致大量资源要素通过城市的流动以获取协同的附加价值。(3)有助于增强资源要素配置之间的正反馈效应,从而使资源要素配置之间能够形成一个良性的相互带动与相互促进,产生大量正的经济外部性。对这种互动利益的追求,导致大量资源要素通过城市的流动以获取连续增值的追加利益。这里所说的利益,是指包括比较利益在内的一组利益序列,即"比较利益—互补利益—互动利益"共同构成的利益关系链,它们成为引致网络流量扩展过程的社会动力结构。这些利益驱动促进了资源要素在流动中的重组、整合和有效利用,带来了比其他地区更大的市场吸引力并带动辐射性的流动,成为网络流量扩展的内在动力。

另外,要素流动需要经过许多环节和程序。在此过程中,要素流动可能会遇到技术上的、制度上的或者是经济上的障碍,或者在信息不对称情况下某些要素交易不能被发现或者无法完成。通常,这需要有中间机构来推动和促进,并借助于一整套服务体系。这一整套服务体系就构成了要素流动的传递机制。发达的要素交易和相应的要素流动都不会是双方直接进行的,必须通过一系列中间机构来完成,特别是有些交易环节和交易手续在法律上明确规定必须由中介机构来承担。例如,贸易公司在进出口贸易中起着重要的传递作用,香港有 10 多万家贸易公司使进出口转口贸易总额达 50000 多亿港元(2006 年)。

总之,基于城市流动空间的网络流量扩展,突出了城市经济流动性的基本特征,是通过其自身独特的动力机制和传递机制来实现的。

9.2.3　网络流量扩展的动态过程

网络流量扩展,不仅表现为流量规模不断趋于扩大,而且也是一个由低级形态向高级形态的不断演化的动态过程。事实上,流量规模大小是与其形态发展有密切关联的。从某种程度上,其形态的发展决定了流量规模的大小。在网络流量扩展的形态变化中,流动范围、流动控制与影响力和主导流一起共同构成了衡量的主要标识。也就是,流动范围越大,流动控制与影响力越强,主导流越高端,网络流量扩展越具有高级形态。然而,这三个方面是紧密联系在一起,并相互影响和制约的。

从流动范围来讲,大致可以划分为四个层次:最低层次是周边地区的流动范围,其流动半径有限,流量规模也不会太大;其次是国内区域的流动范围,其流动的节点增多,流动线路拉长,流量规模也随之大幅度增长;接着是周边国家的流动范围,其流动突破了国家界限,具有国际化性质,流动网络向外延伸与扩展,流量规模急剧扩大,特别是国际流量规模逐步扩大直至超过国内的流量规模;最后是全球性的流动范围,其流动网络覆盖全球,与世界上任何地区都可进行交流,开始具有全球流量规模。

这种流动范围的大小,是与其流动控制与影响力联系在一起的。要素流动的控制与影响力越大,其流动范围越大;反之亦然。反过来,从其流动范围的大小,也可以看出或推断出要素流动的控制与影响力的强弱。要素流动的控制与影响力,主要是指由流动要素的素质质量层次、流动效率水平及其辐射能力等方面决定的流动能力。一般而言,流动要素的知识含量、技术层次和其他素质水平越高,流动中的要素以及要素组合的运作效率越高、辐射力越大,其流动控制与影响力就越强。

从这个角度分析,要素流动的控制与影响力可以划分为三个层次:(1)低能级层次。城市作为要素集聚与扩散的流动中心的地位已经确立,要素流动的运作效率及其在流动中的配置效率明显高于周边地区,并具备了一定的辐射带动能力,因而资源要素流动的控制与影响力开始显现。(2)中能级层次。在一定规模的网络流量基础上,随着网络化的机构与组织特别是国际性的机构与组织增多,以及运作平台完善和环境优化,其流动控制与影响力已波及国外,无论是要素的吸引还是能量的辐射都开始走向了国际化。(3)高能级层次。网络流量结构体系建设已相当完善,高效率的运作及优越的环境条件吸引着全世界大量的高层次资源要素在此集聚并进行着高效率的配置,资源要素的辐射力到达世界任何国家和地区,其流动控制与影响力波及全球。

流动范围及其控制与影响力,与网络流量扩展的主导流演进是结合在一起的。尽管在网络流量结构体系中,各种要素流是相互交织在一起,其中任何一种要素的流动都会带动其他一种或多种要素的流动,但在不同的时期,总是存在某一起主导作用的要素流,即主导流。这种主导流意味着,或者是其流动规模,或者是其流动的关联性,或者是其流动的能量在诸多要素流中居于核心地位。从历史经验来看,这种要素主导流的演进变化大致可以划分为三个不同阶段。

一是货物流主导。在这一阶段,大规模的货物流带动了相应的信息流和资金流,但对其他要素流的带动作用相对较小。在某些特殊情况下,也存在资金流率先进入并带动货物流、人力流等其他要素流进入的特殊现象,但这种特殊现象只能是暂时性的。这种大规模的货物流,主要依托于城市发达的交通枢纽,如铁路、公路、航运、空运等。因此,货物流作为主导流,较多地受制于物理网络的特有属性,其经济流量的规模比较小,层次也比较低。

　　二是资金流主导。在这一阶段,资金的流动规模迅速膨胀,并由被动转向主动,不仅带动货物流和其他要素流,而且对人力流、技术流、信息流的带动力要远远超过货物流的带动作用。这种大规模的资金流,主要依托发达的金融体系、结算手段以及信息技术服务平台。因此,资金流作为主导流,较少受到物理网络的局限,从而使流量经济的规模迅速扩大,而且层次也大大提高。

　　三是知识、人才流主导。在世界经济全球化和知识经济的推动下,研究与开发(R&D)全球化已成为继贸易全球化、生产全球化和金融全球化之后世界经济一体化的又一重要趋势。在 20 世纪 80 年代末期,仍只有为数极少的跨国公司开展全球性的研发活动。但 20 世纪 90 年代以后,跨国公司的全球研发活动蓬勃兴起。据《2005 年世界投资报告》统计,从 1993 年到 2002 年,跨国公司外国子公司的研发投入从大约 300 亿美元上升到 670 亿美元,国外研发投入的比重则从 10%上升到 16%(UNCTAD, 2005)。而且,跨国公司在国外从事的研发活动不再是为了适应当地市场的需要,而是以全球市场为目标,并与跨国公司的知识创造过程融为一体。当技术和知识在经济社会发展中越来越起着关键性的作用,谁掌握知识、人才资源谁便掌握各方面发展的主动权时,其他要素便会围绕人才要素而转动,会伴随知识、人才要素的流动而流动。正如卡拉·鲍尔所说的,在工业时代,能够获得原材料是城市繁荣的基础,如今这种趋势正在改变。为了吸引有头脑和有资本的人士拉动经济增长,一座城市必须用生活方式和文化方式吸引他们。[①]知识、人才流带动的整个经济流量是巨大的,特别是带动了大规模的资金流和信息流。知识、人才流主导的经济流量主要依托于信息网络,其流动相当便捷,从而使流量经济规模达到很高的水平。

　　综合上述流动范围、流动控制与影响力和主导流的分析,我们可以看到,它们之间存在着对应关系,并构成网络流量动态扩展的主要阶段(见图 9.4)。在网络流量扩展的初级阶段,通常以货物流为主导带动其他要素流,流动范围有限,经济流量规模较小,流动的控制与影响力仅限于周边地区和国内,网络流量的能级较低。在网络流量扩展的成熟阶段,通常以资金流为主导带动其他要素流,其流动范围大大扩展,突破了国家边界,经济流量规模迅速扩大,流动控制与影响力波及国外,特别是周边国家和地区,网络流量的能级得以大大提升。在网络流

---

　　① 卡拉·鲍尔,让城市动起来,美国《新闻周刊》2002 年 9 月 23 日。

量扩展的发达阶段,通常以知识、人才流为主导带动其他要素流,其流动范围是全球性的,经济流量规模非常庞大,流动控制与影响力渗透到世界各地,网络流量的能级达到相当高的水平。

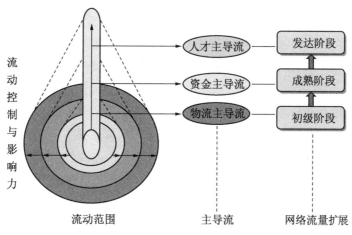

图 9.4　网络流量扩展的动态过程

9.3　流量扩展为导向的发展战略及其模式

作为崛起中的全球城市,面临的一个重要任务就是要转变传统的发展战略及其模式,实施以网络流量扩展为导向的发展战略及其模式,即在流动空间基础上,与外部建立广泛的联系,以自身为网络体系的重要节点吸引和组织实物、资金、人才、技术、信息等资源要素循环不断的流动,通过网络体系的协作效应获取流动性的附加价值,促进城市能级提升和城市全球化水平。在实施这一新型发展战略及其模式时,要循序渐进,抓住现阶段的重点及其突破口,促进向全球城市的演化。

9.3.1　处理好流量扩展与存量积累的关系

国际经验表明,全球城市的形成与发展,主要是通过基于全球网络的流量扩展(例如信息、知识、货币和文化等流动)来实现的,而不是取决于自身的存量凝结(例如城市形态和规模等)。一些传统的人口规模大、经济体量大、地域面积广的超级大城市,并不是完整意义上的全球城市。如果我们不能很好地认识到这一点,而把注意力和着力点放在扩展城市形态、做大城市规模等存量凝结方面,那么在全球城市崛起过程中将犯方向性的错误,使实际的推动工作出现严重的偏差。当然,对于崛起中的全球城市来说,也不能完全脱离城市存量积累,光谈流量扩展问题。

尽管城市规模及其体量并不是衡量全球城市的一个不可或缺的标准,自身地域的财富积累或存量资产凝结并不足以构成全球城市崛起的根本手段,但相应的城市规模及其财富与权力的积累毕竟是全球城市崛起的重要条件之一。特别是在中国经济发展水平比较低,城市化程度不高,城市建设与发展相对滞后,城市基础设施及环境条件尚不完善,特别是各类服务设施及其条件严重不足的情况下,城市流动空间的建构必须更加重视城市规模扩展及其综合实力提升问题,而不能将其完全排斥在外。否则,融入全球网络、连接全球联系、扩展节点的流量将缺乏必要的基础条件,甚至都难以承受来自外部资源的向内流动的压力,更不要说承载与外部的双向流动了。

从更进一步抽象化的理论层面讲,与全球经济连接的流动空间的出现,也并非完全否定了地方或场所的存在,更不意味着"地理位置的终结"。城市的流动空间与场所空间、流量交互与存量凝结之间,存在着一定的内在关系。流量交互所需的专业化的公共服务和基础设施,有其最低规模的要求,因为它们符合规模经济的原理。若没有相当的规模,就很难有较大的流量交互。当然,反过来讲有多大的城市空间就必定有多大的流量交互,则是不能成立的。

而且,从大都市发展的历史过程看,城市规模有利于协调功能的集中,特别是当这些功能的运作处于报酬递增的状态。由于城市规模扩大带来的经济活动的集中,有助于促进高层次业务活动的兴起(因为这些高层次业务活动可在那里找到扩展了的市场)。其结果,大城市能够创造新的其他地方少有的活动,这反过来则增加了城市功能的多样性。因而,规模越大的城市,其功能越多样化。这种功能多样性意味着无数活动的集中和交易的复杂性,从而使大都市主要的协调功能得以发展。同时,功能多样性也是大都市稳定的一个条件。Hohenberg和Lees(1995:1000—1994)明确地指出,只从事一项压倒性活动的城市,不如功能完备的城市稳定。后者通常是具有重要协调功能的城市。因此,巨大的规模和完备的功能,是崛起中的全球城市具有对在广阔的空间范围内(不论国内还是国际)运作的复杂经济活动的协调功能的重要因素。

事实上,全球城市是一个双重复合体:一方面是庞杂的世界范围内的各种要素流动的交互中心;另一方面其本身又是一个物质的、动态的庞杂的集合体。只不过,对于发达国家的城市来讲,其在工业化与城市化交互发展过程中已经基本形成了相应的规模和完备的功能,进入后工业化时代之后,在此基础上重点是构建与全球经济功能性连接的流动空间。但对于中国崛起中的全球城市来讲,并没有经历过一个完整的工业化时代的培育,尚未形成相应的规模及其物质基础条件,因而在其崛起过程中必须补上这一课。

然而,与一味追求规模扩张和存量凝结的城市发展模式不同,这种城市规模扩展及其财富积累要有助于促进与外部的连通性,满足大规模流量交互的需要。也就是,这种城市规模扩展及其财富积累是在流动空间建构的框架下展开的,是与先进服务、生产中心、全球网络市场相联系的。如果进一步考虑到国内许多大城市都是在工业化时代背景下作为制造业加工基地成长与发展起来的,其规模通常是随着制造业发展而扩展的,那么这还不只是一个规模扩展的问题,其中更涉及城市规模结构的调整,以形成合理的功能分区和适合于服务经济的空间结构及产业布局。总之,中国全球城市的崛起,必须在流动空间建构中进行场所空间的重塑,围绕流量交互的扩展而进行存量积累的打造。

9.3.2 流量扩展的突破口选择

按照前面的分析及参照国际经验,网络流量的扩展是一个规模逐步扩大、能级逐步提高、主导流逐步转换的演进过程。在此过程中,具有明显的阶段性,有着不同的主导性网络流量。因此在中国全球城市的崛起中,实施以网络流量扩展为导向的发展战略及其模式,要根据经济发展阶段的要求和现有的基础条件及体制环境,确定网络流量扩展的阶段性重点,寻求发展的突破口。

作为崛起中的全球城市,如上海、北京等,在中国经济高速增长及对外开放深化的过程中已具有一定程度的对外联系性,并形成了较大规模的网络流量,但其本身发展尚处于工业化后期向后工业化的转变阶段,现代服务业的发展尚不充分和成熟,再加上国内整体经济发展水平较低以及金融体制等方面的制约,尚不具备以资金流为主导的发展条件和环境。因此总体上讲,目前尚处于网络流量扩展初级阶段,即以货物流为主导的流量扩展阶段。

对于货物流为主导的流量扩展来讲,中国崛起中的全球城市不仅已具备相应的基础,而且具有得天独厚的有利条件。从目前情况看,中国仍处在大规模的工业化阶段,特别是沿海发达地区在接受国际产业转移的过程中日益成为世界制造业加工中心,形成了大规模的商品和实物流动的需求。尽管目前中国对外贸易的价值量仅占其世界总量的 7%,但对外贸易的物流量却占到世界总量的

40％。除了大规模的外贸流量外,国内省际贸易的流量也很大。这种大规模货物流的需求,为中国崛起中的全球城市实施网络流量扩展战略提供了强有力的支撑。

与此相适应,物流运输的基础设施等条件也逐步具备和完善。例如深水港的泊位不断增加,国际航线日益增多。世界最大的集装箱班轮公司之一的马士基公司,5 条亚欧航线中的 4 条、7 条太平洋航线中的 6 条都直通中国。目前,世界前 20 大航运企业在上海港均已开通航线。2006 年上海港新增国际航线 30 条,覆盖范围遍及全球 200 多个国家和地区的 300 多个港口。空港的跑道不断增多,航班起落架次迅速增加。目前,上海空港每天起降国际航班就已超过 300 架次。按照新的规划,浦东机场将由目前的一条跑道最终建成 5 条平行跑道,由三座航站楼共同组成"U"字形航站楼综合体。另外虹桥机场将再添一条跑道,规划中的西航站楼则与一座高复合度的大型交通枢纽相连接,把航空、高速铁路、长三角城际轨道交通、城市地铁等汇聚一体。与此同时,地区间的交通条件日益完善,形成便捷通达的交通网络。例如,长江三角洲区域间的交通流量走向,已由原来封闭的以省会城市为中心,调整为强化与上海的联系,注重城市间的联系。

随着交通运输条件的改善,货物流动能力明显增强。特别是上海,已越来越成为国际物流的重要通道。经过十年的努力,目前上海港的集散功能已经达到世界先进水平。从 1978 年到 1998 年,上海港用 20 年时间迈上了吞吐量 300 万标准箱的台阶。从 2000 年起,仅用三年时间就从 500 万标准箱提升至 1000 万标准箱。2004 年至 2006 年短短的三年时间里,又实现了"一千万大关"到"两千万大关"的跨越。2006 年上海港集装箱吞吐量达到 2171 万标准箱。近年来,上海港的集装箱吞吐量持续保持世界第三位,2005 年货物吞吐量首次跃居全球第一。预计到 2010 年,海港集装箱吞吐量将达到 3000 万标准箱。到 2015 年,上海两大机场客货吞吐量分别达到 1.1 亿人次和 700 万吨。

因此中国崛起中的全球城市,在现阶段实施网络流量扩展导向的发展战略及其模式,要从现实基础和相对优势出发,把货物流扩展作为重点,从中培育城市的集散功能、服务功能、产业功能、管理功能,并提升资源配置功能。当然,在现代经济发展中,各种经济流量相互渗透、相互覆盖,日益呈现出经济流量融合性的趋势。这为确立以货物流扩展为重点,资金流、信息流等融合发展的混合型新模式提供了可能性。中国崛起中的全球城市,有条件且应该通过货物流的快速扩展,带动资金流、信息流等的培育;通过金融市场发展和信息资源开发等其他要素流的发展,推动货物流的规模扩大和层次提高,从而形成"多流"并进、相互推动的发展格局。同时,以周边地区流动为起步,向国内和全球不同层次集散各类资源要素;以外流带动内流分层次推动流量经济的发展。在此过程中,上海、北京等主要城市的经济发展将呈现重大变化:

第一,流量扩展中的核心要素会发生显著的动态性变化。一方面,货物流作为主导性经济流量,其规模、质量和层次将不断提高和优化;另一方面,货物流在与资金流、信息流等的融合中不断提高能量,对其他资源要素流动的带动作用明显增强。同时,资金流、信息流等在货物流的带动下加快培育和发展,在整个流量扩展中的地位和作用也会不断趋于提高。

第二,随着资源要素集聚、辐射作用的发挥和增强,要素流动的速度进一步加快,规模进一步扩大,能级进一步提高,资源配置中心的地位开始形成,区域性中心的优势逐步确立。上海、北京等主要城市将逐步建设成与现代物流密切相关的国内最重要的博览展示和商业信息中心,中国内贸与外贸的"订单中心"和"发货中心",国内外商业资本运作的管理控制中心。例如,中国每年举办各类展览会3000多个,已跻身会展大国行列。"十五"期间,上海平均每年举办国际展约300个,其中境外企业和外省市企业主办的国际展约100个;年均办展面积超过400万平方米;每年举办5万平方米以上展览会近20个,几乎占全国总数的一半①。

第三,伴随现代物流产业的充分发展,与此相关和配套的信息服务、专业服务、航运服务等具有比较竞争优势的产业部门加快发展,第三产业的知识化、信息化和网络化程度大为增强,将形成与物流发展相适应的服务业态和产业结构。这些主要城市将逐步成为国内主要服务贸易企业和中介机构总部的所在地,成为外资金融、贸易、交通等企业向内地扩散业务的重要基地,服务贸易将逐渐发展成为新的支柱产业。例如上海到2005年底,已拥有各类金融机构610家。其中,银行类机构231家,证券类机构110家,保险类机构269家。在沪外资银行机构的资产总额占全国外资银行资产总额的50%以上,外资保险公司的总资产占全国外资保险公司的30%。全市金融资产达到3.2万亿元,约占全国的9%。

第四,各种市场组织加速发展,商品和要素流量共同发展,中心城市配置国内外资源的能力显著提高,生产组织和管理服务功能进一步完善。这些主要城市将逐步成为区域性的商品物资集散地和旅游购物中心,成为国内贵金属交易

---

① 数据引自蒋心和,《我国跻身会展大国行列》,《解放日报》2007年1月4日。

中心和农产品期货交易及价格发现中心,成为全国最主要的短期资金交易、长期资本市场和离岸金融业务中心。例如,目前上海初步形成了一个具有交易场所多层次、交易产品丰富、交易机制多样化等特征的金融市场体系。2006年,有近七成的股票交易在沪上进行,各大银行间的外汇交易、拆借交易几乎都在上海市场发生,至少半数以上的期货在上海交易,上海已成为国内最重要的资金交易中心。据中国人民银行上海总部的不完全统计,到2005年12月末,上海流向江苏、浙江两省的贷款占全部异地贷款的55%以上,上海金融机构新增企业贷款中,有近1/3投向了外地企业。

总之,随着各项基础条件的成熟和整体环境的改善,特别是中国加入世贸组织过渡期结束后对外开放度进一步扩大,金融贸易方面的体制创新力度不断加大,上海、北京等主要城市流量扩展的主导模式,经过若干年后将会适时转向以资金流为主导的模式。

10 服务经济主导的产业基础

崛起中全球城市的流量扩展新形态,是以相应的产业基础为支撑的。城市的产业结构性质及其特征,一定程度上决定了城市发展及其功能的基本属性。在步入全球服务经济时代的背景下,全球城市无一例外是以服务经济为主导的产业基础。然而,崛起中的全球城市却面临着产业基础转换的困惑,其核心问题是转换的机会成本。这就提出了要以成本最小化的特殊路径来改造或转变以制造基地或制造中心为主的产业基础,通过基于产业融合的服务经济发展,发挥现代服务业的主导作用,以增强城市综合服务功能和全球性的协调能力。

10.1 崛起中全球城市的产业基础转换

全球城市的崛起,依赖于什么样的产业基础?从那些已经形成或成熟的全球城市的参照系来看,这一答案似乎是显而易见的,即依赖于服务经济主导的产业基础。崛起中全球城市的现实状况恰恰是以工业经济为主导的产业基础,因而面临一个产业基础的根本性转换。在产业基础转换过程中,由于存在一系列的机会成本及其实际支付的成本,以及成本支出与收益获取在时间上的非同步性,往往使崛起中的全球城市产生极大的困惑。但不管怎样,崛起中全球城市的唯一选择,就是构建服务经济为主导的产业基础。

10.1.1 崛起中全球城市面临产业基础的重大转换

前面的分析已经指出,一个城市在全球城市网络体系中所处的位置,与其城市经济流动性的能级水平直接有关。作为崛起中的全球城市,其所要解决的一个重要问题,就是提升经济流动性能级水平。城市经济流动性能级水平是一种内在综合素质及其地位与作用的表征,主要表现为城市服务功能、城市现代化水平、城市经济增长方式和城市影响与控制力等方面。而这些方面,实际上都与服务经济主导的产业基础有着密切关系。

即使从城市经济增长角度讲,以服务经济为主导的产业发展也是其主要的驱动力。也就是,现代城市的经济增长主要是源于现代服务业发展。在这方面,已有许多国际经验的例证。例如经合组织国家(OECD)服务业占 GDP 的比重从 1960 年的 52.6% 增长到 1995 年的 68.2%,服务业占就业的比重从 43.1% 增长到 64.4%。在 20 世纪整个 80 年代,经合组织国家净增的 6500 万个就业岗位中,95% 是由服务业提供的。在服务业发展中,现代服务部门增长更快,其规模不断增大。对于那些处于全球城市网络体系中较高层级的全球城市,其经济增长更是依靠高度专业化的服务和金融产品的生产。

作为崛起中的全球城市,无论从哪个角度或方面来讲,都需要建立在以服务经济主导的产业基础之上。但现实的情况是,崛起中全球城市尽管其服务业有了较快的发展,总体上仍停留在传统工业经济主导的产业基础上,从而城市流动性能级水平也显得较为低下。国内对此问题已有较多的比较研究分析,我们这里仅以上海为例作一简单比较。尽管上海作为一个行政区划,有一大块是非城市化的郊区,在一定程度上与国外全球城市有非可比性,但从服务业增加值的绝对量比较来看仍显得规模较小,从服务业内部结构比较来看显得较为低下。与国外全球城市相比较,纽约、伦敦和东京就业结构中最主要部门是政府公共管理组织、金融服务以及卫生社会保障和社会福利部门,而上海则是制造业、商贸业、运输仓储业甚至农业部门(见表 10.1)。

表 10.1　纽约、伦敦、东京、上海就业比重前五位部门比较

	1	2	3	4	5
纽约(2004)	政府公共管理组织(14.2%)	卫生、社会保障和福利业(13.4%)	零售贸易(9.9%)	技术服务业(7.8%)	金融保险业(6.5%)
伦敦(2001)	金融商业服务(33%)	宾馆服务(22.2%)	教育、社工保健服务(14.4%)	运输仓储通信(8%)	其他行业(7.1%)
东京(2005)	政府公共管理组织(20.2%)	批发零售贸易(18.9%)	制造业(13.8%)	医院福利业(8.62%)	建设业(7.7%)
上海(2005)	制造业(31.72%)	批发零售贸易(15.1%)	居民服务和其他服务业(9%)	农林牧渔业(7%)	交通运输仓储邮政业(5.6%)

资料来源:RUPRI, "Demographic and Economic Profile, New York", p.10, July 2006, ONS;东京都总务局统计部人口统计课;《上海统计年鉴 2006》。

即使拿上海与亚洲其他大城市做一比较,我们可以发现,2000 年东京服务业增加值约为 6200 亿美元,是当年上海服务业增加值的 22 倍;香港服务业增加值约为 1405 亿美元,是当年上海的 4.2 倍;新加坡服务业增加值约为 631 亿美元,接近上海的 2 倍(见表 10.2)。从服务业内部结构看,商业、交通邮电业及金融保险房地产业的比重差不多。上海与香港、东京、新加坡的差异主要体现在社会服务及其他服务行业上。这些行业涉及社会服务、医疗、教育、文化、信息咨询等广泛的领域,以知识型服务、生产型服务为其主要特征。上海这些行业部门在服务业中的比重明显低于香港和东京,表现为发展层次偏低、服务空间有限。尤其是体现国际大都市特色的贸易服务、信息服务、医疗服务、法律服务、设计咨询等服务业比重仍然较低,服务贸易还远未如货物贸易那样成为带动上海经济发展的主导力量。

表 10.2　上海与东京、香港和新加坡三城市服务业比较

		1983 年	2000 年	2001 年	2002 年
上　海	服务业比重(%)	23.6	50.6	50.7	51.0
	服务业增加值(亿美元)	179.8	278.6	303	333.2
	人均 GDP(美元)	1514	3725	4520	4914
香　港	服务业比重(%)	67.3	85.7	86.5	87.4
	服务业增加值(亿美元)	175	1350	1349	1405
	人均 GDP(美元)	5120	24782	24211	23797
新加坡	服务业比重(%)	62.0	71.0	74.2	72.5
	服务业增加值(亿美元)	107.8	649.6	630.1	630.8
	人均 GDP(美元)	6484	22769	20544	20877
东　京	服务业比重(%)	—	81.7	—	—
	服务业增加值(亿美元)	—	6200	—	—
	人均 GDP(美元)	—	38903	—	—

资料来源:历年《上海统计年鉴》;香港、东京及新加坡政府统计网站(http://www.info.gov.hk, http://www.metro.tokyo.jp, http://www.singstat.gov.sg)。

这种服务经济规模较小且层次较低的状况,势必影响其城市能级水平。因此,在中国全球城市崛起中,面临一个转换产业基础,形成以服务经济为主的产业结构,提升城市综合服务功能和城市能级的现实问题。

10.1.2　产业基础转换中的困惑

在发达国家,城市产业基础的转换,也许是一个比较自然的过程。因为其整个国家的服务经济发展已达到一定的水平,而其本身也具有较好的发展服务经济的基础。但对于发展中国家崛起中的全球城市来说,实现产业基础转换却往往有较大的困惑。至少在中国目前的情况下,这种困惑具有一定的典型意义。

这里我们讲一个上海的故事。在 20 世纪 90 年代初,上海就明确提出了"三、二、一"顺序的产业发展方针,大力发展第三产业。自 1978 年以来,上海服务业增加值逐年递增。除个别年份(1988 年、1989 年和 2003 年)外,服务业增加值占 GDP 的比重也呈递增趋势,并且是加速递增(见图 10.1)。也就是,服务业比重从 20% 上升到 30%,用了十年时间(即 1981—1990 年),从 30% 到 40% 用了五年时间(即 1990—1995 年),从 40% 到 50% 用了五年时间(即 1995—2000 年)。特别是 1999 年服务业增加值所占比重达到 49.59%,首次超过第二产业,高出 1.16 个百分点,打破了"二、三、一"的产业格局,形成了第二、第三产业共同推动经济增长的新局面。[①]

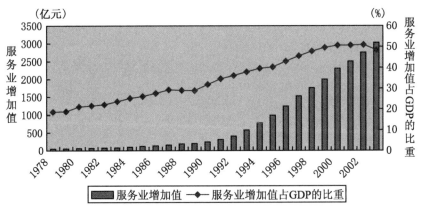

图 10.1　改革开放以来上海服务业增加值及其占 GDP 的比重

但在以后的若干年,服务业发展呈现相对减速态势。2001—2005 年,服务业增加值年均增长为 10.9%,不仅远低于 1996—2000 年的平均年增长率 15.5%,还低于 1991—1995 年的平均年增长率 12.8%。与此同时,第二产业发展明显加

---

① 　数据来源:《上海统计年鉴》2004 年。

速。2001—2005 年,第二产业增加值的平均年增长率高达 13.3％,远高于
1996—2000 年的平均年增长率 9.7％,比同期服务业增加值年均增长率高出 2.4
个百分点。特别是 2001 年,第二产业及其中工业的贡献率大幅反弹,甚至超过
了 1995 年的水平,而服务业贡献率却大幅下降(见表 10.3)。2002 年,第二产业
及工业的产值比重轻微下降,服务业略微上升,但前两者的贡献率下降幅度大于
其产值比重下降幅度,后者的贡献率上升幅度却大于其产值比重上升幅度。到
2006 年,第二产业增加值增长率(12.8％)及其对经济增长贡献率(51.7％)仍分
别高于第三产业 1.3 个百分点和 3.4 个百分点。在此期间,服务业增加值占
GDP 的比重并没有继续呈递增趋势,而只是略高于第二产业比重,总体上二、三
产业比例处于胶着状态(见表 10.4)。

表 10.3　上海产业的经济增长贡献率　(％)

贡献率	第二产业	其中工业	第三产业	其　　中			
				交通运输仓储电信	批发零售贸易餐饮	金融保险	房地产
1990 年	100	**49.4**	43.1	**45.9**	22.9	0.5	14.8	
1995 年	100	**55.2**	49.2	**43.8**	3.8	9.8	3.7	21.5
2000 年	100	**42.3**	41.0	**57.0**	9.1	11.3	21.5	7.4
2001 年	100	**56.0**	51.1	**43.5**	6.0	16.4		11.4
2002 年	100	**52.6**	49.8	**46.9**	7.3	10.6	0.3	8.5

资料来源:转引自郑凯捷:《从与香港的比较中看上海产业结构发展》,《上海综合经济》
2004 年第 1—2 期。

表 10.4　上海市生产总值结构(1999—2006 年)　(％)

	第一产业	第二产业	第三产业
1999 年	1.8	47.4	50.8
2000 年	1.6	46.3	52.1
2001 年	1.5	46.1	52.4
2002 年	1.4	45.7	52.9
2003 年	1.2	47.9	50.9
2004 年	1.0	48.2	50.8
2005 年	0.8	48.6	50.5
2006 年	0.9	48.5	50.6

资料来源:《上海统计年鉴》2006 年;《上海经济年鉴》2007 年。

　　有人把这一现象解读为:不是服务业发展太慢,而是制造业发展太快了。细细想来,此话也不无道理。按常规看,服务业年均两位数的增长确实也不算慢。那么,为什么制造业发展仍会那么快呢? 这里有一个现实的基础条件,即中国许多大城市原来就是制造业中心或制造加工基地,而现阶段中国正处于工业化和城市化加速发展的大背景之中,对此产生较强烈的发展需求。例如,目前上海工业产品销售中的本地市场、国内市场和国外市场的比例大致为3∶4∶3,本地市场只占全部市场的30%,其中还分为消费品市场和投资品市场。当前,随着西部开发、中部崛起、东北振兴、东部加快发展,在基础设施建设和工业生产投入等方面形成高潮,从而加大了对上海装备产品等投资品的需求,尤其是中西部地区的电力和农村电网建设为上海扩大电站设备生产提供了机遇。也就是,上海的制造业发展有着强劲的需求支撑。

　　与此同时,现阶段中国工业化又是在开放经济条件下展开的,与全球商品链有较大的衔接,承接了国际制造业的大规模转移。处于工业化进程中的城市,作为连接全球商品链的一个重要接口,其本身往往成为吸引外商直接投资的主要基地,引入大量制造业的项目。自20世纪90年代以来,上海建设了漕泾、临港等一批国家级开发区,引进了巴士夫等一批大项目,构筑起以六大重点工业行业为支柱的工业新高地。2006年,电子信息、汽车、成套设备等六大重点工业行业总产值增长17.9%,比非重点工业行业高出9个百分点;占全市比重达到64.4%。也就是,上海制造业发展有着较好供给条件的支持。

　　这两方面因素的有机结合,一定程度上促进了上海制造业的迅速发展,并进一步强化了制造业贡献率。在这种情况下,产业基础转换就面临着一个现实困惑:若放弃制造业的相对比较优势和比较利益,势必导致城市经济的严重滑坡,至少在短期内是如此;反之,产业基础转换则将停滞不前。这里涉及的核心问题,实际就是产业基础转换的成本支付问题。除了通常所说的沉淀成本、更替成本等实际转换成本外,产业基础转换中最主要的还是一个机会成本问题。

　　首先遇到的一个现实问题是:放弃制造业发展,是否能带来服务业的长足发展? 或者说,服务业的发展能否替代制造业而支撑起城市经济的一定增长水平? 对这一问题,不能作简单的回答,而要具体分析现代服务业长足发展的条件是否具备。我们知道,现代服务部门在准入、经营、定价等方面受到较多的管制,而传统的分头管制、多重管制以及过度管制的政策框架对现代服务业发展有较大的抑制作用。国际经验表明,在现代服务业扩张中,政府管制政策的调整具有重大作用,直接决定了市场进入的机会,并决定了市场结构以及竞争程度。因此20世纪80年代后,许多发达国家的政策选择转向放松管制及其政策框架调整,包括允许混业经营、业务交叉等,予以现代服务业更大的发展空间和自由度,从而导致更多的企业进入,带动了相关的投资以及竞争活力,大大促进了现代服务业的发展。例如,德国、法国和西班牙电信部门的总要素生产力,因其法规改革提高了40%。在中国目前的情况下,服务领域的管制比较严重,特别是对金融保险等现代服务业的高度集中管制,因此这些服务行业发展的内生性是比较差的。从某种程度上讲,地方政府在改善服务领域管制中的作用是十分有限的。这就意味着,一旦放弃制造业发展,而服务业又得不到长足发展,势必带来整个城市经济衰退。因此,这里涉及一个前提条件,即服务领域的管制政策调整。如果这一前提条件不确立,产业基础转换的机会成本是很大的。

即使我们假定上述前提条件可以确立(即服务领域的管制政策调整),从而保证服务业内生性的发展,那么还有一个机会成本问题,即服务业比较劳动生产率较低所带来的成本支付。我们知道,在产业结构转换中,产业收入弹性与相对成本是决定性的自变量。通常,产业收入弹性递增而相对成本下降的产业部门替代产业收入弹性递减而相对成本上升的产业部门,而居主导地位。例如,在转向以工业经济为主的产业基础时,制造业不仅产业收入弹性递增,远高于农业收入弹性,而且由于技术进步的推动,相对成本明显下降,劳动生产率不断提高。因此,以工业经济为主的产业基础转换,有可能在保持和促进经济较快发展的同时得以实现。但在转向以服务经济为主的产业基础时,情况有所不同。尽管服务业的产业收入弹性是随着人均收入提高而递增的,较高的产业收入弹性使其将在产业结构中占较大的份额,但服务业的相对成本下降并不显著,部门比较劳动生产率较低。

Triplett发现服务业很多部门的生产率增长率很低,甚至为负值。另外,Kuznets、Chenery等人还从产业结构演变的角度讨论了服务业的特殊性:就业比重不断上升、劳动生产率因产值份额不变而停滞或下降。有关数据也表明,发达国家由于客观上服务业就业比重普遍大大高于服务业产值比重,因而服务业劳动生产率水平普遍低于其他产业。例如,英国、加拿大、法国和澳大利亚等比较劳动生产率指标系数都低于1(见表10.5),这意味着服务业就与其部门规模比较而言,对于整体生产率的贡献是有限的。1996年的一项研究则更表明,伴随着服务业增长,发达国家90年代以前服务业生产率的增长呈现急剧下降状况(见表10.6)。

表 10.5　部分国家服务业比较劳动生产率　　　　　　　　（%）

	1980 年	1985 年	1990 年	1995 年	2000 年
美国	0.97	1.01	0.99	0.99	0.99
英国	0.92	1.00	0.95	0.94	0.96
加拿大	0.88	0.93	0.92	0.89	—
法国	1.07	1.10	0.97	0.97	0.97
澳大利亚	0.89	1.00	0.96	0.94	0.97
德国	—	—	1.07	1.08	1.06
意大利	1.10	1.15	1.07	1.10	1.10
墨西哥	2.38	—	1.60	1.24	1.24
日本	1.04	1.04	1.00	1.07	1.06
韩国	—	—	1.02	0.94	0.87
印度	—	—	2.41	2.20	—
高收入国家	1.04	1.10	1.00	1.00	1.01
中等收入国家	2.47	—	2.04	1.96	2.29
低收入国家	—	—	2.05	1.50	—
世界	—	—	2.07	1.88	—

　　资料来源:根据 World Development Indicators Database 数据计算。

表 10.6　若干国家服务业生产率(人均产出)年均增长　　　　（%）

	1971—1980 年	1981—1990 年
德　国	2.6	2.0
法　国	2.6	1.9
日　本	2.3	1.9
意大利	0.6	1.4
加拿大	1.5	1.0
英　国	1.7	0.8
美　国	0.2	0.1

　　资料来源:U. S. Department of Commerce, Service Industries and Economic Performance, 1996c, p.13.

　　服务业部门比较劳动生产率较低,将对城市的产业基础转换有什么影响呢? Baumol(1967)于 1967 年提出的"成本病"(cost disease)模型(又被称为两部门非均衡增长宏观经济模型),在一定程度上可以对此给出一个理论的说明。他假定有两个部门,即"停滞部门"(stagnant sector)和"进步部门"(progressive sector),前者的劳动生产率增长率为零,主要指服务部门,后者的劳动生产率增长率为正;还假定劳动为唯一要素投入,不同部门的劳动收入即工资相同,并且名义工资与平均劳动生产率按相同的速度增长。于是有生产函数:

$$Y_{st} = aL_{st} ; \quad Y_{pt} = bL_{pt} \mathrm{e}^{rt}$$

其中,Y_{st} 和 L_{st} 分别表示停滞部门在 t 时的产出与劳动投入;Y_{pt} 和 L_{pt} 分别为进步部门在 t 时的产出与劳动投入;a 和 b 为技术参数;r 为进步部门的劳动生产率增长率;根据假定,$r > 0$ 且工资 $W_t = W \mathrm{e}^{rt}$。

Baumol 的"成本病"模型表明,在生产率增长内在不均衡的经济(城市经济)中,如果要实现均衡增长,总体经济增长率将趋于零,也就是说,若要保持两个部门的实际产出比重不变,则由于越来越多的劳动力进入停滞部门,经济增长将最终趋于停滞。这是因为,均衡增长意味着 E^* 不变,记经济总量为

$$Y = Y_{st} + Y_{pt} = [L(E^* a + b)\mathrm{e}^{rt}]/(1 + E^* \mathrm{e}^{rt})$$

则总体经济增长率为

$$\begin{aligned} G_Y &\equiv (\mathrm{d}Y/\mathrm{d}t)/Y = [L(E^* a + b)r\mathrm{e}^{rt}/(1 + E^* \mathrm{e}^{rt})^2]/ \\ &\quad [L(E^* a + b)\mathrm{e}^{rt}/(1 + E^* \mathrm{e}^{rt})] \\ &= r/(1 + E^* \mathrm{e}^{rt}) \end{aligned}$$

显然 $\lim\limits_{t \to \infty} G_Y = 0$。

因此,从工业经济为主的产业基础转向以服务经济为主的产业基础,势必会影响城市经济发展速度的变化,并在很大程度上导致经济增长减缓。Sheets、Nord 和 Phelps(1987)发现,从 20 世纪 60 年代早期开始,美国大多数大城市都经历了一场深刻的经济转型。这一转型带来了很长时期的经济痛苦(economic distress)、大规模的经济结构调整以及面向城市居民的就业和收入机会的巨大变化。

10.1.3 崛起中全球城市的唯一选择

从上面分析中,我们可以引出这样一个问题:崛起中的全球城市能否有自身特殊的产业基础选择,即可否建立在二、三产业并重的产业基础上。或者说,这种二、三产业并重的产业基础,能否支撑起全球城市的崛起?

我们先从城市发展与服务业发展之间的关系谈起,主要是回答两者之间是否有必然的联系。Singlemann(1978)曾提出一个假说:随着城市化的发展,服务部门将趋于扩大。实际上,Sabolo(1975)在 1975 年就从发展中国家的经验分析

中发现了这一关系。但也有一些研究表明,城市发展与服务业发展之间并不存在稳定的关系。例如 Riddle(1986)基于 1977 年和 1981 年 81 个经济体(分为低收入经济体 17 个、中低收入经济体 28 个、中上收入经济体 18 个、工业化经济体 18 个)的两组截面统计数据,对 Singlemann 提出的假说进行了检验,其结果表明:在 1981 年这一时点上,只有中上收入水平的经济体,其城市人口比重(代表城市化水平)与服务业占 GDP 比重(代表服务业发展水平)之间呈现显著的正相关关系,但用 1977 年的数据进行分析,则上述关系就变得不显著了。这说明,即使在发达经济体,城市化与服务业发展之间的关系也是不稳定的。Riddle 还发现,对于每一个样本发展中经济体,城市化与人均 GNP 相关,而与增长率无关。尽管工业化经济体的 GDP 增长的减速与城市化的加速是正相关的,但对于发展中经济体来说,其服务业的扩张与 GDP 的增长之间没有必然的联系。

在这一点上,也许是有较大共识的,即城市并非完全是服务业的集聚地,也可能是制造业的集聚地,因为城市有一个产业定位与产业分工问题。Sheets、Nord 和 Phelps(1987)等人对美国城市体系及其产业定位的研究也支持这一判断。由此推论,作为一般城市的发展,而不是全球城市的崛起,那么形成二、三产业并重的产业基础也未尝不可,大可不必强调一定要形成以服务经济为主的产业基础。

然而,这一判断是否也适用于崛起中的全球城市? 我认为,不能简单套用。尽管全球城市也有一个产业定位与产业分工的问题,但与一般城市不同,它首先要体现全球先进性与全球协调功能。作为崛起中的全球城市,其基本职能更多体现在跨区性功能上,特别是全球性功能上,主要表现为跨区性的交通枢纽及物流、人流的集散功能,专业化商贸服务功能,公司总部及国际组织的管理功能,以及科技、教育、金融、信息、咨询等服务功能和创新功能等。这种跨区性功能的产业基础,便是现代服务部门。一个城市的现代服务业越是发达,其跨区性功能也就越强。因此崛起中的全球城市,若想要增强其跨区性功能,必须依托于现代服务业的高度发展。

更为重要的是,作为崛起中全球城市,其基于全球连接性的协调功能必须充分体现全球经济发展先进水平的基本特征。例如在工业化时代,全球城市主要是国际制造业的中心,高度集中了制造业生产和对生产的协调功能,从而体现了当时全球经济发展先进水平的基本特征。但进入后工业化时代,全球经济更高水平的发展,赋予了全球城市全新的内涵和时代特征,使其成为国际商务服务的中心,从而对其产业基础提出了基本的规定性。只有在这一产业基础的基本规定性的前提下,才有全球城市之间进一步细化的产业定位与产业分工问题。因此,对全球城市的产业基础问题,要放在全球经济发展的层面上来加以考察。

自 20 世纪 80 年代开始,全球产业结构呈现出"工业型经济"向"服务型经济"转型的总趋势。1980—2001 年间,全球服务业增加值占 GDP 比重由 55%升至 68%,主要发达国家达到 71%,发达国家的服务业产值比重基本都达到 2/3 的程度,其中最高的是美国,2002 年达到 75%。中等收入国家 2002 年达到 57%,其服务业产值比重的提升速度是最快的。低收入国家 2002 年达到 46%。同时,服务业的就业比重也不断提高,西方发达国家服务业就业比重普遍达到 70%左右。1999 年,大部分发展中国家服务业就业比重平均达到 40%以上。发达国家服务业对 GDP 和就业贡献的增长主要来源于金融、保险、房地产和商务服务业,这类服务业属于为企业服务的知识密集型新兴服务业。而发展中国家服务业增长的主要动力是商业、酒店业和交通通信业这些相对较传统的服务行业,服务业对就业的贡献则主要是靠商业和社会、社区与个人服务业支撑。

随着服务业在经济活动中的地位日趋上升,其对经济增长的贡献越来越大,不仅表现为服务业增长速度超过其他部门以及在经济总量中居主导地位,也同样反映在产业关联的乘数效应上。以英国为例,其服务业提供的服务正成为其他部门生产的一个越来越重要的中间投入,服务业单位需求增长对整个经济产出的影响已经接近于制造业(见表 10.7)。

表 10.7　英国 100 个特定部门商品最终需求变化对经济直接和间接影响

商　品	对经济的最后影响(单位)	商　品	对经济的最后影响(单位)
市场性服务	174	制造业	180
非市场性服务	126	初级部门	197

资料来源:"Deanne Julius, Inflation and Growth in a Service Economy", Bank of England Quarterly Bulletin, November 1998c.

世界服务业的发展,带来了世界服务贸易的迅速增长。据世界贸易组织统计,1980 年至 2004 年,国际服务贸易增长了 5.8 倍。1990 年至 2002 年,国际服务出口年均增长率为 7%,高于同期货物出口增长率 6%。从行业结构看,服务贸易日益向金融、保险、电信、信息、咨询等新兴服务业倾斜,传统的运输业、旅游业所占份额持续下降。在世界服务贸易的构成中,国际运输服务贸易比重从 1970 年的 38.5%下降到 2005 年的 25.7%,国际旅游在此期间基本保持 28.2% 的比重,其他电讯服务、金融服务、保险服务、信息服务、专利或许可等服务从

30.8％上升至 46.1％(见表 10.8)。从国家来看,美国、欧盟等发达国家的服务贸易发展迅速,成为其主要的顺差来源。2006 年第三季度,美国服务贸易顺差达182.94 亿美元,欧元区服务贸易顺差达 94.07 亿美元。

表 10.8　世界服务贸易构成比例变化　　　　　　　　　(％)

	1970 年	1987 年	1990 年	1994 年	1996 年	2000 年	2005 年
运输服务	38.5	31.6	28.2	26.1	27.3	25.9	25.7
旅游服务	28.2	31.6	32.3	32.3	31.9	30.9	28.2
其他服务	30.8	29.5	39.4	41.5	40.8	43.2	46.1

注:三项总计不等于 100％。
资料来源:《GATT 年度报告》(1988—1989);《WTO 年度报告》(2005)。

随着服务业的发展及其产出增长,服务消费规模也越来越大,世界服务消费已占到所有消费的 1/2 左右。因此,目前世界经济实际上转向以服务商品的生产和消费为主,已经步入了"服务经济"时代。在这种背景下,经济服务化趋向已成为影响企业区位选择决策的一个重要约束条件。我们知道,城市经济是建立在比较优势、内部规模经济和聚集经济基础上的空间经济,是企业以利润最大化为目标在经济活动中不断进行区位选择的结果。诸如商业贸易企业的"转运枢纽"区位与港口城市、交汇点城市的发展,资源指向性企业的原材料产地区位与资源型城市的崛起,以及市场指向性公司的市场区位与港口城市的繁荣等,都是由不同类型先导企业的区位决策引发相关产业活动的地域集群,最终形成基于不同资源禀赋、具有不同经济规模和经济结构、承担不同职能的城市(O'Sullivan,1996)。随着生产力的进步和生产分工的发展,企业区位决策的约束条件不断发生变化,进而引发以企业进驻、退出为表征的城市产业结构重组,使城市经济、城市功能向着高级化方向演进。当今,经济服务化趋向正促使城市中原有制造企业向外转移,而在城市中心地区集中越来越多的公司总部和服务机构。特别是全球城市,更是以其独一无二的区位优势、环境条件以及丰富的人力资源和信息资源等,成为现代服务部门高度密集化的地理空间。其结果是,形成了以服务经济为主的产业结构,主要提供大量的现代服务活动,特别是生产者服务。

因此,许多城市特别是全球城市都经历了一个产业基础转换的重要过程,即作为制造中心的历史性转变。例如,德国鲁尔工业区曾是世界上著名的煤炭和钢铁工业基地。从 20 世纪 60 年代开始到 1996 年,煤炭工业就业人数已减至 7万人,钢铁业失去了 4 万个工作岗位,造船业的就业人数减少 2/3。目前,鲁尔区的劳动力中,仅有 8% 在煤矿和钢铁业工作,63% 在服务业部门工作。埃森市集聚了许多公司的总部,成为一个企业管理中心;多特蒙德市已经变成了保险业和技术基地;杜伊斯堡成为一个货物集散和微电子业中心,整个鲁尔区已经从重工业区转变成为一个服务业高度发达的地区。

同样,伦敦、纽约、东京、巴黎等全球城市也都经历了产业基础转换过程。1971—1989 年,伦敦制造业失去了 70 万个岗位,运输业失去了 4 万个岗位,而金融保险和其他商务服务则获得了 46 万个岗位。在 1984—1987 年间,伦敦中心区的生产者服务部门在总就业中的比重从 31% 上升到 37%,到 1989 年达到40%,而其他行业就业人数则出现相对或绝对下降的趋势。纽约的制造业就业比重从 1950 年的 29% 下降到 1987 年的 10.5%,生产者服务业却从 25.8% 上升到 46.1%。其中,法律服务、商务服务、银行业增长最快。1977 年至 1985 年,法律咨询服务的就业人数增长了 62%,商务服务的就业人数增长了 42%,银行业的就业人数增长了 23%。这种产业转换虽然已经趋缓,但至今仍在继续。1988—2002 年,纽约制造业就业人员是负增长 28.6%,而教育和保健服务增长 9.6%,专业法律服务、专业商务服务和专业科技服务分别增长 5.8%、4.0% 和 3.8%(见表 10.9)。东京也是如此,服务业部门迅速扩张。1983—1988 年东京的事务所和银行用地面积,从 112.9 万平方米扩大到 281.6 万平方米,增长了近 1.5 倍(俞文华,1999)。巴黎有效地实施了"工业分散"政策,严格限制巴黎中心区工业的继续集中,迫使工业企业向周边地区扩散,但同时也进一步加强了高级服务功能在城市中心的集中。到 20 世纪 80 年代初期,市区 50 年代的老企业关闭了 1/4,外迁项目达到 3000 多个。按照 Eurostat 在 2000 年的统计,1990—1998 年间,巴黎地区的服务业增加值平均每年增长 35%,而工业(不含建筑业)增加值每年只增长 4%;同一时期,建筑业增加值平均每年则减少 15%(朱晓龙、王洪辉,2004)。

表 10.9　纽约部分行业就业人员变化表　　　　　　　　（千人）

	1998 年	1999 年	2000 年	2001 年	2002 年	1998 年到 2002 年的变化
专业商务服务	525.2	552.9	586.5	581.9	546.2	4.0%
专业科技服务	277.6	296.8	320.7	312.2	288.2	3.8%
专业法律服务	77.4	80.9	82.9	82.4	81.9	5.8%
广告及相关服务	51.1	54.3	59.5	55.2	47.4	−7.2%
教育和保健服务	588.7	605.7	620.1	627.1	645.4	9.6%
零售业服务	260.1	270.2	281.5	272.0	266.3	2.4%
制　造　业	195.9	186.8	176.8	155.5	139.8	−28.6%

资料来源:Current Employment Survey, New York State Department of Labor.

　　通过这一产业基础的转换,全球城市均形成了以现代服务业为主导的产业形态特征。例如,纽约、伦敦、东京、香港等服务业产值比重,分别达到 86.7%、85%、72.7% 和 86%。①而且,这些全球城市的经济有着惊人的相似之处,突出表现在驱动经济发展的产业上,其中包括:金融业,与金融、企业和政府相联系的高级商务和专业职能行业,文化艺术和娱乐业,通信和传媒行业等。纽约大都市区 2004 年的统计数据显示,政府和政府企事业从业人员的比例达 14.2%;卫生、社会保障和社会福利业从业人员的比例为 13.4%;专业技术服务业和金融保险业的就业份额分别达到 7.8% 和 6.5% 左右。②伦敦大都市区 2001 年的数据表明,金融和商务服务业不仅是推动伦敦经济增长的主要源泉,而且也是就业人口相对集中的部门,整个大伦敦有 1/3 的从业人员从事金融和商务服务工作(图 10.2)。在伦敦市,超过一半的就业岗位来自金融和商务服务部门。大约有 70% 的从业人口集中在金融、商务、宾馆服务、教育、社工以及卫生保健部门。

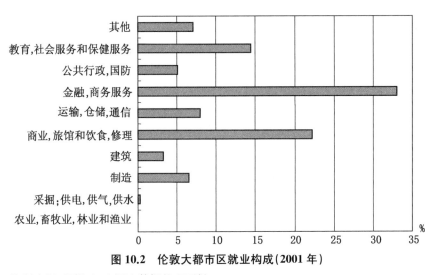

图 10.2　伦敦大都市区就业构成(2001 年)

资料来源:根据 ONS 调查数据整理而得。

　　可见,作为全球网络主要节点的全球城市,在全球经济服务化趋势中是处于最前沿的领头羊,无疑是高度经济服务化的城市。从这一意义上讲,全球城市的产业基础不具有传统沿袭或主观臆想的随意性,而是与全球经济发展特征紧密相关的。作为全球城市的崛起,其产业基础具有基本的规定性。从中我们可以

---

① 数据来源:《国际统计年鉴》2003 年。
② 转引自:RUPRI, "Demographic and Economic Profile, New York", p.10, July 2006.

引出一个论断:崛起中的全球城市,不管其原来的产业基础如何,势必要转向高度经济服务化的产业基础;否则,就无法适应全球经济发展的要求,从而也难以成为一个全球城市。

尽管城市的产业基础转换要付出增长速度减缓、结构性失业加剧等较大的成本,但这是城市经济进入新发展阶段必须支付的成本。对于崛起中的全球城市来讲,这种成本的支付更是必不可少的。事实上,这种成本支付总会带来相应的收益。正如 Stanback 和 Noyelle(1982)指出的,服务业的发展改造了美国城市经济。Sheets 等(1987)的研究结论也表明,服务业的发展使得美国大多数城市渡过了持续至 20 世纪 70 年代的经济难关。对于崛起中的全球城市来讲,其未来收益更是体现在城市能级水平的提高上,而这恰恰是全球城市崛起的基本条件。

10.2　崛起中全球城市的产业发展导向及其方针

以上分析表明,崛起中的全球城市必须适应全球经济服务化的要求,并通过构建以服务经济为主导的产业基础来提升城市能级,但在产业基础转换过程中也存在一系列成本,需要经过痛苦的磨炼。因此,接下来的全部问题就归结到,如何使这一产业基础转换的成本最小化。这就需要准确把握现代服务经济发展新趋势及其特征,充分认识服务需求的潜力和服务供给条件的变化,明确适合于崛起中全球城市服务经济发展的产业导向。

10.2.1　发展服务经济的潜在需求

作为崛起中的全球城市,形成以服务经济主导的产业基础,尽管十分必要且迫切,但不是主观臆想或不顾客观条件的人为推动,因为这只能加剧产业基础转换的摩擦与增大不必要的成本。只有审时度势,乘势而为,才是实现转换成本最小化之道。因此,要充分认识崛起中全球城市在发展服务经济方面的潜在需求,并充分释放潜在需求的拉动力。从目前情况来看,中国崛起中的全球城市在发展服务经济方面存在诸多有利的条件,具有相当的潜在需求。

我们知道,服务产品,特别是一些新兴服务产品(包括金融创新、一些社会服务和个人福利服务)与制造业产品相比,收入弹性较大,其需求增长最大可能是居民或企业收入增长的结果。同时,农业和制造业产品的价格相对于服务业产品价格的下降,也是一个主要原因。由于农业和制造业产品的价格弹性小于服务产品,在农业和制造业产品上增加的开支要小于在服务业上增加的开支,整体上对服务的需求上升得较快。因此,随着收入水平和生活水平的提高、休闲时间的增加、人均寿命的提高等,产品的物质边际效用趋于递减,人们开始逐步转向服务消费,对各种服务就产生了直接而巨大的需求。统计资料表明,上海居民消费中的交通通信、医疗保健、教育文化消费支出,从 20 世纪 90 年代以来一直保持着 15%—30% 的高增长,2003 年其占家庭总消费支出中的比重为 23.3%。根据国际经验,在人均 GDP 5000 美元向 8000 美元过渡的阶段,上述三项的服务消费支出比重大约会上升 2—4 个百分点,因此到 2010 年这三项服务消费支出比重预计将达到 26%—28% 的水平。

另外,随着收入水平提高,城市居民家庭对社区服务的需求将出现显著的增长。发达国家的统计资料表明,社区服务是一种收入弹性较高的高级需求。比如 OECD 国家从 1971 年到 1992 年的 20 年间,社区及个人服务占 GDP 的比重从 6.8% 增加到 9.5%,其占服务业的比重从 12.6% 增加到 16.3%。在此过程中,涌现出大量新兴服务形式,比如各种家务代理服务业,包括各种便利店、家庭餐馆、配菜送货上门服务、婴儿旅馆、万能服务店等;由于人口老龄化和工作压力增加导致的各种综合性健康管理服务公司,由专业医师为会员提供健康方面的咨询和建议;甚至出现了诸如教年轻的父母如何同孩子做游戏这样的服务公司。

在服务经济发展中,除了与人均收入相联系的最终服务消费需求的增长外,还有一项重要的服务需求就是与工业化高度发展相联系的中间服务投入增加。国际经验表明,工业化发展以及向后工业化的过渡,产生了制造业对服务的大量引致需求。例如在日本在 1970—1980 年的高速发展阶段中,制造业对服务业的中间需求年均增长率为 13.4%,要高于对制造业本身的中间需求年均 11.3% 的增长率。如果将制造业分解,可以进一步看出以机器装备工业对服务业的中间需求为 20%,运输机械为 19.7%,电气机械为 14.9%,金属初级产品为 12.1%,化学制品为 10.8%。目前,中国工业化进程正进一步加速,逐步进入重化工业发展阶段。这将使产业间的关联更为复杂,产业链进一步延伸,产业间的交易规模扩大。随着产业间物质产品中间投入的增加,势必促进服务中间投入的增加。因为作为一个中间服务部门,生产者服务与所有其他经济部门有着密切的关系,包括与制造业有着强有力的关联,以及内部服务的关联。这种联系产生了两种不同的效应。首先,产品生产的增长自动驱使生产者服务的需求增长,并导致进一步的多重效应。据美国 1997 年的公司调查,美国公司 8000 万美元以上的服务开支增加了26%。在公司的总支出费用中，信息技术服务占全部费用的30%，人力资源服务占16%，市场和销售服务占14%，金融服务占11%，仅仅这几项服务支出已经占到总支出的71%。其次，生产者服务是将新的增加值导入商品生产过程的运载工具。这种新的增加值能够引导生产成本降低，促进产品改善和新产品发展，采取更有效的商品配送方法。因此，适应更多商品需求的中间服务投入，反过来促进和改变商品需求的混合。

与此同时，随着市场竞争的加剧，为保持核心竞争力，做强其核心业务，企业活动（特别是其中的配套服务）外置将明显增多。日本通产省在1997年的调查表明，工作培训（0.1%）、信息系统（19.7%）、生产方法（17.4%）、会计和税收（14.0%）、研发（13.7%）等服务，也是外部采购的主要项目。与此同时，现代制造业发展本身日益呈现"服务化"（servicisation）的新趋向，其附加值中有越来越大的比重来源于服务，而不是加工制造。因此越来越多的制造业正在变得无形，开始以个人品位而定制，越来越多的服务却开始在远距离提供，开始大规模生产。这意味着业务模式将从制造一种产品转向提供一种服务。

与上面分析的因素结合在一起，还有一个对崛起中全球城市的服务经济发展潜力有特殊影响的因素，就是在中国工业化进程进一步加速的同时，面临着国际制造业大规模向中国转移的战略机遇，特别是长三角地区、珠三角地区等，在国际制造业转移中承接了众多的投资项目，逐步形成世界制造业基地。这对崛起中全球城市发展服务经济的潜力产生两方面的影响。

一是制造业国际转移带来服务业国际转移。一般来讲，发达国家或跨国公司通过贸易和外国直接投资实现了工业生产的国际化，同时也会要求在贸易、金融、会计和法律等领域提供相应的配套服务。因此，工业跨国公司，特别在一开始，建立了许多相关的服务机构。跨国公司提供的许多服务都是中介性服务，表明服务国际化是紧跟工业国际化的。如果说制造加工的国际转移主要分散在某些地区，那么相应的配套服务则趋于集中在主要城市。

二是地区制造业大规模发展和高度化带来对服务需求的溢出效应。实证分析表明，上海本地工业的发展对其自身服务业发展具有负面效应，即"同地区产业交叉系数"为负（分别为-7.497、-0.978、-4.607）。而上海周边地区即江浙两省的工业发展对上海本地服务业发展的影响却都是正面的，即"异地产业交叉系数"为正[分别为2.447（浙江）和2.291（江苏）、1.181（浙江）和5.582（江苏）]。特别是浙江省的工业发展对上海服务业发展具有十分显著的正面影响（程大中，2005）。因此，长三角地区形成世界制造加工基地将对上海的服务需求产生较大的溢出效应。

另外,大规模的城市化也是推动服务经济发展的重要因素之一。长期以来,中国城市化进程处于严重滞后的状态。目前为了与工业化进程相适应,中国城市化进程将进一步加快。据预测,到 2020 年,中国城市化率将达到 54.5%。从需求方面看,随着大量农业过剩劳动力进城就业,农民转变为市民,不仅因其收入水平和生活水平提高而增加对服务消费的需求,而且将彻底改变其自我服务的行为方式,促进服务外部化。尽管这种服务消费需求的增长直接带来的可能是更多的传统服务业的发展,但在一定程度上会促进传统服务部门本身对服务中间投入的需求增加,进而间接推动现代服务业发展。从供给方面看,城市化带来的城市规模扩容、城市基础设施改善、城市功能强化等,客观上为服务经济发展提供了良好的物理空间和物质条件,有助于服务业的区位集聚及产生集聚效应。而且,城市人口增加也会给服务部门提供充裕的、灵活的劳动力供给。因为现代服务业的就业结构呈现明显的二元性,除了高级专业人才外,也需要大量灵活供给的一般劳动力作为辅助人员、后勤人员及配套服务人员。

10.2.2　发展服务经济的供给条件变化

在服务经济发展存在较大潜力的条件下,如果服务供给条件不变,那么其发展路径只能是线性的,至多不过是其发展速率有所不同而已。但我们看到,现代服务经济发展新趋势正呈现出服务供给条件的根本性变化。特别是随着信息技术及其信息基础设施的完善,将为服务经济提供强有力的技术基础,大大增强服务的供给能力。

当前全球信息化浪潮已进入相对成熟阶段,开始席卷对传统产业部门更深层次的改造。在此过程中,一个突出的现象就是数字化技术的发展使越来越多的产品数字化,不仅信息成为数字产品,纯实物产品也可以部分数字化,装上数字界面就可以变成智能产品。同样重要的,一些代表价值的产品也可数字化,如数字货币、电子支票、电子股票和电子债券。实际上,各种商业服务和过程都可以加入电子商务的扩展核心,成为网上交换的数字产品。数字产品除了比特流以外,它们的生产和使用都没有物理界线。这就把生产与消费、产品与服务更加紧密地结合在一起。显然,这将对产业经济发展产生实质性的重大影响。例如,过去自然形成的进入壁垒,在服务行业中典型地表现为服务产品时间和空间上的传递障碍。然而,现代电信和传递技术使时间和距离的概念逐渐丧失了其重要性,导致服务的不可储存性和运输的传统特性发生了改变。由此,许多生产和消费原需同时进行的服务现在可以实现生产与消费的分离,越来越多地在远离最终市场的地方提供。目前,诸如金融服务、娱乐、教育、安全监控、秘书服务、会计及游戏程序等都可以在远离最终用户的地方生产销售,特别是远程医疗服务等。另外,信息革命不仅大大提高了服务的可贸易性,而且克服了原先只能提供个性化服务的缺陷,将规模化服务与个性化服务结合起来。

因此现代信息技术及其网络在服务业部门中的广泛运用,使其服务功能更加强化、服务范围更大规模地扩展,并越来越呈现出"非中介服务""虚拟化服务"的新特征。例如,电子商务使交易更为便捷,大大降低了交易成本。2002 年世界电子商务交易额比上年增长了 73％。[①]又如,远程教育使其服务范围迅速扩大,有更大的覆盖面。1995 年,美国只有 28％的大学提供网上课程,到 1998 年猛增到 60％。另据统计,60％以上的企业通过网络方式进行员工的培训和继续教育。

现代信息技术运用及其网络化,还改造了服务活动的部分属性,促进了服务活动泛化与独立化。从技术层面讲,现代服务业的大规模发展是基于现代信息技术的广泛运用及网络化。现代技术,特别是信息和计算机技术的迅速发展,为服务部门的技术运用提供了条件,并在很大程度上可改变传统服务的面对面、不可位移、不能存储等属性,大大拓展了服务提供的范围及可交易性。因此,现代信息技术的广泛运用及网络化,使现代服务业也具有"制造化"的新趋向,即像制造业那样的规模经济和定制生产。这不仅导致了许多新型服务(服务品种、种类)的产生,而且赋予传统服务新的内容、改进服务的质量、改变传统服务方式等(参见周振华,2003:58—64)。现代服务业日益成为智力密集型部门,处在价值链的高端,其高能量通常是超地域的辐射。

不仅如此,随着技术基础的改变,生产价值链日益成为主导性的生产组织方式,服务企业的组织结构也发生了重大变化。由于服务的网络化优势变得十分显著,促使了服务企业向连锁化、联盟化、集成化等方向发展,日益采用松散而富有弹性的网络型组织结构。例如,许多服务型跨国公司在全球化过程中采取了松散而富有弹性的网络型组织结构。相对于直接投资建立子公司而言,许多服务型跨国公司更倾向于采用非股权安排形式或是合伙形式,同时母子公司之间保持着一种较松散的网络联系,各公司独立性较强,许多业务甚至采取外包形式。这种新型的组织结构使内部化优势不再变得显著,将进一步改善现代服务

---

① 引自:联合国《2002 年电子商务与发展报告》。

的供给能力。

必须提及的是,在此过程中,服务创新方兴未艾。现代服务业不仅是现代技术广泛运用的部门,而且自身也是一个重要的创新部门。服务创新,既包括服务手段、方法、工具等方面的技术创新,也包括非技术创新,如金融服务中的许多功能创新。与制造业等部门的创新有所不同,服务创新中有许多并不是技术性或者是过程的变动,而是功能性的开发。这些功能性的创新,也许并不需要大量的R&D投入,但要求有大量的学习及知识积累、高素质的人力资本以及相应的制度环境。但随着现代信息技术及其网络的广泛运用,服务手段、方法、工具等方面的技术创新迅速兴起,其研发投入明显增加。1980年以来,大多数发达国家服务业的研发活动和投资急剧增长,并占据了越来越大的份额。1990—1998年间,加拿大服务业的R&D支出年均增长达17%,远高于制造业R&D支出年均增长10%;法国达15%,也远高于其制造业R&D支出年均增长1%的水平。除了澳大利亚服务业R&D支出年均增长11%低于其制造业R&D支出年均增长15%外,日本、美国、英国等均高于其制造业R&D支出年均增长水平。由此,在OECD国家的企业研发支出中,服务研发所占比重从不到5%上升为1997年的15%(OECD,2001)。除了澳大利亚服务业R&D支出比重有所下降外(其原来比重就较高),其他国家的服务业R&D支出比重均有不同程度的提高。其中,加拿大服务业R&D支出比重达到30%(1998年),澳大利亚为28%,美国为20%,英国为16%(1998年),法国为7%,日本为5%。从加拿大服务创新的情况来看,其创新率最大的行业(企业创新比重)是金融(62%)、通信(45%)和技术性企业服务(43%),而服务业创新中最重要、使用最广泛的技术是信息和通信技术(ICT)。在服务业中,研发活动最活跃、最多和增长最快的,是工程与科学服务、计算机和相关服务、批发贸易,以及金融、保险和不动产服务(OECD,1999)。

对于中国崛起中的全球城市来讲,服务供给条件的改变还有一种特殊的来源与方式,即国际服务业向发展中国家的转移。在全球步入服务经济时代的背景下,现代服务业的经营活动正日益国际化、网络化和一体化,对外直接投资已成为拓展服务地域范围的重要形式。20世纪70年代初,服务业FDI只占世界FDI总量的25%。80年代后,服务业FDI不断升温,于1985年达到42.8%,超过制造业FDI 38.7%的比重。进入90年代以后,服务领域的国际直接投资在全球直接投资总额中的比重一直保持一半以上。在OECD国家的外国直接投资中,服务业投资的总额明显高于制造业投资的总额,主要集中在零售、金融、商务服务、宾馆、饭店和电信业中。服务业外国直接投资的迅速增长,是经济活动在更广泛范围内国际化的一部分。根据联合国《2003 年世界投资报告》的统计，1999—2000 年间，全球 FDI 的产业分布为：第一产业 3.3％，第二产业 22.6％，第三产业为 68.5％，其中金融业为 24.9％，通信业为 11.5％。目前国际服务业转移步伐正在加快，已经扩展到信息技术服务、人力资源管理、金融、保险、会计服务、后勤保障、客户服务等多个服务领域。随着跨国公司的战略调整以及现代信息技术的迅猛发展，由业务流程外包（BPO）和信息技术外包（ITO）组成的服务外包逐步成为新的服务贸易方式，已经成为全球新一轮产业转移的重要形式之一。世界发达国家和地区是主要服务外包输出地，在全球服务外包支出中，美国约占 2/3，欧盟和日本占近 1/3。发展中国家是主要的服务外包业务承接地，其中亚洲是承接外包业务最多的地区，约占全球服务外包业务的 45％。

中国在服务产业尤其是高技术、新兴的服务产业转移方面，存在着很强的互补效应和转移落差。特别是一些大城市，在吸引服务业的 FDI 上有较大潜力。随着中国入世过渡期的结束，服务领域对外开放将进入一个新阶段，对外资企业进入银行、保险、教育、医疗、保健、交通、通信等服务领域的限制大幅度减少，服务领域承接新一轮国际产业转移的势头将逐步兴起。中国崛起中的全球城市在承接国际服务业转移中将首当其冲，成为吸收服务业 FDI 的首选地。这不仅会给这些城市带来一系列新的服务项目与服务方式，而且也将使其原有的服务领域得以进一步扩充，从而大大促进服务经济的发展。

10.2.3 基于产业融合的服务经济发展

从以上分析中可以看到，中国崛起中的全球城市，其产业基础的转换，既存在着巨大的服务需求潜力，同时又面临着服务供给条件的改善。这也就意味着，在促进服务经济发展中，也许有一个更大的可能性选择空间。换言之，崛起中全球城市的产业基础转换也许并不一定沿袭传统的路径，即在产业分立的框架下，通过转移或消灭制造业来促进服务经济，完成服务业对制造业的简单替代。从中国崛起中全球城市的实际情况来看，这种简单的产业替代不仅是一个较长期的摩擦过程，而且其转换成本是巨大的。因此，中国崛起中的全球城市立足于在现有产业基础上促进服务经济的发展，构建以服务经济为主的产业结构，形成大都市流量经济的重要产业支撑，可能要借助于信息化走产业融合的新路子。

产业融合的前提条件是信息化，是信息化对工业化和服务化的渗透与改造。从性质上讲，信息化并非只是一种技术形态或技术范式，更是一种经济、社会形态。如果说工业化是一种以分工分业、规模经济、批量生产、实体关联等为特征的迂回生产方式,那么信息化则是一种以产业融合、网络经济、柔性生产、虚拟关联等为特征的直接生产方式。因此,在城市经济中引入信息化,意味着引入一种新的生产方式。按照信息化生产方式,生产和消费规模的扩张不一定非要由高物耗来支撑,完全可以建立在低成本基础之上。这种低成本社会化的价值模式得以形成与建立的基础,则在于信息传输与转换的改善所导致的经济效率提高。更为重要的是,信息化生产方式不是传统工业化路径的延续或延伸,也不是在新的条件下对传统工业化路径的改善,而是被赋予崭新内容的重大路径转换。其核心点就在于,服务业和某些经济活动特别是制造业的界线越来越模糊,经济活动由以制造为中心已经转向以服务为中心,体现在制造业部门的服务化上,表现为:(1)该制造业部门的产品是为了提供某种服务而生产的,例如,通信和家电产品;(2)随产品一同售出的有知识和技术服务;(3)服务引导制造业部门的技术变革和产品创新。由此,信息化促进了服务业与制造业的产业融合。

产业融合是在工业经济时代高度产业分工的基础上发展起来的,是以产业部门日益细化、产业关联复杂化、部门间交易规模庞大且交易量大增为前提条件的,并对在此基础上形成的产业固定化边界进行一定程度调整的结果。这种调整打破了各种产业边界,导致产业之间更多的相互渗透与融合,并使与买卖双方密切相关的市场区域的概念转变为市场空间的概念。与此同时,传统厂商观念中的"有明确范围的竞争",也将被一个纵横相交的更加广泛的概念所替代。这些相关活动的协调,既有竞争,又有合作;既在传统市场之内,又在传统市场之外。产业融合主要表现为产业边界的相互交叉与部分重叠,形成一种与以往完全不同的新型产业。这种新型产业不是原有产业的简单组合或归并,也不是对原有若干产业的简单替代,而是一种在原有产业有机整合基础上的重新分工。

产业融合发展方针就是以知识经济为基础,借助于信息化手段,利用生产价值链开展合作,使各自分立的产业演化成一种交叉集合的产业融合,实现生产方式的根本转变。这一产业发展方针的提出,顺应了新形势下产业发展的新趋势,有助于产业发展模式创新。当然,产业融合发展,并不完全排斥产品制造,而是把产品制造与服务提供有机地结合起来,即产品只是一个待发生的服务;而服务则是实际上的产品。在顾客与产品生产者发生密切联系的情况下,只有同时既是产品又是服务的供应才能满足消费需求。与此同时,产业融合发展要求有形产品中包含越来越多的知识与信息,使其产品的价值越来越多地体现在无形方面,诸如设计与营销等。例如,国外一些传统的冶金企业已逐步转化为服务性公司,其服务的价值已超过其产品价值。因此,产业融合发展方针本身就要求第二产业与第三产业相互促进与共同发展,同时也内含现代服务业优先发展的基本思想。

产业融合发展带来的部门间业务交叉、市场交叉等新变化,使其打破了彼此分工的界限,相互介入。公司之间不再讲求垂直整合,而讲求不同功能公司之间的水平整合。企业之间不单纯是一种竞争关系,更是一种协同关系。与过去仅考虑其自身需求的方式截然不同。在产业融合条件下,企业不仅要考虑自身,把业务流程的各个功能串联起来,以实现商务的集成,如客户关系管理(CRM)、供应链管理(SCM)、价值管理(VBM)等,还要考虑与外部结合的一系列连接,完全借助于互联网来完成协同式的商务。因此,产业融合发展将形成一种新型的竞争协同关系,并在信息技术广泛运用形成各类产业自动化、智能化的基础上出现产业结构柔性化的趋势。

产业融合赋予信息竞争不单纯是一个掌握信息来满足市场需求的问题,更是一个运用信息与知识,并将两者融为一体参与竞争的问题。因为产业融合不仅要求把原先不同部门的信息加以交流与整合,而且还要求把这种交流和整合的信息与有关专业知识结合起来加以运用,以争取提供更大信息含量的服务。这实际上意味着信息流动的根本改变,即从权力和商品交易的流动变为知识的流动。为此,一个组织具有与众不同的竞争力的关键,就在于它把新的信息与现有的专业知识融合成一体的能力。在此过程中,知识创造和传播过程就成为其核心问题。因此,产业融合发展方针凸显了产业创新的作用与功能,不仅带来大量融合新产品与服务的涌现,而且其影响也深刻反映在对原有产品与服务的改善上。

因此,崛起中的全球城市在构建以服务经济为主的产业基础时,要运用现代信息技术改造传统产业,促进产业的技术融合,在广泛利用电子信息网络平台的基础上,打破传统产业边界及其各自发展的模式,实行业务交叉和产品融合,拓展新型业务,发展新的产业部门。以知识经济为基础,借助于信息化手段,利用生产价值链进行有机整合,形成"一条龙"的生产服务模式,实现先进制造业与现代服务业的一体化发展。同时,改造传统的产业组织结构,发展网络组织结构,形成以知识共享为基础、纵横相交的既有竞争又有合作的产业活动协调机制。

10.3 现代服务业的主导性发展

基于产业融合的服务经济发展,起主导作用的是现代服务业发展。现代服务业主要是指那些依托电子信息等高技术和现代管理理念、经营方式和组织形式发展起来的,主要为生产者提供服务的部门。它不仅包括现代经济中催生出来的新兴服务业,如信息服务、电子商务等,而且也包括现阶段保持高增长势头以及居于较大比重从而具有"现代"意义的服务业,如金融保险、专业化商务服务等,同时还应该包括被信息技术改造从而具有新的核心竞争力的传统服务,如各种咨询业务、现代物流服务业等。①这些现代服务部门具有的共同特征,就是高人力资本含量、高度专业性、高附加值等。这种现代服务业的主导性发展,是崛起中的全球城市的主要标志之一。

10.3.1　现代服务业发展中存在的问题及障碍

上述分析的服务经济发展的巨大潜力需求及其服务供给条件改善,为中国崛起中的全球城市的现代服务业发展提供了良好机会和较大可能性空间。事实上,大都市是最具有吸引现代服务业集聚的空间,包括国外服务公司的进入。而且,在大规模制造业国际转移之后,服务业的国际转移也会相应跟进。但从目前情况看,服务贸易大多还是在发达国家之间进行的,国际服务业向发展中国家转移的步伐仍较慢。Connor 和 Daniels 曾对这一经验事实提出过一种解释。他们认为,在服务公司进入外国市场销售其服务的谈判之前,要求该地具有最低水平的专业性服务发展,以及对体制结构和规则的最低期望值。发达国家的许多城市都能满足这些最低条件,所以这些公司可以满怀信心地计划在那里寻找合作伙伴及开展销售活动(O'Connor and Daniels, 2001)。的确如此,中国崛起中的全球城市在优先发展现代服务业方面步履维艰,很大程度上是受到各种制度性障碍的束缚。

我们知道,社会专业化程度以及与此相关的市场化程度的不断提高,才能使大量服务内部化转变为服务外部化,带来服务活动独立化。因此现代服务业发展取决于市场需求的驱动,特别是要由产业部门和政府部门的中间需求来拉动。

---

① 由于现代服务业的概念本身就具有更多的时间相对性特征,所以其内涵的界定比较容易发生歧义,存在各种不同的理解。例如来有为等(2004)认为,现代服务业指的是现代生产性服务业,即是为生产、商务活动和政府管理而非最终消费提供的服务;朱晓青等(2004)则从与传统服务业的比较中引出现代服务业的内涵:高技术性、知识性和新兴性;等等。我这里主要是通过寻求现代产业特征的若干"标准"(如新增加的部门在时间序列上具有现代产业特征,具有高增长率,且占有较大比重的部门具有现代产业特征、通过创新而注入更高的技术和知识含量的传统部门也可以具有现代产业特征),并用其来勾勒现代服务业的基本范围或边界。如果更宽泛一些,还可以把满足现代消费需求、符合现代社会文化理念、适应现代人生活品质的各类服务业包括进来,比如社区服务业、保健服务业、教育服务业等等。

然而,目前中国社会专业化分工程度还比较低,非服务部门中(除了农业、制造业部门,也包括政府与家庭部门)的许多服务活动内部化,形成部门内的自我服务。在这种情况下,中间服务投入的增长受到一定的限制,部门服务投入率(服务中间投入占部门总投入的比重)较低。以上海为例。根据 2000 年上海投入—产出表所作的部门服务投入率分析表明,从三次产业的总体服务投入来看,服务业的服务投入率最高,达到 28.89%;其次是第一产业,为 18.62%;第二产业的服务投入率最低,仅为 14.85%(程大中、陈宪,2005)。这说明一方面服务业自身的发展具有很强的自我增强效应;另一方面第二产业经由生产者服务投入而与整个服务业的联系程度较低。从分项服务投入来看,三次产业的货物运输及仓储服务投入率基本相同(2.45%—2.83%)。服务业和第一产业的金融保险服务投入率在所有分项服务投入中是最高的,分别达到 12.79%和 6.13%,占该两大产业服务总投入的 44%和 33%。但令人感到奇怪的是,金融保险服务在第二产业的服务投入中并不占据主导地位,仅为 3.18%,占该产业服务总投入的 21%,列第二位,不及商业服务(5.80%,占该产业服务总投入的 39%)(程大中、陈宪,2005)。这说明上海的金融保险服务也没有深深扎根于第二产业之中,并从第二产业中获得可持续的发展。由于社会专业化程度低下,非服务部门的服务内部化严重,致使现代服务业发展并没有建立在与其他产业紧密联系且得到强有力支撑的基础上,不仅难以发展,即使其比重上升了也容易发生逆转。

从表面上看,产业部门的服务活动内部化是社会专业化分工程度的低下。但其背后,实质是市场化程度不高。因为产业部门的服务活动外部化,取决于两方面因素:一是产业部门面临的市场竞争压力。当商业运作的复杂性日益增长以及市场竞争日趋激烈时,制造企业为了保持其核心竞争力,势必调整业务结构,逐渐将非核心业务外包出去,同时也越来越利用分工更为专业、功能更为强大的服务性企业来整合自身的技术平台和服务平台,以便进一步强化自身的核心业务。二是交易成本。如同企业的形成一样,服务活动内部化也可看作为节约交易成本的结果。如果外购服务的交易成本高于其自我服务的成本,就会使服务活动内部化进一步凝固化。只有当外购服务的交易成本低于其自我服务的成本时,企业才会将相当一部分服务活动外部化。可见,前者形成了促进服务活动外部化的强大推动力,而后者形成了促进服务活动外部化的强有力的吸引力。只有当这两方面因素共同起作用时,才能促使服务活动内部化向外部化的转变。与此同时,适应市场需求的变化以及市场中信息与通信成本的下降,现代服务业本身的专业化水平也将不断提高,以满足社会多样化需求。因而,现代服务业的增长,是与出现提供更加细分的中间服务的更专业化公司同时发生的。经验表明,发达国家的现代服务部门都显示出高度的异质性。

目前,随着中国市场化改革的深化以及产品生产供大于求基本格局的形成,物质产品的市场竞争压力越来越大。在企业预算约束硬化的情况下,这在一定程度上对该类企业的非核心业务外置有较大的促进作用。近期抽样调查显示,无锡95%的企业希望剥离零件生产,50%的企业希望把物流全部交给社会,90%的企业希望分离部分物流业务,85%的企业希望剥离后勤服务(胡惠,2004)。当然,在企业预算约束软化或受行政性保护的情况下,仍会促使一部分企业保持服务活动内部化。相对而言,更为严重的问题是外购服务的交易成本居高不下。这里有三种情况:

其一,服务供给不齐全而造成的交易成本居高。在世界贸易组织划分的服务贸易的143个行业中,目前我们尚有不少服务门类处于空白,例如商业化的税务服务、民意测验服务、安全调查服务、信用查询与分析服务等。在已有的服务部门中,则提供的服务品种不齐全(如金融服务中缺乏股指期货等做空机制)。这种不能满足企业外购服务需求的供给缺乏,实际上是一种变相的交易成本居高的表现。

其二,服务体系不完善和服务水平低下而造成的交易成本居高。假定在有支付能力的前提条件下,目前服务供给的状况表现为:(1)有钱可以购买到大众化服务,但还难以购买到高级服务与差别化服务,即反映了服务供给的单一化、简单化。(2)有钱可以购买到一般服务,但还难以购买到优质服务,即反映了服务供给的低水平、粗放式经营。(3)有钱可以购买到各种单项服务,但难以购买到复合型服务,即反映了服务供给的分割化、低附加值化。(4)有钱可以购买到某一时点的静态服务,但难以购买到连续性的动态服务,即反映了服务供给的短期化、短视化。这种综合配套性差、服务等级低、服务细分度不高的服务供给,直接表现为交易成本居高。

其三,不良市场秩序而造成的交易成本居高。其主要表现为:服务供给的虚假信息或弄虚作假使消费者受骗上当,使其产生拒绝心理,敬而远之;服务质量的不稳定性或质量标准模糊化使消费者产生戒备心理,对服务消费持谨慎态度;不能很好履行承诺等服务信誉差劣,使消费者产生抱怨情绪,降低了对其服务消费的积极性;等等。此外,由于我们正处在体制转型之中,一系列涉及个人利益的制度变革预期不稳定,如医疗保健、养老、社会保障、教育等领域的改革,在一定程度上也抑制了消费者的即期服务需求。

上述外购服务的交易成本居高,从供给的角度讲,实际上就是一个服务供给刚性问题。服务供给的刚性,势必导致有效服务供给不足和服务交易成本居高不下,使相当一部分潜在有效服务需求难以转化为现实有效服务需求。来自国家统计局的资料显示,在北京、上海、广州、成都、西安、沈阳和青岛这七个城市中,有70%以上的家庭需要各种服务,其中有近 240 万户居民目前得不到家电维修的服务,127 万户居民得不到房屋维修的服务。这种情况通常是由竞争不充分造成的,是市场化程度低下的表现。例如,在有钱难以购买到高级服务与差别化服务的背后,是价格失灵或非市场定价,不能灵敏反映多层次的服务需求并刺激相应的供给增加。在有钱难以购买到优质服务的背后,是竞争不足或垄断,缺乏提供优质服务的内在动力和外部压力。在有钱难以购买到复合型服务的背后,是市场分割或行业分割,难以按照消费者综合性需求对各项服务进行整合。在有钱难以购买到连续性的动态服务的背后,是市场营销意识与能力不强,缺乏不断开拓服务创新的能力。

从目前情况来看,现代服务领域的市场化程度不高,主要是由部门的行政性垄断、传统的进入、价格等方面的管制等体制性障碍造成的。特别是在行业准入方面,存在诸多歧视性限制,对非公有制经济的开放度较低。例如,2002 年上海非公有制经济增加值占 GDP 的比重为 31.9%,其中,第二产业增加值中非公有制经济的比重为 35.9%;第三产业为 28.9%,低于第二产业 7 个百分点。交通运输仓储邮电通信业、批发零售贸易餐饮业和金融保险业非公有制经济的比重分别为 9.2%、37.6% 和 23.1%,教育、文化、卫生、娱乐等行业非公经济的比重更小(张严,2004)。这种行业的行政性保护,造成竞争不足,从而产生行政性垄断利润,使服务价格居高不下,同时也影响服务专业化水平的提高,导致有效服务供给不足。因此,崛起中的全球城市要优先发展现代服务业,吸引国内外服务机构的集聚,必须突破体制性障碍,提高市场化程度,充分发挥市场机制对现代服务供求关系的调节。

10.3.2 寻求现代服务业发展的突破口

根据中国的实际情况,崛起中的全球城市大力推进现代服务业发展,其中一个重要方面是突破现代服务自我增强的产业内循环发展路径,在全面提升经济服务化的基础上寻求向整个经济系统渗透的发散型发展,在第二、第三产业融合中找到新的增长点。这不仅要求其他产业,特别是制造业的企业活动外置,大幅度增加服务的中间投入,而且要促进制造业部门的服务化,使其经济活动由以制造为中心转向以服务为中心。为此,应加快发展与制造业直接相关联的配套服务业,如工程装备配套服务和工业信息服务,以及公共性服务业,如技术服务、现代物流、工业房地产、工业咨询服务以及其他工业服务等。

与此同时,通过现代服务的市场深化和市场选择的专业化,促进市场增长的规模和交易成本下降。在现代服务的专业化发展中,既要有外延型的规模扩张,也要注重内含型的质量提高,重点在于改善服务模式,增强人性化、便利化、信誉化的服务特色。规模扩张主要是开拓新的服务种类和品种,增加新的服务门类和业务,改善服务业的内部结构。质量提高主要是用先进的理念改造服务业,用高新技术与信息技术装备服务业,提高服务的知识密集度与技术含量,增强运行的稳定性,培育服务新增长点,增强跨区域辐射能力等。

对于崛起中的全球城市来说,促进现代服务业发展的一个更为特殊的方面,是发挥现代服务业空间集聚的优势。因为现代服务业具有在中心城市及中心区域高度集聚的特性,其产业集聚带来的互补、共享等外部经济效应十分显著,从而呈现出区位集中的产业集群发展趋势,尤其在大都市中央商务区(CBD)出现了一系列的产业集群。因此,要积极营造良好的产业生态环境,通过紧密的产业关联、共享的资源要素、丰富的社会资本、有效的竞合机制,充分发挥外部性优势,培育和促进服务业集群的形成与发展,实现规模经济与范围经济,形成产业共同进化机制。具体讲,就是以中央商务区为载体和平台,形成以金融商务服务为主的核心集群、以娱乐高档消费为主的衍生集群、以旅游餐饮服务为主的支持集群;以高新技术园区为载体和平台,形成以产品研发和技术创新为特色的服务业集群。通过产业区位集聚,优化现代服务业发展的生态基础。在多样化、多层次、网络化的现代服务业集群基础上,拓展服务辐射空间,使服务价值链向外延伸。为吸引现代服务企业集聚,要提供发达的现代通信设施、便捷的交通网络、优美和谐的人居环境、各类档次的商务楼及商务密集区等。另外,要创造条件引进高级专业人才,大力培养具有专门技能的服务人员。

在此基础上,抓住国际产业转移的机遇,主动接受国际服务业的转移,促进现代服务业跨越式发展。服务业引进外资,要注重其功能性,而不囿于项目及其金额的大小。因此,服务业引进外资的质量标准,一是功能的稀缺性,越是我们缺失的服务功能,越是要引进;二是功能的大小,越是服务功能大的项目,越是要引进;三是功能的集聚性,越是能带来其他服务集聚的项目,越是要引进。

给定现代服务业发展在崛起中的全球城市提高生产率和国际竞争力中的重要地位,政府促进现代服务业发展的角色是:提供基础设施投资;维护一个开放、竞争和透明的商务环境;进一步放松管制;通过更大地促进个人积极性和竞争性市场过程探索经济效率改善的机会。因此,在明确行业要求和经营资质的前提下放松进入管制,扩大非公有经济比重,促进服务企业数量和规模的增大,形成多元经济主体参与的充分竞争的格局。在确定服务标准和加强行业监管的前提下放松经营管制,扩大服务企业经营范围,实行按质论价、差别化价格等市场定价方式。通过体制机制创新,促进专业化分工,带动服务外部化,从供给与需求两方面激活服务业发展的内在动力。

10.3.3 促进现代服务业发展

促进崛起中全球城市的现代服务业发展,关键是破除体制性障碍,调整管制政策,引入竞争机制。根据中国加入 WTO 的承诺,借助服务领域的对外开放,对服务行业的管制框架进行重大调整,全面清理和废除过时的规章制度及有关文件,制定和实施新的放宽市场准入的政策,消除服务业的行政性垄断,降低服务业进入门槛,并在条件成熟时予以立法。同时,破除各种各样不成文的"潜规则",打破部门分割,减少不必要的环节,简化前置审批,清理不合理收费。调整经营管制政策,特别是价格管制政策,扩大服务市场化经营和促进服务的市场定价。

在有序地开放电视、报刊、发行、艺术表演等领域的私人投资,扩大非公经济在教育、卫生、体育、娱乐,包括旅游、信息、金融等行业参与度的过程中,加快原有事业单位的改制。在明确区分并划定服务性质(公益或非公益)的基础上,对原有社会事业服务进行剥离。积极探索高度稀缺性服务资源的公开招标和拍卖方式,采用市场方式合理配置服务业的社会资源。同时,有关社会事业的行政管理部门要转变职能,从"办事业"转向"管事业",综合运用经济、法律、行政等手段对经营机构、市场实行全行业管理。在一些相关行业中加快信用评价体系的建设和服务标准的制定,建立服务供给的信誉保证,建立服务规范,优化服务环境。按照市场经济的原则和国际惯例,对政府、企业、行业协会进行准确定位。建立和完善各种类型的服务行业协会,使行业自律管理的主体明确到位,充分发挥行业协会在清理市场准入规定、促进民营经济发展、加强行业自律和监管、编制行业规划、完善服务业统计等方面的重大作用。

在现代服务业的空间布局上,要加强规划引导,加快商务楼及配套设施建设,促进服务产业集群,形成若干高度集聚高端服务、商务环境优良、综合配套的现代服务业密集区,成为具有示范性和强辐射的服务业核心节点,带动相关服务业的发展。各中心城区在建设现代服务业密集区中,要寻找"比较优势",形成各具特色、错位竞争的服务产业分工格局。

另外,加大对服务业的研发资金的投入力度,利用科技进步提高现代服务业部门的知识、技术含量与发展水平。大力推进服务部门信息化程度,促进现代新型业态和组织方式的运用。全面推进执业资格证书制度,建立服务业职业资格标准体系。拓宽人才培养途径,积极吸引和聘用海外高级人才,专职培养能够适应国际服务业要求、熟练掌握外语的实用型服务人才。加强岗位职业培训,提高服务业从业人员水平。

11 崛起中全球城市的空间结构演化

城市空间结构的演化,本质上是人类社会经济活动在空间上的反映。崛起中的全球城市,由于其社会经济活动发生重大的变化,势必会在城市空间结构演化中反映出来。从西方城市空间结构研究来看,由于各个学科研究角度的差异,迄今对处于不同文化背景和发展水平下的全球城市空间结构并没有形成一个共同的、大家普遍接受的城市空间结构范式。与一般的城市空间结构研究不同,对于全球城市的空间结构,也许从经济全球化、信息技术网络化、跨国公司等级体系化等角度研究显得更为合适。Friedmann、Sassen、Timberlake、Pyrgiotis、Kunzmann、Wegener 等人曾从这一研究视角,探讨了其对发达国家全球城市空间结构的影响(Clark, 1982; Brotchie, et al., 1989:2—30)。但对发展中国家那些正在崛起中的全球城市来讲,其空间结构演化具有一定的特殊性,特别是在演化的基础、条件、环境等方面有较大的自身特点。因此,本章将在分析全球城市空间结构演化一般趋势的基础上,重点研究崛起中全球城市空间结构转换的路径依赖及其发展模式。

11.1 城市空间结构演化趋向:从单核心转向多中心

城市空间结构(urban spatial structure)是城市构成要素关系组合在空间的分布形式。从其实质内涵而言,它是一种复杂的人类经济、社会、文化活动和自然因素相互作用的综合反映,是城市功能组织方式在空间上的具体反映。国外流行的观点认为,城市空间结构是城市功能区的地理位置及其分布特征的组合关系。它是城市功能组织在空间地域上的投影(Gallion, 1983:14—16)。长期来看,城市空间结构是一个动态演化过程,但其演化速率是非均匀的。崛起中的全球城市,通常是处在空间结构演化速率加快,并发生重大转换的阶段。因此,要牢牢把握住崛起中全球城市空间结构演化的基本趋向,促进其空间结构的重大转换。

11.1.1 传统沿袭的单核心城市空间结构

传统的城市规划和城市空间结构,是将城市承担的为生活、生产、文化、教育、政治服务的多种功能高度地集中在有限的城市空间内,形成明显的城市功能中心,即中心城,并以此单核心为基础不断对外空间拓展。这在早期城市空间结构理论中得到充分的反映。其中,最具代表性的是 Burgess(1928)根据对芝加哥城市土地使用模式的分析而提出的同心圆模式,推论城市空间是呈放射单状扩展。他在 1928 年发表的《美国城市的居住分离》一文中所描绘的城市空间结构为:市中心是 CBD,市中心区外围的第一层圈是工业区;紧接着工业区的是工人住宅区;再往外是良好住宅区;最后是通勤区。美国土地经济学家 Hoyt(1939)提出的扇形理论认为,城市居住用地趋向于沿着主要交通干线和自然障碍物最少的路线由市中心向市郊延伸,城市空间地域的扩散呈扇形分布。这种扇形结构模式,总体上还是基于同心圆结构,保持了"单中心"与"圈层结构"的空间结构特征,只不过是突出了城市上流阶层在居住区空间分布形态上的"特殊性"而已。以后,Mann(1965)将以上两者结合起来,提出了"同心圆—扇形"理论。与此相类似,Taaffe 等人提出了由中央商务区、中心边缘区、中间带、外缘带和近郊五个部分组成的理想城市结构模式;Russwurm 提出了由城市核心区、城市边缘区、城市影响区和乡村腹地构成的区域城市结构模式等。

在城市的实际发展中,确实也出现了类似以上理论模式所描述的城市空间结构模式。归纳起来,大致有两种类型:封闭式的环状放射结构和开放式向心放射结构。前者是一种紧凑环状模式,即所谓的"摊大饼"的模式,表现为人口不断向城市中心集中,城市建成区不断扩大,城市形态从中心向外呈环状圈形扩展。尽管在实际发展中可能受到地形、交通线路等因素的影响而产生一定程度的变形,呈现如 Hoyt 的扇形结构特征,但其实质是相同的。后者是一种发散非环状模式,具体可细分为两种。一是轴线带状模式,表现为城市扩展沿着一条重要交通干线或高速公路向外延伸,形成线形走廊状的结构特征。另一种是星形放射演化模式,表现为城市沿若干发展轴呈放射状向外扩展,各个商业中心从交通汇集处向每个干道延伸,从而形成星形结构。其典型的代表之一,是北欧著名的哥本哈根"指状发展模式",其特点是沿着放射形快速交通走廊分布其城市功能,相互之间穿插入楔形绿地,其城市沿着不同的发展轴向外伸展。

相比较这两大类型的传统城市空间结构模式,可以说各有其优劣点。在封闭式的环状放射结构中,通常其经济中心的实力较强,城市布局及其扩展具有较好的紧凑度,城市土地利用效率也相对较高。同时,由于其新扩展的区域是沿着城市外缘蔓延,从而与原有的建成区能够保持较强的连贯性。但是,这种从一个城市的中心开始不断向外"摊大饼"的蔓延方式,由于形成了一道道环线,并不利于城市日益膨胀的能量往外扩散,从而容易造成中心区承担的功能负荷过载,集中表现为城市容量超饱和、超负荷,特别是交通、环境问题最为突出。而且,随着城市规模扩大,也将造成居民的总体生活成本趋高。

与封闭式的环状放射结构相比,开放式向心放射结构由于是一种以交通轴线为核心的城市空间组织方式,能够使城市扩展的轴向相对集中,充分发挥交通基础设施的功能,同时也有利于通过交通干线加强与城市周边区域的联系。而且,由于没有确定的边界环状道路或绿带的阻隔,城市日益膨胀的能量比较容易借助于公共交通干线向外扩散,有助于城市的快速成长。斯堪的纳维亚国家的城市形态所表现出来的活力,证明了这种发展模式的特点。但这种演化模式也造成较大的环境压力。特别是轴线带状模式,尽管土地利用效率也比较高,但受单一轴线的限制,不利于整个城市功能的合理划分。星形放射演化模式虽然拥有多个交通放射轴,避免了城市成块向周边地区不规则蔓延,也避免了像"摊大饼"那样形成规模过大的集中城区,但如果管理和规划不当,则往往又是一种变相的"摊大饼"过程。同时,居民的总体生活成本也将随着城市的扩张而增加。然而,无论是封闭式环状放射还是开放式向心放射,其共同点就是单核心的城市空间结构。

长期以来,这种单核心模式是城市空间结构演化的主流。其典型的代表之一,是 1944 年由 Abercrombie 提出的著名的大伦敦规划模式,即城市结构由中心区环状放射式的道路、封闭绿带加卫星城组成。这种以后又被 1959 年日本东京首都圈和苏联大莫斯科规划所继承。受其影响,中国大城市发展也都沿袭了这种单核心的城市空间结构模式。不论是北京、上海还是其他大城市的空间结构,都具有这种模式的典型特征。其中,北京具有典型的同心圆环状放射的特征,即城市主要功能都集中在老城(单核心),围绕老城建设环路和绿地,超过规划容量的城市人口布置在郊区卫星城。而上海具有典型的星形放射的特征,即以中心城为主体,通过多条发展轴形成星形低密度爆炸式扩展。

下面我们主要剖析上海的城市空间结构模式及其特征。上海发展至今,其空间形态表现为已建成区由中心城突破外环线向四周扩大,呈现出"轴向延伸"与"圈层拓展"并举的局面。其轴向(沿黄浦江南北轴向)延伸,主要是闵行(西南方向)和宝山(东北方向);其圈层拓展,包括浦东①、松江、青浦、嘉定等。目前,轴向延伸的闵行、宝山以及圈层拓展的浦东,都与中心城连成一体,实际上已成为中心城的溢出区。圈层拓展的松江、青浦、嘉定三个区的一些地段,也与中心城几乎连了起来。而且,松江区与闵行区、嘉定区与宝山区之间的间隙也很少,也几乎连成一片。因此,尽管上海城市空间结构在形态上表现为通过多条发展轴形成星形状低密度爆炸式扩展,但实际上仍然是中心城摊大饼式的往外扩展。按照航空遥感图分析,到 2005 年上海中心城市及外缘相连地区的建成面积增大到 898 平方公里,其中外环线以外(即中心城以外)面积由 1995 年的 74 平方公里增加到 305 平方公里。

尽管 1986 年的上海城市总体规划已提出要改变"同心圆圈层式"发展和"见缝插针"的局面,将中心城、卫星城、小城镇和农村集镇作为一个整体来考虑,把形成"多心开敞式"和"组合城市"的布局结构作为重要的指导思想,并确定以中心城为主体,从几个方向,通过高速公路、一级公路及快速有轨交通等把七个卫星城镇和主要小城镇及邻省主要城市联系起来。但其具体实施的结果,并没有形成一定规模的卫星城。在 90 年代后期,上海也提出了"一城九镇"的构想,并付诸实施。但在实际操作中,由于没有将"一城九镇"建设与轨道交通建设紧密结合起来,从而未能形成以轨道交通为依托的产业集聚和人口集聚的新城镇,只不过是建成了几个有着外国建筑风貌的别墅群和居住区。

因此,上海尽管中心城外的建成面积迅速扩大,但诸新城则相对独立发展不够,更多的是众多开发区、工业区及新城以外的城镇建设,形成了大量漫布性建设的地区。如果把大于 1500 人/平方公里的连片区,以及低人口密度但成片的工厂、较大的园林绿地及飞机场等建设用地作为建成区用地面积,那么 1995 年为 447 平方公里,2000 年为 616 平方公里,2005 年增加到 892 平方公里。其中,外环线以外占 34%。这表明,中心城外延出去的已建设用地相当于中心城面积的 1/3 左右。然而,在人口分布上,仍然是中心城区人口高度集聚和郊区农村人口布局分散的基本格局。2005 年,上海市常住人口密度为 2804 人/平方公里。据市人口计生委专项统计调查表明,上海内环线以内的常住人口密度

---

① 20 世纪 90 年代的浦东开发开放,虽然是一个新城建设,但实质上是中心城的跨江拓展,只是增加了一个发展轴而已,并没有从根本上改变单核心圈层拓展模式。

为 3.39 万人/平方公里,内、中环线之间为 1.75 万人/平方公里,外环线之外则为 0.14 万人/平方公里。内环线以内的人口密度是外环线以外的 24 倍。可见,这种广域扩散并没有使中心城功能适当向外转移,也没能从根本上改变中心城人口高度集中的基本格局。

11.1.2 单核心模式与全球城市崛起的非适应性

从历史过程来看,这种单核心城市空间结构也许是城市形成及其发展中的一个必经阶段。许多城市最初都是从一个中心点开始发展起来的,并在一个稳态和常规的发展中逐步圈层拓展或轴向延伸。例如,中国的许多中小城市在发展初期,一般类似于这种紧凑环状模式或轴线带状模式。这也就是为什么单核心城市空间结构是一般城市发展的普遍模式,至今许多城市仍然保持着这种结构形态的原因。然而,随着城市的进一步发展,特别是向纵深扩展,往往要求打破原有的模式。城市的空间结构形态是处于演变之中的,理想的城市空间结构形态并不是终极性的。

这种城市空间结构的演变过程,与两个基本向量(规模与速度)的变化有密切关系。考察城市空间结构的演变,必须把城市发展规模与发展速度置于其中。撇开这两个向量来讨论理想的城市形态或比较不同城市发展模式的优劣,是没有任何意义的。

首先,城市空间形态和结构的演变过程与规模向量的变化有关。对于规模较小的城市来讲,这种单核心城市空间结构形态也许是合适的。但当城市扩张到一定程度,形成较大规模以后,这种单核心块聚式的空间布局形态开始不适应城市发展。因为不断地向外层摊大饼式地发展,势必导致人口过密、交通拥挤、环境恶化等一系列严重弊病。

其次,城市空间形态和结构的演变过程与时间向量的变化有关。对于以常规速度发展的城市来讲,这种单核心城市空间结构形态也许更有适应能力。但当城市以超常规速度发展时,这种单核心圈层拓展或轴向延伸形态往往无法适应这一迅速变化的要求。因此,并不像传统的规划理论所认为的城市空间形态和结构的演变过程与时间向量的变化无关;恰恰相反,城市发展模式的选择更多地依赖于城市的成长速度,而不仅是发达的程度(赵燕菁,2001)。当城市发展速度达到一定临界值时,合理的发展模式会发生转换。原来低速发展阶段时不合理的模式,可能会变得合理。

对于崛起中的全球城市而言,这两个向量都表现得十分明显。从发展规模看,作为崛起中的全球城市,通常已形成了众多人口和广大市域范围,有的甚至已成为巨型大城市。例如,1982 年到 2005 年间,上海常住人口从 1186 万人增加到 1778 万人,已形成相当大的规模。从发展速度看,作为崛起中的全球城市,往往正进入超常规发展阶段。特别是在中国,随着进入城市化加速阶段,城市化滞后的补偿效应和高速经济成长的共同作用,使城市超常规扩张成为中国沿海地区城市发展的普遍现象。例如广州 1978 年城市建成区面积才 80 平方公里,1999 年达到 279 平方公里。在不到 25 年的时间里,新建了两个半广州,年均增长率高达 5.9%。崛起中的全球城市,更是成为人口流动与迁移的主要目的地。例如,上海户籍人口自然变动从 1993 年起已连续 12 年负增长,其常住人口迅速增长主要来源于外来人口的流入。来沪人口总量由 1997 年的 237 万人跃增到 2005 年的 581 万人。在人口净增量上,来沪常住人口净增量占全市常住人口净增量的 91.24%,占全国跨省流动人口净增量的 25.51%。同样,尽管北京是中国人口规模控制最严格的城市之一,但也仍然无法抑制城市人口的持续增加。按新中国成立时城市人口 150 万计,在将近 50 年里,北京的人口平均增长速度高达 3.5%,几乎每 10 年增加 100 万人。

在城市规模已经十分巨大,且处于超常规速度发展的情况下,单核心城市空间结构的发展模式已经不能再与此相适应。因为这种缺乏功能分区、高度集中的城市空间结构,不仅影响了城市在空间上的扩展,而且影响了城市功能的充分发挥。无论是圈层拓展还是轴向延伸,都无法有效地将城市集聚转换而来的巨大能量扩散出去,而在外围规划布点的卫星城则难以内生出迅速成长的活力,最终是被日益膨胀的母城所吞没。尽管多圈层的环城道路像一道道水坝一样试图截住中心城的往外蔓延,但外溢的城市功能撞到这些大坝上反弹回去,则给中心城区造成更大的压力,从而引起更强大的外溢力量,直到越过这道水坝,于是人们又开始下一个水坝的建设(赵燕菁,2001)。其结果是,出现越来越多的环线,这个"饼"也随之越摊越大,但中心城的功能还是难以有效扩散并得到充分发挥。前面有关章节已经阐述了,全球城市崛起所要形成的功能有特定的要求或规定性,即强大的、综合性的全球战略协调功能。在单核心城市空间结构中,或者综合性功能禁锢于中心城的狭小空间而难以强化和增强;或者在中心城的狭小空间只能增强某种单一功能而不是综合性功能。显然,这与全球城市崛起的要求是格格不入的。

因此,全球城市的崛起,必须改变单核心城市空间结构,寻找新的城市发展模式。否则,就会丧失发展机会,阻碍全球城市的崛起。在这方面,有一些比较深刻的国际经验教训值得吸取和借鉴。例如,东京在高速成长条件下拒绝及时改变城市空间结构,从而丧失了发展的机会。第二次世界大战结束时,东京的人口为 278 万,城市型土地利用范围大致在半径 10 公里。随着战后经济复兴,以东京为中心的城市型土地利用急剧扩张。到了 1997 年,东京都核心区达到 625 平方公里,都市圈 17200 平方公里内集聚了大约 3258 万人,占全日本人口的 25.9%。东京的单核心城市空间结构由于不能有效地将城市功能外溢发展,从而导致中心区的城市功能高度集中,并引起地价急剧上升。但是日本迟迟下不了决心对东京进行城市空间结构调整,实施功能分解。1959 年制定的东京城市发展战略,一开始仍是实行"绿带加卫星城"的一极集中模式,失控后又调整为多心多核模式,但在实施中也难以见效。后来 1987 年《第四次全国综合开发规划》提出构筑多中心分散型国土结构的构想,却又遭到单核心模式受益者——东京都地方政府的抵制,其提出展都方案进行对抗(谭纵波,2000)。其结果是,东京的发展严重受制于其单核心城市空间结构的束缚。

无独有偶,首尔的教训几乎是东京的翻版。首尔也是单核心城市空间结构的发展模式,随着其城市规模迅速扩大,也没有及时转换其结构形态,所出现的城市问题症状几乎同东京一模一样。尽管它比东京醒悟得要早一点,最终提出了迁都,但是由于韩国已经越过城市化发展的高峰,首尔也已经发展成为一个巨型都市,要想建设与老城中心规模相当的新都心,彻底改变城市空间结构的最佳的时机已经失去(方可,2000)。

因此,在中国全球城市崛起过程中,要充分认识长期以来形成的传统单核心城市空间结构是与其不相适应的,必须及时调整城市空间结构和实施功能分解,形成适应于全球城市发展的空间结构形态。

11.2　全球城市崛起的空间结构重塑

在当今全球化与信息化交互作用的背景下,近代城市及其居住区的空间结构越来越趋向"多中心"的特征。这主要是由于城市规划、快速交通通信工具、社会经济活动的日益多样性,以及城市规模的迅速扩大等因素所导致。国际经验表明,在现代的大都市区,多中心的城市空间结构模式具有更好的适应性,从而也越来越具有普遍性。与全球城市的崛起相适应,多中心城市空间结构的重塑,应该是一种比较明智的选择。

11.2.1　向多中心城市空间结构转换

从理论发展历程讲,自 Burgess 等人提出单核心城市空间结构理论之后,早在 1945 年 Harris 和 Ullman 就提出了城市空间结构的多核心理论。在他们看来,有四个方面的因素影响城市中活动的分布,即有些活动要求设施位于城市中为数不多的地区;有些活动受益于位置的互相接近;有些活动对其他活动容易产生对抗或有消极影响;有些活动因负担不起理想场所的费用而不得不布置在不很适合的地方。在这四个因素的相互作用下,再加上历史遗留习惯的影响和局部地区的特征,形成了地域空间的分化,从而形成了各自的核心。但该理论对多核心之间的职能联系阐述较少,特别是对不同核心之间的差别及其在城市总体发展中的定位缺乏深入分析。1981 年,Muller 对多核心理论作了进一步的扩展,提出一种新的大都市空间结构模式,即由中心城市、内郊区、外郊区和城市边缘区构成的城市空间结构。其中在外郊区,形成了若干个小城市。因此与多核心模式相比,这个模式可称为多中心城市模式。

这种多中心城市空间结构理论的提出,很大程度上是城市发展现实状态高度抽象的真实反映。自从第二次世界大战之后,欧美国家的一些城市与区域空间系统开始由单一中心的结构转变为 Krugman 所描述的"草莓布丁"式的多中心结构(保罗·克鲁格曼,2000)。特别是近阶段,随着科学技术的新突破,新兴服务部门逐渐取代传统工业而成为支柱产业,基于现代信息技术的全球网络体系形成,更是深刻地改变着城市面貌和城市空间结构形态。其中,一个突出的表现就是促进了城市功能实现方式的虚拟化,从而使城市空间结构的发展受地理形态的影响越来越小,其空间选择的余地已得到明显的扩大。这在很大程度上推动了单核心的空间聚集转向多中心的空间分散,导致城市空间结构从传统的圈层式走向网络化。在地域上则表现为,分散化的分布取代了工业时代成片工业区的空间形态;信息网络导致流通领域与生产领域的边界日益模糊,工业用地与商业用地兼容的情况日益明显;居住生活与办公生活的融合导致生产用地与居住用地使用兼容化,等等。

在这种情况下,不仅中心城的人口向郊区转移,更为主要的是产业部门也开始向郊区迁移,并且是趋向于郊区的各个中心点集中。开始也许主要是制造业向郊区迁移,随之物流业、零售业、服务业、文化教育卫生娱乐设施乃至许多公司、金融机构也纷纷出现在郊区,从而使原来集中于中心城的多种经济活动日益分散到郊区的各个中心点上。这样,在郊区又形成若干功能较为完备,但又与原城市中心区相互联系的新城区,导致多中心城市空间结构。当然,这些城市多中心的产生是以轨道交通的连接为基础的,在地域上表现为沿交通干线分布。这一便捷的轨道交通网络满足了城市生活对道路交通、信息传递、享受餐饮娱乐服务等方面的要求,并将各中心串联成为一个有机整体。

崛起中的全球城市,适应这种城市空间结构变化的要求更为迫切。这不仅是因为崛起中的全球城市更加直接面对和深刻感受到科学技术新突破、新兴服务部门逐渐取代传统工业而成为支柱产业、基于现代信息技术的全球网络体系形成等变动因素的影响,最为核心的问题是,其处于网络主要节点的特定功能内在规定了必须与多中心城市空间结构相匹配。

在全球城市的崛起过程中,其能量的高度集聚势必要转化为强有力的扩散,对周边地区乃至全国形成强大的辐射和影响力。这就要求在空间布局结构上必须突破行政市域的界限,而放在一个更大的空间范围来安排。也就是,要放在全球城市区域的范围来考虑其核心地位的空间布局结构。按照这一要求,崛起中的全球城市与其周边地区(包括其城市)的联结,不能只是其中心城区与其周边地区(包括城市)直接的单一联结。从实际情况看,这种由中心城区直接与其周边地区(包括城市)的单一联结,不仅要越过广大郊区从而客观上受到一定的空间阻隔(当然,这可以通过城际交通的改善来加以弥补),更主要的是严重影响其辐射扩散功能。

因此,中心城的功能要向郊区分散化,从而与周边地区形成"多点"连接。也就是,有相当部分的外部直接联结是通过郊区中心点来实现的,进而与中心城形成间接联结。这就要求中心城的功能向城市郊区拓展,不能蔓延式扩散,即在郊区形成大范围的平面式集聚,而是向郊区的若干节点集中,形成有重点的立体式集聚。因此,中心城与郊区不再是简单的"核心—外围"的关系,而是"核心—次核心"的关系,即中心城与郊区若干新城的"点射状网络"的布局结构。这种多中心城市空间结构,比较适合于崛起中全球城市处于高速成长阶段的辐射与扩张的要求。因为在这一空间结构中,城市高速成长的辐射与扩张不再表现为一个连续外溢的波,而是一个个功能相对独立的量子组团在统一的城市空间秩序内的跃迁(赵燕菁,2001)。另外,城市也不再是由一个"发动机"来推动,而是由几个平行的发动机同时驱动。这就使崛起中的全球城市能够有效地释放所有的成长潜力,并将各种功能的相互摩擦减少到最小。

这种多中心的城市空间结构变化,是城市与外部环境的相互作用以及城市系统内各组成要素之间的相互作用结果的外在表现。由于城市发展的基础及约束条件的差异,这种多中心城市空间结构形态在现实中表现为不同特点的多样化模式。其中,比较典型的有以下两种模式。

(1)点轴线形模式是由沿主要交通干线(轴)形成一些集聚区域(点),其间被一系列绿地系统或农业用地等非建成区分隔。点轴线形演化模式避免了上述单核心轴线带状模式的许多弊端,能够有效地分散城市的各种功能,在城市发展上保持较大的弹性,而且城市的各个集聚区域之间由绿地或农田系统填充,有利于城市生态的可持续性,在为城市提供必要的蔬菜及副食的同时也是人们郊游的良好场所。这种模式虽然增加了居民的通勤和购物成本,但如果进一步提高交通的效率,建设城市高速交通系统,这种模式不失为一种发展的选择。

(2)分散组团模式是对城市中心的规模作一定的限制,而把城市新发展的部分分散到外围,形成多个次中心,整个城市由多个组团构成。分散组团演化模式有利于分散过分集中拥挤的城市中心区域,形成若干规模适中的次级中心。城市的空间结构和功能分配具有较好的弹性,在分散中有集中,在集中里有分散,疏密适度。同时,城乡交错,有大量绿地和农田系统填充,有利于生态平衡,居民也可以闲暇郊游。这种多中心的布局可以促进形成规模较小、配套良好并且环境适宜的城市单元。因此,这种模式适合大城市的发展。但城市的建设规模也随之加大,城市居民的通勤和购物成本也将增加,同样需要建设城市高速、便捷的交通系统。

不管是点轴线形模式还是分散组团模式,其共同点在于:一方面竭力限制中心城区无限扩大,甚至不惜通过加大中心城区密度、增加建筑高度等方式加以限制。另一方面围绕中心城会形成若干不同"级"的城市。这些不同"级"的城市共同构成一个地域性城市,即多级城市或多中心城市。例如,法国雷恩市就是这种多中心城市的典型代表。它有一个真正的中心城,其密度在不断增强,其周边由环城绿带围绕,然后分布了不同规模的次级城市,不同级的城市之间有农田间隔。它们一起构成了整个的地域城市(Armel Huet,2005)。

多中心城市空间结构改变了传统的高度集中、大一统的城市空间布局,体现了局部与整体协调、分工与整合相统一的城市发展新理念,扩展了原有的城市空间,可以根据地缘特点将城市整体功能分解为相互联系的不同局部的组团功能。特别是在现代交通、通信技术的支持下,不仅可以使高度集中的城市功能进行分区设置,形成明显的分区特色,同时也不影响各分区对城市各种功能的共享,实现城市功能在大空间上的重新整合,由此形成大空间范围内多元功能相互组合的现代化城市。

由于多中心城市空间结构具有相当大的调整灵活性,更适合未来城市的实际发展,因此许多城市,特别是全球城市纷纷实行空间结构调整,向多中心城市转变。例如洛杉矶在 20 世纪 60 年代出现大城市病后,重新拟定规划方案,提出了建设 56 个中心的设想,其中 37 个在城区,包括社区中心、次级中心和主要中心。巴黎区域指导性规划(1965 年《巴黎地区战略规划》和《巴黎地区国土开发与城市规划指导纲要 1965—2000》)则提出了若干战略性措施:一是在更大范围内考虑工业和人口的分布,沿塞纳河下游形成若干城市群,以减少工业和人口进一步向巴黎地区集聚;二是在巴黎郊区建设 9 个副中心,以减轻巴黎城市中心区的压力;三是沿塞纳河两侧平行轴线建设 5 个新城,共容纳 160 万人口,既疏散了巴黎大区的人口,又打破了传统的环形集中发展的模式。里昂、里尔、马赛等大城市受巴黎经验启发,也纷纷在各自城市周围开展了颇具声势的新城建设。日本东京为有效疏散中心区人口和产业,于 1956 年制定了《东京发展规划》以及《城市改建法》,对东京的改建规划提出了明确的原则,即"一心(东京)变多心(新宿、池袋和涉谷三个副中心)""一极(东京)变两极(东京、多摩新城)",依法构筑"多心的开敞式城市空间结构",以改变其各种机能过度集中于城市中心的状况,促进城市中心职能分散化。新加坡则否定了 1953 年提出的环形放射的城市布局,重新确定了项链式的城市空间结构,即在保持老城区繁荣的基础上,沿南海岸环岛发展 8 个新城和 50 个新镇,并形成绿心(水源和旅游休闲胜地)的空间。各城区中心均有快速有轨交通和快速干道相连接,保持交通联系的便捷。此外,变单核心为多中心空间结构的城市,还有开罗、横滨、孟买等等。

11.2.2　多中心城市空间结构演化的动力机制

崛起中全球城市的空间结构从单核心向多中心转换,有一个驱动力问题。只有准确地抓住其内在动力,才能因势利导,促进城市空间结构的转移。城市空间结构的形成及其动力,历来是城市研究关注的中心问题。西方有关研究从各个不同角度对此提出了理论解释。其中,从经济学角度分析城市结构是最为经典的解释城市空间结构动力机制的理论。

学者们普遍认为,城市空间生长与扩张主要体现在城市形态与空间结构演化过程中,其社会经济动力学机制主要是贯穿城市发展始终的集聚与扩散的矛盾。正是因为这种集聚与扩散的不同组合方式,才导致了城市形态与空间结构的多样性及阶段性特征的出现。同样,崛起中全球城市的空间结构转换,也就是集聚与扩散的组合方式转变的结果。大体上讲,崛起中全球城市从单核心向多中心的空间结构转换,表现为从集聚主导转向扩散主导,而在扩散中又相对集聚,所以是一种扩散主导中相对集聚的特殊组合方式。

　　Saarinen(伊利尔·沙里宁,1986:2—73)认为,强迫性集中、投机性集中、文化集中等几种基本社会经济动因是城市集聚的动因,而分散则主要包括分化、扩散、隔离等过程与机制。其影响城市空间分离的主要因素有:城市缺少足够的发展空间;区域经济的发展促使城市间相互依赖关系的形成,从而对城市内部空间要素产生向外的拉动;信息手段的进步使产业空间的选择性程度提高;居民追求更好的生活环境质量;政府政策的诱导等。这些影响因素的分析,对于崛起中的全球城市从单核心向多中心的空间结构转换也是基本适用的。

　　但崛起中的全球城市置身于全球化与信息化交互作用的背景下,特别是以被动卷入的方式进入全球化进程,因此其空间结构转换的影响因素分析必须进一步拓展其范围,更多立足于全球化影响的解释。从这一角度看,传统的基于新古典经济理论的土地配置模型由于抽去现实生活中的政治因素在理想状态下讨论抽象的地价对城市空间结构的影响,就显得解释力不足了。在此问题上,由于土地经济学中的结构学派引入了政治经济学的内容,反而显得更有解释力。如Harvey以新马克思主义的观点提出,城市空间结构的变化是出于资本主义生产关系中新的生产形式对资本流动及再生产的需要。这个学派从国际层面上解释了城市空间结构的变化源于新的国际劳动地域分工。也就是,发达国家日益成为生产的管理中心和研究中心,而将生产中的生产环节迁移到发展中国家土地、劳动力成本较便宜的地区去。其结果是,发达国家中的制造业衰退,由此引发传统的工业中心城市衰退;而新的管理、研究中心大多建在郊区,带来了高度的城市郊区化。与此同时,新兴国家中具有土地、劳动力优势的城市吸引了制造业、加工业的转移,其城市得以发展,并向外扩展。由此推论,国际资本的流动是造成发达国家和新兴国家城市空间变化的基本动力。

　　这一理论观点在一定程度上揭示了全球化对崛起中的全球城市空间结构变动的基本影响,从而总体上适合于用来解释崛起中全球城市空间结构转换的动力机制。但其解释还比较粗糙,没有更具体地从全球生产链的空间分布及其产业集聚的角度来全面揭示崛起中全球城市空间结构转换的驱动力问题。我们在前几章的分析中已经指出,跨国公司全球生产链的地区分布具有相对集聚的趋向,随着这种地区集聚规模的扩大,跨国公司的地区总部、研发中心以及金融机构等专业生产者服务公司也逐步进入该地区的主要城市。事实上,对于崛起中的全球城市而言,不仅仅是发达国家制造业或加工业转移,而且也是随之而来的服务业的国际转移,使其得以发展,并向外扩展,从而促进其城市空间结构的转换。

因此在此解释中,针对全球生产链的地区分布具有相对集聚的情况,还需引入规模经济效应理论。这一理论强调了规模经济效应使相同功能用地有集聚的倾向,从而使城市用地出现一种"集中"的趋势。商业、服务业及工业都需要一定的集聚规模,所以促使各专门化的经济活动区逐步形成。于是在市中心区形成了商务、金融等为主的 CBD,而原来的近郊工业区和新建的工业开发区则成为制造业的集中地,出现了城市空间结构的重组。这一理论观点在解释崛起中的全球城市在承担国际产业转移的过程中形成各种类型的开发区,以及这些开发区成为崛起中全球城市向多中心空间结构转换的路径依赖的重要依托(此问题将在下面予以阐述)方面,具有较强的说服力。但由于它把这种基于经济规模效应的集聚分布简单化了,即服务业集聚于中心城,制造业集聚于郊区开发区,从而无法对基于多中心空间结构的新城发展(此问题也将在下面予以阐述)作出合理解释。因此,在这一理论观点的引入中要作适当的修正。

尽管全球生产链及规模经济等理论比较适合于对崛起中全球城市空间结构转换的动力学解释,但还是不能完全撇开土地配置理论的基础。因为不管是伴随着全球生产链的国际资本流动,还是产业空间集聚的规模经济效应,最终都将聚焦到城市土地需求变化及由此引起的地价变动上。地价变动,反过来又影响到资本流动及产业空间集聚的区位选择。也就是,城市内部地价的差异,导致城市土地的重新配置,从而对城市的空间结构发生影响。

因为在市场经济中,基于供需关系的价格决定了资源的分配。在城市中,城市土地价格则决定了土地资源的配置,由此不但造成了城市空间结构的现状,也引导了其未来发展的方向。这个基本观点是获得广泛支持的,并成为分析城市空间结构的基本理论。1927 年,Haig 提出了城市土地价值的高低取决于土地的区位条件的论点,奠定了城市空间结构经济模型的理论基础。1954 年,美国地理学家 Harris 和 Ullman 也提出,城市市区内有若干个分立的核心,城市的土地利用就是环绕这些分立的核心成长的。比如有 CBD 这一商务中心,还有其他承担专门化功能的支配中心。这些最早分析城市生态空间特征的理论模型所依据的,都是经济学的变量,如土地、房租、统计数据等。20 世纪 60 年代,Alonso、Mills(1972)和 Muth(1969)等人将 Thünen 的区位地租概念引入城市空间结构均衡分析。特别是 Alonso(1964)用新古典主义经济理论解析了区位、地租和土地利用之间的关系,通过分析土地成本(地价)和区位成本(因区位引发的其他费用,如交通费用)对形成居住区分布状态的影响,导出竞标地租函数,并以其来求取个别厂商的区位结构均衡点,指出不同地价导致不同的土地使用,故地价是形成城市空间结构最基本的因素,进而解释金融业、商业、工业、住宅、郊区农业等各类用地在城市地域内的组合规律,使得城市空间结构的经济理论系统化。后来经 Bruckner(1986)、Fujita 和 Ogawa(1982)、Wheaton(1974)等人的发展而变得更加完善。

国外不少学者对此进行了实证分析,以验证这一土地配置理论对城市空间结构变动的动力学解释。国内一些学者也作了初步尝试,如郑新奇(2004)运用GIS 对济南市城市地价时空分布作了实证性数字地价模型分析,得出的结论是:地价空间变化的总体趋势基本符合城市空间结构均衡理论,但呈现空间不连续变化。张洪(2003)运用神经网模型和商业铺面租金资料,研究了云南省龙陵县城不同土地用途地租的空间变化,其结果显示:同一用途土地纯收益(地租)在城市中心位置最高,越远离城市中心,其土地纯收益逐渐下降;但同一用途土地纯收益等值线并非如 Alonso 模型呈同心圆分布,它受城市主干道路、商业中心、公用设施分布和河流、地形条件限制,呈现复杂多边形分布。

从微观主体行为的层面上讲,也就是经济活动主体从"理性决策"出发,考虑一个"低投入、高产出"的问题。反映在选择用地时,无论是考虑工厂选址,或是购买住房,对土地成本和交通成本的分析,都成为其决策的重要依据。当交通成本相对于土地成本变得便宜时,郊区化就会出现,因为郊区的低廉地价能使总投入减少。同样,当郊区的效用/成本(包括交通成本和土地成本以及生活成本等)比率相对于中心城更大时,郊区新城化就会出现,因为满足单位效用的投入减少了。

总之,土地配置理论对于分析一般城市空间结构变动是比较有解释力的。因此,从全球生产链及规模经济角度解释崛起中全球城市空间结构转换的动力机制,最终要与土地配置理论结合起来。否则,就无法说明推动崛起中全球城市空间结构转换的内生性。然而,单纯以土地配置理论来解释崛起中全球城市空间结构转换的动力机制,也无法揭示其不同于一般城市空间结构转变的特殊性。我们认为,崛起中全球城市从单核心转向多中心空间结构的内在动力机制,在于基于全球生产链的资本流动、基于规模经济的产业集聚以及以土地价格为核心的土地配置的相互作用,以及由此而引起的区位均衡过程。

11.3　基于多中心城市空间结构的新城建设

从实际情况来看,由单核心转向多中心城市空间结构是一种"复合"型的过程。也就是,在单核心的老城区的基础上,随着城市的不断向外扩展,外围新城区"叠加"上"多中心"的新空间布局形式,从而形成不同空间结构模式之间的转化,反映出城市内部空间结构的阶段性发展与演化的过程。只有当这些在管辖区范围内与中心城区有一定距离,在生产与生活等方面既有联系、又能自成体系拥有相对独立性和一定规模的新城区形成和发展起来了,才能真正实现向多中心城市空间结构的转化。因此,在实际操作中,人们更多关注的是郊区新城的建设与发展。

11.3.1 新城的内涵及功能

西方一些大都市都曾实施过"城市区域"发展战略。其中一个重要内容,就是选择中心城区周边的适当位置,建设具有综合功能的中小新型城市。例如,英国和欧洲国家战后都有大规模的新城建设。特别是荷兰在 20 世纪 60 年代开始新城建设运动,先后规划了 15 座新城,其中 13 个分布在著名的兰斯塔德地区。从实践结果看,这些新城建设有成功的,也有失败的。例如当年英国和欧洲国家的新城建设,因城市高速发展的动力迅速消失而大部分很快停顿下来,甚至半途而废。荷兰新城建设则是成功的案例。民意调查显示居民不愿返回原中心区,雇主、居民和投资者对新城都很满意。但它带来的另一个意想不到的负面效应,则是中心城的衰落。从新城建设至 70 年代末,荷兰的几个最大的城市阿姆斯特丹、海牙、鹿特丹等共减少了大约 50 多万居民和 10 万个就业机会,大片的旧城和老工业区被废弃(杜宁睿,2000)。从这些成功与失败的经验教训看,新城建设与发展确实有一个如何功能定位以及解决路径依赖的问题。

首先我们要明确,新城是一个不同于卫星城的概念。作为卫星城,尽管其也具有相应的规模,并形成大量工商业服务设施(超级市场或购物中心),功能开始向综合化方向转变,但它与中心城区仍有紧密的联系和依赖。与此不同,新城是一个具有产业高度化、城市功能多元化的相对独立的"边缘城市",是城市扩散进程中新的集聚中心和边缘经济增长极。

另外,新城也不同于我们现在一些地方搞的所谓"新区"的涵义。北京、泉州等城市都规划了大规模的新区,但许多新区实际上仍与中心城有很紧密的依附关系,并不是建设一座全新的城市。这种"新区"建设在很大程度上只不过意味着更大规模的外溢,并对中心城产生更为强烈的回波,并没有从根本上改变单核心的空间结构。

作为郊区新城,其本质特性是形成新的城市空间价值集聚点区,成为连接中心城与郊区乃至周边地区的一个重要节点。也就是,新城的建设和发展,主要是为了容纳新产生的城市职能,旨在促进高度密集的单极化城市结构转变为更大区域范围的多核心空间结构,将单一增长核心转变为多个增长核心的发展模式,实现大都市区经济的空间平衡与协调发展。因此,新城一定要形成与新城相匹配的尺度。其最大的特点,不仅仅是分担局部城市职能,如工业或居住的迁移,而且要建立一个稳定的自我依赖的完整社会服务体系。新城区的主导职能不再仅仅是中心城区相应功能的疏解和延伸,而是基于与中心城区差异分工的相对独立的城市职能。否则,它就会沦为母城的卫星城,达不到将城市主要功能分解出去的目的。

与此同时,新城并不是脱离中心城而完全独立的城市,而是作为整个大都市区的有机组成部分。因此,要按照整体性、有序性原则推进新城建设与发展。日本在 1956 年制定的《东京发展规划》中,强调其新城与现有建成区之间保持紧密的联系,始终是区域城市空间的组成部分,旨在促进半城市化地区的集聚发展,加强城市化的空间整体性,促进城市区域的均衡协调发展。这一点在巴黎、东京、新加坡等城市的新城建设中也都表现得较为典型。

因此,在新城与中心城之间,有一个合理的功能分区问题。中心城区主要是集聚城市核心功能,高度集中与此相匹配的产业部门及其机构。郊区新城主要分担中心城的部分功能,集中了与部分功能相匹配的产业部门及其机构。但其产业空间布局并不是简单地表现为"服务业集中在中心城区,制造业散布于郊区新城",而是一种按照中心城区与新城区的差异实行的产业空间分布。除都市型工业外,大部分的制造业将集中于若干新城区及其周边地区。商业、旅馆餐饮、娱乐旅游、生活服务等消费者服务业,则按中心城区和新城区的不同人口规模进行分布,以满足当地和外来消费者的需要。生产者服务业,则按其等级及其功能在中心城区与郊区新城区之间进行分布。一般来讲,综合性、高能级的生产者服务业,以及政府、非政府组织、国际组织、传媒、研发和大学等机构通常集中在中心城区;而技术服务、物流、数据处理等后台服务机构通常集中在新城区。总体上,城市产业空间分布将呈现:中心城区以现代服务业为主导,而郊区新城则是制造业与服务业并存。

由于新城只是分担了中心城的部分功能,因而其有各自不同的功能定位,有可能形成自身特色,以便发挥其独特功能。如日本在东京大都市圈内开展的"展都型首都机能再配置"计划,对规划建设的新城都作出了明确的主导功能定位:多摩新城为大学、商业职能;千叶市为国际空港、港湾与工业集聚职能;茨城为科学城等职能。又如香港的 8 个新城中,荃湾、屯门是以货柜码头与仓储运输为主;元朗、大埔新城是以制造业为主;将军澳新城依托香港科技大学向高科技园的方向发展;大屿山北部东涌、大壕新城则以发展临空型产业、为新机场配套服务为其发展主导职能方向(刘映芳、刘光卫,2000)。中国崛起中的全球城市在新城建设过程中,也已注意到不同的功能定位问题,强调其主导功能及主导产业的发展,如上海明确嘉定新城以汽车产业为主导产业、松江新城以文化产业为主导产业、临港新城以港口产业为主导产业等。

特别需要强调的是,突出新城的主导功能及其特色是以其综合功能培育为基础的。国际经验表明,一个新城要想发展为相对独立性的新型城市,就必须具有多元化的产业结构体系和就业体系。否则,就无法提供多元、足够的就业岗位,难以真正发挥其"反磁力"效应。如果不能集聚一定规模的人口来新城居住、就业与生活,那么就会出现"新城变空城"的现象。因此,在明确新城的主导功能定位的同时,要把专业化与多元化有机结合起来,积极发展群落化、多元化、配套协作的产业集群,为新城居民提供尽可能多的就业岗位,满足多阶层人群的就业需求。

11.3.2 新城演化的路径依赖

对于中国崛起中的全球城市转向多中心空间结构形态来讲,上述有关新城功能定位的论述及其国外经验,完全是适用和可以借鉴的。但在新城建设与发展的路径依赖方面,则可能与西方发达国家有所不同。

西方发达国家的国际大都市新城发展,通常是伴随着城市郊区化展开的,其路径依赖表现为三个发展阶段(陶希东、刘君德,2003)。首先是"卧城阶段",主要是在城市近郊建设的、以居住为主导职能的居住型新城,与中心城具有紧密的依附关系;其次是"半独立卫星城阶段",即在原有居住型新城的基础上,进行了大量工商业服务设施(超级市场或购物中心)的配套建设,致使向综合化功能方向转变,逐渐成为中产阶层工作、生活和居住的重要场所,但与中心城区仍有紧密的联系和依赖;第三是"边缘新城阶段",即随着交通通信和网络技术快速发展,高级住宅和办公楼郊区化进程加快,促使其产业高度化、城市功能多元化,并逐步演变成具有相对独立性的"边缘城市"。

与此不同,中国崛起中全球城市的新城发展,往往是与开发区建设紧密联系在一起的。这 20 多年来,大城市郊区所出现的一个明显变化,就是各类开发区的大量兴起。这是由多种力量交互作用,共同推动的。其中,一个重要的外部推动力量是大规模的外商直接投资。正如前面有关章节已经阐述过的,中国作为发展中国家是卷入全球化与信息化进程之中,外商直接投资成为中国全球城市崛起的一个重要外生变量。这些外商投资企业,特别是跨国公司,以自身的资金和技术优势与中国特定的经济活动空间相结合,成为开发区发展的主要外部力量。不少开发区成为大型跨国公司投资的首选区位,一些城市外商直接投资的30%—40%都集中在开发区。因此中国大城市郊区的开发区大量兴起,并不仅仅是一般意义上制造业郊区化的产物,很大程度上是由外商直接投资推动的,来自跨国公司的外部作用力。当然,这里也有许多内生性因素在起作用。例如,自1987年中国实行城市土地有偿使用制度后,城市地价分布以中央商务区为最高点依次向外递减的规律开始起作用,促使城市土地利用结构逐渐向优化和高效益转化。城市中心区的土地更适合于土地级差收益高的商业、贸易、金融、旅馆和办公用房等第三产业的用地,促使原有的产业活动进行空间重构,其郊区的开发区土地便成为产业空间重构的重要载体之一。同时,乡村地区的城市化和农业现代化导致土地利用向非农产业转化,也为城市用地的扩展提供了土地资源。此外,乡村地区农业劳动生产率的提高使大量农村剩余劳动力"游离"出来,以及乡镇工业的空间集聚等,也是促使开发区发展的重要力量之一。

与国外城市郊区化形成的生活居住区不同,这些开发区作为新的产业空间,其主要功能是促使生产要素,如资本、劳动力、技术、土地等在时空上进行重新组合,并形成相应的产业集聚,包括垂直型集聚、水平型集聚以及交错型集聚等。从基本性质上讲,这些开发区是一种制造业的郊区化集聚形态,同时也是作为中国参与经济活动全球化的一个重要空间节点。因此,这种开发区的建设与发展,实际上为中心城的功能分解与分散提供了新的空间,在城市经济发展和城市空间结构演进中起到了重要的作用。至少在承接中心城部分产业转移方面,开发区起到了类似新城的功能。

显然,中国崛起中全球城市的新城建设,不可能完全撇开或置开发区而不顾来另辟蹊径。恰恰相反,只有以开发区为依托来进行新城建设,才能取得事半功倍的效果。前面我们已经提到,在西方发达国家新城发展的"卧城阶段"主要是以居住为主导的职能,以后才开始形成相应的产业功能。而开发区作为新的产业空间本身就已具备了相应的产业功能,因此依托于开发区进行新城建设实际上是跨越了西方发达国家新城发展的"卧城阶段",可以直接进入"半独立卫星城阶段"。也就是,以开发区为依托进行新城建设,一开始就已经把居住职能与产业职能有机结合起来,从而更有助于新城发展。

但在实际操作中,也必须看到,依托于开发区进行新城建设,存在某些先天不足,需要进行适当修补。中国的开发区在最初建立时,主要是用于单一功能的开发,尤其以工业生产用地的开发为主。在开发区规划中,主要是单一的生产布局,而缺乏相应的生活居住及其服务设施配套建设。显然,这与新城建设在性质上是完全不同的。因此,依托于开发区进行新城建设,必须要将其重新定位于建成多功能新城区的综合开发目标,使开发区的规划进一步扩展为包括工业用地、金融用地、贸易用地、居住用地、文教用地、市政用地、绿化用地等合理规划和综合开发的系统工程。

此外,一个更为致命的弱点是,中国的开发区发展及布局比较混乱。在一个较短的时期内,国家级、省市级、地县级乃至镇村级等各类开发区如雨后春笋般地冒出来,且大部分具有"小型化与分散化"的特点。虽然后来经过清理和整顿,取消和归并了一批开发区,但总体上没有改变这一基本格局。我们知道,新城作为具有相对独立性的"边缘城市",要求相对空间集中,而且需要有较强大的产业功能支撑。而这种"小而散"的开发区分布,则无法满足其基本要求。至少在规划布局上,这些开发区很难与新城建设的区位选择相匹配。因此,依托于开发区进行新城建设,要对其开发区的布局结构进行调整,对可选择作为依托的开发区进行比较,尽可能选择较大规模和较强产业功能的开发区,或者是以若干邻近组合型开发区为其依托。

还有,中国许多开发区的建设,当初仅仅是作为吸引外资的产业(主要是工业)空间来规划的,尽管已经考虑到交通运输的便利性,但主要是基于货物运输的公路交通连接。与此不同,新城虽然是相对独立的"边缘城市",但与中心城则要求形成便捷的连接,其主要是通过轨道交通来实现的。也就是,新城主要是依托轨道交通来形成产业集聚和人口集聚的。因此,依托于开发区来进行新城建设,必须改善其交通连接,建立轨道交通网络。

11.3.3   新城建设的开发模式

对于中国崛起中的全球城市来讲,新城建设是改变其单核心城市空间结构,拓展其城市容量与辐射功能,乃至构建全球城市网络主要节点的重要环节。目前,一些主要城市都已把新城建设列入重要议事日程。例如上海制定的《国民经济和社会发展第十一个五年规划纲要》,明确提出建设嘉定、松江、临港、闵行、宝山、青浦、金山、南桥、城桥等九个新城。值得指出的是,这些郊区新城建设并不是传统意义上的城镇建设,而是旨在跳出各区县各自为政的格局,从整个上海大都市区层面构筑的"现代化国际大都市"。因此,建设郊区新城,首先要从整个上海大都市区的层面出发,作出科学化、高起点、高水平、高质量的大都市区整体规划和新城规划,并要作出不同层次的新城空间体系规划,明确每个新城在整个上海大都市区乃至长江三角洲范围内的职能定位。

国际经验表明,明确新城的功能定位十分重要,不仅影响其开发模式的确立,甚至关系到其与中心城距离的确定。例如,巴黎新城在半城市化地区集聚发展,始终是城市空间的重要组成部分,并以吸纳城乡交错地带的新增人口、避免人口向巴黎市区过度集中为主要职能,所以其新城靠近巴黎(30公里),交通便捷,在空间上与之连成一体。而伦敦新城则以保持伦敦地区人口规模的稳定为前提,主要容纳来自市区的外迁人口,所以为避免其与中心城市区连为一体,通过绿化带与之保持相当的距离(50—100公里)。上海在城市空间结构调整的新城建设中,要进一步细化其功能定位,力争形成职能明确、优势互补、分工合作、错位发展的格局,避免恶性竞争。对于宝山、闵行、嘉定、松江、青浦等近郊新城,要特别加强内聚式发展,以防止其与中心城连成一片。对于临港、金山、南桥和城桥等远郊新城,要特别加强其与周边地区城市的连接。

与此相联系,要制定科学的交通发展规划。以轨道为轴线建设发展组团式节点城市,已经成为国内外城市发展的重要模式。例如,法国1970年通过的新城法案中明确规定,新城与母城之间的距离一般在20—40公里之间,其间必须有便捷的多模式的交通联系。又如,在伦敦密尔顿凯恩斯新城的开发过程中,新城与伦敦和伯明翰之间的交通联系被放在非常重要的位置,建成了比较发达的交通网络,极大地缩短了新城与大城市之间的交通时间,从而提升了新城的吸引力。因此要从整个大都市区范围内,统一规划新城与中心城之间、各新城之间的快速交通网络和信息网络,为发挥新城疏解中心城产业与人口的功能奠定基础,并依托轨道交通来大力推进郊区新城建设。上海轨道交通架构应形成市区范围内的网络结构和市郊的放射形结构相互贯通的两大结构,从而满足不同地域对轨道交通的不同需求。郊区轨道交通建设,应按流量分为干线和支线两个等级:干线呈放射形,主要连接中心城区和郊区新城;支线则串接新城和有一定人口规模的一般城镇。

在明确规划的基础上,实施新城建设,要实行动态结构均衡的开发模式,以便保持新城开发的可持续发展。新城发展是一个动态演进的过程,更是一个在整个大都市系统中与其环境相互作用的演化过程。在此过程中,如果不注意新城发展中的动态结构均衡,造成功能配置上的失衡,有可能进入恶性循环的开发陷阱。譬如,新城建设中偏重培育产业功能或居住功能,搞了许多产业和房地产项目,而交通设施以及社会事业设施(如医院、学校、文化等)与公共服务设施严重不足,或者是社会事业与公共服务的"软件"方面缺乏优质资源配置,就难以吸引更多的人来此就业和生活居住,从而使已有的大量投入难以产生足够的收益,进一步的投入和开发就难以为继。一旦进入这一开发陷阱,就往往会出现"新城变空城"的局面,致使新城建设趋于停滞。

因此,新城建设要作为一个生态系统来考虑,从其生态位的变化来把握建设与发展的进度。根据生态位的涵义(罗小龙、甄峰,2000),新城系统(或单元)的生态位可分为"态"与"势":前者包括其能量、资源的占有量、人口与经济发展水平、科技发展水平等,是其过去积累的结果;后者包括能量交换率、生产率、人口增长率、经济增长率等。二者的结合由生态位宽度即生态位大小来体现。一般来讲,态是势的基础,而势促进态的转化。态的变化一般呈"S"形曲线,是一个量不断积累的过程,且积累的速度由慢到快再变慢。势的变化则呈"钟"形曲线,开始逐渐变大,达到某一峰值后,呈渐低趋势。

新城开发与建设在进入成长阶段时,各方面的增长会比较快,而且有较大的发展潜力,但同时也表现出发展不稳定,波动幅度大的特征。因此,要特别注意着眼于长远,处理好资源时空上的合理分配和生态关系的协调发展,提高复合功能,防止动态结构失衡。一方面,要强调整个新城城市功能开发平衡,注重居住、就业、商业、购物、办公、文化娱乐、休闲、公共设施等方面的平衡协调发展,为新城居民提供多元化、综合化的城市服务,满足当地居民多元化需求,促进当地社会经济的聚集发展。另一方面,要注重人口规模与就业容量之间的平衡,防止人口盲目增加,给新城带来极大的就业压力;提供广泛的不同种类的就业以及城市服务,促进不同的社会、经济群体与阶层之间的协调;注重居住分散化和就业岗位集中化之间的协调,尽可能地把生活居住和工作岗位集合在一起,特别是要在微观层次上设法把居住地和工作地混合起来(汤茂林,2003)。例如,伦敦新城密尔顿凯恩斯的规划布局就突破了严格功能分区的固定模式,将工业企业和其他企事业在市区采取分散布局方式,将大的工厂较均匀地分布于全市,小的工厂安排在居住区内,而非工业性的大的就业中心,如医疗中心、高等院校等则分散在城市边缘区。这样一方面可以把交通负荷比较均匀地分散开,另一方面也有利于居民就近工作。

此外,要特别注重人与自然之间的生态平衡。国外大多数新城规划都采用了霍华德的"田园城市"理念,注重绿色公园、步行街、林荫道、绿化带等生态廊道的规划建设,尽力塑造建筑与环境景观、人与自然高度和谐的郊外田园风格,创造人与自然和谐共处、绿色生态的新型社区。在新城建设中,还要非常珍视当地的历史文化资源,精心保护和开发利用当地的传统街坊、古建筑、古村落等,增强新城的历史文化积淀和内涵价值,提高其特有的"吸引力"。总之,通过动态结构均衡的开发模式,旨在构建具有相对独立、功能齐全、结构完善、环境良好的"边缘城市"。

国际经验表明,新城的开发与建设,呈现不同的模式。但其涉及的核心,就是开发主体问题。由Stone(1989)、Logan和Molotch(1987)所创建的城市政体理论提出,在城市发展中,市政府(所谓"政府的力量")、工商业及金融集团(所谓"市场的力量")和社区(所谓"社会的力量")三者的关系,对城市空间的构筑和变化起着重要影响。在他们看来,城市空间的变化是政体(即管治城市中的"权"和"钱"的同盟)变迁的物质反映。如果商业、零售业及投资于市中心的开发商与城市政府结盟,则市中心改造会成为城市政府关心的重点。在总投资有限的情况下,城市空间变化会呈现出市中心更新而一般社区面貌不变或衰退的状况。这势必造成在这些一般社区中的高收入者外迁,使其地价、房价下降;而低收入者迁入,替换了原来收入较高的居民,由此使城市空间发生重组。若是房地产公司、大建筑公司与城市政府结盟,有市场"卖点"的新开发区会成为城市政府的重点。政府会以公共投资在那些新区建造基础设施以吸引更多开发投资,这些新区则成为城市向外扩展的热点。因此,谁是"政体"的成员,谁是"政体"的主导者,会引起城市空间的不同变化。

在现实中,由于约束条件不同,这三者关系可能有不同的组合,从而形成不同的新城开发模式。从国际经验看,新城建设的有效开发模式主要有三种:以政府为主体、事业化运作的开发模式——以伦敦为代表;政府控股、商业化经营的开发模式——以香港为代表;以私人开发商为主体、政府政策倾斜的开发模式——以东京为代表。

从中国现阶段各种约束条件的综合角度看,新城开发模式可能更倾向于以政府为主体、事业化运作的模式。"城市政体理论"假定前提之一,是在市场经济下,社会资源基本上由私人(包括私有企业和个人)所控制。而这一假定前提在中国目前情况下并不完全适用,因为中国的地方政府实际上掌握着相当的社会资源,特别是土地资源和政策资源。另外在全球城市崛起中,城市规模的急剧扩散及空间结构大幅度调整,非一般市场力量所能承担,而更多地需要政府力量的支撑。此外,传统的行政推动的路径依赖、市场发育不够成熟等因素,也都在不同程度上促使形成政府主导的新城开发模式。

政府在新城开发中,主要运用的手段是土地资源。因为新城建设的增量基础设施投入占有较大的比重,无法完全靠常规的税收来支持。更何况,新城自身的稳定税源尚未形成,实际上要靠转移支付来解决的。在支持新城开发的投入主要来源于土地资源的情况下,土地收益,尤其是一级土地市场的收益,就成为其至关重要的条件。因此,土地收益组织的好坏,在很大程度上决定了新城开发的速度和质量。

但即便中国的地方政府实际上掌握着相当的社会资源,相对于大规模、迅速的新城开发来讲,可支配的资源仍显得有限。因此,城市政府为了加快新城建设,势必借助市场力量和民间资本,让不同经济类型的企业参与新城建设。而为了得到工商业及房地产公司的投资,城市政府就必须满足这些公司的要求,并提供相应优惠条件。例如,减免税、以政府投资改善基础设施来吸引投资等。这样,掌握着权力的城市政府与控制着资源的企业集团就形成了结盟。可见,在政府主导的开发模式下,不管是通过事业化运作还是商业化经营,实际上都要有市场力量的共同参与。

实践证明,政府力量与市场力量的共同参与是加快新城建设的重要保证。但值得注意的是,这种政府力量与市场力量的结盟总是大于社会的力量。更何况,中国目前的社会力量尚未真正培育起来,显得比较薄弱。在这种情况下,政府力量与市场力量的结盟在实际运作中更容易造成以牺牲过多的社会利益作代价,或者城市发展带来的利益未能被市民所分享的局面。因此,在新城开发中,要加强社会的监督作用,培育社会力量参与决策的能力。政府在主导新城建设开发过程中,必须在"吸引投资促进新城建设"和"让广大市民分享到新城开发的利益"之间找到平衡。

最后,不管是哪种开发模式,政府的政策支持都是必要的。国外经验表明,政府在土地征用、财政税收、住房建设、吸引人员入住新城等方面应制定相应的政策,以推进新城建设计划的顺利实施。例如在土地政策方面,英国制定了"土地强制征用"的法律,即地方政府有权征用城镇或乡村的土地用于"行动地区"的发展,可以强行要求土地所有者出让土地等;法国实行"土地银行储备"、"预留建设区"制度;美国实行"法定土地征用权"政策;日本实行较为灵活的"保留区"和"规划控制区"政策(黄胜利、宁越敏,2003)。在新城吸引人口和产业的优惠政策方面,伦敦采取开发简单廉价住宅(初期)、住宅供暖免费等措施;法国明确规定了新城与母城之间的距离(20—40公里)、配套大型公共设施等措施;日本一方面提高中心城区的土地价格,限制新建工厂和大学,另一方面全面配套新城的生活设施,创造与中心市区相当甚至更加优越的工作和居住条件,吸引中心市区人口和产业的进入。这些经验都是可以值得我们学习和借鉴的。

12 创新城市与文化创造力

全球城市的崛起,是其内部关系及其与外部关系发生一系列重大改变的"脱胎换骨"过程。在这一过程中,不仅将遇到来自各方面的多重问题及其摩擦,如经济结构调整、城市功能转变、发展路径转换等,也同样面临一系列的危机,如结构性失业、财政不平衡、社会分化、心态失衡和地方归属感消失等。国际经验表明,唯有创新城市,才能较好地解决这一系列问题,成功地实现这一"脱胎换骨"。创新城市覆盖了经济、社会各方面的发展,贯穿于城市发展的各项内容之中。然而,在现代城市发展中,文化力量越来越居于主导性,创新城市日益与文化创造力结合在一起,以带动城市各方面发展。

12.1 创新城市:全球城市崛起之灵魂

在全球城市的崛起过程中,全球化、信息化等外部力量的推动固然是十分重要的,否则就不存在"崛起"的前提性基础。但能否对外部环境条件作出积极反应,及时抓住"崛起"的发展机遇,则在于其内部的反射能力及调整适应能力。对于崛起中的全球城市来讲,在全球化与信息化的背景下,促进城市全面转型,关键在于激发城市内部个体和机构的创新活力,在体制改革、机制完善、市场功能培育、相关产业发展、组织机构及人员配备等方面创新城市。因此,创新城市是至关重要的,是全球城市崛起之灵魂。

12.1.1 城市"有机体"的基本假设

前面的分析已经指出,全球城市的崛起并不是依靠一般的资本或要素积累方式,也不是单纯扩大城市规模和增强经济实力,而是在城市发展模式转换、功能更新、产业体系重塑、空间结构调整、社会机体改造、生态环境改善等基础上，迅速提升城市能级水平，提高在全球网络体系中的竞争与合作能力。如果这一观点可以确立，那么接下来所要提出的问题就是：这种全球城市的崛起靠什么力量来推动？在人们的感觉中，这似乎不成其为问题，但实际上在理论分析中并没有真正解决。

以往有关全球城市研究的主流观点，如我们前面提及的"世界城市""全球城市""信息城市"等假说，实际上有一个隐含的理论基点，即把城市视为一部机器（machine）。也就是，城市是一个具有地理空间密度的社会经济体系，并且遵循着某一城市物理学的机制在进行运作。因此，城市学家们关注的社会经济变化，只不过是推动这部"机器"运转的力量所发生的转变，如从国家资本主义推动到全球资本主义推动；从制造业主导转变为服务业主导。在他们看来，正是这种推动力量的转变，并通过与本地特殊因素相结合所产生的综合作用，而"创造"出新型的现代城市。在这些主流观点的潜意识中，全球城市仅仅成为全球资本等要素流动和配置的机械结构装置。按照这样一种假设条件，那么全球城市的崛起完全取决于外部力量的推动，是外部推动力转变的结果。

我们并不否认外部力量推动对城市发展起着重大影响和作用。事实也证明，全球化与信息化等外部力量的转变，为全球城市的崛起提供了前提性基础。从这一意义上讲，全球化与信息化是推动全球城市崛起的重要力量之一。但问题是，在面临同样的外部环境及其外部力量转变的情况下，为什么具有相似条件的不同城市，有些能顺利实现转型进而崛起为全球城市，而有些却非如此？这里就涉及一个内在的调整适应能力问题，即一个城市对外部环境变化及其外部力量转变的反应能力或反射能力。在全球城市崛起中，这种源于内部的反射能力及调整适应能力是至关重要的。因此，我们倾向于把城市视为一种具有反射能力和内在能动性的有机体，来替代全球城市研究中主流观点所隐含的"机器装置"假设。

Michael（1997）提出现代城市是地方或区域的经济反射中心（the center of economic reflexivity）的观点，阐述了城市具有内在的能动性，实际上隐含着将城市视为一个有机体的理论基点。在他看来，城市作为一种特殊的、差别化的、本地化的社会关系的综合体作用于全球资本主义，在城市里集聚的经济活动（包括制造业与服务业）都是相互依赖的。这种依赖是间接的或者说是非贸易性的，而不是城市经济中主要的直接的本地贸易的联系；大城市与中等城市相区别的中心要素，应该是惯例、习俗与关系。由于现代资本主义的转变，这些要素的重要性还在增加,构成了经济反射能力,即在现代资本主义的企业、市场、政府、家庭以及其他主体的不同制度层面上,各组要素通过反射性的行为作用于经济演变过程的可能性。

在现阶段,由于经济全球化的迅速渗透和信息化网络的发展,各个行为主体的行为方式更加多样化,并且用比以前更快的速度对外部变化作出反应。企业、政府、其他机构以及家庭都被迫适应其他主体的快速变化,调整自身的行为。在此过程中,其集合的结果就是增强了组织和集体的反射能力。在经济中,这种反射能力意味着积极参加竞争性学习;在社会和消费中,这种反射能力是为了获得"满意",处理经济反射性所带来的相应情况,即对于每一个企业、家庭及个人和公共机构带来的新形式的风险。由于城市的这种反射能力,同时存在于生产和消费领域,依赖于城市内各主体的关系以及城市中形成的不同惯例习俗,因而每个城市的反射性都是不同的。

在全球化经济中,城市并不是全球机器的一个部件而已;恰恰相反,它具有明显的地方性经济力量的特点。我们可以明显看到,当一些全球性公司或机构选择入驻大城市时,其意图中包括了对这种地方特殊性的利用。一方面,它们希望获取进入当地具有地方特色的市场途径,进而为其服务,从中获得利润;另一方面,它们也希望获得当地特有的特殊形式的反射性(能力),以作为其全球生产和营销体系的一种投入。总之,作为基于地理空间密集的经济社会综合体的城市,是一个具有反射能力的有机体。其反射能力依赖于城市内各主体的关系以及城市中形成的惯例习俗。这意味着政府、企业和居民等组织是共同参与和交互作用的,并都具有能动性。

如果我们将城市视为一个具有反射能力和内在能力性的有机体,而不是一部机械结构的装置,那么面对外部环境条件变化或外部推动力量转变,城市这一有机体就有一个如何做出反应或反射的问题。概括地讲,这有两种可能性:积极反应或消极反应。前者就是顺应外部环境条件变化,通过内部激发出来的活力和创造力,吸收和融合新的外部推动力量,促进城市转型和发展。简言之,就是创新城市(creative city)。后者就是不能适应外部环境条件变化,在外部力量与内部因素发生较大摩擦的情况下被动进行调整。因此,在全球城市研究主流观点所隐含的"机器装置"假设下,是无法推导出创新城市内在逻辑的,只有把城市视为具有反射能力和内在能力性的有机体,才能引申出创新城市的基本命题。

从城市发展的历史来看,创新城市一直是推动城市发展和实现城市转型的主导力量,创新意识一直发挥着积极的作用和影响,它曾经深刻地改变了城市的空间形态、功能结构和发展方向。特别是在过去的 70 年间,国家和城市以惊人的速度经历了一个从制造经济到信息经济,再从信息经济到文化经济的飞跃。这对传统工业社会以利润和权力为目标的价值体系提出质疑,从而为城市发展的空间与思路创造了新的发展机遇,城市社会由此进入一个创新与发展的新时代。从未来城市发展趋势看,Hall(1998)指出,三大问题正凸显为未来城市的主题:交通技术和可持续的城市主义;更加不公平的城市世界;逐步变化中的经济、家庭和市民社会。显然,这些问题正是要通过创新城市的方式来加以解决的。正如 Harris(2001)指出的,城市处于不断的演变之中,未来的城市必须不断地在经济、文化、社会等方面更新、重塑自身。未来城市发展的活力,在于它们是否有足够的创新能力和灵活性在这样变化多端的环境中生存发展。

对于崛起中的全球城市来讲,创新城市更是其灵魂所在。因为创新城市不仅为城市产业结构带来升级和优化,促进产业扩充和产业价值链的形成,从而增强城市价值活动和价值流,以提升城市价值(连玉明,2003)。同时,也有助于尽可能地避免结构失衡、社会矛盾加剧、城市环境恶化等大城市病,促进城市全面、协调和可持续的发展,形成现代城市经济、现代城市文明、现代城市生活的基本格局。事实上,崛起中的全球城市与一般城市相区别的一个重要因素是知识,或城市主体的知识特征、价值取向,而不是城市地理状况和自然资源条件。这种创新意识,反映了人们知识更新的程度,并决定着城市发展的未来方向与命运。因此,创新城市是对全球化与信息化等外部推动力量作出的积极响应,是充分发挥内部活力和潜力以促进全球城市崛起的有效途径和方式。

12.1.2 创新城市:基本内涵及时代特征

创新城市的基本理念,就是通过激发城市内部个体和机构的创新活力,尽可能地挖掘潜力,创造价值。这里要防止一种认识上的误区,既不能把创新城市片面理解为技术创新,也不能脱离城市本身来谈论一般意义上的创新问题。因此,对创新城市的基本内涵,要有一个全面的理解和认识。

我们知道,都市化首先是一个经济过程。在此过程中,技术起了重要的作用。正因为如此,人们通常用基于技术进步的集聚经济的概念来解释城市或大都市的发展与演化过程。从"技术决定了城市经济及其空间演变形式的可能性边界"这一点来说,我们不能否认大都市的演变有赖于技术的进步。Bairoch(1988)提出,过去几个世纪里,城市的发展受到交通技术的限制。Toynbee(1970)说,城市历史的头 5000 年里,城市的地理延伸完全受限于"步行来往"的能力,并找出了城市扩张曲线和技术进步曲线之间的平行关系。我们相信,技术的进步及其突破,会给长期准备着突变的大都市带来新的转机。这种技术变化主要影响交通和通信成本,并且释放经济聚集的力量,这种力量又导致大都市的进一步发展或更新。

从这一角度讲,集聚经济学确实能够对大都市演化提供有用的解释。因为它建立了在积累机制基础上的聚集过程的模型,能用来解释大都市的稳定性;与此同时,它能让我们知道那些技术依赖的指数价值,比如交通和通信成本等变化所产生的后果。但集聚经济学对大都市演化的解释,忽视了制度在其中所起的积极作用。因为它隐含着制度是外生给定的这一假设(Lise and Huriot, 2004)。事实上,技术只决定可实现的经济发展及这种发展的空间形式的可能性边界。制度作为社会的游戏规则,或规范人类行为的人为设计,鼓励或阻碍导致经济变革的交流和各种各样的互动。从国际经验看,在一定的初始经济水平条件下,对经济增长和发展起决定作用的是制度因素,而非技术因素。制度的变迁,有其内在逻辑和路径。制度演进,既可以产生好的经济绩效,也可能导致经济发展的衰退或停滞。因此制度安排在很大程度上规定和限制着经济主体的一系列选择,以及决定着经济组织的形式。这种制度创新,既建立在人类社会积累的先进的文明成果的基础上,又体现了本国的历史文化特性,因而具有明显的比较优势。

我们认为,制度安排与技术条件一起共同构筑起一个框架。在此框架内,特定的经济结构和空间形式得以发展,由此形成全球城市的功能及其形式。反过来,这些经济和空间的特征,也影响着技术和制度的演变。长此以往,这种互动使得全球城市的基本特性中,既有永恒之处,又有变化之处。全球城市具体功能的演变,是技术、制度和经济的变化共同作用的结果。因此,在全球城市崛起中,创新城市涵盖了技术、制度和经济以及社会等方面的创新,以及它们之间互动和综合作用的创新。

从城市本身的特点讲,城市集聚着大量高密度的经济要素,且相互之间的关联程度相当紧密,形成强大的聚集效应,同时又具有强大的经济扩散功能。在一个开放、竞争的环境中,城市中的工商企业广泛参与国际分工和交换,各种新思想、新观念、新技术被迅速传播和推广。正是在这种情况下,创新城市具有创新集约化、群集化、开放化等特点。与此相适应,创新城市的能力,除了创新的观念、创新资源投入与产出、创新激励与保护等一般能力外,更主要的是城市能量集聚、能级提升、流量增大的系统性创新能力。

因此,创新城市具有较大的包容性和整合性,覆盖了经济、社会各方面的发展,贯穿于城市发展的各项内容之中。其中包括:(1)创新城市发展模式——经济增长方式转变,经济社会协调发展,人的全面发展,城市可持续发展等;(2)创新城市基本功能——发挥资源要素流动的枢纽性功能,成为资源高效配置及增值的重要节点,增强城市综合服务功能,服务全国,联结全球等;(3)创新城市产业体系——走新型工业化道路,促进产业融合,构建新型产业体系,优先发展现代服务业,优先发展先进制造业等;(4)创新城市空间结构——功能分布空间结构调整,城市形态空间结构调整,城市基础设施体系完善,城市人口空间布局结构调整,以及城市与周边地区关系等;(5)创新城市组织构架——政府职能转变及其组织机构调整,社会中介组织发展,社区管理及其组织机构培育,以及不同组织和相关利益者之间的合作与授权等;(6)创新城市社会机体——社会人口管理与社会资源管理的改革,公共事业及公共福利的完善,市民参与城市治理,以及社会保障、社会安定等;(7)创新城市环境氛围——充满活力的产业发展环境,公平有序的市场环境,良好的法律环境,适宜生活的居住环境,宽松和谐的社会环境,有利于人才集聚和才能发挥的工作环境等;(8)创新城市文明生活——建立学习型城市,提高教育和医疗保健水平,促进先进文化发展,健康的大众娱乐,发展体育事业,全民健身等。

总之,创新城市并不仅仅指技术方面的创新,而是经济、技术、社会、文化等全方位创新。当然,在创新城市的诸多内容中,其深层的、最为核心的是制度创新(包括正式的制度和文化、习俗等非正式制度),以及在有效的制度供给基础上的结构升级与效率提高。

另外,我们还必须看到,创新城市是一个动态过程。在不同的背景条件下、城市发展的不同阶段,创新城市的具体内容及重点是变化的,不尽相同的。Hall (1998)曾从创新角度把西方城市历史划分为三个时代:(1)技术—生产(technological-productive)创新时代,如 18 世纪 70 年代英国曼彻斯特的工业革命、1840年代英国格拉斯哥的机器工业和 1870 年代德国柏林的工业技术设计和创新;(2)文化—智能(cultural-intelletual)创新时代,如美国洛杉矶好莱坞的出现、20 世纪 55 年代美国田纳西州的孟菲斯城猫王李维斯对音乐产业的革命性影响等;(3)文化—技术(cultural-technological)创新时代,新的文化产业正成为城市发展的新动力和创新方向。根据 Hall 的预见,新的创新中心城市将出现在三种类型城市中:历史悠久的大都市,如伦敦、巴黎、纽约等;阳光地带且怡人适居的都市,如温哥华、悉尼等;复兴中的老城市,如格拉斯哥、纽卡斯尔等(吴缚龙等,2004)。

对于崛起中的全球城市来讲,其创新城市的主要内容及其重点,固然要考虑历史基础、发展阶段等现实因素,但更要把握现代城市的发展趋势,突出鲜明的时代特征,即文化艺术与现代技术的结合,以互联网技术为物质基础,以新的含有附加价值的服务业为支撑。在全球化与信息化背景下,这种以文化—技术创新为核心内容的创新城市,在西方城市研究中已成新的焦点,即所谓新经济空间的出现。如 Scott(2000)对城市文化经济的研究,Florida(2002)对创新阶层的研究,Pratt(1997)对英国新媒体产业的研究等。特别是 Hutton 对于西方内城新经济的研究,比较系统地描述了在"经济坍塌"之后,以设计、广告创意等创造性和知识性为基础的新经济活动正在为伦敦、温哥华、西雅图等城市带来新鲜血液,新的社会空间正在形成(Thomas,2004)。值得注意的是,以文化—技术创新为核心内容的创新城市,强调的是文化艺术与信息技术的结合。因为在信息网络革命条件下,城市的竞争与合作将更为泛化与深化。在这样的环境中,生活环境的质量、文化服务的层次、信息/知识的可获得性等因素成为重要的区位要素。

事实上,除了传统的区位要素(例如地价、空间的可达性)外,更加定性化的"软"区位要素已越来越显得重要。与此同时,城市也获得更多机会来发挥自己的主动性和培育自身快速反应的能力,通过创造有吸引力的区位环境来改善自己的网络地位。但以往大量的研究并没有把文化与信息技术有机结合起来作为创新城市的核心内容,而是集中在信息技术制造产业的区位和高技术生产密集的地区。其结果,一是单纯强调信息技术及其产业发展,并将其列为城市发展的新增长点;二是提出的相应政策均力求给城市创造新技术生产的条件,例如促进建设城市中的科学园、技术城和基于企业间新的柔性分工的新工业区。这种单纯强调新技术的生产及其产业的观点,并没有抓住信息网络革命下城市发展的主要问题。就如同在 19 世纪将城市基本经济发展归结于蒸汽机生产制造的区位优势,而忽略蒸汽动力在众多产品制造过程中的运用以及蒸汽动力给城市发展带来的巨大影响一样。

因此,我们必须加强对于信息通信技术在广泛的城市经济和运行管理扩散中的影响的研究,认识到信息革命带来的不仅仅是产业的转变,而是信息化、数字化、网络化的生活生产方式的转变。现代信息技术的迅猛发展及其对社会经济的广泛渗透,带来的是整个生产方式和社会生活方式的变化。在创新城市过程中,政策制定的范围必须从强调信息技术(IT)的研究开发方面扩展到经济增长和社会发展中更为广泛的信息的生产、采集、传播、应用诸多方面,城市发展的战略重点将集中在城市如何最大限度地利用信息技术发展经济和社会,并通过与文化艺术的结合来获取全球竞争力。

12.1.3 创新城市的途径及其环境条件

如上所述,创新城市涉及各个领域及众多内容,因而实现其创新目标的方式及其途径也是多样化的。但由于创新城市的内容及其重点是动态发展的,具有明显的时代特征,所以在不同的历史阶段,实现其创新目标的方式及其途径应有所侧重,与其主要内容及重点相对应。

在以文化—技术为核心内容的创新城市中,现代信息技术在城市中的广泛运用是基本的前提和基础,也是实现其创新目标的主要途径之一。也就是,居民、各种组织和政府机构广泛使用信息技术,以此来明显改善其所在的区域。其中,也包括通过建设现代远程通信和信息化基础设施,以此获取竞争优势来吸引那些能够创造知识性质的增长型企业,促进城市发展(Bell,1973)。

一些学者把这种具有使用信息技术来明显改善其区域的本质特征的联合体称为"智能社区"(Roger and Marco,1999),其地理范围可以从街区(neighbor-hood)到多个区域的(multicounty region)的联合体。这种使用信息技术来明显改善其区域的智能社区,具有与以往不同的特质:(1)高新技术的投资以及人才可获得性;(2)人才和职业培训;(3)竞争经验与合作习惯;(4)透明的城市财政;(5)有将债务转换成资产的能力;(6)制定让公众共同参与的战略。每个智能社区依据各自拥有的资源和发展目标,以不同的方式达到以上特质,但是在获得经济健康发展和公众的共识、忠诚度方面却有着相似的结果。为了达到运用信息技术来明显改善其所在区域的目的,必须实行 SMART(智能)。有学者将它分解为:S 代表学习与策略(studying and strategizing),如何将远程通信和信息技术用于自己的区域;M 代表城市和区域对信息技术和经济、居民需求的趋势与变化的快速反应(monitoring);A 代表城市和区域的主体对如何利用信息技术改善区域达成共识(arriving);R 代表城市与周边区域的合作与协调(reaching out);T 代表快速行动,一旦落后就意味着其他城市在新经济中取得了竞争优势(Kellar,1998)。这种运用信息技术来明显改善其所在区域的过程,实际上也是城市作为一个有机体对外部因素作出反应的过程(即适应与调整过程)。特别是,其中包含着与文化艺术相结合的内容。

由于不同城市主体基于历史形成的不同价值观念和感觉中的知识差异,决定了这个时代城市发展的主要因素来自不同的价值观念、创新意识和创造力。因此在这种创新城市过程中,城市的学习与创造能力、每个市民的创新意识培养就显得尤为重要。针对这一情况,也有学者提出了学习城市(区域)(learning city/region)的概念。尽管目前尚未形成一个统一的有关学习城市或区域的定义,但都与创新和促进创新的系统有关,并成为许多城市发展的中心策略(Larsen, 1999)。这类学习城市(区域)的共同点,在于所有参与者将创新和学习放在发展的中心位置,培养全球性的竞争力和发展知识密集性的产业和服务活动,并将其工作建立在当地学习、创新与应变的能力基础上。因此,学习(包括个人学习和机构学习)也是创新城市的主要途径之一。个人学习指个人通过正式或非正式渠道获取知识、技能等,通常指的是终身学习,而不仅仅是在校学习或培训。机构(系统)学习是指建立在信息化、网络化基础之上的集体学习,其依赖于一个持续的关于产品、流程和工作组织等信息的交流。在以文化—技术为核心内容的创新城市中,个人的终身学习显然是十分重要的。因为通过学习,个人可以获得更好的工资和就业机会,而社会则得益于一个更柔性化的、具有先进技术的劳动力。但这只是其中的一个部分,更重要的是在全球化背景下,将个人的学习与更广阔的环境联系起来,使城市或区域的系统(机构)也感觉到学习和创新的必要,并且有能力去实施。因此,创新城市要求所有的参与者和合作者——不管是公共权威部门、私人企业、教育研究机构还是民间组织、民众个人——都将学习和知识扩散作为发展的中心环节。

经验表明,在这种学习和知识扩散的过程中,会使不同主体之间形成一种有共同目标、认同和信任的感受,培养起他们共同的价值取向以及城市的网络关系,进而成为一种创新城市的驱动力量。特别要提及的是,对于集聚于相同区位的企业和知识机构,更有可能共享文化和知识,从而更能促进社会相互作用和学习的过程。日前,大型的全球公司也开始寻求将其研发活动融入当地集聚体内,以便能够获得高度本地化的研究和技术能力,充分利用和发展高水平的企业间网络、当地商务支撑和制度资源以及本地市场的全球化。

创新城市的主要方式及途径,其具体的运用和实施,不能脱离相应的环境条件。不仅如此,对于不同的创新方式及其途径来讲,还要求具备某些特定的环境条件。以文化—技术为核心内容的创新城市,自然需要有相应的物质基础条件,如城市经济基础、城市基础设施等,但更受到软因素的约束,具体表现在城市的历史、形象、市民的价值体系或生活方式,以及市民对城市的归属感等方面。Rogers(1976)指出,良好的有利于创新的社会系统环境是创新的基本元素之一。因为创新从"新思想"到"新产品"和"新价值""新财富"的转变过程不会呈线性发展,而是将经历许多波折。在这个过程中,鼓励创新的政策和人文社会环境是非常重要的。1978 年 Lund 大学地理系的 Tornqvist 发展了创造性环境(creative milieu)的概念,类似于稍后法国地理学家 Aydalot 的创新环境(innovative milieu)的概念。这些概念构建的基本立足点就是,创新存在于某种无形的氛围之中。在他们看来,创新环境是建立在城市社区文化基础上、有利于创新行为发生的一种协同作用机制,它是一种发展的基础或背景,使得创新行为能够通过相关行为主体的相互协调作用而发生。这种创新环境具有四个关键性特征:(1)人与人之间的信息传播;(2)包含在真实或人工记忆信息储存中的知识;(3)受外部环境制约情况下开展某些相关活动的能力;(4)创造力,即从上述三项活动中创造新事物,可以看作是一种协同作用。因此,创新环境就是指城市中的各行为主体在文化与制度基础上建立起信任和承诺,在频繁的人际互动中实现技术、信息和知识等资源的共享,并在彼此之间形成高度协同的合作关系的基本秩序和氛围。它是深深地镶嵌于社会结构和人际关系网络之中的。

对于创新城市来讲,具有城市的危机感也许是创新环境首要的必备要素。如果一个城市的政府或市民对其现状及发展总是自我感觉良好,沾沾自喜,那么创新是难以激发的。特别是在取得较大成功的情况下,进一步创新城市就显得更加困难。只有对城市发展现状及其过程保持危机感,时刻认识到城市发展中的不适之处或不满之处,才会激发出创新的灵感。一个城市如果有这样一种危机感,就会不断迸发出迎接更多、更大挑战的力量,从而使创新能持久下去。

其次,这种创新环境具有非均衡的明显特征。也就是,创造性环境是混沌的、不稳定的,犹如一条进入不稳定期的河流。这种创造性环境在尺度上是广大的,但又具有文化多样性,在内部和外部都有着良好的文化交流。如果一个城市的发展处于四平八稳的均衡状态,并按部就班地运行,那么也就扼杀了创新的机会,削弱了创新的激情。正如平庸不会有创造一样,高度保守、极其稳定的社会或所有无序已消失殆尽的社会,都不是产生创造力的地方。例如,有抱负的人喜欢在伦敦工作而不是法兰克福,因为法兰克福的生活被认为是"单调枯燥"。因此,要吸引德国顶级广告人才到法兰克福来是极端困难的,那里缺乏能刺激人灵感的环境(Beaverstock, et al., 2001)。只有在经验性需求与实际机会间的不平衡、多样化的环境中,结构处于不稳定性的状态中,运行存在着不确定性的情况下,才有更多的创新机会和激发创新的动力。经验表明,拥有高度创造性的城市,在很大程度上是那些旧秩序正遭受挑战或旧秩序刚被推翻而新秩序尚未完全建立的城市,即那些经济社会变革中的城市。这些变革中的城市处于经济和社会发展的涨潮期,处在社会关系价值观和世界观转变的阵痛中,处于保守力量与激进力量进行抗争的紧张状态之下,从而会出现社会真空地带或社会秩序的缝隙。正是这种"真空"与"缝隙",为新的创造活动及其创造力的涌现提供了可能性空间。协同作用通常来自小规模活动中的可变性和多样性。这对于以文化—技术为核心内容的创新城市来讲,显得尤为重要。

另外,有助于创新活动的共同参与及其有效组织的环境条件也是十分重要的。创新城市的内在动力来自鼓励城市内部的创新思想,激励城市的自我意识和独立性,所以要让每个人都有参与感和责任感。这种参与不只是一个口号,而是激发创新思想和利用各种资源的方法。正是这种共同参与,使聚集在一起的行为主体之间注重集体共享资源,并相互交流隐含经验类知识,产生学习和知识溢出,促进信息、知识的流动和新思想的创造。与此同时,从个人到机构的每一个层面,都需要培养综合集成和实践的能力,把创新想法付于实践。这就意味着要把创新元素贯穿到城市决策的每一个过程,无论是公共的还是私人机构,无论是经济领域还是社会、文化领域的。这种有效组织的机制及其能力是城市保持生机和活力的关键能力,也是创新城市的基本能力要求。

总之,来自危机感的鞭策,信息与文化的交流、知识积累,以及来自活动可变性和多样性的协同作用,共同参与及有效组织机制等,均构成了创新城市的重要环境条件。这种创新环境有助于促进创新活动的自我更新、自我改进的良性循环,并保持创新城市的可持续性。

12.2 全球城市崛起中的文化力与创意产业

在当今的城市发展中,以文化—技术为核心内容的创新城市,使新的文化产业正成为城市发展的新动力和创新方向。在中国全球城市的崛起中,除了全面创新城市外,要突出文化力量的主导性,强调代表城市软实力的文化创造力的重要性,使文化或创意产业日益成为一种新型经济的基础。

12.2.1 城市发展中的文化力量主导性

在全球化与信息化的推动下,城市不仅是经济、政治中心,也日益成为现代文化创新和传播中心。高素质的居民结合时代发展潮流不断进行先进时代文化的创新,并迅速向外扩散传播,使之逐渐成为全球大众文化中的重要组成部分。更为重要的是,一种新的力量——城市文化的力量正取代单纯的物质生产和技术进步而日益占据城市经济发展的主流。

城市文化通过城市历史、社会结构、视觉形象等表现,反映在社会行为、文化活动、形体环境等多方面,进而作用于城市居民。公众将对文化的感知和记忆结合起来,形成了城市的文化意象。广义上讲,城市文化包括三方面内容:(1)城市与乡村及其"交界处"的生活方式的差异与融合;(2)城市居民追求的生活方式的多样性所构成的"城市的文化";(3)新的城市"宜人居住区域"和"城市娱乐"场所的形象展示,这对于提高城市吸引力和城市经济发展十分重要。长期以来,这些内容一直是城市研究的主题(Bittner, 2001; Roost, 2000; Kirchberg and Göschel, 1998; Zukin, 1995; Kearnes and Philo, 1993; Kirchberg, 1992; Wynne, 1992; Crane, 1992)。

城市文化的魅力,在于它能够引起人们的意识、观念和思维方式发生根本性变化,从而成为城市的潜在消费者并且为城市创造形象、信誉和声望。而且,文化活动本身已成为收入和经济增长的动力,产生了早先无人知晓的新产业。另外,在当今世界,由城市文化所建构的社会信任与合作,也将成为决定经济竞争力的主要因素。因此,韩国认为,21世纪是城市文化时代,加强城市文化建设将是21世纪保持城市生命力和竞争力的最为关键的环节。

在城市发展中,为什么文化力量将日益处于主导地位? Florida(2002)教授曾提出过一个假说,即在物质生活已比较丰富的后工业社会中,人们对工资等经济条件的关注降低,但对城市的音乐、艺术等人文环境、气候、湿度以及绿化等各种城市生活的利便条件的需求会越来越高。这与 Inglehart(1990)早年提出的"后物质主义"价值观有相似之处。他指出,在发达国家,人们对经济成长的关心已逐渐被生活方式以及自我价值实现等其他关心所取代。美国的 Godbey 从休闲的角度也提出类似的观点,强调休闲的中心地位会进一步加强,人们对休闲与健康之间的关系倍加关注(杰弗瑞·戈比,2000)。可以预期,人类将在追求身心解放、自由娱乐、艺术修养、健康旅游等领域投入更多时间、精力与金钱。因此,城市的文化环境和氛围将对人们产生极大的吸引力,特别是受过高等教育的劳动力对之更为向往,而企业为了能够得到这些受过高等教育的劳动力,也会跟随而至向这些城市集聚。

从更宽泛的视角看,文化是有生命力的,天生就与创新联系在一起。因为文化对城市的价值体系和发展目标形成指引,以文化的思维对城市的各种功能加以认识考察可以发现城市的创新空间和创新方向。因此每个城市的文化特征和文化品质,为城市在竞争与合作中创新发展、脱颖而出提供了肥沃土壤和丰裕资源。20 世纪 80 年代以来形成的各种有关文化经济和传媒产业的区位模式,就提出了文化生产将引导专业化公司在当地集聚的观点,而那些具有代表性的"全球城市",如洛杉矶和伦敦等被认为是对该观点予以支持的经验例证(Scott,1997)。人们已越来越清楚地认识到,全球城市对国际社会的影响力和控制力不仅体现在经济上,也体现在其政治影响和文化渗透力上。对于全球城市来讲,实物资本、物质财富等是载体,雄厚的经济实力及现代化的产业是其成为世界重要市场和经济交往枢纽的基本依托,而文化及城市精神则是根基。文化通常被这些城市作为推动经济发展的原动力和塑造国际形象的主要途径。

进一步讲,文化是全球城市保持其独特性和竞争优势的核心资源。因为在全球化与信息化背景下,全球城市在城市形态、制度规范、市民行为等方面日趋同质化,唯有文化上的区别显得尤为重要、更有价值。例如,巴黎作为一座有 2000 多年历史的世界文化名城,十分注重保护城市历史文脉与风格。早在 1994 年巴黎市政府制定的《大规划》中就提出"巴黎的发展目标是拥有历史古迹、艺术建筑和文化遗产的城市,同时也是充满活力、创造力和生机的城市",最终以其独特的文化资源形成了城市发展的核心竞争力,能够始终保持历史文化古都的传统与国际城市的长久魅力。纽约不仅是美国的金融中心,也是主要的科学、文化和信息中心。而伦敦的独特性就在于,它不仅提供全球性的商务和金融服务,还拥有世界级的历史遗产、艺术、文化、娱乐与传媒、高素质的通信设施,并享有更出色的教育和医疗。正是它集所有这些优势于一身,从而跻身于世界最优秀的营商之地。因此,这些全球城市不仅文化积奠深厚、文化存量积累高、文化设施先进,而且形成了在市场经济机制下良性运行的城市文化产业,带动旅游业等相关产业的发展。它们不仅承载着本土的传统文化,而且也善于吸纳和融合其他地区的文化元素,在成为世界文化汇集中心的同时,从城市文化资源中也获得了最大的利益。

但目前在中国全球城市的崛起中,一个比较明显的倾向就是注重于实物资本和物质财富的积累,而忽视历史、文化等软实力的构建。在一些城市建设与发展中,置于首位的是生产或单一商业目的,甚至住房建设都放在第二位。城市建设与发展的模式及其政策,通常只是为了要承接跨国资本流入而设计的。其中,最为典型的是一些经济特区的发展模式。这种国际都市形态模式是功用性的,在氛围、空间和精神方面都显得生硬和严酷。

事实上,城市文化对吸引跨国资本流入,特别是相关人才的流入已越来越重要。在现代技术条件下,不论市场是在 A 城市还是在 B 城市或是在 C 城市,这些都没有关系。但人总要住在什么地方。而公司专业技术人员的生活意识在逐渐增强,甚至一些重要的公司决策者也会有一些个人动机(公司也一样),认为他们应该在哪里生活和工作。例如伦敦的一些管理咨询公司认为,从服务客户的观点看,在伦敦设立一个办事机构并不重要。但从咨询团队的角度,从感情因素、社会原因来看,他们则希望迁入伦敦(Beaverstock, et al., 2001)。显然,在公司专业技术人员及其决策者希望居住的地方,就会形成重要的劳动力市场和办公场所。这就强化了城市作为消费场所的重要性,从而凸显出城市文化的魅力。

　　因此,越来越多的国家开始重视城市发展中的文化建设,以此来增强城市对资本流入,特别是相关人才流入的吸引力。例如,2000 年新加坡政府公布了《文艺复兴城市报告》,勾勒了新加坡在新世纪文化发展的前景,提出把新加坡建设成为世界文化中心的目标,并提出实现其目标的六大策略:(1)培养欣赏与从事文化艺术的庞大群体,加强青少年艺术教育;(2)发展旗舰艺术公司,加大政府投资,培养技术与管理人才;(3)肯定和培育艺术人才;(4)提供良好的文化基础设施(图书馆、博物馆、剧院等);(5)进军国际舞台,加强国家间文化联系,鼓励国际合作;(6)发展艺术文化的"文艺复兴经济",创办有活力的艺术文化活动,加强艺术营销和文化旅游,鼓励艺术赞助等。2003 年 2 月,伦敦市长公布了《伦敦:文化资本,市长文化战略草案》,提出伦敦文化发展的四大目标:增强伦敦作为世界一流文化城市的地位;把创建能力作为推动伦敦成功的核心;确保所有的伦敦市民都有机会参与到城市文化中来;确保伦敦从它的文化资源中获得最大的利益。

　　目前,中国也有一些中心城市已经开始重视城市建设中的文化定位,并充分利用自身的文化底蕴、人文气息,塑造城市特色,形成创新进取的企业文化和城市精神,以增强城市在国际上的知名度。例如,广州提出要建设成为现代文化的中心城市。武汉市提出城市环境创新要面向世界,张扬城市个性,突出文化底蕴,营造新的城市亮点,建成"文化武汉"。杭州提出"学在杭州,住在杭州,创业在杭州"的城市发展的文化理念。宁波"三江文化长廊"等文化设施建设,凸现了文化内涵和现代气息。应该说,形成这种意识,并确立起这种理念,已是一个很大的进步。但仅停留在这一层面,还是远远不够的。

　　中国全球城市的崛起,要将城市的活力、创新能力与文化创造力结合起来,将文化思维始终贯穿在城市创新活动中。城市决策者要把握住文化的发展动向,从文化的角度考虑和制定各类公共政策,在文化资源和公共政策之间建立一种相互影响、相互协同的关系,开展城市创新决策。这里的公共政策涉及经济发展、住房、健康、教育、社会服务、旅游、城市规划、建筑设计、市容设计和文化政策本身。在政策实施过程中,要关注城市发展中的不同重点和选择不同的方法,把文化资源置于创新实施的中心,来整合城市的各种资源,达成城市的和谐发展。最后将城市文化的进步,反映、融会和固化于城市景观、产业传统、社会网络、个人技能等方方面面。因此,在中国全球城市的崛起中,要充分发挥文化力量的主导性作用,将文化因素始终贯穿于创新城市活动之中,把文化建设作为一个推进城市综合发展的抓手。

12.2.2　创新文化与创意产业

现代城市的文化—技术创新,其核心是文化元素与现代技术的有机结合,即以文化、创意为核心,运用知识和技术,产生出新的价值,使创意灵感在某个特定行业具有物化的表现。这在产业发展层面上,就集中表现为创意产业的兴起和发展。其中比较典型的,如好莱坞的电影业、孟菲斯的音乐产业、巴黎和米兰的时尚产业,以及 20 世纪 90 年代的多伦多的多媒体产业、奥斯汀的音乐剧、曼彻斯特的新摇滚乐、汉堡的休闲娱乐业及新闻媒体等。

目前,对创意产业尚未形成一个统一的定义。Caves 对创意产业给出了以下定义:创意产业提供我们宽泛地与文化的、艺术的或仅仅是娱乐的价值相联系的产品和服务,包括书刊出版、视觉艺术(绘画与雕刻)、表演艺术(戏剧、歌剧、音乐会、舞蹈)、录音制品、电影电视,甚至时尚、玩具和游戏。Howkins 在《创意经济》一书中把创意产业界定为其产品都在知识产权法的保护范围内的经济部门。知识产权有四大类:专利、版权、商标和设计。每一类都有自己的法律实体和管理机构,每一类都产生于保护不同种类的创造性产品的愿望。Howkins(2001)认为,知识产权法的每一形式都有庞大的工业与之相应,加在一起"这四种工业就组成了创意产业和创意经济"。按照英国的官方定义,创意产业是那些基于个人创造性、技能和天赋,并通过智力财产的开发和利用来创造财富和就业机会的活动,包括广告、建筑、艺术及古玩、工艺、设计、时尚设计、电影、互动休闲软件、音乐、表演艺术、出版、软件、电视广播等行业(Drake, 2003)。中国香港把创意产业定义为:一组能够开发创造力、技术和分配知识分子财产,用来创造文化内涵(是一种生产体系,通过这种体系可以使潜在的财富和就业岗位得以创造出来)或分配产品、服务的经济活动,包括广告、建筑、艺术品、古玩及手工艺品、设计、影视部门、数字化娱乐、音乐、表演艺术、出版、软件与电子计算、广电。

但不管其定义有何差异,有一点则是比较清楚且形成共识的,即创意产业是技术、经济和文化相互交融的产物,尤其是数字技术和文化、艺术交融和升华的产物,创意产品是新思维、新技术的物化表现。这种文化与现代信息技术的有机融合,呈现出智能化、特色化、个性化、艺术化的特征,它们的价值并不局限在产品本身的价值,更在于它们所衍生的附加价值。因此,尽管创意产业具有多样性和差异性,但是所有的创意产业都拥有许多相同的特征,而且创意产业并不是一般的由精明的商人发动的赚钱潮流。

创意源泉来自从业人员的个人经验,也来自个人灵感与悟性,因而人的因素是创意活动的决定因素。但从创意过程来看,创意的灵感依赖于人与人的相互作用,而这种相互作用又紧紧依托于社会网络。美国 Csikszentmihalyi 教授认为,创造性是一个系统中的内部要素相互作用的结果,该系统由三部分构成:(1)专业,由一系列符合的规则和程序组成;(2)业内人士,包括所有该专业的权威、带头人;(3)个人,即产生新思想、新发现、新发明并被业内人士认可的具体个人(米哈伊·奇凯岑特米哈伊,2001)。因此,创意产业的价值基础是基于社会网络的人力资本。

创意产业以基于社会网络的人力资本为其价值基础,强化了其地理位置比较接近且彼此之间有内部的依赖性,因而具有明显的产业集群的特点。创意产业集群的形成,除了其外部性规模经济或范围经济因素外,促进内部竞争、推动创新以及节约交易成本等也起着重要作用。城市作为信息汇聚和知识生产中心,其集聚效应不仅为创意活动的产生、扩散和商业化提供了发展空间,而且也为创意产业集群提供了最为适宜的场所。特别在全球城市中,创意产业的集聚特征表现得更为突出。例如 2000 年,伦敦创意产业人均产值为 2500 英镑,几乎是全国创意产业人均产值 1300 英镑的两倍。全英 1600 多个表演艺术公司中超过 1/3 的公司位于伦敦。全国 90％的音乐商业活动、70％录音室、全国电影和电视广播产业收入总额的 75％、33％的艺术及古董代理商人、46％的广告从业人员、80％—85％的时装设计师集聚在伦敦。伦敦还拥有 1850 个出版企业和 7000 个学术杂志社,以及《泰晤士报》、《金融时报》、《每日电讯》、《观察家报》、英国广播公司(BBC)、路透社等著名传媒。

与一般产品不同,创意产品具有运用的广泛性和交叉性。一个创意思路能被应用于许多不同的创意产业部门。例如,一个较好的创意观点,可以在电影、电视、电视剧和游戏软件产业中被普遍运用。类似地,在一个创意产业中表现不错的创意思路,也常被允许其他产业部门使用或在其他产业部门对该思路作进一步的完善。因此,创意产业内部具有非常密切的联系。当然,创新活动并不仅限于创意产业,其他产业部门内部也可以有"创意"部。例如,许多专门为企业生产者提供的产品和样式设计等,一些大公司拥有自己的软件开发和定制团队、广告和公关部门等。

但不管怎样,创意产业并不是一个自给自足的生产体系,它们与其他部门是息息相关的。这不仅表现在创意产业较多地依赖于创造性、发行、网络技术和行为技术的能力,需要有其他产业部门的配套性支撑;同时,创意产业也为其他服务部门和社会创造了价值,相互之间形成了依赖与互动。比如,休闲艺术带来了一系列艺术基础教育和实践。这些艺术形式包括陶瓷、绘画、书法、音乐乐器与表演艺术,其服务于不同的市场(教育和休闲)和观众(青年人、家长、业余爱好者)。又如,借助创意设计和多媒体技术,对文化遗产资源的恢复、控制和保存,成为促进旅游的重要措施,而文化旅游业为创意产业提供资金,以此变文化遗产为旅游的吸引点。但更为重要的是,随着经济活动越来越依赖基于知识与文化的创新,创意产业与其他部门的系列活动的关系越来越紧密,创意产业与其他部门的界限日益模糊化。比如,珠宝业、玩具业、服装业、家具和电器制造业如今与文化创造过程日益结合起来。

由于创意产业具有网络性、多重性和多部门的特征,使我们在更发达的现代技术水平下,重新评价文化和创造力,评价它对经济社会及城市发展的影响。我们应该深刻了解创造性、知识、文化及经济的真正内涵和它们之间的相互关系,而不能将创意产业仅作为一种标签或口号,对创意产业与城市空间和城市活力的关系停留在表象认识上。例如,只是看到英国的现代艺术长廊(British Tate Gallery of Morden Art)坐落在一个废弃的发电站的表面现象,而不能深刻认识到它已成为城市发展(对伦敦中心区南岸大块地区的改造)不可分割的一部分。

在创新城市中,作为文化思想性与知识技术性有机融合的创意产业兴起和发展,不仅体现出浓厚的城市文化内涵与人文精神,而且也给城市不断制造和输出艺术时尚、消费意识和生活方式,成为城市创造财富的巨大潜能,并将持续不断地创造新价值。高度依赖于创造力的创意产业,不论是作为一股自我发展的经济动力,还是作为其他经济活动的创意投入,都将不断激发出城市的内在活力,在城市发展中都将起到日益重要的作用,产生了一幅广泛的给社会和整个经济体系带来有形和无形价值的蓝图。因此欧洲的城市正在形成这样一种观点,即文化或创意产业可能成为一种新型经济的基础,一种创造都市新形象的手段,因而使城市对于流动资本和流动从业人员来说更有吸引力(Hall,1998)。例如,近年来,伦敦的文化创意产业已成为城市的主要经济支柱,所创造的财富仅次于金融服务产业,成为英国增长最快的产业和第三大就业部门。从 1997 年以来,英国创意产业产值年均增长 9%,大大超过传统工业 2.8% 的增长率,是其他产业的 3 倍,对经济的贡献率达 4%。伦敦的文化创意产业估计年产值为 250—290 亿英镑,从业人数将达到 52.5 万人。又如,纽约的新媒体产业(即传统媒体与因特网技术相结合发展起来的数字化媒体产业)也已成为城市经济中最具活力、发展最快的新兴产业。1997—1999 年间,大纽约地区新媒体产业从业人员数以 40% 的速度增长,达到 25 万人,其中纽约市内的新媒体从业人员超过 10万人,年增长率远远高于印刷、广告、影视制作、电视广播等行业的增长,新媒体产业的年收入增长率高达 53%,1999 年达到 170 亿美元。

在伦敦、纽约等城市的倡导下,已有越来越多的城市提出创意产业发展战略。香港明确提出"创意产业是知识经济体系中的重要环节"。为推动创意产业的发展,2004 年 5 月香港特别行政区政府启动 2.5 亿港元成立基金,推出"设计智优计划",并成立"创意及设计中心"。新加坡在 2002 年公布了"创意产业发展战略"。2002 年新加坡创意产业创造的年增加值占 GDP 的比重达 2.8%—3.2%,高于同期 GDP 的增长幅度。新加坡从事创意产业的公司有 8000 多家,从业人员 7.2 万人。新加坡的目标是到 2012 年创意产业的增加值占 GDP 比重提高到 6%。中国台湾地区 2002 年在"挑战 2008 重点发展计划"中,提出"文化创意产业"发展计划,将文化创意产业作为核心产业,把创意产业作为继高科技产业后另一项全力扶持的产业——计划在 5 年内辅导成立 50 个创意生活产业项目,希望能创造 3000 亿元新台币的产值,带来 10 万个工作机会,并带动 22.5 亿元新台币的新投资。

从经验证据来看,国家和城市若拥有很强的创新文化,就会拥有繁荣的创意产业。然而,促进创新文化并不仅仅是一个教育问题,而是一个更为广泛的社会问题。其中,对知识产权的保护就是培养创意文化的基础。因此,促进创意产业需要综合性的政策支撑。如英国创意产业的推动政策主要包括创意出口推广、教育及技能培训、协助企业融资、税务和规章监管、保护知识产权和地方自主权等 6 项,采取的主要措施包括在组织管理、人才培养、资金支持和生产经营等有关方面逐步加强制度建设,对文化产品的研发、制作、经销、出口等环节进行政策扶持。美国通过法律法规和政策鼓励各州、各企业集团及全社会支持文化艺术,从法律、政策、资金、人才、市场动作等多方面创造创意产业发展的良好环境。中国香港支持创意产业发展的措施,包括教育、培训、出口促进、财政支持和提高数字化的程度等。

12.3 增强城市文化创造性和创造力

一般来说,城市都拥有比较发达的文化,但绝非所有的或大多数城市都具有在文化方面的创造性和创造力。Florida(2002:31)把"创造力"解释为"对原有的数据、感觉或者物质进行加工处理,生成新的而且有用的东西的能力"。这种强大的文化创造力,对于全球城市的崛起来讲,是十分必要和必须具备的条件。因此,在中国全球城市的崛起中,一项迫切的任务就是增强文化创造性和提升文化创造力。

12.3.1 全球化文化与本土化文化的融合

在中国全球城市的崛起中,加强文化建设和文化创新,增强文化创造性和提升文化创造力,并将其融入创新城市活动之中,一个原则性的重要问题就是如何处理好都市中心的全球化文化与地区、民族特性文化之间的关系。

我们看到,经济全球化导致的"跨国活动"和"跨国生产者服务阶层"开始产生新的文化结构和过程,并通过日常的活动和组织传递迅速扩散到世界各个角落(Knox, 2002)。最为明显的就是,名牌产品、服务和影像通过国际广告代理、动画工业及电视系列剧打入到全球市场,形成全球化文化。无所不在的跨国的建筑形态、零售连锁、快餐连锁、服装风格和音乐连同无所不在的跨州移民、商务访客和游客的存在,都将传递一种没有区域限制的混合。

从更抽象的意义上讲,全球化和信息化是与空间与时间的压缩、与更快节奏的生产与发展以及与政治的发展紧密相关。当传统的家庭间、邻里间、地区间以及国家之间的联系被高科技和高速网络及其设施所颠覆时,量变正在酝酿,有了更多的决定、更多的选择、更多的灵活性、更多的互动、更多的目标、更多的影像,并演化为一种新的生活方式和世界观的质变。简言之,是世界城市的全球都市化促进了新的过程,其包含一致的构造、新内涵的形态以及新物质主义的迁移(Oncu and Weyland, 1997)。

在全球化文化的传播与发展中,全球城市扮演了一个十分重要的角色;反过来,全球化文化的传播与发展在全球城市中也得到最集中的体现。也就是,全球城市的全球化文化色彩是最为浓厚和丰富的。因为全球城市作为城市网络体系的主要节点,是跨国交流的中心,是全球文化的汇集地。在全球城市的全球化文化发展中,跨国交流的人群起到了最直接的贡献。Hannerz(1996)在"世界城市的文化角色"一书中强调有四类人在跨国文化交流中起了重要作用,即国际性商业精英、一流世界城市中的外国移民、文化产业中的工作者、旅游者。其中,国际性商业精英是一个非常关键的群体。他们从事着"跨国性质的"工作,并享用着"跨国性质的"消费。他们集聚在全球城市里,做全球范围的决策并处理全球的投资,处理全球的信息,设计、营销着国际产品,并且为了工作和闲暇穿梭于世界各地。他们所处的地点,是一种跨文化的环境,一个交织、混合的场所(Iyer,2000)。对于他们来说,全球城市不仅仅是其工作的场所,同样也反映其物质性、世界性的生活方式、经历磨炼的生活故事和跨国的感受。他们这些新的感受,反过来又会影响当地的居民,并被其所接受。越来越多的人通过旁观这些国际性商业精英的生活,而看到其自己应该有的生活,并加以迅速的模仿。因此,全球城市通常是带有非常显著的全球化文化色彩的。对于中国全球城市的崛起来讲,同样有一个接受全球化文化的问题。

当然,全球化过程并非是一个简单的趋同。在全球化促进物质文化、制度和生活方式相似化的同时,全球化过程是通过以不同方式与各地具体情况相结合而展开的,从而意味着差异性。因为当这些全球化的流动与当地的政治经济和社会制度接触时,会有一个磨合过程。在此过程中,可以以各种形态被接受、被拒绝、被颠覆或被利用。因此,这些全球化的流动并不是把地方化抹杀掉,而是对地方化进行融合与改造。尽管全球化在许多社会生活领域都趋向于普适主义,它也同时引起由社会两种相反力量相互作用下的社会结构的差异和独特性,并成为一种个性主义。因此,由这种跨国活动产生的新的文化结构和过程,是一种伸缩性和对立性,而不是收敛性和一致性。它不仅包含着文化的均质性和同时性,也包含着文化的扩散和分裂。它同时包含着普遍化的个性原则(如重新定义的独特性、差异和个性等构成的相对主义)和个性化的普遍原则(如不同地区、阶层、民族的居民的跨国活动等)(Robertson,1992)。

因此,高度集聚于全球城市中的全球化文化,是复杂的、动态的和多方面的。同样,全球城市也是特殊文化种类的场所,是构建新的文化范式和流派以及诞生新的学说、思想的策源地。在全球城市中,这些群体可以建立新的网络和运用新的文化内涵来描述新生活空间中的日常生活。其中,包括传统社区的转变和适应以及强化少数民族地区的社会文化空间。这不仅为全球城市的世界主义作出贡献,同时也有着潜在地促进不同文化发展和创新的多元文化空间(只在一些城市,伦敦、纽约、旧金山、洛杉矶和悉尼)(Knox,2002)。

　　另外,必须看到,高度集聚于全球城市中的全球化文化,其文化的多元性加剧了不同社会群体间的文化差异,甚至是文化的断裂。因为全球化不仅带来了劳动力市场、消费者市场、政治机构和经济组织等功能性的综合,打破了传统政治界限并将人们联合起来,但与此同时,它也导致了新的分裂。比如说劳动力,它通过种族、肤色、性别、年龄和地区分裂成为各个部分。这在相当程度上加剧了不同社会群体间的文化差异,乃至文化断裂,如社会的精英阶层代表了多种文化(传统的以及世界各地的文化),而同时其他一些社会群体可能只代表着一种非常地域性的、狭窄的单元文化。从某种意义上讲,未来城市冲突的真正来源,是文化间的冲突(Armel Huet,2005)。这将可能给城市发展带来很大的风险。

　　因此在中国全球城市崛起的文化创新中,既要防止全盘接受全球化文化的倾向,又要防止片面强调狭隘的地区、民族特性文化的倾向。在接受全球化文化的同时,还有一个挖掘城市文化中地区、民族特性的问题。从目前中国城市文化建设的情况来看,大多数城市都比较注重自身的历史文化、挖掘自身独特的文化底蕴,例如广州将其城市历史文化提炼为"中国古代丝绸之路的发祥地,岭南文化的中心地,中国近代革命的策源地,改革开放的前沿地"等。不少城市都在积极申报中国珍贵遗产档案、国家重点风景名胜区、国家级文保单位、历史街区、世界文化遗产等,并出版相应的画册与书籍、编大型历史故事剧与民间舞蹈、创作历史文化遗存的歌曲等。无疑,在城市文化建设与发展中,突出城市文化中的民族、地区特性是重要的。特别是中国许多城市具有悠久的历史,有的是六朝古都,有的是历代重镇,有的是人文荟萃之地,等等,均有深厚的历史文化底蕴,确实需要发扬光大。无论是经济的还是社会的发展,都要保持文化的地方特色。城市发展只有与一个地方的文化相协调,才能达成整体的鲜明的效果。从这一意义上讲,只有通过本土文化的深入挖掘以及对外交流而融合各民族文化的精华,才能建成宏大的全球城市大厦。

12.3.2　城市文化创新的社会基础及人力资源

　　我们知道,文化本身及其发展具有物质依赖性,需要相应的硬件建设,并借助于一系列具体的活动方式反映出来。对于城市的文化创造性来讲,经济发展、社会财富等物质基础是重要的,必不可少的条件。从历史上看,除少数例外(如雅典),绝大多数在文化方面具有创造性的城市,都是当时条件下经济高度发展和最富有的城市。无论是佛罗伦萨洗礼堂或伦敦宫廷剧院,或是卢浮宫、维也纳市政厅或柏林大剧院的建造上,无不体现了社会物质基础的极其重要的作用。特别是在文化比较发达的城市,要求有比较完善的文化艺术设施和丰富多彩的文化艺术活动。从这一意义上讲,文化艺术设施及其活动已日益成为城市重新定位和形象创造的关键因素。对于崛起中的全球城市来讲,增强文化创造性和提升文化创造力,更需要有相应的物质性投入,建设配套齐全的文化艺术设施,如大剧院、艺术中心、博物馆、娱乐场所等,塑造城市景观,如标志性建筑、城市雕塑、文化景观等。同样,也需要积极开展各项文化艺术活动,特别是举办具有较大影响力的大型活动,如国际电影节、电视节、图书节、民俗文化节以及大型文艺表演、各类文化论坛等。

但对于城市文化创造性来讲,这只是必要条件。仅有此条件,并不一定能成为具有较强文化创造性的城市。甚至有一些极端的例子,如出现一些经济高度发达而却是"文化荒漠"的城市。对于一个城市文化而言,最易获得的是硬件设施建造、形态景观塑造以及时尚流转,而最难完成的则是精神培育、品质锤炼和境界提升。因为文化的意蕴作为一种无形的力量始终施加着城市灵魂的作用,它需要内省、需要自重、需要积淀。文化的精神价值品质的获得,必须经过潜移默化、日积月累、自然而然的人文演进过程和量变积累过程。从这一意义上讲,文化从来不是打扮出来的、强求出来的,也并非能够以形代神或可以言不达意的。因此,全球城市的文化水准,并不是单靠硬件设施条件的好坏、标志景观的优劣、文娱活动的多寡来简单衡量的。增强文化创造性和提升文化创造力,更要注重文化的精神价值品质的培育,加强文化"软件"和内容方面的建设。

进一步讲,如果我们假定:为增强文化创造性和提升文化创造力,相应的文化艺术设施不足,完全有必要予以建设和增加。即便如此,也并非一定要新建、新造。根据实际情况,有些重要的设施需要新建,但也有不少可以改建而成。目前国内不少城市通常采取"重起炉灶,全新打造"的办法,并追求所谓"现代"建筑风格和外在的豪华气派。且不论在此过程中的"动拆迁"、基建投资以及建成后日常维护等昂贵的成本支付,更主要的是,这种做法完全摒弃和割断了城市历史的延续,抹杀了历史在增强文化创造性和提升文化创造力中的重要作用。事实上,成功的城市总是能够借助"传统"应对危机,把历史作为创新的源泉。历史所造就的城市形象,历史遗留下来的建筑物、街景、教育和文化设施,都可以成为创新重新涌现的基础。在文化创新方面,历史更是一个重要的激发器。因此在文化艺术设施建设上,完全有必要也有可能有重新利用旧的设施,包括原有的工业设施,如将旧的工业仓库改造为媒体中心,将废弃的电车车库改建成新的展览中心,将艺术中心建在旧的军工厂内等等。这些建筑的历史特征增添了它们的吸引力,而且正是其深厚的历史背景更容易激发出文化创新的灵感。因此,充分利用原有设施,将其改建、改造成文化艺术设施,不仅是一个减少投入、节约成本的经济问题,更重要的是借助于历史的激发器来增强文化创造性和提升文化创造力。

城市文化创新活动,既要有一定的物质基础,同时也还需要有大量的创造性人才来完成。Hall 认为,天才也许比财富更重要。创造性城市几乎都是世界性地吸引着来自偏僻角落的天才。他从历史上列举了古代雅典集聚的大量客籍民(古希腊的外籍居民,包括解放后的奴隶),从乡村远道来到佛罗伦萨的艺术家,从外省来到维也纳的音乐家和来到巴黎的艺术家,以及 19 世纪末期来到维也纳的犹太人。如果没有这种创造性血液的持续更新,城市很可能就不会富有创造性(转引自黄怡,2001)。

因此在中国全球城市崛起过程中,增强义化创造性和提升文化创造力,最为重要的环节之一,就是要吸引大量文化创造性人才的汇集,创造有助于创造性人才不断涌现的特殊环境条件。然而,促进这些创造性人才的成长及其集聚,除了具备经济发展、文化繁荣等一般环境条件外,还需要某些特殊的环境条件。

一是处于经济社会变革之中(Hospers, 2003)。当一个城市处于社会变革、文化更替的"非稳定性状态"时,往往会有新的利益分化,出现新的社会阶层、经济或种族团体。这些新的社会利益集团在变革中不仅得以确立,而且不断地提升其社会地位。与此同时,也往往是社会和思想文化剧烈动荡的中心,处于各种思潮、不同观念、多元文化的碰撞和冲突之中。这一系列现实中的新变化、新问题、新冲突的提出,无疑对人们的思想观念形成巨大的冲击,给文化创新带来了更多的机会,内生出文化创新强有力的推动力量。因此在经济社会处于重大变革的环境下,人们易于接受新思想、新事物,有助于创造性人才在解决现实性问题中脱颖而出,也有助于吸引大量文化创造性人才为研究、探索新问题从四面八方汇集而来。

二是基于多极社会结构的宽松环境。Florida(2005)教授把"宽容"(tolerance)作为创意城市的三大关键要素之一(另外两个要素是技术和人才),认为宽容是衡量一个城市开放、包容和多样性的概念。有魅力的城市并不一定必须是大城市,但必须具有宽容性和多样性等都市风格。这种多样性不仅仅是人的种族的不同,还包括他们不同的知识背景、工作技能、行为方式,甚至扩展到城市不同的意象、不同的建筑。人的多样性带来文化的多样性。在这种环境中,人们能够发现与自己兴趣爱好相同的亚文化团体,而且从与自己不同的亚文化团体受到启发和刺激(Fischer,2002)。因此多元文化的共生将形成互相渗透、互动和竞争,在交流、碰撞中产生出巨大的文化创造力。而且这种多极化的社会结构,其本身就意味着主流社会的精神分化和文化多元性,从而为文化创新提供了较为宽松的环境。这对于创新行为和创造性人才的脱颖而出具有积极的作用,而且有利于吸引人才和促进多元文化交流。例如,对于那些来自各地的富有创造力的群体,特别对年轻人来讲,往往有着被当地主流社会排挤的经验和压力。如果一个城市不具有这种多极化的社会结构,一旦受到主流社会的排挤,将使他们难以找到立足之处。相反,在一个多极化社会结构的城市中,即使他们受到当地主流社会的"排挤",仍有可能寻找到其他的"庇护者",对其创造性工作提供资助和支持。这就使他们处于一种既不被排除在机会之外,也不会因受到热情欢迎以至丧失创造动力的状态,促使他们通过自己对真实世界的感悟提出新的创造与创意,产生反映时代特征的新的精神产品。

三是具有广泛影响力的活动舞台。能否产生较大的社会影响力,也是促使创造性人才集聚和活跃文化创新的一个重要因素。一个城市的文化创新,越是能产生较广泛的社会影响力,其对创造性人才的吸引力就越强。固然,创造性精神产品的本身质量及水平是产生较大社会影响力的基础。从这一意义上讲,只有高质量、高水平的作品,才能产生广泛的社会影响力。但不可否认,传播的力量对促进这种社会影响力是十分重要的。特别在信息"爆炸"的时代,传播的力量在"争夺眼球"中起着决定性的作用。相同的创造性精神产品,如果其传播的力量越强,产生的社会影响就越广泛;反之亦然。这种强有力的传播,是在及时发现、深入挖掘、全面策划并对创造性精神产品进行"包装"的基础上,通过广播电视、报纸杂志、各大网站等各种媒体的宣传、报道等,甚至结合商业性"炒作"来实现的。也就是,要有一系列专业机构、策划公司以及各种传媒的有机组合,才能形成强大的传播力量,为城市文化创新营造出有影响力的活动舞台。显然,越是容易"出名"的地方,对创造性人才越有吸引力;而创造性人才的集聚,其本身产生的规模效应、互补效应、溢出效应等,反过来又促进了这一地方社会影响力的增大。因此,基于强势传媒的传播力量也是促进城市文化创新的一个重要环境条件。

在增强文化创造性和提升文化创造力中,创造性人才所起的作用固然是十分关键的,但也不可忽视和低估一般大众在文化创新中的重要作用。从某种角度讲,大众文化促进群体间和文化间的理解和交流,因此比消费高雅艺术更能促进创新力的涌现。特别是随着现代技术和经济的发展,导致人们出行的动机越来越多样化,促使人们的流动性不断增强,并且其流动范围不仅限于国内,还包括国际流动。例如法国现在一年接待约 7000 万游客,远远超过其本国 6200 万的人口(Armel Huet,2005)。随着流动性的增强,人与人之间的融合(主要是文化的融合)也在不断地增加。这对于增强文化创造性和提升文化创造力有着深远的、不可估量的影响。

全球城市更是大规模人员流动的集散地,具有明显的人口多样性特征。例如纽约、伦敦和东京的迁移人口比例都在 8.71% 以上,接近 1/10 的人口处于流动状态,具有较强的人口流动性。此外,除了东京的国际人口比例相对较低(4.55%)外,纽约、伦敦的国际人口比例分别高达 24.2% 和 27%(见表 12.1),常住纽约和伦敦的外国人占到了本地人口的 15% 左右①,具有较强的人口多样性。因此,纽约和伦敦是一个典型的移民城市。2000 年美国人口普查数据显示,纽约市的 800 万人口中,在国外出生的占 35.9%。从 2000 年至 2001 年,伦敦共接受了 19 万移民。几乎 1/3 的伦敦人属于少数民族。到 2016 年估计还将有 70 万人进入伦敦。②

表 12.1　纽约、伦敦、东京、上海迁移人口和国际人口比例　　　　　(%)

	纽约(2000)	伦敦(2000)	东京(2004)	上海(2004)
迁移人口/总人口	9	8.71	9.87	1.43
国际人口/总人口	24.2	27	4.55	0.70

资料来源:转引自左学金、王红霞:《城市创新与人口发展:上海、纽约、东京与伦敦的比较》,上海 2006 年世界中国学论坛提交论文,2006,上海;National Health Service Central Register; International Passenger Survey, Office for National Statistics, U.K.; U.S. Census 2000;日本总务省统计局;《上海统计年鉴 2005》。

这种人口流动性和人口多样性,必然带来文化和语言的多样性。例如,纽约市民使用的语言达 121 种,伦敦市 750 万人口的居民使用 300 多种语言。这对于参与当地市场是十分重要的,是全球城市的一种实力体现。支撑纽约、伦敦作为一个全球城市的基础之一,便是它的世界性。公司能够在那里找到它们所需要的来自任何不同国家和区域、讲不同语言的员工,从而使交易活动可以更轻松地进行。例如,在伦敦的投资银行办公室里,都是来自不同国家和地区的国际职

---

① 根据纽约州 2001 调查数据和伦敦 OLS 数据估计而得。

② 数据引自德国《焦点》周刊,2002 年 7 月 1 日。

员。这种人口结构的多样性和文化生活的多元化,构成了一个全球城市的重要文化特征。而正是这种多种族、多文化、多阶层的共存,使其能够用开放的、积极的、包容的和灵活的思想去接纳其他观点,并用此来培养创造性,由此形成了文化融合和文化创新的不竭动力。正如许多人口学家和经济学家指出的那样,移民能够带来崭新的思想,从而能为我们提供稳定的创新流,同时他们也是维持大都市人口增长的重要力量。因此,一些全球城市都把迁移人口流量维持在一个较高的水平,作为其可持续发展的重要任务。

当然,在这一人口流动性和人口多样性中,特别要强调的是高素质劳动力的流动性和多样性,其对于增强文化创造性和提升文化创造力显得更为重要。一般来讲,全球城市通常是熟练的、高素质劳动力的高度集聚地。从国际通用的25 岁及以上劳动力人口受教育程度这一指标来看,纽约、伦敦、东京等全球城市具有较高素质的从业人员。2000 年,纽约大都市区 25 岁及以上人口中拥有学士及以上学位的人口比例为 28.3%;东京的这一指标值为 27.1%;伦敦拥有高等教育人口比例达 31%。高素质和高技能的劳动力可以带来财富的增殖从而吸引更多的高素质人群向大都市区集聚,由此将带来"思想"的流动(the flow of ideas),并反过来进一步增强集聚地的吸引力。这种人力资本的高度集聚,不仅可以使城市有足够的能力来轻松应对发展进程中的不良冲击,并使其能在结构转变过程中随时实现自我再造,而且也极大地促进文化创造性和提高文化创造力,迅速增强城市的软实力。纽约联邦银行曾针对纽约大都市创新发展将面临的挑战展开研究,明确指出,纽约大都市区要想继续其过去成功的大都市区发展就必须继续增强其对高素质劳动力的吸引力、维持力和培养力。大都市区的竞争力在于其内涵的提升而不是空间区域的扩张(Orr and Topa, 2006)。

在这方面,我们存在着较大的差距。如上海的人口素质虽然在不断提高,但即使到 2005 年,上海 25 岁及以上人口中拥有学士及以上学位人口的比例仍只有 5.1%,远远低于其他大都市 2000 年时的水平。不仅人口的平均受教育水平低,而且高素质的劳动力更是缺乏,人才的集聚程度较低。根据第五次人口普查的数据,2000 年上海 25 岁以上、本科学历以上人口仅占全国的 5.8%,而纽约本科以上人才占全美国的 9.7%,东京占全日本的 16%。因此在中国全球城市的崛起中,增加迁移人口流量,特别是吸引高素质和高技能劳动力的集聚,形成人口结构多样性和文化生活多元化的基本格局,是一项非常重要的工作。这不仅是为了经济发展的需要,形成有助于企业扩张的、具有吸引力的区域市场环境,而且也是为了更好地形成增强文化创造性和提高文化创造力的良好社会基础。

13 城市治理结构的制度性框架

在全球化过程中,城市及其政府当局起着十分重要的作用。Varsanyi (2000)指出,在全球化时代,我们必须理解城市内各种社会力量是如何创造跨国流动的。研究地方发展动力使得我们达到基于场所的过程,即当地社会、政治、文化和经济过程与全球力量联系起来的方式。因此,在全球城市的崛起中,特别在城市转型过程中,一个重要的问题就是如何形成一个有利于促进各种社会力量创造跨国流动的城市治理结构。这种城市治理结构的制度性框架的不断完善,是全球城市崛起的关键环节之一。

13.1 全球城市崛起中的城市治理

城市治理涉及发展目标、驱动力以及方式手段等方面,直接关系到城市发展及其命运。城市治理的有效性,不仅直接关系到全球城市崛起所支付的成本大小,而且直接影响全球城市崛起的进程快慢。

13.1.1 城市治理及其模式类型

城市的发展,是通过一定的作用机制而实现的。这一发展机制直接关系到城市发展的状态及其过程,因而引起人们的普遍关注。在现代城市发展中,"城市治理"正日益取代传统的城市管理或统治,成为一种新的理念与模式。其实,"治理"(governance)这一概念并不是全新的,早在政治学研究中就已提出来了。但对"治理"的理解,至今仍众说纷纭,尚未有一个被普遍认可和接受的定义。简单来讲,治理就是约束、协调与控制的过程(Rhodes, 1996)。与传统的政府管理或统治不同,大多数学者认为,治理指的是市民社会与政权之间的关系,约束者与被约束者之间的关系,政府与被管治者之间的关系(McCarney, et al., 1995)。城市治理(urban governance)是城市主体或城市利益相关者之间的关系,或者说是城市主体之间的运行机制。

1987年,Logan和Molotch(1987)在合作编著的《城市财富:空间政治经济学》一书中,提出了"发展机器"模型。该模型认为,美国城市的发展是城市中主要利益主体相互作用的过程。与政府部门一样,地产开发商、金融机构、公众机构、政治家以及其他的促进增长组织甚至体育运动员组成的"动力集团",推动"发展机器"来实现城市资产的交换价值,获取资产的最大化收益或者财富,并且将此类发展视为解决各类城市问题的主要办法(Lin, 2002)。

Stone(1989)提出了一个从更广泛意义上来分析美国城市发展过程的城市政体模型。该模型认为,在市场经济条件下,城市权力是分散在地方政府和私人部门手中的,城市政体是一种"合作性"的制度安排。通过这种安排,地方政府和私人部门能够形成管理城市的能力。地方政府和经济精英都拥有城市治理的资源:地方政府拥有立法和政策制定的权力,而经济精英则拥有创造就业机会、增加财政税收的资本。Stone(1993)接着进一步从政治经济学的视角对此进行了分析,指出城市政府不可能拥有绝对的能力,独立制定和执行政策;同样,私人部门也不能独立行动来促进城市的发展。因此,城市政体模型正介于这两者之间,就像一个组织器官一样,在政策执行结果和外部环境之间建立了因果联系。尽管城市政体模型表达了各种利益主体面对外部压力时的反应,但它最主要的是关注联盟建构中内部的动态变化,或者说是关注跨越政府和私人部门之间的非正式的合作关系。Stone通过权力的"社会生产模式"(social production model)来理解城市政体的内部动态变化。他认为,城市政体所表达的政治权力应该是一种能够促进城市发展的权力或能力,而不是一种高于他人的特权或社会控制权。这种能力或者合作并不是一成不变的,需要不断地创新和进行维护。城市政体经常通过"选择性的激励机制"(selective incentive),例如合同协议、就业机会或向特殊社区提供特别服务,解决城市的社会问题,维持某些利益主体在发展联盟中的参与地位等。当然,利益主体在发展联盟中所获得的利益不仅仅是物质性的,还可能获得权益等非物质性的利益。

之后,Mossberger和Stoker(2001)在此基础上,对其所描述的城市政体特征作了归纳与总结:(1)政体是一个非正式的但相对稳定的,能够对城市发展政策发挥持续控制作用的制度性资源。它通过正式的制度安排或者非正式的合作关系完成的。(2)政体旨在掌控公共资源的政府和控制经济资源的私人部门之间建立沟通。除此之外,其他的社区组织(例如美籍非裔的中产阶级团体)也参与其中。(3)合作不是上天的恩赐物,需要努力去争取,而且城市政体并不存在于所有的城市。(4)政体是一个相对稳定的制度安排,并不一定随着行政管理者的更换而变化。(5)政体的性质是由参与者所控制的资源,以及参与者之间的关系所决定的。(6)政体可以通过"可选择性的激励"达成一致意见。(7)政体并不表明在价值观和信仰上的完全一致,但是合作的过程是趋向于政策上的一致。

这些对城市发展过程的运作机制的解释,强调了城市治理是城市发展中的一种制度安排,其决定了城市利益相关者之间的利益分担和参与城市决策的能力。因此,城市治理注重的是过程,即地方当局协同私人的利益集团力求实现集体目标的过程,是政府与市民社会、公共部门与私营机构的互动过程,并由政治、经济和社会价值体系共同塑造。从这一意义上讲,城市治理为城市发展的问题提供了新的思路,使研究者和决策者开始注重政府与非政府之间的关系,留意市民社会的力量。

值得注意的是,城市治理并不是抽象的,也绝非是价值中立的。在不同的城市发展背景下,它的建构和定向反映了某种相应的准则、价值观、信念和常规,因此不存在一个"放之四海皆准"的统一城市治理模式。我们可以从地方政府在经济发展中的角色、分配形式以及地方政府与市民社会的关系等方面,来具体考察及区别不同的城市治理模式。

Peters 对西方发达国家在城市治理和政府职能转变的改革与实践过程进行了深入考察,将政府治理高度概括为四种模式(B. 盖伊·彼得斯,2001):(1)市场式政府——强调效率优先,将竞争机制引入城市管理和政府运作的全过程。(2)参与式政府——融社会利益于城市治理之中,在政府和公众之间形成一种"理想对话共同体"。(3)弹性化政府——强调政府及其机构应该根据环境变化制定相应的政策,适时调整工作重点、阶段目标和组织架构,而不是用固定模式来回应新的挑战。(4)解制型政府——主张解除政府内部繁文缛节的限制,释放公共部门蕴藏的能量,使政府具有更高的创造力和效率。

Pierre(1999)根据参与者、目标、手段和结果等四个维度,将西方种类繁多的城市治理方式归纳为四种一般模式:管理模式(managerial)、社团模式(corporatist)、支持增长模式(progrowth)和福利模式(welfare)。每一种模式都显示了它关于参与者、目标、手段及其结果的具体治理类型(见表 13.1)。(1)管理模式是按照市场原则将城市公共服务的生产者与消费者视为参与者,其目标是增强公共服务的生产和分配效率,真正让消费者挑选产品和生产者。其主要特点是将基于市场的私营部门的专业管理思想引入公共部门,从而使管理模式具有较强的市场适应性和反应力。与此同时,它以消费者的满意程度为重要的评价标准,从而有助于提高公共服务的生产效率。(2)社团模式是通过利益集团高层的直接参与和大众的间接参与,利用再分配部门的协商和谈判,以达到确保集团成员利益和人人共享民主的目标。其主要特点是将利益集团和大众引入城市政治的决策过程,形成广泛的公众参与,并抓住分配环节,确保以集团成员的利益塑造城市的服务和政策。(3)支持增长模式是以制度化的公共部门与私营机构的伙伴关系为基础,通过有利于推动经济发展、吸引外资的广泛手段,特别是公私伙伴关系,来促进经济增长和直接分享实施的自主权。其主要特点是形成密切的公私部门互动,通过构成共同的公私活动以推进地方经济增长。(4)福利模式主要是依赖地方与较高层政府的网络关系,通过争取国家补贴的方式来补救地方财力不足,以解决城市经济问题。

表 13.1　四种城市治理模式的比较

	管理模式	社团模式	支持增长模式	福利模式
参与者	管理者、消费者	大众、利益集团	商界精英、高官	官员、官僚主义者
目　标	提高效率,满足消费	分配,确保成员的利益	推动经济增长	再分配,确保国家基金的流入
手　段	基于市场的广泛的管理手段	公众参与和谈判协商	推动经济、吸引投资的广泛手段	政府间网络
结　果	效率增加	财政失衡	经济发展	不可持续

如果运用价值判断,那么这些不同的城市治理模式各有千秋,均存在各自的缺陷和问题。管理模式的主要问题是,由于强调基于市场的各种管理手段,以及政府当局依赖私营机构的专业人员,难以协调公共部门与私营机构历来不同的管理思路,难以有效地调解彼此之间的矛盾。对于大多数城市政府来讲,并不具备该模式所要求的弹性,而且消费者的选择对地方政府来说也是一个极不确定的因素。社团模式的主要问题是,由于各利益集团所关心的是公共开支,而不是税收增长,所以容易造成财政困难。一旦因财政困难而使地方政府支出大量减少,集团参与的动机便会急剧减弱,从而经常使城市陷入对参与者的依赖,地方政府在与利益集团的协商谈判中处于弱势地位。支持增长模式的主要问题是,由于城市政治过于依赖私人资本作为税收的基础,不仅吸引私人投资的竞争十分激烈,而且大大降低了大众的参与度和公共分享程度。福利模式的主要问题

是,由于地方政府极度依赖中央政府的转移支付,从而严重削弱了发展地方税收基础的动机,其结果不仅吸引不到外来投资,甚至连内部投资的动力也将丧失。

上述城市治理模式的分类,作为一种理论抽象,只是为我们进行实证研究提供了一个参照系。现实中的城市治理模式,远比其更为丰富和复杂,并非如此简单的分类。同时,作为一种制度安排的城市治理,是随着城市发展而不断演变和创新(踪家峰、顾培亮,2003),因而这些治理模式之间是可以转换的。

13.1.2　中国现阶段城市治理的基本特征

参照上述 Pierre 的城市治理模式分类,从现阶段中国全球城市崛起所采取的一系列举措及实际运作情况来看,也许并不能简单归结为其中某一城市治理模式。由于中国经济体制处于转型过程之中,城市治理模式具有明显的历史变动性和特殊性,更多表现为不同治理模式之间的交叉、混合,乃至多重并存的状态。

Savitch(1990)曾指出,地方政府不是一元而是多元现象,"并且它们不同的元,遵照不同的议程,从事不同的问题,响应不同的压力,反映不同的支持者"。在中国经济体制处于转型之际,地方政府的多元性表现更为突出,如经济、社会、政治等发展目标的多元性;经济、政治集中与社会民主、共享的多元性等。这种多元性导致不同治理模式的交叉与混合。但由于城市治理每种模式都有其自身的政治目标、组织战略和主要参与者,所以相异的组织逻辑和参与者使得不同的治理模式趋向与不同的政府部门结合,从而表现为不同治理模式的并存。显然,这种不同治理模式的交叉、混合乃至多重并存,使我们难以对其作出简单的属性判断,而要作具体细致的深入分析。

考察目前中国的城市治理,首先可以发现,支持增长模式的成分或色彩是最为浓厚的。一种较为普遍的现象是:地方政府热衷于把城市在国际舞台的定位与其发展目标结合在一起;通过城市规划、资源(特别是土地)开发、特殊优惠政策及优化城市环境等一系列手段,来吸引投资以推动经济发展。在此过程中,地方政府及公共部门与私营机构(外企、民企)形成紧密的合作关系,地方政府与企业精英共享经济增长的成果。但与此同时,为促进本地经济增长,城市政府还充分利用政府的网络关系,以获得国家财政支持及对基础设施建设的投资,促进城市经济复兴和发展。在这一点上,又与福利模式类似。与典型的福利模式所不同的是,它往往不是要求上一级政府"雪中送炭"的财政支持,弥补地方财力不足,用于城市复兴,而是要求"锦上添花"的政策性支持,更多是争取有关特殊政策及大型项目审批,如从最初争取设立经济特区,到后来的经济开发区、高科技术园区、保税港区等,乃至当今的综合配套改革试验区等,以促进城市经济更大规模地扩展。

因此在现阶段中国城市治理中,支持增长模式和福利模式是交叉、混合在一起的,其中以支持增长模式为主。这两种模式混合的基础及共同点,就在于政府主导的城市经济增长,从而是由一个强大的"亲增长联盟"主宰的,其中的联盟主体包括中央政府、地方政府和人格化的全球资本(包括民间资本)。在现实生活中,我们可以看到,促进经济增长的战略是受到城市政府倡导的,具有最大的现实可能性,并在中国城市广为采用。可见,现阶段中国城市治理中,支持增长模式和福利模式相混合是有其一定的历史背景为基础的,表现为以经济增长为导向、以地方政府为主导的显著特征。

在这种城市治理中,地方政府在促进城市经济增长中扮演了重要角色。固然在体制转型中,中央与地方的分权化改革,使城市政府掌控了更多的权力和资源,特别是土地资源,大大提升了其独立决策能力,成为城市发展问题上决策的主因力,也在一定程度上促使城市政府更深地介入当地经济发展之中。但应当指出,地方政府地位的改变,往往不是直接来自中央与地方的关系发生变动,而是地方政府在应付不断增加的政治压力(如就业、社会稳定等)时,扩大了其制定对策与积极参与的范围,同时为了经济增长,就需要吸引投资(包括国内外的投资),从而更活跃地直接以世界市场为导向。由于经济政策与劳动力政策在促进经济发展方面,比社会政策更能动员地方的政治力量,再加上在公共服务提供领域与私营机构的合作,使地方政府吸收了某些显著的商业特色,包括风险承担、创造力、宣传以及利益驱动等。

然而,更为全面的考察发现,随着经济发展,形成了许多代表不同利益的群体,且随着自身实力的壮大,强烈要求进入城市政策的决策过程以维护其自身的利益。与此同时,在构建和谐社会的思想指导下,随着社会、政治民主化的推进,要求更大程度的市民参与城市政策的决策过程。这些日益强化的新变化和新要求,促使了城市治理中管理模式和社团模式的萌芽。显然,这是一种强调政府—社会互动的城市治理模式。

在现阶段,城市治理中的市民参与、政府—社会的互动等,还仅仅处于起步阶段,是由一个较弱的"城市居住联盟"主宰的。其中,很主要的一点,是非政府组织发育不足。由于受到注册方面(包括必须挂靠在一定行政级别组织机构下等)较大的管制,许多非政府组织采用多种方式"改头换面",如注册为企业或作为企业的下属机构,成立非正式"俱乐部"或"沙龙",或分散注册等。而那些正式注册的社团、协会等组织,通常是与政府有密切联系或有政府背景的机构。另外,一些政府机构也设立了一些政府组织的非政府组织(GONGOs)。这样做的部分目的,是由于预算压力而将一部分政府功能转移给市场;也希望吸引外部资金的进入(Ho,2001)。因此,目前这种政府与社会综合治理的机制,主要是由政府当局组建各种类型的非政府部门和准政府团体构成的联盟,以实现经济发展、环境保护和社会公正的综合平衡。但问题是,这些政府组织的非政府组织到底有多少自主权,在其中能发挥多大的作用。因为对这些组织机构有重大影响的资金、人事以及决策,往往还是受到政府控制的。

当然,随着中国的治理过程越来越分散化、地方化(尽管中央继续实施宏观调控),为非政府组织的培育和发展提供了有利条件。相对来讲,在保持政治稳定的前提下,地方政府也愿意放宽有关政策和管制,使非政府组织的活动有利于当地发展(Howell,2003)。因此,正在涌现出大批独立的非政府组织,特别是在地方。有"半官方、半民间"组织(半官半民组织),也有"亦官亦民"组织。它们不完全依靠政府提供资金,有更多决策权。这些社会组织制定了新计划、动员市民参与、促进多方利益、提供多种专业和社会服务以及实践民主程序等(Ma,2002)。一般来讲,这些正规社会组织参与政策制定,通常采取参政、议政的形式,包括起草和修订相关法律法规。例如中国环境非营利组织(ENGOs)的出现,就意味着公共领域中兴起和新形成的政府—社会互动。显然,政府部门和公众中的主要积极因素,如非政府组织之间的互动,为可持续发展的全球城市的产生创造一个动态的驱动力。

因此,现阶段中国城市治理表现为如 McCann(2004)所说的"二元城市"的明显特征。在经济社会迅速发展过程中,一方面,基于政府力的支持增长模式和福利模式相混合的城市治理仍较普遍,且占主导地位;另一方面,基于社会力的管理模式和社团模式相混合的城市治理开始萌芽,起到一定的补充与辅助作用。

13.1.3　现阶段中国城市治理对全球城市崛起的影响

如上所述,现阶段中国城市治理具有明显的"二元结构"特征,其中居主导地位的是支持增长模式和福利模式相混合的城市治理方式。这种总体上以"增长为导向、政府为主导"的城市治理,对全球城市的崛起将产生什么样的影响呢?也许,其答案并非是一个对正面影响或负面影响的简单化的肯定或否定,而是要通过具体的、多层面的分析,才能给出其判断和结论。

以"增长为导向、政府为主导"的城市治理,对我们来说其实并不陌生。因为目前国内广为流行的所谓"城市经营",实际上就是这种城市治理方式的现实"翻版"。我们知道,城市经营(urban management)这一概念是在 1978 年由两位研究者从经纪人的众多业务中发掘出来的(McGill, 1998),作为经纪人业务的一种特殊形式,其实际上是通过对权力的操纵而达到分配资源的目的。这一理念在实际运用中,主要表现为商业的逻辑参与到城市的政治和管理措施之中,而且把城市作为适宜销售的商品进行经营(Jessop and Peck, 1998)。因此,以扩大利润最大化的导向,把城市看作是一个企业一样经营,并通过政府的企业化管理来提高整个城市的运作效率。从城市治理的角度看,其实质上就是以"增长为导向、政府为主导"。

我们目前对城市经营内涵的一般理解,是从政府角度出发,运用市场经济手段,对城市的自然资源、基础设施资源、人文资源等进行优化整合和市场化运营。城市经营的理论依据,在于城市是有价值的实体。通过经营城市可以达到保值增值的目的(朱铁臻,2002)。或者是把经营城市视为一种城市竞争的手段,主要是通过塑造或改善城市形象,突出城市的优势,增强城市吸引力,提升城市竞争力,改善居民福利。或者表述为:运用市场经济的手段,对构成城市空间和城市功能载体的自然生成资本(土地、水资源、阳光、空气)和人力作用资本(市政公用设施)及其相关的延伸资本(道路、桥梁等的命名权)进行聚集、重组和市场化营运,以达到为城市发展提供资金的目的。在实际操作中,城市经营的目标导向是比较注重促进经济增长和增加地方财政收入,其主要手段是利用城市政府掌控的大量土地资本、地方经营性国有资本,以及政策性资源等,通过市场化运作(如土地批租、资本市场融资、担保贷款等)和改善投资环境,放大内部资金运营能力和吸引外部资金投入,促进城市增长,扩大财政来源。反过来,经济实力的增强和财政来源扩大,又巩固了城市政府的资源配置能力,进而加强了地方政府的自主权。

这种城市治理方式在短期内,特别是在全球城市崛起的起步阶段,具有比较明显的功效。正如前面已论述过的,经济全球化导致资源要素的全球流动,且形成全球城市网络,从而使城市地位迅速上升,成为组织和协调特定的生产/再生产的重要节点。在这种情况下,地方政府与跨国资本的谈判技巧,及其创造条件以适应经济全球化的能力,已成为塑造城市形象及其在全球城市体系中定位的关键因素(Mayer, 1995:231—249)。在中国,城市政府作为最大的"地主"、国有企业的"老板"和地方财力的"掌门",在资源分配、经济利益的再分配和市场机制的掌控方面具有独特的权力,因而形成强大的经济、政治的动员力,能够强有力地推动引进外资、资金融通、开发开放、城市建设等方面工作。地方政治家和行政官员日益坚信,采用企业家的立场有利于资本在城市范围的集聚(Harvey,1989;Hall and Hubbard,1996)。事实也是如此。以城市政府主导的经济增长战略的实施,促进城市经济快速增长和城市大规模建设,在较短时间内迅速改变城市面貌,特别是使城市基础设施和城市形态的面貌焕然一新,从而优化了投资环境(至少在硬件环境方面)。再加上地方政府积极向上级政府争取到的各种政策支持,以及利用自身条件创造的各种形式的优惠条件,无疑对吸引外来投资,特别是跨国公司地区或国内总部、国际金融机构及投资性公司、跨国公司研发中心等入驻产生了较强的集聚效应。显然,这些都有助于拓展全球网络联系,增强流动性和扩大经济流量,提高城市网络节点的地位。因此,这对于中国全球城市崛起的基础性建设,起到了一定的积极推动作用。

　　但问题是,城市毕竟不同于一般的企业,其必须要有多元化的目标函数,要通过整合众多城市资源并使其得到优化配置来实现城市整体利益最大化,而非单纯的追求经济效益最大化。这种以增长为导向的城市治理模式强调经济增长战略,容易忽略生态、环境、文化、社会福利等众多方面的目标,难以实现全面协调的发展。而对于全球城市的崛起来说,并非是一个单纯的经济发展,或单一经济中心建设的问题,而是一个的全球战略协调功能的综合性培育,需要整个经济、社会的协调发展。与此同时,这种城市治理方式本质上也不利于城市的可持续发展,往往会导致改善城市形象投入增加与公共福利支出减少的矛盾尖锐化、城市形象与真实的二元化、城市弱势群体得不到关注而被排斥在城市前进步伐之外、精心包装的城市"神话"使城市失去自我等问题。因此从全球城市崛起的全过程来看,这种城市治理方式难以持续推动其健康发展,甚至会对其进一步发展带来较大的负面效应。

　　这种以政府主导的城市治理方式,容易导致政府对经济活动的过度干预。城市政府不仅是市场运行的管理者和仲裁员,还直接参与投资活动,或多或少地扭曲了市场机制。例如,给 FDI 以特别优惠条件等。另外,这些激励措施是靠城市各级管理部门予以贯彻执行的。这些管理部门被视为地方势力与全球利益联系的桥梁。但相对来讲,行政体系的市场适应性和应变力是较差的。如果行政体系内部还存在着分工权限界定不清,责权划分不明的情况,不仅导致运作效率更为低下,而且也为争夺部门利益提供了空间和可能,形成比较严重的利益部门化倾向。遇到有权可图、有利可图、有"费"可图的项目,各个部门都伸手,争抢发言权；一旦遇到麻烦和责任，却相互推诿、拖延。而这种矛盾和冲突，又恰恰发生在业务联系紧密、最需要密切配合的部门之间。

由于城市治理方式以增长为导向，过于强调密切的公私互动，通过构成共同的公私活动以推进城市经济增长和城市发展，因而其主要参与者是政府官员与工商界精英，形成一种城市政府和控制资源的市场势力的结盟。在这种结盟框架下，政府在城市规划、政策制定等方面更注重于为经济发展战略服务，为投资商服务，为城市的扩展服务，而容易忽视社会、市民的利益。例如，要求某些社区搬迁以便为开发商提供土地等。又如，为了吸引投资，城市政府在实际操作中可能削弱城市规划的管理作用，包括简化规划审批手续，下放规划决策权，按投资商的要求修改规划等，甚至不希望在规划制定中因强调全体市民尤其是普通市民的利益而与投资商发生冲突。

因此，这一城市治理方式的重大缺陷是缺乏公共参与意识，没有形成良好的公众参与机制，没有充分利用和发挥各种非官方协会、社团的积极作用。在Pierre 的四种治理模式中，这是一种最少参与者的治理模式。由于社会参与缺少实质性独立地位，政府与社会之间的合作是"无能"的产物：完全依靠行政部门，而不是追求效率。在横向网络中，即便非政府组织发挥一定的作用，但由于其仍然缺少实质性能力和自主权，所以构成主体主要还是行政管理部门。由于公众参与度较低，对权力的监督主要是以行政体系内部的自纠自查、自我监督为主，包括上级对下级的监督和部门的自我监督（而两种监督的衔接和自身监督又不甚完善），缺乏社会的公开监督。因此，在城市发展重大决策及项目审定上，往往存在长官意志、权大于法和暗箱操作等弊端。

总之，这种城市治理方式在短期内可能会有对外来投资产生较大的吸引力，促进城市经济增长和城市发展。然而，全球城市崛起是一个持续吸引外来要素或机构的过程，更需要依赖市场机制正常运作的环境条件。从长期来看，这种城市治理方式并不有利于投资环境的优化，增强对外来要素资源和机构的吸引力，反而因为严重影响和制约了市场机制的正常运作，使投资环境趋于恶化，不利于保持对外来投资或机构的可持续的吸引力。

13.2 城市治理模式创新的本质要求

在经济大潮及经济全球化的冲击下，传统城市管治模式已显得越来越不相适应。特别是随着中国经济持续稳定增长和政治体制改革进程的推进,一些原来游离于政治结构之外的利益群体伴随其自身经济实力的不断壮大,开始通过原有的"群众性团体"和新成立的协会介入城市政治。因此在中国全球城市崛起中,城市治理模式必须进行创新。这不仅有利于解决城市目前面临的问题,而且将促进城市民主化进程。其中,完善管理模式和社团模式是中国城市管治模式的主要发展方向之一。

13.2.1　基于以人为本的公众参与

城市治理模式创新,首先要解决一个基本指向,即朝着什么样的方向进行城市治理模式创新。确立这一基本指向的主要依据,就是当今全球城市发展对城市治理模式提出的客观要求。

我们在前面分析中已经指出,随着全球化和信息化进程的不断深化,全球城市作为全球经济网络的主要节点,已越来越成为地区经济、文化、政治的中心,成为自己国家的发展活力的代表。相比之下,国家的概念越来越模糊,而真正统治整个世界的将是这些全球城市。由此带来的一个新变化,就是全球城市中政治权力和公共权力的行使将出现根本的改变,即真正行使公共权力、提供公共利益的是全球城市,而非传统的国家。这些全球城市在不断创造公共利益,确立公共利益发展的战略,并在日常事务中代表公众行使这种公共利益权。

不仅如此,全球城市也将与世界其他城市形成网络,从而构建起一个全新的地方社会。地方社会不仅仅是一个物理存在的地域,同时还是一个地方社会的网络。在当前的城市社会中,传统的时间、空间、领域的模型正在被打破,而变得越来越多样化,由此带来的是人的属性开始变得越来越多样化。在今后的城市组织中,人们多种多样的活动可能涉及多个地域,而不是在一个地域上进行。相应地,个人所归属的社会阶层也将不一样,从而形成个人属性的多元化(Armel Huet,2005)。因此在未来大都市化的发展过程中,整个地方社会都将出现一系列的构建和重组的趋势,朝着市民化城市的方向发展。

因此为适应全球城市发展的要求,城市治理中的"公众参与"已显得十分重要,并成为其主导性的因素。从这一意义上讲,公众参与已成为当今全球城市发展的主题。在城市治理的理论研究中,人们已越来越强调公众参与的重要性。即使是最初源于通过对权力的操纵而达到分配资源目的的城市经营概念,在之后20多年的发展历程也被逐渐地修正与充实。正如Churchill(1985)指出的,城市经营含义正变得日益丰富。城市经营不再仅仅指系统控制,而是一系列行为关系；通过城市经营，城市居民的种种行为之间以及与城市的各种管理行为之间都会互相影响。Cheema(1993)更为明确地指出，城市扩张是不可避免的，城市问题的最终解决途径在很大程度上依赖于对城市的有效经营。城市经营应该是一个整体的概念，其目标是强化政府和非政府组织的决策能力以及如何在执行决策时取得最佳效果的能力。

目前国际上不少城市，特别是全球城市，在制定发展战略过程中把每一位市民的发展权利和自由作为城市发展的基本理念，在城市发展规划上强调合作、环境、安全、生活质量、人的发展和参与。例如，巴黎十分注重与强调"市民参与、合作与弱化集权管理"的重要性。在其看来，随着全球城市的增多，以及非中央政府之间国际合作的不断加强，在政治对话中应突出人的重要性。巴黎市政府在这方面十分注重实效性和邻近效应，并与巴黎市民保持亲密关系，以提高团结一致、安全、环境和生活质量。为此，巴黎市政府十分注重提高市民的生活质量，把提高城市生活质量作为一项优先政策予以考虑。在周边贫困地区，巴黎市政府试图尽可能完善行政管理的范围，这些措施包括确定在哪些地区推进最为有利的地区发展并取得最有效的居民参与。又如，新加坡 21 世纪远景所体现的理想是：每个市民都是城市建设的一分子，每个人都能分享城市发展的成果。为此，人的发展和公众参与已日益成为政府政策的主要重点。政府首要任务是制造更多的机会、更多的发展空间，让每个市民充分发挥其潜能，同时激励公众全面参与，为城市建设和发展群策群力，提高新加坡的国际竞争力。

从中国现阶段的实际情况看，非政府组织，如企业、社团、科研机构、高等院校等将在市场经济中越来越扮演重要的角色。随着政治体制改革步伐的加快，这一趋势将逐渐明确。为适应这一趋势，地方政府应该整合所有的参与者，并进行必要的制度安排，以形成一个互相补充的良性循环(McGill, 1998)。事实上，城市治理中的公众参与，不仅有利于加强社会监督，使公众的监督作用成为保障依法治市的重要促进因素，而且也有利于集思广益，增加政策设计与实施管理之间的衔接，减少政策实施中的摩擦与矛盾，防止管理过程中的问题大量爆发。因此，公众参与将成为城市治理的一条重要原则，是中国城市建设适应社会主义市场经济转变而必不可少的举措。

建立和完善城市治理结构中的公众参与机制，将社会主要利益集团纳入城市政治的决策过程，形成一个企业、政府及社会主要利益主体共同参与的、由城市发展决策治理结构、运营治理结构、监督治理结构、评估治理结构等方面内容构成的完整的城市治理体系，将有助于发挥各种非政府组织的积极作用，增强城市治理的科学性和民主性,体现公平、公正和高效的原则,提高城市综合治理水平。在这种新型模式中,城市治理不再是由地方政府做出决策,再让公共机构直接实施从而改变社会和经济生活的政府管理,而是一个不断谈判、联盟的多机构协作和公共私人部门合作的复杂过程。它有三大特点:

(1)治理主体多元化:城市治理的主体不再仅仅是政府公共部门,社会各个部门,包括私人部门、半公共机构和志愿组织等都参与到治理的过程中。(2)治理形式合作化:城市治理不是政府机构单独决策,实行垂直管理的过程,而是各主体(利益相关者)之间进行协商合作的过程,强调公共和私人部门的水平合作关系。(3)治理结果不可控:公共和私人部门在治理过程中相互协作、相互影响,是一个自然发展的过程,产生的结果不受任何个人或机构的完全控制,从而有可能不同于原先的估计。

从目前中国的实际情况看,公众参与尚处在起步阶段,已出现公示、征求市民意见、听证会、人大代表提案等形式,越来越对政府决策产生影响。但还需要进一步完善,如规范公众参与的形式和程序,对公众参与的地位与权限予以法律认定等。特别是对于重大建设项目,必须要有法定的公众参与程序,明确公众参与的形式与时间。当然,这里涉及许多制度性的建设,要有一个过程。作为一种过渡性措施,可以适当在"决策—论证—设计—审批—实施—反馈"过程中的一些关键环节引入公众参与的阶段。针对不同的阶段或内容,确定具体对应的形式,如可以通过新闻媒体公告,也可以采用团体代表咨询会的方式。随着经验的积累,应逐步深化、完善公众参与的公示制度、咨询制度、反馈制度和申诉制度。在公众参与机制的组织方面,建立由社团、协会和专家组成的各种层次的委员会,协调各部门、集团的利益,化解争端,以及在有关上诉的裁定、仲裁和解释中发挥重要的作用。另外,充分发挥非政府组织(包括企业、社团、科研机构、大学等)的监督作用。目前,国内不少地方在政府组织与引导下推行了政府办公公开制度的示范、常设的城市规划委员会制,也有城市开创了政府政务电子信息查询系统。所有这些都为中国的公众监督创造了条件,有助于公众参与机制的不断完善与配套齐全。

这种城市治理结构的战略性框架的完善,在很大程度上取决于权力结构的调整,如通过政治体制改革实现政府职能转变,构建有限政府、责任政府和服务政府等,以及通过法律制度的完善来规范权力范围及其行使。除此之外,从更深层的角度讲,还需要有相应的社会文化等非正式制度安排的强有力的支撑。因为在城市治理结构的创新中,必须改变错误的观念和行为方式,而改变的源泉就是文化。文化不仅是艺术、音乐、舞蹈和戏剧,而是整个的生活方式。正因为如此,观念、意识、道德、习俗等文化因素构成了支持和制约城市治理体系的隐秘、持久、稳定的社会基础。

13.2.2　政府职能转变:强化公共服务

基于公众参与的城市治理模式创新,并不是要削弱地方政府的作用。因为城市治理是政府与市民、公共部门与私营机构的互动过程。地方政府是城市治理的主角之一,理解地方政府的组织能力是理解城市治理的关键。一个廉洁的、高效的城市政府,是城市治理中不可或缺的重要因素。问题在于,城市政府发挥什么样的作用,才能够与基于公众参与的城市治理模式相匹配。

我们知道,以前的经济社会活动有明显的地域尺度,大多数人在同一个城市(地区)内生活、工作、购物和交税。而现在的情况则不同了:企业在全球范围内比较优劣以选择生产销售地点,劳动者可以在家或者世界的任何角落通过计算机提供服务,人们可以在家全天候购物,甚至通过比较地方政府服务的优劣来选择居住地点。从城市发展的角度讲,特别是对于全球城市的崛起,企业及其居民对地点的选择是一个不容忽视的重大问题。在这种情况下,一个城市要想在全球竞争中吸引居民与投资者,其地方政府必须具有强大的竞争力并且善于合作。也就是,城市政府要对技术进步、信息化、跨国公司或者以知识和服务为基础的现代经济活动作出积极响应,尽量用最低的成本提供高质量的服务,利用先进的技术为市民增加获取服务、信息和决策发言权的途径。因此,随着现代经济日益开放化和全球化以及城市在现代经济中的地位上升,城市政府的功能不是简单地被削弱,而是要求在提供公共服务方面发挥更大的作用。

这就涉及城市地方政府的合理定位问题。从一般意义上讲,城市地方政府的职责就是从组织上和财政上确保基础设施和公共服务的供给和维护,其主要任务就是搞好城市规划、建设与管理。城市政府管理主要包括:政策法规管理、城市人口管理、土地管理、建筑管理、规划市场管理、设计市场管理、环境管理、资源管理和交通管理等。在这当中,公共服务是政府实现公共政策的主要工具和手段。因此城市政府要转变职能,把强化公共服务职能作为其社会经济发展的一个中心环节,并以此为出发点来制定和规划城市远景发展战略。

政府公共服务是一个动态的概念,其内涵是随着城市经济社会发展而不断深化的。而且,对于不同的城市发展,如一般城市与崛起中的全球城市,政府公共服务的要求及其重点也不尽相同。在全球化和信息化的背景下,为促进崛起

中的全球城市的科学发展、协调发展和可持续发展,政府公共服务将主要体现在三个方面:

一是倡导学习型社会,普遍提高市民素质。对于崛起中的全球城市来讲,必须以创新的姿态面对全球化和知识经济的挑战。因此,政府的公共服务要聚焦于构建学习型社会,促进人力资源开发和利用,普遍提高市民素质。例如,为所有小孩提供学习机会,不管其家庭、经济和社会背景如何;修改教学课程,鼓励个人创意,根据学生的不同需要制订不同的教育方法,拓展"成功""成才"的定义,特别鼓励学生在艺术和体育等方面的兴趣;利用信息技术,创造具有激发性的学习环境。同时,调整教育制度的重点,鼓励市民终身学习,为所有年龄的人提供进一步学习知识和技能的机会,为在职工人提供符合他们需要的教育和培训机会,使其能通过终身学习不断获得新发展机会。在财力允许的情况下,为个人建立一个终身教育基金,并打入个人的专门账户,用以促进其学习和获得再就业技能和知识。

二是营造良好环境,吸引外来人才。崛起中的全球城市,必须保持城市社会经济发展的充沛活力和强大竞争力,使其成为人才、思想和资金汇集的环球中心,以创造更多新的思想,提供更多新的机会。因此,政府要通过提供卓有成效的公共服务来营造良好环境,积极吸引大量外来人才,并使他们融入当地社会,为当地创造更多的机会和繁荣。

三是增强认同感,加强社会凝聚力。崛起中的全球城市,除了城市基础设施、建筑、绿化等"硬件"建设和市场秩序、投资环境等"软件"建设外,面向经济全球化趋势加快和知识经济的发展,更加需要加强"心件"(heartware)方面的建设。"心件"是包括社会凝聚力、政治稳定、集体意志、共同价值观等在内的社会无形资源,具有其独特的制度特征。例如新加坡认为,要铸造新加坡21世纪发展的辉煌,更需要加强"心件"建设。政府的公共服务,就在于强化"心件"。为此,政府要协调好各种群体之间的关系,包括来自不同国家和地区、不同民族的群体之间的互尊互重的精神,维持年轻人与老年人之间的和睦关系,以及在成功与不成功的人之间也建立和善的关系等,逐步加强人的认同感、归属感。政府要建立健全各项社会保障制度,让所有市民分享城市发展的果实。实行城市网络化管理,形成一个有效运作的社区安全网。

为了强化政府的公共服务功能,要将基于市场的专业管理思想引入政府机构,以成本、效率、需求和专业管理来要求政府各种层次的公共服务的生产者。这对于理顺部门关系、明确各方责权、提高政府的市场适应性和应变力,有积极的作用。因此,要加快推进政府管理的改革,如精简机构,提高效率;法定办公程序,规范办事行为;减少行政审批,加强部门合力;增强规划弹性,完善信息反馈机制等,培育良好的服务环境,以便促进服务向高效率低成本方向不断改进。同时,对公共部门的从业人员形成有效的激励,培养绝对优良的服务态度,以满足公众对高质量、高品位公共服务的需求。这些都涉及转换思想观念和创造不同的管理文化和准则。

但值得指出的是,强化政府的公共服务功能,是指政府对公共服务的提供必须充分,并不意味着公共服务的生产必须也由政府"大包大揽",也不意味着政府"生产"公共服务必须非商业化。目前,国内普遍存在政府既是公共服务的提供者,同时又是其生产者的状况。而且,政府对公共服务的生产,是完全不讲究商业原则的。这不仅导致了政府机构及其人员的急剧膨胀,而且也因垄断性和非商业化造成公共服务的生产成本昂贵、效率低下。事实上,公共服务的"提供"与"生产"并不是一回事,两者在很大程度上是可以分离的。政府的职责主要是提供公共服务,其生产并非一定要由政府来做,有些公共服务的生产可以让非政府组织来做,政府只需购买服务即可向社会提供。即使是由政府自身来生产的公共服务,也要讲究"商业化"原则,降低成本,提高效率。因此,在发展基础建设及提供有关公共产品方面,积极推行政府服务"商业化"和公营服务"公司化",同时为吸引民间企业参与城市基础设施建设的投资,也着力营造有利可图的市场营运环境。

在这方面,已有一些较好的案例和成功经验值得我们借鉴。例如自1993年起,香港地区的一些政府部门(如邮政署、电信局等)改以"营运基金"方式运作,按半商业或商业原则进行经营,始拨款由政府注资,此后自负盈亏,靠收费来支持其运作,政府不再拨款,但有关人员仍属公务员,编制及资源调拨的灵活性提高了。这些转制为营运基金/交易基金运作的部门,除收费和经营计划按商业原则行事外,也参与市场竞争。一些原来只为政府部门提供服务的部门,其服务对象可扩展至非公共部门和公众;而政府其他部门在使用有关服务时,根据有关的原则,也可以在私人市场购买所需服务。另外,政府设立了"独立"于政府部门、由政府全资拥有的有限公司或法定公共机构,如房屋委员会、医院管理局、机场管理局、贸易发展局等;或公共企业,如地下铁路公司、九广铁路公司、土地发展公司、按揭证券有限公司等,来提供原来由政府部门提供的公共服务。这些机构"独立"之后,虽然仍由政府全部或部分财政拨款,但这些已"公司化"的机构采用商业原则及商业方式运作,维持灵活及弹性,且每年可按自负盈亏方式调整服务收费。这种方式有以下好处：一是以政府的财力给予基本营运资本，再由该机构以独立法人身份向外借贷，以灵活的资本结构、商业运作方式经营，以便以最快及最适当的财政安排承担项目本身的回报能力。二是用者自付，收回成本，可以减少政府的资助，同时改善管理和效率。三是有助于利益缓冲，一旦出现较大的利益冲突，政府可出面协调。

当然，在此过程中，政府要通过公开、明确、有效执行的法律维系经济运作，甚少参与商业经营，其提供的公共服务也要采用"谨慎商业原则"或"收回成本""用者自付"的原则运作，较少以补贴形式提供，使公营部门和私营部门即使在"生产"公共服务上有竞争，也处于一个较公平的基础上，从而有助于促进彼此的效率和服务水平的提高。

13.3　治理结构的制度性框架

城市治理模式创新，在提高公众参与度和实现政府职能转变的基础上，其目的之一是为了提高政府运作效率。而政府效率，则来源于其政府制度。这种政府制度对全球城市崛起的意义，表现为政府对经济的影响度、制定法律规章制度、实施经济调控政策、保持社会政治稳定及政治制度的适应性等方面。其关键的要素，是治理层级结构的制度安排、建立"咨询式政府"以及发挥非政府组织作用，以进一步促进政府决策水平和公务服务能力水平的提高，扩大政府信息化服务与运转的覆盖面，营造一个高效、高质量的政府服务环境，为全球城市的崛起提供有效的制度安排。

13.3.1　治理层级结构的制度安排

城市政府体系设计中，始终存在公共服务统一性与政府贴近市民的矛盾。前者要求大都市区域内有一个统一的治理机构，以避免多头分散管理；后者要求大都市区域的治理层级尽量精简，能直接为市民提供高品质的公共服务。有学者认为，在实现全市性的、协调的、有效的规划和管理愿望与权衡众多有实力的地方利益的需要之间将永远存在冲突（Derk Gowling，1997）。因此，在实际运作中如何处理好公共服务统一性与基于贴近市民的服务直接性之间的关系，直接涉及政府效率问题。而这个问题，又与政府治理层级结构的制度安排有关。

在中国现行体制下，各级行政区被作为机构设置和服务提供的基本单元。

一般城市通常设置市、区(县)二级政府。区级政府之间及其与市级政府之间,在机构的类别与数量方面是对等的。在改革过程中,有些城市实行了市、区(县)两级财政,如上海等城市,以充分调动区(县)的积极性。这在很大程度上促进了地方经济的发展,并在提供公共服务和公共管理方面更有利于贴近市民。但与此同时,也造成了区级政区"各自为政"和恶性竞争(特别在招商引资、产业发展等方面)的不良局面,城市的整体利益常常受到行政区划界限的蚕食与分割,城市发展的统一性受到严峻挑战(刘君德、马祖琦,2003)。

这种情况的发生,固然有中国政体独特性的原因,但也反映出带有国际普遍性的问题,即城市的市、区两级政府权力结构的制度安排及其制衡机制。在此问题上,一直存在着不同意见和争论。公共选择理论者(public choicetheorists)把大都市区看成一个巨大的公共市场。在那里,市民可在相互竞争的公共商品中进行选择(Parks and Oakerson, 1989; Teaford, 1979)。政府间公共服务的竞争可以降低成本,使政府管治更有效(Schneider, 1986),因而倡导更多的权力下放,反对地方政府的合并。而合并倡导者(consolidators)则认为,减少地方政府数量,合并管辖范围,使大都市区管治可以按规模经济的要求更有效地提供服务,从而减少财政赤字,促进经济发展(Rusk, 1993; Frisken, 1991)。从国际大都市的经验看,缺乏权力相对集中和统一管理,形成"多头分散"的格局,是不利于提高政府效率和城市发展的。例如,从1965年至1986年间,伦敦市一直保持"大伦敦市议会—自治市议会"的双层政府管理模式。但在1986年,撒切尔政府推行公共行政改革,把大伦敦市议会撤销了,此后伦敦便进入"多头分散"管理的混乱状态。因此1998年5月,经全民公决,同意建立"大伦敦政府",又重新恢复了两级政府管理模式。

在城市两级政府管理的治理结构中,关键是要形成一套较为完善和有效的制衡机制。尽管对区级政府下放一定的权力是必要的,但不管怎样,市级政府仍然要拥有最终决策权,仍然保持着对城市的统一控制与管理权。与市级政府相比,区级政府权力明显弱化。例如,虽然美国是联邦制国家,地方自治意识浓厚,但纽约的"市—行政区"管理模式也呈现出"强市弱区"的特点,并具体反映在纽约政府部门的机构设置、人员配置和职能分工等方面。与市级政府相比,纽约区级政府的权能较小,更多的是承担本区利益的表达者和市级政府与基层社区的中介者的职能,即使拥有一些审批权限,也要受到上级政府和基层社区的制衡。这种"强市弱区"的治理层级结构的制度安排,并不意味着城市政府干预领域的过宽、过滥,而是在政府职能有限的前提之下,为了实现大城市的统一管理,把相应职权上收,相对集中于市级政府部门。所以,强市弱区是相对意义上的强弱。从总体上看,城市政府职能的覆盖范围还是较为有限的。

然而,更为重要的并不是单纯的往上收权或集权。实践证明,权力的高度集中,并不利于充分发挥区级政府提供公共服务的积极性,也并不利于公共服务贴近市民的要求。关键在于,要合理调整和安排市、区两级政府的职能权力。例如,东京实行"都市一体化管理,区级政区相对分权"的管理模式。1998 年 5 月 8 日,日本通过并颁布了《地方政府部分改革法案》,通过强化都内 23 个区的财政自主权来提高其独立性和自治能力。该法案确立了区作为基本地方公共实体的地位。与此同时,对都、区两政府的职能权力作了调整。原来由区政府承担的供水、排水和消防等服务性职能和相应财权被上收至都政府,而与居民联系密切相关的事务(例如污水处理等)的管辖权则被尽可能地转移到区里。和区一样,市町村的职能也仅限于与居民生活密切相关的事务,如中小学的设置与管理、自来水和下水道的设置、消防、国民健康保险、征收居民税等。

另外,在城市治理层级结构的调整中,还出现了一种与传统的两级政府体制有较大区别的新型层级制的发展趋势。例如,尽管伦敦在 1998 年又重新恢复了两级政府管理模式,但其创新了传统的上下一致的治理模式,即两级政府之间并不存在隶属和管辖关系,而是一种合作和伙伴关系。市、区两级政府之间最大的区别,在于各自承担的职责有异。虽然市、区两级政府都要面向市民、贴近市民,为市民提供一些公共服务,但从整体上看,大伦敦政府代表整个伦敦,而各自治市只代表各自区域。由于大伦敦市政府承担着大伦敦持续繁荣的重任,强调其战略和规划是否符合有利于提升伦敦在世界的地位,具体来讲,市长负责空气质量、生物多样性、文化和旅游、经济发展、交通、废物处理等战略规划的编制,还负责空间战略发展规划等,以确保从整体上构建土地利用的基本框架,因而需要有一个民选的机构(伦敦市议会)为其提供咨询并进行监督。因此,在市级政府层面(大伦敦政府),实行决策、执行和监督三权分立的模式,即市长行使行政权力,议会则掌握审查权。由于自治市政府更多的是直接为市民提供服务,具体包括教育、社会服务(儿童保护、日常护理和家政服务等)、住宅建设、公路维护、区域规划、街道清扫和垃圾处理、文化和休闲产业(图书馆)等,注重于公共服务的有效性和高品质,所以在区级政府层面(自治市,包括伦敦城)实行议行合一制,即不论是代议权还是行政权,基本上都由自治市议会统一行使。可见,这种上下不一致的治理模式,是为了更好地履行其各自的职责。同时,一方面确保地方自治权的实现;另一方面也能提高地方公共事务治理的连续性和统一性。

借鉴国外大城市两级政府管理模式,固然很有必要,但并不是简单地选择其中一个模式并加以模仿。关键在于,要汲取其政府职能准确定位和科学界定的经验。尽管国外大城市市区两级政府的职能分工有显著不同,但保持政府职能的有限性却是当今政府改革的基本取向。以上所述的纽约、东京和伦敦等例子,均表明其两级政府的管理职能较为有限,有相当一部分事务被推向市场与社会,转由社会中介组织和公共服务团体等承担。城市政府直接控制的领域仅限于维护社会秩序、提高公共服务水平、发展文化教育事业和公益事业以及一些行政性事务,而较少干预经济活动。政府更多的是充当城市公共物品的提供者和调节者,而非社会经济的主导者。

国外大都市政府职能的有限性这一点,恰恰是最值得我们学习和借鉴的。中国城市政府治理层级结构的问题,从表面上看,似乎是城市两级政府职能界定不够明晰、集权与分权关系处理不力的结果,但根源则在于政府整体职能的转变尚未到位,服务区被强行嵌套并附着于行政区之上,与行政区相互重叠,进而强化了区级政区的利益主体地位,造成政府行为的扭曲与膨胀。实际上,正是这种政府职能的不合理赋予和行使才造成了区级政区之间及其与上级部门之间利益冲突的存在与升级。

因此,核心问题是转变政府职能,赋予政府职能的准确定位,构建有限权能政府。在此前提条件及基础上,才是科学界定市、区两级政府各自职能的分工问题。一般来说,市政府是作为战略型政府而运作的,其作为政策整合和协调多中心治理机制的一个平台,着眼于城市长远和可持续发展及其世界地位的提升。而区县政府是作为日常运作型政府,重点是提供具体的日常公共服务(见表13.2)。在确保城市发展的统一性的基础上,尽可能多地给予地方自治权利,最大限度地激发区级政区的活力,实现城市的一体化管理与地方自治并存。

表 13.2　战略型政府与日常运作型政府

比较项目	战略型政府	日常运作型政府
目　标	长远和可持续发展	满足市民对公共产品和服务的需求
职　责	决策和规划,提升城市综合竞争力	提供具体的公共产品和公共服务
内部组织	决策、执行与监督部门分立	执行与监督部门
面　向	变化着的环境	公共事务
权　威	影响力	执行力

资料来源:转引自严荣:《大伦敦政府:治理世界城市的创新》,《城市管理》2005年第3期。

13.3.2   非政府组织的广泛参与

　　既然在公众参与的治理结构下,城市政府是以"有限政府"的理念进行管理的,其本身是一种精干灵活的组织结构,那么就势必要求有大量非政府组织应运而生,并参与政府决策和贯彻与实施政府制定的有关政策,实际上代替政府对经济、社会的发展起了导向和推动作用,并成为调节各种矛盾的有效机制。因此非政府组织的广泛参与和"有限政府"的管理,是公众参与的治理结构制度安排的有机统一的两个方面,即只要实行"有限政府"的管理,势必要有非政府组织的广泛参与;反之亦然。

　　从国际经验看,实行"有限政府"管理,通常采取"积极不干预政策"。一方面,注意极少干预,保证经济活动有充分和广泛的自由;另一方面,当遇到对整体经济运作有重大不利影响的问题时,又采取积极措施进行必要的干预加以解决。总体上讲,"有限政府"的管理是通过许多法律法规来执行其经济政策的。例如在管制方面,如政府对有专营权的公共事业的利润管制,防止污染、保护消费者等方面的管制,以及个别特殊、临时性的管制(如因楼宇供不应求而实施的租金管制),都是以制定有关法律法规去实施的。一些法律法规纯粹是作为规管的准则,也有一些法律法规的内容包括成立一定的组织去执行政府的部分监管工作,或代理推广政府的意图、发展计划等。

　　在一般正常情况下,"有限政府"管理倾向于由市场人士"自我规管",由市场自律组织把守第一关。政府把守的是第二关或第三关,并表现一定的执法的决心,对市场参与者构成相当的约束。在实际运作上,除具有规模经济和对整体经济有重要影响特性的公用事业外,对于其他行业,政府仅以"市场自律"作为主要的规管形式。显然,这将为非政府组织的兴起提供广阔的发展空间,使其大有用武之地。与此相反,在政府"大包大揽"的情况下,势必排斥非政府组织的发展,抑制其功能和作用的发挥,使其难以发育壮大,即使已有的非政府组织也将趋于萎缩。

　　因此,在中国城市治理中,培育非政府组织并让其广泛参与,首要的问题是把政府管理经济的部分职能转移出去,借助非政府组织的力量贯彻实施政府的意图和有关政策。特别是要在政府组织机构上实行部分政府职能的分离,把一些政府职能部门转变为非政府组织机构,让其来完成某些政府管理工作。从香港的经验来看,某些政府职能部门完全可以转变为半官方中介机构,就像香港的贸易发展局、出口信用保险局、生产力促进局、银行公会、职业训练局等。这些中介机构之所以具有"半官方"的性质,是因为:第一,它们有浓厚的官方色彩,是根据有关法规建立的法定机构,由若干政府官员出任其中的委员。第二,它们又有别于政府机构,具有较强的独立性,委员会的大部分成员是各方专家、社会名流,而且不领政府薪金,即使是来自政府机构的委员也无特权,与其他委员一样只有一票表决权。这些中介机构虽然搞有偿服务,但又有别于企业,不以营利为目的,不做广告,讲求公正与信誉。同时它们充分发挥其"半官方"的特殊优势,以组织协调、提供全面服务等方面见长,可以弥补企业财力有限、收购困难和对整体规划考虑欠周等不足,促进企业的规模经营。可见,把某些政府职能部门转变为半官方中介机构,既达到了精简政府机构的目的,又赋予这些部门以新的活力,协助政府管理经济和社会事务,实行了"小政府"管理"大社会"的模式。

但值得注意的是,"有限政府"的管理为非政府组织发展腾出空间,并不意味着对非政府组织放任自流。恰恰相反,政府要对非政府组织进行培育、支持和监管,为其健康发展及发挥功能提供帮助和必要保障。其运作机制是:(1)政府促使有关行业,成立业内协会或改组为自律组织,以监管行业内服务水平、营运操守等。政府通过订立考试制度、注册制度鉴定执业资格,而行业自律组织有具体的执业资格核准,以及吊销资格权力;或通过会员制等方式,规定市场参与者必须成为自律组织成员方可参与有关业务的营运。(2)政府以法定程序确定自律组织的权力和职能、组成等。(3)在自律组织理事会中加入由政府委任的独立人士,以加强监管和制衡。(4)通过立法或制定措施,提高有关行业运作的透明度、社会问责性,并加强社会与舆论监察功能。(5)通过改组,以加强监管有关行业的政府部门或公共机构的职能。(6)对于一些曾发生严重问题的行业部门,政府加强对其直接和间接监管。

实行非政府组织的广泛参与,其前提条件是要形成各种类型、不同功能的组织团体。只有这样,才能从不同领域、各个方面进行广泛参与,成为城市治理中的一个重要组成部分。在这方面,香港地区的经验非常值得借鉴。香港的非政府组织不仅数量多、颇具规模,而且种类繁多、功能各异。其类型大致可分以下几种:(1)法定官办组织。这些组织的主席及其成员构成基本上以非官方人士为主,拥有行政权。这类组织或聘用专职员工以直接推动工作,如贸易发展局、旅游协会、生产力促进局;或由一个政府部门作为其执行机构,如房屋署(政府部门)作为房屋委员会(法定官办组织)的执行机构。(2)法定监管组织。例如,证券及期货监察事务委员会、各类上诉委员会等均为政府设立和委任的监管性质的中介组织。此外,还有各种获得政府认可的行业"自律"组织,如证券业的联合交易所、期货交易所;保险业的保险业联会;旅游业的旅游业协会等。(3)法定专业及功能团体。香港的专业团体均有法例的认可和规管约束,其成员必须具有香港政府认可的专业资格,经注册或其他手续确认,如香港工程师学会、规划师学会、会计师公会等。也有一些"自律"组织,虽没有法例规定其执业资格,但有行业团体规范成员资格、道德行为操守、执业的知识能力等,如市务学会、银行学会、电脑学会等。(4)代理人组织。其行为和经营手法都有法例及案例可依,主要业务是作为代理人,如证券经纪、商人银行、私人银行、保险经纪、地产经纪等,代表当事人参与市场交易,赚取佣金,同时也维护当事人的利益。(5)民间组织。由民间自发组成的非官方组织及非营利性组织,依社团条例注册而成立,其中包括慈善团体、社会服务团体等。有些本身也是一个专业团体,如社会工作者总工会。这类民间组织往往扮演维护民间利益、倡导社会改革的角色,如绿色和平、人权组织等。(6)利益团体。其主要是代表专业利益,就政府政策及业内意见交流汇集,发挥协调作用,如各种商会及工会。

这些非政府组织既体现了政府的一部分管理职能,也体现了协调、均衡企业利益的服务职能,为社会、企业以及政府提供各种服务,形成了一个庞大的服务体系。同时,非政府组织还加强了企业监察,及时纠正各种违法行为和违章操作,使经济活动在正常的轨道上有秩序地进行,有力地解决了各种经济纠纷,大大减轻了司法系统的裁决压力。值得一提的是,以上众多非政府组织,几乎都是由年纪较轻且有各种专业知识的人士所组成。他们经常活跃于民间,有一种很好的亲民形象。这些部门基本上都实行开放式办公,人们可以自由进出,会晤工作人员。其内部分工清晰,职责明确,办事都尽量采用简单、方便、明确的方式和程序,以提高工作效率。由于这些非政府组织最大限度地克服了官僚主义作风,加上专业化程度高,就有可能使服务对象从中获得较为科学和先进的依据和结果,而且可以做到便捷和低成本。由于这种机构的独立性及其本身对良好职业形象的追求,所以在一定程度上它还可以代表公正。

13.3.3 "咨询式政府"的管理方式

在公众参与的城市治理模式中,尽管政府的运行架构仍是行政主导,其决策权掌握在政府部门手里,但采取"咨询式政府"的管理方式,设立多重咨询架构于各个经济社会领域的运行机制之中,则是一个重要的制度性安排。特别是崛起中的全球城市,其主要着眼于城市长远和可持续发展及其世界地位的提升,更需要有决策咨询的有力支持。

政府借助于咨询制度去了解民情,听取包括商界、利益集团、民间团体的意见和专业意见,不仅使政策或发展计划的制定更加专业化和科学化,而且也减少了政策或发展计划推出时的社会反应和实施中的摩擦。因此,许多国家和城市都建立起比较完善的决策咨询制度。如日本的审议会制度,其审议会由官、学、商三者结合,以学者为中心组成委员会,最大范围地集思广益,综合社会各界的意见;调整政府机关的利害关系;协调各省、厅之间的关系。此外,还有经济团体联合会、工商会议所、经营者团体联合会、经济学友会等四大经济团体层面的研究咨询机构,以及野村、三菱综合研究所等专业决策研究机构,根据委托进行专门研究,对国家发展中的重大问题提出有影响的研究报告。美国的决策咨询研究也具有很强的独立性和创造性。各咨询机构就某一重大问题提出不同的意见和建议,对政府的决策提供多侧面、多角度的参考意见。如兰德公司等综合性和专门的独立研究机构,受政府委托对国内外重大经济社会问题进行深入、全面研究。又如外交事务委员会、传统基金会等研究性的咨询委员会,每年着重研究一两个影响深远的大课题。政府对这些咨询研究机构及其研究成果都十分重视,积极采购其服务。

目前,在中国城市治理中,为了使决策科学化和民主化,地方政府也越来越重视决策咨询工作,设立了各种咨询委员会,广泛听取专家意见,并将其视为决策的必经"程序",逐步向决策"专业化"方向发展。但不管从规模上,还是功能上,咨询委员会的作用及影响力尚未能达到改变政府管理模式的地步,远没有形成"咨询式政府"的管理方式。总体上讲,政府在政策和发展规划制定中,"首长签字""首长拍板"的环节过多,主要领导人的意志及其意愿得到比较充分的体现。面对大量复杂的城市管理问题,政府更多的是自己做出解决方案进行垂直实施或把政府意愿强加给公众。在此过程中,尽管也借助"外脑",听取专家及有关人士的意见和建议,但往往是临时性的、随机性的,并没有使决策咨询组织化、制度化。即使已经建立起一些咨询机构,也是零散不全的,尚未形成完整的组织体系化。而且,所有这些咨询机构都不是法定组织,不具有法定权力,往往只是单一的咨询功能,其影响力完全视行政长官的开明程度而定。在很多情况下,这些咨询机构形同虚设,往往成为一种豪华的"摆设";有关咨询活动的开展,只不过是为了走一下必经的"程序"而已。

实行"咨询式政府"的管理方式,本质上是政府管理模式的转变。除了传统的垂直管理模式以外,要实行水平结构的管理,共同应对城市面临的复杂问题,如环境问题、家庭政策和社会排斥现象。这一政府管理模式的转变,不是一般或临时性借助"外脑"的要求,而是要建立一种决策咨询的机制,使咨询组织扮演相当重要的角色,且成为一种制度。

因此实行"咨询式政府"的管理方式,首先在组织构架上就必须普遍建立各种咨询委员会,形成从最高权力机构到各政府职能部门的完整咨询组织体系。例如,香港特区政府最高层次的咨询架构是行政局,其成员除行政长官以及布政司、财政司和律政司三名官方议员外,其余的是由行政长官委任的非官方成员,他们作为行政长官的顾问。另外,在政府各部门设有多个不同层次、不同政策范畴、不同职能内容的咨询委员会。许多咨询委员会都邀请非官方人士加入,其中有较多的工商界和专业界人士受邀成为咨询委员会成员。

除了在原有政府咨询组织的基础上,扩大其规模,建立不同层次的咨询组织外,更为重要的是,要增加咨询组织的功能,赋予相应的权力,以便在政府管理工作中发挥更大的作用。例如,在香港特区的咨询组织体系中,作为最高层次咨询机构的行政局,并不是一个单纯的议事机构,而是具有法定决策权的。当然,制订政策的主动权仍在政府当局手中。

对于各政府部门的咨询委员会,由于其功能及类型有较大的差异,则要区别对待。有些咨询委员会可定性为法定组织,由法律赋予权限。各类法定官方咨询委员会的职能和权力,也有很大的区别。有些法定的咨询组织,对法律所赋予职权范围内的事务具有决策权,甚至接受投诉、执行等权责。例如,香港的城市规划委员会、消费者委员会等属于这类机构。有些法定官方咨询委员会,主要是提供决策咨询意见。例如,香港特区的经济咨询委员会等属于这类机构。还有一些不属于法定咨询组织,原本没有法定权力,但积累过去运作的传统,而形成一定的决策权,如香港的交通咨询委员会等。

总之,这些咨询组织并不只是单一的咨询功能。有相当部分咨询组织,特别是法定官方咨询组织中有一些由法律赋予决策甚至接受投诉、执行等权责的机构,完全充当了政府管理中的一个重要角色。对于一些重大政策问题,政府或一些获授权作决策的咨询委员会,甚至会以不同的方式发表咨询文件、政策草拟文件,如绿皮书、白皮书等。而由政府委任的咨询组织,有些在政府制定政策的初期便参与提供意见;有些则在较后期才进入参与,主要是依相关咨询委员会的既定职能(如法律规定)而定。

在这样一种制度性安排下,其整个过程表现为:由政府提出建议、进行研究,之后进行咨询,政府根据咨询所收集到的意见,衡量及选取有用的予以采纳,对建议作出修订,或再经过政府内部的反复讨论和再一次不同层次的咨询,然后交行政当局作出最后决定(某些政策的制定,则可以先由具决策权的咨询委员会作出决定,再交行政局审议),决策之后是立法程序、财政拨款,以便执行。

　　总之,通过咨询委员会的制度,吸纳政府以外的社会精英,包括为数不少的本地专家、商界领袖等,可充分借助他们的专业知识、远见、视野、经验、阅历和社会关系网络。与此同时,政府内部的专业人士,如环保专家、财经专家等也在一定程度上参与政策的制定。此外,在研究制定新政策或重大发展计划时聘请国际顾问公司进行顾问研究,借助和参考外国经验及海外专家的专业知识。这样,可以给政府决策者(以通才为主)补充不同的角度、专业的分析,使政府在进行经济决策和制定政策时更"专业化"。通过这一渠道,不仅使政策制定过程能集思广益,而且非官方人士、市场参与者等也可借此机会发挥对政府决策的影响力,使政府达到了解民情的效果。这些都充分保证了政府决策的专业化、科学化和民主化。

下　编

城市发展：愿景与实践

14 总 论

城市,是人类文明进步的结晶。它与人类文明一起进入历史,并随着人类文明的进步和社会生产力的发展而同时得到发展。2010 年上海世博会的主题——"城市,让生活更美好"(Better city, Better life),昭示着世人对新世纪城市文明的发展愿景。其中,作为世博会首创的城市最佳实践区,更是以生动的案例诠释了这一主题的丰富内涵,并预示着城市文明发展将进入一个新的重要历史阶段。

14.1 城市发展与人类文明

城市是人类的伟大创造,凝聚着全球不同文明的伟大智慧。起源于农业文明时代的城市,是"人口集中、工商业发达、居民以非农业人口为主的地区,并成为周围地区政治、经济、文化中心的地方"。这一综合体是由人、空间、社会等多种元素组成的复杂的有机系统,具有兼收并蓄、包罗万象、不断更新的基本特性,从而不断创造着人类的宝贵财富。城市不仅是一个产生聚集效益的经济场所,高度集中了人类社会所创造的物质财富;而且也是创新文化、产生新知识和促进人类社会秩序完善的先进场所,高度集聚了世界上的智力资源财富。正如简·雅各布斯所说,城市是天然的多样化的发动机,是各种各样新思想和新企业的孵化器。[①]今天,城市创造了全球 75% 的附加值与 90% 的创新成果。在城市这个综合体里,人们创造了灿烂的物质文明和精神文明。

五千年来,城市始终是人类活动的中心和社会文明的标志。正如著名城市

[①] 简·雅各布斯:《美国大城市的死与生》,译林出版社 2006 年版。

史学家、社会学家刘易斯·芒福德指出的，人类文明的每一轮更新换代，都是密切联系着的城市作为文明孵化器和载体的周期性兴衰历史。换言之，一代新文明必然有其自己的城市，离不开城市的根本反思和进步。①因此，城市的发展直接反映了社会变迁，显示了人类文明的历史演化。

今天，透过现存的一些城市历史遗迹，我们仍然可以看到城市的这种重要表征。王凯在《城市的昨天、今天与明天》一文中曾作过这样的描述：著名的雅典卫城以神庙、广场、露天剧场等建筑构成高低起伏、明暗相间的城市空间，正是古希腊城邦民主制的空间表达，也是当时平民生活的体现。罗马城庞大的纪念性建筑、宏伟的帝王广场、高大的记功柱，恰恰代表了古罗马时期穷兵黩武的思想和帝王统治行为。中世纪欧洲那种由宜人尺度的街区、平和的建筑而形成的朴素城市风格，无不透露出基督教克己仁爱、清心寡欲的精神追求，而那些高耸入云的教堂以其精美的建筑造型和目空一切的姿态，也成为中世纪后期基督教精神的体现。像意大利的威尼斯、佛罗伦萨等由大量世俗建筑构成的城市主要景观，在很大程度上体现了文艺复兴时期盛行的人本主义思想。17世纪至18世纪，随着一些新的中央集权国家的出现，城市中建设整齐划一的联排建筑，形成大量完整的街道和广场，成为君主政权的象征。特别是巴黎凡尔赛宫长达三公里的中轴线、对称的平面、几何造型的树林，把君权至上的思想融入到皇家园林之中，集中反映了法国的王权、财富和人超越自然的思想。近代资本主义的城市大发展，打破了以家庭经济为中心的城市结构，形成了前所未有的大片工业区、仓库码头区、工人居住区、交通运输区等新型城市空间形式，则是工业革命带来城市欣欣向荣的象征②。

今天，城市已是一个国家经济、政治、文化、科技等多种因素的综合体现，成为一个国家文明的象征。在世界范围内，则形成了数以万计、千姿百态的城市。其中，既有汇聚国际金融、贸易机构，成为全球经济中枢的全球城市，如纽约、伦敦、东京、巴黎等；也有洲际交通枢纽城市，如法兰克福、洛杉矶、香港等；还有以历史文化为特色的雅典、威尼斯、佛罗伦萨等；也有以国际组织驻地闻名的海牙、内罗毕、伯尔尼等；更有以特色活动闻名的城市，如以电影节闻名的法国戛纳、以音乐节闻名的奥地利萨尔茨堡、以啤酒节闻名的德国慕尼黑等。这些各具特色的城市，构成了人类文明丰富多彩的象征。

① 刘易斯·芒福德：《城市发展史》，中国建筑工业出版社2005年版。
② 王凯：《城市的昨天、今天与明天》，《世界知识》2005年第10期。

正因为如此,城市深刻改变着人类生活,并为人们所向往。城市自从起源之日起,就一直承载着人类对美好生活的理想与期待,促使越来越多的人从农村走向城市。不管是东方还是西方,是富国还是穷国,也不管是什么民族和不同肤色的人种,人们来到城市里生活、工作,寻找着自己的理想,幻想着自己的未来。正是这种人类对美好生活永无止境的追求,促使城市不断自我完善,朝着文明方向发展。

尽管城市自古就存在和发展着,但人口大规模向城市迁移的城市化则是一个现代事件。城市化是人类文明发展的自然历史过程,是各国在追求现代化过程中最重要的路径选择。20世纪60年代西方国家出台的《台劳斯宣言》指出,"城市被极度地卷入了一场迄今为止袭击整个人类最为深度的革命之中"。在城市化浪潮中,居住于城市成为人类生存方式的主流。1800年全球仅有2%的人口居住在城市,1950年迅速攀升到了29%,而到了2005年全球城市化水平达到48.6%。一些发达国家的城市人口已经占到70%—80%,有的甚至高达90%以上。进入21世纪,世界城市化进程进一步加速,已经成为人类社会发展的强大动力。据联合国人居署报告显示,到2050年全球70%的人口将生活在城市中。尽管目前亚洲总体城市化水平不高,但随着中国、印度等新兴经济体的崛起,预计到2015年全球24个超大型都市(人口在千万以上)当中,将有16个集中在亚洲。因此,21世纪被称为城市世纪。而彼得·霍尔进一步认为,21世纪则是中国的城市世纪。[①]

总之,城市的发生、发展与演化所演绎的,是从蛮荒到文明、从本能到理性的人类社会生存、创造的历史。城市作为人类最辉煌的作品,也是文明与文化最灿烂的结晶。在伴随城市生长的过程中,人类不断地发展自己,也在努力发展自己的过程中不断地发展城市。

14.2 城市发展中的全球性问题

人类创造了城市,城市也在改变着人们的生活方式、价值观念,并创造着新的社会生产力、新的观念、新的交往方式、新的需求、新的语言、新的道德观念。

---

① 杨贵庆:《21世纪:中国的城市世纪——对Peter Hall爵士关于中国城市化和中欧城市发展比较的采访及其思考》,《城市规划汇刊》2004年第6期。

正如刘易斯·芒福德指出的:"城市的主要功能就是化力为形,化权能为文化,化朽物为活灵灵的艺术造型,化生物繁衍为社会创新。"①

但我们必须正视,城市这个以人为主体、以空间和环境利用为基础,以聚集经济效益为特点的地域系统,一方面由于其高度集中,使人类大踏步地进入了现代文明时代;另一方面这种集中又以前所未有的形式使其自身面临着环境污染、交通拥挤、住房紧张、就业困难等"城市病"的困扰。如联合国人居署发布的《世界城市状况报告》指出,城市呈现出人类最好或最坏的一面,它们是历史与文化的物质载体,是各种革新、产业、科技、企业精神和创造力的孵化器。城市是人类最崇高的思想、雄心和愿望的物化形态,城市通过创造财富可以推动国家经济增长、促进社会发展并提供就业机会,却也可能成为贫困、社会歧视和环境恶化的温床。②因此,当我们欣喜于城市发展取得巨大成就的同时,也必须面对城市发展进程带来的资源透支、生态超载以及经济、政治、社会等一系列全球性问题。

在城市发展过程中,工商业往往成为推动城市快速兴盛的重要力量,其在经济上极大改善人类生活水平的同时,也对社会、环境等方面造成了各种冲击与破坏。联合国的一份报告指出,虽然城市面积只占全世界土地总面积的2%,但却消耗着75%的世界自然资源,产生着占世界总量75%的废弃物。特别是大规模城市化进程,往往以"人口大量集中、资源大量消耗、污染物大量排放"为主要特征,从而严重破坏了人与自然的和谐共生,也引发了一系列的社会问题,带来不可低估的负面影响。例如二战以后,以低密度平房和小汽车交通为主体的郊区发展给城市带来了交通拥塞、空气污染、土地浪费、内城破坏和邻里观念淡薄等问题。世界观察研究所公布的《2007年世界状况报告:我们城市的未来》指出:"今天的城市既是开创性的环境政策的先锋,也是造成世界上大多数破坏和污染的直接或间接的根源。与地球上最严重的问题作斗争——从失业和艾滋病,到水源短缺、恐怖主义和气候变化——都将主要在城市中决出胜负。"③

当今,世界城市发展进入了崭新的信息时代和全球化时代,快速的城市化进程给人类社会带来一系列严峻挑战,各种城市顽疾与不断涌现的新城市问题相互交织、复杂难解。目前,城市发展中面临的全球性问题大致可归纳为四类:

① 刘易斯·芒福德:《城市发展史》,中国建筑工业出版社2005年版。
② 联合国人居署:《和谐城市——世界城市状况报告2008/2009》,中国建筑工业出版社2008年版。
③ 耕香编译:《关注城市:美国世界观察研究所公布〈2007年世界状况报告:我们城市的未来〉》,《国外社会科学》2007年第3期。

一是人口膨胀。城市人口的增长超过了其环境的自然承载能力,使城市的自然环境受到人类活动的强烈干扰和破坏,造成城市生态平衡失调,并导致城市的基础设施和房屋越建越多,而且超负荷运转,人与自然环境的矛盾日益尖锐,人工环境也不堪重负。加上人口质量下降,老龄化的提前到来,失业现象的加重,人口问题更趋严重。

二是资源短缺。城市人口过度聚集,对资源(包括土地、水、空气、森林、矿产、动植物资源)的需求及其消耗与日俱增,再加上资源利用不合理,浪费严重,造成城市资源供不应求的缺口增大,资源短缺日益凸显,直接影响了城市及周边地区的生产和生活。

三是环境问题。由于城市人口密集、工业集中、交通拥挤、各种废弃物大量排放,造成水体污染、空气污染、垃圾遍地、环境恶化,严重危害人体健康。

四是社会问题。由于城市人口过多、竞争过度、失业现象严重、生活压力过重,往往容易造成人们心理失衡、性格偏执、群体意识淡漠、社会责任感降低,使整个城市社会发育不健全与不健康、邻里关系冷淡、社会治安混乱,甚至道德沦丧、犯罪率上升。

特别是众多发展中国家,在城市化进程中因为盲目追随西方发达国家的"成功之道",在仅仅几十年的时间里,就陷入了能源浪费、资源枯竭、物种消亡、交通拥堵、环境污染、生态退化、社会矛盾突出等困境。例如就中国城市化发展的现实看,一些大城市和特大城市面临的问题也越来越突出:一是交通问题。私家车猛增,车多路堵停车难,出行不方便。二是用水问题。大量城市缺水,发生水资源危机。三是能源问题。高峰时段,不少城市缺电,满足不了生产、生活需要。四是环境问题。水体污染、空气污染、热岛效应非常突出。五是土地问题。建设用地越来越少,势必以各种借口占用基本农田、园林绿地、湿地、鱼塘等,形成许多"城中村"和大量失地农民。六是安全问题。由于人口过分集中和流动,公共安全的抵御能力降低,城市安全隐患突出。

总之,城市发展受到建设性破坏和破坏性建设的威胁,正面临着传统消失、面貌趋同、环境恶化等问题。这些不免使人们对城市的未来发展及其走向产生高度关注和忧虑。1995 年底,联合国助理秘书长、联合国人居中心秘书长沃利·恩道在为《城市化的世界》一书作序时,忧心忡忡地写道:"在我们即将迈入新的千年之际,世界真正处在了一个历史的十字路口。城市化既可能是无可比拟的未来光明前景之所在,也可能是前所未有的灾难之凶兆。所以,未来会怎样就取决于我们当今的所作所为。"

14.3   理想城市的追求与探索

其实,人们早就自觉不自觉地感受和认知到城市发展中的问题,对城市繁荣背后的弊病进行反思。而且,为缓解和解决这些矛盾和问题,还试图通过"理想城市"的建设来追求美好的生活。在人类的创新天性的指引下,从远古"道法自然"的人类聚居地,至中世纪以城堡为中心的城镇,再到100年前霍华德的"田园城市"和半个世纪之前的"新城运动",人类从未中断对理想城市的追求与探索。

1898年,霍华德提出"田园城市"的理论,尝试建立一种标准的城市形态,有效地控制城市发展,并解决城市所带来的拥挤、卫生恶化等问题。随后,一系列的理想城市形态模式被提出,诸如柯布西耶基于城市集中主义的"光明城市"、佩里基于"邻里单位"的城市形态构想、赖特的"广亩城市"等。直到20世纪60—70年代,在高科技手段的鼓舞下,各国的建筑和规划工作者仍然在尝试建立空间模式化的未来城市,提出了各种未来城市的设想。例如黑川纪章的"共生城市"、库克的"速成城市"、克劳福德的"步行城市"以及美国的"伊甸园工程"等(见表14.1和图14.1),其无论是在方案设计上,还是在操作实施上,都是早期"理想城市"所难以媲美的。

表 14.1   20 世纪以来城市实践中的可持续发展

地 点	名 称	时 间	典型代表	可持续发展的内涵
英 国	田园城市	1898 年	霍华德	人与自然可持续
英 国	优托邦城市		格迪斯	自然引入城市
法 国	光明城市	1925 年	柯布西耶	高密度,建筑、绿地等结构整齐
美 国	邻里单位	1929 年	佩里	居住空间功能协调
美 国	广亩城市	1935 年	赖特	城市集聚与扩散的功能统一
日 本	共生城市	20 世纪 60 年代	黑川纪章	空间设施可持续,文化与经济共同发展
日 本	空中城市	20 世纪 60—70 年代	矶崎新	空间拓展与有效利用
日 本	海上城市	20 世纪 60—70 年代	菊竹清训	空间拓展与有效利用
欧 洲	插件城市	20 世纪 60 年代	建筑电信派	设施周期性更新
欧 洲	速成城市	1968 年	库克	利用信息技术对环境调谐
美 国	步行城市	20 世纪 80 年代	克劳福德	高效快捷,经济美观宜居
美 国	伊甸园工程	1991 年		模拟太空控制生态系统

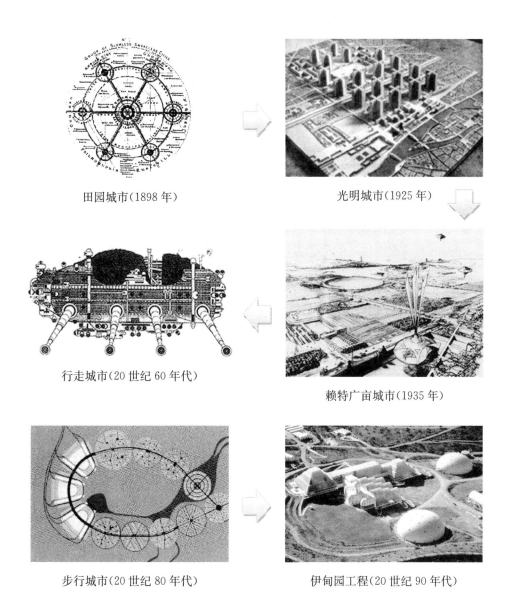

田园城市（1898 年）　　　　　　　　　光明城市（1925 年）

行走城市（20 世纪 60 年代）　　　　　赖特广亩城市（1935 年）

步行城市（20 世纪 80 年代）　　　　　伊甸园工程（20 世纪 90 年代）

图 14.1　主要理想城市的演化

　　尽管这些名类繁多的"理想城市"理念与模型大多没有真正付于实施，但其一系列的理论、主张和模型无不在探索能够解决城市发展中问题的方式和路径，使城市在空间上、秩序上、精神生活和物质吐纳上达到平衡与和谐。在人类文明的发展过程中，通过创新来实现可持续发展已经深深地蕴涵在世界"理想城市"探索的进程中。

　　如今，在经济全球化和信息化两股潮流交汇的背景下，城市作为 21 世纪人类最大的聚居地,将会是一个什么样的城市呢? 这仍然是人们高度关注、孜孜不倦探寻的问题。据最新信息研究分析和科学预测,未来的人类将生活在多样化的城市,如虚拟城市、生态城市、地下城市、海洋城市、空中城市等;将生活在多元系统的城市,即拥有持续的再生资源、洁净的新型能源、便捷的交通网络、完善的医疗服务、发达的信息通信、自然的生态环境;将生活在多彩的城市,即拥有舒适的居家生活、多样的教育体系、丰富的娱乐休闲、移动的虚拟商务、和谐的社会文化等。

总之,人类从来没有放弃对理想城市的憧憬和追求,不断展望着城市发展的远景。2010 年上海世博会基于"城市,让生活更美好"主题演绎的各类展示、论坛等,也正是人类探索未来城市发展的内涵和大方向,规划城市发展的美好蓝图,并追寻实现理想目标的最佳实践的充分体现。

14.4 城市发展未来方向

今天,我们站在城市化世纪的历史高点,正在经历一个崭新的城市时代。联合国环境规划署署长伊丽莎白曾在 1999 年指出,城市的命运不仅决定一个国家的命运,而且决定我们所居住的整个地球的命运。因此,城市发展的未来方向,是我们首先要把握的重大问题。

随着人们对城市的理解和对科学技术掌握的不断加深,随着城市制度创新与人类科技创新不断被激发、被应用到实际生活,随着城市规划理论与实践的不断完善,特别是发展理念的深化,生态主义、功能主义、技术主义、人本主义等思潮交迭演进,城市发展的未来方向已越来越清晰和明朗化,更加美好的城市将从重点解决自身引起的某种失谐转向人、城市、地球的可持续,直指协调共生、世代共享的和谐境界。

"和谐"的理念蕴藏在中国古老文化之中,中华文化推崇人际之和、天人之和、身心之和。同时,"和谐"也见诸西方先贤的理想。事实上,对"和谐生活"和"和谐城市"的追求和实践,贯穿于人类社会的发展历史,并且正越来越彰显在人们为明天城市所描绘的蓝图之中。城市的可持续和谐发展,不仅关系着城市的发展、稳定与繁荣,而且也关系着人类的现在和未来。因此联合国人居署 2008 年在《世界城市状况报告》中,专门归纳和阐述了城市发展和城市未来的方向为和谐城市,包括城市空间和谐(spatial harmony)、城市社会和谐(social harmony)和城市环境和谐(environmental harmony)。各国城市政府为实施

《21 世纪议程》而提出的战略,大多围绕如何重建人与城市、人与自然的和谐,最终达到今世与后世之间的和谐。

今天,当我们朝着和谐城市的未来方向发展时,不是时间上完全断裂的,而是连续性的,逐步积累的;不是内容上截然分割的,而是整合的,相互包容的;不是空间上片面孤立的,而是统筹协调的,即传统与现代的协调、经济与社会的协调、人与环境的协调。由持续不断、兼容并蓄的协调发展成为一种和谐的状态,才使得城市具有吸引力、感染力,形成一种以人为本的极具亲和力的魅力。正如联合国人居署 1996 年发布的《伊斯坦布尔宣言》所强调的:"我们的城市必须成为人类能够过上有尊严的、身体健康、安全、幸福和充满希望的美满生活的地方。"

城市要朝着可持续的和谐方向发展,离不开城市创新。城市创新是城市可持续发展的根本动力,是城市提高和谐能力与水平的关键,也是让城市生活变得更美好的源泉。对于大多数城市来说,能否实现可持续和谐发展,关键在于能否突破传统的城市发展模式,即工业革命以来的以城市经济增长和物质形态扩张为主导的城市发展模式,转向以生活质量和城市和谐为目标的城市发展模式,建立一个面向可持续和谐发展的包括观念与战略创新、体制与管理创新、科技与文化创新在内的城市创新体系。

2005 年,世界银行曾发表一份关于"东亚创新型城市"的研究报告,其中提出了一系列成为创新型城市的先决条件[①],如拥有优良的交通电信基础和功能完善的城市中心区;拥有充足的经营、文化、媒体、体育及学术活动的场所设施;拥有研究、开发与创新能力;拥有受教育程度较高的劳动力队伍;政府治理有效,服务高效;拥有多样化的文化事业基础设施和服务;拥有多样化的、高质量的居住选择;切实重视环保,在这方面有良好口碑;社会多元,能接纳各种观点的碰撞,各种文化的融合和各种体验的交汇,等等。这些都是构建城市创新体系的必备要件,也是实现城市可持续和谐发展的基础条件。

与此同时,在当今全球知识经济快速成长的背景下,只有基于知识的城市创新,才是解决城市承载力超负荷运转问题的根本路径。从这一意义上讲,创新型城市在当前和今后一段时间里更多表现为知识城市(knowledge city)。知识管理运动之父,知识资本理论的奠基人之一 Leif Edvinsson 教授认为,所谓"知识城市"就是"一个有目的地鼓励培育知识的城市"。而另一位著名的知识管理专家 Margaret Haines 教授在论证伦敦作为典型的知识城市时指出,"知识城市"

---

① 世界银行:《东亚创新型城市的研究报告 2005》。

是一个在知识经济和社会发展进程中,战略上执行一项有目的地鼓励知识培育、技术创新、科学研究和提升创造力使命的城市。2004 年 9 月,世界一批知识管理工作者和资深学者会聚巴塞罗那,出席了"E100 圆桌论坛"(E100 Roundtable Forum),以知识城市为主题进行了广泛的研讨。会议发表的《知识城市宣言》(Knowledge City Manifesto)提出了知识城市的衡量标准,其指标体系主要包括:有途径让知识为广大市民所使用;公共图书馆网络系统符合欧洲制定的标准;所有市民能够使用新的通信技术;所有的文化服务设施能够适应中心教育的战略;拥有一份报纸,阅读水平达到欧洲的平均水平;学校的网络系统能够与艺术指导相连,并能够辐射整个城市;尊重市民文化的多样性;城市街道具有文化服务的功能;拥有足够的场地和资源,以供社区和团体开展文化活动;市民中心多样性开放,使人们能够建立起面对面的直接关系;为其他国家和地区的人们提供能够表达意见的便捷工具和手段。由此可见,知识城市强调的是城市的知识化、网络化、虚拟化、人文多样性、知识资本和竞争力。它是一个"创造力城市"(creative city)、"科技城市"(science city)和"数字化城市"(digital city)的最高合成(synthesis),是科学与艺术和谐统一的城市。

目前世界上更多的城市,是把目光集中在制定和实施 21 世纪"知识城市"的战略规划上。例如,墨西哥的蒙特利尔市政府把建设"知识城市"列为政府五项优先实施的工作之一;澳大利亚的墨尔本市制定了到 2010 年把该市建成"知识城市"的宏伟蓝图;巴西的圣保罗则以整合城市信息资源和强化学校的教育网络来打造"知识城市";美国纽约市在改造旧城区中以激活中心城区为目的,加强地产经济、创意产业的培植,使城市转型为充满活力的象征经济(symbolic economy)的发源地。除此之外,还有印度的海德拉巴得、埃及的开罗、德国的法兰克福、荷兰的阿姆斯特丹、瑞典玛尔墨、丹麦的奥里桑德地区(Oresund)以及波罗的海沿岸 12 个国家的城市,都制定了"知识城市"发展战略。

这些城市在打造知识城市过程中,既重视现阶段的目标,也不忽视未来城市的发展。因此,许多知识城市一般都建有城市"未来中心"(center of the future),以此为模板来制定城市未来 30 年以上的发展蓝图。

14.5　努力践行"城市,让生活更美好"的目标

"城市,让生活更美好"是全球城市的共同追求。积极应对城市发展的全球

性问题,促进城市的创新与可持续发展,实现更美好的城市理想,这是人类义不容辞的责任。世界各国的城市都在积极行动,采取各种战略性措施,努力践行"城市,让生活更美好"的追求目标。从上海世博会城市最佳实践区的案例来看,其努力践行并取得成功的典范,主要表现如下方面。

(1)倡导城市发展应该珍惜大自然的赋予,积极应对城市发展中的资源与环境问题。一些城市最佳实践案例都是通过城市创新的不断推进,倡导绿色建筑、绿色交通、绿色能源等,遏制资源过度消耗、能源过度损耗、防止环境进一步恶化,实现城市生态化,尽可能减少城市"生态足迹"。

(2)积极保护和利用城市历史遗产,大力促进多元文化发展。一些城市最佳实践案例都十分尊重城市历史,注重挖掘城市记忆,传承人文,让城市遗产架起使不同文化相互了解的桥梁,成为建设城市美好家园的精神动力。许多城市在历史的典雅与现代的时尚、自然生态的清静与人文关怀的温馨中,打造出各有特色的文化软实力。

(3)积极倡导尊重差异,扩大社会包容性,促进各种人群的社会融合、文化融合,实现社会可持续发展。一些城市的最佳实践案例把异质族群的和谐相处作为城市社会可持续发展的重要标志,把不同人群的融合共生视为城市创新的重要源泉。在立法与政策实施上,注重协调不同利益群体的需求、消除社会歧视,注重公共空间建设、改善邻里关系。

(4)积极探索城市发展的多元化道路,努力打造城市个性与特色。尽管一些城市的最佳实践案例都聚焦在当前城市发展迫切需要关注和解决的问题上,但其具体做法却充分体现了多元化发展的精彩。从中我们可以看到,既有大城市的宏伟与辉煌,也有小城市的精致与乐趣。

(5)努力发掘城市创造潜力,培育城市创新潜能,激发城市创意潜质。一些城市的最佳实践案例都把创新作为城市发展的驱动力,强化城市作为创造力重要源地的作用,依靠创新推动城市进步,拓展城市功能。在此过程中,各创新主体合理定位,相互配合,强调政府应当在改革创新中更有效满足公众诉求;企业作为城市创新的重要主体,更要兼顾社会责任;大学作为城市创新的重要源泉,要对城市的创新需求作出更积极的回应。除了广泛动员全社会参与创新活动外,采取相应措施鼓励与激发青年人的创新热情。

(6)缓解城市贫困,关注人居和谐。一些城市的最佳实践案例表明,不管是在城市更新与再生中,还是在生态环境建设中,都要注重减少收入差距和其他形式的社会不平等,加大对最贫困人群或者最弱势群体的基础设施和基本服务的投资,为其提供更多的就业机会、受教育机会和更好的医疗卫生条件,致力于改善住房和居住区条件,更加关注公共安全。

（7）积极推进公众参与的城市治理,加强政府、非政府组织和企业之间的合作,共同推动城市经济社会的发展、共同享有城市发展的成果。在此过程中,高度重视城市战略规划的指导作用,立足于长远的城市可持续发展,着眼于当前的经济社会项目的开拓创新,防止盲目追求繁荣可能造成危机和过度聚敛财富可能引发的贫困。

总之,上海世博会城市最佳实践区的精彩案例,为我们提供了宝贵的经验,树立了学习的典范,同时也向世人展示了城市发展的美好愿景。时代在进步,城市在发展,让我们共同期待"城市,让生活更美好",共同携手迈向人类文明的城市新世纪!

15 城市可持续再生

城市作为一个生命有机体,处于一种与外部环境交互作用下不断新陈代谢的演化过程之中。随着环境条件的变化和城市自身发展阶段的更替,一些城市旧街区、经济活动场所、公共空间、基础设施等需要更新改造,以适应不断增加的人口数量和工作岗位以及变革中的生活方式。每座城市,都会遇到并经历这种过程。而且,越是历史悠久的城市,其面临的城市更新改造的任务就越重。这种对环境转换做出积极响应的更新改造,是一种让城市蜕变重生的洗礼。按理,它为城市发展重新提供了机会,让城市能够更好地成为人类安全居住和进行动态经济活动的场所。但在此过程中,采取什么样的方式来推进城市更新改造,其最终效果可能是完全不同的。事实上,这一问题在实际操作中并没有得到很好的解决,甚至还有走弯路的。因此,我们需要探索与寻求符合城市有机新陈代谢规律的城市更新改造方式,通过建立切实可行的、有吸引力的、安全的以及高效率的城市地区,为人们提供充满活力和理想生活质量的环境。

15.1　从"城市更新"到"城市可持续再生"的探索

与人类自身一样,城市也有生命周期,同样会经历年轻与衰老、兴盛与死亡。作为一个鲜活的有机体,城市的更新与再生就成为伴随其生命轨迹的不可或缺的有机组成部分。只要有城市存在,就会有城市的更新与再生。因为有了城市的更新与再生,城市才会不断地发展。在城市规划与建筑史上,曾留下诸如巴黎浪漫延续、巴尔的摩人气振兴、悉尼港湾活力重现等城市更新与再生的经典故事。它们无不清晰地诠释了一个真理:成功的城市更新与再生是其青春永驻、实现可持续发展的基本保证。

1958年8月，在荷兰海牙市召开的第一次城市更新研究讨论会对城市更新作了如下的阐述："生活于都市的人，对于自己所居住的建筑物、周围的环境或出行、购物、娱乐及其他的生活活动，有各种不同的希望与不满；对于自己所住房屋的修理改造，街道、公园、绿地和不良住宅区等环境的改善要求及早施行；尤其对于土地利用的形态或地域地区制的改善，大规模都市计划事业的实施，以形成舒适的生活环境和美丽的市容等，都抱有很大的希望。包括所有这些内容的城市建设活动，就是城市更新（urban renewal）。"这是一种对城市更新概念较早、较权威的界定。

在过去很长的历史时期内，城市更新通常是在环境潜移默化影响下以渐进、局部、缓慢的方式展开的，除非是战争后的恢复重建等特例情况。但在当今经济全球化和城市化进程加速，经济结构转换和社会变迁步伐加快的背景下，城市新区的迅速扩展、城市产业转型、城市功能扩展等因素形成了城市更新的强大动力，极大加快了城市更新的幅度与速率。从20世纪70年代起，城市更新就一直成为西方主要国家城市政策的一项主要议题。30多年来，为解决一系列内城衰退问题而进行的城市更新的各种尝试，在欧美主要城市从来都没有停止过。事实上，许多城市和乡镇已经历了一个能解决实际问题、创造新环境的进程，这些进程均能被转化为适应新的和未来需要的环境经验。

可以说，城市更新并不是一个新问题。但不同的国家、不同的时代、不同的发展背景赋予城市更新不同的内容。20世纪60年代之前，城市更新被认为是通过推翻和重新建造城市建筑与道路，改变一个城市地区的总体布局，以复兴二战后受到毁坏的欧洲城市的重要手段。20世纪60—70年代，城市更新成为复兴和改良发达国家城市、帮助发展中国家城市以自主发展为目标的主要途径。20世纪80年代后，随着经济全球化的不断发展，社会经济结构的改变加剧了城市阶层分化与社会空间的分异，特别是现代服务业发展导致中产阶层人数迅速扩大，在经济体系中的地位日益突出，其在居住地的选择更偏好于具有悠久历史的"内城"（中心城区）。因此这一时期的城市更新则被视为解决城市规模不断扩张，内城"空心化"引发的一系列社会、经济和空间问题的捷径，即保存内城中具有历史意义的建筑和景观，改变内城土地用途，从而吸引新兴阶层来内城居住，完成内城的绅士化过程；另一方面，也是不断提升区域环境和空间品质，实现城市功能和城市文化的复兴过程。

纵观历史，西方国家在旧城改造与更新过程中曾走过一些弯路。在20世纪初，英国就开始了以拆除重建为主要手段的清除贫民窟及内城复兴运动。到了二战以后,西方国家的许多城市为了消除战争破坏的影响和解决住宅匮乏问题,都曾经开展了以大规模改造为主的"城市更新"运动。其主要做法是,在城市中心大量拆除被战争毁坏或者并未毁坏的老建筑,代之以各种象征"现代"的高楼。美国从 20 世纪 50 年代开始推行对城市建成区,尤其是对老城区的"城市更新",所关注的是城市物质空间环境的改善。日本在 20 世纪 80 年代大力推行的城市再开发(urban redevelopment),其主要内涵是城市重建,尤其是对大城市中心区进行大规模高层化的改造。

这种基于大规模拆建的城市更新,其理论基础是以形体规划(physical design)为核心的近现代城市规划理论。例如法国建筑师勒·柯布西耶提出的"光明城市"理论和现代建筑国际协会(CIAM)的"功能主义"思想等,均倾向于扫除现有的"充满麻烦"的城市结构,代之以一种崭新的"理性"秩序。在具体的实践中,出现了芝加哥的"城市美化"运动、奥斯曼的巴黎改建等一批典型案例。例如在巴黎中心区改建方案中,除巴黎圣母院等极少数历史性建筑得到保留以外,所有老房屋和道路均被铲除,代之以一个重新规划的由"快速路+绿化+摩天楼"组成的、"重新开始"的新城市。当然,这里也有现实需求的基础。20 世纪 50—60 年代正是西方各国又一次迅猛发展的时期,对城市土地的需求不断高涨,从而导致旧城大规模改造与重建。其中,二战后形成的国际金融资本与跨国垄断集团为以低廉的成本(利用政府补贴)获取宝贵的城市中心区土地而不断对政府施加影响,对大规模土地开发起了推波助澜的作用。

实践证明,以传统形体规划为思想基础的大规模城市改造并不是成功的,带来了诸多恶果。美国著名学者简·雅各布在 1961 年出版的《美国大城市生与死》一书中提出了一个重要的问题:为什么这么多由政府领导的挽救城市的尝试以失败而告终?[①]她极力反对美国 20 世纪 50 至 60 年代的城市大规模改造规划,用大量篇幅批判那些城市更新、公共住房建设、高速路计划等,认为大规模的城市更新规划是对于城市多样性的破坏,缺乏选择性和弹性,是一种"天生浪费的方式"。事实上,城市更新所要解决的问题并不仅仅是物质载体的老化与"衰败",更重要的是地区社会经济方面的"衰退"。而城市大规模改造,虽耗费巨资却贡献不大;虽拆毁贫民窟,却未真正减少贫民窟,只不过是将贫民窟迁移别处而已;虽投入巨大的资金,却往往使资金流失到投机市场中,对城市经济带来不良后果。另外,基于统一形体规划的大规模城市更新改造,一定程度上摧毁了有

---

① Jacobs J., *The Death and Life of Great American Cities*, Random House, New York, 1961.

特色的建筑物、城市空间，抹杀了城市功用多样性的重要作用。雅各布认为，"多样性是城市的天性"。她在考察了美国的许多城市特别是大城市后得出结论：那些充满活力的街道和居住区，都拥有丰富的多样性，而失败的城市地区往往都明显的匮乏多样性。还有，大规模、迅速的城市更新改造对现状采取完全否定的态度，忽略和摧毁了城市历史环境中存在的诸多具有文化价值的东西，并将城市功能彼此分离。这不但是不经济的，而且更为重要的是导致了城市宜人环境的丧失。

为此，雅各布主张城市更新改造应该"从追求洪水般的剧烈变化到追求连续的、逐渐的、复杂的和精致的变化"。并进一步提出城市更新，特别是旧城更新改造中要实行"城市功用的多样性"的有效组合，即一定数量的不同的基本功用在同一地点的有机的结合，可以有效地形成一个城市功用聚集中心。城市功用聚集中心和其从属功用的有机结合，又会促进城市多样性的更加繁盛。建筑师 C. 亚历山大也极力主张，用中小规模的包容多种功能的逐步改造取代大规模的单一功能的迅速改造，同时对历史保护区内的新建筑的建设进行严格的控制。[①]

进入 20 世纪 90 年代以来，随着全球化和本地管治环境的变革，城市更新所处的大环境发生了变化，这一议题开始受到全新的关注。特别是在欧美及日本等许多已进入后工业化社会的城市，面对城市人口减少、经济结构调整造成的城市经济不景气的情况下，为重振城市活力，恢复城市在国家或区域社会经济发展中的牵引作用，提出了"城市再生"（urban regeneration）的策略。鉴于之前城市更新中出现的问题，在认真总结经验教训的基础上，人们开始特别强调"城市可持续再生"（sustainable urban regeneration）的理念。

与传统的"城市更新"和"城市再开发"不同，"城市可持续再生"理念强调在把握未来变化的基础上，城市不仅在物质的层面，还要从社会或精神与文化的层面，推进城市功能更新，改善城市人居环境，恢复或维持许多城市已经失去或正在失去的"时代牵引力"的作用。其采用的手段，是在注重传承城市历史文脉的理念指导下，通过小规模、循序渐进的再生过程，提升城市的活力与魅力，即提升城市综合竞争能力，进而推进城市的可持续发展。

在此情况下，城市可持续再生的发展战略应运而生。城市政府针对衰败的

---

① 转引自方可、章岩：《简·雅各布斯关于城市多样性的思想及其对旧城更新的启示》，《华中建筑》1998 年第 4 期。

传统工业区,在物质空间、经济和社会的各个方面,提出综合整治措施,即在政府主导下,通过物质环境建设和土地开发,迅速改变区域面貌,吸引更多的私人企业投资建设,最终形成区域内可良性循环的新的城市功能与景观系统。因此,城市可持续再生,从目的来看,是寻求某一亟须改变的城市空间中经济、物质、社会和环境条件的持续改善;从过程来看,是一项旨在解决城市问题的综合、整体的城市开发计划与行动。例如,1998年英国政府成立了"城市专责小组"针对城市地区的问题进行研究,并提出切实可行的办法解决这些问题。这个小组提出了一个可持续再生的城市与乡镇设想:通过使城市与乡镇的紧密结合,多中心的生活与工作相结合以及混合不同社会阶层的精心设计和连接,最终达到环境上的可持续性。它把改善现有城市结构,及利用城市废弃和旧工业基地事宜提上议事日程,以阻止城市向农村的侵蚀。这标志着英国城市政策在思想和实践中的重大转变。尽管自20世纪70年代末,城市复兴就置于英国城市政策决策的最前沿,但真正对城市物质环境的复兴产生实际影响的,是这一政府决策方针发生重大改变之后,至21世纪初才开始变为现实。

推进城市可持续再生运动,在世界范围内都具有十分重大的意义。首先,有利于推动旧城区和废弃产业区改造,是遏止城市过度蔓延、节约土地资源的重要途径,也是优化城市结构、完善城市形态的重要方面。其次,通过促进城市的精明增长(smart growth),满足城市居民对住宅、基础设施、文化娱乐设施和城市整体物质环境以及精神生活提出的更高要求。再次,通过城市物质空间不断持续的再生发展,来满足经济全球化背景下城市转型与城市竞争的要求。最后,通过城市可持续再生,为城市提供更多便捷的工作就业机会,形成社会各方面力量共同参与的格局,缩小贫富差距,构建有利于市民交流与融合的社区。

目前,已有越来越多的城市在探索城市可持续再生的道路,并取得了相应的成效。在递交上海世博会城市最佳实践区的案例中,就有一些相当成功的城市实践经验。

15.2　多维度的城市一体化复兴

城市不单单是由建筑物构成的物质空间,同时也是人们生活、活动的社会和精神空间。换句话说。城市空间是城市人精神和文化载体及空间表现。实施城市可持续再生战略,其基本指向就是"以人为本",满足城市居民多元的、多层次的社会、经济、文化活动与交往的需求,从而要求构建多维度、符合人的行为尺度、便于交流、宜于凝聚人气、富有活力的城市空间。

雅各布强调的"城市多样性",在理论上诠释了这种多维度的城市一体化复兴。道理很简单,就是因为聚集在城市里的人们的兴趣、能力、需求、财富甚至品位是千差万别的,所以城市应该以多样性来满足城市人的多样性。例如,年轻人宁愿选择便捷的城市生活方式,而老年人更喜欢在小范围享受到应有的各种服务。因此,城市中心地区必须提倡效率:高效的土地利用方式及在邻近居住和工作地点发展必需的城市中心。①然而,在传统的城市更新中,那种高密度、大尺度街坊和开放空间的混合使用,破坏了城市的多样性。在城市改造中设计功能纯化的中心商业区、市郊住宅区和文化密集区,实际上形成了一些机能不良的地区。为此,她提出了城市更新中的一些补救措施:保留老房子从而为传统的中小企业提供场所,保持较高的居住密度从而产生复杂的需求,增加沿街的小店铺从而增加街道的活动,减小街块尺度从而增加居民的接触。

因此,在城市可持续再生中要实行多维度的一体化复兴策略,用一种综合的、整体性的观念和行为来解决各种各样的城市问题,致力于在经济、社会、物质环境等各个方面对处于变化中的城市地区作出长远的、持续性的改善和提高。这不仅要求"宜人的空间尺度"和"对人生理、心理的尊重",而且还要有"合理的交通组织""适度的城市规模"和"有机的城市更新"等,以便满足城市多样性的基本要求。这种多维度的一体化复兴的理念,至少包含了下面几个要点:(1)城市更新以物质环境改善为最低目标;(2)以人为本,考虑社会需求,体现社会关怀;(3)培育社区参与意识及自我更新能力,促进社区发展,增强社区凝聚力;(4)促进衰落地区的经济复兴,并尽量做到在财务上可行;(5)环境以及地方文化的保护;(6)强调长远的、战略的眼光。

西班牙的毕尔巴鄂城市再发展项目充分体现了多维度的一体化复兴的策略,成为全欧洲最为成功的案例之一。毕尔巴鄂建于1300年,经历了工业革命时期,在18世纪80年代遭遇了传统工业的衰退。1983年的洪水对历史上有名的中心造成了破坏。至此,毕尔巴鄂进行了历时25年的城市再生运动,并取得了显著成效,荣获2002年"优秀城市奖"、2003年"欧洲健康城市奖"、2005年"欧洲国际城市与区域规划优秀奖"、2007年"欧洲事业奖"等,被媒体广泛报道和推

---

① Keidanren, A Proposal for Revitalization of Urban Areas, http://www.keidanren.or.jp/english/policy/polll3.htm, 2001-10-25.

荐介绍。

众所周知,毕尔巴鄂的古根海姆博物馆在国际上具有很高名望。不仅如此,它也已经成为毕尔巴鄂城市可持续再生的标志。然而,毕尔巴鄂所展现的"奇迹"远远不止一个古根海姆博物馆。其中,一个关键的元素是城市可持续再生所带来的创造性的视觉享受,对经济发展模式、政治领导关系、公共参与、公共机构之间的合作关系带来的根本改变以及政府各种不同层级与部门(国家、自治政府、议会以及市政厅等)的参与。不少人称毕尔巴鄂市的转变过程为"古根海姆效应"。在目前,"古根海姆效应"鼓励着全球更多的城市进行可持续再生,并呈现出相似的转变过程。许多城市学习毕尔巴鄂市的经验,特别是那些渴望发展城市规划的城市,那些予以建立新的城市环境的城市,那些试图建立更高水平的城市凝聚力的城市,那些渴望从工业经济转变为创意经济的城市,以及那些寻求生态城市与可持续发展的城市。因而,毕尔巴鄂模式对于世界许多城市的可持续再生是具有参考价值的。

毕尔巴鄂最大的转变和主要的城市创新表现在毕尔巴鄂河的周边环境的改变。毕尔巴鄂河连接着过去和未来,连接着艺术与技术,连接着家与工厂、休闲与文化娱乐、大学与商业区等等。此外,毕尔巴鄂河是城市创新与社会整合的主轴线。因此,该城市的可持续再生主要集中于河流周边的环境重建上。毕尔巴鄂城市的可持续再生是一个完整的以人为本的一体化复兴过程,主要由以下25个部分组成:(1)综合修复历史中心(其在1983年遭遇洪水的破坏);(2)扩建港口;(3)清理沿河周边的工业区;(4)制定实施毕尔巴鄂2000年发展规划,建立不同公共部门之间的合作关系;(5)建设污染排放系统和环境保护工程;(6)整修毕尔巴鄂河;(7)建设新旧桥梁,连接整个城市;(8)建设毕尔巴鄂地铁;(9)建设航空系统,实现与外部的连接;(10)建设古根海姆博物馆,作为城市更新进程的标志;(11)建设博物馆和艺术学院;(12)建设毕尔巴鄂喜来登艾比;(13)改建扩建区;(14)消除地铁轨道障碍;(15)开通新的有轨电车;(16)实现基础设施规模化;(17)建设新酒店;(18)建设高科技园区;(19)进行区域社会整合,提高社区人民生活;(20)复兴毕尔巴鄂;(21)修复历史建筑;(22)开发新建筑群;(23)发展城市艺术;(24)力争获得国际奖项;(25)畅想未来蓝图。

通过这一系统的城市可持续再生过程,毕尔巴鄂市在短短的25年里发生深刻变革,从一个脏乱、环境恶化的工业生产型城市发展成欧洲最具有吸引力的城市之一;从一个处于经济危机和失业率高达30%的城市发展成一个拥有多种经济成分、就业率高和充满创新的城市。整个毕尔巴鄂市的城市形象完全得以改变,包括毕尔巴鄂市市民也有了较大的改变。以前的工业污染、脏乱的形象已经被具有吸引力的城市形象、高质量的建筑群与别样的文化特色所代替,吸引了大批旅游者的到来。毕尔巴鄂市的步行街建设,与城市街道、广场、发达的交通系统,特别是地铁和有轨电车等实现了相互配套。城市艺术大力发展和兴起,除了古根海姆博物馆成为当代全世界范围内知名度很高的博物馆之一外,还有许多博物馆、公共艺术中心、特色建筑与雕塑,以及与艺术相关的规划、艺术基金会等。可以说,艺术已经成为创新的重要发动机,帮助增强了毕尔巴鄂市模式所具有的卓越的形象感染力和视觉效果。

在毕尔巴鄂的城市可持续再生过程中,最为明显的是不同区域的社会整合水平明显提高,给市民带来直接影响,并提高了市民的生活质量。近期一项较为权威的调查表明,综合审视毕尔巴鄂的革新进程,持有"积极的或是非常积极"的评价的市民占84%,这一数字表明市民的认同感有了显著的提高,增强市民的城市归属感和自我尊重,增强对城市未来发展的信任和信心。

同样,法国巴黎围绕塞纳河展开的多维度的城市一体化复兴,也取得十分显著的成效。这一条塞纳河的存在,对巴黎这一大都市形成了重大优势,它既是构成巴黎风情的奠基石,又是沟通的纽带、大自然的生动体现、文化空间、建筑艺术的瑰宝和创造的载体。围绕塞纳河展开的多维度的城市一体化复兴,使这条河流成为既是一个地区富有诗意的力量,又是一种文化的反映、一座生活宜人的城市媒介;使这一条充满魅力的河流,灌溉着一片肥沃的土地,培育出一番生活风采。

巴黎的城市可持续再生是一个绝妙的例子,说明一条河流与城市浑然一体所形成的财富,表明一座城市的灵魂如何可以通过一条得到驾驭的河流而得以升华。塞纳河造就了这一大都市的结构,展现了这一个有1140万居民的大都市是如何组织起来并具有持续性的生活风采。具体而言,它说明各个空间、地点、建筑以及企业网络为持续提高生活质量而从事的创造价值的创新型活动,如何和谐地围绕一条河流而展开,并且从历史角度又是如何与城市及其日常生活融为一体。通过一体化的复兴,塞纳河成为巴黎这一历史悠久的大都市和国际性经济中心的核心,沿河两岸平衡有序,经济网络极其密集、生机勃勃,设施多种多样,生活方式多种多样,从而培育出巴黎市和巴黎大区居民的高质量城市生活。为此,塞纳河两岸被列入教科文组织世界文化遗产保护建筑。同样,沿塞纳河河岸相继举办的七届世博会也证明了这条河流所拥有的标志性价值。这一实例把巴黎的塞纳河作为各大城市当代生活的世界典范进行展示,这对世界上有河流穿越的城市而言,无疑是一个重要参照。

美国的芝加哥也是通过多维度的一体化复兴,成为一个由工业巨头再造为现代全球城市的成功案例。这次在上海世博会展示的"可持续的城市,未来的城市"的主题,充分体现了多维度的城市一体化复兴的先进理念和实践探索。

芝加哥这个城市具有一种强大和动态的性格,一直在探索社会、技术、学术、文化、建筑和城市环境上保持领先地位。在其国际形象的发展中和进化中,不断地改变自己,满足世界的需要,已经成为一种城市的传统。

芝加哥是一个具有大胆想象力,并且靠人们的共同努力把这些想象力变成现实历史的城市。在 Richard M. Daley 市长的领导下,芝加哥已经确定了向绿色城市演变的目标,并成为推动环保技术和自然资源保护的典型。但芝加哥人规划城市的明天,眼光超出绿色之外:城市生活方式,不但要存在于城市中的环境有可持续性,也要使它的社会、文化、经济和气候有可持续性。在芝加哥人看来,真正的可持续城市,其和谐存在于居民和旅游者高质量的生活。可持续的城市环境,需要探索城市通向未来的经济发展道路,也需要理解随发展而来的责任。城市不再是自然环境的敌人,它们引导着自然的保留和保护。为此,芝加哥人改善公共的健康,储蓄金钱,增设工作岗位,提高生活质量以及给后代留下遗产。

芝加哥在城市可持续再生中,追求的是真正可持续的城市生活方式,生活、工作和娱乐的无缝融合,让居民在对他们的职业和个人世界的整合中,不断体验到城市的力量和潜力。在上海 2010 年世博会上,芝加哥展示的 7 个城市主题(水、废物、食品、能源、健康、活动和商业),回应了我们城市和地球面临的挑战,显示了目前正在开展的创新活动(首创性、现行的战略和城市的进步等内容),并且透过这些主题的焦点,一瞥城市未来景象(见表 15.1)。这些全球性的主题突出芝加哥城市在可持续的城市生活方式上的成就,及其在城市未来发展中的领导地位。

其中,围绕水的主题,展示有关芝加哥城市中的生命、工作和娱乐的现有项目和未来景象。也就是,水把我们连接在一起,并让我们持续下去。对城市及市民来说,水是生产性要素,也是滋润生命和补充能量的源泉。尽管芝加哥地处大湖区的密切根湖地区,有着充裕的淡水资源,但芝加哥城市在用水与保护水资源方面仍采取了创新策略,让人们体验到水作为未来城市基础设施中的组成部分的重要作用。为此,芝加哥在减少雨水流失和提高雨水积聚,绿色屋顶使用和保护及湖岸和沙滩改善等方面采取了积极措施。

表 15.1　芝加哥展示的 7 个城市主题

概　　念	主　题	模　块	范　　例	展　品
芝加哥:可持续的城市,未来的城市	1. 水	生活 工作 娱乐	正在运作的芝加哥市可持续战略和原创性,把芝加哥建设成世界最绿的城市之一; 当地的商业; 芝加哥现在; 芝加哥未来:芝加哥计划将想象、创新、设计和原创针对我们城市面临的挑战,提供美好的、新颖的、可持续的解决方案; 全球化城市	大规模的封闭环境: 连续折叠的表面,形成一个互动、多信息的空间客体,由墙面、地板、天花板、桌面、长凳等组成 小规模区域: "世界台面"—— 连续折叠的表面,形成一个互动、多信息的空间客体,由墙面、地板、天花板、桌面、长凳等组成
	2. 废物	生活 工作 娱乐		
	3. 食品	生活 工作 娱乐		
	4. 能源	生活 工作 娱乐		
	5. 健康	生活 工作 娱乐		
	6. 活动	生活 工作 娱乐		
	7. 商业	生活 工作 娱乐		

　　多维度的城市一体化复兴,涉及众多方面的综合,但其中特别值得一提的是历史文脉的延续。然而,这一点在传统城市更新中是被严重忽视的。新旧和谐相处,体现了时间上的历史性。历史文脉对城市与建筑的影响,是深刻长远的。文脉主义认为,建筑与城市是有生命的,在生长着、延续着、渐进式地变化着,而且有不断生长、不断完善的趋势。而且,城市历史保护是多种多样的。正如1977 年国际建协制定的规划大纲《马丘比丘宪章》中指出的:"不仅要保存和维护好城市的历史遗迹和古迹,而且还要继承一般的文化传统,一切有价值的、说明社会和民族特性的文物都必须保护起来。"①韩国的首尔在城市可持续再生

---

① 　http://www.gzupb.gov.cn/webupo/03show. asp?idx＝030805&infidx＝176, 2002-11-12.

中,较好实现了传统与现代的交融,成为这方面的典范。

首尔始建于公元前 18 年,位于朝鲜半岛中西部,临近西海岸的汉江下游,目前是韩国行政、经济、文化的中心,世界第十大城市之一,人口为 1200 多万。首尔城市最显著的特色,就是"古"与"今"以奇妙的方式并存着。位于市中心的摩天大楼鳞次栉比,汉江两岸的高级公寓星罗棋布,一派现代化都市景象;在三角山、冠岳山、仁旺山等名胜古迹,以及景福宫、德寿宫、昌德宫等 420 余座寺庙处,在浓密的绿荫下,古老的宫殿、庙宇等与直入云霄的现代建筑群交相辉映,呈现出既古老又现代的风貌。于是,首尔这座城市以朝气蓬勃的人群、繁华喧闹的街道、迷人的自然景观、悠久的历史文化,给人留下了深刻的印象。

首尔的城市建设,以对"江"和"山"的开发为中心,绿地系统形成一条南北轴线和一条沿着汉江的东西轴线。汉江自东向西穿城而过,把首尔分为南、北两部分。原先在汉江两岸修建江边公路,从而限制了人们自由地接近江水,隔绝了人与水的联系。为此,实行汉江开发,在江边建设大规模的城市绿地、广场、公园,增加沿江休闲娱乐功能。同时,开发建设在江中由河流冲积作用而形成的汝矣岛(约 7 平方公里)。韩国最大的广场——汝矣岛广场和全市最高的建筑物——63 层的会议中心,以及首尔的几栋最高建筑,均集中在此岛上。除了有韩国各大证券公司的总部外,还有国会议事堂、韩国三大电视台等。在汝矣岛上,空气清新,景色秀丽,街道宽敞,行人悠闲,高楼林立,是首尔的经济、政治、文化中心。

作为韩国的首都,首尔可持续再生的实践,其近年来最大的作为在于清溪川的复兴改造。清溪川曾是一条流经市中心区的河流,由于日益严重的环境污染,从 1926 年提出覆盖清溪川的计划后,于 1937 年至 1942 年曾着手于该工程,但由于经费问题而停止。随着 1967—1976 年首尔人口膨胀和城市化发展,为解决交通问题,市政府再次启动该覆盖工程,并最终于 1978 年完成,即在其上架设了高架快速干道。至 2003 年,为提升首尔作为国际大都市的形象与品位,市政府决定拆除高架干道和由填河形成的道路,以恢复清溪川原貌并规划实施沿岸的城市复兴和景观改造。至 2005 年 10 月,拆除了清溪川上的高架桥和覆盖路,整治河道、复原水体、修建滨水生态景观休闲空间,注重平面绿化与垂直绿化的结合,使污水沟改造成了休闲乐园。在工程建设中,尤其注重清溪川边人文景观的保护与建设,其中之一是对于部分历史遗迹的恢复,重建了"广通桥"、"水标桥"、"五间水门"等具有历史色彩的建筑。清溪川边新建的"洗衣角"蕴涵着首尔市民在溪边洗衣的情境,溪边的瓷砖壁画"正祖斑次图"再现了朝鲜正祖出行水原华城的情景。

在首尔清溪川的复兴改造中,始终将保护传承历史文化与建设现代滨水城市空间结合起来,重视恢复历史文化遗迹,建设具有人文色彩的休闲景观,提升城市的文化品格与品位。虽然对于清溪川的复兴建设工程,至今仍然有不同的意见,但该工程在城市更新与文化传承方面仍然有着其独特的价值和意义。

15.3　基于社会内涵的城市可持续再生

城市物质环境的衰败,只是问题的症状而非根源。单一维度的更新,并不能解决由多种因素引起的城市衰落问题。实践证明,城市更新不单纯是旧建筑、旧设施的翻新,也不仅仅是一种城市建设的技术手段,更不是一种房地产开发为导向的经济行为,它还具有深刻的社会和人文内涵。在城市改造与更新中,忽略社区利益、缺乏人文关怀、离散社会脉络,并不能走向真正意义上的城市可持续再生。

对于城市中的社会差异,过去经常是通过相对慷慨和平稳的政府福利计划来予以缓解,或被暂时掩盖起来。伴随而来,是城市发展中社会层面问题越来越成为地方政府的负担。大量证据显示,这种城市差异将不断扩大并日益显著,社会隔离和社会压力将进一步在城市中蔓延。特别是城市中某些较为不稳定的地区,将面对不断增长的社会压力,与那些富有魅力的城市建筑和中产阶级化的内城以及洋溢着知识气息的街区形成明显反差。这是传统的通过政府福利计划所难以解决的社会问题,需要结合城市可持续再生来进行调整。其中一个重要方面,就是构建健康的邻里关系、合理的社区结构。健康的邻里关系、合理的社区结构,在城市的健康发展中是具有重要意义的。"长期的经验告诉我们,成功的城市中心不但包括经济功能,还要有稳定的居住区。"邻里的重建是一个长期的过程,"典型的要 20—40 年"。[1]为此,在城市可持续再生中,要十分强调"具有强烈归属感的社区设计"、"创造融洽的邻里环境"等。

---

[1]　Carmon N., "Three Generations of Urban Renewal Policies, Analysis and Policy Implications", Geoforum, 1999(30):145—158.

　　1996 年,德国联邦政府针对城市内部差异性日益加剧的现象,与 16 个州联手推出了一项"社会整合的城市"计划,并在 1999 年正式启动。这一雄心勃勃且极富挑战性的计划,其基本理念在于强化市民社会,并实现移民和弱势群体的社会整合;其目的则是为自我持续(self sustained)的社区发展提供新的推动力,同时也试图表达一种新的对于分权化地区管理和政策的更加深入和实质性的理解,它需要应对弱势群体社区所面临的各种问题。[①]该计划的目标包括:(1)基于城市整体发展的视角,为相关邻里制定全面的空间战略;(2)推动地方居民、店主和机构在邻里发展中发挥积极作用,培育自我持续的社区结构;(3)支持自治市建立可持续的地方组织和管理结构;(4)制定计划,并使其成为一个开放性的过程和相互学习的经历;(5)学习如何将不同预算约束线(budget lines)综合使用于空间整合行动中。

　　根据计划要求,被支持的主要对象是"具有特殊发展需求的城市贫困区",包括以下三类地区:(1)20 世纪 60—80 年代在城市郊区形成的高密度居住区,这些地区通常管理混乱,聚集着大量低收入家庭和移民,失业率较高,破损严重;(2)19 世纪末到 20 世纪初在内城边缘形成的城市住区;(3)冷战结束后废弃的军营和战俘营。最初,通过各州提名,共有 184 个自治市下的 249 个行政区参与了这项为期 4 年的计划。这项计划每年提供的资金达 3 亿欧元(其中 1 亿来自联邦政府),用于支持这些城市实现邻里的社会稳定和改善多种族居民的居住状况。此外,各州选出一个示范区,为开展更为全面的行动提供具体的实际支持。这项计划的实施,有力促进了对贫困社区的改善,同时也使地方政府从各计划支持项目中获取了丰富经验,学会了如何更好地处理这类城市住区中的问题。

　　另外,埃及的开罗在城市可持续再生中,创新了城市发展的观点,即通过公共部门与私人企业的合作,集中改善当地穷困阶层的生活,从而保存和提升建设环境,成为一个成功的范例。开罗的经验已形成一个完整的体系,具有普遍意义,特别适用于发展中国家的城市可持续再生。目前,这一经验不仅在埃及国内推广,而且在叙利亚、印度、巴基斯坦和坦桑尼亚等国也正复制这一项目。

　　开罗这座历史老城在 1984 年有关城市问题和稀少的公共绿地(当时人均绿化占有为一个脚印)研讨会结束之后,AKTC(阿迦汗文化信托基金会)决定为开

---

　　① DIFU(Deutsches Institut für Urbanistik), 2002, The Federal-Laender Programme "The So-cially Integrative City", *Integrated Urban Renewal Policy*, www.sozialestadt.de/programm/grundlagen.

罗修建一座公园。其选址就在开罗东边的一块 80 英亩的垃圾场,这里不仅紧邻人口密度最大的 ADAA 区,而且与历史名城开罗有最紧密的联系。这一公园选址的意图,既可以将不卫生的垃圾场变为急需的公共设施,还可以解决 150 年来从城市最富有地区沦为最贫困地区所引发的一系列社会和经济问题。此外,从城市的角度来看,公园的建造对于这个几十年来在设计者眼中几乎被遗忘、被认为价值有限,而且经常有规划要把它从自然和社会两个方面都彻底摧毁的历史古城来说,也不失为一个城市再生的机会。

AKTC 看到了历史古城在融合历史建筑和历史遗址方面的价值,以及在将强烈的自豪感、认同感和古老的手工艺传统与社会紧密连接在一起方面的作用。在开罗政府和埃及古物最高委员会的大力支持下,AKTC 主要通过三个阶段着手实施该项全面修复工程:第一,将原来的垃圾场修建为 Al-Azha 公园;第二,修复并继续使用该地区的历史遗址;第三,首创一个集社会、经济和自然发展创新为一体的多层面项目,改善当地人民的生活标准,提升项目的容纳能力,确保建设成果的可持续性。为了鼓励社区拥有该项目的所有权,当地居民在项目员工招聘方面享受优先权,项目办公室设在街区内,目的是促进两者一体化。

AKTC 遵循一种非传统的方法来保护和修复开罗的这个古老而又有活力的地区,即 ADAA 区。这种观念不是用传统的办法解决历史名胜地位下降的问题,即强制周围居民迁移进而孤立遗址,或接受一个自由放任的办法,允许营利性开发商获得街区优先开发权。这当中任何一种方式都会导致当地居民搬迁。信托公司集团与众不同的方法是:复原这个地区,但不把居民从这里迁走。相反,要让居民在复原该地区、振兴其活力本性和文化遗址过程中起主导作用。

AKTC 在与机构合作者,如开罗市政府、社会发展基金和无数的捐赠机构的合作过程中,开发出一种综合性的城市修复模式,来解决各种由来已久的社会、经济和环境问题。该工程提供许多工作和培训机会,改善了健康设施,为成千上万当地企业提供改善信誉的机会,并有助于改善当地幼儿园和学校等的社区设施,增强当地非政府组织(NGO)的能力来确保所有这些努力都是可持续性的。就环境发展而言,该工程已经开发了一套系统来修复住宅(同时也改善了生活水平,并保护了现有城市网络)。该工程也改善了公共空间和基础设施网络,并设计了一套综合性方案来确保 ADAA 区内有重要历史意义和无价社会资产的环境保护。在某种程度上,该工程已经影响政府针对城市贫困区的政策,即鼓励对贫困地区进行再评估,并与当地社区共同努力寻找在城市中解决贫困的方法,而不是转移这些贫困人口,并把他们遇到的问题也转移到别处。

A1-Azha 公园修建是通过政府、发展机构、私人部门及当地社会成功的机制合作完成的，充分显示了其改变自然环境的巨大能力。公园建设刺激了失传工艺的再发现，如复杂的传统的窗户（mashrabiyya）。这有助于复兴正在消失的古老的阿拉伯木工技术，这种技艺在 ADAA 非常有名。同时，几乎所有公园建筑和附设的餐馆饭店的材料均是阿拉伯原材料。家具也是如此，大都由 ADAA 区当地木匠打造。

这一修复工程也为当地社会提供了培训和就业机会，教给了当地居民许多有价值的手艺和技术，可保证他们获得长期的就业机会。在 A1-Azha 公园建造期间，除了将近 35 个全日制工程师和工程监理外，总共有 2000 个工作岗位提供给了这个地区的工人。另一方面，Ayyubid 墙工程需要的 200 多个工人及培训岗位，都首先在 ADAA 社区的居民中招聘。现在，大约 46％的公园雇员都是来源于 ADAA 区的居民。雇用员工的过程如下：竞聘由 ADAA 区复原工程就业与培训项目部提供，经过公园管理处筛选后留下的员工返回就业项目部门参加必要的培训。培训结束后，竞聘者开始在公园里工作。而公园对这些人进行必要的监管和提拔利用。这样，公园与项目之间就有了一个互助的网络。

A1-Azha 公园建设考虑到古老 Ayyubid 墙的再次利用，修复这堵墙的倡议相应地得到了采纳。这面墙包括它的门、塔以及内部的楼宇和画廊。其本身就是过去几十年中与伊斯兰文化在埃及传播相关的最重大的考古发现。Aga kyan 文化信托公司从事开罗的遗址修复工作有一段相当长的历史。但过去修复的遗址却不允许再使用，从而导致建筑物修复、关闭、再次耗损的恶性循环，被修复的寺院无一例外遭此结局。事实证明，把古建筑物与社会自然环境分离，对该建筑物以及建筑物所处的街区都是不利的。在此遗址的修复与利用上，通过与古物最高委员会合作，AKTC 倡导实行一项政策，即通过再利用修复遗址作为社会服务设施的方式，使修复遗址融入社会生活。因此，这措施标志着实行了 120 多年的把历史建筑与社会自然环境相分离的政策的终结。

A1-Azha 公园按照从源头上分离垃圾的办法，进行回收利用。他们将垃圾箱分为有机和无机两类，以此来强化公园参观者的回收观念。而且，他们利用有机垃圾作为公园植物的肥料。从经济上讲，这个公园成功地实现了收支相抵，其收益又可用来维护和改善公园的基础设施。所有这些都使这个公园成了可持续发展的典范。

尤其可贵的是，公园为民众提供了休憩的好去处。A1-Azha 公园修建刚完工后，每天有大约 2000 名游客来此休闲娱乐。目前，游客数每日在 4000 人次到

5000 人次之间。而且,在国庆和宗教节日,这个数目激增到每日 3 万人。2007
年全年游园人数几乎达到 150 万人次。平时,大约 10％的游园者来自 ADAA
区。这个公园也成为儿童、学生的乐园。每年有 100 多所学校组织学生来园参
观,而且这个数目仍年复一年的增长。A1-Azha 公园为孩子们,尤其是来自
ADAA 区的孩子开办了各种实践班,包括各种艺术作品的创作和资源的回收利
用。例如,参与者用空的罐头盒制作桌子和椅子,且在家里使用这些东西。在暑
期,公园开展夏令营活动,借此机会,孩子们可以学到各种生活技巧。在很多活
动结束后,父母们都说他们的孩子在日常生活中运用了他们在此活动中学到的
知识。

　　而且,A1-Azha 公园也成了公众对各种社会问题所持态度的指向标。公园
里举办好各种主题文化活动和休闲活动,参与者来自 ADAA 区以及外部地区。
这些活动的目的是提高公众对与他们生活息息相关的各种问题的参与意识。参
与者涉及范围广泛,包括个人、民间发展协会等。公园每年还主办其他主题活
动,如世界环境日、风筝节和孤儿节等。举办这些活动,公园就有了新的引人之
处,使人们都想一睹为快。反过来说,这又为人们提供了自我更新和表达自己的
机会,而且使参观者找到自己所喜欢的各种爱好,把自己的自由时间和精力投入
到有益的事情中去。

　　A1-Azha 公园也致力于满足残疾人的需要。公园里专门为他们提供方便的
设施诸如坡道和卫生设施。而且公园规定每周有一天时间残疾人可免费进入,
他们可以来此参加一些休闲活动,如彩绘、绘画等,使得残疾人实现他们过正常
生活的权利。他们玩得很开心,也展示了他们的潜能并学到了新的知识。

　　A1-Azha 公园一直是一个优秀典范。它向埃及人尤其是 ADAA 区居民证
明,把垃圾场变成一个许多人都获益的地方是可能的。最近几年,居民尤其沿
Ayyubid 墙居住的人们,呼吸到的已不再是来自被 ADAA 区附近巨大垃圾倾倒
场污染过的空气,而是来自公园的清洁空气。因此 A1-Azha 公园的作用,在于
成为一个成功扭转了 ADAA 区生活质量下降的关键因素。最终,社区更坚信其
自身所蕴藏的潜力,而进一步向前发展。公园竣工不到三年,就已变成这个城市
的地标性建筑,而不仅仅是为市民提供了公共绿色空间。与埃及的大多数其他
公共设施不一样,这个公园涵盖尽可能宽泛的社会经济群体。公园为很少有机
会分享同一个休闲空间的不同阶层提供社会融合的空间,容纳来自各方的社会
经济群体的人们。过去,开罗市民的心目中几乎没有把去公园作为一项户外活
动的观念。随着进入公园人流日益剧增,把逛公园作为户外活动的观念已经被

传播开来，并逐渐被大多数人所接受。A1-Azha 公园的使用者和参观者分属埃及不同阶层的人们，这使他们提高对周围地区及其价值的认识。从环境角度来看，这座公园把曾经危害邻近社区健康安全的 80 英亩的垃圾倾倒场所变成了一个健康的、有吸引力的绿色空间，成了几种鸟类的栖息地和鸟类迁徙途中的歇脚点。

ADAA 区复原工程不仅挽救了一个对美好未来不抱希望的社区，其更伟大的成就在于该工程使社区看到了存在于既有环境中的价值，为社区挖掘这方面的潜力提供了模式。A1-Azha 公园往往被认为是可以在其他环境下复制的发展典范，尤其是伊斯兰世界的历史名城。因为公园的规模巨大，各种工程和具有考古价值的资产范围也相当广泛，公园就成了寻找振兴历史名城中贫困地区方法的实验室。

而波兰的凯尔采市，通过振兴独特的斯恩科尔维克匹街周围的古老城市中心，创造了"简单的街道，多样的人群"的典型案例。被重新改造后的斯恩科尔维克匹街，成为凯尔采市最著名的并且得到社会广泛认可的地标性区域，被视为提升凯尔采市甚至是整个斯维埃特科·阿则斯科地区形象的一个重要元素。它甚至为世界上最长的书《画上的斯恩科尔维克匹街》提供了创作的题材。

在 19 世纪下半叶，随着铁路延伸到了凯尔采市，从东部过来横穿整个城市的交通主干道也延伸过去与铁路相连。这条主干道就是斯恩科尔维克匹街，为凯尔采市最长的主要道路。第二次世界大战以后，由于缺乏足够的投资，这一地区变得破损和破旧，社会功能严重缺失，同时也恶化了已经存在的社会问题。当时重工业占据了统治地位，破坏了当地的生态环境，导致环境、空气和水源的污染，塞尔尼卡河变成了又臭又脏的污水沟。而凯尔采市中心和斯恩科尔维克匹街道，其本身也曾经是城市里的危险角落。丑陋和没有任何美感的景观，将人们从这个破旧的市区里吓跑出去。繁忙、嘈杂的街道以及时常发生的交通堵塞，吓跑了行人。凯尔采市的居民以这个地方为耻辱，他们不愿意来这里，尤其是晚上。

在 1994 年，凯尔采市当地振兴委员会决定把城市中心作为一个需要紧急实施振兴行动的区域，并制定了振兴方案，特别是对作为凯尔采城市中心轴线的斯恩科尔维克匹街进行空间上的、经济上的和社会上的治理。凯尔采当地社团完全支持这些计划。在 2004 年和 2005 年间，由当地民主发展基金会组织的社会调研活动显示，这些活动受到了当地居民相当广泛的支持和认同。在"改变我们城市"这一口号下，实施的调查问卷和热点研究显示，超过 90％的人支持将一条最著名的街道——斯恩科尔维克匝街周围的城市中心进行振兴。

从事件本身来说，对一个选定的城市区域进行振兴活动，这在全世界范围内都是一种很普遍的现象。那么，这个项目有什么革新和创意呢？这个项目的革新性包括，在过去短短的六年时间里（世界范围内的平均年数是 20—30 年），仅用了 1200 万美元的市政投资项目引起了金融杠杆效应，使得很多私营公司、居民和社会机构竞相参与投资项目，最终使整体的投资额达到了大约 1.6 亿美元，实现了当初针对一个特定的公共空间设定的振兴计划。在这个过程中，采取了自创的方法，同时实行几种手段和鼓励性措施。

"空间的营造"。与投资相关的城市中心复兴行动包含了以下几个基本元素：(1)更换人行道以及斯恩科尔维克匝街的现代化；(2)交通线路的变更以及形成交通宁静区；(3)建立一个很有吸引力的公共空间（路灯、长椅、喷泉、绿化——已经有目的地种植了日本樱花树、针叶树、爬藤类植物以及挪威枫树——建造草坪和花坛）；(4)通过开发塞尔尼卡河谷坡地以及将斯恩科尔维克匝街和塞尔尼卡河谷以及城市公园连接起来，建造一个洁净的公共生态环境；(5)确定地标性地点，如艺术家广场、四季广场、塞尔尼卡河大桥以及一个代表着 19 世纪工业大厅最尖端技术的购物中心（用来代替集贸市场）。

"系统性的营造"。凯尔采市政府出台了几种系统的行政办法来鼓励斯恩科尔维克匝街的建筑拥有者恢复和充分利用他们的建筑：(1)给企业家以税收上的优惠，鼓励他们将公司坐落于城市中心；(2)给公寓楼房的拥有者税收上的优惠，鼓励他们恢复其房屋的外形；(3)给文化和艺术研究院的代表处或者旧书店等提供优惠租金，来租用市政设施。需要强调的是，凯尔采市所采用及发展起来的这些系统性的解决办法，放弃了纯粹的市场规则，而着眼于更高的公众利益。

"功能性的营造"。凯尔采市已经决定给予自身拥有和管理的机构以及那些已经被市政并购的机构一些新的功能。因此，在斯恩科尔维克匝街就出现了下列的景象：(1)玩具和游戏的博物馆；(2)凯尔采市历史博物馆；(3)现代基督教艺术美术馆；(4)设计中心和爱国思想中心（建于一个原先是牢房的房子里）；(5)布利克斯和维也纳咖啡馆；(6)残疾人宫殿。凯尔采市已经在斯恩科尔维克匝街开展了一系列活动，如举办思维埃土克日兹斯基展览会（展示当地和地区性的工艺品以及传统的制作方法）、凯尔采节、非流行秀、城市小姐选美大赛、仿古部队游行、童子军游行、迎新年晚会、RMF 电台举办的圣诞树晚会、中国灯和舞龙节、冬季桑巴舞游行、"儿童入学"慈善活动、庆祝复活节活动、骑老爷机车、圣诞节大交响乐团慈善音乐会、凯尔采市祈福活动、斯恩科尔维克匝街节、野外照片展览、思维埃土克日兹斯基——面包和蜂蜜之地节、在二手书店举办的夜间阅读活动等。

"实用性的营造"。斯恩科尔维克匹街的特色还在于:(1)电子地图和数字广告屏;(2)面向公共开放的无线因特网连接;(3)发布空气质量和塞尔尼卡河河水质量数据的信息公告栏;(4)医疗救护点,配备有心脏起搏器;(5)永久性的多媒体凯尔采市贸易交易会,向展览者和参观者发布有用的交易会信息。

这些行动的目标,是在短时间里将城市中心的贫困区转变为一个热闹的街区,同时把将城市一分为二的交通大动脉——斯恩科尔维克匹街——变成一个适宜社会交往的场所,同时也是交换信息、情感、信仰和感觉的地方。现在,这一目标已经被实现了。新建造的斯恩科尔维克匹街道富丽堂皇,集商业、购物、休闲和其他一些社会功能与一身,已成为凯尔采市的主动脉。多种多样的旅游景点、丰富的文化景点、许许多多有趣的活动让斯恩科尔维克匹街充满活力和有着浓厚的生活气息。改造后的斯恩科尔维克匹街,主要有以下特点:

(1) 多功能性。它既是一个商业中心,同时也是一个购物和服务中心。拥有众多数量的博物馆、艺术馆、咖啡厅的斯恩科尔维克匹街,也是凯尔采市最高的艺术和文化中心。和城市中心一样,斯恩科尔维克匹街本身也没有失去其居住的功能。作为一个居民住宅区,它享有盛名,深受凯尔采市这一地区私人土地开发商的喜爱。因此,斯恩科尔维克匹街不管是在白天还是在晚上,都变成了一个充满活力的地方。

斯恩科尔维克匹街周围的城市中心区域,有许多银行、保险机构、相关的商业研究院、办公室和非政府组织,为凯尔采市居民提供了很大的便利。对经济机构来说,斯恩科尔维克匹街是一个声望很高的地点。同时,对它们的雇员来说,在斯恩科尔维克匹街工作就意味着在凯尔采市优越的历史区域享受着真正快乐的工作。

(2) 多元文化。在波兰这一通常是单一文化的地区,斯恩科尔维克匹街却成为几种文化(民族文化和教派文化)的交汇点。展现这一独特街道的多元文化氛围的方式有很多,比如说通过个人的楼房和其他建筑的原创建筑风格(俄罗斯以及其他地区的风格)来体现,通过基督教和平教堂来体现,通过包括先锋派国际保留项目的文化设施(凯尔采市舞蹈院)来体现,通过一些吸引许多传统项目参加的露天活动(中国舞龙或者是巴西桑巴舞)来体现,通过来自全世界到凯尔采市参加贸易会的商业游客来体现,以及通过这些游客在街上逛街、在餐厅和咖啡厅享受自由时光来体现。

(3) 众多不同年龄人群。斯恩科尔维克匹街是一个开放的区域,拥有很多为不同社会团体和不同年龄人群准备的休闲场所,因此它是为不同年龄的来访游客和当地居民进行融合交流的一个完美地点。

斯恩科尔维克匹街的复兴工作,明显地提升了公共空间的吸引力,直接带来了特定的经济效益和社会利益:

(1)对空间上的影响。在公共空间,每隔十米就营造了不同的印象、感情和信仰氛围。各种纪念碑、建筑、艺术使得不同空间富有不同的意义。主教堂等景观的恢复,提升了城市风景。沿河安装了街道设施并建造了符合生态的通道,如塞尔尼卡河名副其实地成为一条"能给人以力量的河流"。

(2)对经济上的影响。作为一个旅游景点,增加了去往市中心的游访人数(每一个去圣十字山的旅游团体都把参观凯尔采市中心纳入为旅行计划的一部分)。将金融服务业以及相关商务机构的业务活动转移到了市中心。加强了市中心作为"开放式商场"的这一地位。

(3)对社会的影响。将现代化的城市中心作为一个绝对安全的社会活动大道(监控系统、无车辆通行区)。营造了不同的团体空间,使得不同的社会团体在那里发现了他们自己的活动空间。释放了社会能量(会议、比赛活动、旅游景点),使得斯恩科尔维克匹街从清晨到深夜都变得非常热闹。为残疾人提供了平等的机会。提高了凯尔采市居民的荣誉感。

同样,加拿大蒙特利尔的圣-米歇尔综合环保中心,其前身也是由一个废弃的大型采石场演变而成的露天垃圾填埋场,现在成了一道亮丽的风景线。这里既有新落户的文化机构,也有经过改造的老城区,是一个活动丰富、充满活力的社区活动的中心,是生活环境的实验室,是漂亮的花园,也是通过各类马戏艺术将垃圾场改造成真正动力(字面和文化意义上)的文化场所。这种发展演变,不仅仅是将废弃的采石场改造成大型公园,它更令我们意识到大自然的规律和其中人类的处境。这种由采石场转为垃圾填埋场,最终作为环保公园重生,告诉我们该如何遵循循环利用的原理去改造、变革,塑造明天的城市,建立和谐、平衡、和平的大环境。它展示可持续城市化及明天的城市景象:我们将和我们的孩子一起和大自然和谐相处。

15.4　社区参与和社会公平的开发机制

旧城的保护与更新需要大量的资金投入,有效的资金保障机制是旧城保护与更新能够顺利实施的关键因素。

通常,政府财政资金在旧城保护与更新中都起到主导性的作用。例如在法国,国家对列入"国家保护名录"的建筑,补贴维修经费的50%。在英国,1982—1990年间的13项与旧城保护相关的重要法令或法规中,有一半以上明确规定了保护资助费用的来源,而且对中央和地方政府的资助比例也作了明确规定。以英国遗产保护协会为例,其2000年总收入中政府拨款占到了79.1%。另外,英国政府于1980年组建了"英国城市开发公司",负责全国内城废弃用地的再利用和旧住房的改造开发。该机构的主要资金来源是中央政府财政预算,仅1990—1991年间,中央政府拨款达5.4亿英镑。在意大利,每年有20亿欧元的财政预算用于文物保护事业。1996年国家通过法律形式规定,将彩票收入的8‰作为文物保护资金,仅此一项每年就有15亿欧元左右的经费收入。日本的相关法律规定,对传统建筑群保存地区的补助费用,中央和都道府县(相当于中国的省级)地方政府各承担50%;对古都保存法所确定的保护区域,中央政府出资80%,地方政府负担20%。而由地方政府制定的城市景观条例所确定的保存地区,保护经费一般由地方政府自行解决。

在财政资金起主导作用的同时,发达国家也普遍注重积极引入社会力量参与城市更新改造。例如巴黎市政府出资51%的股份,与私营公司合资成立一家从事旧城改造的专业化投资公司,政府为该公司提供信用担保,该公司从银行贷款取得主要改造资金,在建筑物所有者购买房屋和土地后实施改造,待改造完成后,再以较高价格在市场上进行销售。对于销售利润,市政府将其应分得的收益全部用于该区域的市政和公益事业。纽约市政府则在20世纪60年代先后创立了区划奖励制度(Incentive Zoning System)和开发权转让制度(Transfer of Development Right, TDR),成为鼓励私人部门参与旧城历史地段和建筑保护的有效手段。区划奖励是指允许开发者兴建超出法定容积率的更多空间作为出售或出租之用,其前提是开发者必须提供某些公共空间或进行公共利益开发,例如保护历史建筑、提供中低收入住宅和文化设施等。开发权转让则是允许某个地块上尚未使用的开发权利(表现为容积率形式)转让到其他地块上去,尤其普遍应用于旧城历史地段和建筑的保护当中。通过开发权转让,可以使受到保护条例限制的私人业主得到合理的补偿,从而有利于保护规划的实施。最近20多年,开发权转让在美国城市得到了广泛的推广。日本、中国台湾、中国香港等土地空间狭小而又注重遗产保护的国家和地区,也积极引入了开发权转让制度。

以上这些财政资金起主导作用、积极引入社会力量的经验是值得借鉴的,但仅此而已是不够的。因为城市可持续再生应该是对社区的更新,而不仅仅是房地产的开发和物质环境的更新。实践证明,以房地产开发为导向的市场主义的城市更新并没有带来预期的成果,却导致社会资产(即指以社区为基础而形成的各种人际网络及其价值观念)的不断流失,而由私有部门投资为主导、公私合作的伙伴关系并不能保证真正的公众利益。因此,除了继续鼓励私人投资以及推动公私合作,更要强调本地社区的参与,强调公、私、社区三方合作伙伴关系,同时强调更新的内涵是经济、社会和环境等多目标的综合性更新,而不是由地产开发主导的单一目标型更新。从 20 世纪 90 年代初开始,一个以多方合作的伙伴关系为取向的、更加注重社区参与和社会公平的管治机制,正成为西方城市更新政策的主要趋势。

这无论是对其内涵的诠释还是对其实施机制的选择,都体现出一种全新的路向。也就是,城市更新的决策模式不再仅仅是原来的自上而下,更包含了自下而上的新机制,令城市更新过程更加透明、民主,各方权利更加平衡,从而也就更加保证了多维更新目标的可实现性。国际经验也告诉我们,城市更新的成功有赖于建立一个真正有效的城市更新管治模式,即要有一个包容的、开放的决策体系,一个多方参与、凝聚共识的决策过程,一个协调的、合作的实施机制。当前,新的更新管治趋势主要体现以下几方面:(1)更新过程的包容性,即多个角色的广泛参与;(2)政府在更新组织中的协调及促进能力;(3)吸引私有部门投入更新的创新机制;(4)社区动员、参与及赋权;(5)提高各方协调、合作的质量及实效。

英国 1991 年开始实施的"城市挑战"计划,已开始体现这一新的理念。该计划的主要机制是:中央政府设立一项"城市挑战"基金,由各地方政府与其他公共部门、私有部门、当地社区及志愿组织等联合组成的地方伙伴团体进行竞争,获胜者可用所得基金发展他们通过伙伴关系共同策划的城市更新项目。"城市挑战"计划试图将规划及更新决策的权力交还给地方,并且在强调公、私部门紧密联系的同时,将本地社区人士或组织也看作决策过程中重要的一极,使得更新目标有了更强的社会性。

基于本地社区的三方伙伴关系,使得长期被忽视的弱势社区居民被纳入城市政策的主流,让他们有机会在更新决策过程中行使自己权利、表达自己观点并参与方案的制定和实施。正是基于这种认识,从 20 世纪 90 年代至今,整个英国上下掀起一股城市更新伙伴关系的热潮。到 2000 年,全国至少有 700 个这样的更新伙伴,平均每个大都市有多达 75 个各种类型的更新伙伴活跃在次区域、市、邻里社区等各个不同层次。三方伙伴关系、社区公众参与以及社区能力培育,已成为当前英国城市更新政策的最新取向。

此后,欧盟为促进其各成员国城市更新设置了结构基金。结构基金运作方式与英国的"城市挑战"计划非常相似,也是采取竞争性的基金分配方式,并把地方性的三向伙伴关系作为一个强制性的技术要求:一个城市要想赢得基金,它就必须要展现出公、私和社区三方凝聚共识、紧密合作的能力。从 1994 年到 1999年,欧盟承诺拨款 100 亿英镑资金来配合英国各城市的地方更新项目。

西班牙的巴塞罗那,曾以优质的城市更新改造而闻名世界。1999 年,因过去 20 年的城市复兴并为其他城市树立光辉的榜样而获得英国建筑家协会的皇家金奖。2004 年,因将一处工业废弃区改造成一所新的居民区这项火星诊断工程获欧洲 ULI 奖。2007 年,因 Nou Barris 区中央公园工程设计及旧城区的改造获国际城市风景奖。其中,Ciutat Vella 区的历史文化中心项目改造工程充分体现了公共管理及市民参与的体制。

1858 年前,巴塞罗那经历了围墙内的工业革命。当这些围墙被推倒,一项城市扩展的工程随即展开。经过几十年的扩张规划,这座一度破旧的城区急需实施一批社会的、文化的、城市的、经济的复兴计划和工程。不同于传统的扩张方式,这项工程得以完成是基于以下信仰的:经济发展与改善旧城区的生活条件是有可能协调起来的。恢复居民区的功能成为该项工程的中心任务。1986 年,Ciutat Vella 区宣布为综合改造区(ARI)。由于行政管理职权范围单一再加上公共项目包含的城市发展活动众多,综合改造区(ARI)这种机制使得巴塞罗那市政府、公众及有关的机构采取联合行动成为可能。

在 Ciutat Vella 项目改造中,提出下列构想:(1)在大都市管理或服务中心及作为易居区的历史中心之间,建立城市协调发展模型;(2)多视角对已建城市进行评估,摈弃以往基于规划基础上的不合理的城市分区规划;(3)承认城市的多样性并非偶然,而是一种基本特征;(4)提高社会凝聚力,终结一些市民逃离没落城市,而另一些市民陷于边缘化的时代。

如今,整个 Ciutat Vella 都被公认是历史中心,马赛克式的分区使其更具潜力价值,把中心大都市的标准作为其新的定位。该项工程取得以下成就:(1)居民区的改造——与居民及房屋所有人共同改善居住条件;(2)城区的重新规划——本着相邻服务的原则在行政区内配备大面积的公共活动场所,并为原有的公共设施增加新的活动内容;(3)对基础设施、新的公共场所重新改造,恢复并重新评估公共场所,以求跨代和跨文化的共存,巩固城市结构和路线。为此Ciutat Vella 区案例获得各类大奖,包括 2002 年迪拜最佳实践国际奖,1998 年第二届联合国城市最佳实践国际大赛"最佳人居"二等奖等。

在这次城市最佳实践区中,Ciutat Vella 区案例将展示三大主题:(1)历史中心——多种行为叠加的结果,以适应不同时期市民的需求,集中反映了"城市的过去及未来的共有见解";(2)共享的城市——在受限空间内各种用途的多样性及多样活动的共容性;(3)社会凝聚力和创造力的城市——公私协调一致,对话与方案。这一案例说明:为了在长期存在城市危机的历史文化中心区实现城市更新改造,公共行动是必不可少的。

15.5　老工业城市的可持续再生

20 世纪 90 年代以来,发达国家产业结构加速转型,传统工业的衰退导致城市人口的严重流失、大量工业废地和建筑的闲置,原本繁荣的传统工业区因逐渐的萧条而演变为城市中社会、经济问题最为严重的地区。例如底特律目前的中心城区,存在大量汽车制造(通用与福特等汽车制造厂大部分转移到新兴经济体国家)废旧工厂,旧厂房被拆除后留下的棕地(棕地是指曾经有过开发行为,而现在处于闲置、废弃或具有潜在性污染的用地)。由于美国城市化的增长几乎停止,新经济的发展倾向于环境更好的郊区,底特律中心的大量棕地和废弃楼房几乎无人问津,导致城市中心区严重衰退和城市缺乏活力。因此,工业城市的可持续再生是一个全球共同面临的重大问题。

当前,许多国家的领导人都在为如何把原来重工业区(如钢铁城、工业企业以及前工厂等)转型成为与现代化相适应、干净并蓬勃发展的社区而绞尽脑汁。政府呼吁"振兴""植绿"之风瞬间席卷全球并成为公识,人们开始关注环境保护、减少污染等问题,并由此提出了一系列新思路和新的解决办法。例如,德国针对一些城市由于地方经济基础产业(钢铁生产、造船、采煤等产业)的衰退显示出城市经济衰落征兆的情况,推出了"西部城市复兴"计划。迄今为止,共有 11 个城市入选作为试点推行计划,其中包括不莱梅、威廉港、皮尔马森斯、弗尔克林根、扎耳茨吉特和奥尔-埃肯施维克等。"西部城市复兴"计划鼓励这些城市探索新的理念和实效性方法来适当地减轻负担,尤其着重探讨如何采用积极主动的方法,以及实现与政治家、地方利益相关群体、居民和媒体之间的沟通与联系。因而,减负被视为面向未来的一个机会,而不是让负担永远无法摆脱。对于 11 个城市而言,这意味着应慎重适应或改变城市规划法律框架和激励措施的性质。

由此,它转变了城市规划的基本原理,即从原来增长背景下的投资引导转向推动城市建成区对于逐步衰退局面的适应。在该计划中,还预见性地提出一种名为"推动项目"(impulse projects)的方法,具体包括拆除 20 世纪 60 年代建设的空置住房、改善贫困邻里的开放空间、重新利用废弃的工业建筑,以及振兴内城的零售业活动等措施。

德国的杜塞尔多夫市在工业城市的可持续再生中,找到了运用现代经济手段进行城市治理的解决方案,从而将可持续发展与以人为本的都市化进程得以完美结合,并极大地提高了城市人口的生活品质。杜塞尔多夫原是一个工业港口城市。与其他工业城市一样,它也面临着多重挑战:管理从工业城市到服务型城市的经济转变;解决人口变化问题;与此同时还要对公共基础设施进行大量投资。杜塞尔多夫市勇敢地面对这一挑战,坚持"突破传统、创新进取"的治市理念,并相应地调整其本地事务,在城市发展转型中积极寻找生活质量与经济发展的平衡之道。

在这当中,特别是对莱茵河两岸重新规划,并融入了城市的全新理念——现代、环保、繁荣、宜居。莱茵河曾经是杜塞尔多夫市的经济命脉,以前有一条连接老城和莱茵河的四车道河岸公路。20 世纪 80 年代末期,为了使市民更贴近作为其城市生命线的莱茵河,重新回到莱茵河边,杜塞尔多夫政府决定通过莱茵河岸隧道建造将繁忙的交通转入地下。这条总长 2 公里的莱茵河岸隧道是一件举世瞩目的伟大工业杰作。在建造期间,建造者需要攻克无数难题,包括将在两条隧道管道之间的流通的杜塞尔河引流至莱茵河。但有了这项耗资 30 亿欧元、为期 3 年的工程,现在每天有 55000 多辆车辆能够从地下隧道行驶。此外,新建的莱茵河散步长廊每年举办多次展出,从跨国滑雪到图书展览,让游客们流连忘返。在莱茵河岸隧道的南端矗立着杜塞尔多夫市的地标性建筑市门(Stadttor),是北莱茵—西伐利亚州总理的官邸。

位于市中心的媒体港(MediaHarbour),是最能代表杜塞尔多夫市从工业城市到服务型城市转变的例子。20 世纪 70 年代,随着工业萧条,港口变得没有盈利,所以杜塞尔多夫市决定将港口的职能进行转变。港口的转型始于北莱茵—西伐利亚州议会大楼的建造,随之而来有了其他诸多改变。现在,由世界级建筑大师们设计的价值 50 亿欧元的建筑环绕着港口,提供给了约 5000 名人员的办公空间,主要集中在媒体和服务行业。为了建造这些独具特色的建筑物,杜塞尔多夫市政府特意委任了一个机构全权处理项目的筹备和实施。事实证明,这个想法极为有效。

非常巧合的是,并非一起规划的莱茵河岸隧道,与媒体港有着许多共同点,均通往隧道南端的市门。州议会新大楼是媒体港的第一批建筑,并引领了莱茵河岸隧道项目的筹备。莱茵河岸隧道和媒体港,让杜塞尔多夫市的居民和访客可以直接抵达城市命脉。莱茵河,极大提升了杜塞尔杜夫市居民的生活品质。

正是以上这些转型使杜塞尔多夫市在德国众多城市中脱颖而出,成为一个典范。独立调查的信息更具说服力:杜塞尔多夫市能够提供德国最好的生活品质,亦是全球最具吸引力的六大城市之一。因此,与其他德国大型城市所不同的是,杜塞尔多夫市的人口总数呈现出不断上升的趋势。

另外,美国的匹兹堡从一个钢铁旧城转型为一个以医疗、教育为主的新城,也为我们提供了工业城市可持续再生的宝贵的经验。在匹兹堡振兴中,一个典型案例就是海滨区项目开发。早在20世纪前叶,当工业革命极大推进了美国经济发展的时候,坐落在匹兹堡海滨区的美国钢铁公司 Homestead 轧机厂就是美国最大工厂之一。在此后近一个世纪的时间内(1986年前),Homestead 工程轧机厂始终保持了国内制造工厂的领先地位,是美国钢铁行业的龙头企业。该工厂自成立起,共生产了超过2亿吨的钢铁用于修建铁路、防护钢板、横梁等。在第二次世界大战时,Homestead 轧机厂的发展达到了新高点。为满足轧机厂的扩张需求,一块约有450栋建筑物且容纳8000人口的邻近区域被夷为平地而改建成厂房。但随着人们环保意识不断提高,近10年来工厂所在地成了"环境污点"。

之后,在工厂原员工、私营及国营企业主的通力合作下制定了一个厂址振兴计划并筹集了相应资金。由于大多数钢铁厂的工人都是钢铁工人联合工会中的一员,钢铁厂关闭后,这些工人组织成立了两家公司,即非营利性质的公民发展公司(CDC)以及 Homestead 经济再发展公司(HERC)。而宾夕法尼亚州政府此时也开始启动企业区项目。由此,HERC 和企业区项目又共同联手制定了有关于钢铁厂厂址以及社区内其他区域的两个总体规划。当 Park 公司作为这片土地的开发商时,州政府为其拨款了1000万美元,而当大陆房产开发公司接手后,州政府则只是以跨三区——Homestead、West Homestead、Munhall 的税收增额融资的形式(TIF)提供了3000万美元。

现在回过头来看,这片土地开发遵循的是郊区开发模式,尚有一些缺陷。当时若在制定开发方案时,把库房以及停车场等考虑在内,区域规划效果将更佳。除此之外,滨水区尽管有傍水之优势,而当时区域总体开发规划并没有充分考虑水资源的直接利用,所以尚未开发利用。但不管怎样,经过多年的发展,区域内基础设施已发生了较大变化。为纪念历史,开发商们仍将钢铁厂材料堆保留下来并作为历史性标志,但原本满是石棉、地下储油罐以及润滑剂容器的污染地已消失不见,取而代之的是一个适应城市当前发展需要的充满活力的海滨零售、餐饮休闲中心。它像强力磁石一样,吸引了众多商家、提升了区内地产价值,与此同时,也为城市带来到大量的人口。另外,在滨水区项目开发之前,周边社区一度陷入财务困境,交通也极不便利。随着滨水区项目的开发实施,通过与外界零售商交易获利,这块地产价值得以提升,区内房地产市场也因此蓬勃发展起来。

更为重要的是,匹兹堡的产业结构得以调整与提升。目前钢铁业从业人员只占匹兹堡就业的 5%,而医疗保健业为匹兹堡提供了最多的就业机会,有 4 万多人在这个领域就业,超过全市就业的 10%。在这次全球金融危机中,匹兹堡比其他美国东北老工业城市表现出更强的抗衰退能力。该市还是美国发展节能型经济的先锋。不断开发新能源技术、寻找可替代能源。例如把交通信号灯全部换成节能灯,每年节省了电费 50 万美元。匹兹堡由一个老钢铁城市的经济实现了向高科技、高效能的成功转型,表明经济多样化是很重要的。另外,就是政府和企业的紧密合作非常重要。匹兹堡是通过与 Allegheny Conference(一个半官方的经济发展促进组织)和非政府组织的合作,一起推动经济转型的。

位于美国宾夕法尼亚州的好时镇,则是另一种具有特殊类型的工业城市可持续再生的典范。我们知道,好时镇的历史非常特殊而具有戏剧性。当初,受1883 年在芝加哥召开的一个世界贸易博览会启发,米尔顿·好时先生随即决定进军巧克力行业,在宾夕法尼亚州几个产量最高的奶牛场周围,创建了世界上第一座现代化巧克力加工厂。为了给工厂工人及其家人提供一个可以工作、生活以及娱乐的胜地,好时镇是作为宾夕法尼亚州的一项社区计划于 1903 年由好时公司建造而成。如今,好时镇这座美国巧克力城被称誉是世界上最甜的地方。

好时先生对在他的工厂周边建造一个模范城市怀有极大的热情,不仅是提供简单居住,而是想为他的工人们提供一个舒适的居住环境、廉价的交通、孩子们所需的教育设施以及居民们的休闲设施。在好时先生详尽的计划后,1903 年开始动工建设。1907 年,为了满足工人及其家属休闲娱乐需求,好时先生创建了一个美式主题公园——"好时公园"。最初这个公园是专为好时的工人们提供私人休闲空间使用,但后来它渐渐开始对外开放。在经济大萧条最严重时期,好时先生建造了好时大剧院、地中海式的好时酒店以及一个有 7000 个座位的冰上曲棍球场。此外,他还修建了一个动物园,名为 Zoo America。1909 年,他为孤儿们修建了好时工业学校,并为此成立了一个信托基金以提供持续赞助。随着好时镇的不断发展,好时先生决定建造更大规模的学校、商店、餐馆以及居民住宅。此外,为满足日益增长社区人口的需求,他还增扩了电车轨道并对部分公用事业加以完善,如在 1914 年把原于 1905 年建成的水力系统整修一新,由一个新的水源仓库所替代。

好时先生还鼓励城镇居民积极参与到建设和维护基础服务设施的队伍中来,并积极为城内地方性组织提供场地、制服以及设备。于是,1905 年城镇内成立了志愿消防公司;1910 年基督教青年会(YMCA)成立;1911 年基督教女青年会(YWCA)成立。此外,种类繁多的文学社交俱乐部、好时乐团以及地方运动队也开始相继出现。

尽管最初建造好时公园是为了方便城镇居民的休闲娱乐,但不久后好时公园、巧克力工厂乃至好时镇本身,迅速成为旅游者的天堂。1909 年,购买好时糖果棒的人们可额外得到这座城镇的全景图明信片。1915 年,巧克力公司正式成立旅游局。截至 2008 年,去宾夕法尼亚州好时镇旅游已成为家庭最新、最好的娱乐休闲活动之一。每年有约 500 万人游客来此游览,品味多元化的好时。游客既可以在主题公园里体会 60 多个不同过山车及旅游景点的乐趣,又可在适合不同水平和年龄段的 36 球洞高尔夫球场一展球技,大人们可在此享受巧克力SPA,小孩们可以在 11 英亩的野生植物园里游玩。最后,在好时博物馆里,游客还可以听到很多很多关于好时名字背后的故事。

好时镇为人类带来了太多的可能。当世界上许多国家都在面临发展基础设施、管理实践以及优良政府难题的同时,好时镇经受了时间的检验并向世人展现了一个生动的、健康的社区,甚至可以说是一个闻名于世的旅游胜地。

15.6　新城开发建设

在城市可持续再生中,旧城区的更新改造有时会遇到一系列难以克服的困难,特别是在旧城区中心已经高密度开发,且又是作为历史遗产要予以保护的情况下,更是如此。在这种情况下,既要保护原城区的面貌,又要适应人口、工作岗位增加变化的要求,就必须在新开发土地上建设新城。新城有助于保护城市中心独特的、本来的面貌,同时也能逐步取代旧城区中心高密度开发日益显现的负面效果。而且,新城由于与旧城区中心的距离不远,它将承担起这座城市未来经济和政治发展的重任。不仅如此,新城开发建设也是大都市发展的新型模式。

西班牙公共交通工程师马塔(Soriany Mata)于 1882 年提出都市发展的一种连续模式"Ciudad Lineal"。他认为,城市从核心向外层扩展的城市形态已经过时,这种形态将导致城市拥挤与卫生恶化。他主张在交通快捷的主干道两侧配置城市建筑,并延伸到乡下,把新旧城的中心连成一个综合体。这种城市形态初称为"带形城市"(linear city)。

俄罗斯圣彼得堡市的海洋新城建设,是欧洲最大的滨水开发项目,位于瓦西里耶夫斯基岛上。建设海洋新城主要是为了解决两个方面的重大问题:一是为了促进国际航运中心的建设。圣彼得堡市拥有大量的人口,对大型旅游公司提供前往波罗的海旅游的路线具有较大需求。这意味着圣彼得堡市发展国际航运中心能够获取巨大的收益。但圣彼得堡市现在拥有的海运港口不能停靠长度超过 200 米、吃水深度超过 7 米的大型船只。而绝大部分的现代船舶长度都超过 300 米,吃水深度均在 8 米以上。因此建设海洋新城,是为了建设完全符合国际标准海运旅客港。二是针对圣彼得堡市缺乏现代商业区,缺乏大公司的办公场所以及其他配套设施,开辟新的现代化商务区,吸引大公司来此设立总部。

海洋新城建设,使用了现代新型土地开发技术来获得新土地,土地开发过程中的沙是从近海领域提炼出来的。在新区域内建设了居民住宅区,零售服务业、餐馆和娱乐休闲中心,教育机构,圣彼得堡市新商业区,酒店,展览馆和议会中心,博物馆、电影院和其他文化设施,形成了一个新城区,一个新型的社会和商业区。建设完成后,超过 3.5 万人将住在新区,超过 6 万人将在此工作。

圣彼得堡市西部高速公路(整个城市高速路网的一部分)将经过这一新开发区域,此外还有中环和内环高架桥等通往此区域提供便捷通道。这里距离旧城区中心仅 10 分钟车程,到机场只需要 15 分钟。而且还计划在此附近修建两座地铁站。在航运季节,乘客可以在此乘坐内河交通工具,并且这里还可以供游艇停靠。

海洋新城中的现代海港旅客集散中心是俄罗斯境内唯一的港口,在 2008 年开始停靠船舶。海港旅客集散中心将能停靠长度达到 311 米且吃水深度超过 9 米的大型船舶。新的引航道长达到 10 公里,引航道和水域深度接近 11 米。届时总计将有 7 个泊位,泊位墙长度是 2108 米。在高峰期,旅客集散中心、7 个泊位将会有 12000 人次/每天的集散能力(相当于每年 150 万人)。

海洋新城是在公私合营的框架下进行建设的,其中引航道和港口疏浚、海关大楼等由俄罗斯联邦政府出资(80 亿卢布)建设,而土地开发和海港旅客集散中心建筑以及相关设施则通过融合私人股本加以解决(270 亿卢布)。海洋新城的建设,表明在没有摧毁任何旧建筑的情况下,创造了一个新的开放空间。

同样,新加坡的滨海湾新城建设,也被视为其城市转变的核心措施。新加坡政府认识到,在过去的 40 年里,新加坡作为一个城市国家已经建立了一个强大的品牌,能够为外国投资提供了高效、管理完善的基础设施和劳动力。然而,随着新的城市如上海、都柏林和孟买等全球化竞争能力的上升,新加坡这一竞争优势正在逐渐被侵蚀。为此新加坡重新寻求和聚焦新的优势,即成为一个满足全球人才和创意阶层生活品位需求的城市。在这种背景下,新加坡力图打造一个立足于满足未来需要的滨海湾新城。

市区重建局(URA)同时也是滨海湾发展署,对滨海湾南部的开垦土地(现在是滨海湾地区的一部分)制定了一套有远见的总体规划,提出要充分利用其海滨资产和热带草木的一种综合使用来形成新的商务区。滨海湾新城不仅提供先进的基础设施来吸引企业和投资,同时还提供一个非常高品质的生活环境,其中包括了激动人心的休闲、娱乐、消遣的选择。这个富有创造性精神的总体规划具有以下关键特征:

(1)滨海湾南部的土地被开垦出约 48 公顷滨水区用于建造滨海湾——一个多功能的目的港和重大活动的主要聚集点,正好位于新加坡新的商务及金融中心的心脏部位,同时作为现有商务中心地区的一个无缝延伸。(2)与以往划定用于特殊用途的固定区域不同,滨海湾的总体规划为了确保商务中心充满活力,鼓励同一地块的混合用途,还为生活和工作在这里的市民提供各种娱乐设施。(3)在一些适当的街区,许多场所计划被准许扩张、细分和逐步的发展,以适应不断变化的市场需求。(4)一系列的文艺和文化设施、公共景点和娱乐设施计划,围绕着海滨组成一连串景点的一部分,提供围绕滨海湾的全天候活动。(5)用三个大型花园作为城市中心地区的"绿肺",同时也作为一个展示最好热带园艺的新旅游景点。这将为周边发展做好准备,提升房地产价值和增强新加坡"花园中的城市"的形象。(6)位置极佳的公共公园和露天场所,将确保几乎都能够清楚看到公园或海滨。这将创造独特的地区个性,使周围的新开发地变成有名望的选址位置并提高房地产价值。(7)详细的城市设计指引,适当地指导高层建筑的选址以实现面向海滨和主要空地的视觉优化,同时也创造一个形象的城市地平线。(8)一个非常全面的行人专用网络(水平面上、地上和地下)被纳入该计划,确保行人可以舒适和方便地来往于建筑物之间或者通往地铁站。(9)将目前最先进的基础设施组合在一起,提供了一个可靠的世界一流的基础设施和可持续发展的环境。

　　为了确保这个富有想象力的总体规划能够成功地实现,新加坡提出了许多创新方法并采取了一些新的政策倡议与机制。列举如下:

　　(1)灵活的规划和发展方针。例如,实行"白色"地块方法。新加坡原来实行英国区划制度,即在总体规划中确定每一块土地的特殊用途及地积比率。这种方法有助于指导土地稀缺的新加坡的发展和增长,但也会因缺乏足够的灵活性而无法满足设在滨海湾的新企业不断变化的土地利用需求。为此,在滨海湾开发建设中,引入了"白色"地块的概念。在这个地块上,建筑物可以是住房、办公室、商店、酒店、研发设施、清洁工业、娱乐设施以及社区空间,由房地产开发商来决定土地的各种用途。这将为商住两用楼房和集工作、生活、学习、娱乐等为一体的环境建设创造了条件。同时,这也意味着开发商开始推出各种用途将"生活"纳入其开发区。这种以市场为导向、灵活的策略,使公共部门和私营部门能更加迅速地应对需求和供给的快速变化,而不需要重新获得地块用途调整的批准。滨海湾最初一些开发地块就是这种创新成功的证明。第1和第3销售地块、莱佛士码头和未来商务及金融中心(简称BFC)分别将提供主要的具有特色建筑特征的办公场所以便满足金融机构和全球性企业的需求。而第2销售地块的开发商为了响应市中心生活及紧密靠近工作地点的需求,选择了建设住宅,例如位于"白色"地块的滨海湾滨海舫。

　　又如,土地销售结构式的期权计划。对于特定用途的地块销售,通常是中标者购买整块土地并预先支付全部土地价格。一些面积较大的地块,政府也可能向开发商提供灵活的支付方案,允许他们分阶段支付土地费用,减轻开发商的经营风险并降低其前期费用。但市建局(URA)发现这些措施都不适合其开发建设的目的。为此,它们制定了一个独特的结构式的期权计划,允许政府平等地和投资者共同承担未来土地价格波动的风险,同时满足有关政府过去土地储备的原则。这个期权计划可以使开发商先找到租户并为其独特需求设计定制建筑物,然后从政府那里购买土地分阶段地进行开发。例如,建造未来商务及金融中心(BFC)的土地销售的期权计划,作为计划中位于莱佛士现有商务中心地区的延伸部分,滨海湾的若干土地将允许用于商务及金融中心的发展,以满足现代金融机构和全球性企业的需求。但金融机构和全球大型企业往往需要量身定做的办公楼,在一个有利于生活工作娱乐的环境中综合了具有互补性的商业、住宅和娱乐活动功能。因此,市建局(URA)发售了一个大型场所给主开发商用于设计,分阶段计划和定制办公楼以及配套设施,以满足金融机构和全球性企业的特殊需求。未来商务及金融中心(BFC)已经在2005年3月1日成功发售。9家投标者参与竞标,2005 年 7 月 7 日时的土地每平方米楼面面积的价值达到 4101 美元。未来商务及金融中心(BFC)的众多竞标者及其所达到的高地价,表明了期权计划是如何有效地降低开发商的风险和为这个国家创造更高价值的。

(2) 创建一个充满活力的海滨。其主要是规划和建设一个 3.5 公里长的围绕港湾的文化景点圈,结合开放空间和活动场地提供围绕滨海湾的全天候活动。这些新景点将通过一个公共散步场所和一座新的独特的行人桥连接到现有的标志性建筑,如滨海艺术中心剧院、一号福尔顿、鱼尾狮公园和新加坡飞行者摩天轮。与此同时,2004 年 7 月市区重建局(URA)成立了一个开发署小组调查滨海湾的软件设施,其涉及在公共场所和滨水区规划一个充满活力的各种事件和活动日程表。2009 年完成滨海拦河坝后,整个包括市区及郊区的滨海湾(包括新加坡河、滨海湾、滨海通道和加冷盆地)将被改造成一个巨大的水域广场,提供广泛的水上活动,如水上体育、水上音乐会,甚至时尚的时装表演等。开发署发挥主导和协调作用,并与其他机构共同合作,确保所有的基础设施、活动日程、滨水区的使用等方面的协调以实现滨海湾的美景。在短短的三年里,开发署团队已经设法实现了几个关键项目,如滨海湾的品牌建设、滨海湾除夕倒计时、滨水区总体规划,以及戛纳国际地产投资交易会(世界上最大的房地产展览)的推销之旅等。

(3) 运用一个强有力的形象特征创建出独特的地区。滨海湾花园是政府将新加坡打造成一个充满活力的全球性城市远景的一个组成部分,这个关键项目将成为把"花园城市"转变为"花园中的城市"(在花园里建立城市)的一个集中体现。由三个公园组合而成的滨海湾花园,充分利用新加坡的各种资产,与周围的公共休憩用地、交通运输节点、新开发地和旅游景点相互关联和相互连接。这些公园将补充和提升周围环境,不仅提供热闹的活动和消遣娱乐,还提供了空间感和休息。

滨海湾开发建设的一系列创新,吸引大量来自各方面的私人投资,也成为公私部门合作最成功的例子。市区重建局(URA)已吸引了来自本地投资者和美国、中国香港以及中东地区国际投资者的价值近 150 亿新元的投资,是政府 20 亿新元投资的 7 倍还要多。这些资金用于如公共服务隧道、快速公交系统、一个新的海滨长廊以及一座桥、滨海拦河坝等基础设施建设。总之,滨海湾的发展将对新加坡的自然、社会和经济景观产生积极影响,使它们更接近将新加坡打造为21 世纪一个充满活力的国际城市的远景。

对于发展中国家来讲,主要还处在推进工业化、城市化过程中,如何适应城市化与制造业同步发展的形势,通过新城建设打造强有力的发展引擎,是一个较普遍的问题。中国东莞的松山湖新城建设的经验,对于中国、印度、越南等发展中国家城市的可持续发展有一定借鉴意义。

2001 年以来,东莞市政府启动了面积 72 平方公里的松山湖新城建设,吸引大批来自中国与世界各地的科研机构和科技人才,成为中国南方一个日益重要的研发密集区,使东莞数万家依赖外包加工业发展起来的中小企业,拥有一个强有力的研发和设计服务中心,强化了制造业链条的高端环节,带动城市经济迅猛发展。几年来,东莞制造业结构不断优化,产品质量和设计水平不断提高,国际市场竞争力不断增强,形成一系列有全球影响力的产业集群,东莞制造的服装、玩具、家具、灯饰等产品风靡美国欧洲市场。松山湖的发展,既带动了东莞传统制造业和新兴科技产业全面升级,也改变了当地发展观念,促进环境保护和节能降耗,使东莞综合实力跃居中国大中城市第 12 位,先后获得国际花园城市、中国最佳魅力城市、中国最具经济活力城市、国家卫生城市、全国绿化模范城市、中国典范品牌城市、制造业十大最具竞争力城市、中国投资环境百佳城市等荣誉称号,在国内外的影响力与日俱增。2007 年 11 月 6 日,英国前首相布莱尔先生到松山湖演讲,高度评价这里的发展成效和优美环境。联合国环境规划署等机构评价松山湖新城是 2007 年度跨国公司最佳投资的开发区。

松山湖新城市建设的主要做法及经验是:

(1) 政府与大学、科学院等学术机构合作建设研究院,为中小企业产品开发提供技术支持。现有中子科学中心、电子工业研究院、工业设计院、制造工程研究院、中医药数理工程研究院、电子信息工程研究院、精密制造研究院、OLED 技术研究院等一批大型科研院。其中,电子工业研究院与周边大型电子企业成立"芯联"电子产业研发联盟,共同开发行业共用芯片技术。它们开发的智能玩具技术,使东莞数量众多的玩具企业提升了产品技术含量。

(2) 设立 IT 产品研发区、生物信息港、创意设计园、科学园等专业载体,吸引大批周边企业前来设立研发机构。已有生物医药工程中心、稀土纳米材料工程中心、微电子材料研发中心、创意产业孵化器、服装创新中心、产品质量检测中心等。

(3) 构筑从基础教育到研究院教育的完整教育体系,为产业发展提供必要人力资源。其中,著名华人科学家、诺贝尔物理学奖得主杨振宁教授,应邀长期担任东莞理工学院名誉院长职务。

(4) 营造宜居的城市环境。政府遵循"天人合一"的东方古老哲学,在城市规划和建筑设计中突出环境保护、生态建设和节能减排,按照 ISO14001 体系加强环境管理,使人工设施与自然环境融为一体,城市人均绿地 47.5 平方米,对科技人才形成较强吸引力。

(5)以公私合作推进城市基础设施、住房、学校等项目建设,为私营企业发展提供空间,减轻财政压力。

松山湖的实践表明,一个地区推进工业化城市化过程中,必须建设强有力的发展引擎,形成产业自主创新能力,才能实现城市的可持续发展。松山湖的成功,为发展中国家工业化和城市化提供了一个可资借鉴的重要案例。松山湖面临的挑战,主要是如何适应经济全球化和周边产业结构调整的影响,在不断增强技术创新和制度创新能力、发展新兴产业的同时,保护和培育好目前良好的生态环境,为促进东莞城市的可持续发展发挥更大的带动作用。

另外,深圳的 22—23 街区开发建设成宜居的商务办公区,则是一个在更小范围内实现城市可持续再生的典型案例。1996 年深圳市城市总体规划首次提出 22—23 街区作为深圳中心区的重要组成部分,定位为深圳的黄金商务区。该街区位于深圳的南部,在深南大道以南,新洲路以东,由深南大道、新洲路、益田路和福华一路围合而成,用地面积为 10.8 公顷,由 15 个独立地块组成。有别于传统的商务办公空间,22—23 街区营造了良好的宜居环境,改变了传统的工作空间只适宜于工作的理念,实现了高效率商务活动空间与良好的生活空间的完美结合,整体的街区不仅适宜工作,也方便休憩、娱乐和生活,充分贯彻了"以人为本"理念,堪称中国街区成功开发的典范。

其主要规划原则包括:

(1)细化城市支路网,按城市功能需求划分建设用地。两个街区划分为 15 个开发地块,面积从 3900 平方米到 8500 平方米不等,地块之间的道路与中心区的其他部分及城市的其他片区建立了良好地交通联系。这创造了一个更开放更优美的街景空间,行人能够很好地去感受这个片区。建筑都是沿街的立面线建设,构成了鲜明的建筑特色。

(2)沿街区公园周围布置建筑群,共享绿地阳光。街区内的主要建筑都是围绕两个社区公园安排的,社区公园成为建筑群体的焦点,大大增强了街区的宜居性。两个公园均朝南北向设置,保证了公共空间阳光的充裕,打开朝向福华一路南侧建筑的视野。深圳的公园基本上都是大型公园,较小的社区公园也都在相对独立的住宅区或者公寓里面,开放性不强。而 22—23 街区的社区公园是一片公共空间,完全对外开放的。两个社区公园与莲花山一起构成了深圳中心区的绿色轴线,形成了两公里长的中心区的绿色"客厅"。两个公园各具特色:西区的公园较窄,草坪、花园和绿树交相辉映,为人们提供夏日避暑乘凉的树荫;东区的公园较宽,树木繁多,中心有两个小山丘,人们在工作繁忙之余可以来这里感受大自然的气息。

22—23街区这两个社区公园只是街区绿地的一部分,从附近地铁站到社区公园,两边的人行道都绿树成荫。不单只是在地面上,局部建筑屋顶的绿化也做得很到位。人行道上的特殊铺设材料,以及各处的细节设计,让各路行人步行舒适,充分体现了社区步行优先的原则。

(3)创造一个绿色成荫的商务服务中心。事实上,在很多商务中心,除了工作外,上班族难以在其中找到很多的乐趣,商务活动的组织也不是太有效率的。而在这一街区内,在建筑物下面的步行空间,就是骑楼下面,分布着大量的零售商场还有多样化的餐馆。深圳市内最好的酒店之一的好日子酒店在这里,成为一个主要景点,许多新人举行婚礼或者大型的仪式都选择在这里。正是由于土地的混合使用,确保了22—23街区成为全天24小时可以提供服务的多样化中心。当上班族离开停车场,在夜间,前往餐厅就餐的人们可以在街头停车,可以兼顾上班族和夜间就餐人们的停车需求。

(4)沿街建立连续的骑楼系统,形成具有宜人尺度的街墙。楼的入口和商店通过连续的骑楼联系起来,不仅为行人创造一个更舒适的步行经验,而且回归和体现了广东省传统的骑楼特色。50年前,在所有城市的商业地段的步行路上都是骑楼,保护人们在夏天躲避阳光和在雨季、台风季节躲避风雨。不幸的是,这种好的做法和传统没有得到很好的延续。而在22—23区,在主要建筑底层大量采用骑楼,使得高楼大厦和人的联系回到了同一个尺度。这些骑楼设计要求建筑一层有不低于60%的外墙是透明的,为该街区提供零售展示区和店面窗户,每个店铺里面都有活动空间的,每家店铺里面都有活动空间,更多的入口必然意味着更多的活动。

在严格的设计导则指引下,所有的建筑都按照统一的沿街立面建设,在建筑的底层都采用了连拱廊的设计,为人行提供了不间断行走的空间,以方便人们的工作与休憩、出行。目前国内很多办公建筑的设计都是强调退让距离,有很宽的人行道,直通到街区的入口,努力让建筑变得雄伟、盛大。而22—23街区的设计,强调以人为本,注重行人的感受,也为商务活动的进行提供了很好的环境。几乎所有的建筑都是遵循统一的沿街立面,都是面向街区内的主街,这就使得很多活动的进行,都可以通过步行实行,行人可以通过连续行走感受舒适的步行体验,也使得在该地段工作或者休闲的人们可以在社区公园和主街周边满足除工作外的许多诉求。

(5)确立建筑群的概念,使各街区的建筑和谐统一、各具特色。在该街区内,高层建筑相互错开建造,保持了高层建筑之间较大的间距,提高了该地区的生活品质。这一设计要求大大拓展在该街区上班族的视野,提供了很好的光照和新鲜的空气。由于每栋建筑物都是采用相对较小的楼板,上班族更接近窗户,他们可以充分感受这一设计理念为他们带来的便利。

(6)行人优先、便捷的交通服务系统。大多数车辆停车被安排在地下,而不是在大型的停车场。按照该街区的设计导则,这些停车场出入口都被安排在避开社区公园或者主街的街道上,充分保证那些以行人交通为主的街道步行需求,避免产生不必要的人车之间的冲突。对于零售和饮食业的顾客的短期停车需求,则是依靠路边停车解决。街头停车,不仅可以降低机动车的车速,也为行人和行驶中的车辆之间提供了有效的缓冲空间。

目前22—23街区已基本建成,街区内绿草茵茵、绿树成荫,配套商场、高档写字楼、展览空间一应俱全,已经成为深圳享有声望的黄金商务区。22—23街区开发建设的特色和亮点,为相同尺度街区的开发提供了可供借鉴的成功范例,将为中国其他城市乃至世界城市提供更好的借鉴,帮助它们建设更具活力、更方便行人、更加繁荣的城区。

16 打造城市的生态家园

20世纪后期,"生态城市"已经被公认为是21世纪城市建设的模式。1999年10月,美国世界观察研究所在《为人类和地球彻底改造城市》的调查报告中指出:无论是工业化国家还是发展中国家,都必须将本国城市规划放在长期协调发展的地位,而其大方向只能选择走生态化的道路。生态城市代表环境友好和资源节约的文化趋势,是未来城市的发展方向。

上海世博会城市最佳实践区的许多案例都与生态城市建设有关,我们这里首先从总体上对生态城市建设作阐述,以后各章将分别从绿色空间、绿色建筑、绿色交通体系等方面进行详细论述。从这些生态城市建设的成功案例中我们可以看到,尽管生态城市建设有不同规模之分,但是生态城市建设的指向目标是十分明确的,就是创造一个自然、经济、社会相协调的、可持续发展的、宜人生活的城市。与以前注重城市环境保护不同的是,生态城市建设的立意更高,是从生态系统的全局上考虑城市的发展,注重自然、经济与社会的协调。

16.1 生态城市的兴起:理论与政策实践

应该讲,"生态城市"的一些最基本概念并非新生事物,人类在早期建造城市的过程中,就已经整合了部分自然因子或生态原则。但问题是,城市发展作为一个生态系统而言,其本身是有悖于生态的,或者说是一个缺陷很大的生态系统。就结构而言,自然生态系统呈金字塔形结构,生产者多于消费者;而城市生态系统呈倒金字塔形结构,生产者少而消费者多,分解者又处于相对缺失状态。从功能上讲,自然生态系统甚至农村生态系统都可以实现自身的物质循环,而城市生态系统自身却难以实现物质循环。从景观角度看,城市是人工化的环境,会造成如热岛效应、干岛效应等许多生态问题。因此英国诺丁汉大学学者布兰达与维尔在《绿色建筑——为可持续的未来而设计》一书中有如下评论："从本质上,城市是在地球这个行星上所产生的与自然极为不合的产物,尽管地球上的农业也改变了自然,然而它考虑了土壤、气候、人类生产和消费的可持续性,即它还是考虑自然系统的。城市则不然,城市没有考虑可持续的未来问题。"美国著名科学家奥本海默也认为,现今的城市是人类所拥有的最脆弱的社会结构。

城市生态系统固有的缺陷,使它必须依赖其他生态系统才能得以维系:从农业生态系统中获取粮食,从矿山生态系统中获取能源与资源,从森林生态系统中获取木材,从江河生态系统中获取淡水与水产品,同时城市必须把它自身产生的污染物排向其他生态系统。加拿大著名经济学家威廉·里斯提出的生态足迹理论就揭示了城市生态系统的这一特征,即脆弱的城市要得以维系,必须依赖它的生态支持系统:区域乃至全球。因此,城市生态状况不能只看其自身,还要进一步看它与其生态支持系统的关系。如果一个城市的生态环境优美,是以过分"剥夺"甚至"透支"其生态支持系统为代价的话,那也只能是暂时的,最终会因为其支持系统的衰弱而难以持续。而且,即便依靠"生态剥削"使其优美的环境一直维持下去,也是毫无价值的。因为它是以更大的地域、更多的人难以拥有良好的生态环境作为代价的。

长期以来,人们就在思考和探索城市生态化问题。最初,人们只是从自然环境与城市关系的角度,利用生态学的原理和方法来研究与解决城市生态问题。特别在第二次世界大战以后,国际上掀起了城市生态化研究的第一次高潮。20 世纪 60 年代中期,美国经济学家 E. 鲍尔丁在其发表的《宇宙飞船经济观》中指出,人类社会的经济活动应该从效仿以线性为特征的机械论转向服从以反馈为特征的生态学规律,把污染视为未得到合理利用的"资源剩余",即只有放错地方的资源,没有绝对无用的垃圾。1969 年,麦克哈格在《设计结合自然》一书中,对关于如何处理人类聚落发展与自然价值之间关系问题作了极为宏观而明确的阐述[①],建立了一套以城市适宜性分析与环境叠图程序为主轴的生态规划方法。在其完整分析方法的意义背后,透露出一种对人类聚落与自然环境兼容性的思考,相比较格迪斯的"河谷纵断剖面"、麦克哈格所提出的"大河谷鸟瞰"概念,涵括了更丰富的环境科学知识。而第一次提出"循环经济"的英国环境经济学家大卫·皮尔斯和图奈在《自然资源和环境经济学》一书中,将"环境"由经济外部的

---

① 麦克哈格:《设计结合自然》,中国建筑工业出版社 1992 年版。

制约性因素提升为经济内部的新的生产要素,并提出自然资源管理的两个规则:
一是可再生资源的开采速率不大于其可再生速率;二是排放到环境中的废物流
要小于或等于环境的同化能力。这些重要观点的提出,不断深化了城市生态化
的思想,使城市生态学研究趋于深入。

随着人们逐渐把视角从城市的物质空间和布局形态扩展到区域和资源环
境,生态城市的概念就诞生了。1971 年联合国教科文组织(UNESCO)制定"人
与生物圈(MBA)"研究计划,把"关于人类聚居地的生态研究"专题列为重点项
目之一,并首先提出生态城市的概念。1975 年由美国学者雷吉斯特发起和成立
的城市生态学研究会,在"重建与自然相平衡城市"宗旨的指导下进行了大量关
于生态城市的理论研究,将生态城市概括为"追求人类与自然的健康与活力",并
在 1987 年出版的《生态城市:伯克利》一书中对伯克利生态城市的建设进行了积
极探索和经验总结。里斯教授依据其著名的"生态足迹"理论认为,生态城市的
本质在于最大限度地减轻区域的生态负担,并为其提供量化标准。所谓生态足
迹是指养活一定人群所需的土地面积,其计算方法是:首先统计出一定人群自身
消费的自然资源和所产生的废弃物的数量,其次把前者折算成能够生产这些自
然资源和消纳这些废弃物的生物生产面积。生态足迹形象地说,就是"一只负载
着人类与人类所创造的城市的巨脚踏在地球上留下的脚印"。为此,城市在生态
方面要最大限度地实现"自运营",即城市的运营尽量依靠城市生态系统自身来
维系,减少对外部生态系统的依赖。

显而易见,上述这些理想化的生态城市图景还仅仅局限在人与自然关系的
和谐,而缺少关于人与人和谐关系的社会生态内容。在以后的研究中,人们在重
视人与自然关系的基础上,更加注重社会生态方面问题。1984 年,苏联生态学
家杨尼斯基认为生态城市是一种理想城市模式,其中技术与自然充分融合,人的
创造力和生产力得到最大限度的发挥,居民的身心健康和环境质量得到最大限
度的保护,物质、能量、信息高效利用,生态良性循环。1991 年,荷兰国家自然规
划署(National Physical Planning Agency)进行了一项名为"生态健康的城市发
展"研究,并出版了《生态城市:生态健康的城市发展战略》一书,强调生态城市应
当是负责的城市、充满活力的城市、参与性的城市。所谓负责的城市,就是要求
实现城市封闭循环,不能把问题转嫁给未来和其他地方;所谓充满活力的城市,
就是要实行城市可持续管理和创立健康的生活环境,最佳利用现有生态潜力,将
城市融入环境;所谓参与性的城市,就是让政府、企业、公众都参与到城市管理中
来。1992 年,在澳大利亚阿德莱德(Adelaide)召开的第二届国际生态城市会议

上,组织者唐顿提出:"生态城市就是人类内部、人类与自然之间实现生态上平衡的城市。它包括了道德伦理和人们对城市进行生态修复的一系列计划。"这一概念不仅重申了社会生态问题的意义,还强调了生态伦理和道德价值在生态城市建设中的重要性。

因此,生态城市作为一种自觉的认识和科学理念,是从现代城市发展中逐步形成的。这一概念的表述,可以从城市生态系统理论、生态足迹理论、结构功能协调理论以及可持续发展理论等角度来界定。虽然关于生态城市概念各有不同,但国内外学者都在一点上达成了共识,即生态城市是一个综合性的多学科相交叉的研究对象。它再也不是单一的城市自然环境生态化,而是由过去狭义的环境保护向包括城市经济生态化和城市社会生态化在内的方向发展。总而言之,生态城市就是在可持续发展思想的影响下,根据生态学的原理和方法,综合运用现代科学技术等主要手段来指导城市经济、社会、自然环境建设以保持三者的高度和谐,从而达到人与自然、人与人、人与社会协调统一的复合生态系统。

从以上论述中不难看出,生态城市包括三个层次的内容:(1)自然地理层次。它是整个城市系统得以存在和发展的物质基础,客观上规定了此区域内人类活动的强度和限度。诸如城市的位置及其生态资源(滨海或内陆,平原、草原或高原等),客观上决定了人类的社会活动、生产方式(农耕或者渔猎)以及同当地自然界的关系。(2)经济功能层次。它主要是指调整城市的结构及功能,改善城市子系统之间的关系,增强城市功能,促进人类生存与发展所需的物质交流。(3)社会文化生活、宗教乃至政治军事层次。它对人类活动及其与自然的关系,有较大的影响作用。在这三个层次中,经济系统可以看作是将人类社会系统与城市自然系统相联结的中介。人类之所以选择以城市的方式聚居,其根本动因在于城市的规模效益和聚集效益适合工商业基础上的经济发展。随着技术的进步,极富创造力的经济活动不断转化自然界的物质和能量,哺育着城市社会的高效率发展。因此城市经济的不同组织方式,最终决定着城市这一复合生态系统的走向。

国外城市的生态建设起源于20世纪初至60年代末工业化国家公害泛滥成灾时期,美国、日本、西欧等公害严重的国家开始通过严格的立法和环境教育的普及,推进大规模的城市生态化建设。20世纪70年代后,世界各国都以空前的规模发展经济,城市化进程的加速导致人与自然的矛盾不断加剧,环境危机深刻化、全球化。由于自然灾害、有毒化学物质、土壤污染等各种环境危

险性因素对居住环境的破坏,已促使与获取环境经济效益相比,人们更加重视
人居环境的危险性[①],故很多国家在推进城市化进程的同时加强城市的生态化
建设,对环境实施了更全面、严格的管理。以 1992 年联合国里约热内卢环发大
会为新起点,各国把"可持续发展"作为基本的环境政策和立法指导思想,制定了
旨在贯彻可持续发展原则和预防为主方针的各种法律制度,一些国家还制定了
以城市为对象的地方《21 世纪议程》行动计划,把环境保护从污染防治扩大到对
整个自然环境的保护,加强城市可持续发展立法。20 世纪 90 年代以来,随着可
持续发展成为各国共识和世界城市化进程的加快,生态城市开始成为人们关注
的热点。世界银行在资助亚非洲城市的宜居城市环境和基础设施建设时,也提
出了保护和加强城市地区的环境健康性,保护水资源、土壤和空气质量,防止和
减轻自然灾害和气候变化对城市的影响等要求。[②]

那么,如何在城市环境下建设生态家园呢? 国际生态城市运动的创始者瑞
吉斯特 1993 年提出了 12 条生态城市设计原则,紧接着在 1996 年又提出了更加
完整的建立生态城市的 10 条原则,即:(1)优先开发紧凑的、多种多样的、绿色
的、安全的、令人愉快的和有活力的混合土地利用社区;(2)修改交通建设的优先
权;(3)修复被损坏的城市自然环境;(4)建设低价、安全、方便、适于多种民族的
混合居住区;(5)培育社会公正性,改善妇女、有色民族和残疾人的生活和社会状
况;(6)支持城市绿化项目;(7)采用新型优良技术和资源保护技术;(8)共同支持
具有良好生态效益的经济活动;(9)提倡自觉的简单化生活方式;(10)提高公众
的局部环境和生物区域意识等。而且,他在较全面总结西方国家生态城市建设
实践经验和发展趋势的基础上,提出了建设生态城市的四个步骤:生态区划(土
地利用和结构)、产业布局(利于经济发展的技术、商业和工作种类)、政策激励措
施(通过法律、政策、法规、标准、税收、罚款、补助、合约、贷款、租约等促进生态城
市建设)和公众参与(倡导绿色生活方式)。[③]

然而,更为重要的是,为有效地将环境与发展纳入各国的政策和实践中,必
须发展和执行综合有效、可实施的、建立在完整的社会、生态、经济和科学原理基
础上的法律法规。正如《21 世纪议程》指出的,在使环境与发展政策转变为行动

① Ai Sakamoto & Hiromichi Fukui, "Development And Application Of A Livable Environment Evaluation Support System Using Web GIS", *Journal of Geographical Systems*, 2004, 6:175—195.

② Bigio, Anthony D., Ahiya, Bharat, "Urban Environment and Infrastructure: Toward Livable Cities", World Bank, Washington, DC, 2004.

③ 理查德·瑞吉斯特:《生态城市——建设与自然平衡的人居环境》,社会科学文献出版社 2002 年版,第 195—200 页。

的过程中,法律法规是最重要的工具,它不但通过"命令加控制"的手段来执行,而且还是经济规划和市场手段的框架①。从 20 世纪 60 年代末起,各国环境立法得到迅速发展。里约热内卢地球峰会后,"全球思考、地方行动"使得各国将可持续发展、尊重生态规律、预防污染、污染者负担、污染综合控制、公众参与和经济发展与环境保护综合决策等原则纳入立法和政策制定中,倡导有利于城市生态化发展的立法创新,修改完善保障城市生态建设的法律法规,逐步建立了涉及绿色生产、绿色生活、绿色消费、绿色贸易、绿色税收、绿色审计、绿色教育、公众参与等一系列完善的生态城市建设的法律保障体系。而且,随着可持续发展国际交流与合作的开展,在环境议题领域,国际法和国内法已相互渗透,各国政策和法律的生态化趋势日益明显。一方面,产生于国内的环境影响评价规则、公民诉讼制度被各国、欧盟和国际法所认同;另一方面,产生于国际法的预防原则、可持续发展原则,为各国和欧盟所采纳。②

从各国生态城市建设的实践来看,虽然有各具特色的不同模式,但目标一致,殊途同归,其经验突出表现为:重视城市规划、注重法律保障和强调公众参与三方面。

例如,美国在城市的生态建设方面,其主要特色是立法先行与立法创新,注重运用市场机制和通过公民诉讼制度自下而上地推动城市环境问题的解决。早在 1969 年美国就制定了综合性的环境基本法——《国家环境政策法》,创立了命令控制、排污控制、技术强制和市场控制等四种模式。该法还首创了环境影响评价制度,有效矫正了传统发展战略忽视环境利益和环境价值的弊端,被其他国家在环境立法中所仿效。美国还是世界上最早以单行立法推行污染预防的国家。在 1990 年颁布的《污染预防法》中,宣布"对污染应该尽可能地实行预防或源削减是美国的国策",其污染预防包括污染物的源头预防和消减、再循环利用以及必要的末端处理等环节,并特别重视发展环境技术。美国自 20 世纪 70 年代起陆续颁布了《清洁空气法》《清洁水法》《环境教育法》《职业安全和健康法》《噪声控制法》《宁静社区法》和《综合环境反应、赔偿和责任法》等。1992 年实施的《能源法》,规定开发和利用太阳能、风能、生物能及沼气等新能源将享受税收优惠,鼓励使用新能源、推广新技术和淘汰落后工艺等。2000 年通过的《有机农业法》,严格规范农业的发展。在美国,滨海城市伯克利"生态城市"建设的实践最

---

① 联合国:《21 世纪议程》,中国环境科学出版社 1993 年版,第 61 页。
② 亚历山大·基斯:《国际环境法》,法律出版社 2000 年版,第 407—408 页。

为著名。它是在雷吉斯特的带领下,将生态城市建设的整体实践建立在一系列具体的行动之上,包括建设慢行跑道、沿街种植果树、优化配置公交资源、改善能源结构、提倡以步行代替车行等等。虽然在许多人眼里这些行动微不足道,但它确实为伯克利市的生态建设作出了巨大贡献。

欧洲在城市生态化建设方面,最具有特色的是:形成共识、联合行动、实现高标准。欧洲1973年的第一个环境行动计划就讨论了城市环境保护政策,之后在环境领域建立了管理机构。1975年颁布了使环境正式成为欧共体政治生活一部分的法令。1992年签署的马约规定,提出可持续发展原则应该在最底层的决策中予以充分考虑。1994年在欧洲可持续城镇会议上,通过了促进欧洲城市可持续发展的《奥尔堡宪章》。1997年,欧洲有1500多个城市制定了地方21世纪议程。在立法方面,则强调欧盟成员国的立法需要与欧盟的立法接轨。那些想要加入欧盟的国家,必须通过谈判,与欧盟就未来的发展达成一致,特别是把符合欧盟的法规水平和这些国家在改善环境状况方面的意向作为谈判的标准之一。为此,许多成员国为达到欧盟环境法规的标准而积极采取措施。随着公众环境意识的增强和环境法规的颁布实施,目前欧盟国家有关生态城市建设的科学知识、技术水平、政府管理和公众行为都达到了较高水平。例如荷兰政府实施生态城邦战略,将包括负责性城市、充满活力的城市和参与性城市三个方面较好地整合到城市可持续发展中。为实施生态城邦战略,采用了立法、正式签署志愿协议、资金激励和实施机制等环境政策工具。[①]又如,德国的海德堡生态城市建设,形成了生态预算、生态经济、生态道德、生态标准等一系列科学体系,成为欧盟国家学习的典范。[②]

日本在城市生态化建设方面,更注重以高新科技为支撑,通过立法建立综合性基本环境计划和协调机制,制定严格的环境标准,采取行政控制和市场调节等多元机制相结合的管理方式,强调民众参与和保障公民的环境权益。日本环境保护综合性基本法的立法,经历了从1967年的《公害对策基本法》到1972年的《自然环境保全法》,再到1993年的《环境基本法》的过程。其立法目的,从公害控制逐渐深化到对环境整体的保护,提倡全程的环境保护,确认国家、政府、企业、民众等社会主体在环境保护方面的责任和义务,引导和规范全社会的环境保护行动,积极支持环境教育和民间环保活动,提供环境信息服务与发展环境保护

---

① 布瑞汉特·弗兰科:《城市环境管理与可持续发展》,中国环境科学出版社2003年版。
② 鞠美庭等:《生态城市建设的理论与实践》,化学工业出版社2007年版,第83—204页。

的科学技术。1993年以来,日本先后颁行了《环境影响评价法》《循环型社会形成推进基本法》《促进资源有效利用法》等一系列法律法规。在日本的城市规划中,与土地、住宅、城市建设相关的法律有200多个。通过以城市规划法为主干法,协调与土地、环境保护、市政、交通、文物保护等相关法律的平衡关系。过去曾经是"公害列岛"的日本,现已成为循环经济法制先进国。大阪采取高新科技进行生态住宅建筑设计,如太阳能外墙板、雨水的处理再利用设施、封闭式垃圾分类处理及热能转换设施等。北九州市从1997年开始实施以环境产业建设、环境新技术开发、减少垃圾、实现循环型社会为主要内容的生态城市建设计划,把灰色城市转变为绿色城市。

还有,新加坡在20世纪60年代初,针对其刚摆脱殖民统治后所面临的城市拥挤不堪、环境污染严重、人居环境很差的问题,实施了"总体规划,合理布局,统筹兼顾,节约能源"的环境经济政策,逐步制定、实施严格的环境标准、土地利用和区域规划法律制度。同时,加大环境投入,高度重视城市环保和管理工作,建成系统而高效的环境基础设施,强化环境执法,对企业生产和商业经营等活动进行严厉的环境法制管理,倡导可持续发展的绿色生产、生活和消费方式。新加坡通过精心的城市规划和严格的环境法治,建成了生态环境优美的花园城市国家。

此外,已有越来越多的国家和城市重视生态问题,积极探索城市生态化建设。如澳大利亚是一个十分重视生态环境保护和建设的国家,政府和国民的生态环境意识都很强。澳大利亚生态城市计划是从1994年开始的,由澳大利亚城市生态委员会(UEA)组织实施,在南澳大利亚阿德莱德城(Adelaide)中进行了生态城的规划与建设。又如,而作为发展中大国的印度,其发展理念是"任何发展绝不能以牺牲环境为代价",不提倡高层建筑、不大量使用塑料、不追求高能耗产业。其中,印度的班加罗尔就是生态城市的代表。

16.2 基于科学规划的居住区生态改造

目前,国外有许多城市都按照生态城市建设的原则进行城市规划与建设,有些国家的城市生态化建设在不同程度上还取得了成功。西班牙萨拉戈萨的生态城"韦德斯帕尔特"的城市环境可持续发展工程,就是基于科学规划的居住区生态改造的典范。

萨拉戈萨位于西班牙东北部,是阿拉贡自治区的首府,有6.6万居民。其良好的生活质量、低失业水平、相当大的社会凝聚力和城市转型的重要项目(高速列车、新环道路和通道、2008 年世界博览会、物流平台、1000 套国家补贴的住房建设、以地铁及电车为代表的交通网络等等),为开启增长和福利的新时代奠定了坚实的基础。

在萨拉戈萨实施的生态城"韦德斯帕尔特"的城市环境可持续发展工程,与一般的促进城市化项目相比,代表着一个重要的转折。从表面上看,这一项目是建造住宅,实施万户政府津贴限价房计划,但它远不止为建造 9687 个公寓(其中 97％受资助)而开发土地,它同时在规划、执行和管理方面具有革命性。并且从一开始起,该项目就力图减少它的"生态足迹",以求与《京都议定书》和联合国巴厘岛气候变化会议的条款相符。

韦德斯帕特城市发展项目由国防部、阿拉贡政府和萨拉戈萨市议会三个部门合作产生,旨在以非投机性目的回收利用公共土地。2001 年 3 月,萨拉戈萨市议会和国防部就开发这片过去的军事保留地(韦德斯帕特的军营)达成协议。就设计该区域城市化开发所需的合适蓝图而言,上述协议的第三款要求引入与生物气候环境相适应的标准。2001 年 11 月 8 日,《萨拉戈萨市议会——阿拉贡地方政府协议》正式签署,协议决定组建一个股份公司来操作整个城市化开发项目。2002 年 11 月,市议会对局部计划和韦德斯帕特土地再规划项目做出最终批准,同时将该项目分为三个发展阶段。第一和第二阶段的城市化项目在 2003 年 5 月 5 日得到资助,并于当月开工。

项目一开始就应用可持续发展的方式,并通过一个环境管理计划来实施监控。从始至终,这些活动都把国防部和市议会签署并写入部分计划的生态气候有效性考虑在内,力图实现以下目标:环境的可持续发展、理性的城市开发、理性的社会活动、理性的财政政策、理性的机构性行动。这在开发项目的实施中,表现为三个基本方面:

(1)可持续性规划。此规划从最开始就提倡最充分地实施与生物气候环境相适应的标准,包括进行楼群规划,使得各建筑都能吸收阳光,使建筑免受盛行风威胁的阻挡屏障,在不同的街区周围建设公路与草坪、花坛的混合区,以求在私人的封闭地带形成微气候。

(2)建筑设计。建筑设计要有应对严寒酷暑的适当措施,同时还有一些特殊条件应予以考虑,比如有效地安装太阳能板需要平坦的屋顶,建筑正面的建筑方式要与其朝向相适应,朝南面的阳台后上釉可以作为辅助的太阳能板。

(3)建造体系。合适的建造体系是指运用高绝缘材料和储能功能强的表面物质,也就是说要用能使建筑实现所期功能的可持续性材料。

与此同时,韦德斯帕特项目还签署了可持续发展的"十戒"承诺,即社会凝聚力、适当的规模、多样化的利用、更加文明的交通、公共交通工具的推广(通过建设该地区通往市内的有轨电车)、新能源、"生态足迹"的减少和可持续性设施的管理(通过信息中心)。并且,提出了"生态城市"的"欧洲区域发展战略",意欲强调一种以可持续发展为理念的城市政策的具体实施。这种政策要求系统地考虑城市的现实状况和解决既存的难题。因此这是一项机构性的行动,需要全局性视角来完善城镇规划,增加议会的土地资产,设置全市性的机构,提供多样化的便民设施网络,并且所有这些都涵盖于可持续发展这个三方兼顾的大伞之下。

韦德斯帕特项目的发展计划与实施,从环境的可持续性、经济可持续性和社会与文化的可持续性等方面体现了城市生态化建设,其创新点主要表现在以下几方面:

(1)远程监控系统。西班牙在《京都议定书》中承诺在2008—2012年间,将排放量较1990年的增长值限于15%,这就要求在诸如建筑业等重要的领域采取适当的措施,并且提高大众在消费中的节能意识。但过去很少用一些指标来监控和评估其项目实际的可持续发展进程,保证投资理性化以便最大程度地减少能源用量和维护费用。正因为如此,韦德斯帕特项目通过引入一个综合性控制网络来优化资源的消费。这个综合性控制网络有广泛的联结,如与市政以及为本项目提供服务的公司联结,传输着各方面的数据。通过这个控制网络,随时掌握和管理该项目实施中资源的正常消费量、消费频率和可能产生的临时消费量。同时,还通过对韦德斯帕特项目中少数几所房子的个别重点监控,起到补充有关资源消费信息的作用,从而进一步完善上述网络系统的信息。通过这一系列的监测,有效收集和追踪每一特定用户的实际能源需求量,从而提高认识,优化建筑的温度控制。另外,上述的网络基于一个能源信息中心。从该中心能获取后续程序和监控程序生成的有关气候、能源和环境舒适度的数据,以及各网点提供的消费水平的信息。该信息中心意图成为高效实施可持续发展的"模范",以及应用于城市发展的节能生物气候技术的"门户"。在1266.06平方米的可利用土地上显示出来的数据,是通过同步电子监控网络得出的,同时作为参考的数据,还有当地特微气候的气象状况、建筑的能源消耗、室内的舒适程度、水的消耗、垃圾的产生等。

(2)双重系统和分离网络。该开发项目方案设计了一个独特的供水和灌溉系统,不仅实现了在灌溉中节能,而且减少了下层土对水的氯污染。水循环的另一部分,是雨水和污水的分离网络。项目还包含了三个能净化第一次雨水的蓄水箱。

(3)气压推动的废物收集。韦德斯帕特项目还设置了一个气压推动的废物收集系统。在这一创造性的系统中,废弃物由一个地下的管道网络运输,连接所有的垃圾站。收集的程序由一台计算机主机自动控制,安排每天运行数次。

(4)无线网络。该项目制定了在城市西南部大面积的公共区域上提供免费的无线公共网络的计划,现在无线网络已经被安装并且对所有用户开放。在无线上网范围内,网速可高达54Mbps。更值得称道的是,整个无线网络系统由太阳能供能。韦德斯帕特创新性的无线网络系统不仅是该市的第一个同类网络系统,而且在城市西南部如此大的范围内,用最少的花费和安装工作实现了网络覆盖。

(5)节水型园艺。在消费中节约的理念,因节水型园艺的倡导而变得完整。这种园艺活动对水的使用严格控制,因此促成了本地植被的推广。选择种植本地的芳香植物品种(如百里香等),既能节水,又能在城市里营造本地特色的景观。目前,已种植了45000株树和灌木,另外600000平方米的草坪和公园绿地也处于播种阶段。

(6)城区的设施基本上使用可回收的材料建造。例如2600张公园座椅,3000盏节能路灯,36个儿童园地,都是用可持续性材料制作的。

韦德斯帕特项目总共耗资1.5亿欧元左右,其中已投入使用大约1.15亿。这意味着从项目开始以来短短5年中,其制定的目标(9000所房屋)都已经实现或正在实现中。2007年12月第一批2000所房屋已完工,2010年所有该区域内的房屋将完工。这一项目实施的整个过程,是可持续政策的持久、有效执行的最佳见证,也是各机构及其他主要参与者通力合作、积极贡献的结果。公共管理者从筹划这项活动的开始就对该项目表现出浓厚的兴趣,并承担了推荐人的角色。系统性的工作和各机构间的合作体现了协作精神,提高了项目的质量,维持了各方面利益,确保了项目在实施过程中的连续性。外部协助(大学和不同的社会机构)也是达到了最初目标所需,并且促成了其更大的成功。在任何情况下,如果没有参与该项目的各种不同的公共和私人社会代理机构的共识、支持和付出,如此高效率的管理流程是不可能实现的。总而言之,在该项目中充分体现了可持续性与社会凝聚力之间不可分割的关系。缺乏社会凝聚力,就谈不上可持续性;没有市民参与,就无法实施可持续性政策。因此,韦德斯帕特项目是联合各政治力量,解决萨拉戈萨住房短缺问题的典型案例。它在为社会的广泛人群提供可持续性住宅的同时,也体现了社会经济目标和环境保护目标的统一。

　　瑞典也是世界上较早关注环保问题的国家之一。在 2002 年南非约翰内斯堡举行的世界可持续发展峰会上,瑞典首次提出可持续发展城市的概念,而且在实践中也取得优异成绩。根据 2006 年瑞士达沃斯世界经济论坛发表的报告,瑞典的环境标准排名全球第二,欧洲第一。其中,马尔默等城市是生态化建设的典范。马尔默市在 2007 年被评为"城市可持续发展"的一个优秀的典范城市,同时它也是被列为世界上第四个有着"绿色环保之都"美誉的城市,在全世界共有 15 个城市有着如此殊荣。

　　实际上,瑞典的马尔默等城市也曾面临工业和城市污染等问题,但它们经过政策引导、科技推动及公民教育等一系列努力,目前已经成功摆脱了这一普遍性的城市困扰。例如马尔默市通过科学规划管理,在西部海港(博览区域号为 Bo01)和生态之城奥古斯滕堡两个区域顺利开展了一个可全面实施的可持续发展的技术方案。西部海港过去曾经是一片狼藉,现在已经从一个旧的造船厂转变成一个新的可持续发展的城市市区。生态城奥古斯滕堡,曾是一个拥有着 50 年历史的居民老城区,现在已经转换并展现出了可持续发展的新面貌。这两个典范案例为马尔默市其他区域的相同发展进程提供了指导方向。

　　随着考库姆造船厂的关闭,西部海港的大面积地区被腾出来。由于海港的滨水区靠近市中心,马尔默城市致力于改造这一前工业区,使之发展成为一个具有可持续发展性的、有吸引力的城市滨水区域。在此过程中,马尔默市把从利姆港到西部港口这片地区的国际住宅展览的重新规划作为一个催化剂,来推动其由一个工业地区转型成为一个新城区。这一措施的提出是很有创意的。

　　规划中的被改造土地面积为 140 公顷,基本上覆盖了马尔默市的整个格姆拉斯坦(老城)区和更多其他地区。从经济收益方面来看,如果是纯粹为了住宅展览意义,并不值得投入这么多资金和精力。但是从可持续发展、建筑和城市环境角度来看,住宅展览的投入无疑是可取的,也是成功的。因为建设展览区的目的,是把一些已经出台的项目和一些特殊解决方案结合起来,共同致力于完成整个地区的环境可持续发展战略,成为一个国际化领先的典例,一个在建筑密集的城市里展现环境适应性的典范。由于该项目在环境保护上,包括生态、长期、社区建设的可持续发展方面的努力,使瑞典政府也有着浓厚的兴趣为其提供经济赞助。该项目采用了一系列独特的可持续性发展技术,展览区已变成城市新的会议举办地和一个让人青睐的步行场所,从而也吸引了国际上优秀的人群来到这个地区创业和生活。

在西部港口地区开发过程中,可持续发展战略是一个关键性的指导理念。从方案设计一开始,该地区开发就被列为一个适应环境保护的城区,以便向人们展示生物的多样性是如何在人口稠密的发达城区中变为现实的。在这里,公共交通首先被考虑到,因为它们需要降低对环境保护所造成的负面影响。另外,生态的可持续发展是其重点,对此采取了多种不同的步骤,确保一个宏大的、生物多样性区域的形成。例如,Bo01 展览区的所有能源百分之百都是当地可再生能源——风能、太阳能以及从地面和海水中提取热量。另一个引人注目之处在于,这一区域的供水系统和污水系统与马尔默市的网络相连。该地区的工业与资讯科技行业密切相连,Bo01 展览区成为各种投资的热点区。另一方面,社会可持续性可以通过几个新的公共场所体现出来。例如,适合不同年龄层和文化投资者的戏剧院、溜冰公园等。

马尔默市通过努力,成功地实现了环境保护管理和城市规划的结合。城市规划的新方案,就是把造船厂的倒闭和市政府购买西部海港土地联系在一起,随后在城市规划办公室出台了这一地区的一个新的布置图,目的是重置一片新的建筑群,并且使这个新的建筑群有着夺人眼球的好感觉。不仅如此,在此过程中还形成了一些宝贵的经验与做法,其中两个例子具有十分重要的借鉴意义。

一是 Bo01 展览区的质量管理程序。第一次开拓西部港口(Bo01 展览区)时,政府提出的口号是城市可持续性发展,并在此口号指导下实施了全面的质量管理体系,包括建筑质量的指导方针、建筑材料、能源的使用、绿色板块、环境问题、运输和技术结构等等。这一项目是马尔默市政和参与建筑的业主共同合作开展的。但在这一项目的执行过程中,有一个特别之处,就是执行行动早于这块土地的买卖。

二是与生存和财产相关的建筑项目对话。在西部港口地区的开发中,仅仅通过一个质量管理方案,而不是一个严格的、内容详细的管理计划,其执行过程会不够公开、透明。因此,要通过与大量的建筑业主的对话和沟通,让其在整个进程的一开始就参与进来,积极配合马尔默市政制定一项计划并且确定其中对质量的要求。这一政府和私人机构的合作过程,使得许多参与者都表现出了很高的参与积极性。

西部港口地区生态化开发的成果,引起瑞典政府的高度关注和重视,其特别邀请马尔默市参加贝格堡对话(贝格堡对话主要是一个讨论民族的环境保护的会议,重点是建筑、生存和财产方面的内容)。同时,这也被选为一个国家的城市可持续发展的典范区域。

奥古斯滕堡的生态城市,是瑞典最大的城市可持续发展项目。这个项目于1998年开始实施,由地方政府投资支撑,也得到了马尔默市的当地主要合作伙伴和住房公司的中小型企业的经济赞助。这个项目的主要目标,是使居民能够在项目的创意、设计和实施中担任主要角色。至今,奥古斯滕堡已经变成了一个吸引力强、有着多元化街区的城市,对环境的影响显著下降。

20世纪50年代,由于年长日久,奥古斯滕堡的一些建筑外层被损坏。在20世纪70年代,市政府通过外部绝缘和使用钢铁板对其进行修复。这种修复给建筑的内部环境带来了负面影响,主要表现在一些房子里产生了潮湿、通风和温度控制等问题。此后,市政府采取了新的措施,用一种新的绝缘层覆盖来代替原有的建筑外墙。现在,修复后的房子更像原始建造时候的样子,且比原始状态的建筑物更为牢固,也更为节能(与1998年建筑物状况的能源利用率约35%相比,提高了10%)。

另外,一些新建筑完全采用新技术和天然材料建造。例如,新的学校教学楼建造,采用了地热、太阳能热板、堆肥厕所和其他一些技术,运用了天然材料,自然采光良好。而且,整个教学楼是一个可拆卸的板块结构。如果将来奥古斯滕堡的学生数量减少,这些板块就可以被拆除并用于其他学校的重新布置。奥古斯滕堡市政府出台了两个政策,即新的建筑是轻质混凝土结构;地下车库的顶层采用预置装配式单元。

在整个奥古斯滕堡,采取了一系列措施,用以提高资源的利用效率,如最优化加热系统、热水系统和断电系统等。与1995年相比,如今的能源利用率提高了20%。在中小型企业开展了试点项目,目的是想找到目前包含在租金内的加热系统和热水系统的个人收费的最高效和最公正的系统。同时,让许多居民参与实施有关方案,如测量二氧化碳的含量,然后一起努力找出降低二氧化碳含量的办法。

也许,人们会提出疑问,为什么奥古斯滕堡不在其居住区实施任何类别的可再生能源的生产?这是因为在奥古斯滕堡已经实施了一个由市政府、马尔默大学、E.ON股份公司和中小型企业共同参与的新项目。目前这个项目拥有着一个占地450平方米的太阳热能工厂和一个占地100平方米的能加热水的太阳能发电系统,供应这个城市的加热系统和电力系统。例如在足球场上安装了地下管道,使太阳能加热水泵在整个夏季露在地面上积攒热量,到了冬天用地面上的余热为这个地下的热水系统生产热水。作为一个连带产物,即当温度低于5摄氏度,溜冰场就出现了,给学校里和居民区的孩子们提供了一个令人兴奋的新体验。

居民、学生和在这个地区工作的人们,都参与了户外环境的规划和设计,来共同营造一个新的生活环境,使其变得越来越舒适。开花的多年植物、乡土树种、果树和湿地等,都是户外环境规划的要点。同时,为蝙蝠和鸟类准备了箱子,为它们提供更多的休息地方。到2005年,奥古斯滕堡的所有30个公园全部被翻新。

奥古斯滕堡的植物屋顶花园项目也很具特色。斯堪的纳维亚的最大绿色屋顶是作为调研和开发工程的工业区屋顶,覆盖面积在9500平方米。这个项目由欧盟生命基金赞助,目的在于研究绿色屋顶的优点,以及绿色屋顶如何使用和发展的技术问题。景天属的植物和苔藓植物被用来布置一个分量轻的屋顶,这一措施有许多优点:最小化地面径流、延长屋顶寿命、绝缘、区部小气候改善、增加生物多样性和提高美感。

与此类似,德国弗赖堡的沃邦居住区旧军营的生态改造,也为我们提供了一个很好的范例。1992年,法国军队放弃了位于弗莱堡南郊自二战来即被其作为军营的这片土地。弗赖堡市从德国那里购买了这块不再用于军事目的的土地,并把它用作城市发展,主要用于为居住区提供设施和商业目的,保证有学校、日间照顾中心、社区活动中心、儿童运动场、公园的位置,并完善基于地区公交系统的交通理念。地面污染被清除,土地被打包再私有化。1998年,住宅、不动产开始兴建。今天,沃邦已提供了4700人的居住空间,其中大部分是有小孩的家庭。一旦这个项目完工,居住人数将超过5000人。

近几年来,"沃邦街区项目"以其对可持续发展、生产能力利用和利用的多样性观点赢得了国际上的关注。其在建设中的生态化创新主要包括:(1)集中发展城市,经济地利用土地资源并循环使用土地。(2)在减少交通的时间和数量、降低噪音和废气的理念指导下,进一步拓展自行车网络线路,发展新型城市轨交系统,并整合公交线路,从而使得汽车的数量大大减少,每千人85辆车的保有量远低于城区其他地方每千人460辆的水平。提供优良的公交系统,提升了交通效率并改善了空气质量。(3)进一步发展热绝缘新型建筑(节能屋),减少了二氧化碳排放量。(4)使用太阳热能和光电能利用装置。(5)通过木式热力电站(木片生火发电)对所有房产进行远距离的供暖。(6)遍及城区的广泛雨水储存。(7)保存和保护生物群落和古树,为通风目的对风力系统进行保存和对绿地进行整合等。这些都将会改变和提升其城市发展标准。沃邦居住区在1996年联合国第二届人类住居大会(Habitat II)的"世界城市化中的可持续发展住宅区"竞赛中获最佳实践范例奖。

在中国,针对工业化和城市化带来的一系列资源环境问题,一些城市也在统筹规划,进行居住区生态化开发。其中,南京建设现代化国际性人文绿都的战略规划及其实践,便是一个典型案例。

南京有 6000 多年文明史和 2400 多年建城史,是"中国四大古都"之一,历史上先后有 10 个朝代在此建都,故有"十朝都会"之称,是国家级历史文化名城,境内山水环抱,景色秀丽,名胜古迹众多,素有"江南佳丽地,金陵帝王州"之称。

20 世纪 90 年代,南京市社会经济发展与城市化进程进一步加快,城市区域迅速扩展,大量流动人口涌入,城市管理日趋复杂,以石化、钢铁、机械等为支柱的重型工业结构使得城市环境污染和资源消耗不断加剧,城市基础设施承载负荷不断增大。以 1995 年为例,城市人均道路面积仅为 5.6 平方米,城区人均绿地面积只有 8 平方米,人均住宅建筑面积只有 11.2 平方米。因此,尽快使南京走上社会、经济、环境和谐发展的道路,再现昔日山环水抱、钟灵毓秀的怡人环境,成为广大居民的强烈愿望和共同要求。

1995 年底,南京市委、市政府提出了城市建设"一年初见成效,三年面貌大变"的奋斗目标,以道路建设为突破口,拉开了加快现代化城市建设、改善人居环境的序幕。2001 年,根据省委、省政府"迎接十运会,建设新南京"的总体要求,进一步提出了"一城三区""一疏散三集中""沿江开发"的城市发展战略,在加快经济建设的同时,坚持以人为本,充分发挥、保护和利用山水城林融于一体的环境特色和生态优势,运用经济、社会和法律手段,把南京建设成为经济发展更具活力、文化特色更加鲜明、人居环境更为优美、社会更加和谐安定的现代化国际性人文绿都。

根据现代化国际性人文绿都建设的需要,南京采取政府投、市场引、足额收、经营筹等方式,多渠道筹措建设资金,对城市建设和环境整治进行持续高强度投入,确保了环境建设和城市发展的顺利实施。在整个过程中,始终注重追踪当代高新技术与先进管理模式,加快引进步伐;在人力资源配置方面,既注重充分发挥本地人才资源优势,又注重从国内外引进高层次人才,为各种人才提供充分发挥才干的条件。

(1) 发挥规划引导作用,努力塑造城市特色。南京市成立了城市规划委员会,完善了公众参与、专家评审、政府决策"三位一体"的城市规划审批机制。现行的南京城市总体规划于 1993 年编制完成,1995 年由国务院批准执行,2001 年根据发展需要进行了调整。在城市总体规划的指导下,编制完成了近期建设规划、土地储备规划、老城保护更新规划、新市区新城总体规划、轨道交通线网规划、主城区排水规划、各类风景区和近郊公园规划、人防规划、消防规划等各类总体规划、专项规划、详细规划和城市设计。截至 2006 年底,控制性详细规划覆盖面积达到 950 平方公里,实现了重点开发地区、窗口地段和历史文化保护区以及近期建设地区控制性详细规划的全覆盖。目前,所有的规划成果均于批前和批后两个阶段在规划展览馆公示和展示,以使市民能够广泛参与城市规划、发展的重大决策。

(2) 实施生态保护工程,改善城市人居环境。近年来,南京市大力实施“绿色南京”工程,按照“城区园林化、郊区森林化、道路林荫化、庭院花园化”的要求,大力推进城乡绿化一体化,全市掀起了植树造林、国土绿化建设新的高潮,建成了一大批绿色通道、江河湖防护林、卫生防护林和商品林等绿化造林基地,初步形成了“城林相依、连片成环,路连林隔、城在林中”的生态格局。绿色,已成为南京一张最为亮丽的城市名片。目前,建成区园林绿地面积 23745 公顷,绿地率41.3%,绿化覆盖率 45.49%,人均公共绿地达 13 平方米。

南京市先后投资 40 多亿元进行水环境治理,城市污水日处理能力超过 100万吨。南京市投资 30 多亿元,实施了外秦淮河一期、二期整治工程,美化亮化桥梁 13 座,种植绿地面积 100 万平方米,新建文化旅游景点 10 余个,长 16 公里的左右两岸绿意盎然,使南京的母亲河——秦淮河真正成为一条“流动的河、美丽的河、繁华的河”。在此基础上,全面实施包括城市七条河道水系、三大湖泊及相应的处理设施与排污管网改造建设的“7344”水环境整治工程,建成每日 28 万吨的生态引水补水工程,实现了长江至玄武湖至内秦淮再至长江的水体流动循环,提升了城市生态功能,形成了“水系畅通、水清岸绿、景观和谐、人水相亲”的城市水环境。

南京市编制完成了城市空气污染的控制性规划,坚持开展烟气控制区建设,投入 3 亿多元完成禁燃区清洁能源改造,强化城市扬尘污染控制,强调淘汰报废二冲程燃油助力车,对 700 多辆公交车和数千辆出租车实施天然气清洁能源改造,全面实施噪声达标区建设,建立城市空气质量日报制度,2007 年城市空气质量优良天数达 312 天,主城区交通噪声的总体水平均控制在 70 分贝以下的国家标准,城市环境噪声达标区覆盖率达 90%。

(3) 开展老城区环境整治,彰显古都历史文化。从 2002 年开始,南京市开展老城区环境综合整治,以“显山、露水、见城、滨江”为目标,实施中山陵环境综合整治,使之成为名副其实的“城中之山”“城中之林”“林中之园”;建成北极阁、小桃园、静海寺—天妃宫等一批公园景区,保护建设长江路、朝天宫、南捕厅、梅园新村、颐和路等一批历史街区，有效整合各类文化资源，加强六朝文化、明文化、民国文化、近现代革命文化资源的保护、开发、整合和利用，彰显世界历史文化名城风采。

（4）加强公用设施建设，提升保障服务功能。南京市以道路建设为重点，全面推进人居环境建设，有效放大了城市建设的整体效能，基本形成了"两横两纵"城市快速内环、"经六纬九"城市主干道网架。道路建设中，盲道的铺设、休闲座椅的设置充分体现了人性化的设计，交通标志和交通监管体系也得到同步完善。加快市政公用事业改革，供水、燃气、城市公交等行业普遍引入竞争机制，城市防洪排涝系统、社会公共设施等建设不断完善。以建筑节能、绿色建筑、建筑新技术等新技术示范工程为先导，城市规划建成区内符合节能设计标准的建筑面积比例不断提高。

（5）实施安居惠民工程，完善住房保障体系。"十五"期间，南京市累计竣工商品房面积 2472 万平方米，其中住宅 2079 万平方米，先后建成了东方城、月安花园、聚福园等一批示范小区，建成长巷、中堡、宁南、马群等居住区，河西、仙林、江宁、浦口成为住宅建设和投资的热点区域，老城区居住密度进一步下降，实现了老城与新区的协调发展，最佳人居环境的特色显现，目前，全市城镇人均住房建筑面积达 32.21 平方米。同时，大力推进经济适用房、中低价商品房和廉租房建设，建立完善的住房保障体系，多渠道解决中低收入家庭的住房问题。

南京在建设"人文绿都"过程中，坚持走生产发展、生活富裕、生态良好的文明发展道路，巩固提升南京自然人文环境优越的独特优势，把实现经济发展和人口资源环境相协调，作为全市人民的共同目标和自觉追求。从战略和全局的高度推动发展模式转型，加快建设资源节约型和环境友好型社会，打造山更青、水更绿、天更蓝的人文绿都，集中展示生态环境优良、绿色产业发达、绿色科技领先、绿色文化浓厚等特色。为此，"南京城市交通规划与交通综合整治""中山陵园风景名胜资源保护与管理""玄武区社区公共管理与服务""明城墙风光带规划及实施"等项目先后获得了国家、省"人居环境范例奖"，南京市先后获得"中国优秀旅游城市""全国绿化模范城市""国家园林城市""国家卫生城市""国家环保模范城市"等诸多荣誉。

今天的南京天更蓝、水更清、人更美、居更佳。这座交通便捷、功能完善、环境幽雅、建筑优美、风光秀丽、社会和谐、古城保护与新区建设相得益彰的城市正日益成为人们最适宜居住的地方之一。随着经济、社会、环境的不断进步，南京这座"人文绿都"将会更加魅力四射。

16.3　生态能源与可持续家园

　　城市是人类活动高度聚集的地区,需要从外部输入大量的资源和能源。一般来讲,城市的经济增长及其方式,总是由当时主宰它们的能源系统来决定的。21世纪城市面临的主要风险,是其增长对能源普遍的过度依赖性。目前以石化能源推进经济活力的热潮已接近全球的最高点,但能源开发手段落后、再生能源和清洁生产投资不足、能源利用不合理效率低下的情况仍然存在,因此城市未来能源发展将被摆在突出的位置,成为未来20年内城市发展的首要事项。在可预见的将来,人们会更清晰地认识到,能源的可持续是生态城市建设的重要内容之一。

　　能源的可持续发展,要从需求和供给两方面同时予以解决。节能和提高能效,是通过减少需求的方式缓解能源的供需矛盾,从而也减少污染物的排放,并起到保护环境的作用。开发可再生能源和清洁生产,则从供给的角度缓解能源的供需矛盾,在改变过度依靠石化燃料的局面的同时,改善城市的能源结构。因此,以资源的高效和循环利用为核心,以"减量化、再利用、资源化"为原则,以低消耗、低排放、高效率为基本特征,以清洁生产和可再生能源为城市主要的能源利用形态,是城市可持续发展的必由之路。

　　目前,一些国家和城市积极探索能源的可持续发展问题,采取各种措施,努力实现能源供应多元化、可持续性和安全性;提高能源节约和使用效率,优化能源消费结构;开发和使用可再生和清洁能源,包括不影响粮食安全、不造成环境危害的可持续生物能源。

　　在奥地利,太阳能小村和生物燃料运用已在许多村镇建立起很好的传统。在整个能源意识良好的瑞士,一直在追求能源效率的提升,并且取得了较好经验和较大成功。

　　在德国,农业小镇Jühnde由于通过使用当地产生的生物燃料而出名;巴伐利亚镇的居民在配套法律的支持下,非常成功地通过合作事业来置办世界上最大的光电农场。

　　在丹麦,从珊索岛到提斯特德的岛上社区及大陆地区已经进入了完全不使用石化能源的经济模式。其中,最著名的是"卡伦堡生态工业园区的建设"。该园区以发电厂、炼油厂、制药厂和石膏制板厂4个厂为核心企业,把一家企业的

废弃物或副产品作为另一家企业的投入或原料,通过企业间的工业共生和代谢
生态群落关系,建立"纸浆—造纸""肥料—水泥"和"炼钢—肥料—水泥"等工业
联合体。这种以闭环方式进行生产的构想,要求各个参与厂家的投入和产品相
匹配,形成一个连续的生产流,每个厂家的废物至少是另一个合作伙伴的有效燃
料或原料。同时,对各参与方来讲,必须具备经济效益,如节省成本等。

澳大利亚怀阿拉(Whyalla)在新建住宅和主要的城市更新项目中,对使用太
阳能热水器予以政策支持。加拿大哈利法克斯在生态城市建设中,提出在区内
制造能量、获取资源并就近使用的原则,如在全区屋顶花园上安置了 1000 多个
太阳能收集器,通过它们可替代加热、取暖、制冷或给蓄电池充电。

在美国,从加利福尼亚到曼彻斯特的州政府已经开发创造了一定范围的效
率型和可再生能源方案,且在 2007 年中期,已经在特拉华州建立了可再生能源
事业。甚至在阿拉伯联合大公国的阿布达比邦(AbuDhabi),最近正由英国福斯
特建筑事务所(Foster+Partners)展开一项造镇计划(Masdar Initiative)(马斯
达尔再进化)。这个计划的核心项目是要在距离阿布达比市东南方 11 公里的沙
漠区域,开发一处广达 6.4 平方公里的新市镇 Masdar City。它以零碳城市为目
标,并进一步将"零废弃物""零车辆"(自用车辆)列为发展主轴。全城以坐东北
朝西南走向兴建,以获得最佳采光及蔽荫效果,种植大量的植栽与水景设施,并
利用风塔设施将凉风引入城内以达到降温目的。全城禁止汽机车通行,改以大
众运输工具作为交通方式,透过绿色建筑的设计来降低对电力的需求。在城市
周围的土地上,将建设光电发电厂、风力农场、光电农场、研发基地和种植园,使
整座城市完全能够"自我维持"。

在中国,也有这方面的一些尝试。例如北京奥林匹克森林公园采用了各种
科技手段来实现生态节能的目标,包括对水资源、太阳能的综合利用和废物的循
环利用等。森林公园对雨洪水的利用率高达 95％,充分利用太阳能来实现建筑
的超低能耗,90％的垃圾进行回收,把污水处理后的再生水用于湿地的培育等。
与此同时,森林公园还采用智能化、网络化的管理技术,实现了灌溉的智能化,采
用各种桥梁专利技术、生态节能的照明系统、各种声学设计和声音景观规划等等
来减少能源消耗,提高公园的人性化设计。[①]

在这些生态城市的能源利用中,政府发挥着无可替代的作用。从环境立法
到制定绿色标准、从清洁工业规划到具体生态社区等方面,政府都要提供高质

---

① 胡洁、吴宜夏:《城市森林里的科技》,《高科技与产业化》2006 年第 9 期。

量、高效率的服务,加强协商治理,强化公共引导等。法国罗纳阿尔卑大区20多年来一直对可再生能源的开发采取积极支持的政策,开创性地开展城市环境下的生态能源和可持续家园建设项目,并资助各种机构从事先期研究,形成技术网络,促进企业重视研发,广泛运用最新的技术发展,与合作契约方一起进行管理并创新管理方法,取得了显著成效,使可持续发展领域的技术在城市环境下生态能源的使用以及可持续家园建设中得到了充分应用。

罗纳阿尔卑大区的城市环境下生物能源的使用和可持续家园的建设是一个良好的实践,充分展示了如何在经济效益、社会需求以及高级环境质量(HQE)和高性能能源(HPE)要求之间取得平衡。它有助于改善居民的生活质量和舒适度,创建能把社会、经济和休闲娱乐融为一体的综合性新城区,达到节约能耗、保护环境以及从技术上对项目实施进行管理的目的。

(1)欧洲Bioprom项目对蒂兰(Tullins)的公共住宅实施了生态化的改造措施。这种改造参考了高性能能源标准,目的是改善生活环境,并且为用户减少了20%多的能源成本。在2001年建造的木能发电厂,为大约100栋改造后的住宅提供能量,节约三分之一的能耗。2004年,在维尼雪市(Venissieux)建立了一座木能发电厂(每年需34000公吨木材),为9800处地产、教育机构、公共建筑和一个私立医院提供能量。

在Rillieux-la-Pape,来自生物燃气的能量为172套住宅提供了能源,节约了20%的购买燃料的投资。这种改造的70%成本已经从它的示范性和创新性中得到了补偿。在Brignais的the Opac du Rhone,木能电厂对市中心年代久远的油煤发电厂的替代优化了364处地产的能耗,导致租金下调了40%多。

地区供热系统使用者协会也建立了一座新的木能发电厂。自从2005年以来,该系统为超过3000家用户包括居民、工厂、社区中心、办公室、运动设施和一个退休者之家提供能量。

对居民住宅的现有结构进行改造的方法是增加隔热层,安装450平方米的太阳能板、灵巧的窗户、通风系统以及照明灯导向系统。改造效果非常显著,节能50%。对老住宅进行改造要比摧毁重建新楼房(对旧楼实施的爆破成本高)的成本低了三到四成,改造带来的好处至少可延续30年。租金降低,实现了可再生能源的使用、地区城市环境改善的统一以及合同方、设计者和投资者之间的良好合作。

(2)格勒诺布市目前正在CONCERTO SESAC背景下发起好几项工程,包括在De Bonne综合开发区建造435幢生态住宅。这种高性能能源住宅将装有

900 平方米的太阳能板(为了满足 45％的家庭热水需求),带有保热功能的双层对流通窗和节电节水装置。1000 平方米的光电板将构成该区商业中心的房顶。隔热装置和高性能天窗(充氩窗户)的使用将有助于提高该建筑的能效。该工程的目标是:减少取暖能耗(50 千瓦时/平方米/年)、家用热水能耗(35 千瓦时/平方米/年)、公摊区的电耗(4.4 千瓦时/平方米/年)。最后,该工程必须每年节省 2118 百万瓦时的电力,每年生产 344 百万瓦时的电力为供暖之用(使用太阳能板),并且每年减少二氧化碳排放 337 吨。

Echirolles 镇用区域生态供暖系统来替代电力供暖系统,每年生产 3840 百万瓦时的能量,不但节省能源(每年 5000 千瓦时),而且减少二氧化碳排放量(每年 264 吨)。取暖费用也将因此降低,低收入家庭将获利。已多次获奖的 Echirolles,这次在可持续发展领域又将遥遥领先。

(3) Renaissance 项目是涉及可持续家园发展的另外一个重要行动。为此,大里昂开展了一项超大范围的工程:Lyon Confluence。它将里昂市中心向外扩展 150 公顷,并且会使该区域人口增加两倍多(从目前的 7000 人增到 20000 人)。这是一个全新的 HQE 标准综合开发区,富有变化而又魅力无穷,包含各种住宅类型,融经济和休闲娱乐活动于一体以确保社会功能和实用功能的有机结合,最终促进城市与环境的和谐统一。负责城市规划的 Lyon Confluence SEM 承诺以可持续发展为理念,采取多元化再投资的方式对这块年代久远的工业和港区荒地进行开发。该项目实行生态设计标准,设计中强调加强隔热和适当的通风功能,能耗要比规定标准低 4％,并且能量耗费的一部分要由可再生能源来满足。

罗纳阿尔卑大区的城市环境下生态能源利用和可持续家园建设的重大举措都充满了活力,这种活力继续体现在以下诸多方面:(1)交流和研究合作项目。(2)学术讨论方式的建立,如关于"环境、遗产和可持续发展"的法中论坛或者 2008 年在上海举办的第九届环境保护展览会。(3)国际培训项目[例如在北京的法中能源与环境研究中心(CEFCEET)]。(4)合作协议和业务协议(EDF、PSA、ACCOR、AVENTIS)的延长。(5)主要经济中心和世界战略之间密切联系的建立。(6)合并相同的过程,目的在于促进可持续发展以及相应的技术研发及机构的参与(CIRIDD、RAEE、DERIC)。(7)分散化合作的发展。(8)HQE 标准在工程建设中的强制实施,对现存没有达到经济舒适标准住宅的改造,创新技术的使用(太阳能或生物能的使用,可循环木能的使用等)。

不仅如此,法国罗纳大区还积极推行"灯光城市"的城市节能照明系统。城市的一个重要构成是它的街灯。作为城市规划中的结构性因素,城市照明工程的功能大大增加了,不仅限于实用和安全,而是呈现出调整和演进的态势。法国罗纳大区是城市照明技术专长的集中地,硬件生产技术中心,灯产业集群,并有许多研究中心[国家公共工程创新委员会,国家应用科学研究院,企业管理学院(IAE),圣艾蒂安市国家工程学院]与专业机构(灯饰设计者协会,法国灯饰协会)。罗纳大区推行基于城市节能照明系统的灯光计划,利用了这些城市的历史,体现出它们在政治、技术和艺术方面的创新。灯光计划使街景变得更美并给城市带来和谐,成了促进城市生活更加美好的不可或缺的部分。

国际城市灯光协会(LUCI)是一个城市灯光国际网络,它的成员包括 60 个城镇和城市及来自全世界的灯饰专家。该协会把传授"灯光设计"和城市照明技术的任务交给了罗纳大区。通过它把世界一流的灯饰方面的创意和专长传播到全法国、全欧洲乃至全世界,同时也使罗纳大区在国际范围内产生了影响。

罗纳大区的灯光计划,由于吸纳了众多利益主体和公私合作机构的积极创意而日臻完善。企业和各种利益主体多年来一直致力于为城镇和城市提供合适的街道照明(诸如创建一个灯饰产业群)。这些灯主要使用可再生能源。

在罗纳大区,两次灯光计划的实施是非常成功的:一次在里昂,另一次在圣艾蒂安市(Saint-Etienne Métropole)。后者的灯饰布置使用了多样性和互补的方法,让灯光融入城市规划,充分展示了经济技术和社会发展的潜力。

在法国,里昂市率先实施了城市大规模灯光计划。里昂市灯光计划的特点和影响涉及城市规划的好几个方面,如通过以解决城市安全问题为目的街道照明工程创造一个令人愉快的氛围。在技术方面,高校和有关城市灯光工程的培训造就了一个高水准的职业资格认证,包括对生态和节约技术的利用。里昂市借此可以增强它的遗址、教堂、剧院和市政厅的美感和利用效果。它用灯把空间连接起来,比如说把 Vaise 区和塞纳河两岸连接起来。灯光工程还被广泛地实施于主要城市交通基础设施、环道、电车路线和主要交通干线。它逐渐地增强了城市的各种功能,尤其是促进了经济社会功能的融合。

里昂灯光计划的要点在于顺应可持续发展的要求而适时做出调整。该计划考虑到照明时间的选择,夜晚美景的创意和视觉标识的设置,社会学对知觉的研究以及灯光对居民的影响;同时也考虑在灯饰工程中采用创新材料,加强设计者、工程师和灯饰业艺术家间的合作;还考虑到新技术的综合利用,以灯饰促进经济社会发展的最佳实践、照明灯光不协调危险的阻止、白炽灯能耗的减少以及夜晚的光污染;最后还考虑了灯具新材料和新有机光源的研究,以及促进对城区和邻近绿色空间的开发。

从城市风景"延伸"的角度来讲,里昂市对历史建筑遗址实施新的灯光计划会产生高附加值。促进城市风景"延伸"涉及地形、自然构件、主要交通路线、城市新区如 La Confluence 和 the Cité de la Création,以及 la Sarra 住宅区面积巨大的建筑错视画。该新计划扩大了城市范围并延伸进周边的风景之中。这一点在圣艾蒂安市(St Etienne Métropole)体现得最明显。

在过去的 15 年中,里昂为了加强它在城市、建筑遗产、基础设施和各种开放空间上的个性和美感,一直在全市推广灯光计划。灯节是一年一度的大型盛事,需要全市范围内技术和艺术方面的创新支持。作为罗纳大区精华的展示平台,灯节是一个创意实验室,它吸纳了全世界艺术表演之才。里昂的新灯光计划呈现出"多视角"特征,将街区全景、大自然的精华、河流、自然轮廓、塔台、桥梁和主干道全部纳入自己的镜头[里昂市、大里昂、公共灯饰董事会、法国电气公司和法国煤气公司(EDF-GDF)、地方能源署和 MAT' Electrique 支持这些试验性的工程项目]。

圣艾蒂安市是一个构成复杂且美景纷呈的地区,2000 年被选出率先通过本地创新性灯光计划开展一场打造城市知名度的运动。这个计划是一个为期 20—30 年的灯饰战略,尤其强调用灯饰把里昂和圣艾蒂安市两市街景接起来,更注重道路、航道、交通十字路口以及标明地形高低,工商业所在地灯塔等处的灯光照明的一致性。灯光照明也彰显了城乡风景的有趣特征。该计划绘有"公共灯饰和建筑、街景照明图",标明了城市灯饰主要实施地和城市灯饰的"品种",并为在主干道沿途及住宅区布灯提供建议。在社区中选出 50 个场所实施照明工程(每个社区至少有一个场所)。

在所有城市灯光计划中,圣艾蒂安市的主要创新在于它是第一次在如此大范围内(跨越许多城乡社区)内实施灯光计划。如果说里昂首创了城市灯光计划,那么圣艾蒂安市已经利用灯饰把它所有的城市社区连成一片。尽管圣艾蒂安市不像里昂那样有大量丰富的历史遗址,市中心也没有教堂或令人震撼的遗址需要利用灯光来装点,但它具有不同的理念,即好的户外灯饰是城市更美好生活的保障,并且应该在不同的街区均衡地分布:从最贫困的街区到富有高贵的街区,从购物街到工业区。灯饰具有灵活性,可适应各种地形环境,有助于社会和环境的开拓发展。在它们看来,功能性灯饰是使城市和郊区更安全的实用工具,但同时它的功能又具有多样性;当灯饰点亮时,它产生持续或短暂的美感。灯是一个城市或城镇的身份,它加强了城市多样性和丰富性。灯光计划使市容更和谐,并加强了城市当局致力于建立更美好城市的愿望。城市发展计划(PLU)和城市修复计划都不约而同考虑到灯饰的作用,灯饰多少有点类似参与式民主所追求的目标。因此,其灯光计划的目标,是用灯光滋润全城区,为其打造夜生活的个性,即非常谨慎地既尊重居民暗夜享有权,又满足他们夜晚识别事物的需要。

　　从技术上来说,生态而又健全的公共灯饰工程把设计方案与灯饰新规则结合起来,并秉承抗光污染(应该杜绝坏的灯饰)的环保理念,最终打造出一个融视觉快乐、节能、能源的循环利用和对工程的完全监控为一体的共赢局面。用于该系统的是光电池,因此无需挖沟布线。第一批工程已安装测试完毕,其经验有助于提高第二批的质量,最终促进城市整体朝着可持续方向发展。

　　圣艾蒂安市在实施灯光计划中还创造了一个特殊工具:圣艾蒂安市章程。这个章程目前已成为最佳实践的真正向导,其中的规则和建议告诉人们如何去做。该章程获得了欧洲和LUCI的认可,认为具有被推广的意义。

　　在灯饰的设计、实施和出色规划方面,罗纳大区具有创新性。作为城市发展的焦点,灯饰促进了生态实践,而生态实践又融入了整体可持续发展方面的诸多创新,如材料的循环利用、能耗的降低和绿色光源的采用。罗纳大区正在从事多层面的卓越的开创性工作,不但在政府负有责任的城市和社会政策方面,而且在能源技术的精湛方面。灯光计划是一个有强象征意义的挑战,同时也是一个促进经济、旅游、社会和文化发展的强大引擎。

16.4　公众参与和教育引导

　　在生态城市建设中,面对共同的环境问题的压力,政府与市场、公领域和私领域,经济与社会之间需要逐步建立起新的关系。城市生态化的公共利益诉求,必将约束自由放任的市场经济,要求发挥政府的公共职能,并欢迎公民社会的积极参与。

　　从某种意义上讲,城市环境下的生态家园建设,其第一推动力来自公众。若没有公众参与,就不可能使环境问题上升为重大社会政治问题。从历史上看,正是由于 20 世纪 60 年代大规模反公害的群众运动,才使得美国、日本、西欧等公害严重的国家不得不制定大量环境政策和法律,同时又促成环境保护的公众参与逐渐制度化。1969 年美国首创的环境影响评价制度,就将征求公众意见、进

行公众评议作为编制环境影响评价报告的一个必经程序和内容。公民诉讼制度
在美国几十年的实践证明,通过诉讼机制,既迫使环保局经常参与诉讼从而推进
了环境管理,又使得法院做出司法解释从而不断完善环境法制,最终促进了环境
保护。①同样,日本从一个公害大国(闻名于世的"八大公害"事件,有四件发生于
日本)转变成环保先进国,其根本原因就在于公众参与力量的积极推动。日本
重视公众参与及其环境权的保护,并提供便利、公正的参与机制,有实体法的
充分保障和完备的程序法救济。其公众参与环保的方式一是有较高环境意识
的公民自觉承担其环保的责任与义务;二是国家赋予地方公共团体一定权利,
为民众提供监督政府履行环保责任与义务的途径;三是对企事业单位环保责
任的监督。②

　　因此,发达国家在建设生态城市中,把可持续的生产和消费方式作为主要的
城市发展方式,非常重视广大民众的积极参与,倡导城市居民改变生活习惯,将
节能作为其基本的生活方式,并提供各种有效保障机制和措施。澳大利亚怀阿
拉开展了宣传优良的、可持续的建设技术的大众运动。哈利法克斯设立了城市
生态中心,居民通过图书馆、展览、咨询、报告可方便地知晓城市生态的有关知
识,了解生态城市规划、设计和建设进展。城市生态中心既是公共教育场所,同
时也创造了教育性的"生态旅游"。哈利法克斯在新城建设的同时,每个居民还
被要求恢复至少 1 公顷退化的土地。丹麦则建立绿色账户作为地方管理、公共
学校和住宅区进行一体化可持续发展的工具。绿色账户记录了一个城市、一个
学校或者一个家庭日常活动的资源消费,提供了有关环境保护的背景知识,有利
于提高人们的环境意识。同时使用绿色账户,还能够比较不同城区的资源消费
结构。丹麦在建设生态城市、改善地方环境中还开展了一项富有创意的活
动——生态市场交易日。从 1997 年 8 月和 9 月开始,每个星期六、商贩们携带
生态产品(包括生态食品)在城区的中心广场进行交易。通过生态交易日,一方
面鼓励了生态食品的生产和销售,另一方面也让公众们了解到生态城市项目的
其他内容。

　　里斯教授认为,现代城市的生态足迹过大,主要与人们的生活方式尤其是消
费方式息息相关。③现代城市的高消费极大地加剧了区域乃至全球的生态负担。

---

　　①　肖剑鸣、欧阳光明、林芳惠:《比较环境法专论》,中国环境科学出版社 2004 年版,第 320—352 页。
　　②　杜群:《环境法融合论:环境、资源、生态法律保护一体化》,科学出版社 2003 年版。
　　③　宋言奇、任平:《生态城市首先是区域城市——解读生态巨匠威廉·里斯的生态城市思想》,《城市》2006 年第 3 期。

那么如何减少因高消费导致的城市"生态足迹"呢？其中，城市市民树立一种生态责任，提高生态意识，减少奢侈性浪费型消费，是一个重要方面。但这种环境意识的树立是十分不易的，因为一般市民意识不到自己的生态足迹是如此之大。为此政府必须对公民予以一定的环境教育，以提高他们的环境意识，并教会他们如何应对一切不良后果。在这方面，各国政府应积极支持环境教育，加强环境道德、生态文化、生态文明的建设，向公众提供免费的环境教育，增强公民的环境意识和可持续发展参与意识。一些国家在20世纪70年代就颁布了环境教育方面的法律，保障国家、政府和经济机构对环境教育的投入，逐步构建起全民全程的环境教育体系，实施专门的环境教育，20世纪90年代后环境教育的内容已迈向可持续发展教育。①

在此过程中，特别是对儿童、学生进行节约资源和环境保护的教育显得十分重要。因为今天的学生就是明天的政治领导人，他们将会面临今后城市管理和生活质量的困难抉择。在年轻人的成长阶段多了解一些能源保护和可再生能源的实践信息，会给他们造成深远的影响，对他们中大多数人的影响会持续到21世纪70年代和80年代。例如，巴西库里蒂巴的儿童在学校受到与环境有关的教育，一般市民则在环境大学接受与环境有关的免费教育。丹麦生态城市项目十分注重吸引学生参与，其绿色账户和分配资源的生态参数和环境参数试验对象都选择了学校，在学生课程中加入生态课，甚至一些学校的所有课程设计都围绕生态城市主题，对学生和学生家长进行与项目实施有关的培训。还在一所学校建立了旨在培养青少年儿童对生态城市的兴趣、增加他们相关知识的生态游乐场。

然而，更具特色的是，德国的波恩和乌兹别克斯坦的布卡拉两个城市之间开展了一项"节能从学校抓起"的跨越国界的校际合作。这两个城市的市长在会面并统一了观点后，决定针对我们这个时代的关键问题——不可再生的能源消耗和气候变化，开展一个合作项目——节能从学校抓起（SPICE）。其目标是通过合作来塑造学生、教师和家长的能源保护意识，让学生们形成积极的思想，而这将在他们的成年生活中贯穿始终，并且长期受益。该项目包括了对最新信息技术的使用，例如在两地建立项目网站。信息技术唤醒了年轻人对此的兴趣，且对于知识更广泛的可用性而言，这并不算是一个昂贵的媒介。SPICE被正式提名作为联合国"可持续发展教育"的一个十年项目。②

---

① Joy A. Palmer：《21世纪的环境教育——理论、实践、进展与前景》，中国轻工业出版社2002年版。
② http://portal.unesco.org/education/en.

　　这两个城市的领导设定了一系列的具体目标来实现他们的理想。他们寻求：(1)在各自城市的两所中学(即波恩的艾米莉—赫尔曼中学和布哈拉的第四中学)中建立起一种校际合作以推进能源保护项目。(2)关注年轻人、社会的关键人群，相信他们能够影响其家长和亲属对于能源的态度，并为后世树立一个好榜样。(3)在两个城市间传递关于可再生能源和能源保护的知识。(4)促进波恩和布哈拉的学生、教师、家长以及公用事业和环境方面经理的学术访问。(5)在德国和乌兹别克斯坦为教师以及环境和公用事业经理提供特殊培训。(6)通过提供相关信息和提高相关意识来创建"能源保护文化"，旨在让学生作为改变的动力，并把关于可再生能源和能源保护的信息传递给他们的家长、其他亲戚，以及当地的老人们。(7)减少不可再生能源的人均使用率和降低二氧化碳的生成，因为这些损害了人类的健康，并且导致了全球变暖。

　　为此，这一项目开展了各项活动：(1)第四中学的教师学生制作一份"气候保护，节能和可再生能源"的信息小卡片，卡片被制作成俄语并散发到当地社区、学生家长，并提供给布哈拉大学举办的研讨会。电子版的小册子被上传到了SPICE的主页上。(2)为13—16岁的学生准备了教学手册，在SPICE学校教师学术互访期间被测试，再根据经验作深化。此手册被上传到网上并被刻录成DVD，同时作为能源保护和可再生能源领域的良好实践案例，使俄语国家的教师从中受益。(3)采购小型可再生能源设施(太阳炊事炉)，并安装在第四中学的显眼位置。这个举措可以经常提醒学生、家长以及教师可再生能源和能源保护的重要性，并有助于SPICE项目的持续发展。(4)建立了项目网站(俄文、德文版)，主要包含了节能小册子和教学手册的内容。此外，艾米莉—赫尔曼中学的教师利用SPICE项目作为一个开发自己网站的学习机会。(5)两个城市的行政部门在四次学术访问的过程中出席媒体——报纸、广播、电视(德国之声)的采访，通过媒体传播提升人们对该项目的认识，以及市政府和欧洲委员会的SPCIS项目的了解。

　　该项目的网站、教学手册、信息卡片和DVD都是SPICE项目非常有用的输出结果，但是该项目最有价值之处就在于对年轻人的能源态度的影响。作为创新手段，该项目已在两座城市间的生态方面和二氧化碳生产两点上产生收益(特别是布哈拉)。第四中学正使用由波恩市政和艾米莉—赫尔曼中学提供的节能长寿命灯泡。波恩一家企业(太阳世界)也出面赞助，答应提供200平方米的太阳能屋顶材料给第四中学使用，并负责材料运输和报关手续。

　　在德国，近几年总是提到能源和气候变化问题，但对于乌兹别克斯坦来说却

是件新鲜事(刚独立的发展中国家)。SPICE 项目使其受益匪浅。首先,布哈拉
第四中学是该项目最直接的参与方,在其学生、教师、朋友和相关人员之间有重
大影响,特别是学术访问方面。该项目的设计达到了一个延伸的效果(包括世代
的知识传递)。布哈拉 SPICE 学校的学生向所在当地社区进行宣传,并为家长
及对此有兴趣的公众准备了关于能源信息的传单。其次,它对布哈拉其他所有
高中的教职员工也产生了较大影响。波恩市资助了一个本国的联合国志愿者,
他几乎访问了所有布哈拉的中学,来阐述 SPICE 项目和介绍网上的内容。最
后,对于希望调查研究能源问题和气候变化的那些德语和俄语国家的其他学校,
该项目的网站为他们提供了无价的学习机会。教学手册(见网站)为教师,尤其
是在俄语国家,提供了很多所需资源。俄国城市联盟也正在让原苏联的一些城
市意识到网站的存在。至今为止,对该网站的点击率说明它已经唤起了大众的
兴趣。

　　SPICE 跨国的合作关系提供了一个易于应用于一系列环境问题的入门模
式。该项目涉及两个学校的联合工作,其证明了这样的互利合伙人关系也将会
在欧盟提供资金的阶段之后持续下去。该项目的合伙人计划与匈牙利 21 所学
校当地议程项目中的一家学校合作。

17 营造城市绿色环境空间

自然环境与城市的关系,是生态城市的重要内容之一。在上一章生态家园中,我们主要从总体上阐述了城市生态化问题,没有对自然环境问题展开详细论述。事实上,城市发展与自然环境的关系起源很早。在城市史的文献中,人类聚落的区位、设施与其周围地区环境的资源条件及其潜力挖掘等有着密切的联系。城市作为人类生活的主要空间载体,既是各类环境问题的始作俑者,也是环境危害和环境风险的主要物质承担者。种种案例证明,资源短缺、环境污染等负面影响已成为阻碍城市功能发挥的最重要障碍,特别是全球变暖持续恶化使得城市的生态脆弱性进一步加深,而城市却恰恰是温室气体排放的重点区域。因此,在这一章中我们将重点介绍和论述绿色环境问题。

17.1 城市环境危机及其应对

气候变化、荒漠化、水污染等日益严峻的全球性和区域性环境问题,正在全面影响人类的生活甚至生存。在"环境危机全球化"的背景下,特别是由气候变化造成地表温度升高、海平面上升、洋流异动、气候异常、灾害频发等环境危机的情况下,城市、特别是沿海城市,将成为环境风险最高的区域。事实上,全球各国经济发达的中心城市,大部分都分布在沿海地区或河流入海口。这样的地理位置最有利于经济增长、人口集聚和产业扩张,但同时也最容易受到环境危机的影响。

特别是在未来的几十年中,广大发展中国家要寻找经济增长的引擎,"城市化"和"工业化"仍然是其必然的选择。城市本身虽然是一个空间集聚的有形载体,但其功能的实现却与外部世界的资源环境产品的供给密不可分。尽管城市在发展过程中,其服务外部的能力不断增强,但也加速导致了与此相伴而生的一系列资源环境问题,从而面临严重的环境危机风险。世界银行和美国哥伦比亚大学在2005年联合完成的"自然灾害热点:全球风险分析"报告中,指出中国上海、巴西里约热内卢和印度孟买将是发展中国家中面临气候变化风险最大的三个超大型都市。

从某种意义上讲,城市面临的环境危机是最严峻和最广泛的危机,其影响范围之广、作用程度之深、持续时间之长,都是其他社会、经济现象所无法比拟的。世界银行在总结大量城市发展案例基础上,将经济发展过程中所产生的各类城市环境问题划分为四种类型:城市废物的污染问题、城市交通的外部性问题、资源管理问题、环境灾害问题。而根据这些环境问题产生的根源,又可以进一步区分为贫困主导型、生产主导型和消费主导型。

城市在解决环境问题中,具有重要而不可替代的作用。一方面,人类的开发活动导致了全球性和局部地区的生态环境问题,如土地沙漠化、水质恶化、空气污染、气候变暖等,从而使城市作为人类集中高度开发活动的产物成为全球环境问题产生的重要根源。而另一方面,城市作为人类生活的主要空间载体,也是全球性环境问题的受害者。由于人口增加、城市化和工业发展,许多国家的大城市面临着严重的空气、水源、垃圾和噪声污染等问题。有鉴于此,城市只有承担起自己的责任,包括环境治理压力与城市全球行动的责任、资源环境稀缺和城市循环经济的责任、气候变化和城市低碳发展的责任,积极参与生态环境治理,才能使身居其中的人们有更优质的生活、才能使城市本身有更和谐的面貌,也才能够将地球家园的美好和文明传承给子孙后代。

而且,城市在解决自身环境问题的同时,也要为应对全球环境问题作出积极的贡献。实践证明,通过简单地转嫁环境危机,虽然可能改善自身城市的环境问题,但却加重和恶化了地区性、全球性的环境问题。例如经济全球化带来的国际产业转移,使得发达国家大城市可以把低附加值、高能耗、高污染的产业和服务转移到发展中国家或者本国的欠发达地区。在本地区使用电力等"清洁能源"的同时,却把火电站的污染物排放、核电站的泄漏风险、水电站的生态风险等转移到了其他地区。在同样规模产出的情况下,发展中国家和欠发达地区由于技术落后、资源廉价、环境标准缺失,只会付出更大的环境资源成本。而由于全球化的分工体系所造成的产品定价机制的扭曲,这些放大的资源环境的社会成本根本无法计量在产品最终价格当中。但发展中国家参与国际分工只有依靠自己仅有的劳动力、资源和环境的比较优势,以牺牲环境为代价。因此,这种以牺牲本国或更多是国外居民的资源环境利益、牺牲下一代的资源环境利益为代价的环境治理模式,只会导致更为严重的全球性环境问题。而现有的国际环境管理制度,在治理跨区域环境问题、特别是全球性环境问题上并不能有效规避环境责任的跨界转移,也将是不可持续的。

面对环境变化,城市在应对环境危机中要根据不同的环境问题制定不同的解决方案,采取系统性的政策组合。然而,对所有城市来讲,有一点则是共同的,即积极探索可持续的绿色环境发展模式。这其中包括:

(1) 环境保护与城市可持续的社会、经济发展模式有着密切的联系,涉及整个城市的产业模式、人口政策、能源、城市规划、交通,以及人们的生活和消费方式等。城市应该根据自身的特点,探索一条环境、社会、经济和谐发展的道路,不仅改善本地的环境,同时为全球环境治理作出贡献。

(2) 城市的环境管理不仅以政府为主体,也需要社会公众、企业、非政府组织等共同参与,实行环境协同治理。

(3) 建立良好的区域及全球合作机制,共同应对区域以及全球性的环境问题。同时,学习和借鉴其他城市环境治理的实践经验,为我所用。

(4) 基于自身的环境、社会和经济发展情况,应采取适宜的环境治理措施,同时不断创新技术和治理模式,更加注重综合运用法律、经济、技术手段来解决环境问题。

17.2　基于人水相依的水环境治理

水是生命之源。人类逐水而居、傍水而聚的习性成就了当今的城市。水是城市人生存和发展的物质基础,城市水环境好坏直接决定城市生活品质的高低。

然而,从世界范围看,许多城市并非如此。不少城市在工业化和城市化的快速发展过程中,污水排放、河道堵塞、水质变差等问题层出不穷,水环境及其自然生态受到严峻挑战,城市中的人水矛盾日益凸显。水污染已成为现代城市普遍面临的难题,成为制约众多城市可持续发展的瓶颈。联合国水资源世界评估报告显示,所有流经亚洲城市的河流均被污染,美国 40% 的水资源流域被污染,欧洲 55 条河流中仅有 5 条水质差强人意。联合国环境规划署因而将 2003 年第 31 个世界环境日的主题确定为"水——20 亿人生命之所系"。

因此,保护水资源,治理水污染,已经到了刻不容缓的地步。一些国家和城市也积极行动起来,采取各种措施,加强水资源管理和循环利用。例如,西班牙为解决全国水资源的时间和空间分布很不均匀,水资源与经济布局、人口分布很不匹配等问题,对水资源全部实现按流域管理,使水资源的开发利用和保护更加科学规范,较好地体现了各地区、各用水行业的利益,并使有限的水在发电、灌溉、工业和城镇用水、生态环境用水等方面的配置更加合理。作为欧盟成员国,西班牙还积极实施"欧盟水框架指令",水资源管理和利用更趋规范和合理,更加注重环境保护,并开展了一些典型流域示范项目。

又如,美国纽约市在流经城市的河流两岸以及河中间 500 多公里的全线当中布满了传感器,实时透过网络传送到后台,经过计算机大型的云计算、流计算后,在屏幕当中显示一条虚拟的河流,反映当天每分钟的河流生态情况,有没有污染源出现,出现污染源如何采取补救措施,未来三天会有什么影响,这些经过分析整理的数字信息,成为城市管理者进行决策参考的依据。

还有,加拿大哈利法克斯在建设生态城市时就已经考虑到废物的处置,建成了太阳能水生动植物温室(即污水处理厂),污水通过生物过程得到处理,并提供堆肥和洁净的灌溉水。太阳能水生动植物温室里的鱼与蝴蝶,使之成为一个有吸引力的观光地。

瑞士的巴塞尔、日内瓦和苏黎世三个城市,充分体现了"好水让城市生活更美好"的事实。我们知道,日内瓦和苏黎世因其境内湖泊而得名,而巴塞尔跨越莱茵河,并且小溪和喷泉点缀在这些城市四周,因此对于它们来说,水已成为决定城市形象的重要因素之一。清洁的水,是瑞士城市生活质量优良的一个因素。不管是饮用和做饭,还是用来保持卫生,在工业中制冷和清洁时所用等,其水质都是上乘的。不但从各户水龙头流出的水可直接饮用,而且人们能在城市中任何公共饮用喷泉上饮水止渴。巴塞尔、日内瓦及苏黎世的湖泊河流的水质也非常好,以至于成了年轻人和老人们聚会的首选地。人们在那里游泳、航船、散步,坐在咖啡馆里,躺在太阳下面欣赏电影和音乐。洁净的水,是三市居民对居住地满意的主要原因。这增加了人们的幸福感。在美世调查(Mercer Survey)对全世界几百个城市生活质量进行的比较中,瑞士的城市年复一年地名列榜首。

瑞士的巴塞尔、日内瓦和苏黎世三个城市围绕"水与城市生活质量"这一主题,为城市提供清洁水,采取了多种方法和措施。

(1)废水和可利用水的处理。仅在几十年前,瑞士家庭和企业仍将未经处理的液体倾入湖泊与河流。直到 20 世纪中期第一批污水处理厂才投入运营。在 1965 年,只有 14% 的家庭与污水处理厂相连接。为此,瑞士联邦颁布了水保护法,其主要任务是建立公共污水处理系统并集中精力建设污水处理厂。自从那时起,瑞士大大小小的直辖市投资巨额资金建立了大约 900 个污水处理厂和大约 5000 公里长的排水系统管道。国家污水处理基础设施几乎完备;97%以上的消费者与污水处理厂相连接。瑞士城市已经开发了先进的技术和新颖的方法来处理污水。

（2）城区湖泊和水道的修复和保护。河流及湖泊的动植物系统非常具有多样性,但并非一直是这样的。在 20 世纪 60 年代,这些水体并没有为动植物提供有吸引力的栖息地,而且在许多地方禁止游泳。20 世纪 80 年代瑞士为挽救这些水体采取了综合性的措施,通过了保护河流湖泊的法律:在洗涤剂中禁止使用磷酸盐。自从那时候起,工农业生产需遵守严格的条件。其中一个采用措施是河流湖泊富氧法,即用专门的设备往部分缺氧或完全缺氧的河床或湖床补给氧气。河湖一旦经过这样处理,新的生命就重新出现。其他的措施包括保持河流的自然生态,如在发电厂和大坝附近建鱼道,方便鱼类迁徙。

这些措施已经取得成功。曾经被废弃不用的溪流的地下通道又重新开通,河湖的水质明显提高,湖泊里鱼种比前多得多,质量也比 20 年前好得多。

（3）城市饮用水的处理和质量控制。在瑞士的城市,每家每户水龙头流出的是无氯化饮用水。根据调查,瑞士人对水质量非常满意。大多瑞士人日常都饮用水龙头流出的水。瑞士城市的饮用水源是泉水、地表水及来自河流湖泊的水。一般来说,由土壤担当的自然过滤,在很多情况下再辅之以细沙过滤的泉水和地表水无需进一步处理就可流入公共供水系统。相比较而言,河水和湖水需处理才能符合饮用水的标准。在瑞士水处理的各个阶段,水质都受到监控。

瑞士城市居民把他们的优质生活归于这样一个事实,出色的组织促进了工作、生活、自然及流动的结构一体化。而洁净的水,与其生活质量密切相关。优质饮用水的享用、喷泉、清洁水里的畅游,水上的赛事和文化活动,蜿蜒于河岸湖畔的小径,公共海滩的日光浴场,所有这些都永久性地提高了城市的生活质量。近水生活增加了人们的幸福感。

然而,人们并不是一开始就能自觉意识到保护水资源的重要性,特别是在工业化进程中,大量的污水排放造成严重的水污染。在这种情况下,如何进行水治理是一个重大挑战。这里我们要重点介绍土耳其伊兹密尔的"城市沟渠再造"。这是一项杰出的城市排污工程,并取得了明显的成效。作为土耳其的第三个大城市,伊兹密尔坐落在一个与其同名的狭长海湾之上,海湾内商船云集,是土耳其最重要的港口之一。占地 88000 公顷的伊兹密尔市,有 300 多万人口,是爱琴海地区最大的商业和文化中心,也是一个重要的工业中心。

伊兹密尔海湾是爱琴海西部最大的天然海湾,而且也是东地中海最大的天然海湾,拥有 200 平方公里的面积和 115 亿立方米的水体。根据水力学和生态学的特点,海湾可分成三个区别显著的区域:内湾、中湾和外湾(外湾Ⅰ,外湾Ⅱ,外湾Ⅲ)。Foca、Mordogun 和 Karaburn 是环海湾的重要人口聚集中心。这些中心对渔业、游艇业、航运及其他海上运动都至关重要,海湾东北海岸是地中海海豹的栖息地。

由于人口密度、工业设施数量的增长,再加上基础设施的不完备,伊兹密尔海湾受到了严重的污染。多年以来,伊兹密尔市的河流以及家庭和工业排弃物一般都流进了海湾。陆地上的污染物也被雨水冲进了海湾。通过河流与排污沟,农业工程、人行道及海事交通工程引起的污染又进一步加剧了海湾的整体污染水平。由于没有积极采取措施来清洁海湾,海湾内污染水平远超过允许的程度,生态破坏程度难以衡量。在此期间,原本溪流纵横,动植物繁盛的那段海湾遭受了严重的破坏。海湾及海岸损坏变形,失去了原有的自然结构,动植物不复存在。

为了把伊兹密尔海湾从严重污染中解救出来,再造它的自然生态,1969 年国家水利工程委员会和 Cam-Harris-Messara 公司进行了几项可行性研究报告,决定建设大型隧道工程。工程实际上开始于 1983 年,土耳其国家城市发展银行成为工程所需资金的主要募集渠道。1987 年,新的伊兹密尔水利和污水管理总事会(IZSU)宣告成立,并且作为伊兹密尔市政厅的补充。它于 1992 年接管了大隧道工程。因为这个工程,伊兹密尔市再次成为世界环境、文化和社会健康和谐发展的中心。

为了开发海湾并恢复它的古典美,首先是建设一条隧道环绕海湾,来收集产生于海湾地区的废水。这是开发海湾的第一阶段,从被污染成褐色的水体到原有的蓝色状态,最终重新回到因半个多世纪的人为污染已失去的自然状态。该工程耗时漫长,且兴建了好几个大规模工程。

(1)污水收集系统和处理厂。在大隧道工程中,伊兹密尔的废水通过总长为 4150 公里的管线来收集,其中有 100 公里长的次级收集管道系统和 42 公里的主收集管道。废水被泵进两个泵站,所有的水体最终到达污水处理厂。

(2)溪流复原工程。通过干化和焚烧,清除溪流中由有机物和无机物引起的异味。在溪流三角洲地带,海水被泵进溪流,目的是提供一个不断流动的水流以阻止形成异味的死水塘出现。

（3）摧毁鱼梁。鱼梁阻止了潮汐的自然流动。通过摧毁鱼梁，使海湾的水流和内湾水质得到迅速恢复。

大隧道工程实施后的研究结果表明，伊兹密尔海湾水质得到明显改善。随着污水处理厂的建立，其排放标准达到国际标准。随着科学研究的进步和先进处理方法的采用，富余营养物被除去。由此严重的异味消失了，海更洁净了，气味更清新了。海洋生态系统被重建，新的动植物得到休养的机会。

随着大隧道工程的完工，三角洲地带被建成绿洲和公园供城市中心区市民享用。新的自然公园、海洋生物栖息地、娱乐区域建立起来，为城市居民提供了较好的居住环境。作为 Meles 三角洲（荷马的家乡）修复工程的一个象征，一座纪念性的巨石将立在那里。除此之外，伊兹密尔海湾环境改善的结果更具体地体现在 Guielbahce 区域。Guzelbahce 海滩再次对外开放，成为各种海洋赛事的活动区域。

这个工程向人们展示，为了市民的享用，伊兹密尔海湾是如何再次得到清洁和开发的，也展示了伊兹密尔市变成无污染海湾的梦想变成现实的过程。2004年，伊兹密尔海湾荣获土耳其国家环境部授予的"最佳环境实践奖"。在伊兹密尔市政厅的领导和支持下，"伊兹密尔海湾监控工程"仍在继续进行中，合作单位不但有 Dokuz Eyiui 大学，而且还有 Ege 大学渔业学院以及一些外国组织。该项目主要是解决排入内湾的污水处理，以消除健康问题以及致病性微生物和病毒对人们的社会心理影响，进一步挖掘内湾一带旅游和娱乐的发展潜力。而与此同时，一项有助于提高整个社会环境意识的大工程正在被实现。

从中国来看，城市水资源的稀缺和浪费已成为一个非常突出的问题。据水利部资料显示，目前中国 660 多个城市中，400 多个存在供水不足问题，其中比较严重的缺水城市达 110 个，城市缺水总量为 60 亿立方米。现代城市的硬化地面基本上都是用不透水的材料铺成，加上能储水的植被又不多，结果是雨水不能渗到地下，大都白白流走了。由于缺少地表水，一些城市大量开采地下水，导致地下水资源减少。而另一方面，中国工业用水重复利用率不到 55%，相比当前发达国家的 75%—85% 有较大差距。中国城市居民生活用水也是一次性的，没有像有些国家如日本那样在自己的家庭中第二次使用。中国万元 GDP 用水量是世界平均水平的 4 倍，是美国的 8 倍。调查显示，京沪穗三市人均综合用水量比欧洲国家高出 1 倍。

因此，中国城市迫切需要开展水环境治理行动，改善水环境，恢复水生态，开发利用水资源，实行污水处理和再利用，解决水资源短缺和水污染对城市生态系统、经济发展以及人的健康的危害问题。目前,中国诸多城市已积极行动起来,开展水环境治理工作。其中,广州市基于以人为本、生态优先的"水环境治理行动",取得明显成效,成为一个成功的典范。

中国广州市是一座有着两千多年历史的文化名城,濒临南中国海,是中国的南大门,素有"广州母亲河"之称的珠江穿城而过,滋养着 700 多万的广州市民。从 2001 年开始,广州市以建设适宜居住生活和创业发展的山水型生态城市为目标,全力实施"水环境治理行动计划",2006 年完成第一阶段行动计划,基本实现水环境改善、水生态修复的目标;目前正在实施第二阶段的行动计划,使城市水生态得到根本恢复,形成人水和谐的环境。

广州市在实施"水环境治理行动计划"的过程中,坚持理念、规划、模式和技术等方面的创新。(1)坚持以人为本、以民生为重、生态优先、人水和谐、注重文化的治水理念。(2)规划先行,制定并实施《广州市城市污水治理总体规划》《广州市中心城区河涌水系规划》,依规划治理水环境。(3)探索出"河涌截污、堤岸建设、清淤补水、市政配套、绿化美化"相结合的综合治理模式;创造了源头截污、引水活水的源头治理模式;在污水处理厂建设中成功应用 BOT 模式。(4)在国内首先采用 A-B、UNITANK、改良 A^2/O 等多种先进污水处理工艺。

为了取得水环境治理的成效,广州市采取了强有力的措施:(1)源头截污,建成总长 500 多公里的截污管网,不让污水流入珠江和河涌。(2)新建 12 座大型污水处理厂,大幅度提高污水处理能力。(3)建设珠江及其上游流溪河两岸 50—100 米宽的生态公益林带,涵养水源,净化水质。(4)引水济涌,建设西江引水工程、白云湖工程,实现水循环。(5)关闭、改造污染型企业,大大减少水污染物的排放总量。(6)加强珠江和河涌两岸绿化景观建设,建成 30 多公里长的珠江两岸绿化景观带、56 条河涌两岸绿化景观带,增加 100 多万平方米绿化面积。(7)加强珠江和市域 231 条河涌的水面环卫保洁,确保水面洁净。(8)结合水环境治理,严格保护珠江两岸的秦代造船遗址、南海神庙、黄埔古港、圣心大教堂、沙面欧式建筑群、黄埔军校旧址等大批文化古迹,形成了独特的"珠江沿岸文化史迹线"。(9)严格实施《水法》《广州市饮用水源污染防治条例》等法律法规,依法保护水环境和水生态。

通过实施"水环境治理行动",广州市已建立起以"山、水、城、田、海"的自然生态为基础的山水型生态城市格局,实现了水清、水活、岸绿、景美的目标,城市水生态环境显著改善,城市建设发展的成果惠及全体市民。与行动实施前的 2000 年相比,在 GDP 从 2492.7 亿元增长到 7050.78 亿元的情况下,全市生活污水处理能力由 58 万吨/日提高到 191.8 万吨/日,生活污水处理率从 31.49％提高到 72％,珠江水质持续好转,珠江和河涌两岸已成为广州市一道靓丽的风景线。2001 年广州市被国际公园协会授予"国际花园城市"称号,2002 年荣获"联合国国际改善人居环境最佳范例(迪拜)奖",2002 年、2004 年两次荣获"中国人居环境范例奖",2006 年、2007 年、2008 年分别荣获中国"水环境治理优秀范例城市""国家环保模范城市""国家园林城市"称号。

在中国,一些城市也开始把水作为"城市之魂",打造"生活品质之城"。其中,比较突出的是浙江杭州实施以西湖为核心的"五水共导"治水工程,抓住城市发展之本,造就"品质杭州"。

西湖水秀甲天下,钱江潮名扬中外;运河系"国之瑰宝",西溪为"城市之肾";杭州湾连接东海,杭州是一座江、湖、河、海、溪"五水"并存的城市。水是大自然留给杭州的最大财富,是杭州的"根"和"魂"。8000 年前,跨湖桥人"倚海而居",捕鱼狩猎,创造了辉煌的"跨湖桥文化";5000 年前,良渚人"倚湿地而居",耕耘治玉,创造了灿烂的"良渚文化",被誉为"东方文明的曙光"。8000 年杭州文明史,就是一部"因水而生、因水而立、因水而兴、因水而名、因水而强"的历史。

公元前 221 年杭州建城(秦·钱唐县)至今,杭州人对城市的水治理从来没有中断过。从东汉华信筑海塘,到吴越王钱镠力排众议疏浚西湖,扩展杭州旧城,奠定"腰鼓"型城市空间形态,给世人留下一个天堂美景。现阶段,在城市不断扩张和人口日益膨胀过程中,杭州市通过以西湖为核心的"五水共导"城市治水实践,修复城市水生态系统,恢复城市人文生态系统,做到人、自然、文化的完善结合,成功解决城市人水矛盾,并形成良性循环,实现人水和谐,成为人人向往的宜居家园。

杭州市以江、湖、河、海、溪"五水共导"为治水理念,通过实施西湖综合保护、西溪湿地综合保护、运河综合保护、河道有机更新、钱塘江水系生态保护五大系统工程,开展水源保护、截污纳管、河道清淤、引配水、生物防治等,疏通城市脉络,改善城市水质,保护优化城市的自然生态和人文生态系统,有效解决了现代城市不断扩张与自然生态日益萎缩的城市发展矛盾。

(1)西湖综合保护工程。通过综合保护,西湖水域面积扩大 0.9 平方公里,景区公共绿地增加 100 多公顷,西湖水实现"一月一换",西湖风景名胜区自然生态得到修复,环西湖沿线全线贯通,环湖七大公园、六大博物馆等 53 处景点免费开放,环境面貌显著改善。

(2)西溪湿地综合保护工程。通过综合保护,西溪湿地自然生态得到了较好修复,生物多样性进一步显现,"城市之肾"功能进一步增强,西溪文脉得以传承,成为国内首个国家湿地公园。

(3) 运河综合保护工程。通过综合保护,建成开放系列景观,一大批桥梁、码头、船坞、粮仓、民居等历史文化遗存得到了保护和修缮,运河物产文化、水景文化、戏曲文化、庙会集市文化和民俗风情得到了抢救和传承。其中运河两岸两条沿河景观长廊及游步道,长达21公里,是迄今为止运河两岸最长的游步道。

(4) 河道有机更新。通过河道清淤、引配水、背街小巷改善和截污纳管等手段,以"河道有机更新"带整治、带保护、带开发、带改造、带建设、带管理,捡起城市历史文化碎片,实施老城区保护和危旧房改善等工程,实现保护历史痕迹与体现时尚气息的完美结合。做到"水环境正常、水安全保证、水文化丰富、水生态良好、水景观优美",扮靓城市细节,提升陋巷百姓的生活品质。

(5) 钱塘江水系生态保护。通过"禁燃区、禁养区"、搬迁工业企业、建设大型污水处理厂并投运污水收集管网、控制源头污染物排放、建立完善辖区交界断面水质管理和公示制度等一系列措施,与兄弟城市团结治污,齐心保护母亲河。

杭州在实施城市治水工程中,不断探索,大胆创新,取得了一些成功的经验。

(1) 五水共导。杭州市通过引水入湖、引水入溪、引水入河,疏通城市水脉,保护城市水系,改善城市水质,做活城市江、湖、河、海、溪,通过"五水共导",做到"人水和谐",实现城市与人、自然、文化的完美结合,提升城市人的生活品质。

(2) 共建共享。在实施"五水共导"城市治水过程中,杭州市坚持以人为本,引领"共建共享"理念。在"共建"方面,杭州市坚持生态优先、保护第一,牢固树立人人有责的理念,形成政府、媒体、专家、市民良性互动。通过规划公示、市民门诊等途径问计于民;同时实施"应保尽保"政策,凡是50年以上的老房子,不管是历史建筑还是普通民宅,在杭州都不能拆。在"共享"方面,通过环西湖沿线全线贯通、景点免费开放等,实现"还湖于民";通过修复保护西溪湿地自然生态、传承西溪文脉,实现"还溪于民";通过开放运河两岸两条沿河景观长廊等,实现"还河于民";扩大提升城市公共空间的档次和品质。

(3) 有机更新。城市水系是城市重要的有机组成部分。在实施"五水共导"城市治水过程中,杭州市以"有机更新"带整治、带保护、带开发、带改造、带建设、带管理。做到"整治、保护、开发"三位一体,带动水系两侧环境的综合整治,历史文化遗存的保护,地块的开发(实现"倚河而居"),"城中村"改造及新农村建设。同时结合截污纳管、背街小巷改善、支小路改造等,通盘考虑,完善城市基础设施拆除沿线违法建筑,推动架空线"上改下",捡起历史文化碎片,做到整体推进,实现城市水系及其环境与文化的自我更新,延续了城市文脉,保住了城市肌理。

(4)"鼓励外迁、允许自保"政策。在西溪湿地综合保护和运河综合保护过程中,杭州市出台"鼓励外迁、允许自保"的搬迁政策。允许原居民自行选择原地段安置、外迁安置、货币安置三种方式,得到居民的支持。

通过城市治水工程,杭州生态环境明显改善,城市形象进一步优美,城市的软实力显著提高。

(1)经过综合保护,西湖水体已摘掉劣五类"帽子",稳定保持三类水质。西湖水透明度从以前的 50 厘米提高到 73 厘米。经过整治,钱塘江干支流 50% 以上断面达到或优于 III 类水质;千岛湖湖区总体保持 II 类或优于 II 类水质;全市饮用水源达标率保持在 85% 以上。

(2)杭州的空气质量连续四年优良天数超过 80%,其中 2006 年 6 月 18 日至 10 月 5 日连续 110 天保持优良。在发展中国家许多城市生态环境严重恶化的情况下,非海边城市的杭州能达到这个水平,尤为不易。

(3)在城市治水过程中,最近五年杭州城区新增绿地面积 5370 万平方米,接近翻一番;城区绿地率和绿化覆盖率分别达到 34.5% 和 37.9%,在建成区面积大幅增长的情况下又有了较大幅度提高;城区人均绿地面积达到 10.84 平方米,5 年增长 41.2%。城市绿地率、绿化覆盖率和人均绿化面积三项指标均超过国家绿化模范城市考核标准,处于全国同类城市先进水平。

(4)新西湖恢复修缮 145 景,"一湖两塔三岛三堤"的西湖全景重返人间。运河建成开放了"一馆、两带、两场、三园、六埠、十五桥"系列景观,西溪成为以湿地生态为基础,以人文生态为精髓,以休闲旅游为载体,以科普研究为亮点,集科普研究、休闲观光、湿地生态和人文生态保护与展示于一体的"世纪精品、传世之作"。

(5)在西湖综合保护过程中,共恢复重建、修缮整治了 100 多处自然和人文景观。在西溪湿地综合保护过程中,保留和修缮了一批老房子,恢复了秋雪庵、西溪草堂、两浙词人祠等一批人文景观,建成了深潭口、三深、龙章、源谊等民俗文化旅游村,西溪文脉得以传承。在运河综合保护过程中,一大批桥梁、码头、船坞、粮仓、民居等历史文化遗存得到了保护和修缮,运河物产文化、水景文化、戏曲文化、庙会集市文化和民俗风情得到了抢救和传承。"五纵六路"挖掘历史文化碎片 37 处,河道有机更新排出 23 处历史文化碎片展示点 23 处。

(6)随着杭州城市治水的推进,杭州人正在实现"依湖而居"向"依江而居""依河而居"转变,杭城处处成为人居佳境,实现了城市的可持续发展。杭州市民的住房条件有了明显改善。杭州市保障性住房和商品住房供应量比例接近 1∶1,

成为全国领先城市。全市拥有自有住房的家庭已达 88%,超过新加坡、中国香港等发达国家或地区水平;人均住房使用面积超过 20 平方米、建筑面积接近 30 平方米,在全国大中城市中名列前茅。

杭州市通过"五水共导"的城市治水,成功抵御了伴随现代城市快速发展产生的水污染危机,有效提升了城市生活品质,昭显了杭州城市魅力。2004 年 10 月,欧盟将杭州作为典型范例,开展欧盟亚洲保护生态环境国际合作项目《通过加强政策的制定与实施,促进中国城市森林的生态经营管理》予以推广。2006 年,获得国家建设部授予的水环境治理优秀范例城市称号。杭州市成功的实践案例,对城市未来的发展具有借鉴、示范和推广作用。

(1)"共导治水"理念具有启示借鉴作用。水是人类生存和发展的物质基础。人水矛盾是现代城市普遍面临的难题。杭州市高度重视水,深入研究水,充分利用"五水共导"的理念,统盘考虑,从块状治理开始(以湖泊、湿地等为中心),发展为网状治理(以源流为重点,遍及城市水系),逐步从城市风景区,延伸到城市建成区,发展到城市近郊区;由近到远,由面及源,由短期走向长期。通过治水实现城市的有机更新,提升了城市品质和城市人的生活质量。"五水共导"体现了"水堵死,水疏活"的治水之道,对其他城市解决水污染具有启示借鉴作用。

(2)"生物治理""自然净化"技术值得推广。杭州市在"五水共导"治水过程中,利用城西地势低的自然落差,从高处引水西进,水体经过长距离的自然净化,水质明显提升。同时采用"生物治理"技术,保护修复优化生态系统,取得水质提高和环境改善的双重效果,西湖、西溪等地成为众多生物的栖息家园。"生物治理""自然净化"技术生态系统自我优化原理,成本低、效果好,具有推广价值。

(3)"全民共享"做法具有引领意义。环西湖沿线全线贯通、免费开放,得到老百姓和中外游客的高度评价,众多媒体对这一做法大加赞赏。西溪国家湿地公园也确定了公众开放日,同时对持公园 IC 卡的市民,对老年人及其他优惠对象实行免票。运河两岸游步道成为百姓散步和游客游览好去处。杭州市不但注重治水,更注重让城市人(老百姓和中外游客)得到城市治水后的真正实惠,提升了城市品质。

(4)"湿地保护"实践具有示范效应。随着现代城市的不断扩张,自然生态日益萎缩。西溪湿地其实淡出杭州人的视线已久,原先并不被人关注。杭州市从长远利益出发,在城市治水过程中,实施西湖西进,保护西溪,保护城市文化血脉,保住了"城市之肾",丰富了城市生态之美。"西溪模式"成为城市人与湿地生态系统和谐共处的典范。联合国湿地国际秘书长、前澳大利亚环境部长彼得·布里奇·华特博士指出,杭州西溪的保护经验值得在全世界城市推广。湿地公约秘书处雷光春博士 2006 年 10 月在第二届湿地论坛上指出:西溪湿地是一个延续千年的湿地景观,堪称当地居民与湿地生态系统和谐共处的典范。

(5)"原住民保护"政策影响深远。杭州市在城市治水过程中出台的"鼓励外迁、允许自保"搬迁政策,既妥善解决了居民搬迁及危旧房改善问题,又延续了历史建筑中的原住民生活风情,传承了历史文化,如小河直街历史街区和西溪二期等,将成为杭州城市发展的新亮点。

17.3　生态绿地系统的改善

建设生态城市所面临的最大难题之一,就是城市高密度发展造成周边自然环境的破坏已经达到难以恢复的地步。针对这种情况,一些城市非常重视生态绿化与复育,并积极采用生态复育技术改善生态绿地系统。例如悉尼 2000 年奥运会所在的赫姆布什湾(Homebush Bay)、加州硅谷山景(Mountain View),均是利用生态科技与自然环境复育方法,将原已污染的湿地或水岸复育成为生态公园的成功实例。国内的常熟市在生态绿地系统改善方面,也有其自身明显的特色,并取得了较好成效。

常熟是国家历史文化名城,具有 3000 多年的悠久历史,也是吴文化的重要发祥地,历史上因"年年丰收岁岁熟"而得名。在历史的沿革中,先辈依山筑城,临水而居,形成了北倚虞山、南面尚湖、山水城融为一体的独特的城市格局。尽管常熟具有先天的生态资源优势和禀赋,但是随着经济社会的快速发展,城市生态绿地系统的保护和改善也面临着前所未有的挑战。特别是经济总量的迅猛增长、城市空间的迅速拓展、城市人口的激增、市民生活水平的不断提升等因素,对城市的环境容量造成巨大压力,如何保护好弥足珍贵的生态资源、如何在发展中实现人与自然的和谐是城市面临的首要问题。

常熟把弘扬山水文化传统与和谐发展的时代精神相融合,在城市建设理念、体制、机制等方面进行了探索和创新,以规划为先导,政府推动,市民参与,全面建设城市绿地生态系统,形成了外围虞山国家森林公园和尚湖、沙家浜国家城市湿地公园环抱;城市向外辐射河道绿色长廊为经络;城区公园绿地、楔型绿地、琴湖绿地、海虞绿地为主体,道路绿化为绿脉,遍缀街头小区游园、滨河绿地、庭院绿化为补充的内外镶嵌,经络环抱,山水城绿融一体的城市绿地生态系统。使城市既厚积历史文化,又蕴涵山水肌理,更演绎为"绿荫蔽日"的宜居家园。

(1)城市森林的经典——"绿肺"虞山。虞山坐落在城区西北,是中国国家森林公园,其东南一脉蜿蜒舒展,轻轻楔入城市中心成为城市"绿肺",山、城融为一体、相映生辉。虞山悉心保护古树名木,建立档案,实行属地管理,普及保护知识,推广古树保护科研成果,组织古树命名和养护权认养活动,形成全民保护古树名木的意识和行动。此外,虞山精心养护传统森林植被,实施局部封闭和半封闭,把人对森林的影响降到最小,把森林的生态效益放到最大。虞山还建立研究机构,寻找保护传统森林植被的科技应用技术并全力推广;确立以古树名木为中心,传统植被保护为重点,合理优化林相结构的指导思想,以唤醒全民生态绿化意识和构建生态安全为目的,在尊重森林自然生长的前提下,分地带、景观、生态、田园等主题,丰富虞山森林林相;修建消防通道和全天候的火险实时监控系统,确保森林安全。在一系列努力下,虞山满目苍松涌翠、生机盎然,植被群落丰富,成为鸟类天堂,更为常熟城市"绿肺"、天然"氧吧"。

(2)城市湿地的恢复——"绿肾"尚湖。尚湖位于城区西部,水域面积约为800公顷,相传姜尚避商纣曾垂钓于此。1968年,尚湖被围湖造田,曾成良田万顷,更因生态失衡而成城市之忧。1985年实施退田还湖,恢复山水相依、人水相伴的和谐状态。近年来,实施污染源清除,搬迁沿湖的所有污染企业127家,全面开展污水截流和湖体、河体清淤,尚湖水系得以休养生息,自净能力显著提高,始终保持国家地表二类水标准。20多年来,尚湖持续实施生态恢复,遍植林木,营造茂密林带,保护自然生长的芦苇等水生植物,改善湿地生态系统。尚湖成为碧波浩淼,绿树成荫,飞禽翱翔的中国国家城市湿地公园。沙家浜芦苇荡位于城区东郊,处于江南水乡沼泽地带,一度同样成为耕地。1989年始,芦苇荡实施湿地恢复,打开水产养殖围堤,禁止投饵水产养殖,科学保护尚存芦苇、菖蒲等水生植物,并大面积移植多品种芦苇,持续实施岸线、陆地绿化。目前,已再现苇叶飘香、莲花盛开、菱藕争奇、菖蒲摇曳、百草争艳、岸柳成行、百鸟争鸣的湿地风貌,荣膺第二批中国国家城市湿地公园。

(3)自然人文的融合——城市公园。常熟悉心保护和修缮古典园林,厚爱历史文化积淀,城内园林星布,各呈风韵。虞山公园,景致错落层叠,古木参天,红枫如血;石梅园,依山顺势,凿石通径,气势巍峨;曾赵园、燕园,秀木拥翠,亭榭池石,尽现古典园林风范;兴福寺,禅房花木、竹径通幽;方塔园,曲桥亭台、轩廊水榭、山石花木,绚丽多姿。此外,常熟还突出山与城的相融,实施"亮山工程"。在虞山东麓与城市中心的交界处,以山为主景塑造空间景观,以水面绿地为主体,营造山与城的和谐连接,建成占地 12.5 公顷,其中绿地 10.08 万平方米,水面 1.3 万平方米,集市民休闲、健身、赏山为一体的亲近大自然的高品位休闲场所。迄今为止,常熟拓展城市与自然融合的空间,融入人文要素,科学规划,合理布局,以绿化为主要手段,建成遍布城区的广场绿地和小游园 27 处,形成市民出居半径 300 米即能入园的城市公园系统。

(4) 经络环抱的骨架——"绿廊"路网。常熟市采用高密度、大绿量、多层次、立体式的绿化手段,形成绕城三条环形道路的"绿圈",与楔入城市的森林公园和楔型绿地构成生态循环;横贯城区的"七溪"河岸建成宽幅带状公共绿地,全覆盖实施道路绿化,次干道全面建成行道树绿带,主干道实施行道树绿带、分车绿带、路侧绿带、中心岛绿地、导向岛绿地等绿化建设,形成行道树、灌木带、草坪、草本植物块有机结合的立体式道路绿化格局;以枫香、香樟、垂柳等为基调树种,悬铃木、三角槭、女贞、广玉兰、合欢、乌桕、栾树、国槐等为骨干树种,着力建设一路一品,形成枫林路香樟带,环城北路合欢带、北门大街玉兰带、报慈路女贞带、环城东路柳树带等特色鲜明、移路换景、相映成辉的道路绿脉。绿圈、绿脉和绿廊有机地把湿地生态、虞山森林、城市公园编缀为一体。

(5) 人的参与的实践——全民绿化。在常熟,市民广泛参与城市绿化。政府注重对公众尤其是青少年的环境普及教育,"善待自然,爱护绿化"已成为常熟人共识,已建成母亲林、劳模林、共青林等 10 多个义务植树基地,每年有 20 万人次参加义务植树活动。企事业单位、社会团体和个人纷纷认养古树或捐资养护公共绿地;庭院绿化和盆栽植物点缀居室成为市民改善居住环境的首选手段;青年人在结婚、生日等纪念日种植纪念树已成为一种时尚。民间活动活跃,民间团体经常举办花会、盆景展览和插花赛等活动。景区企业每年举办"尚湖牡丹花会""虞山花朝会""宝岩杨梅节""沙家浜旅游节"等亲近自然、享受绿色为主题的节庆活动。创建园林式社区和单位已成为自觉行动,城市单位、居民小区附属绿地占总用地面积的比例超过 30%。

常熟在城市生态绿地系统保护和改善的实践,体现了科学发展、和谐发展的内涵,在理念、体制、机制和管理等方面所进行的探索和创新具有典型示范意义,主要体现在以下几个方面:

一是把握特色,规划引导。常熟围绕塑造城市个性和特色的要求,以山水园林城市理念来指导城市建设,精心编制《常熟市城市绿地系统规划》《城市生物多样性保护规划》,确定了以放射状、环形绿地为骨架,"双楔""三环""七溪"为主要结构,经络环抱、有机融合的生态绿地系统。

　　二是因地制宜,全面提升。常熟围绕城市生态系统改善的要求,根据不同生态功能区划的特点,因地制宜地采取工程和管理手段,全面提升城市生态绿地系统的功能。虞山国家森林公园植被保护、尚湖湿地生态系统恢复、城市大型公共绿地和绿色走廊建设、城市道路绿化景观改造、园林式社区和单位创建、城区工业企业"退二进三"等工作扎实开展,城市人居环境得到全方位的改善和提升。

　　三是机制创新,规范管理。常熟的政府部门坚持"绿色行政",制定了严格的生态管理规范,对城市绿地实行严格的"绿线"管理,对城市水体和湖泊湿地等实行严格的"蓝线"管理,在城市建设中充分发挥"绿色图章"的作用,对可能危害生态环境的建设行为实行"环境一票否决制"。强化绿化建设管理专业队伍和制度建设,相关制度形成了体系,全面实现市场化、规范化运作,实现了由粗放型管理向精细型管理的转变。

　　四是公众参与,人人受益。在城市生态环境改善过程中,常熟始终坚持"以人为本"的理念,提出了"让市民处处有个好环境,天天有个好心情,人人有个好身体"的目标。高度重视公众的发动和参与,通过一系列形式多样、生动活泼的宣教活动激发了蕴藏在群众中间的巨大热情和力量,"保护生态、投身环保"已成为常熟市民的共识和自觉行动,形成了全社会参与城市生态建设的生动局面。同时,市民也是城市生态环境改善的直接受益者,每一个都切身感受到城市生态环境的改善,市民对城市生态环境的满意度在不断提升。

　　常熟城市生态绿地系统的不断完善,已取得明显的成效:

　　(1)城市绿化覆盖率达到51%,建成区绿地率达到50.1%,城区人均公共绿地面积达到19.2平方米。城市绿地综合物种指数达到0.9,植物种类达到309种,适宜环境的本地植物得到大量种植,长期栖息的鸟类达到102种,生物多样性得到进一步拓展。

　　(2)良好的城市生态绿地系统对空气的净化作用十分明显,城市空气污染指数小于100的天数达到333天,空气质量优良率达到95%,城市热岛效应明显低于周边城市。在经济总量保持年均20%以上增长的同时,区域的污染物排放总量以年均5%左右的速度下降,经济发展与环境保护实现了双赢。

　　(3)良好的生态环境和人居环境已成为常熟的特色和品牌,成为常熟可持续发展的核心竞争力。国内外众多客商钟情于常熟优美的人居环境,纷纷来常熟投资创业,世界500强企业中已经有22家在常熟投资落户。同时,良好的城市生态环境已经转化成为现实的生产力,以生态旅游为龙头的第三产业迅速崛起,在经济总量中的比重达到40%,促进了产业结构的调整和优化。

（4）生态建设的社会效应不断显现,唤醒了市民的环境意识,生态文明建设得到多层次、全方位推进,绿色学校、绿色社区、绿色家庭、园林式单位等基层创建活动得到了社会的积极响应,形成了政府部门与百姓的良性互动,促进了社会的和谐。广大市民对于城市生态环境的满意度达到 95％以上。

常熟在城市生态建设方面的努力不仅得到广大市民的认可,也获得了各级领导和上级政府部门的肯定。近年来常熟在生态环境建设方面获得国内所有最高层次的荣誉,城市绿化项目获得中国人居环境范例奖,在全国同类城市中建成首家国家园林城市、国家绿化模范城市,进入首批国家生态市、国家环保模范城市行列,被建设部确定为首批国家生态园林城市创建试点城市。

17.4　绿色公共空间构建

城市中的广场、公园及滨水地带等,是面向公众开放使用和进行各种活动的重要空间。这一公共空间是城市特有的,也是城市的精华和本质,既可以满足人与自然和社会交流的高层次需要,也可以增强城市软环境,为城市可持续发展创造空间。随着社会经济的发展和居民闲暇时间的增多,居民对生活环境的要求的提高,这一城市公共空间的作用显得越来越重要。从发展趋势来看,未来的城市在发展中将不断构建大量的公共空间,因为只有这样城市才可能真正属于它的市民。

然而,一些城市政府往往在广场、公园及滨水地带等公共空间建设上,存在各种各样的偏差:或片面强调城市经济发展载体的功能,而忽视了城市居住和休闲的功能,致使广场、公园及滨水地带等公共空间在城市用地中所占比重不高;或过于追求规模和气派,缺少对这一城市公共空间的整体布局、规模等的研究,造成现有的城市公共空间布局不当;或忽略对空间环境品质的塑造,对休闲、游乐、信息服务及景观等公用设施考虑甚少,造成配套不全,功能单一;或其规划、建设缺乏对周围相关设施的充分考虑,造成公共空间各组成部分之间不能形成一个有机系统。

事实上,广场、公园及滨水地带等空间形态特征和分布格局代表了不同城市的特色和品位。它在创造宜人空间环境的同时,往往形成地域景观鲜明的场所,成为体现城市形象与特色的"橱窗"。这一优美的空间景观给人以丰富的艺术感染和享受,为人们营造出特有的归属感和亲切感,增添了城市的魅力。

　　而且，这一公共空间中承载的社会生活是形成城市文化的重要源泉。广场、公园及滨水地带等公共开敞空间，既是人们户外活动和休憩的地方，也是人们进行精神体验和情感交流的场所。舒适的开敞空间给人的身心以积极向上的影响，可以增进彼此的相互理解，增强社会的凝聚力。空间的灵活和多样化，也会促使社会生活向更新、更复杂的方向发展。

　　还有，这些公共空间也为城市提供新鲜的空气，调节市区小气候，成为保持城市活力的重要物质基础。同时，也可以提升周边地区的土地和房产价值，提高城市的经济效益，使城市建设具有更高的回报率，从而在多方面提高城市的宜居性。

　　为此，已有越来越多的城市，特别是国内的城市，开始重视广场、公园及滨水地带等公共空间建设。但必须同时看到，一旦公共空间形成之后如何去维护，如何使它随着城市的发展而进一步发展，是一个非常大的问题，因为维护和发展的成本非常高。因此，这里也有一个公共空间发展的可持续性问题，要求我们力争打造一个绿色空间环境。

　　中国珠海市在城市公园绿地规划建设方面，致力于创建人与自然和谐、景观优美的空间环境，提高居民幸福指数，取得了很好的成效。珠海原先的基础就比较好，人均公园绿地面积较高，达到国家生态园林城市标准且位居全国前列。但珠海公园绿地布局及结构不尽合理，各类公园绿地尚未达到分级均布，服务半径未能达标，尚未充分满足城市居民对公园绿地的人性化、便利化需求。随着城市建设的加速发展，一批临时性公园绿地面临改变性质或不复存在，城市公园绿地资源面临挤占压缩，亟待将一批临时性公园绿地的性质确定为永久性公园绿地。

　　珠海全方位准确理解城市公园绿地的意义和价值，认为其除了促进城市形象美化和居民健康水平之外，还有建立开放性的城市公共生活平台、促进城市多元文化融合、重塑社区文化与邻里关系、实现人文关怀与和谐共生、提升居民幸福感等功能。珠海市把服务半径作为衡量公园绿地能够为多少居民进行服务的重要标志，并将人均公园绿地绿量及与之关联的空气质量指数，作为衡量居民幸福感指数的重要参考数值。

　　为此，珠海市颁布具有法规性地位的《珠海市城市绿地系统规划》，分级均匀地投入一批优质土地资源，建立可达性强、效益最优的绿地系统规划，其目标设定为：确保居民从居住地步行 200 米即可到达一个面积不小于 400 平方米的街旁绿地，步行 500 米可以到达一个不小于 1 公顷的社区公园绿地，步行 1000 米可以到达 3 公顷的综合性公园绿地。

　　为了塑造富有个性特色的城市公共空间，在其开发与建设中，应尊重历史文脉的延续,考虑与该城市自然条件、社会经济、传统文化、风俗习惯等相协调的因素。为此,珠海利用地形地貌特色,形成天然绿屏(山体)与人工绿地相交织的立体生态环境,建立贯穿主城区的集休闲、游憩、健身、交通于一体的生态康体步道系统,串联各类大小公园和街头小游园,让居民能够在整个城市绿地系统中顺畅游走,使步行交通避免机动交通干扰,做到游憩性、安全性、观赏性并重。着力提升城市空间品质、形象品位和绿色品牌。

珠海市综合性公园绿地,最具代表性的是华发健身广场及周边绿地系统。这里原为临时性绿地,面积4.3公顷,处于旧城区与新城区结合部,也是城市主干道人民路改造工程的标志性的空间节点。经过改建后,华发健身广场的整体植被,以包括珠海市树、市花紫荆树和勒杜鹃在内的乡土树种为骨架,注重植物群落的共生性。根据地势落差产生的不同视觉效果,以及观花、观姿、观果、观叶、观干等功能区别,采以林植、群植、丛植、孤植等配置手法,形成了绚丽多姿的人工自然生态世界,让人从中感受到时间流转万物生长。各类乔木与灌木共生形成参差有致的植物景观,与周边环境中建筑景观的高低错落相呼应。同时,结合关联的城市道路改造及排洪河渠改造,延伸绿地系统,形成便利的绿色游憩长廊。在广场及周边绿地配备了各类健身康体设施,可以同时满足1000人左右的健身活动和文化娱乐活动,并可部分满足遇雨时的户外活动需要。

而作为社区公园绿地,其最具有代表性的是"爱情湾"河岸公园及周边绿地系统。1.2公里的河岸绿色长廊"爱情湾",是珠海母亲河前山河畔的标志性城市景观。"爱情湾"由紧邻的国际化社区的开发商出资建设。后来整个片区由最初的毛地演化为城市标志性高尚住区,当该社区旁边地块出让时,政府明确负责出资建设与其配套的1公里"爱情湾"延伸段。因此,这是成功地吸纳社会力量和资源参与城市公园绿地系统建设,并以城市运营形式的土地成片开发带动城市绿地和景观建设,以城市绿地和景观建设投入反推规模土地开发升级和增值,形成了良性互动的典范。同时,这也证明了公园绿地和城市开放空间并不是当然的活力场所,需要与其他设施相结合才能发挥其公共场所的价值。"爱情湾"以其国际化水准肇始和带动了珠海母亲河一河两岸大型环境升级整治工程,必将提升整个珠海主城区的城市形象和品位。

至2007年,珠海市建成了华发健身广场等15个社区公园和街旁绿地,建设总面积30.9万平方米,总投资3500万元,极大丰富了城市空间节点上的景观资源,改善和提升了相关城市区域的人居环境品质,增加了人均公园绿地绿量,促进了公园绿地的合理均布,缩短了公园绿地服务半径,基本满足了主城区83万常住居民所需要的便利的健身、休闲、游憩、赏景等服务功能,提升了居民的幸福感,有力推动了珠海成功入选首批"中国最具幸福感城市"。

中国成都市的活水公园,是世界上第一座以水为主题的城市生态环境公园。这一占地 2.4 平方公里的公园,坐落于成都市的护城河——府南河上。它集现代意识、东方智慧和中国园林技术于一体,蕴涵着丰富的文化、艺术和生态意义。活水公园由于在生态、美学、文化、教育功能上的完美结合,获 1998 年国际水岸中心"优秀水岸奖最高奖"、国际环境设计协会和美国《地域》杂志联合评定的与英国泰晤士河治理项目并列的"环境设计奖"。还包括 1998 年联合国人居奖在内的多项国际奖项。目前,它已成为成都市到访率最高的公园点之一。

活水公园的建设方案,是在成都市政府为期五年的府南河综合治理工程背景下启动的。当时,随着人口的增长,城市经济的发展,府南河的严重污染问题日益受到人们的关注。1997 年由美国"水的保护者(Keepers of The Waters)"组织的创始人贝西·达蒙女士创意,中美韩三国环境、园林、水利专家共同设计,成都市政府投资建设这一公园。

活水公园以表现水为主题,以东方"天人合一"的理念,追求"精心的自然式"的设计。取鱼水难分的象征意义,将鱼形剖面图融入公园的总体造型,喻示人类、水与自然的依存关系。公园集水环境、水净化、水教育为一体,包括人工湿地生物净水系统、模拟自然森林群落、环境教育中心等设施。经过以生物净化为主的水处理过程,原来被上游污染源和城市生活污水污染的河水,净化后重新流入府河。每天,活水公园的流量可达 300 立方米,其所向人们演示的被污染的水在自然界由"浊"变"清",由"死"变"活"的过程,对人们环境生态观念产生深远的影响。

活水公园在植物的配置、景观处理、造园材料选择上,妙趣天成,通过具有地方性景观特色的净水处理中心,川西自然植物群落的模拟重建,以及地方特色的园林景观建筑设计,组成全园整体,对环境的主题进行了多方位的诠释,可说是城市湿地景观生态设计的一个完整而又生动的例子。

这次在上海世博会城市最佳实践区实物展示的活水公园,充分体现了其建设理念、运转流程和实践成果,并在此基础上有新的提升和发展。其主题是:活水文化,让生活更美好。设计理念秉承"天人合一"的东方哲学思想和"人水相依"的生态思想,将社区和公共空间的雨(污)水进行有效收集、通过以生物自洁功能的发掘,进行水的处理和循环利用,营造的园林景观和公共空间与周边环境和谐相融。在提供的有限空间内,再现成都市活水公园的成功实践(包括其功能和景观),启迪人们对水的珍惜和对活水文化的诠释。此外,在设计内容上还有以下新的发展和提升:(1)场地废旧及其他环保材料在造园中的应用;(2)活水文化展示和交流场所布局;(3)合理的交通游线系统和公共空间保障;(4)地方文化和造园艺术的巧妙展示。

17.5　废弃物回收利用

城市如同生物　—输入能源、原材料,排出废物、废水。随着城市人口的膨胀,各种城市废弃物和生活垃圾迅速增加,解决城市垃圾问题已成为环境保护与治理的难题。1990 年 6 月,欧共体委员会发布的《城市环境绿皮书》(Green Paper on the Urban Environment)中,把城市垃圾处理也作为一个重要内容,并提出对城市垃圾处理制定相应的短期和中期规划,以留出场地收集各种城市垃圾,并安排和建设垃圾处理站;在源头控制建设和生活垃圾,呼吁市民重视卫生设施,鼓励研究循环处理城市垃圾的更先进技术及城市垃圾的新用处等改善措施。①

中国台北市在处理城市垃圾上,广泛动员民众,促进民众积极参与,实行资源全回收、垃圾零掩埋,是一个很有典型意义的案例,非常值得学习和借鉴。台北市属于以工商、金融为主的国际化都市,全市设籍人口数现约有 264 万人,再加上到此地工作之人数,平均每日活动的人口超过 300 万人,产生的垃圾量庞大。随着工商发展、人口集中与消费能力增加,垃圾处理问题一向是城市必须面对的难题,台北市过去采用"消灭垃圾"做法,透过掩埋、焚化等方式解决。但市区地狭人稠,可作垃圾处理的土地相当有限,使用中的垃圾处理设施包括一座垃圾卫生掩埋场及三座大型焚化厂。

近年来,台北市"化被动为主动",采取"减量化"与"资源化"策略,以"垃圾管理"措施,取代传统的"垃圾处理"观念,使用法律工具、经济诱导,经由社会动员的机制,鼓励市民主动进行垃圾减量与资源分类回收,形成阶梯式环保行为的变革,并借助技术的突破,期望达到所定的 2010 年"资源全回收,垃圾零掩埋"的愿景目标。由于台北市民的配合,创造了巨大的垃圾减量与回收绩效,使台北市逐步迈向资源永续的城市,并具备了下列特色:

(1) 垃圾收运不落地。台北市已全面实施"垃圾不落地"与"资源回收三合

---

① Commission of the European Communities, Green Paper on the Urban Environment, Brussels, 1990.

一计划"，垃圾车定时、定点收运垃圾，市民须等到垃圾车抵达后才可自行丢弃车中，同时指派资源回收车收取市民的资源回收物，提高市民将资源回收的便利性，结合"垃圾分类""资源回收""垃圾清运"三项工作于同一时间完成。

（2）垃圾费随袋征收。为促进垃圾减量与垃圾费收费的公平性，实施以"污染者付费原则"为基础的"垃圾费随袋征收"政策，规定市民弃置垃圾必须付费购买"专用垃圾袋"，但资源回收物，则可免费交给环保局回收，建立"少丢垃圾少付费，勤做回收更省钱"的公平环境。

（3）多元回收渠道。除可将回收物交由清洁队收运外，从商店超市等购买商品使用后属环保署公告的应回收物亦可交其逆向回收，此外传统旧货商及民间社团（如慈济功德会）对于资源回收工作亦扮演重要角色，渠道多元方便，增加市民回收的意愿。

（4）垃圾零掩埋、资源全回收。为根本解决垃圾问题，达到"须焚化垃圾量最小化""资源回收量最大化""完全不再采用掩埋方式处理垃圾"的目标，也陆续实施厨余回收、不可燃废弃物及焚化后底渣再利用、灾害废弃物分类等措施，厨余回收量达到每天 176 公吨，全数进行再利用。建立家具、巨大废弃物修护再使用体系，设置家具再生处理中心，扩大资源回收成效。目前正试验"沟泥沟土再利用"及规划验证"焚化飞灰水洗后再利用于水泥制程"，以达到零掩埋目标。未来将再引进"垃圾全分类设施"，进一步减少焚化量，降低污染，并充分回收当中的资源物质，循环利用，让回收量最大化，达到"资源零浪费"的可持续环境。

（5）地区生质能源中心。配合地球抗暖化温室气体减量之全球行动，将台北市焚化炉逐步转型为地区生质能源中心，将以都市有机废弃物及郊区与邻近县市的能源作物为燃料，供应地区电力及热能需求，替代部分进口的石化燃料。

目前仅存的山猪窟掩埋场垃圾量已由 1994 年 6 月每日掩埋 2501 公吨，减少至 2007 年之平均每日 54 公吨，使用年限也由原先预估的 7—10 年延长至目前估计的 30 年以上。由此可见，台北市在垃圾问题上已朝建立物质循环的可持续社会努力，并有明确目标，通过法律、经济、技术等工具的运用，并经区、里、邻的动员机制，建立市民环保的行动，资源回收、垃圾减量的观念已深植人心，并落实在生活行为上，相信这些政策理念与执行经验，可以为其他城市推动环境保护与垃圾管理工作提供参考。

台北市创新之处在于实施垃圾不落地的收运方式，改善环境卫生；垃圾费用随袋征收，运用经济诱因，有效引导市民主动将垃圾减量，让污染者付费，也达成垃圾减量的目标；建立"垃圾即资源"及"资源零浪费"观念，让物质循环和社会可持续发展,回收各类有用资源,减少垃圾处理过程中的污染与土地资源的破坏;全面倡导及落实执行,动员区里组织,形成市民共识。这些政策措施取得了明显成效。

因实施"垃圾费随袋征收"政策,台北市在 2001 年 11 月 7 日获得区域环境科技组织(Regional Institute of Environmental Technology)①颁赠的第一届(2001 年)亚洲废弃物管理杰出奖。评审委员一致认为台北市"垃圾费随袋征收"政策之执行成果卓著,并给予"对该市民众提供了杰出并具有前瞻性的废弃物管理服务"的评语肯定。台北市环保局委托世新大学于垃圾费随袋征收后开展的第二期民意调查(2000 年 7 月及 10 月)结果显示,分别有 71% 及 75% 的受访民众认为随袋征收政策"成功"或"还可以",且分别有 54% 及 51% 的受访者表示在随袋征收后特意减少了家中垃圾量,对于专用垃圾袋的满意度均达九成以上,显示市民已普遍接受费用随袋征收制度,且能充分支持、配合;2006 年 11 月的民调显示,对费用随袋征收"非常满意"及"满意"的比例达到 71.5%。

在厨余回收方面,依据环保局委托益洛普征信公司在实施前、后(2003 年 12 月,2004 年 1 月)所完成的两次民意调查结果显示,分别有高达 92.9% 与 93.7% 的市民支持也愿意配合此项环保政策,且已有 68.7% 的市民开始回收厨余,显示此政策已进入市民生活当中,且能获得市民的认同。2006 年 11 月的民调显示,市民对家庭厨余免费回收"非常满意"及"满意"的比例达到 81.5%。

2010 年台北市希望达到"资源全回收,垃圾零掩埋"的理想,依据 2006 年 11 月的民调结果,市民表示"非常愿意"及"愿意"的比例高达 96.0%。

至 2007 年 6 月,台北市已相继完成"垃圾不落地""三合一资源回收计划""垃圾费随袋征收""垃圾强制分类""家户厨余全面回收""焚化底渣再利用""灾害废弃物零掩埋"等计划。2007 年 12 月,家庭垃圾量已减少超过 60%,资源回收率超过 40%,特别是在零掩埋的达成上,每日掩埋量已减至 54 公吨,正朝 2010 年的零掩埋目标前进。目前三座焚化炉发电量约 2 亿度,占全市用电量 1.2%。未来将试种培地茅做为燃料,配合内湖厂届龄更新全量使用发电,估计可增加 4 亿度以上的用电量,增加后占全市用电量的 3.6% 以上,使台北市向资源循环、能源再生的都市迈进。

---

① 区域环境科技组织为欧盟执委会(Commission of the European Communities)及新加坡政府合作成立的非营利国际组织,成立宗旨为研究欧洲与亚洲共同关心的环保议题。2001 年首次办理亚洲废弃物管理杰出奖,奖项分政府机构、民间企业、非政府组织及个人 4 大类。当年来自亚洲各地的申请案件中光"政府机关类"就有 35 件之多,竞争激烈。台北市脱颖而出,被主办单位评选为"2001 年亚洲废弃物管理杰出奖"政府机关类得主。

18　大力推进城市绿色建筑

建筑是城市生活的重要载体,大量建筑群构成了城市的重要标志之一。但更为重要的,建筑是一种创造活动,即创造城市空间与环境,从而是动态发展的。建筑形态与社会生活形态有着千丝万缕的关系,它势必会随着社会生活形态的变化而发展。城市建筑作为人造环境,从发展趋势来看,越来越强调与自然界共生,与自然环境协调,进而取得第二自然的效果。这体现在建筑设计和改造上,不仅要着眼于节能,而且要更加注重为人们提供健康、舒适、安全的空间,同时在建筑全生命周期中高效率地利用资源,并最低限度地影响环境。由此,绿色建筑在未来城市发展中将成为主流方向。

18.1　绿色建筑的兴起及发展趋势

我们知道,合理的城市建设将大量节省能源与资源,从而大大减轻区域生态负担。而所谓合理的城市建设,就是充分地顺应自然,减少不可再生能源的消费,从施工到维护减少对生态的破坏等等。其中,一个很重要的方面是城市建筑的合理建设问题。里斯教授认为,一个城市要最大限度减少对外生态依赖,首先需要从建筑做起,因为现代都市聚集了大量楼房以及基础建筑,而建筑物是材料以及能源的巨大消费者。[①]目前在世界范围内,建筑耗能占总利用能源的 45%,二氧化碳排放量占 35%,饮用水抽取量占 80%,原材料和资源消耗量占 50%。在这当中,有相当一部分是由于楼房设计和建造的不合理造成的。

---

① 宋言奇、任平:《生态城市首先是区域城市——解读生态巨匠威廉·里斯的生态城市思想》,《城市》2006 年第 3 期。

随着世界城市化进程加速,城市规模不断扩张,一幢幢拔地而起的建筑物像不知餍足的巨兽,消耗着大量资源和能源,并排放出废物。同样,在中国的城市化进程中,建筑耗能、污染的情况也十分严重。据统计,每年城乡新建房屋建筑面积近 20 亿平方米,其中 80％以上为高耗能建筑;既有建筑近 400 亿平方米,95％以上是高能耗建筑。目前中国单位建筑面积能耗是发达国家的 2—3 倍以上。建筑物耗水平与发达国家相比,钢材消耗高出 10％—25％,每拌和 1 立方米混凝土要多消耗水泥 80 公斤;卫生洁具的耗水量高出 30％以上,而污水回用率仅为发达国家的 25％。这都将会使人类付出巨大的经济和环境破坏的代价,也在很大程度上破坏了建筑的历史和文化特点。

因此,正如里斯教授指出的"在小城市和大城市内部减少都市生态足迹仍有很大的空间,因为我们在建筑方面过于浪费,而合理的设计不仅可以提高效率、节约能源,而且还可以减少垃圾"①。从 20 世纪 70 年代开始,一些发达国家开始研发节能与绿色建筑,并在相关法规、技术、市场等方面积累了不少经验。然而,当时还只是限于节约石油等能源并寻找相关替代品上。20 世纪 90 年代以来,人们的视野更加宽广,对环境内涵的理解也更加深刻,开始根据当地的自然生态环境,运用生态学、建筑技术科学的基本原理、现代科学技术手段等,合理地安排并组织建筑与其他相关因素之间的关系,使其建筑与环境之间成为一个有机的结合体;同时创造具有良好的室内气候条件和较强的生物气候调节能力,以满足人们生活、工作所需的舒适环境,使人、建筑与自然生态环境之间形成一个良性循环系统。在此基础上,绿色建筑的概念及其内涵日益成熟,并成为当今建筑业发展的潮流。

所谓绿色建筑,根据中国《绿色建筑评价标准》的定义,是指在建筑的全寿命周期内,最大限度地节约资源(节能、节地、节水、节材)、保护环境和减少污染,为人们提供健康、适用和高效的使用空间,与自然和谐共生的建筑。这种绿色建筑,最直观的好处是节约能源及环保。它在设计时就结合当地的地理环境,充分利用地热、太阳能、风能,考虑到节水、节电,以及节约其他能源,使建筑能耗降到最低。与传统建筑相比,绿色建筑的耗能可以降低 70％—75％,最好的能够降低 80％。同时,这种绿色建筑强调从原材料的开采、加工、运输及其使用,直至建筑物的废弃、拆除的全过程,都要对环境负责,避免对环境造成损害。在此基

---

① 宋言奇、任平:《生态城市首先是区域城市——解读生态巨匠威廉·里斯的生态城市思想》,《城市》2006 年第 3 期。

础上,由于绿色建筑更多地利用自然光、自然通风,室内空气质量大为改善,还为人们提供了健康、舒适、安全的居住、工作和活动空间。

除此之外,绿色建筑也是一项高效投资。据 2003 年 10 月由加利福尼亚州 40 多家政府机构组成的绿色建筑任务组发表的一份报告,绿色建筑前期投入的成本只增加 2%,但在其生命周期里,就能使整个建筑成本下降 20%,即收益是投入的 10 倍。另据 2002 年 10 月美国一家基金会的调查报告显示,根据绿色建筑评估标准,建筑等级每上升一个层次,短期投入上升,但长期成本则显著下降。

值得指出的是,政府在推进绿色建筑发展方面起了重要作用。尤其是加拿大,对世界绿色建筑的发展有着特殊贡献。加拿大自然资源部发起并领导了"绿色建筑挑战"项目,其目的是发展一套统一的性能参数指标,建立起全球化的绿色建筑性能评价标准和认证系统,使有用的建筑性能信息可以在国家之间交换,最终使不同地区和国家之间的绿色建筑实例具有可比性。到 2000 年 10 月为止,已有 19 个国家参与了"绿色建筑挑战"项目。

从加拿大自身来看,加拿大政府从 1977 年开始实施房屋隔热计划,给老房子重新安装隔热层,以降低能耗。1981 年,加拿大建筑协会和自然能源组织共同制定了 R-2000 计划,为节能建筑制定了标准。此外,加拿大还特别重视在建筑业中推行太阳能等可再生能源,专门制定了石油替换计划,以减少采暖和发电的石油用量。这些措施见效很快,多伦多及其他城市的邮局、图书馆、医院、军营和商业建筑都装上了太阳能装置。2004 年 12 月,加拿大绿色建筑委员会颁布了绿色建筑认证体系(LEED)。

美国在推动绿色建筑方面,也是走在世界前列的国家之一。2000 年美国绿色建筑协会(USGBC)创立的绿色建筑评估体系(LEED),其目的是推行整体绿色建筑理念,并对符合节能标准的绿色建筑提供正式认可。这套绿色建筑认证体系从五个方面对建筑项目进行评估:(1)地址规划的可持续性(建设过程中土壤侵蚀和污染沉积的控制,选址,城市发展,土地改良,可选交通,降低噪音,雨水收集使用,为减少热岛效应的开阔地设计,减少污染)。(2)水的有效利用(开放地区水资源的有效管理,创新的节水技术,减少水资源使用)。(3)能效和可再生能源(能源监控系统,最低能效,通风和制冷系统减少 CFC 使用,最优能源性能,使用可再生能源,建筑监视,减少温室气体排放,结果的测量和监控,鼓励清洁能源使用)。(4)节约材料和资源(废物分类收集,建筑内部再次使用,建筑废物处置,资源再利用,循环使用,使用当地或地区材料,使用快速再生材料,使用已鉴定木材)。(5)室内环境质量(空气质量最低标准,香烟烟尘控制,二氧化碳排放监控,加速建筑内空气流通,为保证室内空气质量的建设管理计划,使用低辐射材料,控制室内化学污染源,控制系统,热舒适度,自然光源和可视性)。这个体系设定了 4 个等级,满分是 69 分。一个普通办公楼仅能获得 4—5 分。如果想通过认证,一栋建筑至少要获得 26 分;要想达到白银等级,必须达到 33 分;达到黄金等级需要 39 分;而达到白金等级需要高达 52 分。目前世界各国建筑环保评估标准中,这套绿色建筑认证体系是最完善、最有影响力的。2004 年,USGBC 又推出新的商业建筑室内装饰绿色评级系统。此外,美国联邦政府制定了税收、贷款方面的优惠政策,以鼓励绿色建筑。例如,2001 年提出的参议院207 号法案,以及联邦政府《2003 年能源政策决议》。美国各州结合自身实际,都制定了绿色建筑的相关法规,有的甚至比 LEED 还严格。绿色建筑协会发言人塔恩·霍洛卡表示,目前大约有 4%的商业建筑是按照 LEED 的指导方针修建完成的,美国总共有 121 例通过认证的绿色建筑——其中包括工厂、会议中心、学校、图书馆和商业公寓。另外,还有 1400 例正在规划或建设之中,这个数字还有可能增长。五年内,50%的新建筑将是绿色建筑,同时 5%的现存建筑将被改造为绿色建筑。

时至今日,发达国家在推行建筑节能、推广绿色建筑方面已经建立了非常完善的技术体系、零部件的供应体系和评价体系。而且,越来越多的国家和城市参与到促进绿色建筑发展的行列中来,如巴塞罗那市于 1990 年引进了《太阳能法规》,要求所有新的及翻新的公寓和住宅,其 60%的热水和其他能源使用太阳能。在此基础上,2005 年 2 月 16 日《京都议定书》正式生效,签约国必须限制温室气体的排放,而建筑业是温室气体排放量最大的产业,议定书的生效将推动新一轮的绿色建筑浪潮。此外,根据《京都议定书》第 12 条,发展中国家要发展清洁生产技术,发达国家将提供无偿援助,这对发展中国家推广节能与绿色建筑将是难得的机遇。

18.2　基于科技创新的生态建筑

建筑领域中的科技进步及其运用,是实现建筑业由传统高消耗型向高效生态型发展模式转变的推动力量,也是构建生态建筑的重要基础之一。因此,围绕环保、节能、节地、节材的技术创新层出不穷,并越来越多地在建筑中被采用和运用。

美国不少公用设施都采用不同的节能手段。例如夏威夷新建的一个自然能源实验室,整栋建筑完全不使用电网的电力,内部降温将依靠抽进华氏43度的海水,经过处理的海水还将用于农田灌溉,属于"零能耗建筑"。加州托兰斯新建的占地广阔的丰田汽车公司大楼,采用了先进的太阳能系统,所产生的电量可满足大楼20%的需求。芝加哥的绿色科技中心是由一间工厂改建的,地板由可回收橡胶轮胎制成,电梯运行则用改良菜子油代替了污染严重的液压油。另外,一些大型公共建筑配备了新式控制系统,使其能在价格最便宜的时候使用能源。例如达拉斯的福特沃斯机场安装了一个600万加仑的热量储藏罐,能使机场的空调系统在半夜电价最便宜的时候给冷却剂降温,从而在白天电价最贵的时候正常使用。这个方法使空调系统在高峰时期的用电量减少了91%。

正在纽约"零地带"重建的新的世贸中心,也将采用不少绿色建筑技术,例如将大量使用可回收环保建筑材料,并对建筑垃圾进行无害化处理;楼顶安装雨水收集设备,用来使大楼降温和灌溉楼顶花园;采用了特殊涂层的窗玻璃,在阻挡太阳热量的同时为办公者提供更充足的自然光;新安装的风力涡轮发电机能解决大楼10%的用电需要。此外,作为世界最高建筑的新世贸大楼,电梯采取的是分组系统,安排要到相近楼层的人乘坐同一部电梯。未来在新世贸中心工作的人员将用接触ID卡进入电梯,读卡器获取你所需到达的楼层的信息,进而将你分入适当的电梯内。这样既能减少电梯的停靠次数从而节省能源,也能加快乘客的运行速度。

位于俄亥俄州波特兰市中心繁华地带的高级公寓"亨利大厦",所有的木地板都由可再生树林的木材制成,门和橱柜则由压缩麦秆制成,这种木板与传统的碎屑胶合板相似,但不含有毒树脂。淋浴和马桶以及其他设备都是低流量设计,比普通的房屋节约30%的用水量。经过特殊处理的玻璃和窗帘能在夏季减少外界太阳辐射的热度,帮助建筑物保持凉爽并节约能源。水龙头里流出的热水,是被干衣机和炉灶排出的废气加热的。纽约"宽频"建筑和发展公司在哈莱姆区修建了一栋有129个单位的"绿色智能公寓"。这栋公寓超过60%的材料都是可循环利用或者可再生的,其消耗的能源比纽约州能源规范中规定的还要少35%,特殊的过滤系统能完全排除空气中的过敏源。所有购买这些公寓的业主将享受到纽约州绿色建筑税收优惠政策,在五年内可以获得2.4万美元退税。

法国阿尔萨斯的生态酿酒厂的水幕太阳能建筑,是利用计算机辅助的太阳能技术,用创新工艺(水袋工艺)建造一个绿色建筑物。该建筑从进水到排水,有一整套的水回收程序。该建筑有一个玻璃太阳能墙,它能根据外部气温和太阳光照情况打开或关闭;还能通过水墙进行更新和隔离。该建筑的外层超越了美学价值,起着积极的环保作用。这不仅为城市内酿酒厂零污染提供了解决方案,而且该项目的水处理工程使酿酒厂在运行时可减少25%的能源消耗。

坐落于德国汉堡 Sandtorkai 的新耐久性建筑,是一座高标准的能源有效使用与再生能源利用结合为一体的建筑。它是汉堡正在进行的、欧洲最大的城市建设项目——"港口新城"计划中第一批已实施项目之一。其位置的特别之处,在于临近水边,距离汉堡具有悠久历史的"仓库城"仅一步之遥。该建筑设计的中心思想,是建筑用途的多样化和混合化,以配合该新城区活跃的风格。建筑的一部分用作办公室,另一部分供居住用。该区所有的建筑都单一平行地耸立在狭窄的堤岸上,相互并不遮盖水面与仓库城的风景。所有的建筑都需达到建筑宽度超出河岸十米的要求。该要求一方面是考虑到建筑面积上的经济性,另一方面是为了达到调和一致,使建筑群的效果能够象征和代表港口城市。

在上海世博园区展示的"汉堡之家",是这幢新耐久性建筑的复制版,但它更胜一筹,是"被动"的超低能耗房,比汉堡所有"被动房"中耗能最低者还要节约一半能源,所以是汉堡最好的节能建筑。冬天无需暖气,夏天不用空调,主要利用太阳能、地热、人体热等四季恒温。与我们传统观念中的"坐北朝南"不同,"汉堡之家"是坐南朝北,主要是为了取得"夏凉",而其抽屉式的结构,也是为了扩大朝北的空间,以获取额外光线。这幢建筑的每一扇窗户都是汉堡"被动房研究所"认证过的特殊材料制成的三层玻璃,窗外还配有防热辐层和可移动的网状遮阳板。

国内的一些城市,目前也正积极地采用节能、环保等新技术,促进建筑的生态化和绿色化。例如,武汉秀泽园小区秉承以人为本的开发理念,巧妙运用高效节能建筑材料、保温隔热技术和国外先进的采暖设备,将超前的规划设计、先进的施工工艺和高品质的建筑材料完美糅合在一起,率先建造了节能住宅精品,成为"终结武汉冬冷夏热居家岁月"的典范。①

然而,更具有特殊意义和示范效应的,是上海"沪上·生态家"示范楼。这是建设"资源节约、环境友好和以人为本"型城市所率先开展的、达到国际先进水平的生态建筑关键技术自主创新和集成示范的最佳实践成果,同时展现上海为提升人居生活品质、有效节能降耗减排取得的自主创新成果和推广应用示范方案。我们知道,上海是中国最大的城市之一,人口密度高、能源资源短缺,面临着城市

①　黎明地产:《节能住宅:可持续发展的绿色建筑》,《城市开发》2004 年第 11 期。

可持续发展的严峻考验。上海住宅,几度变迁,承载人们对美好生活的不尽追求,见证城市为改善生活质量的不懈努力。例如上海早期本土住宅适应于江南地区夏热冬冷气候特征的传统民居,上海近代里弄建筑服务于激增城市人口亦中亦西的居住形态,上海当代住宅改造应对发展中城市高消耗高污染模式的住宅演进。未来的上海住宅,如何进一步面对能源短缺、资源匮乏、环境恶化、人口增长的趋势,实现人居品质的不断提升?"上海生态建筑示范工程"针对上海夏热冬冷高湿气候环境、高密度居住形态、能源资源短缺等地域气候、资源、人文背景和现有建筑"高能耗、高污染、低品质"等突出问题,在中国率先开展了生态建筑的创新实践。

"沪上·生态家"示范楼位于上海市申富路568号,于2004年10月始建成并投入使用,包括综合办公楼、多层公寓和独立住宅。"沪上·生态家"诠释了生态建筑"节约能源、节省资源、保护环境、以人为本"的理念内涵,充分融合了传统生态手法,借鉴江南民居天井采光、绿化、通风的特色,中国传统建筑大屋顶的"举架"特色,江南民居中的耦合空间,用现代的建筑语言构建具有传统特色的居住空间。除了在对近代上海里弄进行肌理分析的基础上,展现了适合本地气候特征的架空屋面、老虎窗、天井、景观水体等建筑要素外,更主要的是通过集成应用"节能减排、资源回用、环境宜居、智能高效"等四大领域的低成本适用技术和部分前瞻性技术,展现"夏热冬冷地区节能围护系统、太阳能建筑一体化、城市垃圾资源化利用"等十项亮点技术,如"超低能耗围护结构,太阳能、风能、地热能等再生能源,热湿独立空调,3R建材、雨污水等资源回用,环境智能监控"等。

值得赞叹的是,沪上·生态家并不一味追求生态建筑的高技术,而是更多吸纳传统建筑智慧,从中提炼和强化"低技术",充分利用自然资源,既实现了低碳,又节省了绿色建筑成本。例如,沪上·生态家是一栋风导向建筑,迎合上海夏季主导季风方向。横向和纵向都有充足的风道,形成横向的穿堂风和纵向的入堂风。底层有导风墙,形成入口自然通风、遮阴场所。同时,一方面强化自然采光,设置了采光中庭和老虎窗;另一方面充分利用太阳能,在南向坡屋顶和南阳台立面上安放薄膜式太阳能光伏发电系统。另外,还注重建筑自体造"影"遮阳,南立面花窗白墙与凹进阳台错落有致,建筑自遮阳效果显著。

沪上·生态家的建设,以"关注节能环保,倡导乐活人生"为主题,充分体现生态建筑理念内涵和因地制宜设计原则,突出了应对上海城市高密度居住模态的多层生态公寓解决方案,有机地综合诠释了针对建筑客体的生态观和针对住户主体的居住观。通过多层住宅实体,展现全寿命周期生态住宅理念,探索普适型的宜居模式,其居住人群可分为青年公寓、两代天地、三世同堂和乐龄之家,充分体现了给每个人一个理想的家。

经实际运营评价,"沪上·生态家"达到了"建筑低能耗、环境低污染、人居高品质"的综合效果,2005 年获中国建设部首届"绿色建筑创新奖"一等奖。经实验验证的生态适用技术和节能技术,已分别推广 60 万平方米和 240 万平方米。若按目前上海每年新增住宅面积 2000 万平方米估算,本工程中适宜技术的规模化推广应用,将实现每年节电 8000 万千瓦时,减排二氧化碳 8 万吨,减排固体废弃物 1500 万吨,节约用水 20 万吨,有巨大潜在的社会效益、经济效益和环境效益。本案例已作为"上海生态建筑示范基地"向国内外社会各界开放,受到广泛关注和好评,对推动中国生态建筑的科技创新、理念传播、推广应用和产业发展发挥了重要作用。

18.3　走向开放自然的建筑

从更大的格局上讲,绿色建筑必然是能够包容自然界中的所有元素(水、光、风等),并且把这些元素相互整合起来为人类和环境服务的。也就是,这种建筑将通过与大自然之间丰富多彩的联系,能够不断生产能源。尽管这些建筑都是被固定在位置上,但是它们与整个世界都是保持着密切地互动的。形象地讲,就是这些建筑无时无刻不在保持呼吸。在建筑设计创作中,不少建筑师已自觉或不自觉地注意到了建筑与自然生态环境的关系,根据建筑所处的地理、气候、生态等条件,不断探索适合当地自然生态环境、历史变化的建筑形式,创造一种走向开放自然的建筑。建筑大师赖特的"有机建筑论"认为,建筑必须体现自然属性,是为自然而创作,应出于土地而入于阳光。

因此,目前的生态建筑设计十分强调提高环境的绿化率,例如采用屋顶绿化、窗、墙等的垂直绿化,采用透水性强的植被覆盖等措施。我们可以看到,在许多生态建筑的众多形式中,植被的覆盖始终围绕着建筑,同时又利用植被所形成的生物气候条件、建筑技术科学的基本原理、新型材料以及构造形式来形成一种舒适的微气候条件,使建筑与自然生态融为一体。[①]

例如,日本建筑师柿原正澄设计的"与环境共生的住宅",采用屋顶绿化,在

---

① 姜利勇:《生态城市的建筑:自然的再生》,《四川建筑科学研究》2008 年第 6 期。

屋面种植地锦类植物和蔬菜。在提高绿化率的同时,加强了建筑的隔热性能,有效地防止热辐射,改善了夏季室内热环境条件。在阳台上采用垂直绿化,同时也装饰了中庭,使中庭形成一种自然生态环境的气氛,用生物气候来调节室内气候。屋面采用透水性材料和雨水浸透系统,雨水在地下室雨水收集池蓄存,利用屋顶太阳能动力泵对屋顶以及垂直绿化植被进行自动喷灌。并且,采用太阳能热水装置和太阳能电源为建筑提供能源。

又如,南非建筑师路易斯·卡尔为了解决像约翰内斯堡市内由于交通等引起的严重噪声和尘埃污染问题,在一座四层办公建筑的设计上充分利用构造形式和植被具有的隔声效果,在平面处理上,把平面分为五个环境气候带,大大降低了外界环境的不利影响。建筑中庭采用垂直绿化,并设有人工瀑布,上方为遮阳格栅,夏季形成荫凉的室内环境,中庭内冷空气在热压的作用下沿水平方向穿过各层办公室,使室内人员感到犹如置身于自然环境之中,完全与市区喧闹的环境隔离开。冬季调整上方格栅,使中庭成为一个被动式太阳房;透过格栅玻璃的阳光使中庭形成温室,也为供暖提供预热的空气。而且,建筑构造形式中庭的格栅和房顶之间的处理上,采用虚实对比,赋予建筑强烈的视觉效果和鲜明的个性特点。

德国法兰克福市商业银行大厦的两个设计方案的共同特点是:建筑尽量利用自然能源,使大楼内的生活与绿色植物相伴,大厦更具有人性,工作其间使人心情舒畅,有一种回归自然之感,为高层高密度城市生活方式与自然生态环境相融提供了宝贵的经验。其中,建筑师 Foster 的设计方案是大楼平面呈三角形,三面围绕一个中央筒布置,办公室两边的窗户可开可闭,空气靠自然对流方式进行,并沿中央筒体上升,使其具有良好的自然通风特性。办公楼每隔三层,设有三层高温室绿化空间,并呈螺旋状交替向下旋转,由此在任何位置六个办公层上下均有一个温室绿化空间。中央筒为下班墙,这样人即便坐在 V 形楼板内也能穿过暖房向上或向下观看其他楼层景观。在采光处理上,充分利用其天然采光,通过中央筒体透射到建筑室内。而 Ingenhoven 的方案则把建筑平面设计为圆形,周边双层隔墙,形成被动式太阳能温室,并将办公区与环状布置植物分开。冬季在寒冷气候条件下,中央筒体顶部和底部通风口关闭,保持内外墙间的空气温度;夏季打开上下通风口,使中庭产生对流空气,此时外墙内深色百叶自动放下,以减少外部太阳辐射对室内影响。每个办公室都有软百叶可开启窗户,人们自由地控制,调节其室内气候,也大大地节约了建筑能耗。

意大利米兰新建的《24 小时太阳报》总部大厦,也是这方面的杰作。我们知道,米兰是独一无二的。与其他的意大利历史名城不同,米兰的许多地区都分布着值得夸耀的优秀建筑,这些建筑可以从 20 世纪中期一直追溯到 19 世纪。得益于其富有创新传统的装饰艺术,这座伟大的城市一直在不断进步。今年,米兰将有许多大型建筑在世界顶级建筑师指导下动工。这些知名的天才建筑师将运用他们所有的原创力对米兰的城市形象进行一次革命,让世界和意大利的其他地区见证一个全新的城市设计。

新的"24 小时太阳报"总部大厦是米兰生态重建的核心,也是其规划中的旗舰项目。这不仅仅是因为它独特的设计,而且还有材料、科技、采用工艺的可持续性因素。这个占地 8 万平方米的巨大工程,是前米兰露天市场重新发展起来的结果之一。在利用原有结构的时候,新的总部大厦从 18 世纪米兰的宫殿中获得了很多灵感,它们试图将居住者与外界熙攘的世界隔离开来。这个项目的支点在中间的大片空间。这个长 160 米,占地 28000 平方米的复合建筑,容纳了新闻办公室和行政部门,中间的院子有一片种植着树的景观,遮盖了停车场、科技区、一个自助餐厅、一个酒吧和一个会议中心。在这里,精心挑选的草木与透明的、开放的、能被城市生态系统容纳的一面,共同促成了商业世界与建筑的对话。

这个计划的核心在于如何缩减规模。建筑的整个南边部分被移除了,以便让宝贵的阳光能够入射,并且可以建造一个 10000 平方米的花园:一个种满了树的土堆,形成了一个巨大的高达 13 米的"绿波"。在周围的街道看来,这就是个城市花园,能够与周边和谐的持续的交流。对北边来说,这个"绿波"给中间的走廊带来了遮蔽,这个走廊位于地下二层。这个屋顶花园是由一个三角形截面的弯曲金属支架系统支撑的。在这个屋顶下面,是个多层的停车场,还有一个可容纳 500 人的自助餐厅以及一个小型的会议中心。

因此这个建筑就像机器,启动着它的各项功能,并通过运用透明体、光和色彩启发着在里面工作的人们。其方案的创新性,主要表现在:

(1) 神奇幻灯的内外壳(节能和环境方面的可持续发展)。建筑师在基本结构和技术厂房方面,都提出了有效的解决方案。设计的焦点在于玻璃的保护层,具有轻质量和透明性,就像第二层皮肤包裹在高层的建筑物的外面。天黑之后,整个建筑从内部开始向外发出光芒,像神奇幻灯,全天候地播放信息,并照亮周围的区域。

这个建筑物 6 层 20000 平方米的区域(除了被设施占据的地下两层),都被包裹着一层精心选择的防辐射双层玻璃,覆有滤纸和贴膜。这些透明的玻璃将覆盖超过 1100 卷 PVC 贴膜，由玻璃胶通过加热连接。

苹果绿玻璃片将被包裹在可调整的不锈钢结构之上。这一系统，完全处于楼宇之外，以滚动的构架、传送机（管状）及框架内部的吊带为基础，这些吊带决定了水平图案以及横向光束。这一系统最具创新性的特征是根据温度和天气情况自动开合玻璃片的软件，这些天气情况由放置在外壳内外的成百上千个传感器来检测。如此一来，通过夏天阳光的遮挡以及冬天阳光的利用，就可以节省下可观的能源。

一个轻质金属的屋顶将如同一条飞毯覆盖整个建筑，筛选和过滤太阳射线。这一名为 brise soleil 的系统，由 40 平方米高温电镀的钢铁面板组成，为顶层量身定做，悬空 2—4 米，起到的作用与阳伞类似。冷却系统采用的是创新冷冻顶棚技术，这在意大利还是首次使用。

（2）玻璃、钢铁和陶瓷（可再生材料与科技创新）。建筑整体的建造理念是可持续、可回收以及材料与环境兼容。外墙主要采用玻璃和钢铁，内壁主要采用陶瓷和石膏。这座大厦由瓷砖所覆盖，由铝质束带层将之与外墙连接，通风透气。这一方案保证了绝缘性能，节省了大量能源。瓷砖的花样拼法与玻璃墙面相映成趣。

薄泥浆大约在 2—10 毫米之间，填充瓷砖之间的缝隙，固定窗户与玻璃墙面板。整个覆层用到两种原理：窗户的水平支持与瓷砖的垂直对齐。边角部分的瓷砖被切割为 45 度。

颜色的选择也是非常谨慎的，无论是选择灰色铝来配合玻璃墙面的金属支架，还是选择由多种黏土、钛和瓷土混合成的"米兰黄"色的瓷砖都经过了审慎的考虑。

（3）地基是由经过防水处理的加固混凝土建造的。地下层的地基建于砂砾层之上。地下二层的屋顶被设计为由立柱支撑的悬浮结构。

虽然地基的最底层在含水层之上，但是为了抵抗由于地下水位上升可能引起的水压，大堂的地基四周采用了一米厚的混凝土，通过压力杆安置以抵抗牵引。

（4）花园窗户。28 米的窗户主梁采用类似于船结构的架构，安置在特殊的三脚架上，用冷光漆 R60 油漆。它们通过特殊车辆运抵此处，在深夜通过 400 米高 70 米臂展的起重机吊起，放置于主建筑上，高度在 20 米。由于其复杂的几何结构和非重复性模块，该工作需要使用三维设计软件来达到轻质、透明和简单的最终结果。

　　从质量、效率和环境的可持续性来讲，按照公认的国际标准和评估方式，这一工程是杰出的。一般的建筑生态评估只是涉及其所使用的材料，如评估材料耗能（材料整个生命周期应该低能耗）、毒性和危险性、自然与生态兼容性、耐用性以及气候、水和热的兼容性等促进人和自然和谐发展的特征。但新的"24 小时太阳报"总部大厦还通过了内容更为多样复杂的环境可持续性的生态评估，成为城市规划与创新建筑技巧和科技应用完美结合的典范。正如建筑师 Renzo Piano 评价的："透明、轻巧，加上多功能、实用，如同汽车一样便于检查和修复。"

　　另外，法国巴黎的植物墙建筑也是这方面的典范。它形状是一个光滑的平行六面体，底层悬空并镶有玻璃。外墙采用特殊混合材料，包括天然原材料（水、沙子、石灰）以及数百万个气泡。这样一来，既保留了石头的特征（坚固、坚硬、不易腐烂变形并且防火），又具备了隔热功能（气泡是最好的隔热材料）。建筑物南边花园的设计，沿袭了诗意和梦幻的风格，介于建与不建、室内与室外之间。当我们身处花园，仿佛置身于一个半闭合的空间，光线通过竹子帷幕渗透进来，又将我们的视线与花园周围的城市景观相隔绝，使它成为场馆使用者和参观者休憩的理想场所。花园位于楼层交通的出口处，是一个理想的社交场所，可以用来组织活动，这个高 18 米的空间也可以成为演出场所。银幕从墙上挂下并覆盖屋顶。花园里或者露天平台上的观众能够很好地观看到投影表演。

　　楼层的设计采用了束柱模式，以便实现各种不同形式的隔断。布局隔断可以拆卸以便灵活地进行场所分割。为提供一个洁净、舒适的环境，使用了多种先进技术来净化空气，隔绝城市噪音。建筑物空调系统的运作是以最低的能源消耗实现的。

　　该项日大多选用原始材料，如生土和竹子，在建造设计上可以增加其艺术感和装饰性。整个建筑由竹子环绕，这样的结构可以支撑遮阳板，将技术廊道装饰成为屋顶平台，支撑舞台设备以及外部光源，避免外墙过热，使建筑物更具戏剧化效果。地上种植和空中悬吊的竹子为建筑物的轮廓蒙上了一层神秘的面纱。当风大时，悬吊的竹林随风轻轻飘荡，使整个建筑物看上去更加灵动。建筑物还会随着时间和光线的变化而变化。夜晚，它转变成为一个巨大的光源，熠熠闪光。

　　还有，英国伦敦的零能耗生态住宅展现了如何和谐地使低增长、高密度的人口在更宜人的环境下生活、工作，现代的生活工作方式由可更新的能源驱动。这是在伦敦西南萨顿区一处名为布朗的旷野上，由伦敦最大的非营利性福利住宅联合会 Peabody 信托开发的一个城市乡村太阳能综合利用项目（即贝丁顿零能耗发展项目),提供了包括平房、小房屋以及城镇住房等在内的一共92个住处,有超过2500平方米的工作空间、办公室以及社区住宿。当然,也有一个托儿所以及采用可变化房间构成的社区大厅和利用可再生技术的展览中心。

这种建筑形式提供了一个不需要加热的太阳房,可以在冬天最大程度地获取被动太阳光,使得温暖的阳光可以直接进入卧室,同时有一个足够大的窗户用来交换室内和室外的空气,有遮棚的阳台使得夏天气温不至于过热。所有朝南屋顶,要么种上景天属的植物,要么种上300毫米厚草皮构成的绿色屋顶,而且屋顶植物是用回收利用的水灌溉的,从而降低在世界许多较大城市,包括伦敦,都已经非常显著的城市热岛效应。根据气候条件,这种屋顶的表面将被优化以便最大程度地利用太阳能发电,创新性地替换原来的管状的太阳能取热和制冷系统,使整个建筑可渗透使用完整的可更新能源。

贝丁顿零能耗发展项目的整个运作系统,使高密度的有工作场所和居住场所的三层城市楼房也变得十分宜人。工作场所是在房屋屋顶朝北阴面,工作场所的顶上带有空中花园,使得所有的楼层都有足够的户外花园,可以获取充足的阳光,同时也解决了防止夏季工作场所过于炎热的问题。超绝缘材料和自然风驱动的通风系统和热恢复系统的联合使用以及利用每一层巨大的楼层和外墙被动的储存太阳能,这可以使得对电和热的需求降低到一个极限。一个100千瓦的以木材为燃料(可再生)的热电联工厂,就可以满足有大约240个居民以及200个工人的一个社区的能源需求。

18.4　融入动态社会生活的绿色建筑

从更深的层次上讲,绿色建筑应该是一种有生命力的建筑,它能充分表现生命中绵延不断的活力。这种生命力源于社会生活形态变化之中,从而是不断变化和运动的,犹如丰富多彩的阳光、声音和色彩。但长期以来,建筑设计活动常常忽视千变万化的社会生活形态的变化,采取静态的思想逻辑和设计模式,把建筑物设计成一件终极型的产品、定型化的空间,造成现今建筑使用中出现的一系列的弊端,不能适应社会生活形态历时性的变化。绿色建筑的建构,不仅仅是"凝固的音乐",而且还应该是一个动态的、有生机的、可持续发展的空间形态;不仅仅是静态的三维空间,还应考虑动态的四维——时间的因素。因此这些绿色建筑,必须能够展现未来气息,同时能够成为无数民众日常生活的平台。

西班牙马德里公共住宅建筑,就是从这一新视野中探索新技术、自然环境与社会生活形态相结合的绿色建筑发展之路。马德里公共住宅建设的历史背景和大环境主要是:(1)公共住宅的自身发展演变。1936—1975 年在独裁统治下,主要是大量破旧的民居;而在 1976—1986 年施行民主政治的最初几年,出现了改造和兴建新居。这就提出了:要寻求城市居住和城市定义的新方式。(2)城市规划过程中的自我封闭,生命特征被损害并且人们丧失主体主义等惯性,将城市发展推向崩溃边缘。行动放缓,处于停滞状态。为此,要形成开放型城市的新景象、以市民为本、尊重马德里历史身份,同时,展望一个更和谐、更平衡,因而更适宜居住的空间。

正是在这种情况下,促进了马德里公共住宅新趋势之根基的(概念根基和技术根基)创新过程。基础设施、人口迁移的新战略、新的社会和社区生活政策、公共空间管理和可持续性等方面的最新进展,也推动了这一过程。新萌发的理念是:所有城市元素都会对人类产生影响,因此城市的改革可以对居住者的幸福感受度产生积极的影响。城市改革的过程,是新式理念和新型环保技术应用的过程。为此,需要有"公共住宅建筑的新视野",即新建筑发展和技术革新所发挥的作用,建设符合经济承受能力、合意且可持续的住宅建筑。其主要措施及其过程,表现在以下几方面。

(1) 通过住宅革新和公共住宅的概念实验室,探讨公共住宅的新视野。在过去十年的发展过程中,EMVS 公司开发了一个新系统,可以作为一个分析"实验室"来研究和建造防护性住宅,并关注探索公共住宅的极限。其结果,是取得了一系列解决方案。目前,已有 1200 多名建筑师参与这一实验室的工作。实验室的目标涉及为提高住宅水平而开发以建筑规程与技术为中心的研究项目,以提高可持续性、能源效率与质量。显然,这对提高这些住宅单元中的居民生活水平有着积极影响。通过共同努力,他们已经推出了大量的智能化方案,为21 世纪公共住宅建筑开辟了新天地。

(2) 推广建造过程的生物气候与环境新型技术。西班牙政府能源、环境与技术研究中心(CIEMAT),作为教育与科技部下属的一家卓有声誉的公共研究机构,致力于多个基础研究领域内的研究,包括能源、环境与众多尖端技术。自1951 年创立以来,CIEMAT 启动了众多研究项目以及以技术发展为重点的项目,同时也在其多项专业领域内为公共管理机构提供咨询服务。在 CIEMAT 目前开展的项目中,有一个聚焦于生物气候建筑的项目(PSE-Arfrisol 项目)。来自多所大学的研究小组共同参与了这一项目,他们试图证明开发生物气候建筑以及在建筑物中利用太阳能来实现高达 90％的节能效率的可行性。生物气候建筑的目标,在于通过让建筑物适应每个地区的气候条件(同时与建造者过去习惯的施工方法和常识相一致),以及采用新技术,以便使防止房屋中能量损耗成为可能。该项目的内容,包括计划在马德里、索里亚、阿斯图里亚斯、阿尔梅里亚建造五座建筑物样板房,为满足隔热、供暖、空气调节的要求,提供了一个降低污染程度、运用生物气候结构和可再生能源的建筑物实例。与通常的能耗水平相比,这些样板房能够使能量消耗削减 80％—90％之多。这一技术将是整个建筑业在 21 世纪第二个十年里的主导力量。到 2009 年,该项目投资额达到 3200 万欧元。著名的国际建筑集团,如 Acciona、FCC、Dragados 与 OHL 都将参与该项目。

(3) 实施环境管理(能量、供水、废弃物)。通过建立闭路再循环系统来促进固体废弃物和污水管理,有效避免饮用水的不必要消耗。这些战略形成了一个金字塔,自个人及其住所开始,延伸至建筑物和其他居民,然后,当管理涉及整个活动区域并形成城市级别的环境管理方案的一个基本组成部分时,其内容便达到了更为复杂的程度:控制与处理流回河流的水、污水再利用、垃圾控制、可用作燃料的废品再循环与利用,以及其他活动。新的管理办法有助于减少消耗及废弃物的产生,同时也帮助人们获得公共服务、材料与能源。

(4) 自然历史遗址的修复。在"保留城市身份、遗产、公共空间和人口"等新理念指导下,自然历史遗址的修复主要通过两大标志性项目来实现。一是 Madrid Rio 项目,使马德里河这一城市母亲河容光再现,其在市中心为公共用途和连接城市内一些重要历史园林开拓了巨大的环境价值空间。该项目也将修复马德里历史悠久的古桥。二是 Prado-Recoletos 林荫大道交叉口修建项目,还包括对历史悠久的公共场所的使用条件进行修复和改善。实际上,这些公共场所是在过去三个世纪内马德里市最具象征意义的公共场所。此外,这一范围还包括了马德里最重要的三大艺术博物馆,并将博物馆与具有重要的文化和遗产意义的其他场所连接起来。道路交叉口代表了目前城市主要交通枢纽之一,由此该项目必然为首都的交通流量和交通运输习惯带来重大改变。以散发文化气息和创造性为终极目的,修复建筑遗产只是一个实现过程,随后便是一项明确、高效的计划以用于鼓励全新的评价和使用方法,以适当形式扩大了对建筑物妥善保养的可能性。

(5) 社会可持续性计划。在城市转型战略中,对基础设施或地下公用事业网络、教育、提高意识计划、行动计划的更新任务很重要,同时,对社会可持续性模式的更新也同样重要。因为在城市转型过程的大背景下开展的所有活动中，社会的可持续发展对民众幸福感的影响最大。为此，政府积极促进市民介入和参与关于人类和城市可持续性的项目，以推动社区生活的改善，并让居住者感到更加幸福。同时，政府高度重视制定发生事故或需要救助时保护人身安全的医疗保健及应急服务计划，以及致力于援助老人与儿童的重要计划。

（6）寻求人类的可持续发展。这些策划方案的目标，是要把城市转变为发起交流、引发思想交锋、改善居住水平的广受欢迎的公共空间，并将其作为对私人空间的补充。因此，这些策划方案致力于创建新的组织模式。这些新的组织模式将人作为其参照点，改变城市面貌及习惯，从而令公共空间更适于居住；同时，也使得公共空间与私人空间之间的界限更加模糊。同时，积极探讨把社区生活作为公众活动与人际关系的动因与生成元素的可能性，发挥城市活动、文化活动场所及街区的作用，并将其作为创造、共享及交流的空间。此外，它们还试图让人们养成在公共场所漫步和深思的习惯，使其重新成为休闲的放松方式，以此增加与他人的交流机会，并鼓励更多的发现。

在马德里"公共住宅建筑的新视野"中，特别值得一提的是 EMVS 公司。这个公司不仅在住宅技术创新领域发挥了重要作用，成为一个标杆外，还参与许多有关的项目活动：

（1）作为社会住宅事业的公共推动力量，EMVS 与其他声誉卓著的组织、大学、公司、研究机构、实业家以及材料和计算机工具制造商一起，参与了这一欧洲联合项目"Manubuild"。这一项目的根本目标，在于确保终端用户从项目启动开始就能进行合作，并加入与其他工程部件兼容的新型工业材料。

（2）参与了 2006 年 10 月由欧洲委员会正式批准并提供经费的 I3CON 综合研究项目。EMVS 与 26 个合作伙伴共同形成了该项目的组成部分。其研究的重点，是通过加快工业化生产、统一的施工流程以及智能化工作和维护系统，制定出更具可持续性的欧洲建筑物计划。该项目的核心，是关于优化建筑物的寿命周期的方法和促进后续维护的方法，即通过先进技术的开发和应用、远程控制、无线连接以及对废弃物减少、水的再循环使用、能源效率的独立控制，还有对设备的监督和控制来实现。

（3）EMVS 公司与 Torroja 研究院、马德里高等建筑技术学校和其他一些西班牙公司一起，参与了 INVISO 这一国家级战略项目。该项目的根本目的是编写工业化建设构件目录、合理的住宅单元解决方案的类型目录，以及为生产过程中所有参与者的合作开发一个计算机工具。

（4）2006 年 10 月，EMVS 公司确定参加塞尼特"生态技术城"项目。该项目的目标，包括对促进建设和提供更高舒适度的新材料与解决方案进行测试，同时加大生态技术的应用力度。这将会提高整个建设过程中的工业化水平，这是生成新的城市建筑方法的关键部分，采用生态技术标准，并在能源资源管理方面基于过程和效率的优化，构建城市新布局。

（5）参与了新型 VALLECAS 住房开发——"日出"项目中的节能建筑研究，其以减少二氧化碳排放（25％—60％之间）和通过执行能效标准以减少消耗成本为重点的。在这个国际项目中，EMVS 公司与项目涉及的 139 个合作单位一起作为一个完整的合伙关系参与了这个住房的开发过程，并通过了欧盟第五号技术研发拟订方案的批准。EMVS 公司通过这个建筑所推行的方案涉及采用城市标准和生态气候概念对生态环境建筑的效率和社会生存力的证明。

（6）参与了 THE PARQUE DE LA GAVIA（公园）项目。在原则上，这一项目是通过将净化水与公园自身的水力系统结合起来，其重点是关注恢复和推广 Gavia 河以及其间的山谷的构架作用，并作为乡村和 Manzanares 河（东南部自然保护区）之间的生态通道。这将会有利于 Vallecas 住房开发和 Gavia 河之间的文化联系，并能够鼓励该地区的公用活动回归至传统的农业生产活动、娱乐休闲和自在散步。

（7）参与了欧洲联盟生活项目中对"自然"大道上的生物气候控制的部分。该项目的根本目的，是为整个 Vallecas 地区制定一份管理项目和生态气候方案。该项目借助三棵"空气树"的建造，提供了可持续城市设计和社会一体化的创新范例。"空气树"能为其周围区域制造活力，并能够利用替代能源，使大道的空气自然调节得以实现，从而优化资源。

这次西班牙马德里在世博会城市最佳实践区参展的，就是竹屋和"空气树"的生态大道。竹屋本是位于马德里的卡拉班切尔区的一幢社会住宅建筑（即公共廉租屋）。最初马德里的公共廉租屋在色调上是灰色的，结构上也很简单的。但在 27 年前，马德里成立了专门的市政公司用以提升公共廉租屋的质量。于是一批知名的、新锐的建筑设计师开始大胆尝试，并运用一些高新的建筑技术，从而使房屋建造越来越朝着可持续的方向发展。目前竹屋这一建筑已代表了一种先进的住宅模式，它通过可再生能源与循环材料的应用，融入了诸如环境与生态等现代理念，强调城市中公共空间的使用（如林荫道路、喷泉、城市建筑、儿童乐园等）。竹屋的展示也阐明了一个根本的观点：借助对传统材料的高级应用，以此作为公共住宅建筑的可持续解决方案。建筑物（竹屋）的外墙材料，与其先锋派设计以及先进的生物气候技术形成鲜明的对比。

生态大道是附有三座树状生物气候亭的大道,是马德里现有特色的再现。生态大道上的基础设施形成了地面上的生物气候调节器。"空气树"配有小型的风力机用于"生产"电能,也可通过顶部安装的太阳能板实现能源自给,并根据阳光照射强度而改变外部形状。"空气树"不仅包含一个生物气候调节的合理空间,也为周边区域的活动与安宁生活提供了场所,在夏日里为参观者提供了庇荫场所。"空气树"的内部结构范围与周边区域,均可作为活动空间。在 UBPA 内,每个"空气树"都是一个生物气候空间。当外界温度超过 30℃时,这一空间内的温度将自动大幅下降。身处其中,我们便处于室外和室内区域的中间地带,感觉就如同置身于参天大树的枝干之下,阴凉、舒适、视野开阔。从"室外"到"室内"的过渡十分自然:空气树既不是建筑物,也并非封闭空间。我们可以时刻保持同外部的联系。在夏天,空气树向外延展,伸展其"枝干"来提供阴凉区域,并扩大其影响范围。当大气变化时,空气树闭合,将自己部分封住,并集中资源用于内部生物气候的调节和运转。

采用"空气树"作为一个创新的、先锋的和多功能的公众聚集空间,来探寻21世纪公共"广场"的社区生活的新可能性。每个广场包含一个主题项目,这将使得开展活动的计划或基础设施必不可少。在这些主题广场(空气树)中,率先在改革过程中融入人文元素。

与此相类似,加拿大卡尔加里市的自来水中心,不仅是一座新型可持续建筑,其设计和修建与当地自然环境、建筑环境融于一体,更主要的是这一城市建筑体现了卡尔加里市对环境保护所做的努力,并成为催化剂,刺激社区支持可持续发展建筑的开发;同时,此建筑充分展示了用水效率,并计划提供有关自来水和废水的培训项目,以加强社区意识。

2003 年,卡尔加里市实施了可持续建筑政策,并成为加拿大首个能确保所有新建筑都符合美国绿色建筑评估体系(LEED)认证,并至少达到银奖评级标准的城市。基于众多方面考虑所做的决策,是实现可持续发展的关键。卡尔加里市着力减少环境占用,运用"三重底线(TBL)"原则进行决策。TBL 指的是将经济、社会及环境三方面因素作为一个整体进行综合考虑的方法。

自来水中心是该地区的首个城市发展项目。为响应市政府实施可持续建筑政策及其所作出的减少环境占用的承诺,在自来水中心建造时,不仅仅满足至少要达到 LEED 银奖评级的标准,其定位是更少地使用能源、水及主要使用回收型材料,达到白金奖评级认证。原先这个地方是棕色地带,并不显眼,常常被人们忽略。在建设自来水中心时，按照加拿大政府在土地开垦方面的严格标准，对此处原有 85 亩棕色地带进行了最大限度、最优化的利用，堪称一项大的翻新工程。

另外，自来水中心把来自 10 个部门的 800 名员工聚集起来，进行集中作业。这样，可以节省成本并提高工作效率。作业地点集中，交通方便，减少了往来积聚的时间，并有效地将土地用作办公目的。此外，其自然布局还能激发员工间的合作，增加了建筑的群落性。

这个自来水中心整体的、创新性设计，还包括：环保内务；空气处理机组的热回收；可供观赏风景和呼吸优质空气的活动窗，使居住者享受到更多健康和舒适；收集屋顶雨水，用作植物灌溉；现场仪表测试设施，将回收的水用于冲厕；结合地板下安装的通风设施，采用辐射天花板供冷；以及回收材料制成的可再生资源或部件。

卡尔加里市推广并确保健康的理念，不仅有助于实现个人目标，而且是该市实施员工健康综合策略的重要内容，也促使自来水中心为其员工、客户及社区提供一个安全、可靠、健康的工作环境采取了许多举措。例如，自来水中心的空间布局尽可能减少横穿周围居民社区的可能性，同时也提供了方便的公共交通。其北部地带，为车水马龙的街道提供了一个城市边缘带（如一座花园墙），并将自来水中心与工业区剩余部分隔开。

更难能可贵的，自来水中心建造的愿景是"共同打造和维护一个生机盎然、健康安全、充满关爱的社区"。随着这座新建筑的出现，如今自来水中心已成为一个活动中心。在 85 英亩工业园的中央，其室外舒适的空间，室内完备的会议设施，以及为公众所设的解释性环境界面，共同构成了一派独特的绿洲景象。市民尽可以漫步于景色别致的园区，从供闲暇时阅读的资料中了解园内环境特色。此外，通过各种解释性标示，还可以了解与其自身密切相关的水/能量使用、排放和潜能等相关问题的信息，并且通过免费、自助性的参观，了解园区内各种设施改善的环境及居住者健康的方式，从而进一步增强公共意识。另外，还配备了一系列设施，其中包括健身中心、咖啡馆、自行车库、方便的公共交通、开放型办公室及柔性车站等，要求达到室内空气质量最高标准，以及环境系统的可控性（光、温度、活动窗、室外环境观赏）。

通过整体化设计，卡尔加里市有效落实了可持续设计原则，并把成本及进度控制在预算和时间安排范围之内。这一切都归功于一个多学科成员组成的团队。这个团队能基于共识及整体了解做出决策。从计划到驻入、再到运营的整个工程过程都遵循了此设计原则。同时,还采用了 SMART 工程管理办法(战略管理、联盟、革新及转型),卓有成效地管理了其利益相关者。

因此,自来水中心的这一可持续建筑是非常成功的,具有明显的特点。

(1)自来水中心可达到 LEED 白金奖评级,体现了卡尔加里市追求绿色环保的目标。该中心配备了绿化的屋顶、天然的植被以及环保的泊车点。此外,由于运营效率的提高,其寿命周期费用将大大减少。

(2)自来水中心在设计上,通过减少能源使用量、最大限度减少水耗、尽可能使用回收材料、降低废物产生量及为员工提供健康而动态的工作环境,力求把对环境造成的影响降至最小。与同类建筑相比,其自来水使用量减少了 59%,废水使用量减少了 72%,能量效率提高了 57%。事实上,有了雨水收集系统,就无需再使用自来水进行灌溉和冲厕了。

(3)自来水中心的总废物转移/回收量超过 90%。其先进的制冷系统所节省的能源,使得每年二氧化碳的排放量可减少约 71 吨。微粒物质、甲醛、二氧化碳、相对湿度等参数都符合适用标准阈值及《阿尔伯特环境空气质量标准》。此外,很明显,总挥发性有机化合物及一氧化碳也符合标准。

(4)LEED 设计流程,主张采用成熟的建模策略和计算方法来确定、测量能源和水的消耗、原材料用量减少情况、废物转移情况及建筑对环境造成的影响。此质量保证流程以参数的形式记录下了建筑物的性能,如能量效率、环境健康、室内空气质量及居住安全性等。此外,通过对周围环境的监控(照明、供热、采光)及居住者的不断反馈,对居住舒适等级进行评估。

(5)景区设计创造出了更多的必需绿色空间。该中心南面朝向公园式花园,是员工和社区群众平时和周末活动的场所。而景观分类理念则体现了水与植物群落的关系。至于园内的天然植被、浅草坪及大株落叶树拱廊,则展现了园内原有的景象。工业区周围的景致已经恢复到了破坏前的状态,使得其侧面的天然区域之间形成了一个天然植被走廊。而卡尔加里市翻新的一项重要内容,是把此工业区开垦为城市公园。

19 构建城市绿色交通体系

在当今城市人们流动性与联系性大大增长的情况下，几乎所有的大城市都面临着一个共同的难题——交通，主要表现在交通拥挤、空气质量差、燃料依赖度高、燃料成本大和二氧化碳排放，以及对城市空间的占用等问题。如何解决这一难题，使城市交通发展符合环境保护、健康、安全和效率的理念，建立起可持续发展的城市交通系统，就成为一项人们共同探讨的重要课题，也是人们实现社会与自然的协调发展、人类与环境共生的重要内容之一。由此，城市绿色交通的概念便应运而生，并在实践中予以试点和推广。世界上一些城市在探索和推进"绿色交通"的过程中，也以其生动的实践经验表明：实施绿色交通战略，对减轻交通压力，减少交通污染，实现城市与交通的均衡发展，具有十分重要的现实意义和长远的战略意义，是实施城市可持续发展的基本保障。

19.1 绿色交通的兴起及发展趋势

随着城市规模的拓展以及人们活动范围的扩大，便捷的交通日益成为时空压缩的有力杠杆，成为流动性和联系性的主要载体。在历史上，交通工具的机动化是一个突破性的重大进展，使人类的生活质量和工作效率得到极大提高，活动范围得到极大扩展，从而也成为人类进入现代化社会的重要标志之一。

然而，现代化交通方式在支撑城市发展和便利人们工作生活的同时，也形成一种对自然的索取，并对环境造成相应的破坏。特别是随着经济迅速发展，生活水平不断提高，私人小汽车和出租车的数量呈持续上升趋势，并在世界范围内一波一波地传递扩散。最早在20世纪20、30年代，美国城市的小汽车大量增加；然后是20世纪50—70年代，欧洲城市里的小汽车急剧增长；从90年代开始，亚洲城市也开始掀起小汽车热。由于一辆小汽车实际上等于 7 辆自行车所占的空间,等于 20 个以上行人所占的空间,城市机动车辆的急剧增加使现有城市道路的通行能力与不断增长的交通需求之间的矛盾日益尖锐,城市交通堵塞问题日趋严重。

因此,在交通规模无序扩展和把汽车作为交通主导地位的情况下,交通带来的环境、能源等问题尤为突出。其主要表现在:一是交通占用大量土地。有资料表明,发达国家城市内的道路和停车场面积占城市总面积的 30%—50%。二是交通消耗大量能源。目前全世界汽车总保有量约 6.5 亿辆,运输业所消耗的能源占全球石化燃料消费量的 1/2 左右。三是交通污染环境。据统计,来自机动车的尾气排放和噪声对环境的污染占整个城市污染源的 50%—70%,成为城市环境污染的主要来源。

显然,这种交通基础设施的发展缺陷会损害城市宜居性的活力,削弱城市可持续性的能力。早在 20 世纪 60 年代,英国规划师 Maloolm Bughana 就已经为发达国家规划师敲响了"不能让城市只见汽车不见人"的警钟,明确指出应该着眼于创建方便市民交通的城市,而不是汽车型城市。Vukan R. Vuchic 批评了美国社会不应把汽车作为交通主导地位,过于依赖汽车,减弱了城市的活力和吸引力,认为宜居城市的交通应发展公共交通优先的综合交通体系。①

在这种背景下,一个"绿色交通"全新概念应运而生。它强调城市交通的"绿色性",即减轻交通拥挤,减少环境污染,合理利用资源。绿色交通的提出,基于可持续发展的三个理念,即经济与财务可持续;环境与生态可持续;社会可持续。实现绿色交通的指导原则为:一是采用合适的绿色交通技术,通过增加更多的绿色交通工具,在刺激交通需求增长的同时减少私人车辆的使用;二是以人为本的交通规划,考虑人的可及性更甚于车辆的可及性,让人们花较少的出行时间,满足需求,同时将人们出行的舒适性作为规划的约束条件;三是公共参与,让公众重新审视交通方式,选择绿色交通工具成为其生活方式。

1994 年,Chris Bradshaw 进一步提出了绿色交通体系概念,并将绿色交通工具进行优先级排序,其依次为步行、自行车、公共交通、共乘车,最后才是单人驾驶的自用车。其之所以把步行、自行车系统放在首位,是因为这是属于环境零污染、对健康有益的最具绿色理念的交通系统。而城市快速轨道系统因具有快

---

① Vukan R. Vuchic, "Transportation for Livable Cities", Center for Urban Policy Research, New Jersey, 1999.

捷、准时、少污染、大运量、低能耗、安全、可靠等特点,也被许多人视为是环境友好型的"绿色交通",成为世界各大城市解决城市交通问题的主要方式。

因此,绿色交通是以"步行优先"以及增加自行车与公共交通,尽量减少私人机动车的使用为原则。彼得·霍尔提出建议为:(1)以步行、自行车和公共交通为主体,创造可持续发展的城市;强化步行的可达性,减少对小汽车的依赖,因此要大力提供步行和自行车的使用,鼓励公共交通;(2)发展生态型小汽车,开发低污染、高能量与效率的新型能源,减少排放;(3)整合交通与土地使用规划,从而减少不必要的城市居民出行,使得城市公共活动中心与公共交通系统有机结合。①

目前,越来越多的城市开始接受绿色交通的理念及其原则,并付诸实践。一些城市在推行绿色交通方面已有较大进展,并取得了比较成功的经验。其中,一些城市是以公共汽车为基础建立起来相应的运行模式,以及对城市交通系统中各种交通工具进行有效整合。例如新加坡从 1975 年开始实行"高峰时间通行费",1998 年更新了城市中心区测定收费的电子设备,使得通过这一收费范围的车辆能够更高效率。瑞典首都斯德哥尔摩实行照时段征收"道路堵塞税",通过分布于斯德哥尔摩城区出入口的 18 个路边控制站上的摄像头、激光扫描系统和安装在机动车辆上的传感器,在极短时间内自动完成收缴税金。这一措施取得了明显成效,使城区的车流量降低了近 25%,每天乘坐轨道交通工具或公共汽车的人数增加了 4 万人,因车流量减少而降低的废气排放量达 8%—14%,二氧化碳等温室气体排放量降低了 40%。巴西的 Curtiba 利用原有公共汽车交通建立了快速公交系统,以公交为主,城市公交与郊区公交建立了较为完善的换乘枢纽,网络联系十分周全,成为低成本、大运量的公共系统。荷兰和瑞士的城市已经形成了以公共交通、自行车和步行为导向的交通系统。

19.2 集约、高效、可持续的交通综合枢纽

实际上,"交通"是一种城市稀缺的公共资源,应该通过编制和实施综合交通体系规划来进行更合理的配置与更公平的分配。但纵观国内外的城市交通整体规划,都或多或少存在着"重建设轻规划、重规划轻网络"的问题。为此,在推进

---

① 杨贵庆:《21 世纪:中国的城市世纪——对 Peter Hall 爵士关于中国城市化和中欧城市发展比较的采访及其思考》,《城市规划汇刊》2004 年第 6 期。

绿色交通过程中,首先要把交通作为系统对象,从规划着手充分考虑环境、资源以及与之相关的所有要素,配合城市的长期发展以及土地使用与财政能力进行公共交通的综合规划,统一制定具有前瞻性的城市交通发展战略,建立有效的适合当前需要和今后发展的交通法规体系,并将绿色交通理念注入城市规划法规中,使交通基础设施的建设既能满足目前的需求,也能适应未来城市的发展。

随着城市的发展与规模扩大,一般都会遇到一个城市空间结构的调整问题,即让城市向区域性、多城镇核心方向发展。与这种城市空间布局调整相适应,在城市交通规划中,势必就要充分考虑如何在此之间通过城市快速路和快速轨道形成交通网络。从这意义上讲,在城市未来的交通系统中,城市快速路和快速轨道起着骨干和举足轻重的作用。城市快速路具有高速公路和城市干道的双重特点,一般应避免穿过城市中心市区。这样做的主要原因一是避免引入过量的过境交通,以免加大中心区道路交通压力;二是避开土地资源昂贵的市区中心地段。与城市快速路相反,城市快速轨道交通线路则要求尽量穿越中心区,其原因在于:一是便于吸引足够的客流;二是作为独立的交通系统不会干扰道路交通,反而会减轻道路交通压力。在这方面,英国伦敦为保持城市流动性和联系性,特别注重制定科学的交通规划,加强对外扩散的交通网络的建设,并取得明显成效。

从19世纪起,伦敦就以其金融、贸易和航运服务等确立了全球中心地位。随着经济全球化的发展,这一全球性的作用日益扩大。1900年之前,伦敦的人口还主要限于内城。但1900年之后,随着连接城市外部的新地铁线路开通,出现了逆城市化进程,人口变得越来越分散,同时还促使"郊区"成为比内城更为舒适的地方。在1939年这一段时间之内,伦敦的人口高峰大约为860万,其首都经济优先权也有所加强。在这种情况下,伦敦面临着一大挑战,即人口日益增多与既定的捉襟见肘的公共交通系统之间的矛盾。

伦敦为了有良好的适应性和变化能力,在保持城市传统结构的同时,不断创新和应对新的挑战,把解决交通问题列为最优先发展的项目。其目标是创造一个世界级的有效和高效的运输系统,以便提高业务效率,支撑更大的经济繁荣,提高伦敦每个居民和游客的生活质量,同时减少城市的碳排放量。

伦敦计划和伦敦交通策略有大量的引人注目的方面,特别是基于对外扩散的交通网络建设的大型投资项目或者正在建设的项目,如高速铁路、英吉利海峡隧道连接线路和其他十字路口的改进建设等等。

除了这些大规模建设发展之外,伦敦在现有城市基础设施基础上创新发展,开发新的机制。例如,在项目实施中有效发展和管理公共机构之间,公共部门和私营部门以及城市之间的伙伴关系,将交通拥挤和交通管理有机结合可以确保城市环境的高质量和快速发展,鼓励越来越多的人利用公共交通来代替私人交通等。例如伦敦市中心从上午 7 点至下午 6 点半实行车辆收费政策,以限制车辆进入市中心地区,从而使该地区的交通量减少 1/3,高峰时段车辆拥堵的状况明显好转。这些措施有助于促使城市发展,同时减少碳排放量,有助于为增加伦敦的吸引力提供持续不断地支持,也对伦敦成为生活、工作、学习、投资和旅游的最佳场所起到至关重要的作用。

美国许多城市也都在尝试利用集中交通来提高中心区的可达性,一种非常有效的方法就是乘坐公共汽车的乘客比驾驶小汽车更易于到达中心区。此外,将交通线路与轨道交通相连接,能更有效地输送乘客到达中心区。一些城市更是进一步以公共交通导向开发的观念推动土地利用规划的发展,试图通过城市交通模式的改变以重新组构城市区域的土地使用模式。其基本概念是在以轻轨或其他公共运输系统的车站为中心的步行半径范围内,让城市紧凑发展并强化地方中心的形成,促进城市土地混合使用空间模式的形成,进一步改变原有以汽车道路系统为主要骨干的城市空间结构。美国西岸几个城市如旧金山海湾区、圣地亚哥、波特兰以及西雅图等地的规划师,正大力倡导公共交通导向开发策略,以城市成长边界、站区填充式发展、市中心区的再发展等方式,来试图改变美国几十年来的私人汽车道路导向发展、郊区化与大都市区蔓延所造成的环境恶果。

我们知道,在交通网络之中,最重要的是其主要节点的作用。因此在建立城市快速路及快速轨道网络的同时,还应突出建立集约、高效、可持续的交通综合枢纽,反映在设计理念上就是要以尽量方便乘客换乘为宗旨来研究交通布局,协调各交通方式之间的方便换乘,并做好轨道交通与其他交通方式的结合。

中国深圳的罗湖口岸与火车站综合枢纽,"这个边境联检与综合交通枢纽中心,位于中国最繁忙的口岸——深圳与香港的边境,被改造成为一个高效便捷、以人为本的联运交通港与复合的公共空间,满足了每天 40 万人的通行需求",从而得到国际城市土地学会(Urban Land Institute,简称 ULI)评委会的高度评价。2006 年 6 月,ULI 在日本东京向深圳市人民政府主持规划和建设的《罗湖口岸与火车站改造工程》颁发了具有全球示范意义的亚太区卓越奖。该项目也荣获了中国建设部 2005 年度优秀规划一等奖及第七届中国土木工程詹天佑奖。

深圳是通往香港的前沿门户,中国通向世界的重要桥梁。罗湖口岸与火车站地区占地 37.5 公顷,是世界上最大的陆路客运口岸。早在 1906 年,由詹天佑担任顾问,修建了举世闻名的罗湖铁路。自此,罗湖桥成为一个符号,象征香港与内地间难以割舍的联系。在近30年深圳城市历史中,罗湖口岸地区四次改建,一直都是以极其有限的空间资源应对深圳与香港、特区与内地不断增长的人际往来需求。20世纪90年代后期,随着深圳城市建设的超高速发展,该地区的交通服务设施已不能满足深圳与香港、内地之间和城市自身日益增长的交通需求。当时,罗湖口岸地区平时日总客流量已达到30万人次,高峰日更是达到45万人次。由于交通阻塞拥挤,车行、人行混杂,城市交通枢纽组织功能衰退,环境品质难以体现城市门户的地位,该地区成为深港往来的交通瓶颈,严重制约了两地的经济发展和共同繁荣。

为了应对上述挑战,1999年深圳市政府以地铁一号线的起止站点——罗湖站的建设为契机,开始实施罗湖口岸与火车站地区的改造计划。深圳市政府在实施该规划时选择的核心价值观是:针对口岸地区土地和交通资源紧张,并且由于超负荷的压力导致的城市整体品质衰败的现实情况,以多式公交服务为主的策略配置有限资源,实行以公交优先化、交通管道化和环境生态化为核心的可持续的城市枢纽更新,实现有限空间资源的最优化利用,并带动周边地区共同成为可持续性发展的城市单元。

经过8年左右时间的建设,罗湖口岸与火车站地区改造工程为该地区重新构建了一个立体跨境的综合交通枢纽,利用极其有限的土地资源,整合了铁路、城市轨道交通、长途客运、城市公交等多种交通方式,满足了每日40万人(相当于一个中等城市人口)的通行需求,也打造了多功能、高品质的双城共享之地,同时也是促进深港共同繁荣与可持续高速发展的城市最佳实践区。

(1)高效集约的空间利用。实施改造的整个地区,包括罗湖口岸、火车站、长途客运站,总面积仅37.5公顷。如何在如此有限的空间内满足最复杂的城市功能,是实现区域可持续发展的关键。规划以高效集约的土地使用策略,充分利用已有的空间资源并合理开发地上地下公共空间,为今后不可预见的发展留下弹性和空间保障,实现城市空间的可持续更替与演进。该改造计划,通过以地铁站为中心十字环形的立体化交通组织结构,建设了以交通层为核心的由站台层、站厅层、交通层、地面层和平台层六个层面组成的纵向一体化综合人行空间,形成车行、人行各行其道的“管道化”交通枢纽,成功地解决罕见而复杂的多式、多向的交通换乘需求。同时,将九龙铁路、深港口岸、深圳火车站、罗湖商业城、深圳地铁、香格里拉酒店等紧密连接成为一个零距离的综合交通换乘枢纽,形成集旅客进出、出入境、交通接驳与换乘、人流集散、办公住宿、购物休闲于一体的立体化多功能复合枢纽地区,使之成为高效、便捷、舒适的,具有活力的城市门户地区。改造后所承担的总交通能力为高峰日 60 万人次,平常日为 40 万人次,满足了全年 1.2 亿陆路交通量,发展成为世界上最大的陆路客运口岸。

(2) 绿色便捷的交通组织。该项目设计从交通资源的最大化利用出发,将地铁、公交等大运量公共交通方式作为考虑的重点,通过罗湖口岸、火车站、长途客运站三大交通设施的无缝链接,在适宜的步行距离内实现了地铁、公交、大巴、出租、私车等各种交通方式的"零距离换乘",满足普通大众的高效出行需求,并减少能源消耗与环境污染。为实现公交优先的策略,重新调整了已完成初步设计的原地铁方案,将其南移 70 米至该地区的核心位置,以更好地发挥地铁的服务功能。站厅层布设四个出入口,地铁一号出入口将罗湖口岸由联检楼进出地铁罗湖站的人流完全分离,进行管道化组织。其次,人行空间优先安排在中心,通过南至北长达 400 余米的地下交通层,将口岸联检楼、火车站、地铁罗湖站三大人流轨道交通连为一个整体,方便地将人流输送至各个交通场站,实现出入境、公交搭乘无缝式人行接驳,及轨道交通与常规交通的换乘。再次,将车行空间分散在人行空间外围并与周围道路进行一体化改造,让车流按管道化组织运行,使长途汽车、公交大巴、公交中巴、的士、社会车辆和边防检查车辆自成系统,互不干扰。还有,东西广场采用人车完全分离的港湾式布局,公交车在专用道上行驶,不与其他车辆混行,乘客进站出站井然有序。

该项目依靠高新技术的大量应用,提供快捷、安全、方便和舒适的服务,使普通大众均能享受到的国际一流水准的交通设施。交通层与口岸、火车站、地铁站的接驳,以及全面自动化、信息化,清晰的交通标识,方便地为过往人流提供指引。地铁罗湖站新颖的安全屏蔽门使乘客的安全有了保障。等离子显示屏随时提供各种服务信息,整个地区的人行空间全部实行无障碍设计,合理布设残疾人升降梯,体现出无微不至的人文关怀。罗湖口岸的入关港人指纹及面相识别系统、数字信息采集系统、卫生检疫电子化监管等先进的技术应用以及儿童优检通道,使旅客享受通关的快捷便利。

(3) 自然和谐的环境构建。地面广场采用生态节能设计,覆盖有镜面水幕的玻璃天窗将阳光导入地下空间,达到天然能源的低成本使用。绿化天井和地面广场布置了丰富的绿色植物,构造出自然的生态空间。室内室外的园林环境融为一体,绿化天井与下沉广场不仅为交通层带来了自然的光与风,还为交通层防范各种突发事件提供了安全保障。通过将深圳河、罗湖山、百年古树等自然元素的融合并对地下空间的人工绿化,在具有超负荷交通压力的城市功能区,创造了首个"花园式"交通枢纽。

　　(4) 双城共享的城市客厅。口岸地区从大陆封闭时期的关口转型到两个城市之间愉悦共享的多功能区域,跨越不同社会制度与文化背景的差异,实现两个城市由分离、接触到融合的空间转变,港人与内地人从陌生、邻里到伙伴的生活体验,使人们交往的心理没有距离。随着深港两地社会、经济、文化等各方面交流的日益密切,"香港上班,深圳居住"渐成港人生活的趋势,大批港人通过罗湖口岸到内地探亲、经商、置业安家,也有越来越多的深圳人到香港工作、学习、消费。罗湖口岸与火车站综合枢纽不仅是快速通过的交通枢纽,更以其丰富多样的城市功能,日益成为两地居民每天均能愉悦共享的城市客厅。

　　实践证明,这一项目的改造是成功的。2008 年 1 月,席卷中国南部地区的暴雪,全面考验了改造后的罗湖口岸与火车站的运行。由于恶劣天气引起的公路、铁路交通的瘫痪,导致数以万计的旅客滞留。口岸地区在保证通关人流不受影响的同时,利用地下交通层安置了大量滞留旅客,使他们免受风吹雨淋之苦,配套齐全的服务设施也提供了便利的应急服务。高效的交通分流系统,满足了春节期间每日 40 万人的顺利通行。

19.3 "以人为本"的市政交通体系

　　建立以人为本的市政交通体系,应坚持以"人"为城市规划的主体,以居民的日常生活为城市规划及交通的基础。在城市和交通规划中,包括从总体规划到局部规划以及实施和运行过程,应改变过去只注重机动车道规划的偏差,特别在市中心区,应将规划标准从车辆的尺度转移到人的尺度上来。

　　西班牙的塞维利亚市,在着力构建一个基于以人为本的全新的交通流动体系方面为我们树立了典范。20 世纪 90 年代末,塞维利亚开始复兴。这是基于拥有大量高素质的杰出人才,洋溢着活力和灵感的自发能动的真正复兴。成千上万的居民参与了塞维利亚的城镇规划,为建设自己心目中的城市提出了具体的建议。这些年来,塞维利亚发展了一个易于理解的、明确的城市模式,并已为塞维利亚人所熟悉。这座历史之城的发展模式基于两个基本点:公共空间的重建和可持续交通的发展。

　　长期以来,来自道路交通压力的日益增大,导致了以沥青、大规模环形路、六车道等为主的城市交通模式。但所有这些增加道路基础设施的措施,对缓解交通拥堵起不了多大作用。因为道路面积增加之后,随之而来的是更大规模的汽车数量的增长。例如 1992 年塞维利亚修建的所有环形道路和桥梁,其目的是为了使今后几十年内的道路交通更为便利,但现实的情况是,刚过五年又出现类似于先前的交通系统崩溃的情形,主要是因为城区汽车数量的增长速度无法控制。1990 年,每 1000 名居民当中有 217 辆汽车,到了 2005 年,已经超过了 400 辆,汽车的数量增长了一倍。很显然,道路基础设施不可能以这样的速度增长。整个城市由此正成为一个越来越具有扩张性、越来越不具可持续性的环境。为此,塞维利亚重新审视了城市发展与城市交通的传统模式,提出要建立新的居民与城市之间的关系,实现可持续的交通流动。

塞维利亚在实施历史城区的全面复兴规划中,把由公共空间的规模和质量来衡量的公共环境建设,作为这座城市发展速度的标志。为了达到这一目标,需要优先考虑以下措施:必须照顾到行人的利益和行人专用区的面积,扩大人行道和自行车道,建设地下停车场和新公园、新园林。由此,一种全新的交通流动文化在塞维利亚发展起来。它是基于对城市交通的新理解和市民与城市互为一体的方式上,并且有助于保护历史遗产,推动商业和服务业的发展,挽救公共空间,使其保留并为市民所利用。

实施这一全新的交通流动项目,其目的是使塞维利亚成为一个在未来实现交通可持续流动性的示范点,在交通可持续流动性计划的发展中达到高潮。也就是,通过减少私家车的使用,创建一个更便利、更高效的城市,通过减少污染,降低噪音水平来建立高质量的公共空间,从而改善城市的居住环境。

塞维利亚认识到,不仅需要经历重新恢复和重新城市化过程,而且还要发展一个使人们能够看到、用到、感觉到的新的城市模式。简而言之,就是让大众享有这些过去由私人交通工具所占据的城市空间。为此,塞维利亚重新调整了对公共空间的使用,即恢复被私家车所占据的区域以作公用,特别是在市中心,并促进其文化项目的建设。例如,建设了新广场——林荫大道——圣·菲尔南多轴。新广场是城市的中心地带,直到最近才成为始发于郊区,穿越 Avenida de la Constitución(大教堂所在地)的大多数公交线路的终点站。2005 年,多达 38.7 万辆巴士在距离大教堂只有几米处通车。现在,那里的道路已经开始通行。

实施一种全新的、更有效率的、更合理的和更具有可持续性的交通流动模式,旨在限制道路交通准入,复兴行人专用区重要的城市空间。塞维利亚积极倡导交通可承受方法的引入,例如地下铁道—中心有轨电车、自行车道、一套公共自行车租用体系、电动小型公共汽车以及地铁。

2003 年 2 月,塞维利亚市政府同意开发自行车交通蓝图规划。通过这个规划,市政府开始意识到自行车所带来的经济、环境和相关的交通流动效率优势,承诺为自行车保留总距离 77 公里的通行路线,分布在覆盖整个城市的八条路线中,将郊区和市中心连接起来。

塞维利亚地铁网络建设,总的基本项目预计修建四条轨道线,覆盖总距离为52.5 公里,在交叉的地下和地上线路中有 75 个站点。该项目包括在车站旁边建造停车场,旨在鼓励交通流动模式的互换,以及减少私家车的使用,同时建立塞维利亚的主要城区与机场、圣 Justa 火车站、RENFE 铁路网和 Plaza de Armas 汽车站之间的连接。这条地铁网能够容纳 12800 个乘客,分布于 64 列低层轻轨,速度可以达到一小时 23—29 公里(包括停站)。

中小型电动公共汽车网络作为对城市中心地铁和轨道网络的补充,正逐步在历史遗址中心实施。这些单行路线将历史遗址中心的路线和其他外部路线连接起来,沟通了主要的公共交通路口。这些路线还被整合于未来行人专用区的某些地段。电动公共汽车和行人、骑车者使用的街道要保证考虑到行人的环境。

道路交通问题在很多方面都取决于泊车位的不足,因为很多车辆来回寻找车位。同时也由于非法泊车导致的不良后果,例如双停车等大大减少了道路的容量。为此,政府推行了一项大规模的停车场建设政策,在历史遗址中心周边地区的修建旋转式停车场,届时将会提供 4000 多个车位。

经过坚持不懈的努力,塞维利亚及其城区经历了关于交通运输和流动的根本变化,极大缓解了交通压力,减少了交通污染,形成了全新的交通流动体系。

法国罗纳大区在解决城市交通问题上,也积极探索出一套行之有效的办法,为我们提供了宝贵经验。法国罗纳大区的城镇网络构成了一道独特地理风景(包含有山脉和森林),而纵横于境内的各种交通设施如公路、铁路、内河航道和空中航线将风景连成一片。罗纳狭谷,一直以来都是一个主要的交通走廊。在罗纳大区,由两个国际机场、高速铁路网络(TGV)、公共交通设施(TER:区域高速铁路网络)和高等级公路交通设施(高速公路、国道和省道)共构成的庞大交通体系满足了大区的日常交通需求,而且该交通体系还处于不停的发展过程中。

由于认识到交通在发展中的突出作用,罗纳大区通过雄心勃勃的政策措施来促进区内交通的改善并加强罗纳大区对外的吸引力。大区主导区域发展委员会下设的环境,交通和通信工作小组负责日常工作,而该区域发展委员会又是"欧洲四大引擎"项目的重要组成机构。为了把区域性特征的方方面面纳入考虑之中,大区建立起一个咨询体系,具体机构是体现积极民主参与的乘客咨询委员会。

作为提升生活质量和环境质量的真正驱动力,罗纳大区制定了众多建设高品质、可持续的交通基础设施的规划,而这些规划也是创建一个充满活力的商务、文化、社会和旅游环境的重要资源。

而且,罗纳大区积极引领交通技术发展的潮流,加强交通新技术的研究与应用。交通技术包括宏观分析控制技术(主要用于制定发展战略和规划)、微观工程技术(例如环保治理技术、交通工程中的交通设计技术、交通信息工程及控制)和新概念技术(ITS)。这些技术大都旨在解决目前的温室气体排放问题,并能使绿色交通从理念的层次上升到实践的高度。由于罗纳大区的研发机构所提供的技术具有前沿性,所以有能力拿出由诸多研究机构和私人合作创新部门支持的解决交通和环境问题的合种方法和措施。

特别应该提到的是,里昂已经建立起先进的交通网络。里昂圣埃克絮佩里(Saint-Exupéry)国际机场和 TGV 东站,连同 TGV 轨道网和高度发达的高速公路体系,将陆、空连为一体。大约有 100 条公交路线,4 条地铁和 2 条轨道交通以及 2001 年投入运营的 2 条电东线路,来共同服务于里昂市交通。

里昂的 VAISE 交通中转系统涵盖了全部的交通方式,有地铁、公交车、汽车(停靠和换乘系统)和轨道交通(站)。四个级别的交通方式包含在一个交通中转系统中,反映了该区再开发项目的规模是巨大的。里昂的 CARRE de SOIE 新区,以前是个工业区,将从对交通设施的巨大投资中获益,而这种投资既是为了方便居民和游客,更是为了招商引资。

有关的交通政策也促进了生物燃料和环境友好型交通形式(如自行车)在里昂的推广使用。这种努力具体表现在"Vélo'v"自行车租赁计划或者在城市发展中重视步行者的权利和方便上。

成立于 20 世纪 80 年代的罗纳大区和里昂卫星城交通联合管理局(SYTRAL),是由里昂市政府和罗纳区大议会任命的一个公共机构,旨在组织管理里昂的公共交通,并负责现有的公共交通设施和城市交通周边地区(PRU)的设施管理使用。城市交通周边地区分布有"大里昂"的 55 个市和附近 7 个市,600 多平方公里的范围内居住有 132.5 万居民。SYTRAL 为"联合式交通"的实施和里昂卫星城范围内的环境友好型交通方式发展作出了直接的贡献。

格勒诺布尔市正在寻找推行公共交通并控制污染的可替代性方法。例如,开辟途经主要城市并能缓解市中心阻塞的第三条电东线路,减少公交停车的收费,增加流动性交通设施等。罗纳大区和法国国营铁路公司(SNCF)引进"Oura"芯片,从而能使乘客凭一张票走遍罗纳大区全境。还有,确立停车和换乘系统,以及开辟更多公交线路和自行车道。

　　未来的成功有多种选择。大里昂市政当局、里昂工商业联合会、Irisbus巴士和雷诺卡车经营者联手IFP和INRETS研究中心，正在整合资源，申请参加"2015里昂城巴士和卡车"锦标赛。这是一个雄心勃勃的合作项目，旨在迎接城市环境下日益增长的客流和物流需求所提出的挑战。而罗纳大区则计划在2010—2015年间开展跨阿尔卑斯山脉工程，总花费达125亿欧元，用超过200公里新轨道线、隧道和众多的工程设施将里昂和都灵两个城市连接起来。而且，里昂—都灵(Lyon-Turin)贯通线决不会到此为止，它将继续延伸到威尼斯的里雅斯特、斯洛文尼亚，甚至更远。

　　同样如此，瑞士苏黎世的城市交通流动性解决方案，也是立足于"以人为本"的基本理念，以满足市民、游客以及工薪阶层员工的日常交通需要。苏黎世因其高质量的生活而闻名于世，自2001年以来"国际默瑟城市生活质量研究"排名第一位。但这在很大程度上，要归功于其成功的城市交通疏散方案的执行。

　　苏黎世是瑞士最大的城市(拥有36.5万居民)，并且是最重要的都市区中心。苏黎世都市区犹如整个国家的经济发动机，也是社会性和生态性都市潮流的先驱。苏黎世高质量的城市空间源于精心策划的交通管理。苏黎世既着眼于现在和将来的城市发展，提出创新性的城市交通流动性解决方案，同时又意在修复1960—1970年间的汽车为主时代所带来的"城市创伤"。苏黎世城市交通解决方案基于以下几个不同支柱：

　　(1)公共交通。传统意义上来讲，苏黎世拥有一套行之有效的公共交通系统。其41%的公路通车里程或者32%的全部道路网是由公共交通网络组成的，这是苏黎世城市交通疏散方案的支柱。自20世纪70年代以来，公共交通在城市街道上享有优先行驶权。20世纪90年代，轻轨系统和统一的票务系统引入苏黎世，使这一极具吸引力的地区火车线路遍布了整个都市区。随着这一系统的引进，苏黎世公共交通在90年代成倍增加。从那时开始，公共交通的使用，特别是通勤者人数大量增加。精确的列车时刻表，通往各城市和大都市可靠的快速交通以及整洁安全的交通工具，是苏黎世的公共交通的特征。公共交通网络正慢慢扩展开来。

　　(2)人行道。以步行方式为特征的流动性方案是环保的，而且能够使城市变得热闹充满生机。作为一个拥有短程路途的小城市，苏黎世通过设立行人专用区、行人优先区、便利行人道来提高步行的比例。值得一提的是，人们愿意采用步行方式的关键原因，在于这里宜人的公共空间以及方便、整洁、安全的人行道的连接点设置。在苏黎世，15%公路里程甚至整个交通线路网络的16%由步行街承担,逐步在城市中形成一个有机的、多功能的、环境宜人的、连续的步行空间,把城市的各种主要商业服务、文体游憩、交通(枢纽)设施以及居民区联系起来,活跃城市的生活气息。2004 年,获得瑞士步行者协会授予的"Mobilspiele 2003"创新奖。

(3) 自行车道。其 3% 的公路里程抑或城市全部交通道路网的 7%,是由自行车道组成的。通过完善自行车道的网络和路线信号灯,这一比例应该可以提高到 12%。同人行道的交通流动性一样,自行车道对于进一步构建生态环保的城市交通起着重要的作用。

(4) 汽车/机动私家车。在主要干道疏导汽车交通,同时通过为居民预留停车位,居民居住区的交通也因此被减缓和控制。苏黎世用一套限制性的停车政策,来提高公共交通工具在城市中的利用率。通常情况下,基于"共存"的原理,汽车与公共交通工具和自行车共享城市街道。

直至 2007 年初,在白天,交通管理系统给予了公共交通在十字路口的优先通过权。这个系统现在已经发展成一个动态系统。在大的交通流量下,整个城市成千上万的道路感应器使得这一系统能快速做出反应。如果交通流量非常大,红绿灯便会自动调节,从而使交通流量得以改善。总之,系统的主要的目标是保证所有公路用户的高度安全以及更好的实现交通信号灯自动调节。此外,在控制交通量时,自动适配的交通管理给予了公共交通优先通过权。苏黎世是瑞士第一个采用这一新系统的城市,而且坚信它将是未来每个城市处理交通问题所采用的方式。由于这一创新的整合方法能够满足苏黎世市民、游客以及工薪阶层员工的日常交通需要,所以促进了环保型交通工具的大量使用(包括公共交通、自行车、步行等),并且将私人机动车辆的使用控制在一个相对较低的水平。因此,此案例推广和实施价值的标准,不是应用高科技或者使用昂贵的基础设施,而是在增进环保交通的同时限制私人机动车辆。

19.4　大力倡导资源节约型交通方式

在所有世界大城市中,交通对城市空间的占用始终是一个大问题。在有限的区域里,有太多的车辆占据了宝贵的空间。大多数城市已经达到了可容纳车辆的饱和点,其结果是非流动性。因此,智能的可持续的交通系统是城市未来发展的一个关键问题。德国不来梅在创新城市交通解决方案,建立公共交通租车系统,从而促进资源节约型交通发展而闻名世界。

自由汉萨城不来梅由不来梅和不来梅港两个城市组成,是德意志联邦共和国 16 个州之一。不来梅这个贸易关系横跨全球的百年港口正在实现结构转型和解决未来的问题。其中之一是解决资源节约型城市的交通问题。不来梅采用的综合方法,是用一种智能的和市场的方式来减少车辆数目而没有限制流动性。也就是,通过一个基于市场的巧妙方法来减少车辆总数,而不是通过限制流通来达到此目的。为减少车辆数目而不牺牲流动性和便利性,公共交通租车是一个具有吸引力的以市场为基础的好办法。这种公共交通租车系统,就是让车处于被呼叫状态,随叫随到,参加者可以在他们需要车的时候很方便地得到车,并且对应不同的用途可以使用不同类型的车。这促进了可持续交通模式的综合,从而减少了个人拥有私家车的需要。

在不牺牲流动性和舒适性的前提下减少车辆的总数,其智能可持续流动是发展租车项目的一个关键问题。而解决这一问题的办法,就是让客户拥有一个智能卡和密码。当需要一辆汽车的时候,可以选择上车地点及车型,然后通过电话提前预订车或在现场呼车。在车站,则可以从钥匙管理员那儿获得汽车、PIN 和智能卡。旅行结束后,汽车返还到车站,其有关数据自动传输,用来结算费用。

公共交通租车项目作为一个充分实施可持续城市交通战略的例子,在不来梅已成为日常生活的一部分。这个充分整合的公共交通租车系统获得了诸多奖项,如 1998 年国际经合组织(维也纳)颁发的国际最佳实践竞赛环境可持续交通奖,1998 年国际气候联盟颁发的月度项目奖,2005 年度欧盟委员会副主席雅克巴罗颁发的城市 CIVITAS 奖,2006 年德国摩托俱乐部"改善空气质量—交通维护"奖,2007 年欧盟委员会主席、交通部委员雅克巴罗颁发的欧洲 OSMOSE 奖等。

我们知道,越少的车意味着只需要越少的停车空间。而更多的公共空间意味着更好的生活质量。像上海(约 1900 万居民)这样一个拥有 75 万多潜在租车者的城市,如果借鉴不来梅的经验,7000 个租车点将遍布整个上海市,以及大约 15 万辆车将被高效的公共交通租车系统取代,还可节省 750 公里长的停车车位(按每车一米计算)。类似的估计,可以应用到所有的大城市。因此,公共交通租车系统能更好地以社会和经济友好的方式利用公共空间,因而对提高市民的生活质量存在巨大的潜力,同时也能减少停车设施的成本。公共交通租车也能促进联合交通链的更好利用——能更好地利用公共交通、步行和骑自行车等。

实现城市的"绿色交通",需要广大市民的参与。为此,必须采取一些有力的措施,引导市民选择绿色交通工具。这不仅需要政府大力开发绿色交通技术,建立公交优先网络系统,还需要通过提高公共交通的舒适性和便利性,在相关政策上抑制购置私人汽车及摩托车,来鼓励和诱导城市居民放弃私人机动车,选用绿色交通工具,特别是提倡自行车的使用。

自行车交通是一种"绿色交通",具有经济性、灵活性、便利性、多功能性、无污染并有益于健康等特点。尤其是在城市居民居住区、商业区、中心区等地区的短距离出行,自行车有着明显的优势。但长期以来,这并没有引起人们的高度关注,规划师们根本不重视服务于步行和自行车骑行的交通系统的规划,自行车及步行者被挤到窄窄的人行道,行走越来越困难,有些路段甚至没有人行道而只有机动车辆道,其结果是混合交通严重,造成交通拥挤,事故频发。

丹麦的欧登赛市推行"自行车的再度流行",使其成为城市居民交通出行的首选工具,体现了其将可持续发展交通运输与城市整体规划和发展创新以及城市管理结合起来,运用综合知识来应对和推动城市可持续发展和优化城市未来可居住性的变化过程。同时,也充分诠释了自行车是一种现代化的、有效的、时尚的而且可持续的交通工具,也是提高现代化城市宜居性的催化剂。更难能可贵的是,在20世纪六七十年代,大多数城市都认为机动车会取代自行车,并且会成为唯一的交通工具而决定拆除自行车道的情况下,欧登赛市政府却提倡以自行车作为一种保护环境的交通工具,并决定修建一条跨越城市的自行车道。40年后的今天,欧登塞已拥有一条550多公里长的完整的自行车道。

欧登塞的"自行车的再度流行"是在丹麦的民族价值和创新思维的大背景下,从更容易实现可持续发展的宜居城市的角度出发的。欧登塞市政当局认为,这已经不再是提供道路的技术问题,而是要求交通部门放弃其部门本位主义的思维方式,努力改变原有交通政策的固定模式,实行重大的策略调整的问题。其主要针对以下三方面:(1)交通行为与交通文化的思路与想法。(2)改变现有交通工具、技术和方法的性能;利用新技术和新方法,解决因为选择其他交通方式而对燃油或机动车产生的不利影响。(3)改变交通设施的质量和功能;解决使用其他交通工具,如自行车、火车和公交车的空间问题。

为了推广新想法和创新思维,实施极有远见的整合创新政策,使各方面应齐心协力,20世纪70年代,由城市大学、医院、警察局、所有公立的和私立的学校以及欧登塞市组成了一个合作联盟。该合作联盟着力于推行新的交通方式,并做了大量工作,包括交通安全、学龄儿童接受骑车训练等,不但挽救了很多生命,而且减少了交通事故的发生。

此外,欧登塞的"自行车的再度流行"也得到中央政府的大力支持。尽管丹麦政府早期就对包括自行车在内的其他交通方式大力支持,但在 20 世纪八九十年代,国内机动车的使用率仍在上升,自行车和公交车的利用率仍在下降。为了扭转这一局面,丹麦政府将欧登塞作为一个执行自行车政策的典型予以推广,指定其从 1999 年到 2002 年为丹麦国家自行车城市,并授予 300 万美元的资助。该资助项目主要是建造一个自行车实验基地,其目标要求是:(1)让欧登塞市民可以感受到生活水平的提升;(2)使欧登塞的骑车旅行至少可以增加 20%;(3)同期,使骑车人因事故致死或受伤的数量减少 20%。

欧登塞的"自行车的再度流行",除了建设大型的自行车道路网外,还采取了很多新的措施:(1)改变骑车行为和交通文化,主要是改变人们的习惯以及强调骑车带给个人的好处,给市民树立骑车是一种生活方式的观念,特别是对儿童这方面的教育与引导。为此,通过开展各种诸如骑车比赛、自行车俱乐部等活动,向各类人群推广骑车这一现代交通方式。同时,加强促进交通安全,如为了骑车安全,防止交通事故,在重载卡车和巴士上安装双面镜等。(2)改进和完善自行车的功能、技术和方法,例如自行车计数器、加气站、计数信号、交通灯、节约电子设备与能源、GPRS、网络、自行车停放点、自行车车棚、自行车附件、特殊自行车、电动自行车、折叠自行车、便携自行车,以及各种雨衣等等。(3)实施一系列措施来改善骑车的劣势。比如,允许骑车人穿越有红绿灯的丁字路口,十字路口交通灯优先通行权,转弯便道,提供自行车骑游的主页、交互路线规划和地图。(4)改进基本设施的质量和功能。优先考虑到了如何减少对骑车人造成的不便,包括自行车道路面的改善、更好更安全的停车场、骑车绿波带、道路减速带、照明与清洗设备,更优化的冬季维护(清扫积雪)以及在特定区域限速的尝试。

从 1999 年至 2002 年,欧登塞实施国家自行车城市方案取得了明显的成效。(1)该市辖区内 33% 的交通以及市中心 26% 的交通都是使用自行车——达到了多于 20% 的目标。(2)四年多来,自行车旅游达到 3500 万次——平均每天 2.5 万次。(3)50% 的新的骑车游取代了驾车游。(4)该项目使每次骑车出游仅花费 10 美分——适度投资即可带来骑车交通量明显增长。(5)骑车事故减少了 20%——尽管有人担心更多的人骑车会带来更多交通事故,但其目标已经达到了。

同时,该项目有关统计还表明骑车对公共健康的益处:欧登塞的每位男性公民平均寿命延长 5 个月;15—49 岁公民的死亡率降低了 20%。其带来的经济效益也很明显:四年来,大约节约了 800 万美元的直接健康花费。公共健康的财政节省是该项目投资的两倍。四年来,社会公益、疾病和其他福利大约节约了 2500 万美元的花费。四年来,私人公司大约节约了 1700 万美元的潜在损失。

并且,因不需要扩宽现有道路或修建新的道路,每年至少节约投资金额800万至1500万美元。

为了继续发挥2002年底截止的国家自行车城市项目取得的成效,欧登塞参加了争取欧盟赞助的竞赛项目,最终参与了4个欧盟项目,获得400万美元的资助。对于这些项目,欧登塞沿用了同样的策略,比如汽车共享;为370个家庭提供了个人交通服务;开展了涉及25000个公民的直达方案①;公司交通方案开始运作;每年举行骑车上班活动。欧登塞市还安装了互动式儿童模拟骑车装置,目前已在4000名学童中展开。②

最值得赞赏的是,对欧登塞实行了35年的"安全上学通道活动"进行的评估。数据显示,80%的学生都是骑车或步行上学。目前在交通事故方面的开支至少降低了四成。

欧登塞致力于推广自行车交通的成果和宝贵经验,获得国际社会的一致赞赏。例如,1998年丹麦自行车协会授予的自行车规划杰出奖,2004年自行车政策设计奖(欧盟支持自行车友好城市创新奖),2005年国际自行车组织VeloMondial授予的自行车友好社区铂金奖(比金奖更高的特别奖项)、丹麦交通安全委员会奖励的国家自行车城市项目和上学安全路线的开展实施的特别荣誉奖。作为其他城市的典范,欧登塞市"自行车的再度流行"案例,是因为它具有结合了不同领域的知识和专业技术的展示价值,以此配合建设成功的、可持续发展的宜居城市。

中国将自行车作为交通工具的历史源远流长,曾是一个了不起的自行车王国。但随着不可持续的、西化的交通观念的广泛传播,这个传统与文化似乎将要泯灭。欧登塞的"自行车的再度流行"给我们的重要启示是:自行车再度流行的目的并不是让汽车撤出市区——这对市民来说是个负面信号,而是弘扬骑自行车的积极一面,宣传骑自行车既是有吸引力的时尚行为,又有益于城市环境、公共健康、城市可居住性、个人财富、公民骄傲、公民责任、房屋价值,还能活跃旅游市场等等。而骑自行车,作为可持续发展的交通方式,对任何地区、民族、文化与发展程度而言,都是没有界限的。为了使2010年上海世博会能在城市可居住性方面产生持久的影响,欧登塞市提议,展会组织方应考虑推出宜居自行车城市规章,通过倡导骑自行车来达成推动可持续交通发展的目标。

---

① www.cykelby.dk/budget.

② www.b-game.dk/test.

20 保护与弘扬城市文化传统

　　人类现代社会不断进步,科技发展日新月异,然而历史遗迹、文化遗产等是人类社会进步的最佳见证者,文化传承体现物质与精神的融汇、现实与未来的追求。城市在其发展与建设的过程中,往往形成了一些具有历史文化底蕴的建筑,无论是名人故居、历史遗址,还是老街道、旧商铺,都蕴涵着一定的文化内涵,并且与该城市的生活形态相关。这些具有文化底蕴的街区与建筑,不仅是城市的物质形式,更是城市的精神载体,构成了一个城市的面貌与特性。

　　因此,在城市更新中要把保护旧城、保护历史遗迹放在重要位置,在科学合理的规划中将文化传承置于十分重要的地位,使一个城市在其历史文脉与文化传统得到保护传承的基础上,营造适宜市民生活的环境与氛围,扩大城市的影响与吸引力。

20.1　历史古城的保护与利用

　　历史性、城市的身份识别和文化性格,是城市现代化内容的最重要的因素之一。城市的现代化,恰恰表现在对历史传统的尊重上。正如阿兰·图雷纳所指出的,现代性,其特征乃是整合,决不是如某些人所声称的那种一方对另一方的侵略和胜利。"新事物总是从旧事物中创造出来的,现代性并不靠一笔勾销往昔,而是要把尽可能多的往昔纳入尽可能多的未来。"[①]"从历史发展上看,现代化倾向本身就是人类传统文明的健康的继续和延伸,它一方面全力吸收了以往

---

　　① 　阿兰·图雷纳:《现代性与文化特殊性》,载《社会转型:多文化多民族社会》,社会科学文献出版社 2000 年版。

人类历史所创造的一切物质和精神财富；一方面又以传统所从来未曾有过的创
造力和改造能力，把人类文明推向一个新的高峰。"①因此，传统性与现代性在城
市现代化的过程中总是互相渗透、共存互动的。当然，现代社会的最终确立总是
包含了对传统性因素的改造与利用，以及传统性因素的适应性变形与重组。

　　城市的历史文化传统是城市之根，必然对城市的发展起到重大的影响。在
城市更新和城市转型过程中，我们应当尊重城市的文化传统与文化遗产，坚持将
传统与现代诸要素加以有效整合，将更多的传统纳入更多的现代，让更多的现代
包含更多历史文化的特色和优秀的传统。特别是对历史古城的保护与利用，是
城市文明发展的重要内容之一。

　　意大利的威尼斯，作为一个具有悠久历史的著名古城，在历史遗产保护与利
用方面，为我们提供了最佳实践。我们知道，威尼斯是一座由 118 个小岛组成的
美丽的水城。对居住在这座城市的人来说，威尼斯的记忆有辉煌，但更多的是陷
入衰落后的落寞。始建于公元 5 世纪的古城威尼斯，在 14 世纪前后已发展成为
地中海最繁忙的港口城市，14 世纪至 15 世纪达到全盛时期，不仅是当时最强大
和最富有的海上"城市共和国"，也是地中海沿岸最繁荣的贸易中心之一。由于
哥伦布发现美洲大陆，全球航运和贸易格局随之变化，这座城市于 16 世纪开始
逐渐走向衰落。但文艺复兴时期积淀下的文化底蕴、几个世纪以来建造的各色
建筑，在欧洲久负盛名的玻璃加工工艺、手工织布工艺、水晶加工工艺，以及世界
上首个电影节等，则为威尼斯这座城市留下了丰富的历史遗产。

　　威尼斯的历史遗产保护与利用，是在社会经济复兴及防洪的城市转型背景
下展开的。自 1966 年大洪水事件之后，威尼斯社会经济复兴及其洪水防护被当
作国家层面的大事。1973 年，意大利政府颁布了有关威尼斯保护及干预的法
律，实行"对威尼斯进行保护，包括它的社会构造和潟湖，旨在为其建筑、城市规
划、环境和社会经济的复兴提供资金支持"。但直到 20 世纪 90 年代中期，威尼
斯在经济、文化和规划方面一直处于低谷状态。人口和社会衰减过程直接决定
了城市的贫困状态，这导致城市本身成为博物馆。而在最近 10 多年内，威尼斯
经历了彻底而复杂的革新过程。如今，威尼斯已经日益从以手工业或者污染产
业为主，转型为在更新后的建筑遗产空间内发展知识经济和创新活动。这一转
型提升了威尼斯城市的竞争力和居民的生活质量。威尼斯历史遗迹保护和利用
展示的主要案例是三个方面，即 Porto Marghera 的环境复原和工业恢复过程、

---

① 英克尔斯：《人的现代化》，四川人民出版社 1985 年版。

阿森纳的保护与开发,以及另外三个位于市中心的地区虽小但极具创新价值的案例。

一是 Porto Marghera 的环境复原和工业恢复过程。经过 20 世纪早期的城市化和排水工程建设,Porto Marghera 以其 2000 公顷的规模,在过去一个世纪内已发展成为欧洲最大的海港工业区。从 20 世纪 70 年代起,它开始收缩成为重化工业区,劳动力数量也在世纪末出现了显著的减少。从 20 世纪 90 年代初起,威尼斯市政当局开始面临发展的难点和可能出现的问题,已经意识到需要重新定位 Porto Marghera 在意大利北部复杂的区域和经济系统中的竞争力。随着时间的推移,为解决这一问题,政府开始思考创新性的方法和形式,以回应日益严重的环境问题(原本就有的污染,污染物在潟湖扩散的风险,对人群有污染的工业企业的存在),以及应对和解决该工业区内日益显现的产业结构性危机(尤其是化工、加工类)。为此,展开了一系列工业重组和环境恢复工程,其整个过程由三个主要方面构成。

(1)构建多层次、多部门、多伙伴参与的治理过程,达成了关于"化学工业"的谅解协议。启动和有效发展 Porto Marghera 的环境恢复和工业转变过程的条件之一,就是在公共机构和影响工业区发展战略方针实施的私人部门之间如何达成协议。一项于 1998 年由从中央到地方各级政府和本地公司所达成的,并于 2006 年重新确认的"关于化学工业"的谅解协议,就是为了整个区域的工业重组。其目标在于确保化学产业与脆弱的城市、自然环境之间的可持续性与兼容性。为了达到这一目标,协议签署方承诺:在一定期限内,确保签署公司运行的稳定性;促进创新,提高化学工业的竞争能力和环境可持续发展能力;发展后勤辅助工程以确保公路交通压力缓解;控制能源消耗以确保制造业竞争力。同时保证可持续发展,以显著减少对城市中心和 Porto Marghera 周边区域环境的影响。其中的核心问题,就是把环境保护、城市质量和持久性以及生产发展之间的平衡点,作为环境恢复和整个生产区工业转变这一复杂的总体计划中的重要的结构性变量。并通过具有高度操作性的方式进行多层次、多部门和多伙伴治理,以便分担特定目标和开展相应的行动。

(2)达成了关于港口功能开发和环境恢复工程的谅解协议。这是一项错综复杂的工程,涉及数个大片区域(城市中心的 Marghera 和 Malcontenta)的环境恢复和改善工作,而这些工作又直接关系到威尼斯港口运营的升级。所有项目参与方于 2007 年 8 月 3 日正式签署了协议,其介入干预的总成本为 3 亿欧元,其中 2.1 亿用于港口开发活动的工程补偿。第一阶段的首要任务是确定具有高度可操作性的设计目标,其目的在于迅速解决上述区域的一系列关键问题,如新的公路布局,把工业交通和城市交通分离开来,从而增强工业港口区的可达性,以及位于城市外围的石油储藏的迁移等。Malcontenta 和 Marghera 的城市重组的多方面工作(公路基础设施的重新界定、工业活动的重新选址)和环境复原行动(电线的深埋、水利网络的建设、市区公园的修建、环境达标活动),被认为是对城市巨大负荷的补偿/缓解举措,是与港口发展进程紧密相关的工程的一部分。这种逐步巩固的合作和补偿/缓解机制,作为推进城市转型的方式和方法,对区域经济发展产生了强烈的促进作用。到 2013 年该项目结束,我们将会看到管理的积累、城市重组,以及该区域环境、景观和水域的重新恢复。

(3) 通过在废弃工业区域建立 VEGA 科技园区——威尼斯科技门户,发展先进的城市功能。这一科技园区的设立——打算以此为基地通过与专门研究机构的合作来促进高科技行业的增长——体现了改造重度污染的土地以及重新利用昔日工业建筑从而实现可持续发展的思路。这一科技园区的规划和建设,主要是通过以下措施:专用公共资源的最优化(公共资金一直作为额外援助发挥作用,而不是对私人投资的简单替代);公共和私人部门的合作,以实现普遍的公益目标;通过一系列的投资开发以实现周边废弃地区的房地产增值,从而支付部分更新成本;设立一个由私人/公共部门构成的特殊性质的公司(Vega 公司)来管理和提升该科技园区。

如今,Porto Marghera 已是一个充满潜力,能够在整个意大利东北部起重要作用的地区。到目前为止,共有 200 家高科技公司落户此区域,聚焦于信息和通信技术、数字和多媒体服务、纳米技术制造、生物技术等领域。大约 1800 名雇员从事智力活动(ICT、软件、质量、环境、培训和应用研究等)、综合活动(数据、金融、保险、技术支持、学院和研究机构、咨询和设计、广告和通信、会议组织)、服务活动(银行、房地产、餐饮和贸易、娱乐、展览和商品交易会)等。Vega 公司管理的科技园区,有 54.6 公里的光纤基础设施、60 个数据中心服务器、2800 个数据接口、15 个研究实验室、3 所大学中心和高等教育中心等。

二是阿森纳具有高度历史和建筑学价值的建筑群功能开发。地处威尼斯主岛上的阿森纳地区,大约有 48 公顷的面积,整个都归州所拥有。它的围墙长达 5 公里,被三条步行通道所隔断,同时也被三条水路通道所隔断。其地理位置的特殊性和相对特别的地区面貌,代表了意大利工业考古学的主要研究类型之一。这里原是始建于 1100 年的世界首家兵工厂,是一个充满历史感并对威尼斯具有象征意义的地方。在过去一段时间里,大多被废弃了。但如果通过修复主要建筑、建设基础设施网络和连通城市其他区域后仍然具有极大的潜力：它的具有象征意义、唤起情感共鸣的特征，通过其结构阐述威尼斯整个历史的能力，使其可作为城市的一个意象而被感知。从民族遗产角度看，它具有很高的建筑学价值以及其物理形态的复杂性，是一种引人注目的历史遗产资源。因此，威尼斯市政当局着手寻找最适合这片区域的干预方式，即确保全部保护与发展行动能够彼此兼容的方法和方式，以形成全面而又有个性并能共享的城市意象。

（1）为实施历史遗迹的功能开发，专门成立了以公共目标为主的阿森纳旅游景区公司。2002年市议会当局（承担威尼斯地区和社会发展49％的责任）以及州房地产行政机构（拥有占阿森纳51％的北部地区），决定成立一家公共有限责任公司，由该公司负责阿森纳北部区域未来发展计划的实施。其中包括在整个船舶修理区域中的旨在发展生产的振兴项目，也包括具有重大建筑学价值的建筑的功能恢复，还包括科研中心和文化活动中心等具体实施项目。同时，还有一座连接南北的可移动桥梁的建设，由此重新实现了阿森纳整个区域的一体化和通达性。

（2）开发历史建筑群功能，举办威尼斯双年展。阿森纳南部区域的最大特点，就在于有大量的历史建筑。这些建筑由于其建筑学上的风格和令人印象深刻的尺度，而显得尤为重要。比如现在非常著名的，通过改造而得以重放光彩的Corderie和Artigliere。但威尼斯独特的地貌环境，决定了这座"水上都市"不可能拆掉旧房子，也不可能重新盖新房子，唯一的出路就是在修缮中找寻新的方向。为此，在海军与州房地产机构达成协议的基础之上，通过对这些历史建筑群的改造和利用，赋予新的功能，于1980年开始举办威尼斯双年展。由此，这些以前甚至大多数威尼斯人都不知道的建筑空间逐渐被人们所熟知，转变为展览区的核心内容，并因真正的"文化建筑"之名而享誉国际。今天，威尼斯双年展已成为当今世界范围内当代艺术领域最大展览区之一。它与Teatro Piccolo Arsenale、Teatro delle Tese，以及Tese delle Vergini一起，创造了一个独特的形式多样的艺术展、建筑展、舞蹈音乐戏剧节区域。目前，威尼斯双年展正计划进一步巩固其在这个独特区域的存在，其途径是放弃"季节性"，并通过将该区域改造成可以全年参观从而持久举办活动。

（3）通过希蒂斯景区公司创新导向的运作，恢复具有历史和建筑学价值的建筑的功能，目的在于形成基于创新的生产区域。希蒂斯是一家专注于环境服务管理的公司，于1997年设立。在威尼斯建筑大学的指导下，该公司定位于通过高增长、创新导向的活动来实现阿森纳的再开发利用。这得到了地方政府机构(议会和地区)的热情支持,并激发了私人公司和公共团体对此支持的共同承诺。这项充满挑战的事业的启动,耗资 1000 万欧元。其中包括欧盟的欧洲地区发展基金会授予的 400 万欧元。另外由于被列为 32 个欧洲城市试验工程(即通过高科技项目来重建衰落工业区的工程)之一,特别是位列 5 个具有技术色彩的工程之一,并且是意大利获得的唯一此类工程,所以也得到了威尼托区和市议会的财政支持,用以支付其 25% 的成本。这样,希蒂斯公司自己实际上只承担了余下 35% 的估算成本。这就使希蒂斯公司能在市场上迅速开始操作性的运作,其结果是产生了城市核心区域内的旧工业区功能性改造的案例。希蒂斯公司通过与地方的、全国的,以及国际上的以知识为基础的公司、大学合作,持续赚取了大约 2000 万欧元的收入,并创造出许多工作机会,员工队伍以每年 13% 左右的速度增长。

三是城市中心"微小地区"的功能再利用。从物质角度看,城市再生意味着分散于城市各处的私人和公共部门对更新工作积极性的勃兴。因此,城市中心分散的"微小地区"的功能再利用也是一个重要方面。

(1) 对昔日 San Basilio 自由港和 San Basilio 码头仓库等具有历史和建筑学价值的建筑进行功能恢复,将之用作承载城市重要功能之地。自 19 世纪初叶起,位于城市西部的 San Basilio 港口成为威尼斯的自由港,配备了现代物流仓库,以及一个大规模具有机械化装卸设备的码头。自由港俯视着 Giudecca 运河,并由于其水深条件较好而方便船舶往来。Basilio 自由港的仓库正对着 Giudecca 运河岸线的一部分,它提供了一幅强有力的连续系统的图景,一幅强化了城市最古老、最普通的背景的图像。但随着 20 世纪初 Porto Marghera 区域的兴起,港口交通和装备设施逐渐从 Basilio 转移,港口的大型仓库也变为存储航海所需的后勤装备的场所。当这片区域几乎完全被废弃时,市议会、港口当局和建筑大学拟定了 Basilio 的更新计划,其目标是修复历史建筑,将其重建为公开的有活力的大学和研究区域,与此同时,继续维持小型的夏季游船活动。

港口仓库重建的特点体现在对 19 世纪传统建筑(砌砖和木地板)的保护性恢复理念上,利用全新的设备安装结构达到以低能耗实现湿—热指标的最佳状态,最大限度地利用和强化建筑物的原有材料特性。建筑大学在 2001—2002 年间制定了自由港仓库修复工程的第一期计划,具体工作随即展开,并于 2003 年结束。从此,这些建筑成了实验室和教室,提供给三年制的视觉和行为艺术、视觉和多媒体通信专业学位课程、视觉制作和戏剧科学之用,同时也作为多个国际性设计、艺术和建筑暑期学校的举办地。2005 年夏天,两所威尼斯大学,即威尼斯建筑大学和 Ca'Foscari 大学,开始制定其邻近的 5 号、6 号仓库(7600 平方米)的修复工程计划。这是一个主要的双建筑,也是昔日自由港最大和最显眼的建筑。该工程于 2006 年末开始,在不到一年的时间内完成。到 2007 年底和 2008 年初,自由港的大学区基本形成,拥有一所面向国际更为现代化的大学所应有的所有设施。每天,它要为 2500—3500 个学生所用,提供全新的多媒体语音实验室、模型制造技术、摄影等,还拥有整个城市内无与伦比的具备 Wi-Fi 和日常网络接入的电脑设备。大学周围的外部区域对公众开放,并有相应的接入点,一个巨大的有屋顶的广场正在设计之中,将会为公众提供各种设施。今天,它们最终成了威尼斯创新和大学研究的展示窗口,已成为该城市最具有吸引力的重要区域。

　　(2) Giudecca 岛上的 CNOMV 区域复兴及其企业孵化器。Giudecca 岛作为威尼斯中心城区的主要部分,是威尼斯自 14 世纪开始的制造业发展过程中形成的第一个工业区(当然现在已经不相容于中心城区,并威胁到了城市肌理)。由于交通不便和持续上升的商务成本,Giudecca 岛工业区逐渐丧失了竞争力。在 20 世纪 90 年代早期,鉴于其巨大的转型潜力,市议会当局决定实施由私人和公共参与者共同制定的城市再生计划,即对 CNOMV 区域(大约 4 公顷)的建筑群进行功能恢复,发展企业孵化器,从而实现城市中心部分区域的社会经济重建。在这片区域中,包括了 14 个制造项目以及基于知识、创新导向的企业孵化器。今天,Giudecca 岛重新在城市中扮演了中心角色,不仅是由于众多的房地产项目,包括普通住宅和豪华居所,更主要归因于通过大量废弃工业区和工厂建筑的改造为知识经济发展提供空间的强烈愿望。

　　(3) 圣塞尔沃洛岛和威尼斯国际大学。圣塞尔沃洛岛是威尼斯主岛南部一个不起眼的小岛,如今是威尼斯国际大学所在地。昔日这里是修道院所在的宗教地区,稍后又为精神病院所占据,拥有一批具有历史—建筑学价值的建筑,以及 12 处优美的绿洲景观。当初精神病院搬离时,如何再利用这座小岛,曾让威尼斯市政府煞费脑筋,岛上旖旎的风光似乎适合开发旅游。但最终,市政府决定将这里作为威尼斯国际大学的校园,因为城市的复兴离不开科技和文化的支撑。圣塞尔沃洛岛的再利用,一方面是充分利用了威尼斯特别法设立的基金,另一方面是融入不同层级的地方政府部门和机构协力合作的方法。然而,这也是威尼斯特别法资助项目中最复杂、最费力的一项更新工程,既是因为其所要保护的遗产的重大价值及其新功能,也是因为其可观的资源投入量。圣塞尔沃洛岛上具有历史价值的建筑群的整修,很好地保护了建筑质量以及当地的自然景观。在

1997 年春天完成了岛上历史建筑群的第一期整修工程后,威尼斯国际大学已经开始使用岛上设施供其会议和研究课程之需。所有后续的整修工作于 2004 年完成,并举行了落成仪式。最初设定的目标已经圆满实现,该岛现已成为城市的战略区域,承担高等教育和文化社会发展中心的角色,是城市发展的重要智力来源。

坐落于该岛上的威尼斯国际大学——VIU 成立于 1995 年,是一个由全世界 10 所大学、威尼斯基金会、威尼斯省、意大利环境和国土部,以及意大利国力研究会等组成的大学联合体。针对威尼斯国际大学开展的活动,这些组成成员共同的目标是:聚焦于竞争力的提升,通过创新教育和应用研究实现环境改善。威尼斯国际大学的这种研究方式以及涉及各类议题的学术团体,确保了知识和经验的交流和传播。每年该校接待大约 150 名人文和社会科学学院学期项目的学生,70 名研究生项目学生和 20 名研究人员。

总而言之,从许多角度看,这些案例作为最佳实践得到了国际上广泛的承认。从根本上,其主要是如下两个理由:一是大规模的介入干预,特别是 Porto Marghera 及 VEGA 科学园区和阿森纳地区。前者是一个巨大的海港工业园区(2000 公顷),经历了深刻的工业重组;后者是一个市中心最大的综合体(占威尼斯岛的 1/7),并且也是威尼斯最大的指定更新区域。其他三个较小的区域(仅在面积意义上相对于 Porto Marghera 和阿森纳较小),同样是最佳实践,在整个城市及其经济格局中起到了极具战略性的作用,体现在国际化(圣塞尔沃洛岛和威尼斯国际大学)、高等教育设施的创造(威尼斯国家大学和重新利用 San Basilio 码头仓库为大学场所)和创新导向的中小型企业的创立(CNOMV 企业孵化器和 Giudecca 岛)。二是项目启动和执行所需要的跨部门治理的创新以及建设过程的典型意义。这些复杂多样的工程,结合了多重主题,比如环境保护、重度污染土壤的改造、就业机会创造、城市高等教育设施发展等,其改造工程已被公认为是介入具有较高历史价值建筑的修复和再利用的模板,尤其是在高盐度的城市环境中提高了这个领域特定技术的门槛。例如将 San Basilio 港口重新用作大学设施的工程,就是通过建设高科技房屋的创举来精确地保护和修缮历史遗产,以保证最核心系统具有适宜温度和满足节能标准。又如,针对中小型企业的 CNOMV 企业孵化器已形成完整的系统,具备了代表节能标准前沿的固定装置、适合创新导向企业所需的高科技基础设施、达到舒适标准的通过采集自然光自我调节的设备,以及集成无线网络连接等。它们通过吸引来自欧盟、意大利政府和私人投资者的资金,以及使得经济基础朝向知识经济多样化发展,成功开启了拓展城市资源的新路径。

历史名城保护，与其说是一个要解决的问题，还不如说它更接近于是一种方法、一线希望和一个实例，据此我们可以找到解决未来全球城市冲突的一些方法。在这方面，圣地亚哥被看作是建立在对历史名城进行思考、修复和强化基础上的名城保护典范。作为具有开创性新型发展模式的历史名城，圣地亚哥在诸如基础设施的改善、可持续发展模式、城市的和谐以及城市与周围环境的融合、新文化的流动、公共空间的利用等方面都有上乘表现。为此，圣地亚哥以其世界历史遗址的保护和修复及其与自然背景融合的宝贵经验，荣获迪拜国际最佳实践奖。UNESCO-ICOMOS 在 1984 年的报告中称："毫无疑问，圣地亚哥市是世界文化遗产中最有名的。它不朽的完整性，铭记着特定的价值和普世的价值……一座充满历史和永恒的理想城市。"

作为西班牙 17 个自治区之一的加利西亚省的省府所在地，圣地亚哥坐落在西班牙半岛的西北部，有 29547.4 平方公里的面积和 277 万人口。在这样一个朝圣的城市，千百万游客不但欣赏它的遗址而且感兴趣于它拥有的一切，包含最易碎的和最有价值的：当地居民居住在仍保留 12 世纪原貌的自然状态中，生活在该城市萌芽成长时的环境中。因此在这样的背景下，城市更新要特别注重当代历史城市的两个重要问题，即伴随着居住条件的改善，对居住环境的保护以及对已经边缘化的自由活动空间的恢复。自 20 世纪 80 年代中期以来，圣地亚哥一直面临着世界遗址老城更新和环境重建的挑战。

圣地亚哥开始于 20 世纪 80 年代的新城市工程基于以下三个理念：居民享有与历史名城相一致的生活质量保证；城市发展与遗址保护同步；更强调城市市民化的重要性。在此理念基础上，结合公共补贴和私营企业参与，促进普遍重建进程，并以严格的环境与遗产保持的标准，共同推动对老城的一般性修复，从而形成一种稳定的模式，使综合性的复原老城计划变成切实可行的目标。首先追求的是建立环保文化这一目标；其次是使用干预来促进知识进步的目标；最后是提升历史名城中心地带的功能。所有这些目标的实现，主要依靠新的住房政策、新的基础设施的设计和服务城市的技术应用、保护活动的多样性和多元性。

圣地亚哥的城市发展战略建立在以下两组干预行为之上：一是解决城市扩展问题，如修路和为城市及公民提供新设施。尤其是，城市空间扩大了，维护了历史名城的中心地位，而且，把那些与遗产保护不兼容的大规模设施从城市中清除。二是在老城中采取一系列干预措施来解决历史名城的升级和保护问题，整修老城并且确保环境的统一性。圣地亚哥在推进此项工作中所使用的工具是：

(1)争取国际认同,包括获得世界遗产、欧洲文化城市称号等;(2)城市管制计划(1989年和2006年);(3)"圣地亚哥1993—1999"基础设施计划;(4)保护历史名城的计划,包括修复桥梁计划、Sarela河特别计划(Galeras公园和走廊环境修复)、Belvís和Simeón公园的建设等。通过这些项目的有效实施,市中心历史建筑的修复取得了较大成果:(1)综合性的复原计划,在住宅方面共有1200项工程(每年90项),相当于全部老宅子的25%。340幢住宅得到了综合性修复,超过35000平方米的墙面得到了修复。商业场所中有359项工程,其中在市中心的占21.2%。(2)设施和绿地方面的提高。毗邻乡间风景的大学校园连结着西部公园。东部公园连着靠近圣地亚哥之路的传统街区。(3)河床及其支流的改造。在一个拥有180公顷面积的历史古城,有23公顷的土地被预留出来供新公园使用,而且周边地区的50公顷土地也作好了开垦使用的计划,并且不久将执行。(4)实行严格准入制度来解决交通问题。新建人行道和广场,并在其附近建造了有4300个泊位的停车场。(5)城市扩展的紧密性和连续性。(6)为其他精神或文化消费而修复宗教场所。

圣地亚哥城市项目的构思、设计和实施都离不开市政府的主动参与,而且其项目有着深刻的技术基础,容纳吸收了不同城市在城市发展规划、基础设施建设以及社会文化制度方面的许多经验。同时,依靠公众与团队的适度持续参与,项目本身所包含的更新能力以及涉及管理层之间的相互合作(介于西班牙政府、加利西亚区政府和市议会之间的皇家信托联盟)的制度创新,圣地亚哥城市项目被赋予诸多强有力的稳定因素,来保证它的一致性、连贯性和成功性。总之,圣地亚哥市为我们提供了一个老城修复以及如何使修复工作朝着让城市更适宜居住,以及提供较好的服务和无可置疑的生活质量的方向前进的参照系。另外,它给人们的极大启发是,当代城市的发展应当被看作是一个推动遗址积累过程继续前进的机会。

中国的苏州古城在世界城市发展史上具有重要的历史地位和价值。近千年过去了,苏州古城历经沧桑,城址至今未变,与宋《平江图》相对照,古城的总体框架、骨干水系、城墙位置、路桥名胜等基本相符,这在城市发展史上是个奇迹。苏州古城影响了中国城市的规划和建设,也塑造了中国传统的城市市民生活状态。多年来,苏州古城在保护与更新的实践中,不断创新理念、体制、政策、技术和方法,既保护了古城历史遗迹,又改善了古城人居环境,具有较大的推广和应用价值。

苏州地处太湖流域、长江三角洲东南部,春秋时期是吴国的政治中心;西汉时为江南的政治、经济中心;宋时被美誉为"上有天堂,下有苏杭";明清时期又成为"衣被天下"的全国经济、文化中心之一;曹雪芹在《红楼梦》中誉称苏州"乃红尘中第一等富贵风流之地"。苏州城始建于公元前 514 年,至今逾 2500 年。苏州古城 14.2 平方公里,体系完整,个性独特。由于历史的原因和经济的迅猛发展,苏州古城的保护面临着前所未有的压力:一是与现代生活方式之间的矛盾。古城内传统民居面广量大,住房成套率低,户均居住面积小。住房多为砖木结构,采光较差,阴暗潮湿,保温、隔热、隔音性能差,无单独厨卫设备,无污水管道。居民大多使用"三桶一炉"(马桶、水桶、浴桶和煤球炉)。二是与古城承担职能之间的矛盾。古城承担的为全市服务的工商业、教育、医疗卫生等职能,给古城交通带来极大的压力,同时影响了古城的居住和旅游质量,降低了古城的品质。三是与古城容量需求之间的矛盾。古城是苏州市的商业、文化、旅游中心,古城内生活着近 29 万居民,人流、车流、物流日益频繁,给古城基础设施造成巨大压力。四是与古城外围建设之间的矛盾。随着城市化进程的加快、陆上交通的迅速发展和现代工业的大量建设,以及城市用地的扩展,古城外围生态环境受到很大影响,古城水系受到很大冲击。五是与城市空间形态之间的矛盾。古城处于整个苏州城市的相对居中位置,由于历史原因,交通建设相对滞后,城市环路通而不畅,大量过境交通穿城而过。

　　针对面临的突出矛盾和存在的问题,苏州始终坚持边思考、边摸索,努力推进古城保护工作。苏州市按照 1986 年国务院批复的《苏州市城市总体规划》,通过开发建设苏州高新区和苏州工业园区,形成了"古城居中、一体两翼"的城市发展格局,为古城保护赢得了战略性的空间支持。2001 年,撤销吴县市,南北两片设立吴中区和相城区,中心城市呈现"古城居中、组团式发展"的框架,凸显出古城的战略地位,也为古城保护创造了更加有利的条件。2003 年,提出建设平江、金阊、沧浪三个新城的思路,加速了中心城区新增长点的培育。这些都大大避免了古城的建设性破坏,有效地保护了历史风貌。

　　1986 年,苏州市编制《历史文化名城保护规划》,以"全面保护古城风貌"为总的指导思想,明确保护范围为一城(古城)、二线(上塘线、山塘线)、三片(虎丘片、枫桥寒山寺片和留园西园片),并在其中划出了需重点保护的平江、拙政园、怡园、山塘、阊门 5 个历史街区和盘门、观前街、十全街、定慧寺巷 4 个传统风貌地区,以及桃花坞等 47 个历史文化地区。20 世纪 90 年代初,苏州编制了古城控制性详规,建立了较完备的规划体系和技术规范。现有 1 个城市总规划、31 个专项规划、54 个街坊的控制性详规及修建性详规,为保护古城风貌提供了保障。在规划控制中始终把握古城保护三个最核心的问题：一是严格控制建筑层高，一般都在 24 米之下，古城范围内，没有一幢高层建筑。在古城最高古建筑北寺塔(八面九层，高 76 米)上登高，依旧可以看到虎丘塔、北寺塔、双塔、瑞光塔、方塔遥相呼应，空间轮廓线十分优美。二是注意控制建筑色彩。尊重老苏州粉墙黛瓦、体量轻巧、色调柔和的传统，以黑、白、灰三种基调为城市的主体色彩，使城市显得素雅宁静。三是严格掌握不在历史街区里进行民居拆迁和道路拓宽，保存好历史的信息、古城的肌理和街巷古朴的风貌。

近十年来，苏州在古城保护与更新案例实践上分层次，按步骤，循序渐进，做了大量工作。

(1) 对古典住宅进行单体改造。按照"保持传统外貌，完善现代设施"的要求，对一些质量尚可、有传统特色的旧宅进行改造。选择十梓街 50 号为试点，结合传统的天井、庭院，重新划分原有平面布置，扩大实用面积，增加独立厨房、卫生间，使每户能独立成套，功能完善。改造后的住宅居住条件得到改善，环境质量有了明显提高。这一经验被推广到十全街 275 号、干将路 144 号、山塘街 480号等传统民居的改造中，均取得很大的成功。

(2) 在建筑单体改造成功的基础上，实施了"十全街""桐芳巷小区"的建设。以大量现场调查分析为基础，将十全街街道两侧和桐芳巷小区(街坊中的一片民居)的建筑物分为"保留、更新、改造"三个层次，分别进行不同的设计研究，维护原有街巷格局，对民居修旧如旧或新建独具苏州符号的建筑物，改善居住条件，繁荣地段经济，完善公用设施。

(3) 结合解危安居工程，对古城街坊进行保护性更新。根据古城河道、街巷的走向和组合，将古城划分为 54 个街坊，并以街坊为单位开展了大量的调查、统计、计算工作。编制了街坊控制性详规和修建性详规，合理确定了保护、保留、改善、改造的对象，具体明确到每一栋建筑、每一座桥梁、每一株古树、每一口古井。对于需要保护、保留的古建筑，按照"修旧如旧"的要求恢复其历史原貌；对于需要改善、改造的对象，做到外观保持传统特色，与周边环境相协调。在整个街坊改造过程中，基础设施包括供水、供电、供气、通信、有线电视、排污排水、路灯照明等管线铺设一步到位。改造后的街坊居民告别了"三桶一炉"，人均建筑面积由 15.4 平方米提高到 25.1 平方米。

(4) 启动了平江历史街区和山塘历史街区的保护性修复工程。对平江路、山塘街沿街沿河的民居和古迹进行了修缮，对基础设施进行了全面改造，供电、电信、有线电视、供水、雨水、污水六条管线已经入地，并恢复了石板路面。对不符合风貌的建筑进行了整治,立足恢复原有建筑群落的样式和格局,保持了粉墙黛瓦、街道邻里的姑苏风情。2006 年开始启动古城区街巷整治工程,改善和提高了人居环境。

（5）加大财政投入,修复大批文物古迹。建立历史文化名城委员会,由市长任委员会主任。近四年共投入 4 亿多元用于修复古城区文物古迹,维修文物古迹 150 多处。苏州古城区现有历史文化地区 47 处,文物保护单位 143 处,其中全国重点文物保护单位 18 处,省级文物保护单位 34 处,市级文物保护单位 91 处。还有 248 处控制保护建筑和古驳岸 22 段、古牌坊 22 座、古桥梁 70 座、砖雕门楼 37 座和古井 639 口。在这些历史遗存中,8 处古典园林已列入世界文化遗产名录。平江、拙政园、山塘历史街区和盘门作为苏州古城的典型地区,正在申请增补列入世界文化遗产名录。

（6）水是苏州古城的"灵魂",治水成为古城保护与更新的重要内容。自 2000 年以来,投资 3.5 亿元,引长江水入城,加大护城河和城内水巷河水的流量,提高河道自净能力。大力实施水环境综合治理,切实治理各类污染,清理疏浚古城区所有河道,使古城水质明显改善。2002 年启动了环古城风貌保护工程,在围绕古城 15 公里的千年护城河挖掘人文内涵,修复古迹,建设临水景观,并对两岸进行绿化,耗资 30 亿元。

近五年来,苏州古城保护与更新上已累计投入 300 亿元,并取得了显著的成效。一是古城居住条件得到改善。古城区住房成套率从不到 20% 提高到 63%,人均居住面积从 8.4 平方米增加到 17.2 平方米,改善和提高了人民生活水平。二是古城基础设施得到提高。家庭燃气普及率由 52.3% 提高到 100%,住宅电话拥有率由 67% 提高到 82%。自来水普及率达到 100%。古城区污水处理率由 52% 提高到 78.7%,生活垃圾无害化处理率达到 100%。三是古典园林建筑得到保护。修复了藕园、艺圃、曲园、鹤园等一大批具有代表性的园林。疏浚园林河道 35 公里,拆除有碍园林的违章建筑 6800 平方米,迁移各类杆线 3000 多根,改善了古典园林周边环境。四是古城交通压力得到缓解。人均拥有道路面积从人均 6 平方米提高到 11.2 平方米。每万人拥有公共车辆从 4.7 标台增加到 11.4 标台。公交线路从 23 条增加到目前的 68 条。环古城快速交通体系基本建成。五是古城绿化容量得到加强。新增绿地面积 1242 万平方米,建成一大批市级公园。建成区绿化覆盖率从 33.4% 提高到 42.9%,绿地率达到 37%,人均公共绿地达到 12 平方米,其中古城区人均绿地从 1.6 平方米增加到 7.6 平方米,绿地率达到 25%。

苏州古城保护与更新,其成功的主要经验是:(1)确立了正确的科学发展观,将古城保护作为可持续发展的必要条件,坚持以人为本,以历史的责任感,理性地协调平衡好各种突出矛盾。(2)坚持了正确的指导方针,认真落实国务院"全面保护古城风貌,建设现代化新区"的方针和《文物法》"保护为主、抢救第一、合理利用、加强管理"的方针,探索了具有特色的"重点保护、合理保留、普遍改善、局部改造"的实施原则。(3)依法开展古城保护,坚持了规划控制。以法律的形式确定了古城保护的原则、内容和范围,强调古城保护的整体性、综合性,明确综合保护框架。建立了较完备的规划体系和技术规范。(4)采取了治本措施。制定了科学的古城保护与城市发展战略,提高基础设施水平,加强环境整治。(5)树立全民保护古城的意识,通过多种途径和形式,接受广泛监督,形成了一套完整的监督体系。(6)将古城保护与更新有机结合的理念,对实践工作起到了关键作用,全面、动态、发展、渐进的保护观念,成为案例成功的有力保障。

扬州在古城保护与更新中,也是坚持整体系统保护,杜绝大拆大建、成片开发,全面保护城市有形的传统建筑和无形的文化脉络。坚持保护与利用、改造与复兴相结合,在保护古城传统风貌、视阈空间、街巷肌理、人文遗产的同时,通过功能转换,促进古城风貌保护和人居环境改善、旅游资源利用相得益彰。

扬州是有着近2500年悠久历史的文化名城。数千年的历史积淀给扬州留下灿烂的文化、众多的古迹、厚重的底蕴。其中,5.09平方公里的老城区内现存500多处历史文化建筑群,市级以上文保单位117处(全国文保单位10处),是扬州悠久历史、灿烂文化的集中体现,也是扬州古城风貌、名城特色的集聚区域。但是,随着城市现代化和工业化进程的加快,古城建筑,尤其是一些历史建筑、文保建筑和传统民居的自然老化问题严重,由于广大市民普遍缺乏对文物古迹周边环境和历史环境的保护,人为随意改变历史街区的面貌,使其逐渐丧失了历史的原真性。古城基础设施落后,配套设施缺乏,居民居住条件较差,古城居民强烈要求改善自身居住条件。

针对这一系列问题,扬州市按照"古城要古得经典,新区要新得现代"的要求,以"抢救古建、保护风貌、彰显个性、解读内涵、完善功能、改善民生"为重点,持续推进古城的保护与利用、改造与复兴,努力实现古代文化和现代文明的和谐共存。为了既有效保护古城,又切实改善居民住房条件,扬州市委、市政府坚持从扬州实际情况出发,更新理念,创新思路,完善机制,促进古城保护工作的可持续发展。

(1)健全全覆盖的古城保护规划体系。经过多年实践,明确了"护其貌、美其颜、扬其韵、铸其魂"的名城保护总体思路,确定了老城区保护框架,形成了以总体规划、专项规划、详细规划、修缮方案为主要内容的一整套规划体系,为古城保护提供了科学依据。

(2)制定居民改善住房条件的优惠政策。针对老城区居民住房困难、经济困难的状况,自 2003 年以来,扬州市政府积极开展民居修缮、搬迁居民安置工作。对住房符合古城保护规划要求的家庭,政府相关部门帮助该户制定修缮方案,安排古典建筑专家指导修缮工作,并按照修缮所需资金总额的 30% 予以补贴。对住房不符合古城保护规划、必须搬迁的家庭,通过从宽安置住房面积、给予购房资金补贴、提供限价商品房、安排廉租房或租金补贴等多种措施,使住房拥挤家庭、低收入家庭、贫困家庭和特别困难家庭等各类人群的住房问题都得到妥善解决。此外,重点实施了"831"住房解危解困工程,即在老城区以外新建了黄金、连运两个解危解困安置小区,对人均居住面积 8 平方米以下,人均月收入 300 元以下,居住城区 10 年以上的"双困"家庭予以搬迁安置。目前已有 2400 户"双困"家庭搬出古城迁入新住宅小区,有效地改善了老百姓的居住条件,疏散了老城区人口,为古城保护工作提供了保障。

(3)建立推进古城保护的工作机构。扬州市于 2004 年成立了由市委、市政府主要领导牵头,文物、建设、规划等部门参与的扬州市区历史文化名城保护与利用、改造与复兴工作领导小组,下设专门的办公室(简称古城办)负责古城保护日常工作的开展。2006 年组建了古城保护的实施主体——扬州名城建设有限公司,出台了《扬州市历史文化街区保护与整治暂行办法》,制定了传统建筑的维修技术标准,对参与传统民居修缮、古建筑维护的施工人员进行培训,实行持证上岗。2007 年 11 月,市政府又专门成立了扬州市历史文化名城研究院,专门从事名城保护的理论和技术研究,为古城保护提供政策技术支撑。

(4)形成政府与专家、市民在古城保护方面的良性互动机制。在扬州古城保护的过程中,扬州市始终坚持借助外智提升规划、建设和管理水平,2002 年扬州市政府和德国技术公司开展合作交流,汲取国际最新的古城保护理念,编制了《城市提升——扬州老城保护战略》,提升古城保护水平。2004 年,又聘请了包括阮仪三、王景慧、原新加坡规划局首席行政长官刘太格等在内的知名专家为扬州古城保护提供决策咨询,形成了"一体两翼"的城市总体发展思路。在"双东"历史街区文化里弄街巷的整治中,扬州市政府和德国技术公司合作,鼓励居民自己发现问题并就急需整治的问题进行民主讨论,激发了市民参与古城保护的积极性。领导、专家、市民都积极参与到古城保护中去,成为扬州古城保护的又一个亮点。

　　近几年来,扬州市结合城市环境综合整治,先后安排了 10 多亿元的资金投入古城保护工作,其中有近 6 亿元主要用于完善基础设施,提升城市功能。改造道路、桥梁,消除老城区道路交通"瓶颈",并同步配套地下管网,将沿线杆线全部下地,建设了数座停车场,翻修整治了 260 多条小街巷,同时,对古城区的瘦西湖、小秦淮河等河道实施整治,合理规划建设沿河、沿路等绿化景观,使老城区的道路通行条件和居住环境得到较大改善。先后实施了"双东"、教场等历史街区的保护和整治,建成康山文化园和文昌广场。对现存文保单位根据保存的实际状况,逐步实施抢救性保护工程,整修了岭南会馆、准提寺、个园南部住宅、吴道台宅第、卢绍绪盐商住宅等一批文物建筑。进一步加强了对古城门遗址的考古发掘及保护工作,完成了西门、东门遗址的考古挖掘,并建成遗址公园,对南门、北门遗址也正在进行考古挖掘,并编制了遗址保护方案。对文昌中路、汶河路、盐阜路、南通西路等古城道路的沿街建筑进行风貌整治,使老城区新旧建筑风貌得到和谐统一。推进文化博览城建设,重视弘扬扬州工艺、评话、扬剧、木偶戏等非物质形态文化,新建了中国剪纸博物馆、扬州水文化博物馆、淮扬菜系博物馆、扬州中医博物馆等 10 多个博物馆。实施名城解读工程,对古城区 100 多处人文景观、古城街巷、古宅名园、古树名木设置专用标志解读,让市民感知古城内涵,使游客认同扬州文化。经过几年的努力,扬州历史城区和瘦西湖被列入了中国世界文化遗产申报的预备清单。2006 年扬州市因古城保护和人居环境改善方面的成就成为当年中国唯一荣获"联合国人居奖"的城市,也得到国内专家的肯定,被誉为"扬州模式"。

20.2　古镇保护和再利用模式

　　中国江南古镇具有独特的格局风貌和深厚的文化内涵,在"天人合一"的传统思想下塑造出"文明、富足、诗意、和谐"的理想居住环境,具有丰厚的历史文化价值、优秀的规划和建筑艺术价值。桐乡市乌镇在高起点上实施古镇保护与开发工作,其保护和开发理念以及实践在中国独树一帜,创造了中国古镇保护和开发的经典模式——乌镇模式。

　　1999 年初,由于当时没有重视与实施保护规划,加上新中国成立以来几次大的航道开挖以及城镇道路拆建等工程的实施,乌镇积淀千年的历史肌理被破

坏得十分严重。从历史建筑保存来看,乌镇近 36 万平方米的历史街区建筑
98％以上在建国以来没有得到很好的维修,相当部分的建筑处于空关及自然塌
损的状态。针对现状,用相当一段时间深入各个角落,全面了解乌镇历史及现
状,走遍了江南同类型的古镇,学习、思考古镇保护与开发的思路,并请教历史街
区保护方面的专家,高起点地实施乌镇的保护与开发工作。

(1)率先提出并实施了"以规划为先导、一次规划,分步实施"的规划方案。
乌镇对古镇进行保护开发的历程,是从展开大量详尽的前期调查工作开始的,并
对首期保护整治范围内的建筑结构、分布、古桥梁及水位等基础情况进行了详细
的记录,共拍摄图片 1586 张,编写文字说明资料 15 万余字,建立了完整的保护
档案。按照古镇保护的要求,先后四次请有关单位制订了《桐乡市乌镇古镇总体
规划》《乌镇古镇保护规划》《乌镇古镇首期整治保护总体规划》和重要厅堂详
细的修复与整治计划,明确了乌镇古镇保护和旅游开发的整体发展方向,确定将
整个古镇区划分为绝对、重点、一般和控制四个区域,并实施不同等级的保护措
施,从"线、面、块、点"对保护和整治的展开提供了详尽方案和施工意见。细致的
前期准备,为整个保护工作的进展提供了切实可行的指导,从而为后期的工程建
设得以有条不紊、高质量的展开打下了坚实的基础。

(2)首先提出了"生态保护、环境第一"的原则。为了还历史本来面貌,乌镇
把所有原来矗立于古镇上的电力、电信、电视等线缆埋到了老街石板下,对裸露
的太阳能、空调进行了移位、隐藏,完整地恢复了古镇古风。为整治已受到污染
的河水,在老镇区铺设了系统的地下排污管道,为老街上的居民住户装上抽水马
桶,并对河道进行了大规模的清淤,使原本已乌黑淤积的河道重现清澈。

(3)第一个彻底贯彻了"修旧如旧、整修如故"的理念。在古镇的大规模修
缮工程开始前,乌镇就决定要以最大努力来恢复古建筑的本来面貌,在本地及邻
近地区遍请民间砖、石、木工艺高手,并花大力气,挤出有限的资金大量收集、购
买了老石板、旧木料、旧门窗、老家具用品等不可再生的宝贵资源,然后严格按照
传统工艺以旧修旧、修旧如故。这个前瞻性的决策使乌镇的古建筑保护修复最
大限度地保持了它的原真性。

(4)创造性地提出了"区域氛围高度协调,重点建筑妥善保护"的规划实施
指导思想。古镇保护是一项面广量大的系统工程,乌镇在实施中对重点建筑倾
注了大量心血,对保护区内所有建于 20 世纪七八十年代的高层建筑进行了拆
除,对保护区内的七个企业进行了搬迁,仅这些就花去了几千万的启动资金。对
于重点建筑,如一些著名的厅堂,从结构、基础到门、窗、墙的细部都精心进行了

修复,挽救保护了一大批有典型江南民居风格的建筑。为了让古镇保而不僵,活而不乱,将乌镇一期保护开发工程东栅区域划分为传统商铺区、传统作坊区、传统民居区、传统餐饮区、传统文化区、水乡风情区六大区域,很好地解决了保护与开发的矛盾。

(5)牢牢抓住了乌镇的文化精髓,把"深厚文化底蕴"作为乌镇古镇的灵魂。乌镇不仅要保护众多的建筑,更要保护完整的生活形态和深厚的地域文化,特别要把"民情民俗文化"发扬光大。通过挖掘乌镇自身的历史文化积淀,赋予新的内容,重新使民俗文化发扬光大。如将沿袭几百年的乌镇传统节日"香市"重新加以挖掘恢复;请老艺人重新出山表演年久几近失传的皮影戏;唱响已基本绝响的传统花鼓戏;这些传统文化与众多传统作坊、展馆一起,勾画了一幅幅原汁原味的风情画卷,成为深受游客青睐的人文风景。而在乌镇游客数量节节高升,景区内商铺极为抢手的情况下,乌镇却对所有权归公司的店铺从旅游功能上加以规划,严格限制商业店铺的泛滥,避免重蹈其他古镇"商业化"的覆辙。

(6)迎难而上,实现古镇观光游向休闲度假游的转变。一期工程成功推出后,乌镇还有大量的古建筑急需保护,面对着目前众多古镇保护项目中范围最广(面积达3平方公里)、投入资金最多(总投入达10个亿)、保护的深度与力度最大的二期工程——西栅景区,乌镇审时度势,以非凡的勇气和敏锐的洞察力,提出了历史街区再利用的深度保护理念,制订并开始实施乌镇景区从古镇观光游向休闲度假游的转变规划。乌镇二期工程实现了"四个最"突破:

一是保护最彻底。在充分改善历史建筑的居住质量上进行重点突破,对二期工程涉及的8万平方米民居居住格局和居住功能进行全方位整体修缮改造,从而更好地为现代人所利用。二期工程在电力、自来水、天然气、垃圾处理、消防管理、环境整治等城镇配套设施上采用的标准甚至超越了现代小区的居住要求,使古镇保护层次大大提高了一步。一改老建筑"只能看不能住"的窘境,传统与现代、旅游与生活达到了较为完美的融合。

二是功能最完备。二期景区不仅具有旅游观光功能,还具有休闲度假功能;不仅有白天的游览,还有丰富的夜游。整个区域内除恢复性重建江浙分署、乌将军庙、白莲塔等历史遗迹外,还重点规划了大量富有江南特色的能够使游客参与、体验的各类休闲活动点。同时二期景区内还建成了一批有江南特色的民居旅馆,与一期配套,使乌镇逐步发展成为集旅游、度假、商务会展于一体的旅游目的地。

三是环境最优美。二期景区围绕"环保、生态、人文"的目标,在打造古镇优美环境上狠下工夫。施工时对每棵植物都给予编号保护，并移栽了大量花木，整个区域被河道与绿化屏障包围。对水环境的治理也采用更高要求，景区厕所、污水的处理都采用国家即将出台的旅游景区最高标准。

四是管理最科学。二期景区以国家颁布的最高景区标准——5A级景区为准绳，采取封闭式的全智能化管理，整个古镇区内配备消防、结算、巡更等完整的智能系统。

乌镇走出了一条中国古镇保护开发的成功之路，2003年获联合国颁发的"2003年亚太地区遗产保护杰出成就奖"。现在的乌镇不仅有小桥、流水、人家的水乡风情和精巧雅致的民居建筑；有各种不同主题的江南民俗博物馆和恢复传统生产的百年老字号酱园、冶坊等；还有各类风格的民居和各种档次的度假酒店，服务设施完善。一改老建筑"只能看不能住"的窘境，传统与现代、旅游与生活达到了较为完美的融合。东栅景区开业第一年就开创了游客突破100万的良好局面，并逐渐成为中国观光古镇的第一品牌。西栅景区更是在保护的基础上提出了历史街区再利用的深度保护理念，制定并实施了乌镇景区从古镇观光游向休闲度假游的转变规划，实现了中国古镇保护开发理念和实践的再次升级，获得了游客和业界人士的高度评价，被称为"中国的威尼斯"。乌镇正致力于发展成为中国最佳休闲度假和会议奖励旅游目的地之一。

昆山周庄古镇的保护与发展，也具有独特的风采和显著成效。经过多年的努力，周庄古镇不断挖掘历史文化内涵，完善景区建设，强化管理服务，注重宣传推广，成功打造了"中国第一水乡"的著名文化旅游品牌，每年吸引300万左右的中外游客前来旅游度假，成为备受世人瞩目的国际旅游景区，并走出了一条古镇保护—发展利用—保护的成功之路。

周庄，地处太湖之滨，昆山市西南，东邻上海，西依苏州，水陆交通便捷，地理位置优越。唐初名为贞丰里，宋代建镇，始有周庄之名，沿用至今。元代以来，里人利用镇北急水江沟通大运河、浏河，贸易往来逐渐旺盛。富商巨贾，骚人墨客，纷纷定居，依水建镇，跨水建桥，临水筑屋，蕴含中国水乡传统文化的石栏拱桥、深宅大院、过街骑楼、河埠廊坊、临河水阁、驳岸踏渡、雕花缆船石应运而生。因此，周庄是一个水上的城镇，依托的就是水，也是因为自古以来对水的有效利用才有了这样的水上城镇，并且，水中物产丰富，保护良好。至今，周庄仍完整保留着明清古宅百余栋和砖雕门楼30余处，明清古建筑面积6万余平方米。

古镇周庄，遵循"有效保护、合理利用、加强管理"的原则，编制规划，制定保护措施，使古镇文化遗产和传统建筑得到很好的保护，并开创了江南水乡古镇游的先河。

（1）依法保护，合理整治。自1986年编制第一水乡古镇总体规划以来，不断进行规划修编，加强规划对古镇保护和发展的指导，从而使古镇保护得到了可持续发展，为周庄古镇保护工作打下良好的基础。出台了《周庄古镇区保护暂行办法》等一系列管理办法，明确了"修旧如旧"的原则，依法管理，强化保护。合理整治，修复了大批古民居和古建筑，实施了古镇区三线地埋和污水处理工程，加强了绿化美化工作。

（2）发展利用，创出品牌。挖掘资源，提升内涵，恢复了古戏台、南湖秋月园等一批人文景观，传承了水乡深厚的地域文化，赢得了"江南第一水乡"之美名。自1996年筹办了全国古镇"首届国际旅游艺术节"以来，年年办节，年年创新，打响品牌。建造了一艘融中国传统美学和现代科技文明于一体的"周庄舫"，"APEC贸易部长非正式会议"在周庄舫上如期召开，取得了巨大成功。

周庄在古镇保护、环境建设和开发利用方面的成就不仅得到了国内外相关权威部门的肯定，也赢得了各种国际国内荣誉。2000年被联合国人居中心授予"迪拜国际改善居住环境最佳范例奖"。2003年被联合国教科文组织授予亚太地区"世界文化遗产保护奖"。2006年被美国州政府授予"世界最佳魅力水乡"称号。古镇走上一条保护—发展利用—保护的良性循环道路，已成为一种众人仿效的"周庄模式"。

20.3 恢复历史街区和重建城市景观

在恢复历史街区和重建城市景观过程中，一个重要的问题是如何加强管理机构、居民、私人部门、市民社会之间的合作关系。这里首先就是要让全社会各个部门都对项目的成果（对居民、环境以及经济的正面影响）有所了解，从而激起人们的兴趣，吸引人们积极参与。为达到此效果，除了通过众多媒体（讲习班、讨论小组、纸质文件、培训班）对其进行宣传外，还需把重点放在创新政策方面，开创性地开展一系列针对居民的调查活动以评估他们对此项目的当前及潜在需求，使恢复历史街区以及重建城市景观等活动成为对市民们意愿的响应而非来自上级的强制性操作。只有这样，市民们才能感受到他们自身角色的变化，从而也愿意参与到此项目的建设中来，即使在项目结束后也是如此。

在这方面，意大利都灵"萨沃伊皇宫群"的修建提供了一个很好的案例。意大利都灵对城内外的 15 座皇宫(即"萨沃伊皇宫群")进行统一规划,将其纳入城市环境和景观的修复工程中,向人们展示了复杂但具有创新性的城市景观重建,同时也展示了历史和艺术遗产重建的国际水准。1997 年被列入联合国教科文组织世界遗产目录,世界遗产委员会认为其具有突出的普遍价值。

在公元 1500 年前,都灵和皮埃蒙特经历了辉煌的时光,萨沃伊(Savoy)家族让那个时代最重要的建筑师和艺术家来装饰他们的王国。从那个时代开始,一份丰厚的遗产包括宫殿、别墅和城堡保留了下来。这个历史遗迹的中心就是所谓的"萨沃伊皇宫群",由 15 座宫廷建筑和狩猎场所(5 座在城市内,其余分布在城市周围)组成,特别是 Corona delle Delizie(花环的喜悦),形成于 17 世纪初,一些萨沃伊家族围绕着城市中心建立一个半圆环的定居点,在公元 1500 年至 1600 年建成。萨沃伊王朝的宫殿和花园是一个具有伟大的历史价值、艺术价值和环境价值的建筑群,所以在 1997 年联合国教科文组织由于其独特性和系统性将其列入"世界遗产目录"。此外,都灵处于非常重要的地理位置:跨越 4 条河流,城市被山包围,延伸 30 公里,拥有巨大的保护区域连接皇宫与所有城市边界的空地,背靠阿尔卑斯山脉。

18 世纪,那个区域和城市规划的黄金时代已经湮没于城市化中,变得难以捉摸。因此,这些景观都需要重建和复原,在城市发展中展现出皇宫、河流、大型市政花园融为一体的环境结构,同时也展现出连接结构,作为一个公共框架与城市组织相协调,以使居民能够享受高质量的生活,这也是为文化和旅游市场做准备。这个雄心勃勃的计划通过一系列独立但又相互联系的项目展开了:一些城市历史中心景点得以复原,一个由广场、房屋、纪念碑、皇宫定居点以及一些如 Corona Verde 等的环境项目组成非常有特色的建筑群。这个项目是要定义并重建一个有效的生态系统,但同时也使文化和基础设施相协调,促进环境改善和城市生活质量提高。目标是要建立一个由河流、山坡、公园和皇宫组成的真实的绿色系统,并根据各个组成部分所发挥的自然或是文化的作用,由此构成一个可持续的、和谐的建筑群。一个系统的结构和基础就好像从不同角度来体验城市,能把自然和艺术渗透进城市,使居民重新感受到生态系统的运行。

从 20 世纪 80 年代初起,为萨沃伊皇宫遗迹复原和发展投入了大量的资源,包括一个涉及皮埃蒙特区、文化历史和行动部、国土机构以及两个皮埃蒙特较大的基金机构的大项目。随着一系列项目的展开实施,Rivoli 城堡变成了当代艺术博物馆,Madama 宫殿成了古代艺术博物馆。此外,最重要的是完成了 Valentino 城堡和 Stupinigi 狩猎点的复原工作。此后,又开始了 Venaria 的复原工作，包括 150000 平方米的建筑区域、80 公顷的花园以及 5000 平方米的壁画，是全欧洲最大的复原工程。另外，还有一些其他重要的修复计划开始实施。例如，在 16 世纪至 19 世纪建于城市中心的 Polo Reale 也是重要的历史遗迹和建筑群，被认为并正在成为著名的艺术遗产之家，包括 Royal 宫殿、Royal 花园、Sabauda 风雨商业街廊、考古博物馆、考古学公园、Chiablese 宫殿、San Giovanni 大教堂、San Lorenzo 教堂和皇家图书馆等。

整个修复工作是一个系统工作，包括：扩大现存区域；建立新的绿化带导入保护区；城市公园和设施；各区域之间的连接走廊；环形道路，步行小道，起伏和狭窄的道路；区域内设施的改进；景观改造和重建；保护区内自然景观的保护；农业活动和农村生活的保护；历史遗迹和建筑的保护。因此除了修复单个的皇宫外，这个工程的目标是对连接各建筑的基础设施和道路进行重新调整，形成由中心向 Garland of Delights 呈射线状发散的格局，其绿色的道路是发散的射线。为了确保这种发散持续不断，建造了一些旅游和文化圈，这些都统一管理并由一个有效的服务和连接各建筑的交通网络提供支持。

此外，对皇宫的修复也与大的环境重建项目有关，这是为了创建一个集河流、山坡、公园和皇宫为一体的绿色区域。例如，Corona Verde 项目包括建造一个绿化带，一个由城市周围自然景观和艺术遗迹交相掩映的区域。这个大项目下面包括了 30 个工程。在每一个工程开始时，就已经与皇宫等历史遗迹以及其他大型城市规划融为一体。其中，水城都灵（Torino：City of Waters）项目主要在于穿越市区的四条河流，期望能打造一个 70 公里长的河流公园，由步行、骑车组成交通网络，以保护每一个水源地的续存和潜力的发挥。以此为起点，这个项目将对相关公园进行整合，包括整固河岸，收回开垦的区域，以使其保持自然和愉悦的元素。此外，这个项目还将提供污染物的回收以建立更洁净的河岸。还有一些活动可以在公园内开展，比如乘坐游船或者在适当区域开展划船运动。这些城市环境的修复项目也与其他绿化区的项目相联系，如 Tangenziale Verde 项目用来与其他建筑连接，并修复一些市政公园；Dora 河边一个新的更大的公园建立在一个淘汰的产业区上，这是一个创新的转换。

所有这些大型的城市工程（遗迹和环境）在 2000 年都被列入第一部都灵战略计划，并在 2006 年第二部都灵战略计划中得到加强，在 2011 年意大利统一150 周年的庆典上也会得到全景式的展示。

都灵恢复"萨沃伊皇宫群"和城市景观重建，取得了理想的效果。这个案例给我们提供的经验和启示主要是：（1）处理好城市转型和环境系统之间的关系。

城市可以扮演一个重要的角色,在基于学习和创新的社会中引导市民,即直接和间接地保护智力资源,前者指改善智力结构和知识投资,后者指创造激励条件和环境。因此,通过城市投资来改善市区以及环境的质量与活跃文化组织,对于提升其创新性和吸引力是十分重要的。在这个框架下,把城郊区域的发展提升到战略层面就非常重要,使基础建设和大型项目的建设相一致,提升环境的生态价值、景观价值和享受价值:林荫路拓展了建筑物空间,进一步提升了河道线路和生态走廊的发展。以这个进程为基础,可以通过城市新的纬度来观察大都会发展,并以此克服框架结构上的问题和单中心城市体系面临的问题。(2)采用增强文化供给和旅游的新方法。在知识社会,增加获取和使用文化的渠道,提高市民这些方面的技能,是市民与生俱来的权利。事实上,没有文化,知识社会也不可能形成,因为如果不考虑文化的重要作用,就不可能从广度和深度上向市民提供机会,这当中既包括新文化的产生,也包括对既有文化的保护、积累和利用。正是因为采用了这个增强文化供给和旅游的方法,都灵文化和旅游部门的增长率达到了197%。而且,文化和旅游产业之间新的关系已经形成。(3)把城市生态网络和城市绿化区域有机结合起来。都灵采取了促进市政绿化区域不再与其他建筑相区隔的方法,当然这取决于城市化体系达到的水平。此外,把公共绿地和河流流域组成的生态网络作为一个整体项目反复考虑,绝不能把对生态系统的保护单独化和分隔开来。

与都灵的“萨沃伊皇宫群”不同,中国绍兴的仓桥直街则是一条城市平民的历史街区。但绍兴市从尊重历史、延续历史、准确地传递历史信息的角度,对仓桥直街历史街区实行保护整治,重点体现历史风貌和文化内涵。整个保护整治工程采用传统的工艺和材料,对街区的建筑、道路、河道、桥梁等开展了整体的保护修复和全面的环境整治,既保持了街区原有的历史风貌,又改善了社区居民的生活条件。

绍兴城的历史可追溯至建于公元前490年的越国都城——大越,包括小城和大城,大、小城均有护城河。拥有近2500年建城史的绍兴,堪称中国暨世界年龄最老的古城之一。绍兴是第一批24座国家历史文化名城,也是著名的旅游胜地,有“东方威尼斯”之美称。仓桥直街位于大越城中部偏西,是大城之内、小城之外,与小城护城河(今称环山河)并行的一条街道,既非官府衙门街区,也非商贾富豪街区,历来为城市平民街区,街区内的建筑绝大多数为晚清至民国年间建造的平民住房。仓桥直街历史街区由河道、民居、道路三部分组成,全长1.5公里,占地面积6.4公顷,建筑面积5万多平方米。民居多为清末民初建筑,色彩平和,空间尺度宜人,风格较为统一,且有众多富有地方特色的台门保存完好。位于街区中心线的环山河上,有风格各异的仓桥、宝珠桥、府桥、酒务桥、西观桥、凤仪桥等桥梁,其中宝珠桥、凤仪桥年代久远。仓桥直街历史街区集传统民居、城市河道、古代桥梁和民俗风情于一体,是绍兴古城中古老而又典型的传统历史街区,集中反映了绍兴地区特定的自然和社会条件下所形成的民居建筑特色和浓郁的水乡城市风貌,历史底蕴深厚,文化特色鲜明。

为了在城市建设和发展中有效地保护古城,绍兴市政府制定了历史文化名城保护规划,划出 7 个历史积淀比较深厚、风貌格局比较典型的街区作为重点保护区,分阶段进行保护修复。仓桥直街历史街区就是 7 个历史街区中最早开展整体保护修缮和环境整治的历史街区。

仓桥直街历史街区属于绍兴市典型的街区式历史地段。由于长期有人居住,加之人口十分稠密,历代建筑年久失修,对该街区的历史、艺术和文化价值构成了严重的威胁。同时,对保护修复也带来了不小的难度。修复工程之前,街区内存在的主要问题是:

(1) 部分建筑质量不佳,居住密度过高。老房子年久失修,住户为争取使用面积,对原有建筑分隔改造,并且在天井内搭建临时用房,严重破坏了建筑的原有格局和风貌。同时,由于缺乏保护意识,街区中有不少建筑被拆除,代之而起的是一些在色彩、体量、风格上与历史街区原有风貌不协调的建筑物。

(2) 公用设施严重短缺,缺少系统和完善的地下水管网。地面水管很多是居民自己拉接的,排水管基本依靠天井自然渗水,经常造成供水不足和排水不畅;厨卫设施严重不足,绝大多数家庭还使用煤炉,刷马桶,在天井里洗涤、做饭,对生活环境造成污染。

(3) 台门、院落内卫生状况差。公用设施的严重不足,使台门、院落内部的卫生状况较差,阴暗潮湿;人口密度居高不下,以及随意搭建、分隔建筑的情况,又使各户住家的通风、采光状况较差;居住在河道边的住户往河内乱倒污水和垃圾,街道上杆线林立,杂乱无章;沿街店面色彩零乱,招牌、门面风格不一,原有的传统街景不复存在。

2001 年 3 月至 8 月,绍兴市政府通过缜密的论证,在“古城不能拷贝,古城是祖先的,也是我们的,更是后代的”城市观念基础上,实施了由政府、管理部门、个人共同参与和投资的仓桥直街历史街区保护工程。仓桥直街历史街区是一项保护整治工程,并不以发展商业和旅游业为目的,整个工程遵循三条原则:一是保护历史的真实性,留住历史,延续文脉;二是保护风貌的完整性,充分展示地方民俗风情和历史文化内涵;三是维持生活的延续性,注重把历史文化遗产的保护与改善居民生活质量有机地结合在一起。其中,一个重要的核心问题就是:通过整体保护、环境整治和对住宅的修缮,能在保护历史建筑和维持街区原有风貌的同时,达到普遍改善居住条件和生活环境的目的,从而也可减轻因人类破坏因素给历史街区保护所带来的压力。其具体实施的修复方法有:(1)风貌协调、修旧如旧;(2)重点体现文化内涵;(3)完善基础设施;(4)激活商贸旅游。

对历史街区的使用功能保持依旧。只是为解决街区人口居住密度过大的情况,实行人口疏散政策,使街区内 20% 左右的人口得到疏散。这不仅改善了居民的居住条件,也减轻了由于人口密度过大对保护工作所带来的压力。

对环山河实行原汁原味的保护。整修中对两岸民居的空间布局,依照旧貌,保存原样;对两边的河埠、踏道仅作小修小补,且用旧石料干砌,基本保持原样;对跨河桥梁,在原有 7 座的基础上添加一座,以满足两岸交通之需,并且从造型到用材,与其他桥梁保持风格上的一致。

对沿河、沿街的民居实行整旧如旧保护。针对现有民居建筑保存状况不同、历史价值不一的情况,采取重点保护、合理保留、局部改造、普遍改善的方式。对于已经确定为文物保护点的或具有文物价值而且结构完整的民居建筑,严格保存原状;对于历史建筑中部分存留、部分受损或功能有所改变的民居建筑,从外立面到内装修力求保存原状;对于确具地方特色而结构已毁的民居建筑,实行就地重建,恢复原状;对于近 20 年来随意搭建而有损街区整体风貌的建筑物,坚决予以拆除。

对传统的街巷实行原样原貌保护。为改善城市基础设施,提高居民生活质量,在整修街巷时构筑管线共沟,将电力、电信、有线电视、路灯线等管线一并埋入共沟中,去除架空杆线。分户安装水表、电表,做到一户一表。同时埋设自来水管和排污管网,统一安装卫生设施,并将生活污水集中排入城市排污总网。对实在无法进入污水管网的民居,采用几户合建地埋式无动力污水处理装置,以解决抽水马桶的污水处理问题。在防火方面,除利用河水消防外,还安装了部分消防栓。

仓桥直街历史街区的建筑修复采用传统工艺和木、砖、石传统材料,以保持原有的风格和面貌。对建筑墙体的修复,以修补为主,采用与原建筑材料、工艺相一致的旧青砖和纸筋灰筑墙技法;对屋面按原样翻修,采用传统的搭七露三或搭六露四的铺瓦方式,屋脊和天窗保持不变;对建筑的门、窗、内装修等的修缮严格按照传统木工工艺,并尽可能利用旧的木质或石质材料,混凝土的门框、窗框

一律更换为木质;对街道路面的破损部分一律用旧青石板修复铺设,允许使用不
规则形状的旧石板;对河岸的修复尽可能地采用旧材料施工,若使用新材料,则
需要进行做旧处理。

根据不同的结构和历史价值,对街区建筑采取不同的修复方法。如对仓桥
直街历史街区的 43 个台门,划分为 6 个一类保护台门,13 个二类保护台门和 24
个一般保护台门。但总体上遵循修旧如旧的原则,按原样修复,保持设计、材料、
工艺、环境的原真性。以街区中的原 113 号台门民居建筑为例,修复后使建筑恢
复了历史面貌,保留了更多的历史信息。

经保护修复后的仓桥直街历史街区,恢复了历史原貌。历史建筑得到了修
缮,街区环境得到了整治,居民生活质量得到了改善。从尊重历史痕迹,保护整
体环境风貌的角度,不但对建筑物进行了保护和修缮,还对街区的道路、院墙、街
景、古树、桥梁、河道、驳岸等进行了保护与整治。尤其是对那些与街区整体风貌
不协调的建筑物进行了拆除或外观改造,使环境风貌更为统一。绍兴仓桥直街
历史街区的保护与修复,找到了一条既能延续历史文脉,又能使街区内老百姓长
期居住下去的保护历史街区的新路子,使历史街区真正成为活着的历史街区。
2003 年 8 月,仓桥直街历史街区获得联合国教科文组织"亚太地区文化遗产保
护奖优秀奖"荣誉称号。

20.4 历史建筑保护与开发利用

目前,如何解决城市中有特殊意义的古建筑与城市新发展规划之间的矛盾,
在世界各大中小城市中带有普遍性。在这种矛盾情况下,多数古建筑面临的是
被拆迁的命运,从而使城市遗憾地缺失了可以寻找城市发展踪迹的历史标志。
但也有一些城市在解决这一矛盾中做得比较好,其成功的案例说明:城市发展的
同时也可以很好地保存历史建筑,并结合它原有的功能,开发和复用历史建筑。

首先,值得推崇的是新加坡的历史建筑保护计划及其实施的案例。这一计
划自 20 世纪 80 年代开始实施以来已经有 20 多年时间,大约有 6600 幢建筑得
以保存,其中包括大量二战前的优秀建筑。现在,这些建筑已经被恢复了以前的
光荣并注入了新的经济动力。这个计划的成功之处,在于说明了一个面积小而
且土地稀缺的国家如何在不牺牲标志性建筑和有历史遗产价值地区的同时,确
保国家发展和经济目标的实现。

　　20世纪六七十年代,面对有限的土地、拥挤的贫民窟、快速增长的人口和发展经济的压力,新加坡城市革新发展的最初目标是重新安置人民居住和重新发展城市中心,向现代、高效的商业和工业集聚中心转变。在20世纪80年代成功解决了"面包和黄油"的问题后,新加坡才有机会重新审视城市中心的发展规划,开始思考如何形成自身城市的特色,并保护城市的历史。与此同时,南玛丽娜的土地开发减轻了城市中心再开发的压力,也允许其聚焦历史建筑保护计划。

　　历史建筑保护计划由负责新加坡国土使用和保护的政府部门——城市发展署制定。其通过合并各种各样的土地使用需求(例如工业和商业,娱乐和自然区域,运输和公共设施等等)进入一个全面规划过程,使其经济社会发展能够与选择性的建筑遗产保护相吻合。并通过所有相关政府部门、机构和利益共享者紧密合作的途径,实施这一保护计划。

　　(1) 建立了一个全面的选择程序。新加坡制定了一个全面的评估程序,用以鉴定和选择需要保护的旧建筑。保护建筑的选择,是基于建筑及其历史特点、稀缺性和是否加强了该建筑所在地区的可识别性和视觉特征。此外,该建筑对于社区多样性的社会价值也会被加以考虑。

　　(2) 引领小规模试验计划和环境改进工作。在全面梳理城市内像小印度、中国城、Glam and Boat部落等历史区域的基础上,URA制定了小规模试验和保护计划,验证其可行性并取得经验。同时,对入选保护的地区开展环境改善工作,以便使居住在这里的人能够喜欢其具有历史意义的邻居。

　　(3) 提供间接的政府援助。政府虽然没有对建筑物的拥有者给予直接补助,但也通过URA和其他相关部门的鼓励使建筑所有者和开发者从实施保护工作的政策中获得了多种形式的援助,其中包括豁免发展费用(征收用来平衡发展的土地价值)、满足停车需求和豁免停车费用等。

　　(4) 提升修复质量。URA从1995年起设立了每年一次的最佳建筑遗产奖,奖励"3R"(最大限度保护、灵敏的修复和细心的修理)和组织严密的修复方法。12年内共有77人获此殊荣。该奖项分为两类。A类是奖励国家纪念碑和历史著名区与平房区的保护建筑,这些建筑作为代表了新加坡最高建筑水平的建筑遗产而被保留。由于认识到计划需要以创新的综合方式整合一些新的元素到这些老建筑中,以提升修复的水平,URA在2003年新增B类奖励,奖励那些很好地融合"新"与"旧"元素的建筑保护。这些包括在历史住宅区和二次开发区域的建筑,允许在背立面增加一些新的元素,以提供更加宽泛的创新设计。

　　(5) 协商制定历史建筑保护计划的指导方针。历史建筑保护计划指导方针的制定,是新加坡建筑师协会和其他利益相关者共同协商的。这样指导方针在保持与市场的联系和修复工作的创新上具有足够的弹性空间。在增加这些建筑的商用和居住功能的同时,也保存建筑物的传统风格和建筑特色。

(6)保持历史建筑计划指导方针的弹性。在保护建筑物中,采用了一项平衡的市场导向方法。因为保护一幢建筑或一个区域,并不是一定要回到传统的生活模式上,原封不动地保持原有用途,而是也要允许保护建筑增加一些如办公室、商店、旅店、公共机构和居住等的现代用途。然而,那些代表着精神和传统的原始设计和用途的建筑,则需要维持原有的形式。这样能够使得这些旧建筑散发出历史的魅力,同时赋予其适应现代生活的新功能和便捷。采取弹性原则,就是鼓励建筑所有者和开发者在得知自己有自由决策出租权以弥补花费时,愿意在保护建筑方面花费更多的钱。它可以确保旧建筑的经济价值,从而持续延长建筑的生命,也在当今背景下保持相关性和永恒的诉求。

(7)确保公众参与。在决定一个新的保护区域及政策和方针前,URA采取了一种咨询方式,充分听取专家、所有者和利益相关群体的意见。2002年成立了一个独立的由不同背景专家组成的建筑保护咨询小组,评审URA提出遗产保护建议,提出建筑保护研究建议,以及在更大范围内提升公众的教育和理解新加坡建筑遗产的理念。

在一个很短的时间跨度内(大约20年),大约6600幢建筑被列入保护计划。这些建筑位于86个保护区,面积204公顷,相当于新加坡可开发的陆地面积的0.4%,这对于土地稀少的新加坡是个巨大的成绩。通过这个保护计划,新加坡的历史区域和建筑遗产成功地恢复了以往的辉煌,并赋予了新的生命,变得对本地人和旅游者都具有吸引力。一些毁坏的区域通过新的经济功能获得重生,成为令人向往的商业、生活、娱乐和旅游目的地。这些地区也是向学生开展城市历史教育的重要基地。下面两个案例可以说明这方面取得的成功。

(1)丹戎巴葛保护区。这是中国城历史区的一部分,由220个商铺组成。在修复之前,这些商铺十分破旧,这个地区也恶化成为码头工人的贫民窟,而不是一个具有生活、商业和参观吸引力的地方。1987年,丹戎巴葛保护计划一期开始实施,URA修复了32幢商铺,随后卖给私人开发者。余下的商铺也被出售,并由私人开发者采取修复工作。时至今日,丹戎巴葛保护区是新加坡最大的婚纱一条街,很多房屋在白天是设计室、法律工作室和建筑师工作室,而在夜晚则变成样式丰富的餐厅、酒吧。它也是新加坡民众投票公认的在当地政府推动下转变的最漂亮的街道。

　　(2) 中华广场(China Square)。其坐落于中西商业区和中国城历史区及新加坡河之间,早在 19 世纪中国移民就定居在新加坡河南岸,传统的商业和服务非常繁荣,是中国城的闽南社区。但是随着时间流逝,在 20 世纪 80 年代这里的居住条件开始恶化,很多危旧建筑,使得该地区成为综合重点开发区。20 世纪90 年代初期,URA 开始着手研究几套中华广场综合开发方案,关键点是要平衡现有建筑的历史价值和更多的再开发空地。URA 发现了一种双赢的方式来严格平衡中华广场的历史特征和创造一个新的现代化的活力中心。它们选用了一个创新的综合的新发展和选择性保护模式,既不是拆毁所有建筑用来建造新的办公楼和商店,也不是保护它们而放弃土地最佳用途。通过选择性保护,大约一半的现存建筑基于它们的建筑优点、历史特征和结构条件被保留。这个地区规划出 7 个商业点和出售用于"新旧元素"综合开发区,允许在历史建筑内整合新的建筑和公共空间。经过细心的保护和开发,历史丰富的中华广场如今已是一个融合新旧元素的居住、办公、居家办公、创意室、国际银行、商店、传统贸易、社区博物馆和美食繁荣的区域,重生出具有独特的生活—工作—娱乐环境特色。

　　总之,新加坡历史建筑保护计划的实施,通过一个强有力的公私合作和市场导向的途径,使利益共享者包括建筑物所有人、专业团体和社区等达到一种双赢局面。这些唯一且优美的新加坡建筑遗产被保留下来,同时建筑的所有者和专业建筑师也被赋予了利用其财产的灵活性,可以采取新的方式在更广范围内保护建筑。因此,这一保护计划得到国际的认可。2006 年,该计划赢得了全球城市土地研究所奖励,其评价为"在这个快速现代化的国家,新加坡已经建立了一种历史建筑保护计划模式来保护其丰富多彩的本国建筑遗产。它使用了一种包括政府组织、公众和开发者联合的途径,达到了自由市场经济和文化保护的平衡"。

　　另外,中国澳门地区的百年老当铺"德成按"的修复与利用工程,也是一个成功的案例,实践了百年老当铺这种具有中华文化符号的历史文化遗产在澳门这座特殊城市中的被保护、修复、利用的极佳模式。2004 年获得联合国教科文组织颁发的"亚太文化遗产保护奖"嘉许奖。

　　我们知道,澳门素以博彩旅游闻名。然而,过于单一的产业结构并不利于澳门的整体发展。近年来政府有关部门已开始大力发展文化旅游业,充分利用澳门的历史资源,打造澳门博彩旅游产业与文化旅游产业并行发展的新形象。正是在这一背景下,澳门启动了百年老当铺"德成按"修复与利用工程,以期通过挖掘文化遗产增大对游客的吸引力,发展文化旅游。

配合博彩业的兴盛发展,澳门的典当行可以说是当今世界上最多的城市之一,其典当文化也成为澳门的特色文化之一。与形形色色的现代当铺不同,拥有百年历史的老当铺"德成按"更能体现澳门博彩业的发展历史。"德成按"原为澳门富商高可宁的物业,建于1917年,曾经是当时澳门最大的当铺,生意红火。随着历史的变迁,当年的老当铺多数已退出历史舞台,1993年歇业后的"德成按"物业一直空置。2001年,澳门特区政府文化局经与业主磋商,斥资140万元对"德成按"全面重修。

在修复与利用的方案中,不仅是恢复文物面貌,更为了使得现今的人们了解该座建筑物的功能;除了修葺其建筑设计及架构外,还保存了典当记录的工具,以及典当业的经营方式,并以"典当业展示馆"的形式对外开放,又在同一建筑内注入"金庸图书馆"等文化"灵魂",合成兼容各种文化类别的"文化会馆",成为澳门文化旅游的一个主要景点。更让处于澳门市中心区的"德成按"重新成为澳门其中一个文化遗产的地标。同时,也发挥了影响作用,使人们重视其他同类型文物的保护。这充分说明了此文物再利用的方案切合社会的需求,是一项前瞻性的计划。

完工后,"德成按"及其背后的货楼,保留了老当铺原有的设置和用具等,以"典当业展示馆"的形式面向公众开放。同时,经澳门展贸协会策划毗邻展示馆之地铺及一楼前室被开辟为现在的"精点廊"和"艺品广场",主要用以售卖艺术品,一楼后室被设为"金庸图书馆",珍藏着包括中文、英文、韩文等多种版本的金庸武侠小说,金庸先生亲自担任荣誉顾问。二楼被设为"水茶轩"及"竹庐",供应各类茶品,是爱茶人士把盏共聚的好地方。由这些不同部分组成的"文化会馆",于2003年3月21日开业。

由"德成按"修复复用后的"文化会馆"计划的成功实施,体现了澳门政府、民间社团和私人发展商为保护开发文物古迹通力合作的决心和成效。创新点突出表现在以下几方面:(1)修复模式的创新:政府出资修复,私人物业产权不变。(2)管理模式的创新:民间团体澳门展贸协会策划,私人发展商管理,为物业产权人交纳租金,配以文化内容的经营活动,以使"典当展示馆"这样只是象征性低收费的文化旅游景点,能够靠相关经营得到更多的维护基金,使得政府不必再出资,就可以使修复的项目得以很好的保持和复用。(3)复用模式的创新:"典当业展示馆"是澳门第一个由政府部门和私人企业合作设立并共同管理的主题式博物馆,以当铺的原貌展示澳门典当业的发展状况,极具真实感,并为澳门创造了吸引游客参观的新景点。(4)互动模式的创新:位于"文化会馆"一楼的"金庸图书馆",是现今世界上唯一的专门存放金庸作品的图书馆,其中珍藏着包括中文、英文、韩文、日文、泰文和印度尼西亚文等版本的金庸武侠小说,以及金庸手稿及修正本稿。图书馆中陈设也别具一格,十数枝书有金庸全部武侠作品书名的竹竿参差排列,在"金庸图书馆"的匾额下,以其作品首字连缀的对联分列左右:"飞雪连天射白鹿,笑书神侠倚碧鸳",整个空间充满诗情画意。(5)经营模式的创新:"水茶轩"及"竹庐"供应各类茶品,也是个"以茶会友"的好地方,这种经营模式与"德成按"修复后"文化会馆"的主题融合,也是把典当文化、书香文化、茶文化有机融合的手段。

各界对"德成按"评价甚高,因为这幢百年古建筑物不仅能真实地反映传统当铺的文化特色,更带出了许多鲜为人知的坊间逸趣。其中"典当业展示馆"内摆放了40多件物品,从各种印章、当票、当簿、竹牌等各种工具到传统风味十足的"遮丑板"都一应俱全,让参观者仿如走进了昔日的澳门老当铺。"文化会馆"所依托的"德成按"建筑本身已有百年历史,融中西方建筑风格于一身,被澳门政府评定为"具建筑艺术价值之建筑物",属于物质文化遗产;而文化会馆内的各式文化艺术产品,如书文化及茶文化等内容则属于非物质文化遗产。物质文化遗产与非物质文化遗产和谐地结合在一起,是体现历史文化特色的最佳形式。

四年以来,由"德成按"修复后实施的"文化会馆"计划得到了各方专业人士的热心支持及指导,其中包括中国书法及诗词大家梁披云博士,当代武侠小说泰斗查良镛博士,著名作家、美食家蔡澜先生等。"文化会馆"也举办了各类丰富多彩的活动,如"典当业展示馆"寄存行李游戏、"一世免费饮茶"幸运大抽奖活动、"莺歌台湾陶艺展销"等等,不断致力于文化产业和民俗艺术的保存与推动。应该说,由"德成按"复用后的"文化会馆",不但已实现了预期的目标,还在澳门文化旅游方面作出了突出贡献。正如香港《明报》所评价的那样:保护文物历史建筑的工作,不在于孤立地保留建筑物,更在于它的保存和保育发展。

"德成按"修复与开发利用,为保存澳门旧城区(澳门手工艺发祥地)商号店铺之昔日行业特色,维护几近失传之传统技术,以期发挥连锁及辐射反应,带动邻近商号店铺的繁荣树立了典范;也起到了鼓励和带动澳门产品的创作及研发,为澳门中小企业提供良好的销售渠道、形象包装及推广服务,促进澳门经济发展的作用。同时,也开发了新的旅游热点,吸引较高文化水平的旅客,提升澳门的文化气息,为爱好艺术、文化之道者提供一个可小聚交流的理想地方。

同样,珠海市陈芳(著名旅美华侨)家宅的保护和利用,也堪称成功典范。这是一座集中西建筑风格于一体的岭南最大的私家宅第,由著名旅美华侨陈芳先生在 130 年前建造,包括一座占地 5000 平方米和建筑面积 3000 平方米的私家大宅、一座梅溪大庙、一座陈家祠堂、三座光绪皇帝御赐的石牌坊和一座陈家墓园。它是当今岭南最大的一座华侨民居。

由于这是一个私家住宅,所以首先简单介绍一下陈芳何许人也。陈芳,字国芬,珠海梅溪村人,生于 1825 年。第一次鸦片战争后,他离家到香港、澳门等地学习经商,1849 年随伯父到檀香山经商,从商店学徒开始,后自立门户,经营甘蔗种植和制糖业,成为华侨第一位百万富翁,被誉为"商界王子"。1857 年,陈芳娶夏威夷国王妹朱丽亚为妻,被选举担任夏威夷国会议员。1881 年,被清政府光绪皇帝钦命为中国驻夏威夷第一任领事,官居二品。1890 年,陈芳返回故乡,落叶归根,晚年热心于家乡公益事业,1906 年逝世于澳门,葬于故乡梅溪村。

百多年来,历经战乱和政治动乱之破坏,到 1998 年时,这座私家宅第已是破旧不堪,满目疮痍。珠海市政府接受陈芳后人的委托管理,动员社会力量投资重修,开发成一个占地 12.6 万平方米的集中西建筑文化、华侨历史、民风民俗为一体的旅游度假胜地,成为珠海的一张历史文化名片。

该项目由上海同济大学建筑系的古建筑保护专家常青教授主持规划和设计。其成功之处在于,本着修旧如旧、少干预、多复原的精神,尽最大的可能保留了该建筑群的历史信息。为此,曾两次派人到美国旧金山和夏威夷遍访陈芳后人和当地华人侨社,翻译了 40 多万字的有关英文资料,查阅了当年美国著名作家杰克·伦敦、马克·吐温等关于陈芳先生的传记和文章,充分掌握了一代华侨领袖陈芳先生当年叱咤风云的光辉业绩和爱国情操,从而使这座百年古屋获得了灵魂和精神。许多华侨游客在参观陈芳家史展时好像看到了自己先辈的身影,感动得落泪。

为了使陈芳的形象处在一种丰富真实的历史环境中,还在故居中开设了珠海名人蜡像馆,将与之同时代的对中国近代史产生过重大影响的历史人物置于其中,使参观者更容易理解陈芳的时代背景和珠海在中国近代史上的特殊地位。

2006 年陈芳家宅已被国务院公布为全国重点文物保护单位。今天,作为珠海市青年爱国主义教育基地和海外华人寻根问祖的文化必游之地,陈芳家宅每天都以其丰富的人文气息接待着海内外的游人。八年来,共接待海内外游客 200 万人次,取得了良好的经济和社会效益。

城市的灵魂来源于历史,陈芳家宅见证了珠海的历史风雨,蕴含着华人华侨的创业辛酸和爱国情操。它以宽敞的胸怀拥抱着中西文化、历史和现在。

20.5　历史遗址和非物质文化遗产保持

在历史遗产保护中,也许人们会认识到其重要性,但在实际操作中,单纯保护历史遗产会感到花费的成本太大。因此,如何通过遗产保护措施来达到经济和环境目标,是一个需要认真研究的问题。这就需要制定一系列侧重于遗产保护的价值的成套方案,而非针对某一环节的单一方案,并使这些措施在经济、建筑和环境等方面取得切实的效果。

在这方面,英国利物浦港口遗址保护与再利用,是一个成功的典范。国际遗产和遗址理事会于 2003 年命名利物浦为世界上最大的和最完整的历史港口。利物浦世界遗产遗址的主题就是:利物浦——大不列颠全球最具影响力时代商业港口的典范。利物浦始建于 1207 年,但一直是一个小港口,直到 1715 年作为世界上第一个封闭式用于商业目的的湿船坞的开业标志着它已崛起成一个国际性大海港,也是世界上最大最成功的海港。到 18 世纪末,另外五个人工湿船坞相继建成,到 19 世纪末,占地 150 公顷的湿船坞已建成,船坞四周绵延 49 公里。而船坞延摩西河(the River Mersey)东岸延伸 10 公里,大部分土地是围海造田而成,靠陆地的一面由堡垒状的船坞墙围成,成为一个引人注目的工程。但这座因美洲大陆发现和工业革命而兴盛的城市,在第二次世界大战期间,受到德军的狂轰滥炸,致使三分之二的港口设施遭到破坏。自此,这个著名的港口和工业城市进入衰落期,到 20 世纪 80 年代,大量工商企业撤走,每年还有 15000 居民"逃离"。

随着时代变迁,经历了战争时期的轰炸、废弃和经济恢复,利物浦一部分码头遭到破坏,但大部分还是幸运地保存了下来。目前利物浦港的货物吞吐远大于过去(2004 年为 3200 万吨),但港口的运营区域已从老港区北移。这就要求为老港区重新寻找新的使用途径。在这种情况下,利物浦市政当局认识到利物浦历史港口遗址要比其他城市更丰富,也认识到通过保护和加强利物浦最好的历史文化遗产对于提升城市形象有很大作用,因而将其作为城市再造的基础,加以系统性的保护和利用。

利物浦世界遗产地管理规划,是对遗址进行适当保护和管理的一个有效工具。管理规划最初的目标,是致力于对利物浦文化遗址的保护使其达到可以接受的保护标准。然而,管理规划也清晰地表明,要在遗址空地上及没有存在价值的建筑物地基上促进新的发展机遇。管理规划并不阻止相应的变化,但旨在获得对变化进行负责任的管理,提高广义的城市设计标准。

在此基础上,利物浦开始实施老港遗址的修复计划。1981 年,英国政府成立了默西赛德郡发展公司(MDC),直到 1998 年关闭,该公司一直担负着促进默西赛德郡可持续复兴的使命。为了完成使命,该公司拿出 343 公顷土地(其中的85 公顷土地是以前船坞所在地)的合法使用权,以获得大量的资金与其他公共部门及私人部门开展合作。

通过与公私机构的合作,默西赛德郡发展公司促进并部分资助了与利物浦海运文化遗产相关的一系列工程建设,包括在布郎威克船坞(Brunswick Dock)建立的商务区;在科堡船坞(Coburg Dock)建设散步道和新的滨海住宅;在皇后码头(Queens Dock)新建水上运动中心;在皇后码头建立一个新的海关及税收大楼;把历史遗留下来的沃平仓库(Wapping Warehouses)和滑铁卢仓库(Waterloo Warehouse)分别改建成 115 间公寓和 215 间公寓。

阿尔伯特船坞(Albert Dock)的修复是主打工程。该船坞始建于 1846 年,其仓库是英国最大的最有代表性的防火仓库(全由石头、砖头及铸铁建成),也是英国最成功的密封仓库。多年来尽管在航运方面取得了巨大的商业成功,但对于 19 世纪晚期日益增大的汽船体积来说,该船坞还是显得太小。1920 年后,只有几艘商业目的的船只在此停靠。1941 年仓库遭到炸弹损毁,到 1972 年完全关闭。在英国,这些仓库进入一级建筑群名录,但 1980 年再没有使用过它们。那时这些仓库面临严重的威胁是被拆掉,做停车场之用。幸运的是,人们已经开始优先考虑对其进行修复,其修复的基本保护原则是:必须坚持 1846 年的方案;必须保留原来屋顶的形状和颜色;一层及以上的窗户要以类似样式的窗户来修复或取代;清理和修复砌砖、石雕和铁器,以尽可能地与现存的建筑匹配;应将地面层和夹层的玻璃窗向后移至内部第一排柱子所在线的位置,从而增建一个行人长廊;尽可能地保存铸铁及历史文物。该项修复工作于 1988 年完成,取得了空前的成功,每年吸引的参观人数多达 400 多万。之所以成功部分是由于滨海背景下那些令人印象深刻的历史建筑,但更主要的是因为这些建筑物内部的综合利用。除了 227 套顶级公寓和显赫的办公室外,还有商店、餐馆、酒吧和旅馆,但也许最著名的要数默西赛德海运博物馆(2003 年有 371000 参观者),披头士故事(2003 年有 124000 参观者),利物浦生活博物馆(2003 年有 352000 参观者)以及泰特艺术画廊(2003 年有 621000 参观者)。

另外,洛浦沃克斯(Rope Walks)街区的修复也取得较大成效。早期的经营性码头均处于市中心附近,它们有一套支撑体系,包括起辅助作用的 18、19 世纪的仓库及伸入内陆的商人住宅,且大部环绕公爵大街(Duke Street)。但是,当经营性船坞移向城市北部的时候,对这些早期的小仓库和商人住宅的需求明显下降。而且,这些仓库房舍大都年久失修,最终被遗弃。1998 年,利物浦市议会根据这一地区在绳索制造业中的历史地位将其易名,并与英国遗产委员会和其他组织联合成立了制绳小道股份公司。该公司的目标,是针对该地区实施以遗产保护为导向的一个计划,试图通过将其建成以繁华夜生活为特色的创意中心的方式来确立一个新的身份认同,进而扭转衰落的趋势。该合作公司实施的这一项计划,包括新建 8 个公共广场、重新修整主要干道,以及改变人行道传统路面材料的颜色等。这些项目对激发该地区的信心极为重要,并且改善了该地区的步行环境。新建的康柏广场(Campbell Square)四周被装饰一新的旧楼及新楼环绕,获得了皇家城市设计院颁发的旧城复兴奖。如今,这个老工业区的"绳索街"已成为媒体、艺术、创作行业集中的"创意产业中心"。

还有圣乔治大厅的修缮。华丽的圣乔治大厅于 1854 年对外开放,是一个集音乐大厅和法庭使用于一体的独特的建筑,曾被誉为"是英格兰乃至全世界最优秀的新希腊建筑"。但在 20 世纪,圣乔治大厅被很少维护,并且不符合现代建筑进出口的逃生要求。后来政府投资了 2300 万英镑用于重新修缮,圣乔治大厅在 2007 年 4 月重新对外免费开放,第一周就吸引了 25000 名参观者。

过去 20 年中,利物浦为改善港口遗产的地位和形象以及城市的其他方面取得了很大的成功。目前,利物浦在继续积极推进这方面的工作。1999 年成立了利物浦远景规划委员会,继续推进利物浦市中心的修复工作,重点确保新建大宗工程的顺利进行。2001 年该委员会制定了一个城市复兴战略框架,将海滨建设作为重点区域,并由其负责为计划的实施进行协调:(1)综合开发利用金斯滨水区,包括有 9500 个座位的多功能演艺厅、一个会议厅和展厅、一个大型公共广场、两个旅馆和其他配套设施。(2)曼岛(Mann Island)再开发,包括一个新的利物浦博物馆和一系列涉及公寓、办公场所和公共设施的开发。(3)新建一条穿越皮埃海德码头,把利兹及利物浦运河与南部船坞连接起来的运河。(4)为摩西渡口建立一个新的码头。(5)把一个新的海上游艇登陆点延伸 300 米。(6)完成普林斯船坞(Princes Dock)综合再开发工程,该工程要保留一些具有历史特征的船坞防护墙、河流墙和仍有墙的部分船坞,但对一些公共领域,如桥梁和众多的现代建筑却提出了更高的质量要求。(7)制定一个综合性美化规划,为这些工程提供可协调的、有吸引力的而且经久耐用的空间。

　　另外,还将继续推进斯坦利船坞(Stanley Dock)修复和保护计划。斯坦利船坞于1848年开始投入运营,它把利兹与利物浦运河、船坞系统和河流连接起来。1855年,两个巨大船坞仓库也投入使用。到1901年,部分船坞被填平,在其上建立了庞大的斯坦利船坞烟草仓库,14层高,由2700万块砖、30000万块玻璃以及8000吨钢建成。据说,这是世界上最大的砖建筑物,地基总共占地5公顷。目前,这里整个建筑岌岌可危,只有一楼在星期天上午作临时市场之用。尽管它离市中心只有两公里,但位于一个工业废弃区。这些建筑物的连续衰败,也成为四周地区荒废的主要因素。但同样具有重要意义的是,对它的修复和再利用也可有成为复兴该地区的催化剂。因此,有关部门正在考虑如何采取措施来保护这些有杰出代表性的港口遗产。

　　利物浦在保护历史遗址中实现城市复兴,重新获得了活力,同时也吸引了大量投资。现在这里成了惠及周边200万人的区域经济中心,为100万人创造了就业机会,每年的经济增长都远高于英国平均增长率。这里还拥有活跃的高新技术产业区、发展迅速的科学产业园区,世界顶级健康生命科学研发企业及医学院等。

　　中国南京的云锦,作为非物质遗产的保护与利用,也取得显著的成效。云锦为南京地区传统提花丝织物的总称。因锦纹瑰丽,美艳宛若云霞而得名,其历史则可以追溯到1590多年以前的南朝东晋时期。手工织造的南京云锦以其"挑花结本""通经断纬""挖花盘织"的织造技艺,代表了独树一帜的中国织锦流派,具有里程碑式的意义。其木机妆花是唯一流传至今尚不可被机器取代的传统手工织造技艺。其挖花盘织技艺凭记忆编织,世代相传、沿袭不绝。20世纪初,随着清王朝的覆灭,手工织造的南京云锦业失去宫廷专享的最大市场,整个行业跌入低谷,工匠们纷纷改行。据统计,1949年手工织造的南京云锦业只剩下3台织机、4个工匠。随着20世纪中国社会变革及织造工业化进程,已近消亡的南京云锦木机妆花、挖花盘织等手工织造技艺,实际上已成为中国乃至全人类宝贵的文化遗产。

　　挖掘南京云锦的历史、科技、文化内涵;抢救、保护、利用南京云锦木机妆花手工织造技艺,已成为当代"云锦人"的首要任务。在周恩来总理的亲切关怀下,1957年12月,江苏省人民政府批准正式成立"南京市云锦研究所",南京云锦获得了新生。2002年南京市政府成立了"南京云锦申报人类非物质文化遗产工作领导小组";同年南京市人民政府颁发"市政府关于保护南京云锦的决定";2004年南京市保密局和科学技术局将南京云锦列为国家二级保密范围;同年南京市文化(文物)局批复了南京云锦研究所关于成立"南京云锦博物馆",业务归口的请示,正式批准成立"南京云锦博物馆",接受南京市文化(文物)局的业务指导。

多年来,政府在抢救、保护云锦方面投入了大量资金。特别是在 2003 年、2005 年、2007 年,南京云锦研究所几次对原有展馆的改造中,增加了恒温恒湿设备、安全监控、烟感报警、文档管理系统,展馆面积由原来的 1400 平方米增加到 2732 平方米,展馆扩建工作仍在进行中。为了确保南京云锦手工织造工艺技术、技艺后继有人,南京市教育局与南京市云锦研究所已经把云锦专业列入职业教育范畴,中华职业技术培训中心、浦口职业学校云锦班已经招生,先后培训艺徒近 300 人。对于那些获得"中国工艺美术大师"称号、文化部认可的第一批国家级非物质文化遗产项目代表性传承人的朱枫先生;获得"江苏省工艺美术大师"称号的徐仲杰先生;获得"中国织锦工艺大师"称号的正值当年的周双喜、张洪宝先生;还有获得"中国织锦工艺优秀承传人"称号的杨玉柱、王继胜等现有的云锦承传人,市政府在政策上、资金上都给予了很大的支持。

与此同时,南京云锦研究所发挥技术和学术优势。在传承古老工艺方面,为国内外知名博物馆复制了大量丝织文物珍品,上至战国,下至明清时期,无不完美地再现了古代丝织文物原有的风采。例如,为日本琉球王宫研究复制了"黄地妆花缎·唐御衣""红地妆花缎直身龙袍""红地妆花纱柿蒂形袍""蓝地大富贵团龙则凤妆花缎和服料""酱色蟒缎龙袍料"以及明式皮弁冠、玉带、蟒袍配套鞋靴、蟒纹夹袜等全套琉球王服饰。又如,为美国波士顿博物馆复制了"月白色折枝梅亮花纱帐子""翠绿色折枝梅亮花纱帐子""橘黄莲花缎床单""明黄地八达晕天华锦床单"等一批明代风格的丝绸饰物。还为有关单位研究古代服饰提供了宝贵的资料,满足了外国友人的要求,再现了中国古代丝织业的辉煌,在国内外引起了巨大反响,受到中外专家学者的好评。近年来,南京云锦研究所为十三陵定陵博物馆成功复制了"红四合云纹缂丝绣十二章衮服""绿织金缠枝莲妆花纱绣'天鹿万寿'补方领女夹衣""绣六章黄素罗裳"。2007 年又为定陵博物馆成功复制了"红缂丝十二章福寿如意衮服""红八宝四合云纹交领中单""红素罗绣龙火二章蔽膝"。近期,丝织文物的复制工作涉及云锦、缂丝、刺绣、二经绞罗、四经绞罗等四个大类多个品种。

遵循非物质文化遗产保护应当"保护为主、抢救第一、合理利用、传承发展"这一方针,南京云锦在继承传统手工工艺的基础上,推陈出新,通过不断创新,开发符合时尚潮流的手工工艺品,力求风格的多样化、品种的时尚化:将传统格调与域外风情依次呈现;令历史传统与现代风情相辅相成。运用传统的织造技艺、采取现代的设计技术与装饰手段，使传统的云锦面目一新，满足了不同层次的消费需求。例如，为人民大会堂江苏厅设计的"满地云纹雨花锦"极具装饰性，体现了现代建筑和古老艺术的完美结合，产生了独特的效果。江苏省、南京市名牌产品和著名商标——"吉祥牌"云锦，含时尚服饰、工艺礼品、居家装饰三大系列；其云锦礼品、工艺品、实用品已成为南京最具特色的旅游纪念品之一。南京云锦研究所与服装设计研究单位和艺术院校合作，设计制作的晚礼服、婚礼服一经面世即受到广泛好评，为时尚界所推崇。2003 年中央电视台春节联欢晚会节目主持人服装和 2004 年、2006 年两届中国南京世界历史文化名城博览会中外市长的云锦服装华美大气、引人瞩目。2007 年，由南京云锦研究所设计的"云锦千年祝福系列——长城""云锦千年祝福系列——天坛"两幅作品将中国传统文化与建筑艺术有机结合，被第二十九届奥林匹克运动会组织委员会指定为奥运特许产品，面向全球限量发行。

与此同时，南京云锦积极参与国内外展览活动，足迹遍及意大利、法国、美国、澳大利亚、比利时、韩国、日本、中国香港、中国台湾等数十个国家和地区。2002 年 2 月在挪威举办了"活化石——南京云锦展"后，挪威国王称赞"南京云锦"是传播中国文化的使者。2007 年 4 月 16 日，南京云锦研究所应邀参加了在联合国教科文组织总部所在地巴黎举办的"中国非物质文化遗产节"，其展品之一——"明万历皇帝真金孔雀羽方补"被联合国教科文组织永久收藏。同年 7 月 5 日—8 月 19 日，南京云锦研究所携数十件云锦展品参加香港举办的《四大名锦·回归十年》展览，引起空前轰动。

迄今为止，"南京云锦木机妆花手工织造技艺"在中国织锦工艺大师和中国织锦工艺优秀传承人的手中生生不息，他们以严格有序的传承工作，以原生态的方式演绎着现代激情。而展现在世人眼前的，是雅致精美的居家装饰品、是极富收藏价值的装饰礼品、是绮丽多姿的中西云锦礼服。南京云锦既是古城南京最具特色的文化遗产，也是人文南京最为亮眼的一张城市名片。它所奏响的文化乐章对南京的发展、对历史文化遗产（非物质文化遗产）的保护，必将产生更为深远的影响。

21 城市文化的创新性和多元化

文化是进步的动力,是历史的积淀。对于一个城市而言,文化是其灵魂。如果我们把那些建筑比喻为城市个体的骨架和肌肉,那么城市的文化氛围则是它的"精、气、神"。城市文化展示出城市的风貌和品位,正如世界著名规划学家沙里宁所说:"城市是一本打开的书,从中可以看到它的抱负。"从这个意义上讲,一个城市的魅力不在于它有多少高楼大厦,而在于它的文化历史底蕴。一个优秀的城市,必定具有浓郁的文化氛围。

经济全球化和文化多样性对城市的发展与更新创造了前所未有的机遇和挑战。快速城市化及其伴随而来的土地结构变化和城市移民,使城市经济、文化和社会结构发生了深刻的变化。但在城市化进程中物质财富的快速积累与精神文化的相对滞后发展,以及"千城一面"的局面,不仅暴露出城市继承传统文化的乏力,更反映出城市创新地域文化的"无术"。一个缺乏文化创新性和多元化的城市,是不可能生存发展和持久的。因此,需要引入新的理念与机制以保证社会的和谐与可持续发展。

21.1 文化与经济融合的创新性战略

城市与文化之间,有着血肉相连的紧密关系。芒福德认为,文化既是城市发生的原始机制,同时也是城市发展的最后目的。就城市发生而言,他最著名的论点是:并非先有城市后有城市文化,而是人类原始的文化与精神活动不仅发生在先,且对城市与村庄的形成曾起到直接而重要的推动作用。①也就是,城市的出

---

① 刘易斯·芒福德:《城市发展史——起源、演变和前景》,中国建筑工业出版社 2005 年版。

现本身就是一种文化现象。同时,芒福德把"文化贮存、文化传播和交流、文化创造和发展"称为"城市最基本的三项功能"。与此有所不同,斯宾格勒从另外一个角度强调了"人类所有的伟大文化都是由城市产生的"①。城市自古以来就在文化的孕育、发展和传承中扮演着中心的角色。城市在不断演进的过程中,通过自身的物质和文化的力量加速了人类交往活动,并通过城市中的各种有形的物质形态载体和非物质的意识形态载体把城市的文化一代代传承下去。总之,"城市"与"文化"之间具有如影随形的亲密关联,既可以说城市是人类文化的产物,同时又是人类文化的载体;而人类文化则是城市得以发展的内在力量和品质,城市的文化价值是它延续和发展的决定性因素。因此,如何构建一个融汇物质与精神、历史与未来的多元、互动、健康、蓬勃的充满人文精神和人文关怀的城市空间,是城市发展所关注的焦点之一。

　　那么,城市文化是否有其特殊属性,与乡村文化等相比又有什么不同呢? 答案是肯定的。这主要是由城市的本质所决定的。城市本身具有高度浓缩的社会财富、相对丰裕的物质条件以及舒适便利的生活环境等,在此基础上又充满了高度异质化的人口与文化、财富与机遇,包括在快速聚集中产生的激烈碰撞及由此裂变出的冲动、激情与创造力,从而极大地增加了对人们心理冲击和刺激的机会。这就塑造了城市文化的一个基本成分,即"审美幻象"。这种"审美幻象",常常成为彼岸、天堂、美好明天的象征,进而无形中就成为城市发展的一种强大动力。正如单霁翔指出的,文化凝聚着城市发展的动力,决定着城市的未来。②

　　西欧和北美等国在第二次世界大战结束后的城市复兴运动中已经认识到文化是城市社会和经济发展的重要资本,并通过倡导文化政策,兴建文化设施,开发文化街区,举办大型文化活动等多种方式促进城市的更新发展,提高经济基础的多样性和社会凝聚力。在半个多世纪的发展与尝试中,出现了许多通过文化发展促进城市良性更新发展的成功案例,如毕尔巴鄂的文化设施建设、格拉斯哥的盛大庆典活动、曼彻斯特的文化旅游和体育产业、巴塞罗那雄心勃勃的文化计划与新文化旗帜的创造和文化节的举办,以及悉尼利用 2000 年的奥运会,扩展城市的文化基础设施,创造新的画廊、博物馆和交互式的多媒体的中心等等。

　　但与此同时,这方面也有许多教训和随之产生的问题引人深思,如城市移民与归属感、土地集约使用与社会功能单一化等。特别是城市更新中的文化传承

---

①　斯宾格勒:《西方的没落(上)》,商务印书馆 1963 年版。
②　单霁翔:《关于"城市"、"文化"与"城市文化"的思考》,《文艺研究》2007 年第 5 期。

如何促进城市的活力与和谐发展,如何提高城市生活质量和社会凝聚力等问题,并没有很好地得以解决,仍然是国际学术研讨和制定国际宣言与公约所聚焦的全球瞩目的话题。联合国教科文组织作为在全球教育、科学、文化发展领域起主导作用的国际机构,推动了一系列全球性文化策略和政府间文化合作项目,如1982年的世界文化政策会议(World Conference on Cultural Policies, MONDI-ACULT, Mexico City, 1982),1995年世界文化和发展委员会关于《我们具有创造力的多样性》的报告(the World Commission on Culture and Development Our Creative Diversity, 1995),以及政府间文化政策促进发展会议(the Intergovernmental Conference on Cultural Policies for Development, Stockholm, 1998)等,并于2001年颁布了《世界文化多样性宣言》(UNESCO Universal Declaration on Cultural Diversity)。这些都充分体现了国际社会对于文化与发展关系的持续关注。

目前,城市发展战略上的文化因素已显得越来越重要,其原因可从以下三个方面来阐述:第一,进入20世纪以后出现的国家社会发展的新范式(paradigm)非常强调文化艺术。亨廷顿在他的《文明的冲突》一书中指出,"世界上众多国家随着意识形态时代的终结,将被迫或主动地转向自己的历史和传统,寻求自己的'文化特色'(或者叫'文化认同'),试图在文化上重新定位"。因此,城市发展战略一定要优先考虑文化的因素。第二,未来的世界城市竞争将是以文化为主导的竞争,文化成为城市竞争力的最重要的指标之一。每个大城市想要努力提高其竞争力,必须要考虑城市的Amenity——其含义为:给人舒适的环境,包括便利性、审美性、文化性,重视文化的多样性和艺术创意的城市。第三,文化成为提高生活质量的最重要的因素。由于个人收入和业余时间的日益增加,市民普遍以文化活动的形式来提高生活质量。

因此,在当今世界,文化的地位与作用已上升到前所未有的高度,被誉为是"经济发展的原动力",并已经成为许多大城市促进地方经济、社会均衡和谐发展的重要力量。顺应这一历史发展趋势,一些国家和城市大力推进文化与经济融合的创新性战略。

例如,韩国首尔市政府在2002年公布的《首尔2006年蓝图》中提出成为"世界一流城市"的市政目标,即在10—20年间成为世界四大城市之一。为了实现这一目标,首尔是如何提出适应后工业社会环境要求的别具新意的发展战略的呢?在此过程中,它们基于其背景的主要思考点是:(1)作为过去首尔发展动力的制造业已失去了成长动力,如何形成新的成长动力;(2)如何与环境共存,如何更好地继承和发展具有 600 年历史的首府文化;(3)如何实现经济、文化发展(提高产业附加值,提高文化满意度);(4)如何提高市民生活水平,实现可持续发展。它们在充分思考和讨论后得出的结论是:这种新的发展战略应该是环保的、互动性的、参与性的并且是令人愉快的。同时,其战略应该成为市民与城市以及与其他大城市合为一体,创造出新的经济附加值的渠道。于是,首尔选择了文化与经济融合(culturenomics)的创新性战略,使城市以清洁且充满魅力的国际大城市的面貌给市民提供更加舒适的生活以及持续性地发展。

首尔提出文化与经济融合的创新性战略,实施文化城市政策的依据及必要性主要是基于以下方面:第一,在信息化和知识经济时代,其所要求的文化艺术的创造性就是竞争力的源泉,所以要尊重文化,要建立以文化为中心的社会。第二,首尔已经几乎完成了城市基础设施的建设,所以要把市民休闲和高档次生活质量的文化需求反映到市政方针上。第三,文化产业已经成为创造收入的最有利于地方经济的产业,所以市政府一定要扶持和投资文化产业。由此可见,首尔文化城市建设的目的,就在于反映创意性的时代趋势,顺应城市发展到高级阶段的必然要求,以及满足市民对高质量生活要求的需求。首尔市政府已经不再把文化行政的功能仅限于为宣传而设立的工具,而是把文化建设当作市政的中心议题来对待。

为此,首尔市政府把 2005 年市政的中心确定为文化政策,并且规划了未来十年发展首尔为世界一流城市的文化城市发展战略。同时,在 2020 年长期城市发展战略中也把以文化为中心的市政方针放在首位,提出了以"历史和文化共存的城市"为目标的文化政策和建立城市文化纽带的规划。①目前我们也看到,已有越来越多的城市利用文化来提高市民的经济指数和幸福指数。但与其他城市不同,首尔市的差别化战略在于:通过城市文化把原有的首尔市的独特魅力价值最大化,促进秩序性发展。因此首尔市这一战略强调的是:(1)综合效率迅速成长的城市;(2)过去和未来多样化面貌共存的魅力无穷的城市;(3)以稳定的城市基础设施和不断升级的信息技术为依托的不断更新的网络都市;(4)自然和历史文化资源丰厚的,市民的生活充满热情的、生机勃勃的都市。相比其他城市,首尔市持有的价值和资产将更有效率地实现文化经济融合的创新性战略。

为了实现这一战略目标,首尔市政府规划了 20 个中心课题和 10 个部门的350 个项目。其实施的主要内容有:

---

① 李奎泰:《首尔和上海的城市发展战略和城市文化政策之比较》,《当代韩国》2006 年春季号。

（1）发展文化产业链——开发以表演和参观为中心的文化产品，形成都市创意产业链。实施清溪复原计划，体现城市自然化，为文化产业发展提供空间；构建生态空间，改善都市环境，体现环境友好型城市文化；确定主要建筑设施的设计标准；建设时尚购物区，形成东大门、明洞商圈为中心的时尚购物街；建设汉江生态公园。通过汉江水资源开发以及构建汉江边景观区，为魅力城市建设提供绿色空间。

（2）建立电子政府——以先进 IT 技术为基础实现网络化的未来型电子政府。ubiqutous（无处不在的）文化：手机信息服务，UCC（用户创建内容）服务等；公共服务在线预定体系；cyber（网络）政策讨论：鼓励市民积极参加政府组织的活动，形成开放式的市政文化；one-click（一键式）电子政府服务；UCC 双向用户便利服务；UPIS 为基础的都市管理。

（3）保存和传承历史文化。保护文化遗址的工作，包括首尔城郭、北汉山城、丰纳土城；生态环境的恢复；文化历史的再现，包括开发清溪川的文化和恢复传统的地名；文化设施的经营和传统文化节目的多样化，包括南山韩国家屋村；未来城市环境的创造。

（4）创造便捷的旅游环境。构筑有效率的旅游基础设施，包括首尔城市旅游线建设，增加低价位的外国人旅游住宿设施，开发改善旅游特区（梨泰院、明洞、东大门）；开发有竞争力的旅游商品，包括皇宫守卫交接班仪式、北村旅游资源；开发汉江沿岸的旅游景点区；开发四大城门内的文化旅游带，包括开发徒步旅游线。

（5）创造舒适便捷的交通环境。开辟中央公共汽车专用车道；大众交通换乘停车站；通过公共汽车路线系统的改善，形成便利的交通文化；设置地铁荧屏门，提供交通安全装备；通过设置城市铁路无线网络、地面数字多媒体广播系统（DMB 移动电视）等设备，体现 ubiqutous 环境；站内开设美术馆等，提供更多共享文化的机会。

（6）扩大市民享受文化艺术的机会。成立首尔文化财团，组成 1000 亿韩币的基金，扶持民间和地区文化活动，免费提供表演与展示会，打造更多的创意空间；举办首尔文化节；扩充文化艺术基础设施，建立歌剧院、音乐院和传统国乐表演场、文化会馆和图书馆；建设以市民休闲为主题的公园，把首尔广场作为市民文化空间，鼓励市民参加文化活动；改造市民文化机构的经营体制，包括市立博物馆、美术馆、世宗文化会馆；扶持电影产业，成立首尔影像委员会；扩大举办传统文化节目，包括清溪川民俗文化活动；培养青少年健康的文化活动，包括扩充青少年文化活动设施和改造经营体制，提高青少年文化节目的水准和多样化，支援教育青少年活动，对青少年有害环境的改善（包括设定青少年禁区）。

（7）振兴市民生活体育和专业体育活动。改造学校体育设施；扩建市民业余体育活动空间；扩大休闲体育空间；支援业余体育活动和专业体育；有效地经营体育设施。

为实施以上的文化政策，首尔市政府从 2003—2006 年间共投入了 11658 亿韩元（折合约 90 亿元人民币）。其效果是，新产生 30 万人以上的文化行业职位，每年保持 1200 万人以上的观光旅客，文化产业规模居于世界第 5 位。

另外一个典型案例，就是新加坡通过创意产业与传统制造业并举来提升城市创新能力，全力打造创新型城市，充分体现了推进文化与经济融合的创新性战略。

长期以来，制造业是新加坡经济发展的主动力。但是，制造业产值始终处于波动之中，就业人数处于持续减少的趋势中。各种迹象表明，新加坡作为一个制造业基地已经不具备竞争力。因此，新加坡政府适时提出以知识经济为基础，大力发展创意产业，并将创意产业定为 21 世纪的战略产业，努力使新加坡成为"新亚洲创意中心""一个文艺复兴的城市""全球文化和设计业的中心"。2000 年新加坡信息与艺术部提出一份《文艺复兴城市报告》；2001 年新加坡政府成立经济检讨委员会（创意产业工作小组为其中之一）以检讨新加坡的发展策略，并制定未来发展方向；2002 年提出《创意产业发展策略》，该策略以三个重心即"文艺复兴城市 2.0""设计新加坡""媒体 2.1"来发展新加坡的创意产业，通过发展创意产业建设创新型城市。

"文艺复兴城市 2.0"，主要是建议发展新加坡文化艺术基础建设，培养创意人才与观众，政府部门共同协作，共同开发文化艺术活动的经济潜力，新闻与艺术部及新加坡旅游局都涉及此计划。除了公共部门的参与外，建议发展创意市镇以整合艺术、商业及科技的概念来规划地方发展，建立当代博物馆以展示各国的当代艺术设计，同时推广艺术与文化创业精神。2002 年，新加坡为提升整个城市的艺术气息，斥资 6 亿新元建设新加坡滨海艺术中心，提供新加坡艺术与世界艺术交流的平台。

"设计新加坡"概念是以设计能力来增加新加坡企业与国家竞争力，凭借不同层面的设计为新加坡增加价值。这个规划包括协助企业将设计视为一种工具来规划的商业策略，以刺激创新与经济成长。

"媒体 2.1"则是创新城市，以把新加坡建设成为全球媒体城市，同时以发展工作、生活、玩乐与学习功能为目标,鼓励通过实验与创新来发展高附加值的媒体研发与制作,同时定位新加坡为媒体的交易中心,以各种优惠方案吸引媒体资本进驻新加坡。

上述以创意产业建设来创新城市的政策,取得了空前成功。据 2002 年的统计,新加坡创意产业增加值占 GDP 的 2.8%—3.2%,而且最近 10 多年来创意产业的产值和就业人数的增长率均高于同期 GDP 和总就业人数的增长率。目前,新加坡已经成为亚洲创意枢纽,并极大提升了城市创新能力。根据 2005 年瑞士洛桑管理学院发表的全球竞争力报告,新加坡的全球竞争力排名第三。

如果说首尔、新加坡是在经济发展阶段进入后工业化社会后选择了文化与经济融合的创新性战略的话,那么对于发展中国家许多尚处于工业化阶段的城市来讲,是否也适合选择这一战略呢? 也就是说,文化与经济融合的创新性战略的选择是否存在发展阶段性的严格限制? 对于许多发展中国家有着悠久文化的历史古城(镇)来说,这是一个亟待给出明确答案的问题。

我们认为,一个城市发展进入后工业化社会,由于其各方面条件更趋成熟,固然有助于实施文化与经济融合的创新性战略,但并不是唯一的条件。对于那些尚处于工业化阶段的城市来讲,也可以创造条件选择文化与经济融合的创新性战略。从历史上看,传统文化曾促成了这些古城(镇)的原始繁荣。同样,借助于现代文化并结合工业化也可以使其快速演变成为现代城市。而且,从目前城市工业化进程中出现的偏差来看,这种文化与经济融合的创新性战略的选择显得尤为重要。因为在这些处于工业化阶段的城市发展中,工业生产制造那种机械的重复和简单的模仿,往往使工作变得枯燥无味,缺乏创意;基于工业化的城市建设也往往成为简单的模仿,建造了一样的高楼大厦和飞桥高架,城市走向同质化。在此过程中,人们将传统文化弃置一边,忙于追逐物质利益,甚至为眼前的物质利益而不惜破坏文化遗产和自然环境,城市的发展迷失了方向,走进了一个城市的人、文化、产业、环境四种要素互相抵消、相互破坏的恶性循环怪圈,城市发展也走入困境。因此,这些发展中国家正在经历工业化阶段的城市,必须改变传统的工业化老路,更有必要选择文化与经济融合的创新性战略。

被联合国评为"人类居住区最佳范例城市"的中国佛山市,在南风古灶片区用传统文化助推产业升级改造的典型案例,表明尚处于工业化阶段的城市同样可以选择文化与经济融合的创新性战略,并能取得显著成效。

佛山与广州接邻,占地 3800 多平方公里,是南国陶都,陶文化源远流长,陶瓷手工业享誉海内外。位于佛山市石湾区东平河畔的南风古灶,由霍氏后代建于 1506 年,因其依山而建,宛如一条卧龙,俗称龙窑。南风古灶是世界上最古老、保存最完好并延续使用至今的柴窑。2001 年,南风古灶被评为国家级文物,2002 年被录入吉尼斯世界纪录。南风古灶烧制的日用陶器,美观实用;烧制的艺术品——"石湾公仔",独具风格,成为岭南文化的象征,传播到世界各地。明清时代,以南风古灶为核心形成了陶瓷手工业集聚,在南风古灶片区(指以南风古灶为核心的方圆 3 公里以内的地区)就有 108 条龙窑。佛山由此成为当年与汉口、景德镇、朱仙镇并称为中国的"四大古镇"。由于商贾云集、工商业发达,佛山又与北京、汉口、苏州并称天下"四大聚"。几千年手工制陶历史,铸就南风古灶为标志的佛山陶文化,南风古灶成为佛山陶文化的图腾。

在中国改革开放中,佛山作为广东改革开放的核心地区,在陶瓷、家电,纺织、家具等制造业领域得到了迅猛的发展,成为世界闻名的制造基地。同样,陶瓷制造业也得到飞速发展,南风古灶片区陶瓷企业林立,大约有 100 多家陶瓷厂聚集于此。佛山建筑陶瓷年产量占世界的 25%,成了世界上最大的建筑陶瓷制造基地。但此时,南风古灶却被大工业生产所淹没,变成了当时中国最大的陶瓷企业佛陶集团的一个窑炉车间,相对于现代窑炉生产线来说,南风古灶是可有可无的鸡肋。制造业发展为佛山带来财富的同时,也带来了严重的污染。而陶瓷产业带来的污染最大,对环境的破坏最为严重,直接影响了佛山市民的生活质量。

佛山市政府通过广泛深入的科学调查和研究后认识到:佛山城市发展面临的困境,表面上看是产业惹的祸,但实质上是城市发展观出了问题。一个城市不能没有产业,没有产业的支撑,城市将失去了发展的推动力,更谈不上可持续发展。并且,造就一个产业集群至少要用二十多年的时间,投入了大量的各种社会资源,沉淀了不少的技术、人才、信息、文化,不能简单粗暴地一毁了之。要解决佛山的城市可持续发展问题,就必须要优化提升佛山制造业,发展佛山创意产业,让佛山制造走向佛山创造。而陶瓷产业,理所当然是首当其冲。

自 20 世纪 90 年代起,佛山市政府坚持创意激活历史、文化提升产业的理念,决定将南风古灶片区打造成为世界陶文化圣地,并以此助推佛山整个陶瓷产业升级。整个片区改造,分为三步走:一是打造世界陶文化圣地,为佛山人打造精神家园。政府出资关闭南风古灶所在的企业,将南风古灶辟为旅游景区,并对传统陶艺生产厂家佛陶美术工艺厂进行重点扶持;二是由政府引导,利用社会力量,建设三个会展交易中心,发展陶瓷会展和物流业;三是对陶瓷企业实行重点扶持一批、关停一批、整治改造迁移一批,发展创意产业和陶瓷总部基地。

佛山市政府对南风古灶周边环境进行系统改造,在改造过程中保护好了有文物和文化价值的一草、一木、一砖、一瓦。修复了陶师祖庙,修建了陶瓷博物馆,将荒废的明清建筑群恢复为明清建筑博物馆;荒地改建为世界陶艺主题公园;旧车间、破厂房改为世界陶艺博览中心、玩陶中心、陶艺销售中心、工业陶瓷展示和研发中心;旧办公楼和宿舍改造为国际艺术家俱乐部和艺术家公寓,成立国际陶艺研究中心。

佛山政府通过多种渠道,大力宣传以南风古灶为标志的陶文化,南风古灶烧制的亚洲艺术之门、石湾公仔柱享誉海内外,并已成为佛山著名标志,南风古灶已成为佛山的名片,陶文化已成为佛山城市之魂。在南风古灶,每天有古寮场拉坯表演、传统山公制作表演、原生态陶制乐器乐队表演、原生态陶制乐器陶韵舞蹈表演;每月有龙窑点火仪式、祈福仪式;每年举办"千年之烧国际陶艺家创作营""国际柴烧节""世界陶艺大会""世界陶瓷博览会"等一系列大型陶文化的交流活动。每年春节的祭灶神火神、拜北帝活动成为当地老百姓祈祷来年生活更美好的一个盛会,被誉为中国的感恩节。世界各地的艺术家、国内外朋友们,来这里创作、交流、观赏、游玩,南风古灶成了家人、友人、恋人学陶、玩陶、赏陶、买陶的圣地,成了人们释放亲情、友情、爱情、乡情的地方。

历史文化一旦与产业结合,就会产生核裂变。现在南风古灶片区已成为广东一个重要的旅游景点,每年会有30多万人前来旅游观光,并解决了近200人的就业。南风古灶成为世界最大陶艺创作基地,有300多位陶艺家在此创作,产值近1亿元。每年还按近30%的速度递增,解决了600余人的就业。极具观赏性的近万平方米的陶艺品交易一条街即"公仔街",每年陶艺品交易量达1.5亿元,解决了2000多人的就业。南风古灶片区的建设带动了佛山旅游产业、陶文化产业的大发展,传统文化成为佛山持续发展可反复利用的资源。

由佛山市政府扶持,社会力量主导建成的三个陶瓷会展贸易中心,已成为中国的陶瓷会展、物流中心,每年陶瓷交易额超过300亿元,解决了5000多人就业。2002年建成的中国陶瓷城总建筑面积达13万平方米,现已吸引150多家海内外知名品牌进驻,98%为厂家直接经营,每年举办两届"陶交会"。华夏陶瓷城占地100万平方米,集物流中心、会展中心、信息中心、营销中心于一体。全国十大陶瓷产区都有企业在此设销售中心或经销网点,每年都举办多个展会。瓷海国际中国佛山陶瓷交易中心,占地60万平方米,首期30万平方米于2008年3月1日正式交付使用,3月份有300多户陶瓷商家将入驻。

由政府扶持引导,社会力量主导来创建国际创意产业基地和陶瓷总部基地,建成后产值将近 100 亿元,解决 10000 多人就业。对南风古灶片区周边的陶瓷厂关停后留下的旧厂房进行创造性改造,总占地面积约 30 万平方米。首期占地 10 万平方米已投入使用,将旧厂区改造成为一个集工业设计、软件开发、服装设计、金融服务、商务等一体的工业创意产业基地,为入驻企业搭建信息交流、知识产权保护、宣传展示、变现、生活后勤保障等服务平台,实现产业创意化、创意产业化。现已有 100 多家创意产业入驻,解决了 3000 人就业。入驻企业已开发出"废弃陶瓷原料烧制的轻质砖"、"可以养鱼的陶瓷生产废水处理系统"、生态厕所、高端摩托整车技术等等。中国陶瓷产业总部基地作为国际性陶瓷商贸和总部发展基地,第一阶段规划总用地面积约 30 万平方米,将建成占地 1 万平方米的陶瓷历史文化长廊,已吸引了 20 多家企业签约进驻,建成后可容纳 200 多家企业进驻。

经过十多年的努力,南风古灶片区用传统文化助推产业升级改造已初现成效。其带给我们的启示是:发展中国家的历史名镇从工业化到城市化的历史进程中,城市文明的演进不是对其他城市的简单模仿和移植,更不是对历史传统的颠覆和重塑。城市变革的基因和力量就隐藏在城市历史文化内部。挖掘、整合、扩展这种基因的力量应该是城市发展与变迁的逻辑起点和最终归宿。只有这样,城市个性与差异才能得以弘扬和彰显,从而彻底拯救城市个性和气质。佛山模式告诉所有发展中国家处于工业化阶段的文化名城一个道理,回归传统文化,发扬传统文化优势,以文化为切入点和突破口,打造城市精神图腾,营造城市人的精神家园,同时将传统文化与产业巧妙契合,助推产业升级,通过这种传统文化为主要内容的道具舞台获得了大量的经济收入而进入了现代生活。不仅如此,传统的文化使得城市保有一种神秘的亲和力和诱人的魅力,成为吸引更多的资金投入的优势之一。

21.2　城市文化的包容性与多样性

文化的多样性和异质性是城市的特点。城市的个性是城市的魅力所在。城市个性,也就是城市的特殊品质和特殊形象,是城市的身份证。表面上看,城市的个性是通过城市的建筑、城市的颜色、城市的形态、城市的象征和标识等外部特征表现出来的。然而更深层次的是,城市的个性是城市历史文化积淀的产物。例如巴黎被称为浪漫之都,离不开穿着入时、举止优雅的女郎,飘荡在大街小巷的手风琴声,面街而设的咖啡茶座,塞纳河畔的林荫大道,大仲马、雨果等人留下的文学作品,以及巴洛克式的建筑,其中都传递着历史文化的信息。伦敦颇有绅士风度,也是如此,其挺拔的伦敦塔桥、庄严的议会大厦、哥特式的教堂也都传递着历史文化的信息。还有如罗马的气度恢宏,威尼斯空气中弥漫着神秘浪漫气息,北京的庄严,上海的繁华,杭州的休闲,苏州的妩媚,西安的古朴,厦门的温馨等等,这些形象都是城市文化的表现。

　　未来的城市发展,在很大程度上是"以文化论输赢"。然而在当今"全球化"浪潮的冲击下,城市风貌却变得越来越相似,失去了多姿多彩、各具特色的城市个性。因此,在世界大融合的发展趋势下,如何以开放的眼光和包容不同文化的胸襟,在与外来文化的碰撞、交流和交融中,创造自己的特色和文化内涵是世界上任何城市面临的课题。

　　意大利的博洛尼亚,尽管只是一个中等规模的欧洲城市,但其将自己定位于一个可以容许城市对话和各种文化交汇的城市,市政当局在当地和国际两个层面上实施了一系列政策,为跨文化之间的交流融合创造出更好、更和谐、更有创造性的条件,从而使其包容程度、接待能力、便利环境和吸引力方面却在地区,国内和国际上扮演着大城市的角色。博洛尼亚 2000 年被提名"欧洲文化之都",成为欧洲最具有文化活力、宽容性和宜居的城市之一。

　　博洛尼亚市位于意大利战略地理位置的中心,介于米兰和佛罗伦萨之间,周围是美丽的平原,山脉,森林和亚平宁山脉。它也是艾米利亚—罗马涅的首府,该省共有 60 个市,居民总计为 92.8 万人,其中 38 万人生活在博洛尼亚市。该城市历史悠久,古迹众多,长达 40 公里的"柱廊"(即商场)与红砖建筑使博洛尼亚具有独特的风格。中世纪的塔楼,尤其是坐落于市中心的双塔,是博洛尼亚市的标志性建筑,也是中世纪时期最好的见证。

　　与文化传统并存,博洛尼亚市也是一个商业城市。其位于货物和人员流动的十字路口,是意大利铁路公路交通枢纽,还有一个快速崛起的国际机场。战后,它依靠公共和社会服务政策以及新设施的建造等措施,提高了生活质量并使经济得以恢复重建。在城市经济的迅速发展中,它成为一个面向国际市场和出口的中小型商业和工艺城市,是意大利北部最重要的商业城市之一,也以欧洲著名的商业会展中心而著名。博洛尼亚国际展览中心是欧洲重要的展览中心和国际商务专业人士的首选之地,每年承办约 27 个展览会,其中 22 个世界重要的国际活动。

　　博洛尼亚市一直是创意的实验室和孵化器,也是意大利关于政治、社会、经济和文化活动最前沿的城市。博洛尼亚是艺术、文化、传统、博物馆、别墅、宫殿、广场、教堂、修道院、商场和古塔的聚集地,也是现代性,创新,国家经济命脉的中心城市,其品牌商标闻名全球。此外,该市还享有 La Dotta(学术中心)之称,建于 1088 年的博洛尼亚大学是西方世界第一所大学,该市一直尊重实务主义和自由精神的研究,广纳五湖四海的学子,充分尊重每个人的自由。

对许多欧洲政府来说,移民和文化多样性既是挑战也是机遇。博洛尼亚市政当局充分认识到,对创造力的支持和对异议的包容是克服现代社会所面临的多民族和多元文化挑战的最佳途径,文化、平等权利和参与是使城市更宜居、更安全和更接近公民需求的关键。因此博洛尼亚积极加入全球文化多样性联盟,并且成为教科文组织创新城市网络的成员,以更好地促进和保持其区域的创造力和文化产业发展。

博洛尼亚市政当局高度重视文化。在他们看来,文化是属于每个市民的自然环境。而居民文化的多样性,反过来激励了日常生活中新的和最初的解决方案,同时,也创造了更为丰富和动态的环境。为了促进文化的多样性和交流,博洛尼亚每年举行夏季文化节,有大量的节目、活动和表演。每年 10 月举行"音乐周",在这音乐盛宴中不仅有各种音乐演出活动,而且还欢迎其伙伴城市的代表,一起讨论共同战略,使在教科文组织网络的参与被付于实施。目前,市政局正与当地市场/发展代理机构协作开展一个关于音乐业务的研究,作为它最有影响力的文化产业,以激发其进一步发展的潜力。博洛尼亚城已成为世界闻名的音乐参拜圣地之一,这不仅得益于其丰富的历史遗产,尤其是因为在这里云集了众多艺术家和技师,在这一领域不断探索耕耘。2006 年 10 月,博洛尼亚被联合国教科文组织授予"音乐之城"的称号,这表明文化和音乐产业对促进经济发展和推动社会凝聚有极大带动作用。此外,博洛尼亚每年还举办人权之夜电影节。这个电影节创建于 2001 年,是关于人权的国际性的电影节,由博洛尼亚电影资料馆和 CCSDD(约翰·霍普金斯大学/学院法—宪法研究和民主发展中心)共同策划筹办。这个电影节主要放映一些有国际竞争力的故事片和短片,以及电影回顾等各种相关活动等,以最广泛的艺术表达形式来展示其人权主题。这些年来,此电影节的规模、目标和声望与日俱增。人权之夜电影节使边缘化的声音有机会被人注意,也通过电影描述的世界来展示复杂的人权问题。来自世界各地的被选中的电影,以其带有良心、勇气和独立判断的能力来反映现实——尤其是侵犯人权的行为。

此外,博洛尼亚市积极开展国际合作与交流,取得了丰富的经验。借助每年与由欧洲委员会共同出资的约 45 个项目，以及 13 个友好城市和世界各地城市等众多的共同发展合作活动和项目等，博洛尼亚市开展了许多与外国合作伙伴丰富的合作与交流活动。博洛尼亚大学的国际关系还为其提供了一个紧密联系的网络平台，例如大学内现有的约翰·霍普金斯大学、西班牙皇家学院和新建的意大利第一个中国学院。博洛尼亚不仅在文化领域，而且还在其他诸如信息和通信技术、可持续发展和改善市民生活质量等领域内的一些国际组织、网络、协会中发挥着积极的作用。

为了促进文化多样性和包容性，博洛尼亚在反种族主义、排外和尊重人权方面奉行改善当地政策和一系列内外举措，以避免一切形式的歧视，如全面调查统计"驻博洛尼亚外国公民"，参与国际反死刑联盟，签署 2004 年欧洲保障城市人权宪章，并在这 9 个城市内设立"外国人咨询机构"。这种选举产生的机构允许欧盟居民参与地方公共事务。博洛尼亚在反对种族主义和维护人权方面的不懈努力，取得良好成效，其外来人口 8% 的比重，是意大利平均水平（4%）的两倍。

博洛尼亚在促进文化多样性与包容性方面的一个重要机制，是广泛的市民参与。市民参与已成为博洛尼亚的传统，例如举办一些面向所有市民和地方协会的会议，让人们参与辩论。参与政策是市政当局必不可少的一部分，这一进程主要涉及基础设施建设。博洛尼亚有 7 个参与城市规划的实验室。还有其他参与规划，如关于城市能源计划，关于教育、学校的规范计划，幼儿园新计划，移动手机天线计划，民间社团新规则。市民参与，带来文化多样性。1992 年以来，(CD/LEI)资料中心—跨文化教育实验室支持一项包容性教育活动，来促进跨文化间的对话，机会平等和移民学生的学校教育。该组织通过跨文化教育方法，如培训课程、信息服务、多元文化图书馆、双语材料、跨文化辅导等，帮助老师、教育者、家人和社会人员来管理文化多样性。为了使城市更适宜所有市民的居住，当地政府与市民及其他利益相关者互通意见，共同制定新的市政建设计划。该计划根据以下原则制定：保护和恢复自然景观和环境；优先考虑城市重建和复兴；公共交通的核心作用和各种不同交通方式的整合；有针对性和组织性的社会住房。该计划是着眼于以知识经济为基础的发展，目的是创造一个以质量、社会凝聚力、团结和创新为基础的城市。同时，博洛尼亚也以"数字城市"著称，一直使用最先进的信息和通信工具，为市民参与公共生活提供服务。

对博洛尼亚来说，创新是一个关键词。几个世纪以来，创新一直是博洛尼亚的标志和精髓所在。为了试验 Wi-Fi 技术，同时为用户提供先进互联网接入服务，博洛尼亚市政府启动了"Iperbole 无线上网"工程。与电信公司的共同合作，

Iperbole 无线上网工程为用户提供免费的覆盖整个市中心的互联网接入服务。目前,该市是欧洲知识社会论坛的主席城市。在这种情况下,博洛尼亚市长还签署了 erighnts 宪章,承认人们有进入权、教育和培训、在线信息和参与等权利。宪章旨在成为当地民选政府的欧洲模式,能够支持其在都市区内实现可持续发展和创新知识为基础的社会。

先进的现代文明,本身也包含着对历史文化的尊重态度和对民族及地方特色新的探索和努力。尊重文化多样性,实质上是体现了人文关怀。中国的延边市是一个多民族聚居之地,长期以来市政府立足于促进对文化特征、文化和语言多样性、传统和信仰的尊重,同时加强不同文化和文明之间的对话,致力于构建一个多元、互动、健康、蓬勃的充满人文精神和人文关怀的城市空间,使各民族相互融合、和谐相处,促进了社会经济和文化的繁荣,具有很好的借鉴和推广意义。

延边是中国最大的朝鲜族聚居区、东北唯一的少数民族自治州。它位于中国吉林省东部,地处中俄朝三国交界,享有东北亚"金三角"的美誉。在那里,可真正体验到传说中的"鸡鸣闻三国,犬吠惊三疆,花开香四邻,笑语传三邦"。目前,开发"金三角",开发图们江,已被联合国开发计划署列为重点支持项目,图们江地区已形成了中、俄、朝三国区域一体合作发展的格局。

延边幅员 4.27 万平方公里,总人口 217.7 万人,其中朝鲜族占 37.7%,汉族占 59.29%,其他民族占 3.01%,其他各民族主要是满、蒙、回等少数民族。延边本就是一个多民族的迁居之地,自延边朝鲜族自治州成立后,尤其是中国步入改革开放以来,延边州委、州政府采取了一系列促进民族团结进步、经济发展的战略方针政策,使延边发生了天翻地覆的变化,延边人的价值取向不再封闭,而是主动开始寻求多方合作,民族多元文化以前所未有的速度快速融合发展,使之成为城市和谐的重要因素。社会经济的巨大变迁,促进延边多元文化融合。

延边多民族文化的多样性和包容性,在其民俗风情中得到了生动体现。有人把延边称为"美食天堂",这并不为过。几乎所有来过延边的人都会念念不忘延边朝鲜族传统的冷面、泡菜、酱汤等让人垂涎三尺的美食,更不用说现在经过融各地所长而改良后的延边民餐了。更有趣的是,如果您到延边人家座客,在汉族人家你可以吃上朝鲜族风味的辣白菜,在朝鲜族人家你也可以吃上汉族的团圆饺子。这里,让你走到哪里,都会有家的感觉。

如今,在延边市区内几乎已经看不到朝鲜族传统民居,越来越多的现代化建筑拔地而起,但事实上,延边州政府是很重视民居保护工作的,为此在城市周边开发了很多的民俗村,而且配套设施十分完备,让城市居民在节假日前去休闲的同时，更能从中了解朝鲜族原始居住风俗。在延边的街头有一道独特的风景，那就是您会看到所有店面的牌匾内容全部都是朝汉两种语言组成，而且都是朝鲜族文字在上或左面，这项保护朝鲜族文字及语言的政策，在展示自治州鲜明民族特色的同时，也给游客留下深刻印象。

延边是著名的"歌舞之乡"。延边朝鲜族素以能歌善舞而著称于世，上至白发苍苍的老人，下至天真可爱的儿童，在城镇街头或在农村田间、逢年过节、喜庆佳日、劳务之余，到处可见载歌载舞的热闹场面。朝鲜族舞蹈丰富多彩，目前，像帽舞、荡秋千等已被国家列为非物质文化遗产保护发展起来。而且多年来，深受朝鲜族能歌善舞的影响，其他民族也纷纷推出各具特色的本民族歌舞，在延边的大地上您可以随处可见各族人民和谐共舞，同唱一首歌，不管懂不懂、理解不理解，延边各族人民只把歌舞当成表达内心喜悦的一种方式，因为快乐是最好的沟通。

延边又是"礼仪之乡"，尊老爱幼已成风尚，热情好客已成自然。在延边，最重大的节日不是春节，而是六一儿童节，到那天，到处都会人山人海，各族人民都会身着节日盛装，全家人整体出动，为孩子过最有意义的节日。同样，最不能忘的还有老人节，每年 8 月 15 日，是延边州政府规定的老人节，这天，所有的晚辈都要向老人们行大礼，老人们也会自发组织郊游、聚会等活动，载歌载舞庆祝自己的节日；而在朝鲜族人民的影响下，延边所有民族的人民最重视的是老人的花甲庆典，你可以不参加婚礼，但是如果老人的花甲庆典要是不到，就会被人看作很失礼，亲密关系也会大打折扣，前来祝贺的亲朋好友就连单位的同事、同学也要行跪拜礼。来到延边，会处处感受到亲情友情，东北人的豪爽直快、朝鲜族人的开朗热情在这里结合得如此完美，会不知不觉融入其中，享受其中。

延边朝鲜族过去的习俗是不与外族通婚，改革开放以来，随着各民族优秀文化的融合，朝鲜族青年纷纷与汉族及其他民族恋爱、结婚。而且婚礼场面极其盛大，既尊重朝鲜族的传统习俗，又采用汉族及西方的礼仪方式，这成为延边特有的民族团结、融合、体现多元文化的一个亮点。

延边各民族在多年的共同生活中，已经形成一个多元文化融合的大家庭。在这座城市，发生过许许多多这样的事：李文哲，一位普普通通的朝鲜族汉子，自1974 年开始，和他的妻子蔡明子一起收养、资助了 64 个朝、汉等不同民族的孤儿和贫困生，使这些不同民族的孩子重新获得了父母之爱、人间真情。这些孩子现在已有 27 名考入大学，3 名考入研究生。崔海顺，一位平凡的朝鲜族"阿妈妮",在自己家境并不富裕的条件下,省吃俭用,照顾汉族邻居的孤寡老人李大爷、李大娘,这一下来就是长达 19 年之久。在一个个这样的故事中,延边人的团结博爱一次次得到了展示,延边的城市精神一次次得到了升华。

文化多样性和包容性,诠释延边的发展魅力。延边是"教育之乡",延边的朝鲜族在教育、礼仪等文化方面受中国传统文化影响,尊知重教、孝悌礼仪等方面无不堪称楷模,延边其他民族此方面也深受朝鲜族影响。朝鲜族对文化教育的看重程度,亦是非同一般。走遍朝鲜族聚居的乡村,最漂亮的建筑一定是村里的学校;最受尊敬的人,一定是学校里的老师。在延边,早已普及九年制义务教育。即使在偏远的山村,未读过初中的孩子也很难见到。许多的朝鲜族村落,都有卖地、卖房子、卖牛供孩子读书的故事。多年来,延边的几所朝鲜族高中的高考升学率,一直比较高,据统计,朝鲜族人口中,每千人拥有大学生 43 名,是全国平均数的两倍。

另外,延边人不仅善于容纳,而且善于融入。改革开放,他们先是走向北京、上海、广州、大连、威海、烟台等若干发展较快、充满机遇的城市,很快便开始向俄罗斯、韩国、日本、美国、新加坡等地大举进军。据权威人士估算,改革开放以来,在延边朝鲜族自治州至少也有超过 30 万人次出过国,或是短期访问,或是对外贸易,或是长期务工。1995 年以来,每年通过官方银行汇回来的外汇都在一亿美元以上。他们不仅赚回了外汇,同时也把先进的文化带回了延边。

近年来,由于民族文化融和,推动了延边州经济迅速发展,2004 年,延边生产总值完成 194.3 亿元,经济总量连续两年实现两位数增长。财政收入 24.3 亿元。全州固定资产投资完成 82.6 亿元。社会消费品零售总额 80.1 亿元。全州城乡居民储蓄存款余额 291.5 亿元,人均储蓄存款 13349 元。外贸进出口总额 5.7 亿美元。涉外劳务收入达到 7.3 亿美元。

这样一个善于容纳的城市,才是充满自信、不断发展、前程似锦的城市。如今,当你走在延边的大街小巷,想从人们的穿着和表情上来辨别他们的民族,这几乎是不可能的。因为在这里,每个人的表情虽不尽相同,但能看到最多、最长久的表情,就是快乐。这是一种不分民族的、草根意识的、平静优雅的城市表情,而这些表情只能用两个字来描述:快乐。

这是一种和谐的快乐,它标志着这座城市民族交融、和谐快乐的主题。在这座民族文化多元的城市里,人们传递着和谐,也营造着和谐,而这种民族的和谐也将放大为城市的和谐。

21.3　倾力打造文化之都

　　自古以来,城市文化在促进城市平衡与安全方面就体现出巨大的优势。这主要表现在两个方面:一是对都市空间进行文化生产,其表现于都市规划、设计、建设的创意与实践中,从而为当代人现实地创造出一个更加人性化的宜居城市空间;二是通过文化教育与艺术熏陶提升都市人的文明素质,使都市有限的实体资源获得更好地利用与保护。城市文化的这两方面作用,对于部分地缓解乃至最终从整体上解决城市危机是十分重要的。

　　在历史上,城市因文化而得到提升的事例也可谓不胜枚举。就欧洲来说,有些城市因成为宗教中心或政治中心而一度繁荣。从 12 世纪起,一批国王和亲王们的首府兴盛起来,其中就有图卢兹、普瓦梯埃、基辅、利日、冈城、维也纳、曼恩的法兰克福、里斯本、伦敦、巴黎。①有些城市由于文化名人云集而身价倍增。15 世纪的乌尔比诺因为聚集了一大批艺术家(其中有波提切利、拉斐尔的父亲桑蒂、年轻的布拉曼特、佛兰德尔画家凡根特等)而得到美化,费拉拉也云集了一批戏剧家和画家而成为意大利极负盛名的城市。也有一些城市从 12 世纪后半叶起因建立大学而成为欧洲名城,如博洛尼亚、巴黎、牛津、剑桥、蒙彼利埃、图卢兹、帕多瓦、那不勒斯、里斯本等。特别是巴黎,组合了多种文化因素而发展成为欧洲文化之都,比如 1174 年建立并在 1200 年获国王批准的巴黎大学,吸引了当时中世纪欧洲最著名的学者,扩大了巴黎在欧洲的影响;法兰西斯一世对文艺复兴运动的推动,以及路易十四宫廷生活方式等都对巴黎成为欧洲文化中心起了决定性的作用。到了 19 世纪,巴黎更是成为引领文化潮流的世界文化之都。巴黎的主要实力和影响力不在经济,而在文化上。它是文化上的"麦加"。路易斯·孟福德(L. Mumford)曾说过,世界名都大邑之所以能成功地支配了各国的历史,那只是因为这些城市始终能够代表它们的民族和文化,并把绝大部分流传给后代。

　　当今,在知识经济和文化软实力竞争的时代,打造文化之都更是成为许多城市重大的发展战略目标。文化城市的概念,可分为广义和狭义两种。狭义的文

---

　　①　Jean-Luc Pinol, *Histoire de L'Europe urbaine, Del'Antiquitéau ⅩⅤⅠⅠⅠ S Iècle*, Seuil, 2003, p.381.

化城市概念为重视音乐、电影、美术等以艺术活动为主的文化艺术城市;而广义的概念则是指市民日常生活和生活方式更具备文化涵养的城市、整个市区空间结构更具文化性的城市、具备满足市民文化艺术欲望所需要的文化设施和内涵的城市。在首尔"世界城市市长论坛"发表的《首尔宣言》中,把文化城市的基本属性规定为:保存历史和传统的城市;城市的历史与世界普遍文化价值相和谐的、具有自己文化认同的城市;提高市民生活质量的城市,可培养文化市民的城市;给市民扩大文化享受权利的城市,要求通过建设文化城市和福利城市以及改善教育环境来保证市民的政治、经济权利乃至文化的权利。因此,打造文化之都,不只属于文化部门的工作范畴,更需要整个城市的每个部门都以文化的视角、文化的方式、服务于文化市民为出发点来开展市政的各项工作。

自 1985 年以来,在较大范围内持续开展的"欧洲文化城市计划",是一项促进各城市打造文化之都的卓有成效的工程。欧洲文化城市计划的目的,是彰显各欧洲城市的文化个性和重要性,鼓励其他城市欣赏和开发其文化优点。1985 年 6 月 13 日,欧共体部长理事会根据希腊文化部长 Melina Mercouri 的提议,决定举办"欧洲文化之城"活动,由欧盟成员国轮流推选出某座城市获得这一荣誉,结合城市更新,推动欧洲文化的发展,促进城市的文化旅游。至 1999 年,欧盟将这项活动更名为"欧洲文化之都"活动。摘取"欧洲文化之都"的桂冠要付出艰辛的努力,每年都有一至两个欧盟成员国获得此殊荣。在享受"欧洲文化之都"称号的一年中,该城市不仅有机会展示本市、本地区具有象征性的文化亮点、文化遗产和文化领域的发展与创新,而且吸引欧盟其他成员国的艺术家、表演家到该市表演和展出。这些城市也利用打造文化之都之际,彻底改造自己城市的文化基地和文化设施。到 2007 年,该活动已举行 22 届,共有 35 座城市获得了这个荣誉称号,如鹿特丹(荷兰)、波尔图(葡萄牙)、布鲁日(比利时)、萨拉曼卡(西班牙)、格拉茨(奥地利)、热那亚(意大利)、里尔(法国)、科克(爱尔兰)、帕特拉思(希腊)、卢森堡(卢森堡)、锡比乌(罗马尼亚)等城市。

"欧洲文化之都"活动的举行,促进了城市更新中的文化建设,加快了欧洲城市之间的文化交流,也使一些欧洲城市得到了复兴。在该活动中,英国的格拉斯哥、利物浦成为推动旧城更新发展提升城市形象加强文化建设的典型。

格拉斯哥曾是世界有名的工业之都,以船舶工业为代表。在工业化迅速发展的过程中,该城市极度膨胀。第二次世界大战后,该城市步入衰退,成为犯罪率高、吸毒率高而闻名欧洲的工业城市。因此,城市更新成为政府重要的任务。20 世纪 70 年代主要是清除破旧拥挤的住宅,建设大量高密度的社会住宅,改善市民的住房条件。在"新城运动"和城市疏解政策制约下,部分城市居民被迁往郊区新城,却导致了旧城中心被遗弃,使内城变得破败不堪。从 20 世纪 80 年代开始,城市更新规划立足于满足新的社会生活方式,充分利用历史文化资源在城市更新中的作用。1983 年,政府推行了"格拉斯哥更好"的城市运动,充分挖掘利用历史文化资源重建城市新形象,新建了皇家音乐戏剧学院、音乐厅等。直到 1990 年,格拉斯哥当选为"欧洲文化之都"后,城市更新战略才真正提升了城市形象。在实施"欧洲文化之都"项目中,格拉斯哥充分运用该项目来推动旧城更新,修缮历史文化建筑,改善城市环境,传承文化脉络,建造了格拉斯哥音乐厅,翻新了麦克南(McLellan)美术馆,在一些废弃的造船工业建筑上建设城市文化活动场所和高档住宅区。格拉斯哥完美地运用了"欧洲文化之都"的概念,在城市更新过程中,有力地传承城市文化传统,实现了一个城市的文化复兴,成为工业城市转变为文化更新城市的典型。

利物浦从 2000 年起竞争"欧洲文化之都"举办城市,到 2003 年正式确立,2008 年被授予"欧洲文化之都"。五年间,利物浦努力加快实施文化立市战略,使城市从工业老城蜕变成文化新都。作为一个工业老城的利物浦,20 世纪末其经济衰退趋于萧条。2004 年 5 月被批准为 2008 年"欧洲文化之都"后,市政官员宣称:"我们必须利用这个机会把文化和艺术作为城市再生的中心,把利物浦变成欧洲的顶级城市。"市政厅聘请文化学者和艺术家成立专家委员会,进行城市专业化的战略规划设计。市政厅制定了"学习年""信念年""海洋年""杰作年""生日年"的分步骤规划。2003 年设为"学习年",邀请专家将城市的文化遗产梳理清楚,让市民学习身边的文化知识,学一门新语言,掌握一种乐器,参加一个文化讲习班,培养一种终身享用的文化爱好。2004 年设为"信念年",举行主题文化活动,向市民宣传文化立市的目标和实现的途径,市民之间诚信交往,聚合城市不同信仰的人们的向心力,给世界竖起希望的灯塔。2005 年设为"海洋年",把人们带向对这个滨海城市起源的文化寻根中:漫游"世界文化遗产"海滨码头,讲述远洋故事,举办家庭变迁和移民生活的展览,把昔日的码头转变为海洋文化旅游胜地。2006 年设为"杰作年",用 40 多项艺术、音乐、体育、歌剧来展示这座城市的文化杰作和快速转型。2007 年设为"生日年",是利物浦诞生 800 周年纪念年,在继续开展音乐、艺术和娱乐文化活动之外,把重点投放在 800 岁生日庆典上。"欧洲文化之都"的项目,不仅使城市举办了诸多文化活动,而且还改变了城市的景观:整修圣乔治音乐厅,整修利物浦火车站,新建利物浦演出中心、利物浦足球俱乐部、教育创新中心、互联网俱乐部、社区广场、旅游海航设施等,使工业老城变为文化新都。

　　另外,巴塞罗那是欧洲最早实施知识城市理念的城市。早在 1999 年,巴城市政委员会在充分认识由知识城市带来的新挑战之后,及时制定了城市发展战略规划。其规划的指导思想明确提出,要在 21 世纪新信息和知识经济的时代,把巴塞罗那建成欧洲城市群落中以知识为基础的主导城市,即知识城市。值得注意的是,在知识城市发展战略中,该市将文化视为"城市创新引擎",强化文化与社会的凝聚力和原动力,具体目标包括:强化巴塞罗那作为文化内容产业的制造商;将文化打造成社会凝聚力的主要元素;使巴塞罗那融入到数字文化的浪潮之中;重新激活巴塞罗那的历史文化遗产;将巴塞罗那的各种元素统一到单一的大都市的文化空间;使巴塞罗那进入国际版图的视野。为实施这一战略规划,市议会任命了一个委员会,成立了专门办事机构来进行操作。至此,巴塞罗那所有的机构,如市政府、商会、经济社团、就业组织、贸易委员会、大学等,都全力投入实施这个战略规划,仅专门委员会的成员就高达 215 位成员。该机构执行委员会还及时将战略规划的内容模块化,落实到具体部门组织实施。同时,市政当局十分重视私营机构在实施知识城市战略中的作用,具体采取了以下措施:一是向它们提供必要的基础设施,如先进的通信网络,能源基础设施、运输系统等;二是鼓励它们为"知识城市"进行房地产开发,充分享受平等的机会。经过几年努力,知识城市的理念和目标很快成为该市其他如文化、旅游、城市开发等的部门的共同行动,全市 160 万居民和 200 多个组织参与到了巴塞罗那知识城市战略实施之中,从而也改变了就业形势和产业结构,目前从事知识型服务人员占就业总人数的已经超过 65％。

　　英国老牌工业化城市曼彻斯特深刻意识到,"21 世纪的成功城市将是一个文化城市";"文化是知识经济中至关重要的创造力"。因此,城市当局和利益攸关人自觉把发展文化产业和"知识城市"战略放在城市发展的核心地位上。自 2004 年以来,曼彻斯特不断创新,制定出赢得未来话语权和核心竞争力的发展蓝图,旨在让曼彻斯特成为"创意产业之都"。为此,该城市确定了两大目标:一是确保城市的复兴计划得到认同和支持,使之成为一个震撼性的文化和知识之都;二是鼓励本地市民围绕五大主题踊跃参与文化活动,即:(1)文化之都,建设、持续发展文化基础设施,保护文化投入的利益;(2)文化与学习,确立文化在学习、提高教育水平中的角色地位;(3)文化大同,鼓励市民参与文化活动;(4)文化经济,推进可持续发展的文化经济;(5)文化营销,协调开展各种营销活动,提升城市文化形象。几年来,曼彻斯特取得了令人瞩目的成就,已经成为全球知识城市的典范。

作为波兰的第四大城市,弗罗茨瓦夫尽管是一座年轻的城市,但在努力打造文化之都,提供高品质的、丰富多彩的文化和休闲娱乐活动方面,却有不俗的表现。弗罗茨瓦夫市不仅有修葺一新的奥林匹克体育场、新的体育运动场馆、弗罗茨瓦夫阿夸公园(Aquapark)、Wratislawia 音乐大厅、超级现代化的百年纪念大厅、Spaetgen 广场等,还有超过 200 多家餐馆、酒吧和俱乐部,这些娱乐设施大都集中在弗罗茨瓦夫附近的集市广场上。弗罗茨瓦夫是一个音乐城市、戏剧城市,举办各种各样精彩纷呈的节日活动,包括国际赛事中的优秀传统活动:如国际公开戏剧节,国际对话节,Wratislavia Cantans 节日,Era Nowe Horyzonty 国际电影节,奥德河的爵士节,歌唱演员节等。

弗罗茨瓦夫还是波兰最重要的学术研究中心,平均每 6 个人中就有一个大学生。弗罗茨瓦夫召开了规模宏大的国际视光、医疗和科学会议,以及其他重要的高尖端国际活动。弗罗茨瓦夫的旅游业也是非常发达,这个城市在 2005 年的时候成功举办了欧洲地区和城市的高峰会议,2006 年又成功地举办了 Futerallia 大型联席会议。弗罗茨瓦夫在文化活动方面、先进综合的文化生活方面赢得了很好的国际声誉,成为著名的会议之都,也是波兰的知名休闲娱乐中心。

22 城市发展战略与规划

城市的发展,有其自身的规律。城市自发无序的扩张,超越环境容量的集聚,杂乱无章的布局,都将导致其运转不畅、环境恶化、不可持续。早在 1972 年《人类环境宣言》就提出"人类的定居和城市化进程必须加以规划,以避免对环境的不良影响,并取得社会、经济和环境三方面的最大利益"。因此,为了城市可持续发展,形成生态的宜居家园,各国都非常重视城市规划,不断创新城市规划理念,完善城市规划立法,充分发挥城市规划法作为城市法核心的作用,并充分利用城市规划来协调经济、社会、文化之间的发展,维护普通市民的利益,尤其是关注贫困的市民、处于边缘化的市民,促进社会和谐发展。

22.1 城市规划的可持续之路

城市规划在城市发展中起着至关重要的指导作用,从而很早以来就引起人们对规划的高度关注。但城市规划本身也有一个可否持续的问题,如果城市规划缺乏远见性与科学性,其规划实施是不可持续的。在这方面,已有不少经验教训。

由于城市规划的设计是基于人们对城市发展的认识,因此城市规划的可持续性,在很大程度上取决于城市设计的理念和思想。过去在城市规划方面,提出了不少设计的理念和思想,如田园城市、光明城市、广亩城市等。然而,事物在发展变化,人们的认识也与时俱进,所以城市规划的理念和思想需要不断更新。特别是许多理念对于现代主义建筑业已经失去社会实践意义,设计专业继续操弄形式的做法,已逐渐落后于社会进步的潮流,而需要发展和创新城市规划理念和思想。

从目前来看,城市规划在保持原有富有价值的理念基础上,较多地吸取了新城市主义和精明增长理论的核心思想,从而给其设计带来了更新、更全面的视角。

新城市主义又称新传统主义,其核心思想是主张把二战前美国城市设计的理念与现代环保、节能的设计原理结合起来,建造具有人文关怀、用地集约、适合步行的居住环境。新城市主义以宪章的形式提出 27 条原则,从三个层次对城市规划设计与开发的理念给予阐述。在区域、都市区、城市的层面上,主张划定都市增长区,即指出增长应该出现的位置及如何与区域整体融合在一起;在邻里、分区、交通走廊的层面上,主张建立紧凑的、适合步行的邻里,日常活动布置在步行范围内,并把传统步行邻里与当代的居住、商业、交通紧密融合,维持二者的平衡合理配置轨道交通等;在街区、街道、建筑物的层面上,强调不同收入水平、不同种族的人对住宅的支付能力,提供适合不同年龄、种族、收入水平的住宅类型,强调各种收入阶层的住宅混合布置,以此解决原有的士绅化(Gentrification)问题和贫困及犯罪问题。总之,在此当中融入了两个新的特性,即经济多元性及区域性,从而使城市规划和设计突破了传统的形体设计领域。总体上看,新城市主义注重经济、社会及社区特性,而对环境问题考虑得不多。

精明增长理念虽与新城市主义有许多重叠,但相比之下,对环境问题考虑得更多。美国规划协会对精明增长所下的定义是,旨在促进地方归属感、自然文化资源保护、开发成本和利益公平分布的社区规划、社区设计、社区开发和社区复兴。通过提供多种交通方式、多种就业、多样住宅,精明增长能够促进近期和远期的生态完整性,提高生活质量。[1]另外,精明增长发展观更侧重于通过政府的引导性、限制性政策法规来实现其目标的特征:(1)有鼓励性政策促进其实施;(2)号召法规政策革新,特别是对原有的区划法、土地细分规章、综合规划进行单新;(3)呼吁机构改革,不仅提出建立州级规划机构、州域规划、州政府对土地利用进行控制等,还提出建立区域规划的专门机构;(4)土地利用政策和交通政策的融合。

当然,精明增长和新城市主义拥有共同的目标,即控制城市蔓延,实现土地的集约利用,二者之间许多内容都是叠加的。例如土地的混合利用,采用集约型建筑设计,住房多样化,创建宜步行社区,培育具有强烈地方特色的社区,保护公共用地、农用地、自然美和环境敏感区,提倡多样化的交通工具,使开发决策更易

---

① Smart Growth Network, 2004.

于预测、更公平、更节省成本,鼓励社区和利益相关者合作,等等。精明增长和新城市主义发展观,也都把地方归属感和发挥地方特色作为重要的原则,希望通过减少居民上下班出行时间和距离、为居民增加交流机会、日常生活的各项活动都布置在步行的范围内、减少汽车污染、提高环境质量等一系列措施提高居民的生活质量。目前,一些城市在规划设计中,都在运用基于新城市主义和精明增长理论的核心思想,以保持其规划的可持续性。

例如,新加坡政府历来高度重视城市规划,建国初就聘请联合国专家历时四年高起点编制全国总体规划,为未来 30—50 年城市的空间布局、交通网络、产业发展等重大问题,提供战略指导。而在城市规划设计与制定中,则十分重视规划理念和设计思想的更新,立足于世界城市规划前沿,充分反映了基于新城市主义和精明增长理论的规划核心思想,从而使其城市规划具有卓越的远见性和科学性。

新加坡是一个面积小,资源有限的城市型国家。没有大块的陆地面积,在 700 平方公里的土地上生活了 470 万人口,还有一定规模的工业区以提供人们必须的工作岗位,并为当代和下一代人提供高品质的生活。20 世纪 60 年代,新加坡被高失业率、中心城区过度拥挤、缺少合适的住房和充足的基础设施所困扰。在此情况下,新加坡通过制定可持续发展规划,聚焦一种平衡的可持续的经济增长和生活质量改善,以及对环境的负责。时至今日,新加坡的规划原则、战略和框架已经帮助这个贫穷的岛国转向为一个具有吸引力、可持续和有特色的全球城市。城市中心的商务和金融活跃,高品质的住宅充足,整个岛屿的交通设施高效,基础设施具有较高品质。

在新加坡,工业发展对经济产生巨大的贡献,却没有影响高品质的自然环境,这并非偶然。因为新加坡采取一种政府全部掌控的方式,确保土地使用需求以一种全面并且整体的方式考虑。其规划框架采取了一种整合的方式和用长远战略眼光决策,同时也采取务实的态度以确保规划的好处能够被民众所认识。其中,概念规划和总体规划是其规划框架的主要内容:

概念规划是新加坡的国土使用和交通规划战略,指导未来 40—50 年的发展。长期规划通过概念规划形式确保其有充足的土地去适应人口和经济增长的需要,并且在未来提供良好的生活环境。概念性规划的制定,联合了众多政府部门和机构,如大量的公众咨询机构等的参与。概念性规划采取一种整合方式考虑了所有的大块土地使用和交通需求,考虑了所有贸易和平衡了未来需求。这也确保了未来发展平衡经济增长和社会进步中的环境管理。概念性规划报告每

十年修正一次,还有一个中期评估,以考虑未来人口趋势和强劲的经济发展
势头。

广泛的长期概念规划被细化为更具有细节性的中期总体规划,这有助于城
市的有序发展和根据国土使用规划制定实施规划。与概念规划相类似,总体规
划也是机构和公众共同努力的结果,以确保其在维持良好生活环境的同时适应
经济和社会的发展需要。总体规划战略包括以下几个部分:

(1) 向所有人提供良好的生活环境。当大部分住宅向高容积率和高密度发
展时,房型供给也趋向多元化以迎合不同的需求。更多的公园和开放性空间也
被规划以迎合休闲需求缓和住宅的相对高密度。例如一个活跃、美丽和清洁的
水系统连接了水路,并通向娱乐目标,成为其全体市民和全岛绿化的公园网络。
在住宅区内,则规划了舒适便捷的公共设施以迎合居民需求,如图书馆、运动场、
学校等。这些设施增强了居住区的宜居性,在居住区内满足居民需求以减少外
出旅行的需求。交通及其他设施也在规划之内,并且同住宅一同建设,以提供良
好的生活环境。

(2) 通过确保向经济增长部门提供土地,支持经济增长。城市从原有市中
心向玛丽娜海湾无缝隙地扩张,以迎合金融和商务服务、旅游和居住的需求。未
来像医药、电子、生物和化学医药等高附加值的工业发展用地也是需要确保的,
它们当中的一些是需要大量土地的,正像新兴的太空和医疗旅游一样。

(3) 使工作和居住更近以减少通勤。除了继续为市中心商务提供新空间以
支撑新加坡发展为金融和商务集聚地外,也规划了区域性的商务中心,它们与城
市其他地区有着便捷的公路网络和铁路系统,方便到达。这些分散的商务活动
有助于减少人们工作通勤距离,并且提供选择地以适应分散的商务需求,同时也
可以减少交通高峰时期进出中心城区的人数。

(4) 优化公共交通。采取一种整合方式规划土地使用和交通,除了考虑工
作岗位和住宅的平衡分布,也确保提供良好的服务性交通发展。因为新加坡陆
地稀少,作为一种更加有效率和效益的交通模式,城市公共交通也被优化了。新
加坡的铁路网络为公众提供了优良服务,并且将在未来被更好地加以规划,提供
更加便捷和可达性。更高密度的住宅和商务楼宇发展被规划,并与铁路交通整
合为一体。

(5) 保护自然遗产。新加坡尽管土地有限并且人口密度很高,但法定的自
然保护区覆盖了全部国土的 4%。细心且明智的规划使其控制发展,这样既可
以保护丰富的物种,又适应发展的需要。只要可能,自然区也可作为公园的一部

分加以保留并且让公众享受。

（6）保留建筑环境中的特征和遗产。新加坡的保护计划展示了在一个面积小而且土地稀少的国家，如何确保国家发展和经济目标实现过程中没有牺牲标志性建筑和区域性遗产价值成为可能。保护历史街区建筑中最具有代表性的是对于滨河旧屋区的保护，这也成为新加坡城市更新中的一项重要规划。新加坡滨河旧屋保留区原为新加坡河码头、仓库、商行、住宅，20 世纪 80 年代迁移码头、整治河水污染，在治理滨河建筑时，建起了滨河步行道，并将旧屋改造成饮食步行街，错落有致的红瓦旧屋与河对岸建筑的风格统一且遥相呼应，在金融区鳞次栉比的高楼衬托下，在粼粼波光的映衬下，透出浓郁的历史意味和文化色彩，成为新加坡标志性的城市景观之一。时至今日，超过 6500 幢建筑结构被保存，赋予了该城市独特的特征和标志。

（7）维持环境质量。除了考虑已经编入城市规划的城市可持续性项目，新加坡还制定了一个长期的国家环境可持续蓝图，以更好地管理其环境资源。作为规划的一部分，建设和改善大量环境基础设施使其城市环境更加具有可持续性的，制定更加严格的环境政策和规则，广泛应用新的技术，例如水循环利用、零废渣填埋技术等。

这些规划的实施，也是由政府以一种综合的方式负责的。例如为了使得新公共住宅集镇计划成为现实，土地交通部门和公共设施部门之间紧密合作，以确保其必要的基础设施和福利设施。

新加坡通过编制和实施规划，保证以一种可持续的方式建设城市，促进其实实在在的发展，取得了良好成效。40 多年来，它已经高标准、高水平地建设成一个享誉世界的花园城市，成为世界最宜居城市之一。新加坡荣获了 2003 年全球 100 个城市整体规划最佳实践证书，并荣获 2004 年改善生活环境最佳实践迪拜国际大奖。

美国籍哲学家和心理学家，同时也是城市规划最杰出的释义者 James Hillman 曾说过，后现代城市需要以全新的理解，而不仅仅是设计来发现。26 年后的今天，在极具挑战性的环境中，当意大利的米兰重新设计着它的城市规划时，很重要的一点是，对城市规划的认识正偏向于通过最前沿方法的实践，创造一种更为现代和积极的城市生活新类型的公共管理。米兰走向可持续发展城市绿与蓝交织的双重规划，更是充分体现了精明增长理论的核心规划思想。

米兰是独一无二的。与其他的意大利历史名城不同，米兰的许多地区都分布着值得夸耀的优秀建筑，这些建筑可以从 20 世纪中期一直追溯到 19 世纪。

得益于其富有创新传统的装饰艺术,这座伟大的城市一直在不断进步。

二战后的城市重建中,米兰面对发展需要带来的挑战,为其满腔热忱而又忠于自我的复兴付出了巨大的努力。米兰尊重了那个时期的需要,从而成就了其在 20 世纪 60 年代城市领导者的地位,并且成为世界关注的焦点。也正是在这一时期,米兰的时尚和设计市场得以孕育发展,"意大利制造"的声望得到了国际社会的认可。同时,米兰理工大学获得了诺贝尔奖,其工程和建筑专业声名卓著。此外,米兰 Triennale 展览中心也开始展出一系列令人惊奇的主题展览,米兰艺术画廊对欧洲艺术市场影响巨大,米兰的皮瑞里大厦也凭借着其极为规整、结构感强的品质,被认为是国际上现代建筑的地标。

米兰的国际角色,来自与生俱来的雄心壮志,也与其长期以来大胆预测国际趋势和支持新的冒险事业有关,无论是设计还是文化,米兰都秉承了极具想象力和原创精神的态度。这座城市在扎根于享誉世界的文化传统的同时展望未来,时时刻刻都在预备着重新建设一个更好的米兰。

然而在过去 30 年里,米兰不得不面对政治和经济方面的挑战,这些挑战多多少少减缓了它的发展速度。从 1961 年皮瑞里大厦建造以来,米兰经历了一个迷茫的城市建设阶段。这一"黑暗时期",造成了环境可持续发展和生活质量的恶化。米兰的地理位置、高速的工业化进程都阻止了其在环境的可持续发展战略上有所作为。米兰的地理位置并不有利,它坐落于一个辽阔的平原地区,没有出海口,城区也没有河流和湖泊,又恰好处于高密度制造业和人口地区的中心,也遇到了相应的交通和污染这类负面问题,城市环境受到严重威胁。根据文件记载,当时的米兰是欧洲生态环境恶劣的城市之一。当时米兰的空气污染水平超过欧盟规定的保护公众健康标准的上限(可吸入颗粒物达到每平方米 62 毫克,以这个标准衡量,米兰是欧洲污染最严重的城市)。难以控制的机动车数量和惊人的在非停车区域内停车的汽车数量,都逐渐损害着室外公共区域的空气质量。米兰的人均绿地也低于欧洲标准(根据欧洲标准第 44 条,人均绿地面地应该达到 11 平方米),这一情况在人口高密集的城市中心区域尤为严重。另外,米兰水消费量大约人均每天为 359 公升,接近欧盟标准 180 公升的两倍。这些使米兰远离了它的传统形象,已不再是人们心目中的绿色城市。

然而,对明天的把握植根于米兰独特的基因里。它依然是意大利发展、改革、交流和信息的跳动的心脏,以及意大利创新的永恒动力。近年来,米兰正通过城市规划及其建设来应对空气质量进一步恶化以及对环境质量不断增长的需求。这使得许多旨在开垦大量不受关注地区的公共和私人的大项目相继出现。

私人投资(超过 500 亿欧元)也在推动这一进程,它们从世界各地汇集到米兰,为米兰的各大工程项目注入资金,帮助修复已经恶化的环境。在这基础上,米兰将举办 2015 年的世界博览会,这一盛事将促使米兰再度觉醒。如今,米兰的又一次加速发展的历史和政治时刻已然显现。

米兰所有的城市规划和建设的改革目标,均为减少环境冲击和增强环境的可持续性,优化共生关系,使得有机物与无机物、生命体与非生命体之间关系和谐发展。这一目标将通过引进景观设计新标准、引进新型生态农业、建设综合水路网络及生态走廊来实现。其中的新型生态农业将致力于环境的恢复,包括种植树木以及灌木。所有这些措施将引发城市交通系统的良性循环,并使得自然资源的利用达到最优。

这一走向可持续发展城市的规划目标,集中体现和综合到了一个涉及广泛的"米兰:绿与蓝的交织"项目中。这一项目是米兰生态重建的核心,也是其规划中的旗舰项目。这一项目来自重新发现米兰的城市环境并使之更为环保的渴望,包括了建立一个生态环境网络,其中含有贯穿绿地、自行车小径、步行者步道、运河和水道以及公共区域、公园、基础设施和私人区域的重新改造,以强调整个城市绿与蓝的交织。这一切都是为了创造一个符合居民幸福生活品质的新型城市。

世界也在注视着米兰的崛起,注视着米兰如何应对城市化可持续发展的挑战。事实上,这一项目恐怕是第一个,也是很长时间内唯一的一个机会,来提升这一已经向环境妥协的城市,因为它不但关注经济增长,也关注着城市提供给居民的生活质量。这是一个与经济高速并且可持续增长相适应的计划,并且被寄予厚望,希望其能够有效减少城市生活方面的压力。

与这些能够成就米兰未来在城市规划和建筑的国际领导者地位的大型项目并行不悖的,是生活质量的提高和城市环境的改善。这将借助于对公共区域以及其中的联通设施的谨慎改造和功能转换,及一些公园的建造和环境自动维护系统的设立来提供生活和服务的质量。为此,就要从一个全新的角度认识公共区域,将它们看作是各种关系和服务的节点。广场、街道、人行道、地铁站、公园以及城市绿色小径和水路系统才是城市真正的基础设施。它们将成为城市新蓝图的核心,使得人们能够安全生活并在有序、高雅和优美的环境中工作。

与普遍观点不同,这些改造已经被遗弃的工业地区的大型项目,尤其是这些将被转型为米兰的重要部分的地区,将在城市生活质量和环境的改善中扮演重要的角色。与此同时,如果能够辅以恰当的环境和规划政策,并通过有效的沟通策略达成共识,这将为快速的经济增长和生产发展提供积极的激励因素。

一般说来,达到理想的城市生活质量并不需要大型公共建筑或纪念碑,而只需要高智商居民们的合作,使得公共交通连接"畅通",这也是每一个城市居民前往工作地点或者搭乘有轨电车时必须面对的问题。这些日常联系才是城市真正的"接合部"。这将通过设计交通路线以方便联通现有和计划中的公共交通系统,以及市民和企业更好的配合来实现。

这一计划的步骤为:通过环境等级对建筑分类;以环境兼容性为前提给予城市税收和关税折扣;在可持续发展的激励因素的前提下回顾城市政策;回顾建筑法和引入可持续建造工序及建筑材料;在竞争和竞价投标中引入环境参数;对公共建筑资产进行审计;改造公共建筑;重新考虑供暖方式,更新设备和锅炉;设备优化配置;订立与可再生资源相关的法律以及减少能源消费的策略;探明能够最大限度满足集体与个人流动性的最新需要的地区(基础设施节点/联合运输节点);整合交通和公路系统的规划;在整个市政辖区使用一种平衡性和补充性的系统,这一系统建立的基础是一个简单而可转换的指数,这样就可以在最便捷的地区创造出可持续发展的激励因素(包括与地铁和公共交通相关的政策转变);通过创立一个专门的分类索引,在交通便捷地区定位非居住功能和服务功能(服务计划);在公共交通方便的地区减少停车区域;为步行者和自行车需要的绿色交通网络划出必要的枢纽区域(绿色缓冲地带);与居民合作,共同关注建立和维持的费用,加强公共交通系统;引入"污染收费"系统。

另外,这一项目中的绿色网络(www.raggiverdi.it)将以八个"绿色缓冲地带"——在米兰的每个辖区各分布一个,宛如一条绿色的腰带一般连接起米兰的中心地区和外围地区。这条腰带由一个长72公里的带形公园,连接米兰中心城区与2015年世博会所在地的水路,以及其中一系列的公园和运河组成。步行者步道和自行车小径将如同一条项链,串联起各个绿色区域,为米兰创造一个广阔而令人愉快的户外活动区域。米兰将种植超过6万棵树来修饰这些将用于城市日常社会生活的新区域。这必然带来整个城市公共区域的重新活跃,也将成为米兰新形象建设的基础因素之一。这一项目也包括连接已有却往往被人忽略的绿色区域,比如花园、林荫道以及其他小型绿地等,让城市居民有在繁忙生活中可以呼吸新鲜空气的所在。

这一项目的另一个优势在于,它为公共和私人都提供了一个独特而及时的机会,在融合已有条件的基础上,创造全新的城市概念,将各种不同系统和公共空间层级相互衔接。每个公园都将被赋予独特的"个性",成为社会活动的舞台,在城市生活中发挥新的作用。另外,这一生态网络还包括一些对遭到遗弃的工业地区进行重建的巨大工程,如新的"24 小时太阳报"总部大厦,以及由世界知名建筑师设计的创新公园的建造。

此外,这一项目计划还包括了城市水文系统的改善,实现区域范围内的水质控制及对日益宝贵的水资源的更好管理。2015 年世博会的"水路"工程高度强调了水对于米兰的重要性,并且促进了对这一生命不可或缺的资源的保护措施的引进。

米兰以高质量环境标准规划、设计并建立一套大型绿色系统,有助于重新建立起生态平衡,并且将造福更广阔的地区,不仅包括直接受益的城市地区,也包括了邻近的区域。

目前,全世界都在迫切地寻找城市发展最前沿的模型,既能体现环境可持续发展的原则又能符合科学和当代文化发展的需要。米兰拒绝参加建设更新更高的摩天大楼的竞赛,而是希望引领文化革命,在寻求传统和变革、创新和可持续发展的新型关系中确立领导地位。这些知名的天才建筑师将运用他们所有的原创力对米兰的城市形象进行一次革命,让我们来见证一个全新的城市设计。

22.2　城市空间规划优化

与乡村不同,城市是一个以人为主体,以空间与环境利用为特征,集约人口、经济、社会、科学技术、信息、历史文化和财富的空间地域系统。无疑,城市发展受到环境容量的约束。尽管此容量并不容易进行估算,并且是一种相对的标准,但城市发展客观上总是有其一定环境容量的,即自然系统所能供给资源的临界值。城市发展基于自然环境过程所具有的不确定性,对于土地、水与生物资源的利用出现过度干扰而超过系统的容量,极有可能产生不可恢复程度的不可知风险。因此,从城市规划的角度拟定维持城市的成长总量上限,不失为一种有效的政策性工具。

然而,城市及大都市区发展中遇到的现实问题是不断扩张蔓延。这就给城市空间规划提出了一个难题:究竟哪种城市形式与城市空间布局能提供更高的效率与节能作用,同时又能保持更好的环境资源以塑造环境空间品质? 究竟哪种城市形式可称得上为生态城市形式?

在这种情况下,紧缩城市作为一种控制城市蔓延的策略被提出来,以追求可持续性城市发展为目标,并企图强化中小尺度中心城市功能的空间模式。①欧洲开放建筑研究小组(OBOM Research Group)的一份有关城市可持续发展的报告,曾对欧洲城市的紧缩发展提出如下策略:假定居住在城市地区的城市化人口增长两倍,城市可持续发展的政策目标即经济繁荣程度能增长五倍,那么对于环境的负面效应不升反降为 1/20,并使最终的城市环境压力变为原来的一半。这正是欧盟可持续发展政策所追求的目标:城市环境品质与经济持续性发展的融合。其中一个重要的策略,即引导城市发展的恰当尺度,将使人类活动对自然的干扰降低,城市的紧密形式则让能源的消耗达到最小。

另外,从更宏观的城市空间布局的角度,规划史及规划理论家彼得·霍尔在 1998 年提出了 21 世纪的"城乡磁极",勾勒出了轻轨运输、混合使用以及小尺度紧密城市发展等规划理念。他提出了 12 个可持续城市政策可能的执行方向,包括发展城市节点;城市开发密度集中于选择性区位;解决交通拥挤以维持良好的城市品质;策略性的绿地发展;卫星城镇与大都市区的适当距离;高品质的城市空间关联;组群发展模式;城市以廊道模式扩张;阶层式分布的城市密度;地理多样性的维持;宁静区的规划;活化偏远农村区等。

结合生态保护和建设生态城市的要求,生态规划理论学家理查德·弗尔曼近年来提出了土地嵌合体(land mosaics)的观点,即生态保护必须将空间视为一个动态的嵌合体,不仅生态廊道的建立与恢复有利于生物物种的空间运动,而所形成的道路交通网也必须满足人类活动的需要。这样,就从生态版块、生态廊道、进一步延伸建立起全区生态网的基本概念,从而也把城市空间布局置于大都市生态网之中。尽管生态网的建立并非易事,尤其在高度城市化地区,但提出了城市空间布局生态化的重要规划理念,具有指导意义。

同时,随着社会和经济的网络化,在个体特性持续发展的同时,单个个体与巨大网络之间的关系越来越密不可分,从而在国家空间规划中也提出了"网络城市"的概念,要求将城市化和基础设施建设尽可能纳入整个国家城市网络、核心经济区和主要交通轴线之中。其出发点是,希望借由各城市之间的合作关系扩展公共设施和服务的支撑基础,并为获得土地最佳利用方式创造条件。此外,在实现整个国家城市网络系统化的同时,政府在每个城市网络内都规划了城市化的集中区域,并要求将这些区域纳入各层级规划和城市化政策中。在这些区域

---

① 迈克·詹克斯等:《紧缩城市——一种可持续发展的城市形态》,中国建筑工业出版社 2004 年版。

内,城市和乡村必须协同发展,并且要求为水资源、自然环境、特色景观、休闲娱乐、运动健身和农业耕作留有足够的空间。这些要求直接影响着目前的城市空间规划,促进城市空间布局的优化。

上述这些城市空间结构优化的规划思想,在各国城市实践中已有所体现。特别是英国"大伦敦规划"和法国"大巴黎规划",堪称这方面实践的典范。

英国的"大伦敦规划"在其不断发展过程中,将城市发展同心圆结构改变为长廊结构,在对于大伦敦发展战略平衡性的考虑中,注重提高市民生活质量,注重保护历史性的建筑与地区,注重城市的文化传承,注重城市建设的人文内涵,尤其注重建设宜居城市,充分体现了上述城市空间规划的先进理念和核心思想。

第二次世界大战后,伦敦面临着诸多严峻的城市问题:环境恶化、经济衰退、交通拥挤、贫富分化等。在伦敦的建设发展中,提出了建设大伦敦的规划。大伦敦包括伦敦城、内伦敦和外伦敦,面积1580平方公里,共有33个区,其中伦敦城是核心区,面积只有1.6平方公里。早在1944年完成的大伦敦规划报告,是在距伦敦中心半径约为48公里的范围内建设四个同心圈:城市内环、郊区圈、绿带环、乡村外环。20世纪60年代中期编制的大伦敦发展规划,试图改变过去同心圆式布局模式,让城市沿着三条主要快速交通干线形成三条长廊地带,在长廊终端的南安普顿—朴次茅斯、纽勃雷和勃莱古雷分别建设三座城市,以期解决伦敦及其周围地区合理均衡发展问题。20世纪70年代,英国政府调整了疏散大城市及建设卫星城的有关政策,1978年通过《内城法》开始注重旧城改建和保护。1992年,提出了伦敦战略规划白皮书,突出了经济的重新振兴、强化交通与开发方向的关联性、构筑更有活力的都市结构、重视环境、经济和社会可持续发展能力的建设。1994年又发表了新的伦敦战略规划建议书,强化伦敦作为世界城市的作用和地位,另外也明确指出伦敦大都市圈和东南部地方规划圈之间的关系和发展战略,强调经济的重新振兴、提高生活质量、可持续发展能力、为每个人提供均等发展机会等。1997年,民间规划组织"伦敦规划咨询委员会"发表了为大伦敦做的战略规划,旨在确定伦敦如何面对挑战、抓住机遇,规划根据伦敦不同区域发展水平的差异,制定了不同的发展战略。1999年英国通过了"大伦敦市政府法",决定于2000年选举成立了大伦敦市政府,要求市长组织编制大伦敦发展战略规划,规划包括《伦敦经济发展战略》《空间战略》《交通战略》《文化战略》《城市噪音战略》《空气质量战略》《市政废物管理战略》和《生物多样性战略》等八大战略。伦敦市长确定了五个共同的主题,以保持各战略规划的一致性,即:繁荣的城市,宜人的城市,宜达的城市,公平的城市,绿色的城市。

　　同样,法国"大巴黎规划"以在巴黎周围建设卫星城的举措,减轻了市区的人口与工业压力,保护了巴黎老城区的原貌,突出了巴黎城市悠久的文化内涵,实现了巴黎市与大巴黎区协调发展,也成为现代城市空间规划的成功实例。

　　巴黎是法国的首都,面积 105 平方公里,人口 230 多万。一般所说的大巴黎地区,还包括分布在巴黎市区周围的上塞纳、瓦勒德马恩省和塞纳·圣但尼省,以及伊夫林省、瓦勒德瓦兹省、马恩—塞纳省和埃松省等。20 世纪 50 年代开始,法国经济快速起飞,巴黎市区的企业越来越集中、人口越来越稠密。至 1970年,巴黎的高级府邸区玛海地区竟充斥着约 7000 家杂乱的小店铺,有约 30％的居所没有自来水,10％的人家不通电,60％的家里没有独立的厕所,人口居住密度高达 85％。1961 年,巴黎市政府建立了"地区规划整顿委员会",统一制定巴黎地区的城市规划和建设,决定不再扩大市区,而把市区的工业、金融业扩散到大巴黎区,并设置了"巴黎大区城市规划与开发研究所"。

　　1965 年制定了《大巴黎区规划和整顿指导方案》,规划提出了城市更新的具体措施:(1)改变原有聚焦式向心发展的结构,沿塞纳河向下游发展,形成带形城市,在市区南北 20 公里范围建设新城;(2)在更大范围内考虑工业和城市的分布,防止工业和人口向巴黎集中;(3)改变原有单中心城市格局,在近郊发展拉德方斯、克雷泰、凡尔赛等 9 个副中心,以减轻原市中心的负担;(4)保护和发展现有农业和森林用地,在城市周围建立 5 个自然生态平衡区。

　　当时的规划预计到 2000 年大巴黎发展成 1400 万人口、500 万辆私家小轿车的城市规模,并建设以拉德方斯区为代表的卫星城市中心,有效地吸引了大量的工业、金融业和人口迁出中心区。如在玛海区,按新规划迁出了约 2 万人口,降低了人口密度,20 多栋旧日府邸改造成了艺术和民俗博物馆,保留了一些有特色的小店铺,完全改变了玛海区杂乱破旧的面目,成为吸引游人的好去处。在城市周边确保一些"非城市化"的地段,巴黎市政府封闭了穿行于西郊的布劳涅森林公园的公路,恢复宁静的森林环境。

　　1977 年 3 月,巴黎通过了市区整顿和建设方针,基本内容为:(1)对于 18 世纪时的老市区,注重保护历史原貌、发展步行交通;(2)对于 19 世纪时的城区,注重加强居住功能,保护 19 世纪形成的统一和谐的城市空间面貌;(3)在市区边缘,注重发挥居住功能,加强区级中心建设,发展商业活动。

　　1990 年,巴黎大区和巴黎市编写了《巴黎大区和巴黎市的白皮书》,1994 年巴黎大区出台了《巴黎大区总体规划》,1996 年出台了《巴黎大区可持续发展计划》,1999 年又制定了《2000 至 2006 年国家——大区计划议定书和大区规划》,

这些规划和计划的宗旨都在于强调巴黎市和巴黎大区的建设和整治,保持整个区域的经济社会文化和环境均衡发展。

22.3　规划方式与手段创新

在城市规划中,规划方式与手段直接决定其规划制定及实施的质量和成效。因此,规划方式与手段的不断创新和完善,显得十分重要。各国都非常重视城市规划方式与手段的改进,不断进行探索和积累经验,形成科学的规划方式与手段,以提高规划指导的有效性。

从总体上讲,为了充分发挥城市规划对城市发展与建设的全面、长远的指导作用,规划的设计、制定及其实施,必须强调其整体性、体系化、前瞻性和连贯性。

例如,澳大利亚在 200 余年城市开发和建设历史中,非常注重城市规划,形成了具有自身特点的包括城市法规体系、行政体系和运作体系等方面在内的城市规划体系。《墨尔本 2030 发展规划战略书》指导了近 30 年来整个墨尔本的发展结构,包括土地使用原则、房产需求预测、交通等基础设施建造计划,以及绿化、环保等领域的要求。

又如,德国在城市建设中,经过近 200 年的不断充实完善,其城市规划法已发展成为以《建设法典》为主导,包括《空间秩序法》《联邦自然保护法》《城市建设促进法》《联邦有害物质防护法》《文物保护法》《田地重整法》以及《建设法典措施法》等有关法律法规在内,覆盖空间秩序规划、区域规划、环境保护、文物保护等诸多层面的综合体系。其《建设法典》特别强调在规划编制之前与完成之后的公众参与以及其他城建、环保等国家行政部门的参与。[1]

再如,澳大利亚阿德莱德的"影子规划",时间跨度从 1836 年早期的欧洲移民来到澳大利亚至 2136 年生态城市建成,长达 300 年。"影子规划"由 6 幅以时间先后为序的规划图组成,依次描绘了该市生态城市建设的阶段性目标和具体措施,展示了社区和政府通过循序渐进的长期努力,最终将一个普通城市建设成为生态城市的长远转化过程。[2]

然而,在城市发展规划的具体设计过程中,由于其发展阶段不同、面临的内

---

[1]　吴唯佳:《德国城市规划核心法的发展、框架与组织》,《国外城市规划》2000 年第 1 期。

[2]　鞠美庭等:《生态城市建设的理论与实践》,化学工业出版社 2007 年版。

外部环境条件变化、自身的竞争禀赋差异等因素,必须要有全面的情况评估、目标综合考虑、发展重点选择以及近期项目安排等。因此,需要在规划方式与手段方面不断创新和发展。

埃及亚历山大城市在发展规划战略(CDS)的设计与制定中,不断创新规划方式与手段,取得较好成效。亚历山大市在设计与制定城市发展规划战略时,首先对其地方经济进行了全面评估,完成了《亚历山大地方经济评估和竞争报告》。这份报告充分反映了亚历山大市现阶段经济社会发展的情况,揭示了其经济社会发展的潜力和潜在需求,其主要内容包括:(1)只有 31% 的市辖人口活跃在劳动力市场,因为亚历山大市 51% 的人口年龄估计在 20 岁以下,而且妇女劳动力市场参与率很低。(2)劳动力市场每年需至少新增 40000 个就业岗位,来应对在未来 15 年中增长的 200 万人口(从 2006 年的 370 万到 2021 年的 490 万)。(3)位于亚历山大市的大部分产业,在过去的三年中其产值都有一定的增长,增长尤其迅速的产业部门为食品和餐饮(8%)、化学和石化(7%)、金属(5%)。(4)如果得到很好的支持,制造业和服务业(包括旅游业)能够创造大部分所需就业机会,政府应该对 Merghem 和 AL-Nahda 工业区提供专门的支持。

同时,为了使城市发展规划战略更好地"落地",对移民居住区进行调查和评估,以构建城市改造升级战略。已完成的《移民居住区评估及城市升级战略的建立》报告反映,在亚历山大市的 30 个移民居住点容纳了 136 万居民。这些居住点具体分布如下:9 个在 AIMontazah 区(正规和非正规)、8 个在 Amriya 区(大都非正规)、5 个在东区(正规和非正规)、2 个在中区(正规和非正规)、5 个在西区(大都非正规)、1 个横跨 Borg AI Arab Markaz 和亚历山大市。然后,在 20 个居住点利用参与式快速评估方法确定了所需要解决的问题,并选了 Amrawy 等区为首批开始实施区。在社会发展基金(约 600 万埃及镑)的资助下,在 ET-Amrawy 已开始实施改善升级工程。

在全面评估的基础上,针对近阶段的突出问题和迫切需要解决的问题,制定了两项重点立即行动计划,即 Marriout 湖区综合战略发展计划和亚历山大市旅游发展战略。

《Marriout 湖区综合发展战略规划》报告对问题进行了详尽的分析,对形式进行了评估,并且详细说明了以下战略环境发展远景。其目标是在不打破该地区重要生态均衡的前提下,优化自然资源的利用。这种对自然资源的高效利用将带来经济、社会和环境的可持续发展,这将确保未来几代人获得发展的机会。这个战略规划分近期、中期和长期行动计划(2005—2013),主要涉及三个方面内容:一是技术上的:减少工业污染和废水污染;二是政策和体制改革:建立一个湖区管理当局;三是社会、经济的:确保环移民区渔民和居民生活质量的提高。该行动计划由七个综合性的干预行为组成:

(1)加强每天从东区污水处理厂排往 EI-Qalah 排水沟的 60 万立方米的污水处理力度。这些污水有机物含量高(约 150mg/L 生化需氧量),但含氧量低,最终将排入湖里。加强污水初步处理的措施,包括通风和化学处理。如果证明是可行的话,有可能会对 EI-Qalah 排水沟和大水池的污水进行这样的生物处理(与日本政府共同出资 1000 万美元资助这项拟议中的污水强化处理项目的谈判正在进行中)。(2)对从 Daer El-Mattar、Semoh、El-Amlak 和 Gonet 等排水沟排出的全部未经处理的污水进行第二次处理。这将产生额外的每天 30 万立方米的污水先进入 EI-Qalah 排水沟进行处理,然后再排入湖里。(3)对 EI-Qalah 排水沟实施工程改造(得到移民部 600 万埃及镑的支持)。(4)对大水池和 EI-Qalah 排水沟的水体进行通风(使用移动设备进行表面曝气)。(5)如果可行的话,利用来自 EI-Umolim 排水沟的质量相对较好的农业废水来稀释 EI-Qalah 排水沟的废水。(6)减少水芦苇对水面的覆盖(可能从 70% 减少到 30%)。(7)世界银行项目部下的工业污染控制:埃及工业污染消除计划Ⅱ(EPAP Ⅱ)(工程造价 6000 万美元),得到来自日本银行、全球环境基金以及欧盟的支持。这个工程亚历山大市摊派的份额是大约是 3500 万美元。

通过《亚历山大市旅游发展战略》的研究,发现存在以下问题:(1)对于像亚历山大这样一个重要城市来说,宾馆容量(3400 个房间)明显不足。(2)到埃及的外国游客只有 2% 到亚历山大市,只有五星级宾馆有 70% 多的入住率。(3)2004 年宾馆入住达 389233 人次,入住时间加总达 675494 昼夜。国内外旅客在宾馆居住的平均时间很短,只有 1.07 天,且 70% 是商务旅行。(4)亚历山大市的住宿旅客年消费情况良好(估计达 4400 万美元,包括 180 万美元的国家旅游税和 90 万美元的地方旅游税),但是如果为旅客引进更丰富的文化娱乐活动使旅客停留时间加长的话,年消费额还会大大增加。

其研究结论是:在扩大旅客到达人数,过夜时间以及通过旅游业促进亚历山大市经济发展方面仍有很大潜力可挖,但这需要采取以下措施:(1)提高宾馆设施和服务水平;(2)增加五星级宾馆的床位数;(3)重点放在:团体旅游(公司会议、激励性旅游以及特殊活动)、交流旅游(国内和国际会议以及科学集会)、欧洲文化游(文化遗址,现代遗址包括图书馆、博物馆、剧院和计划完美的水族馆以及参观淹没了的纪念性建筑物而建的水下隧道)。

在此基础上,亚历山大市进一步确定城市发展项目(2005—2017),以充分利用自身的竞争优势,更好地管理地方资产,扫除限制私人企业发展的障碍,确保穷人融入经济社会发展的进程中。

项目1:优先发展经济基础设施来支持地方经济发展,其中包括:(1)改善亚历山大市污水处理系统,这有助于湖区环境质量的改善吸引投资者开发湖周围的土地。(2)吸引私人投资,通过公私合股的形式开发 Marriout 湖周围的土地。(3)恢复或重建连结经济中心与亚历山大市的主要交通枢纽的道路。

项目2:改善投资环境,促进私企主导的经济增长。采取战略干预措施来解决新企业面临的发展约束,其中包括:(1)减少企业申办营业执照的时间、步骤和商务成本。(2)简化投资者非正式拥有的土地和物业的注册过程。(3)扩大私人企业参与工业区开发和管理的范围和程度。

项目3:对非正式移民居住区的城市改造计划,通过综合性的城市改造政策使城市贫困人口融入城市经济发展中。其中包括:(1)增加获得工作、小额信贷和商务支持服务的机会,把重点放在妇女和年轻人身上。(2)扩大使用基础设施和公共服务的范围。(3)对移民居住区的土地所有权和产权进行登记注册。

项目4:人的发展和持续的共同参与战略规划。其中包括:(1)改善教育体制,增加高等教育的入学率。(2)增强卫生健康部门改革的主动性,尤其强调增加社区卫生机构、家庭医生的数量并且扩大健康保险范围。(3)开发人力资源,加强技术和管理人才的培养以适应发展城市竞争性产业集群的需要。

项目5:继续推进亚历山大市共同参与战略计划实施进程。其中包括:(1)建立亚历山大市发展署。(2)更新亚历山大市城市发展总体规划(亚历山大市政府新城结构计划和亚历山大市土地使用计划)。

另一个城市规划方式与手段创新的典型范例,是西班牙的巴塞罗纳在基于1987年开始实施的战略规划之上的 Poblenou-22@巴塞罗纳项目。在城市管理和规划方面,西班牙的巴塞罗纳一直走在欧洲的前面。这些包含改革生产结构、提高公共空间及居住环境质量的规划,都是基于一种全新的与知识社会和创意经济相关的社会经济发展模式,即在知识社会和创意经济中,实现新的生产活动与居住环境相协调,共同创造一个充满活力而又高效的生态系统,令居民舒适而向往。巴塞罗纳在1992年奥林匹克运动会工程中就已成功执行了城市规划及其管理方法,而在 Poblenou-22@巴塞罗纳项目中又迈出了高度创新的一大步。

该项目占据巴塞罗纳东区900公顷的面积,Poblenou 区就坐落在那里。从19世纪开始长达150年的历史中,该区域都是巴塞罗纳和 Catalonia 两市的工业发动机。由于连续的危机和生产开发,这个地区一度变得人口稀少,几近荒废。公共服务设施的缺乏,市内交通的不畅以及环境的恶化(从海滨到靠近Besos 河流的地区)曾经导致居民生活条件持续恶化,也使得该市很难吸纳新的经济活动来替代那些以成旧的物流设施和仓库为基础的产业结构。

Poblenou-22@巴塞罗纳项目就是一个进行中的转型过程,旨在推动宜居城市建设的新战略得以实施。这个项目是公共部门(巴塞罗纳市议会)强力领导推动的结果。公共部门对形势进行了分析,制定了计划和战略,创造了必要的组织机构和法律工具,并从私人企业和其他机构那里寻找合作。作为经济的主要参与者,这个地区的居民乃至整个城市都是该项目所带来的经济、社会和环境效益的受益者。

Poblenou-22@巴塞罗纳项目包含不同层级上的运作计划。宏观和微观运作计划有机结合,受益于对结构特征的运作,使得从整体上重新定义这个地区与城市的系统性关系成为可能,也受益于使居民的生活质量提高的具体的行动。这项工程正伴随着各种行动和管理措施朝前推进。其主要行动和管理措施表现以下方面:

(1)该区的经济振兴是要对现有产业结构进行转型,即将纺织业转换成以知识和人才为基础的产业。这种新产业没有污染,与居住环境协调发展,创造这个城市 15%的 GDP。这方面具体措施包括:建造 400 万平方米的面积用于生产、办公、建各种设施和住宅;建设 4000 套新住宅;促进技术产业(媒体、ITC、医疗技术、生物技术和能源)和服务业等新产业的发展;创造 13 万个新就业岗位;吸纳 3 万名大学生从事 22@巴塞罗纳区的所需的职业。(2)促进综合利用,保证城区充满活力的日常生活的正常运转,培育令人愉快的而又安全的环境。(3)创造并改进新的公共空间,促进各种公共空间共存,并方便全体市民使用。(4)保护并修复 114 处工业遗址,深度开发对这些遗址的新的利用。(5)始终关注将可持续发展理念付于实施,促进节能,提高能源利用效率,改善居民生活质量。(6)在公共空间再开发过程中采用更高的服务标准,将效率标准和技术运用到城市基础设施和可持续交通的设计上。(7)改进 Poblenou 区与巴塞罗纳其他城区的交通,消除以前使其孤立的障碍。引人注目的城建行为有:将对角线大道(Avenida Diagonal)延伸到大海,或者将海滨和海滩重新修复开发。(8)巴塞罗纳市议会与其他公私团体和机构的密切合作。

在这项目规划与实施中,有多方面的创新和改进,其主要表现在以下方面:一是城区改造方法上的创新,充分考虑经济部门,城市发展和城市社会功用之间的平衡。二是技术应用方面的创新,包括城市设计、居民生活质量的改善、节能措施的采用和地方社区的通信和交通系统的现代化。三是振兴城区经济政策方面的创新,促使以知识、创意和人才为投入的高新技术企业的集聚。四是各种类型活动设计方面的创新,尊重环境且有助于城市和城区可持续发展。五是在创建推进该项目的体制和商业合作模式方面的创新。

该工程开始于 2000 年 2 月。目前,在所有规划好的城市发展措施中,已经执行的措施如下:把作为城市最重要的轴线之一的对角线大道(Avenida Diagonal)延伸至大海;对海岸及 Besos 河流域进行环境整治以供市民享用;创建大的循环基础设施供休闲和服务之用;新的文化工程的设计和开工建设,以加强该地区的中心地位和提升城市生活质量;高端技术运用;将有轨电车和自行车纳入公共交通体系;高度复杂的结构性工程的规划,如 Sant Andreu-Sagrera 铁路走廊和 Glòries Catalanes 广场项目。

这些综合性的行为措施(市区改善、经济发展、社会复兴和创新及创意的兴起)产生了不寻常的跨领域多部门收益,并在相对短的时间内取得了明显效果和深刻变化。在 2007 年底,共有 925 家企业落户 Poblenou,其中 47.01% 是新开公司,50% 属于这个区的战略产业(媒体、ICT、医学技术和能源)。由于在创新性规划方面取得的成就,2000 年 Poblenou-22@巴塞罗纳案例获得国土规划加泰罗尼西亚协会的城市规划奖,并得到世界上许多城市和专家的认可。

23 现代城市管治模式

城市是一个有着高生产率的地方,它对国家经济上的贡献远远超过其自身规模所占的比例。因此城市在一个国家的经济发展过程中发挥着关键作用,它是经济增长的动力。为了维持高经济增长率,城市必须变得更加具有竞争力。同时,城市的可持续发展很大程度上依赖着城市妥善处理资源环境的可持续、使不同群体之间和谐共处、文化的传承与融合、宜居的硬件设施等方面。这些都将对地方政府提出挑战,要求城市治理的能力和绩效都得到实质性的改进。Hambleton 的《城市管理体系中的创新》讨论了展望 21 世纪改革城市管理的问题。[①]目前,世界上许多城市都已展开了城市管理改革。

23.1 基于促进社会融合的地方共同管理

随着全球化不断向纵深方向推进,城市之间的竞争日益激烈。城市的管理与治理,不仅仅是提高政府工作效率,而且必须体现管理应对区域经济的协调发展与全球的经济空间竞争,要达到提升城市经济与社会的目标。在这样的背景下,城市管理赖以生存与运作的组织基础,城市管理主体之间的关系与相互作用,它们之间作用的方式与过程,成为城市管理或治理的前提条件,也决定着城市政策的发展方向及其目标价值取向。

随着新公共管理理论不断渗入城市管理实际过程,城市治理成为城市管理相对有效的方式,也成为当今发达国家城市管理的主要取向。同时,随着可持续发展理论不断对城市发展的各个方面施加影响,西方发达国家的城市管理出现

---

① Hambleton R., "Innovation in renovation", *Planning Week*, 1995, 3(45):18—19.

了一些新特征。具体地,随着一系列经济体制改革的推行,城市管理也随之发生着变革,表现为以下三种发展趋势。

一是城市管理职能社会化。传统的城市政府管理基于政治与社会两分的传统观点,以及政治与行政两分的管理方法,从而使政府职能不断扩张及其机构不断膨胀,这不仅给财政带来较大的负担,同时也产生了行政效率低下的问题。因此,这种传统的城市管理职能定位正在遭受到越来越多的批判。与此同时,城市管理职能市场化越来越成为很多国家的政府组织思想,一些管理职能从政府中分离出来进行企业化经营,促进政府的功能收缩与集中,以消除机构臃肿,降低政府机构财政开支,提高政府行政效率。城市政府通过委托、授权、承包、合同等形式,把部分政府职能转移给社区、企业、个人以及非政府组织,而政府负责监督、检查、指导这些传统政府公共服务的生产供给情况。总之,政府专注于提供非排他性与非竞争性的公共服务与关键性公共产品,对其他非关键性公共产品与公共服务采用监督与指导的方式促进其产出效率。

二是城市管理分权化。传统城市管理使其重心集中在上层,城市管理权力集中在城市政府层面,集中于高级政府官员手中。然而,随着现代社会生活日益复杂化、专业化与区域化,这种自上而下的管理模式正在日益遭受到挑战。在信息化的时代,社会要求政府能够对突发的政治、经济与社会事件做出灵敏的反应。在这样的条件下,城市管理重心开始下移,管理权力不仅从中央政府下移到城市政府,而且逐渐下放到城市基层单位。城市上层政府越来越倾向于负责城市整体性与一般性的事务,而把具体性与复杂性的繁杂事务交于城市下层政府负责。这种城市管理分权化与重心下移,更能适应日益灵活多变以及复杂化的城市经济与社会发展,提高城市管理效率。

三是城市管理参与程度不断提高。在世界城市化日益深化的过程中,城市可持续发展很大程度上取决于城市管理改革的进程。城市的各个利益相关者,包括社会中介组织、居民与企业对城市管理的参与程度正在不断提高。在某种程度上,参与机制在本源上是一种能量释放机制和纠偏的机制,它会化解矛盾,孕育出符合公众利益的合理政策。因为不论是公共部门还是私人部门,没有一个个体行动能够拥有解决综合、动态、多样化问题所需要的全部知识与信息;也没有一个个体行动有足够的知识和能力去应用所有有效工具。如果没有众多利益相关者的积极参与,城市管理的成本将十分高昂,城市管理的效率将非常低下。从这一意义上讲,提高城市管理的能力和水平,取决于公众和其他利益相关者积极参与城市事务的程度。在现代城市管理中,各种社会组织与公众参与城市管理的方式不断增加,而且大多已经制度化,常见的方式有走访市民、公共舆论、听证会等。随着公众参与城市管理程度的不断加深,不同利益相关者共同参与城市管理,城市的代议民主制不断走向完善。

以上这些现代城市管理发展趋势,在许多国家的城市中正逐步得到体现,已经有了许多探索与实践,并取得了明显的成效。例如,巴西阿雷格里港市在采取促进社会融合的战略措施中实施了地方共同管理方案,集中体现了现代城市管理的发展趋势,具有典型的意义。

随着城市社会网络的兴起与发展、参与性预算的出现,以及 1988 年宪法带来的进步法律的实施,给阿雷格里港这个充满了斗争和胜利历史的城市带来了进步和提高。诸如从一些团体为公共服务所做的努力,从消除偏见、国内暴力、虐待儿童的斗争中,从保证公民权利、提升公民意识等方面,都可以看到这种进步与提高。但同时也显现出其为可持续发展而创立的治理结构中的一些问题。例如,大量零散的无组织的社会团体游离在外,没有积极参与相关组织——议会、国会、社会网络、商务组织和联盟、社团、非政府组织以及联邦政府、州和市政公共机构等之间的合作。另外,在对问题的判断上,以及在使用重要标准来衡量一个行动、项目和方案的策划、监控和实施过程是否合适、高效和有序时,也存在一些问题。同样严重的是,缺乏透明度,或者是缺少城市社会资产负债分析表。因为资产负债表说明了城市议会各相关方(公共机构、私人团体、非政府组织)通过一个社会责任感的有效合同,在实现原先设定和同意的目标中的行动、透明度和表现。

为此,阿雷格里港市政府勇敢面对挑战,着手考虑和研究以下若干问题:(1)当地社团应该如何被授权?(2)城市和社团之间如何才能形成更多的合作?(3)在实现社会进步和发展一个可持续发展的共同项目时,怎样能使更多的人参与进来?(4)通过与公共政策和服务的融合,如何提高执行行动的效率?(5)如何促进社会的融合、生活质量的提高以及市民间的和平共处?(6)如何减少城市里的社会不平等现象?(7)如何实现新的社会福利环境水平?(8)如何加强民主化进程? 为了解决这些问题,阿雷格里港市政部门转变观念,采取了透明度、多元化、对话、信息获取、转型和地域化的指导原则,选用新的治理模式,策划和实施地方共同管理方案,以消除由于内部不平等而产生的隔阂界限,促进城市社会管理质量的跃升,实现地区、区域和邻里之间的可持续发展。

尽管像管理、共同参与和地域化本身都不是什么新的概念,但阿雷格里港市议会在地方共同管理方案中把它们加以综合运用,并组织团体进行学习和传播,以及实施这一新的实践,仍然是付出了额外的努力。阿雷格里港市实施的地方共同管理方案,其目标是促进市政管理模式转变以及公共管理机构与社会之间关系的重新调整。因此,这个地方共同管理方案并不是一个单一的、致力于社会实践的计划,而是一个对文化、市民及政治机构的改革计划,特别是针对参与性预算来说,更是如此。

　　这一改革具有以下几个特征:(1)多元化——认识到社会包含了多样性。(2)对话性——致力于社会一直朝着开放和受尊重的系统发展。(3)一致性——为了社会责任的可持续发展形成的一个项目团体和政策。因此,整个改革的主要参与者是市民。换言之,是市民而不是公共管理部门决定他们及社区的需求,并且为他们居住的地方准备一个中期和长期的发展计划。从地方共同管理方案出台的历史背景中可以看出,这一改革符合当前的社会发展趋势,因为公众越来越多地认识到城市时代所面临的挑战,需要寻求新的解决方案来应付这些挑战。同时,基于对公共事务的共同管理,以及基于城市居民间相互关系和责任的思考方式的全新变化,让每位市民意识到作为这个网络城市中一名参与者的权利和义务。

　　地方共同管理的基础因素是:广泛的参与、对话、形成共识、社会资本、横向性联系和区域性。从战略的角度上来看,实行地方共同管理的几个重要支柱是:(1)透明度——促进培育一种社会和经济责任的文化,确保信息的公开和与社会大众保持对话;(2)民主——进行区域性的规划和行动,调动当地社会资本;(3)公共管理的现代化——形成跨部门关系,寻求优秀的行政和业务流程,培训公共部门的员工以及信息技术的综合化和现代化。因为,实施这一新的管理模式是基于一个共同的观点,即不再认为解决社会问题的责任仅仅由政府机构来承担。其前提条件是:公民权不仅仅是满足于现状,更多的是一个增加价值的途径,通过所有参与者共同享有权利和义务来增加价值。这一可持续发展政策的重点在于:能够扩大每一个地区、区域和城市这三者作为一个整体的社会资本;能够争取达到更好的生活质量和先进的社会服务设施指标;能够改善市民与合格的市政公共服务之间的和平共处关系。

　　那么,地方共同管理方案与日常市政管理是什么关系呢? 总的来说,地方共同管理方案包括了所有市政管理的战略方案。因为地方共同管理方案是一个基调,它为追求本地可持续发展的所有市政部门的公共管理提供了韵律。例如,市政管理的重点战略目标体现在以下几个方面:关注、保护儿童和青少年;改善医疗服务质量及其服务窗口水平;提高大众安全;以及通过市民的自立和解放来战胜现阶段的贫穷。而整个地方共同管理包括 21 个项目,分为社会方面、环境方面、金融经济和管理方面三大类型(见图 23.1)。这些项目在政府领域都具有横向性联系,同时这些项目使私人和公共阶层有了合作的领域。①所有这些项目都在公共领域横向性运营,始终把各种各样的私营组织和公共组织结合在一起。上述的每个项目都正在被组织并由社会投入实践中。

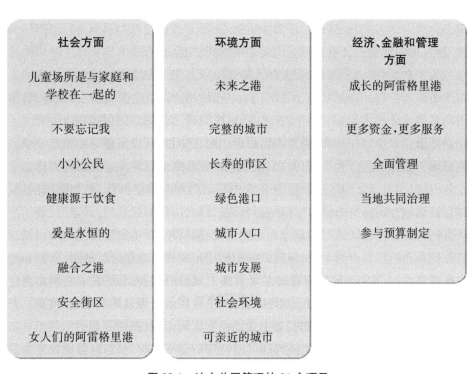

社会方面	环境方面	经济、金融和管理方面
儿童场所是与家庭和学校在一起的	未来之港	成长的阿雷格里港
不要忘记我	完整的城市	更多资金,更多服务
小小公民	长寿的市区	全面管理
健康源于饮食	绿色港口	当地共同治理
爱是永恒的	城市人口	参与预算制定
融合之港	城市发展	
安全街区	社会环境	
女人们的阿雷格里港	可亲近的城市	

图 23.1　地方共同管理的 21 个项目

地方共同管理方案是通过将社会群体作为营运城市的一个合作伙伴而改变了公共部门管理的方式。因此,这个项目的主要特点是包含了政府部门所有的战略关键部分。也因为如此,城市政策的所有特定案例最终都与当地共同管理方案相联系。在这里,着重强调的是阿雷格里港市政府在当地共同管理中所采用的方法,把政府公共管理部门、阿雷格里港的居民以及城市私有阶层联系在一起,通过一系列技巧和共同努力,实现了一系列目标。

从操作过程看,地方共同管理方案确定之后,市民连同其他所有社会阶层开

---

① 更多信息请参考相关网站:www.portoalegre.rs.gov.br。

始准备需要采取的措施,然后开始付诸实际行动。从 2005 年 12 月开始,地方共同管理方案被逐步实施。首先是成立当地管理委员会。这是一个政府性质的网络工程,汇集了市政府的所有机构,作为市政公共管理的窗口。它推动着对社会和对政府本身的治理措施的实施,扮演了一个新民主案例的角色。其推进的步骤为:(1)对管理代理人(主管、组织者、政府性管理委员会、项目经理)进行培训;(2)组织成立团队,形成网络规模;(3)组织局部网络;(4)举行各种对未来展望的研讨会;(5)对各地区的财产和需求进行分析;(6)制定参与性计划及其目标;(7)制定地方性优先议程;(8)为当地共同治理建立公约。

为了在执行当地共同管理方案中取得实际成效,从制度和组织上采取的支撑性措施主要有:(1)对社会公共部门员工和经理们、学院组织、社区领导、有组织的民间团体代表、参与性预算的代表及其顾问、第二和第三方的合作伙伴、大学和传播媒体等进行培训,提高其思想意识和相关技能,以便建立和执行当地共同治理方案;(2)通过大学、研究机构、国家和国际顾问,为当地共同管理建立一个强大的、一直延续的培训和技能网络;(3)把地方管理委员会(市政部门的)和综合社会融合项目的多学科小组结合起来;(4)利用将要开发的,并且/或者适应阿雷格里港每个地区情况的监控和研究工具,来监控、评价和宣传当地共同治理管理进程;(5)在城市的 17 个地区,为实施当地共同管理方案而制作、研发和分发教育材料;(6)对地方共同管理方案实施带来社会目标的影响结果和实现程度,以及通过当地共同管理方案本身的管理过程展示所带来的效果进行归档、记录和宣传。

这里值得一提的是,为了使当地共同管理的实施变成现实,阿雷格里港与联合国教科文组织建立了技术合作关系,以保证对政府组织提供合格的教育资料和培训。其后,进一步把这类教育资料和培训传播到学校、远程计算机中心、社区、联合会和商业组织中。这一合作伙伴关系对管理机构的形成、公共部门工人、管理层以及类似社会领导人的培训提供必要的技术支持。另外,为使各方面了解和掌握地方共同管理方案,阿雷格里港与联合国教科文组织还进行了一个长期的培训过程,准备了手册、录像讲解、多媒体资料等教育资料,组织了一些论坛、讲座和课程。其中,月刊《地区杂志》直接向城市的 17 个地区发行,宣传和公布在共同管理精神下所采取的行动。同时,也创立了管理博客,及时更新和发布有关信息。第一阶段在城市的所有地区的 188 个民间社会组织中开展了课程教育,共培训了 261 个人,主要内容是项目管理、募集资源和管理、参与须知以及民主参与的要求。

鉴于阿雷格里港市正在创新性地尝试着建立起国家和社会之间的新的关系模式,地方共同管理方案致力于在阿雷格里港市组织政治参与网络。这个网络首先在城市区域里面组织起来,然后通过1.2万名志愿者的参与,地方共同管理方案逐渐扩展到城市的周边地区。在周边地区,这个实施的过程将会在定居点里得到复制,而不需要政府更多地投入。自从阿雷格里港市周边地区实施了地方共同管理方案以后,这个方案将不再是一个特定的政府项目,而是变成了一个新兴的、能自我活跃发展的一个管理型项目,它将会在国家和社会之间培育出新的关系模式。这一想法的目的,是将阿雷格里港市转变成一个"网络城市",一个市民和社区有机会行使其公民权利的城市,一个有民主参与性氛围的城市,以及一个将公民自身发展和整个城市的发展看成是一项权利和义务的新城市。

在议程确定和当地共同管理方案的实施过程中,每个地区的管理委员会都是新的民主空间。它作为当地共同管理的一个平台,与参与性预算连接在一起,实现了社区自主管理,结束了政府扶持行动。例如,克鲁赛罗地区有20万人口,原先大都生活在恶劣的社会和环境条件中。长期以来,当地政府都计划着要采取措施改变这种状况,但始终没有落实。当地管理委员会和这一地方的社会团体一起,组织成立一支队伍,确定这个地区的未来展望前景,评估了这个地区的资产和需求,并制定了相应的计划、目标及其优先议程,最后达成地方共同治理的公约。通过这一议程安排及其对未来的展望,克鲁赛罗地区的居民与阿雷格里港其他地区的社区组织起来,最后成功地完成了专业培训中心的建造。这个专业培训中心建立和营运的合作伙伴有:市民团体(如里特多斯雷斯大学、巴西微小型商业赞助服务协会、国家工业学习服务协会、工业社会服务协会、网络预订电视供应商和Multiplan S.A.房地产集团公司等);市政团体(如城市政治协调和地方治理秘书处、市教育秘书处、市体育休闲和娱乐秘书处等);地区团体(如住宅联合会、维拉·戳寇居民协会和克鲁塞罗发展理事会)。这个项目将给克鲁赛罗地区提供一个培训和技能的空间,给这个地区的所有人员带来技术和专业资格。通过社区要求的各项活动促进了一系列增加收入的活动以及社会融合。这些都将会在克鲁赛罗专业培训中心得以发展。与这一进程相关,社区还致力于营造一个文化中心,作为对培训中心的一个补充。

在这一新的管理模式中,另一项重要内容是公众参与城市预算,即通过运营政府和大众资源来支持当地发展和各地区的社会融合,使当地共同管理形成了新的预算。这里首要的一点,是不要限制市民参与权利,不要仅仅讨论政府对某一组织、阶层或地区的某一项特殊利益给予特别照顾。但在此过程中,也不能浪费大众和个人的巨大潜力,不能引导他们仅仅要求某种政府性行动,不要让他们因为与将来的梦想失去联系而不去参加参与性分析和规划。如果所采取措施不当,这些缺点将会导致公众精力的分散,产生合作变成对抗等负面作用,从而导致民主程度的降低,增长群众对政府的抵触情绪。

从政府部门来讲,与其仅关注政府预算,限制人们对国家的要求,命令人们去采取行动,还不如与社会公众合作,发现和挖掘其自有的资源,调动他们的内在积极性。这就要求政府部门不能只是提出要求,只说不干;不能只顾纳税,而要支持以及从收入中发掘不能获得的新资源,从社会的基础资源中发掘资金潜在途径;不能只是简单地命令人们集中力量执行一个行动或者国家要求的公共性质的服务,而要促进社会各阶层主动地接受责任、学习新的进程。这样,在一个对将来的美好梦想的指引下,真正的城市预算除了议会预算之外还需加上为了调动社会资源的新预算(财务上不是必需的)。

阿雷格里港市在两年时间里实施地方共同管理方案,已取得如下进展:(1)在 17 个地区的参与性预算中实施了当地共同管理,有效促进了人口中最弱群体在社区中的融合;(2)通过对人力资源发展的投资和信息系统的改善,对当地共同管理的技术队伍和社会组织者、参与性预算的代表和顾问提供了资格认证;(3)实施当地共同管理信息系统,并把这一系统与其他的评估工具连接起来,确保可以经常对社会参与、社会资本、人力发展和可持续发展的指标进行监控,在符合项目逻辑的前提下,给管理过程带来更大的灵活性和更好的质量;(4)加强参与性预算,扩大市民参与度,追求当地可持续发展的共同责任。值得指出的是,这个地方共同管理方案并不是一个分为开始、中间过程和结尾的项目,而是一个具有明确的起始点,但却持续进行,直到与其理论前提一起深深地植根于城市大众的潜意识里为止的项目。

阿雷格里港市的管理是充满活力又富有创新的,积累了独具一格的社会资本以及培育和完善了一个市民参与的网络,形成了一个非常有利的氛围,有助于社会融合以及改善人们相处的生活条件。例如,作为当地共同治理方案实施的一个联合行动,是将 Vila do Chocolatao 的居民迁移到了一个适合人类居住的地区,从而从根本上改变了阿雷格里港当地居民的生活条件。整个居民迁移过程没有争吵和变更,相反的,通过与直接参与的社区和其他必要的合作伙伴的努力,迁移过程非常透明化,从而给所有参与者和整个城市带来了利益。动迁居民将搬入的新房配备许多设备,有基础卫生设施,有像垃圾收集这类的公共服务,有自来水,以及公共管理机构应该提供的其他一系列服务。这些都将有助于居民的健康、促进个人发展、增加自尊心与公民归属感,促进居民维护共同利益等。这个项目的受益人将认识到自己是一个大团体的一部分,将会继续合作,共同致力于城市的进一步发展。这是当地共同治理方案所希望实现的一个良性循环。这个项目已成为一个公共管理的标杆,对整个阿雷格里港市产生重大的社会影响。

作为一个从根本上改变观念和不断努力来适应真实情况的项目,地方共同管理方案已经取得了部分成果,并显示出将会取得的更大成果,从而可以形成一种社会责任管理。因此,这是一种很值得学习和借鉴的经验。这些经验的基本构架和核心内容,大致可以归纳如下:

(1)可持续发展/社会资本。很长时间以来,在巴西流行一种观点,即在分蛋糕之前应该首先把蛋糕做大。这一认识指导了很多政府的经济发展。固然积累资本可以产生足够的财富,供巴西人拥有教育、医疗卫生、住房、公共卫生和文化设施,让他们能够从中受益。但有很充足的证据表明,在社会资本供给不充足的社会环境里,经济资本不能可持续地积累和产生。这可以部分地解释为,在一个地区或者一个社区内,调动物质、心理、文化、环境、道德、伦理以及其他公民因素,会通过水平传递的系统反馈给经济资本。不过,必须指出的一个很重要方面是,这也经常会面临"把蛋糕做大"这个简单的观点作逆向理解的风险,似乎是"在分享积累的人类财富之前,必须先把社会资本这个蛋糕做大"。很明显,如果用经济领域的方式来同样理解社会领域,任何政府的政策都会是片面的和零散的。

(2)横向联系和整合。人们期望公共机构打破一个经典的观念,即将公共机构建成一个封闭的系统。公共机构要消除把信息保密当成权力资源的做法,加强横向联系和开放性,不断增强外部渗透,才能使其保持知识和技能的不断更新,促进交流和对话,以及产生新的领导层。因此,要采取一系列措施,整合内部的、外部的、社会的、市政的、州立的以及联邦政府的资源,激励公共部门与社会组织之间的共存,以及建立培训公共机构工作人员的框架结构。

(3)促进和组织。公共机构承担着社会责任,并成为其促进者。为此,公共机构要通过与当地和全球的特殊联系,组织活动,提供其物理设施、人力资本,民主化决策过程,推进大众能力和社会项目的向前发展,为社会大众、特别是那些最需要的它的群体提供服务。

(4)促进社会资本和人力资本积累。人们期望公共机构促进社会资本的积累以及对人力资本授权,鼓励在市政内的合作,参与社会网络的分散性计划,监控、执行和评估项目与工程,形成网络连接以及保证市民参与管理。要对公共投资进行评估,将其对当地经济和社会发展所起的作用告之当地市民。

(5) 分析地图和市民活动。在实施项目过程中,人们希望有一系列分析性地图,能反映最小地域单位的特殊需求和特性,同时包含项目关键点的几个需要考虑的指标,如经济增长、环境保护、贫困人群等指标,用于对其过程、影响和参与性的评估。公共机构也需要制作地图,用来分析最小地域单位的社会资本:社会组合和参与是如何运作的? 那里有什么非政府组织和公共性参与团体? 其数量多少,从事哪个领域的工作? 那里有多少志愿者和社会工作者,他们是谁? 又有哪些可用的人力资源和物质资源? 正在发展哪个社会公共项目,以及有哪些人力资源可以被这个项目所使用? 这些人力资源属于哪个范畴:州属、市属还是联邦属? 哪些外部的、人力的、环境的因素可以或者能够对社会资本的积累产生正面的或者负面的影响? 有多少个人可以接触网络? 那里有多少书店、书报亭、电影院、剧院、音乐厅?

(6) 目标和评估系统。基于分析地图以及通过与社会的合作,公共机构制定出一套战略计划,提出年度和多年的目标,确定重点项目、工程和行动,并提出有关衡量指标以及发展出一套有效的评估系统(综合性、合适性和适应性,与目标群体融合),以及一个可以预见的结果:将会消耗多少成本(效率)? 有什么影响(效力)? 会影响到谁(目标)?

(7) 合作关系和共同责任。公共机构应该鼓励一种合作的文化,将公共投资、私人投资和第三方投资连接起来,确定共同的优先目标,以及理性地利用参与者的各种资源。所有项目参与者都应该承诺:共同承担起实现社会目标的责任。

(8) 透明度/社会资产负债表。公共机构正在开发社会资产负债表,用于显示所执行项目、工程和行动的年度账目,从而体现各责任方的有效参与。由于项目的目标是通过与社会参与网络的合作而设定的,所以在该账目中也包括了一份实现社会效应的详细报告。

随着地方共同管理方案的执行,阿雷格里港市的行政管理模式正在改变着这座城市市民的思维方式,促进了一场真正意义上的理念革新。这场革新也是非常艰难的,因为无论是政治机构还是公民,都必须摒弃固有的思维模式来接受这些革新。但现在,在城市的每个地区,都可以看到人们自愿地参与进来,为其所居住的地区做一些有益的事情。人们可以通过网络轻松地查阅有关资料,在一些会议上发表各种意见——人们开始重新学习如何梦想未来。在其生活的地方,人们想象着一个更好的将来,确定其发展的使命;找出每个地区的需求和潜在需求;开始寻找联合和合作的可能性;最重要的是,让人们看到,建立梦想中的将来需要每个人的力量和参与。

当然,作为一个有创新意义的全新项目,地方共同管理方案的实施并不是一条笔直的大道,相反地,它更像是一条崎岖的小路。因为要把许多人都已经阐述过的"社会资本""合作精神"以及"横向联系"等原则付于实施,并不是一件容易的事情,在执行过程中肯定充满着荆棘和挑战。目前,阿雷格里港市正在进一步实施用于营造一种社会风气,使得政府和社会的不同团体(私人阶层、各种形式的民间组织以及市民)之间有着相互信任的方案。

由于地方共同管理方案是一个重新定义城市管理的方法,而不是整个链条上的一个环节,所以这一理念及做法已经得到了联合国教科文组织的认可。作为一种城市管理的新模式,它可以按照各个地区的特殊性进行调整与完善,而这些调整不会丢失它固有的价值观念和理论基础,因而可以使它在其他地方得以复制和传播,具有在全世界范围内广泛推广的价值。

23.2　城市管治模式的综合协调运用

城市管治模式是城市管理或治理总体特征及其价值取向。它既包括城市管理或治理的制度基础,管理工具的运用以及管理手段的提高,也包括城市管理过程中的价值取向与追求的目标。从地方政府在经济发展中的角色、分配形式以及地方政府与市民社会的关系,可以分辨不同的城市管治模式。皮埃尔(Pierre)根据参与者、方针、手段和结果,将种类繁多的城市管治方式精炼地归纳为四种类型,即管理模式、社团模式、支持增长模式和福利模式。[①]

(1)管理模式。20世纪80年代中后期,西方国家由于从中央政府到地方政府财政危机的不断加剧,使得由新公共管理主义者倡导的管理模式逐渐替代了民主——参与模式,并占据了主导地位。管理模式是指按照市场原则将城市公共服务的生产者与消费者视为市场的参与者,通过基于市场的广泛的专业管理手段以提高公共服务生产与分配效率为目的,并真正让消费者选择产品及其生产

[①]　转引自罗震东、张京祥、罗小龙:《试论城市管治的模式及其在中国的应用》,《人文地理》2002年第3期。

者的一种城市管治模式。该模式将基于市场的私营部门的专业管理思想引入公共部门,强调专业人员参与而非政治精英,真正让消费者挑选产品和生产者。它以消费者的满意程度为重要的评价标准,强调服务供给者与消费者之间的竞争,目标是实现让城市服务的生产者与消费者如同市场一样的交换,在交换中不是官员的偏好而是消费者的选择决定服务的生产者。这种以市场为导向的思想使管理模式具有强烈的市场适应性和反应力。然而,管理模式提倡"让管理者管理",对政府的责任与义务没有明确的定义,主张公共服务的生产者与官员保持一定的距离。它使得地方权力在机构内外都依赖于专业的管理资源。它预先假定政府和管理者的自律性,假定地方政府有一定程度的组织弹性,并且能够适应经济与社会管理的需要。但是,假如政府管理陷入自我恶性循环之中,自拔是较为困难的。

(2)社团模式。这是通过利益集团高层的直接参与和大众的间接参与,利用再分配部门的协商和谈判以确保集团成员利益和人人共享民主的一种城市管治模式。社团模式的关键点在于包容,使所有主要的行为人及其利益进入城市的决策过程,其主要目标在于分配环节,确保以集团成员的利益塑造城市的服务和政策。因此虽然协商谈判的过程十分漫长乏味,但政策执行起来却相当顺利。该模式有两个层面的参与,直接参与的是各利益集团的高层领导,间接参与的则是利益集团的基层。社团模式的问题在于削弱了财政平衡,利益集团加大公共财政支出,可能导致城市财政收入不敷出。在社团模式中,利益集团的战略随着政府中不同层次的经济生存能力的改变而改变。由于利益集团随着利益大小而进退,城市会因此陷入对参与者的依赖,而地方政府则在同利益集团的协商谈判中处于弱势地位。

(3)支持增长模式。这是商界精英和推动经济发展过程中分享利益的高层官员直接参与的,通过有利于推动经济发展吸引外资的广泛手段特别是公私伙伴关系来促进经济增长的城市管治模式。其最主要的特点是密切的公私互动,以制度化的公共部门与私营机构的伙伴关系为基础,直接分享实施的自主权,以推进地方经济。该模式的主要参与者是商界精英和地方官员,他们在推动地方经济的问题上利益共享。城市介入经济发展的支持增长模式基本的问题是,城市政治因为税收而对私营资本过于依赖。虽然为了促进地方经济发展而采用的法律与经济体制已发生变化,但这一基本问题很大程度是相同的。私营企业提供工作机会,这是地方税收的来源,因此采用支持增长模式的城市对吸引私营投资的竞争是相当激烈的。

（4）福利模式。这是地方政府官员通过与中央政府的关系网络来确保国家基金的流入，以复兴地方经济的一种城市管治模式。通常是国家为了扶持和复兴那些曾经是繁荣的工业地区，但目前没有能力引入商业或公共组织以重新组织地方经济基础的城市而设置的管治模式。福利模式是 20 世纪 80 年代在英美流行的"不均衡发展"理论的体现，它对于经济的恢复和重建起到了一定的积极作用。福利模式利用反资本主义情绪和政府高层网络关系来弥补被腐蚀的税收基础。它通过政治或行政渠道与国家保持密切关系，从而使城市逐渐从地方经济中分离，这加剧了经济衰退中的问题。进一步地，国家补贴对于地方经济重新繁荣具有短期作用，但是它会造成地方政府的依赖性。

根据对城市管治四个变量的对比，我们可以清楚地看到四种模式各自的特点（如表 23.1）。不同的管治模式，偏好不同的政治目标、组织战略和主要参与者，各有不同的利弊得失。我们认为，在实际操作中，不是简单地选择某种治理模式，关键在于如何针对当时的实际情况和所要解决的问题，对这些治理模式进行综合协调，发挥其正面效应。实践证明，当不同的管治模式与城市中不同的机构有机结合并相互协调时，就会促进城市的发展；反之，则会使城市管理趋于混乱。例如在德国的城市管理中，我们可以看，通常是根据不同的情况和需要，把不同的城市管理模式加以综合，在目标、方式、内容、手段之间形成相互协调，创新城市发展政策，并取得较好的成效。

表 23.1　四种城市管理模式比较

	管理模式	社团模式	支持增长模式	福利模式
参与者	管理者、消费者	大众、利益集团	商界精英、高官	官员、官僚主义者
目　标	提高效率，满足消费	分配，确保成员的利益	推动经济增长	再分配、确保国家基金的流入
手　段	基于市场的广泛的管理手段	公众参与和谈判协商	推动经济、吸引投资的广泛手段	政府间网络
结　果	效率增加	财政失衡	经济发展	不可持续

资料来源：罗震东，张京祥，罗小龙：《试论城市管治的模式及其在中国的应用》，《人文地理》2002 年第 3 期。

1996 年，德国联邦政府针对城市内部差异性日益加剧的现象，与 16 个州联手推出了一项计划——"社会整合的城市"。这项计划旨在为城市复兴政策引入一种创新方法，通过集中资源（在就业、经济、生态、社会事务、青少年、文化和城市发展等领域的政策),鼓励所有机构和利益相关群体开展合作,并动员邻里中的居民共同参与。这一雄心勃勃且极富挑战性的计划在 1999 年正式启动。最初,通过各州提名,共有 123 个自治市下的 161 个行政区在这一为期四年(1999—2003)的计划中接受财政支持。2001 年,又新增了 88 个行政区,从而就有 184 个自治市参与了这项计划。根据计划要求的原则,被支持的主要对象包括以下三类地区:一是 20 世纪 60—80 年代在城市郊区形成的高密度居住区,这些地区通常管理混乱,聚集着大量低收入家庭和移民,失业率较高,破损严重;二是 19 世纪末到 20 世纪初在内城边缘形成的城市居住区;三是"冷战"结束后废弃的军营和战俘营。由此确定的计划主要的空间目标和利益对象,是"具有特殊发展需求的城市贫困区"集中的城市群地区,如柏林、不来梅,以及莱茵—鲁尔、莱茵—美因和萨尔大都市区。

该计划的目标包括:基于城市整体发展的视角,为相关邻里制定全面的空间战略;推动地方居民、店主和机构在邻里发展中发挥积极作用,培育自我持续的社区结构;支持自治市建立可持续的地方组织和管理结构;制定计划,并使其成为一个开放性的过程和相互学习的途径;学习如何将不同预算约束线(budget lines)综合使用于空间整合行动中。德国城市事务研究院(DIFU)负责协调此项计划,为各个参与计划的自治市提供联系和建议,并向参与者和广大公众发布信息。此外,各州选出一个示范区,为开展更为全面的行动提供具体的实际支持。这个计划每年提供的资金达 3 亿欧元(其中 1 亿来自联邦政府),主要用于改善城市物质条件、提供社会基础设施、增强市民意识,以及与规划师和社会工作者签订工作合约。

这项计划引起了大量的政治关注和媒体的兴趣,同时也引起了公众对于贫困社区的关注。地方政府更是从各计划支持项目中获取了丰富经验,学会了如何更好地处理这类城市住区中的问题。例如在柏林城市群,通过向指定地区分配有限预算从而促进邻里参与的创新方法,引起人们的特别兴趣,并已在其他地方推行。该计划的第一阶段在 2003 年已成功结束,现在第二阶段正在实施进程中。同时,还有另外一对新的孪生计划作为补充——"东部城市更新"和"西部城市更新"计划。

显然,从这一计划实施的对象(地区)与组织战略及其手段(即国家财政补贴,约占三分之一的资金)来讲,具有典型的福利模式特征。然而,从这一计划实施的目的与内容及所要解决的问题来看,其基本理念在于强化公民社会,并实现移民和弱势群体的社会整合;其目的则是为自我持续的社区发展提供新的推动力,同时也试图表达一种新的对于分权化地区管理和政策的更加深入和实质性的理解,它所要解决的是弱势群体社区所面临的各种问题。可见,这一计划实施所要引导的,则是社团模式的发展。因此,这一计划实质上是两种模式的综合运用。

另一项被称为"空间规划示范项目"(Demonstration Projects of Spatial Planning)的重要计划,也是借用了福利模式(联邦政府资助)的形式来推行旨在促进并强化城市地区成为有效空间发展的行动平台之实质内容。作为该计划组成内容的"城市网络"项目,旨在鼓励城市地区中的地方政府通过合作方式,实现更为有效的城市发展。因此,网络中的成员城市必须认同和支持相互之间共有的项目和措施。其行动领域,包括市场与公众的联系、经济支持、教育、城镇扩展和土地管理,以及交通和旅游等。1997—2000 年间,共有 12 个城市网络得到联邦政府资助,包括 MAI(慕尼黑—奥格斯堡—英格斯塔德)、位于德国和荷兰边境莱茵河流域的 ANKE,以及汉诺威的世界博览会地区。其中,汉诺威世界博览会地区的建设尤为成功。它创建于 1995 年,由汉诺威(主办 2000 年世界博览会)周边第二圈环线上的城市所组成,各城市的地方政策需要与它们所在城市地区的发展战略保持一致。该计划成功地实现了设计者的预期目标,并将城市网络的概念向外传播。许多参与该计划的城市网络都认识到,即使在计划提供的联邦资助中止后,仍然需要后续活动的推进,为此它们创办了一个城市网络论坛,作为实现长期交流和信息交换的重要途径。

还有一项"实验性住房和城市发展计划",除了制定"城市废弃地的重新使用""步行道吸引力的提升""城市邻里自主活动的开展"等 24 项指标作为城市发展政策评估的基础外,其他一些内容旨在探讨市民、投资商和公共部门之间的新型合作形式。根据公私合作的模式,为德国 5 个城市中的具体项目提供支持,其目标在于增进三方合作的效率。"公共空间计划"旨在推动城市公共空间成为提升城市品质的重要元素,计划日程从 2002 年至 2005 年,参与计划的 7 个城市都致力于实现公共空间的综合管理。"城市发展和交通计划"选择在大量城市实验可推广的机动管理理念,从而推进土地利用和公共交通发展之间更好地整合。"性别主流化和城市发展计划"旨在探索城市发展过程中如何更好地解决性别问题。

从参与者和手段的角度讲,上述德国联邦政府采取的一系列政策是以政府为导向的自上而下的城市管治模式,具有支持增长模式和福利模式的明显特征。但上述所有政策的推行,其核心内容大部分是按照市场原则并通过基于市场的广泛的专业管理手段以提高公共服务生产与输送效率为目的,将主要参与者和利益集团引入城市政治的决策过程,创造了广泛的公众参与,旨在提高公众对于已经感受或预料到的德国城市问题的认知。考虑到在国家层面运作的联邦系统对于州政府十分有限的控制能力,可以说这些政策都是极富说服力的。城市政府是满怀激情地怀着对地方的承诺参与其中,通过这样一个机会,检验新的方法,分享实践经验,提高居民、利益群体和媒体的意识,以及用行动证明更多面向未来解决地方问题的方法是有意义的。因此,根据实际情况,运用不同的管治模式与城市中不同的机构有机结合并相互协调,也是城市管理的创新,有助于促进城市的发展。

23.3　城市治理工具的创新

城市治理结构为公共事务管理者提供的是基本的激励结构和策略空间,要使设计的治理结构能够发挥预期的激励作用,就必须选择实现治理目标的合适方式与手段。城市治理工具指的是参与治理的各主体为了实现治理目标而采取的行动策略或方式。传统的治理机构试图以规制的方式来实现公共目标已经不合时宜。在政府面临着合法危机和资源短缺的今天,必须实现治理工具的创新来解决治理问题。

以城市治理工具的权威性及其性质划分,大致有以下三大类:一是组织性工具,将公民、团体和企业直接纳入自己的组织系统,协助政府实现自己意图。城市政府把公民、企业、非政府组织或社会中介组织纳入一个庞大的等级体系之中,直接接受处于最高等级的政府指令。二是规制性工具,即指政府通过规则、法律、指令等方式,运用带有强制性的法规和命令,使公民、社会组织和企业执行自己的意图。在规制性工具之下,公民、社会组织和企业不能违背政府的指令,违背政府规定必受惩罚。三是经济性工具,即指政府通过税收与补贴的经济杠杆方式,促使公民、社会组织和企业按照政府的意图去行动。假如公民、社会组织和企业在甘愿受到损失的情况下,可以不按照政府的意志行动。相对而言,经济性工具的权威性与强制性较弱。

然而,随着社会不断复杂化,城市政府在运作组织性工具、规制性工具与经济性工具对城市进行管理过程中产生了许许多多的经济、社会和政治问题,如城市政府的合法性危机与财政危机。这使得城市治理工具需要进行创新,将市场方式引入城市治理工具之中,包括特许经营、技术支持、公私伙伴关系、信息、公共部门之间的伙伴关系、介绍推荐、半公半私的企业、志愿者服务、公营企业、有价证券、奖励、种子资金、股权投资、志愿者协会、共同生产或自主经营、回报安排、需求管理、财产的出售与使用等。

印度艾哈迈德·阿巴德的城市治理措施,在一定程度上反映了如何运用城市管理工具创新来实现城市治理目标的实践。艾哈迈德·阿巴德市建于公元1411年,当时是作为萨巴尔玛蒂河东岸的城寨而兴起,现在已是印度第七大都市。艾哈迈德·阿巴德在孟买以北,距离孟买约552公里,距离坎贝海湾约96公里。除了萨巴玛蒂河外,这个城市没有其他主要的地理特征。萨巴玛蒂河把这座城市分为两部分:东寨城和西部艾哈迈达巴德。1991年,艾哈迈德·阿巴德市聚居了331万人口,到了2001年,人口数量已经增加到450万。

在历史上,艾哈迈德·阿巴德曾经是印度西部最重要的贸易和商业中心城市之一。因其发达的纺织工业,它被誉为"印度的曼彻斯特"。它也是一个主要的工业和金融城市,创造了印度所有证券交易投资总额的14%的价值。"艾哈迈达巴德—孟买黄金走廊"早已被认为是西印度一个重要的发展轴线,艾哈迈德·阿巴德市在整条轴线中扮演了一个终端角色,而不仅仅是一个中间点。它有七条主干道路,一条高速公路和五条铁路网络。最近,在艾哈迈德·阿巴德市和浦那市之间建立了新的走廊,连接了包括瓦尔道拉、苏拉特和孟买等主要大都市。所有这些因素促进了艾哈迈德·阿巴德市在这个地区的核心增长作用。在1995年,这个占本邦总人口数的8%,占本邦城市总人口的23%的城市,估计创造了占本邦总收入17%的收入值。艾哈迈德·阿巴德市的人均收入几乎高出本邦平均收入的一倍。同时,艾哈迈德·阿巴德市的一些科学机构和教育机构在国家范围、区域范围和全球范围内都有着重要的影响意义。这个城市里存有大量精美的纪念碑、寺庙和现代化建筑,有着非常深厚的文化历史底蕴。

艾哈迈德·阿巴德市的人口以前只是在东部地区,尤其是东部周边地区有着快速的增长率,但从20世纪80年代开始,人口在西部周边地区也有了迅速增长趋势。周边地区的人口增长速度大大超过了城区内的人口增长,其原因之一是城市内人口的饱和,以及随之而来的周边地区住房的大规模发展。在20世纪90年代,人们目睹了沿着萨克和吉—甘地纳加尔高速公路这一带状区域的快速增长,这一势头在未来几十年里可能进一步增强。这一特征显示了艾哈迈德·阿巴德市的空间扩展是毗连的和相对紧凑的。

艾哈迈德·阿巴德市政府致力于将一个清洁的、适宜居住的城市进一步转变成一个高效的、有着良好管理和保持着活力的城市。为此,艾哈迈德·阿巴德市政府积极调整和完善治理结构,创新治理工具,改善公共部门和私人团体之间关系,通过共同合作来建设基础设施,如建设街道、公共园林、城市规划、固体废物管理的措施、公共交通等等。

(1)城市复兴计划。艾哈迈德·阿巴德市政府通过提供各类服务,证明了其工作高效,这也是树立市民们信心的源头。多年来,艾哈迈德·阿巴德市政府采取有效措施,如发行市政债券、实施财产税改革、电子商务等,积极接受了日益增长的各种挑战。艾哈迈德·阿巴德市提供的城市服务水平明显高于全国平均数值,使其成为国家顶级服务供应商之一。供水系统、固体废物收集系统和污水处理系统的覆盖范围也都远远高于全国平均水平。艾哈迈德·阿巴德市政集团所提供的服务与其高效的管理相匹配,这为国内的其他市政集团管理设立了基准。

(2)关于"火"的工程的项目融资。1998年,根据美国国际开发署颁布的关于"火"的工程,通过发行市政债券(在亚洲是首例),从资本市场筹集资金,用于供水系统和污水系统等基础设施建设项目。

(3)城市规划方案。艾哈迈德·阿巴德市在过去的50年里制定了五个发展计划,并予以成功的实施。在印度,可能只有艾哈迈德·阿巴德这一个城市享受到这五个发展计划所带来的好处。在城市规划中,特别是有效地使用了具有创新意义的土地计划工具,来实现城市发展管理。艾哈迈德·阿巴德市政府储备了100公顷的土地,目的是将原有农业用地转变成大小适中、有交通连接的城市建设用地。在这100公顷储备土地中,确定用于公共娱乐设施、为弱势群体所准备的住房,以及城市地方机构为了弥补基础设施建造成本而准备的商业住宅的土地面积,约占总面积的35%—50%。同时,为建造基础设施而设立了土地银行。在24个城镇计划中,艾哈迈德·阿巴德城市发展局创立了价值50亿卢比的土地银行,这些银行为基础设施建设募集资金提供担保。

(4)城市穷人住房与就业。艾哈迈德·阿巴德市政管理集团的一项主要工作就是保护城市穷人的利益。为此,实施了一项向贫民区提供基础设施服务的"贫民区网络工程",目的是推动贫民区当地经济的发展。"贫民区网络工程"项目获得了联合国人居署的最佳实施奖。艾哈迈德·阿巴德市目前正在致力于用MASCON技术做建筑外饰处理,给城市穷人快速建造长久耐用的房子,计划为穷人建造38000个居住点,其中8000个居住点已经完成。艾哈迈德·阿巴德市政目标是,在接下去的两年里建造起60000个穷人居住点。另外,政府实施了一个为艾哈迈德·阿巴德市贫民区青年所准备的就业指导项目,其目的是为青年人提供在商场、星级酒店和社会服务机构等现代服务业中参与就业的机会。这个项目获得了公益性组织的支持。

(5)市内交通计划。艾哈迈德·阿巴德市有一条高速公路、几条国道和省道、宽轨铁路、窄轨铁路和一个国际机场。城市交通系统主要是公路运输。近年来艾哈迈德·阿巴德市车辆增长较快,大约每年新增 10 万辆机动车,其中约 2 万辆小汽车,6 万辆两轮机动车。实际上,艾哈迈德·阿巴德市的机动车拥有数量在印度 400 万以上人口的城市中是最高的。但由于实施了综合交通发展战略,城市内堵车状况仍处于可控制范围之内。这里至少是采取了以下几方面的重要措施:

一是实施频繁的道路更新计划,使得交通网络拥有了 5 条环线公路、17 条放射状的公路。这些交通道路计划与不同的土地使用规划结合,使路程变得更短,并覆盖整个区域。其平均路程只有 5.5 公里,相对于一个具有 160 万车辆、500 万人口的城市来说,这几乎是最短路程、交通事故死亡率也是最少城市之一(在 2006 年,有 230 人死于交通事故)。

二是使用清洁能源。过去由于许多机动车使用油燃料,空气污染问题比较严重。艾哈迈德·阿巴德市通过采取新措施,在一年的时间里,3.7 万辆机动车开始使用压缩天然气作为燃料。与新德里等其他城市不同的是,在艾哈迈德·阿巴德市使用压缩天然气没有任何阻力。

三是优先发展公共交通。在过去,公共交通发展严重不足,城市巴士的服务日趋恶化。2005 年,市政运输系统中只有 350 辆巴士,每天运送 30 万人次的乘客。通过引入私人企业参与等重大改革,市政集团已将其规模扩展到 800 辆,每天运送的乘客增长到了 82 万人次。同时,通过提高运输效率,每辆车每千公里的运营成本从 39 卢比降到了 19 卢比。另外,推行巴士捷运系统,建造了 60 公里长的专用巴士线路及其他必要配套设施。这一系统在 2008 年正式投入运营。

四是通过公私合营的方式,建设了一条长达 76 公里的环路。市政府通过在这些区域实施城镇规划的承诺,让私人业主提供出土地用于道路建设。目前,一条两车道的高速公路正在运营,还有一条四车道的公路正在由私人投资建造。通过征收路桥费,偿还建造公路所需的前期投资。

(6)萨巴尔马蒂河开发和治理。在过去的很多年里,随着城市化和工业化的快速发展,艾哈迈德·阿巴德市的唯一水资源——萨巴尔玛蒂河一直被滥用。虽然萨巴尔玛蒂河是艾哈迈德·阿巴德市一个重要的水利资源,但是河岸地区的治理一直被人们所忽略。由于污水被违法的排入河床,严重污染了附近环境。萨巴尔玛蒂河开发项目是一个为了停止这种水资源滥用而做出的勇敢决定,其目的是纠正过去很多年里人类对它的忽视,保证给大自然母亲一个理想的回报。这个项目主要是将污水引离河流、保护河床、降低洪水风险、为穷人在安全地点提供住房,以及为公共娱乐设施提供空间。开发这个项目的资金,来源于土地开发所获得的收入。

（7）城市发展计划。制定城市发展计划,实施城市发展计划是为整个城市发展区域而准备,包括两部分内容:一个是土地使用计划规定了可使用区域的不同土地用途;另外一个是实施发展控制条例,用来实施发展计划。这个发展计划涉及诸多基础设施工程,即巴士捷运系统、排涝系统、供水系统和污水排水系统、住房系统、固体废物管理措施等。

23.4　不断提升城市治理能力

城市治理能力是指公共部门为了提高治理能力而运用先进的管理方式与技术,如引进企业化的信息系统管理,通过将企业的管理机制和方法引入城市政府管理中,提高城市政府的创造性和效率。随着信息技术被引进到城市管理过程之中,城市治理能力也会随着不断提高。

美国学者盖伊·彼得斯从政府、市场与社会的角度,提出城市管理存在着市场式政府、参与式国家、弹性化政府、解制型政府等四种类型。[①]前两种类型代表了城市管理发展趋势,有较普遍的适用性,在前面章节已有较多阐述。值得注意的是,后两种类型在某些特殊情况下也是能够发挥相应作用的,并能提升城市治理能力。

例如,沙特王国麦加的米纳帐篷之城,向世人展示了一个极端条件下的城市管理的最佳实践,创造了帐篷城的人居奇迹。伊斯兰教圣地沙特麦加,每年的朝圣者近 1500 万人。由阿拉法特山出发的他们,经停的第一站便是米纳,并由此地前往神圣的伊斯兰朝圣祭奠大庙。从地理分布上看,米纳的面积十分有限,大约为 4 平方公里的山地。由于伊斯兰教义的限制,它无法再增加新的空间。高峰时,这里要同时容纳 300 万人住宿。传统住宅在这个全球人口密度最高的地

---

① ［美］盖伊·彼得斯:《政府未来的治理模式》,中国人民出版社 2001 年版。

方无所适从,沙特人只能另辟蹊径,以帐篷作为唯一的住宿设施,"帐篷城"便成了米纳的代名词。

作为世界上最大的帐篷城,一个不超过 4 平方公里的地方,在极短的时间内可以聚集 300 万人,并要为 300 万朝圣者提供休憩的场所,为不同种族和文化背景的信徒提供一个和谐的共同生活环境。不仅在面积上,就其规划上的复杂程度,也让人赞叹。对于全世界的观众来说,这不仅是一项全球最大帐篷城市的案例,同时也是集结世上智慧结晶的一个创举,是伟大实践。在沙特阿拉伯和世界博览会历史上,这都是第一次被展示。

每年大量的朝圣者涌入,使得"帐篷城米纳"变成世界上人口密度最高的地方,大约 5000 人/公顷。此时,所有的城市问题都一下子暴露出来了,比如房屋安全、卫生条件、水电通信的供应、防火、保健,尤其是朝圣者的人身安全保障等。以前这类事故在"帐篷城米纳"频发,造成恶劣影响。

面对这样一个特殊的极端条件,沙特王国政府努力将其塑造成一个弹性化政府,即具有应变能力,能够有效回应新的挑战。这就要求政府及其机构有能力根据环境变化制定相应的政策,而不是用固定的方式回应新的挑战。同时,要通过改善政府内部的管理,发挥公共部门潜在的能力与创造力,即打造所谓的解制型政府。与 20 世纪 80 年代寻求减少并严格限制政府活动的政治主张完全相反,有关解制型政府的基本设想是:如果取消一些限制和制约,政府机构就可以将目前的工作处理得更为效率,而且还可能从事新的创造性工作,以提高社会的整体利益。我们且不论这两种政府类型的利弊,单就沙特王国政府所面临的这一特殊的极端条件,也许选择解制型政府的模式,将更有助于提升城市治理能力,应对极端高人口密度下的管理难题。

沙特政府针对这些问题,花了大力气,制定了众多革新和可持续的方案,对"帐篷城米纳"实行有序管理,改善和提高此区域内人们的生活质量,同时巩固以科技为本的理念,来创造一个宜居的生活环境。其具体的做法是:

(1)改造帐篷。鉴于历史和宗教的原因,同时也由于帐篷的轻便和易于安装,帐篷一直作为"帐篷城米纳"固有的传统建筑模式而延续至今。另外在使用帐篷的方式上,一直以来也都没有改动,如在帐篷内外使用煤气等。传统的棉帐篷易燃,在气候干燥的沙特,很容易出现火灾。特别是近年来越来越多的朝圣者涌入米纳,使得棉帐篷的隐患百出。1997 年之前,曾发生过多起由于用火不当产生的火警事故,不仅对建筑物本身造成了损害,而且也直接导致了人员的伤亡。

为此,政府鼓励改变帐篷的材质,开发防火帐篷以替代原先的棉帐篷。今天使用的帐篷,均以专门的特富龙涂层玻璃纺织品焊接制定,防火性能大为改善。同时,每个帐篷配备有自动喷水灭火系统,营地中每隔 100 米配置一套消防栓与灭火器,整个帐篷城还形成了周密的灭火网络。不仅如此,还将其改造成在严酷自然环境下具有如下多种功能的特种帐篷:能防风、防雨、防火、防泥石流;可扩展;直径为 26 米的巨型帐篷,具有高容纳率;拥有良好的采光、通风、保温;水、电和卫生设施齐全;具备空调设备的宽敞空间;其地基不用打得很深;可保护米纳的自然地貌;运用科技满足城市规划上的现代化要求。在米纳,这样的帐篷足有 4 万顶之多。

(2) 解决公共交通。作为一个 300 万朝圣者进出的城市,米纳需要一个经过整合的步行和车用道路网络。鉴于米纳地区山地特征的地貌,已建成 25 条隧道(长度从 200 米到 1500 米不等),此外建成 40 座大桥贯通这些道路环线。

(3) 在米纳最高山上建造世界上最大的人造水库。阿拉伯半岛以干旱著称,300 万人的生活用水也令沙特政府颇费思量。为了保障帐篷城的供水,在米纳最高山上建造了存储量达 100 万立方米的水库;在帐篷城各地建造了总储水量达 60 万立方米的 40 个小水库;同时还特别建造了用以灭火的蓄水库。这些水库在合适的海拔高度选址,产生足够的液压使水泵入水域分布网络。

(4) 提升加马拉大桥和广场的能级。位于米纳西端的加马拉是通往麦加的必经之路,朝圣者必须在此完成教义规定的"投石驱魔"仪式,来纪念先哲"易卜拉欣"。1965 年,这里曾建造了一座两层高的"加马拉"桥,但每小时 50 万人的流量超出此桥承重能力的 4 倍之多,在高峰期甚至有超过 100 万的信徒同时在桥上行走,踩踏事故时有发生。根据这一巨大的人流量,沙特王国政府考虑重新设计这一大桥。经过建筑构造讨论,决定把大桥设计呈椭圆形,并通过计算机模拟优化建筑结构;将大桥连接到"加马拉"山,通过可移动云梯的设置,便于信徒在楼层之间升降;将步行和车道分开,地下隧道给汽车行驶;设置 6 个应急塔,与直升机坪连接;借助地形修建遮阳棚,让观众可以就地观看宰牲畜的仪式;设置多处监察点,防事故于未然;借助山坡地形将步道直接建于山腰上,增加步道的承重能力;重新规划广场,使事故发生的概率降到最低。目前这座新建的上下 7 层的加马拉大桥,其中地上的 5 层专供朝圣者行走,可能的话还可以加至 12 层;在远离老桥独个入口处,把人群分流到不等距 5 层的不同位置的 11 个入口和 12 个出口,杜绝了人流对冲,加上实时监控、调度的电脑模型分组系统,这里在 1 小时内可疏散 90 万人。另外,桥中入口和出口,有的是适合老人和妇女步行的平坦道路,有的是平常或移动扶梯。

(5)特殊情况的政策倾斜。"帐篷城米纳"的规划工作是相当艰巨的,且需要大量的创新性思维,虽然说这是临时性建筑,但必须要在朝圣者到达之前建成,时间之紧迫为世上罕见。另外,应急措施方案也要屡经考验,能确保信徒的人身财产安全。沙特政府在很短的时间内筹措了近40亿美元的预算投入"帐篷城米纳"工程之中。在朝圣节日之前的四个星期,沙特全国的钢铁厂加班加点完成上万座帐篷的建筑用钢材的制造和物流工作。届时如果无法把钢材运抵现场,将动用沙特皇家空军参与运输。

由此可见,沙特政府在特殊的极端条件下进行城市管理上所作出的巨大努力,以及在提高"帐篷城米纳"朝圣者居住条件上倾注的全部精力。沙特政府还期待能为朝圣者提供更优越的生活设施。到时一座在建的高速电气化列车可以使500万信徒受益。在山脚下,利用地形新建的居住点,将可以使米纳额外吸收超过100万朝圣人群。这一案例能够使世界上其他同样面临高密度人口居住问题的城市得到启发和借鉴。

参考文献

［1］B. 盖伊·彼得斯,《政府未来的治理模式》,中国人民大学出版社,2001年。

［2］白志刚,《纽约——世界城市的一面镜子》,《城市问题》1996年第5期。

［3］保罗·克鲁格曼,《发展、地理学与经济理论》(中译本),北京大学出版社、中国人民大学出版社,2000年。

［4］蔡建明、薛凤旋,《界定世界城市的形成——以上海为例》,《国外城市规划》2002年第5期。

［5］蔡来兴、张广生、王战等,《国际经济中心城市的崛起》,上海人民出版社,1995年。

［6］陈建军,《长江三角洲地区的产业同构及产业定位》,《中国工业经济》2004年第2期。

［7］陈振光、胡燕,《西方城市管治:概念与模式》,《城市规划》2000年第9期。

［8］陈振光、宋平,《加入WTO与全球化时代中国城市发展》,《国外城市规划》2002年第5期。

［9］程大中,《上海服务业供需非均衡与江浙沪服务业关联——基于非均衡模型和跳跃式回归方法的分析》,《学术月刊》2005年第7期。

［10］程大中、陈宪,《生产者服务与消费者服务互动发展中的提升》,载于周振华主编:《现代服务业研究》,上海社会科学院出版社,2005年。

［11］当代上海研究所,《长江三角洲发展报告2005》,上海人民出版社,2005年。

［12］杜宁睿,《荷兰城市空间组织与规划实践评析》,《国外城市规划》2000年第2期。

［13］方可,《北京旧城更新:调查·研究·探索》,中国建筑出版社,2000年。

［14］Gowling, Derk,《伦敦的城市规划和管理:最近的变化》,《国外城市规划》1997年第4期。

［15］顾朝林、张勤、蔡建明等,《经济全球化与中国城市发展——跨世纪城市发展战略研究》,商务印书馆,1999年。

［16］顾光建、陈惠康,《机遇与挑战——论上海国际中心城市的建设》,上海交通大学出版社,2000年。

［17］关炳銮,《办好"香港中国商业城"》,《中国城市经济》2005年第10期。

［18］郭彦弘,《工业生产及其历史演变对国际都市形态影响的理论分析》,《城市规划汇刊》2000年第4期。

［19］过杰,《建设现代化国际大都市研究综述》,《财经问题研究》1995年第9期。

［20］Huet, Armel,《展望城市社会的未来》,《城市管理》2005年第4期。

[21] 郝寿义,《增强城市国际竞争力与城市治理》,《开放导报》2002 年第 9 期。

[22] 贺敬芝、孙云,《FDI 对中国区域经济发展影响的反思》,《世界经济研究》2005 年第 11 期。

[23] 洪银兴、陈雯,《城市化模式的新发展》,《经济研究》2000 年第 12 期。

[24] 胡国良,《长三角制造业可持续发展中的国际分工瓶颈约束分析》,《经济与管理研究》2005 年第 7 期。

[25] 胡惠,《大力发展生产性服务业,全面增强产业竞争力》,《上海综合经济》2004 年第 4 期。

[26] 黄怡,《读皮特霍尔的〈创造性城市与经济发展〉》,《国外城市规划》2001 年第 4 期。

[27] 黄胜利、宁越敏,《国外新城建设及启示》,《现代城市研究》2003 年第 4 期。

[28] 姜杰、张喜民、王在勇,《城市竞争力》,山东人民出版社,2003 年。

[29] 杰弗瑞·戈比,《你生命中的休闲》,云南人民出版社,2000 年。

[30] 来有为、苏爱珍,《中国现代服务业差距何在》,《科学决策》2004 年第 7 期。

[31] 李立勋,《城市国际化与国际城市》,《城市问题》1994 年第 4 期。

[32] 李立勋、许学强,《广州建设国际城市的初步思考》,《经济地理》,1994 年第 2 期。

[33] 连玉明,《城市转型与城市竞争力》,《中国审计》2003 年第 2 期。

[34] 刘秉泰、卢明华、李涛,《东京工业结构演化模式及其驱动力研究》,《世界地理研究》,2003 年第 1 期。

[35] 刘春敏,《提升南京城市综合竞争力的思考》,《南京社会科学》2002(增刊)。

[36] 刘君德、马祖琦,《国外大城市中心城区区级政区职能研究》,《城市规划》2003 年第 3 期。

[37] 刘映芳、刘光卫,《参照香港:上海郊区新城建设的目标与对策》,《城市开发》2000 年第 10 期。

[38] 罗小龙、甄峰,《生态位理论在城乡结合部应用的初步研究——以南京市为例》,《经济地理》2000 年第 5 期。

[39] 曼纽尔·卡斯特尔斯,《网络社会的崛起》,社会科学文献出版社,2001 年。

[40] 米哈伊·奇凯岑特米哈伊,《创造性:发现和发明的心理学》,上海译文出版社,2001 年。

[41] 倪鹏飞主编,《中国城市竞争力报告》,社会科学文献出版社,2003 年。

[42] 宁越敏,《世界城市的崛起和上海的发展》,《城市问题》1994 年第 6 期。

[43] 宁越敏,《新国际劳动分工、世界城市与我国中心城市的发展》,《城市问题》1991 年第 3 期。

[44] 沈金简、周一星,《世界城市的涵义及其对中国城市发展的启示》,《城市问题》2003 年第 3 期。

[45] 沈金箴,《东京世界城市的形成发展及其对北京的启示》,《经济地理》2003 年第 4 期。

[46] 沈开艳等主编,《聚焦大都市——上海城市综合竞争力的国际比较》,上海社会科学院出版社,2001 年。

[47] 石忆邵、章仁彪,《从多中心城市到都市经济圈——长江三角洲地区协调发展的空间组织模式》,《城市规划汇刊》2001 年第 4 期。

[48] 世界银行,《东亚城市的转型》,李源译,《商务周刊》2003 年 8 月 1 日。

[49] 孙施文,《建设现代化国际大都市的规划实施机制》,《城市规划汇刊》1998 年第 3 期。

[50] 谭纵波,《东京大都市圈的形成问题与对策——对北京的启示》,《国外城市规划》2000 年第 2 期。

[51] 汤茂林，《发展中国家巨型城市现状、成因、挑战与对策》，《城市规划汇刊》2003 年第 1 期。

[52] 汤正刚，《国际性城市的基本特征与形成条件》，《城市问题》1993 年第 6 期。

[53] 陶希东、刘君德，《国外大城市郊区化的经验教训及其对我国的启示》，《城市问题》2003 年第 4 期。

[54] 王书芳，《我国国际大都市的建设》，《中南财经大学学报》1999 年第 3 期。

[55] 王鑫鳌，《北京——建成现代化国际大都市的基本内涵》，《城市开发》2002 年第 2 期。

[56] 王志乐，《跨国公司向全球公司转型及其给我国经济带来的机遇》，《学习时报》2007 年 8 月 13 日。

[57] 沃纳·赫希，《城市经济学》，中国社会科学出版社，1990 年。

[58] 吴缚龙、李志刚、何深静，《打造城市的黄金时代——彼得·霍尔的城市世界》，《国外城市规划》2004 年第 4 期。

[59] 夏永祥、卢晓，《长三角地区经济增长、产业同构与区域经济一体化》，《南通大学学报(社会科学版)》2006 年第 1 期。

[60] 熊贤良，《快速轨道交通建设与大城市结构升级和经济增长》，《管理世界》2000 年第 2 期。

[61] 徐康宁，《文明与繁荣——中外城市经济发展环境比较研究》，东南大学出版社，2002 年。

[62] 严荣，《大伦敦政府:治理世界城市的创新》，《城市管理》2005 年第 3 期。

[63] 杨波、朱道才、景治中，《城市化的阶段性特征与我国城市化道路的选择》，《上海经济研究》2006 年第 2 期。

[64] 杨贤智等，《上海与国际大都市经济、社会、环境的比较研究》，《上海环境科学》1996 年第 8 期。

[65] 姚士谋，《国际性城市建立的背景和机遇》，《城市规划》1995 年第 3 期。

[66] 姚为群，《全球城市的经济成因》，上海人民出版社，2003 年。

[67] 伊利尔·沙里宁，《城市:它的发展、衰败与未来》，中国建筑工业出版社，1986 年。

[68] 于涛方、顾朝林、涂英时，《新时期的城市和城市竞争力》，《城市规划汇刊》2001 年第 4 期。

[69] 余丹林、魏也华，《国际城市、国际城市区域以及国际化城市研究》，《国外城市规划》2003 年第 1 期。

[70] 俞文华，《战后纽约、伦敦和东京的社会经济结构演变及其动因》，《城市问题》1999 年第 2 期。

[71] 袁瑞娟、宁越敏，《全球化与发展中国家城市研究》，《城市规划汇刊》1999 年第 5 期。

[72] 张洪，《西方国家城市土地利用模式及其在我国小城市土地质量分级中的应用》，《数量经济技术经济研究》2003 年第 2 期。

[73] 张建明，《再谈建立国际大都市》，《城市问题》1996 年第 5 期。

[74] 张严，《改革开放以来上海第三产业发展的剖析》，《上海经济研究》2004 年第 2 期。

[75] 张幼文、黄仁伟等著，《2007 中国国际地位报告》，人民出版社，2007 年。

[76] 赵燕菁，《高速发展条件下的城市增长模式》，《国外城市规划》2001 年第 1 期。

[77] 甄明霞，《对上海国际大都市的分析》，《城市经济、区域经济》2001 年第 9 期。

[78] 郑凯捷，《从与香港的比较中看上海产业结构发展》，《上海综合经济》2004 年第 1—2 期。

[79] 郑新奇,《数字地价模型在城市地价时空分析中的应用》,《资源科学》2004 年第 1 期。

[80] 中国市长协会、《中国城市发展报告》编辑委员会编著,《中国城市发展报告(2001—2002)》,西苑出版社,2003 年。

[81] 周一星,《新世纪中国国际城市的展望》,《管理世界》2000 年第 3 期。

[82] 周振华,《信息化与产业融合》,上海三联书店、上海人民出版社,2003 年。

[83] 周振华、陈向明、黄建富,《世界城市——国际经验与上海发展》,上海社会科学院出版社,2004 年。

[84] 周振华主编,《现代服务业研究》,上海社会科学院出版社,2005 年。

[85] 朱庆芳、莫家豪、麦法新,《世界大城市社会指标比较》,中国城市出版社,1997 年。

[86] 朱铁臻,《经营城市:提高城市竞争力的新理念》,《江海学刊》2002 第 2 期。

[87] 朱同丹,长三角产业同构之我见,《江南论坛》2003 年第 12 期。

[88] 朱晓龙、王洪辉,《巴黎工业结构演变及特点》,《国外城市规划》2004 年第 5 期。

[89] 卓勇良,《走向后长三角时代——长三角发展趋势与主要特征分析》,《城市经济、区域经济》2005 年第 10 期。

[90] 踪家峰、顾培亮,《城市公共管理研究的新领域——城市治理研究及其发展》,《天津大学学报(社会科学版)》2003 年第 4 期。

[91] Abu-Lughod, J. (1999) New York, Chicago, Los Angeles: America's Global Cities, Minnesota: University of Minnesota Press.

[92] Alderson, A. S. and Beckfield, J. (2004) Power and Position in the World City System. American Journal of Sociology, 109:811—851.

[93] Allen, J., Massey, D. and Pryke, M. (eds.)(1999) Unsettling Cities. Routledge, London.

[94] Alonso, W. (1964) Location and Land Use, Cambridge: Harvard University Press.

[95] Amin, A., Massey, D. and Thrift, N. (2000) Cities for the Many Not the Few. The Policy Press, Bristol.

[96] Appadurai, A. (1997) Modernity at Large. Cultural Dimensions of Globalization. Minneapolis: University of Minnesota Press.

[97] Arrighi, G., Drangel, J. (1986) The Stratification of the World-Economy: an Exploration of the Semiperipheral Zone. Review X(1).

[98] Bairoch P. (1988) Cities and Economic Development: From the Dawn of History to the Present. Chicago: The University of Chicago Press.

[99] Baras, R. (1988) Economic Change and Urban Real Estate Markets. London: PMA.

[100] Baskin, C. W. (1966) Central Places in Southern Germany. Englewood Cliffs (New Jersey): Prentice Hall.

[101] Batten, D. F. (1993) Network Cities Versus Central Place Cities: Building a Cosmocreative Constellation. In Anderson, A. E. et al. The Cosmocreative Society. Heidelberg: Springer. 137—150.

[102] Batten, D. F. (1995) Network Cities: Creative Urban Agglomerations for the 21st Century. Urban Studies, 32(2):313—327.

[103] Bauman, Z. (1998) Globalization: The Human Consequences. New York: Columbia

University Press.

[104] Baumol, W., J. (1967) Macroeconomics of Unbalanced Growth: The Anatomy of Urban Crisis. American Economic Review, 57, June, 415—426.

[105] Beaverstock, J. V., Taylor, P. J., Smith, R. G. (2000) Geographies of Globalization: US Law Firms in World Cities, Urban Geography, 21.

[106] Beaverstock, J. V., Doel, M. A., Hubbard, P. J. and Taylor, P. J. (2002) Attending to the World: Competition/Co-operation and Co-efficiency in the World City Network, Global Networks, 2(2).

[107] Beaverstock, J. V., Hoyler, M., Pain, K. and Taylor, P. J. (2001) Comparing London and Frankfurt as World Cities: A Relational Study of Contemporary Urban Change, Anglo-German Foundation for the Study of Industrial Society, August.

[108] Beaverstock, J. V., Smith, R. G., Taylor, P. J. (1999) A Roster of World Cities. Cities, 16(6).

[109] Beaverstock, J. V., Smith, R. G., Taylor, P. J., Walker, D. R. F. and Lorimer, H. (2000). Globalization and World Cities: Some Measurement Methodologies. Applied Geography, 20.

[110] Begg, I. (1999) Cities and Competitiveness. Urban Studies. Vol. 36, No. 5—6.

[111] Bell, D. (1973) The Coming of Postindustry Society, New York: Basic Books.

[112] Benenson, I. (1998) Multi-agent Simulation of Residential Dynamics in the City. Computer, Environment and Urban Systems, 22:25—42.

[113] Berg, L. and Braun, E. (1999) Urban Competitiveness, Marketing and the Need for Organizing Capacity. Urban Studies, Vol. 36. 5—6.

[114] Bertuglia, C., Bianchi, G. and Mela, A. (eds.) The City and its Sciences, Heidelberg: Physica-Verlag.

[115] Bittner, R. (Ed.)(2001) Urbane Paradiese. Zur Kulturgeschichte des modernen Vergnügens. Frankfurt-M./New York: Campus.

[116] Bosman, J. and de Smidt, M. (1993): The geographical formation of international management centres in Europe. In: Urban Studies, 30, 967—980.

[117] Bourdeau-Lepage, L. and Huriot, J.-M. (2003) Metropolization in Warsaw. Economic Change and Urban Growth, Canadian Journal of Regional Science, Forthcoming.

[118] Bourdeau-Lepage, L. and Huriot, J.-M. (2004) The Metropolis in Retrospect: Permanence and Change, http://www.lboro.ac.uk/gawc/rb/.

[119] Braudel, F. (1984) The Perspective of the World. London: Harper Collins Publishers.

[120] Brenner, N. (1998) Global Cities, Global States: Global City Formation and State Territorial Restructuring in Contemporary Europe, Review of International Political Economy, 5(1).

[121] Brenner, N., Jessop, B., Jones, M., and MacLeod, G. (eds.)(2003) State/Space: A Reader. Oxford: Blackwell.

[122] Brian, J. G. (1996) Restructuring and Decentralization in a World City, Copyright by the American Geographical Society of New York.

[123] Brotchie, J., et al. (1989) The Future of Urban Form. London: Groom Helm, 2—30.

[124] Brown, E., Catalano, G., Taylor P. J. (2002) Beyond World Cities. Central America in a Space of Flows. Area 34.

[125] Brueckner, J. K. (1986) A Model Analysis of the Effect of Site Value Taxation, National Tax Journal 39:49—58.4.

[126] Budd, L. and Whimster, S. (1992) Global Finance and Urban Living: A Sutdy of Metropolitan Change. London: Routledge.

[127] Bura, S. (etc.)(1996) Multi-agent Systems and the Dynamics of a Settlement System. Geographical Analysis, 28(2):77—87.

[128] Burgess, E. (1928) Residential Segregation in American Cities. A NNAL S, Vol.CXXXX, Nov: 105—115.

[129] Cairncross, F. (1997). The Death of Distance: How the Communications Revolution Will Change Our Lives. MA: Harvard Business School.

[130] Camagni, R. P. (1993) From City Hierarchy to City Network: Reflections about an Emerging Paradigm, In Lakshmanan, T. R. and Nijkamp, P. (ed.) Structure and Change in the Space Economy, Berlin: Springer-Verlag, 66—87.

[131] Camagni, R. (1998) Beyond Complexity in Urban Development Studies, In Bertuglia, C., Bianchi, G. and Mela, A. (eds.) The City and its Sciences, Heidelberg: Physica-Verlag.

[132] Carrier, J. G. and Miller, D. (Eds.)(1998) Virtualism: A New Political Economy. Oxford, Berg.

[133] Castells, M. (1989) The informational city. London. Blackwell.

[134] Castells, M. (1996) The Rise of the Network Society: The Information Age: Economy, Society, and Culture: Volume I, Oxford: Blackwell.

[135] CEC, Commission of the European Communities(1999) European Spatial Development Perspective: Towards Balanced and Sustainable Development of the Territory of the EU. Luxembourg: Office for Official Publications of the European Communities.

[136] Chase-Dunn, C. (1985) The System of World Cities, A. D. 800—1975. In Timberlake, M., Urbanization and the World-Economy, New York: Academic Press.

[137] Cheema, Shabbir, G. (1993) The Challenge of Urban Management: Some Issues, In Cheema, Shabbir, G. (Ed) Urban Management: Policies and Innovations in Developing Countries, Greenwood Praeger Press, Westport, 1—16.

[138] Chen, Xiangming. (2005) As Borders Bend: Transnational Spaces on the Pacific Rim. Rowman & Littlefield Publishers.

[139] Churchill, A(1985) Forward, In Lea, J. and Courtney, J. (Eds.) Cities in Conflict: Planning and Management of Asian Cities, pv, World Bank, Washington D. C.

[140] Clark, D. (1982) City Development in Advanced Industrial Socities, in Gappert, G. and R. V. Knight(eds.), Cities in the 21st Century. London: Sage Pablications, 60—83.

[141] Clark, D., (1996) Urban World/Global City, Routledge, London.

[142] Coe, N., Hess, M., Yeung, H. W., Dicken, P. and Henderson, J. (2003) "Globalizing" Regional Development: a Global Production Networks Perspective, GPN Working Paper No. 4. http://www.art.man.ac.uk/Geog/gpn.

[143] Cohen, R. (1981) The New International Division of Labour, Multinationa Corporations and Urban Hierarchy, in Dear, M. and Scott, A. eds.(1981). Urbanization and Urban Planning in Capitalist Society. London: Methuen: 287—315.

[144] Cox, K. R. (ed)(1997) Spaces of Globalization, New York: Guilford.

[145] Cox, K. R. and Mair, A.(1988) Community and Locality in the Politics of Local Economic Development, Annals of Association of American Geographers, 78(2).

[146] Cox, K. R. and Wood, A.(1997) Competition and collaboration in mediating the global, Competition and Change 2(1) 65—91.

[147] Crane, D.(1992) The Production of Culture. Media and the Urban Arts. London: Sage.

[148] Damette, F.(1994) La France en villes, Paris: DATAR-La Documentation Française.

[149] Deas, I., Giordano, B.(2001) Conceptualizing and Measuring Urban Competitiveness in Major English Cities: an Exploratory Approach. Environment and Planning A. Vol. 33, 1411—1429.

[150] Derudder, B., Taylor, P. J., Witlox, F., Catalano, G. (2003) Hierarchical Tendencies and Regional Patterns in the World City Network: A Global Urban Analysis of 234 Cities. Regional Studies, 37(9).

[151] Dijk, H. V. (ed)(2003) The European Metropolis 1920—2000, Erasmus Universiteit Rotterdam.

[152] Douglass, M. (2000a) The Rise and Fall of World Cities in the Changing Space-economy of Globalization: Comment on Peter J. Taylor's "World Cities and Territorial States Under Conditions of Contemporary Globalization", Political Geography, 19(1).

[153] Douglass, M.(2000b) Globalization and the Pacific Asia Crisis—Toward Economic Resilience Through Livable Cities. Asian Geographer, 19(1—2).

[154] Douglass, M. and Friedmann, J. (eds.)(1998) Cities for Citizens. Chichester: John Wiley & Sons.

[155] Douglass, M, (1998) World City Formation on the Asia Pacific Rim: Poverty, "Everyday" Forms of Civil Society and Environmental. In Douglass, M. and Friedmann, J. (eds.) Cities for Citizens. Chichester: John Wiley & Sons, 107—138.

[156] Drake, G.(2003) This Place Gives Me Space: Place and Creativity in the Creative Industries, Geoforum, 34, 511—524.

[157] Drennan, M. P.(1996) The dominance of international finance by London, New York and Tokyo. In Daniels P. W. and Lever W. F. (Eds) The Global Economy in Transition, Addison Wesley Longman, Harlow, 352—371.

[158] Dunning, J. H.(1981) Explaining the International Direct Investment Position of Countries: Towards a Dynamic of Development Approach, Weltwirtschaftliches Archiv.

[159] Dunning, J. H. (1998) Location and the Multinational Enterprises: A Neglected

Factor? Journal of International Business Studies, 29.1. First Quarter.

[160] Dunning, J. H. (ed)(2000) Regions, Globalisation and the Knowledge Based Economy, London. Oxford. Oxford U. P.

[161] Felsenstein, D., Schamp, E. W. and Shachar, A. (2003) Emerging Nodes in the Global Economy: An Introduction, Edited and posted on the web on 6th February 2003.

[162] Fischer, C. S. (2002) Toward a Subcultural Theory of Urbanism, American Journal of Sociology, 80 Vol:1319—1341.

[163] Florida, R. (2002) The Rise of the Creative Class: and How its Transforming Work, Leisure, Community, and Everyday Life. New York: Basic Books.

[164] Florida, R. (2005) Cities and The Creative Class, New York: Rouledge.

[165] Florida, R. and Gates, G. (2001) Technology and Tolerance: The Importance of Diversity to High Technology Growth. The Brookings Institution Center on Urban and Metropolitan Policy. Survey Series. Washington. The Brookings Institution.

[166] Friedmann, J. (1986). World City Hypothesis. Development and Change, Vol. 17, No. 1, January.

[167] Friedmann, J. (1995) Where We Stand: a Decade of World City Research. In Knox, P. L. and Taylor, P. J. (eds.) World Cities in a World-System. Cambridge: Cambridge University Press.

[168] Friedman, J. (1997) World City Futures: The Role of Urban and Regional Policies in the Asia-Pacific Region. Hong Kong Institute of Asia-Pacific Studies, The Chinese University of Hong Kong.

[169] Friedmann, J. and G. Wolff(1982). World City Formation: an Agenda for Research and Action. International Journal of Urban and Regional Research, 6(3).

[170] Frisken, F. (1991). The Contributions of Metropolitan Government to The Success of Toronto's Public Pransit System: An Empirical Dissent from The Public Choice Paradigm. Urban Affairs Quarterly, 27, 268—292.

[171] Fröbel, F., Heinrichs, J. and Kreye, O. (1980) The New International Division of Labour. Cambridge: Cambridge University Press.

[172] Fujita, M. and H. Ogawa, (1982) Multiple Equlibria and Structural Transition of non-Monocentric Urban Configurations, Regional Science and Urban Economics, 18: 161—196.

[173] G. B. Government Office for London. (1996) Four World Cities: a Comparatives Study of London, Paris, New York and Tokyo. London: Llewelyn Davies Planning.

[174] Gallion, A. B. (1983) The Urban Pattern, Van Nostrand: Van Nostrand Reinhold Company.

[175] Gaschet, F. and Lacour, C. (2002) Métropolisation, centre et centralité, Revue d'Economie Régionale et Urbaine, 1, 49—72.

[176] Geddes, P. (1915) Cities in Evolution, London.

[177] Gereffi, G., Kaplinsky R. (eds.). (2001) The Value of Value Chains: Spreading the Gains from Globalization. IDS Bulletin 32, 3.

[178] Gereffi, G., Korzeniewicz, M. (eds.). (1994) Commodity Chains and Global Capitalism, Westport: Praeger.

[179] Ginsburg, N., Koppel, B. and McGee, T. G. (eds) The Extended Metropolis. Honolulu: University of Hawaii Press.

[180] Godfrey, B. J. and Zhou, Y. (1999) Ranking Cities: Multinational Corporations and the Global Urban Hierarchy, Urban Geography, 20, 268—281.

[181] Gordon, P. and Richardson, H. W. (1996) Employment Decentralization in US Metropolitan Areas: Is Los Angeles the Outlier or the Norm? Environment and Planning A, 28.

[182] Gorman, S. P. (2002) Where are the Web Factories: the Urban Bias of E-business Location. Tidschrift Voor Economische en Sociale Geografie, 93:522—536.

[183] Graham, S. (1999) Global Grids of Glass: on Global Cities, Telecommunications and Planetary Urban Networks. Urban Studies, 36:929—949.

[184] Grant, R. (1999) The Gateway City: Foreign Companies and Accra, Ghana. Paper delivered to the Third World Studies Association Meeting, San Jose, Costa Rica, 21 November.

[185] Grant, R., and Nijman, J. (2000) Comparative Urbanism in the Lesser Developed World: A Model for the Global Era. Paper presented at the Sixth Asian Urbanization Conference, January 5—9, 2000. University of Madras, Cheney, India.

[186] Gravesteijn, S. G. E., Griensven, S. and Smidt, M. (eds.)(1998) Timing Global Cities, Netherlands Geographical Studies 241, Utrecht.

[187] Grote, M. H., Lo, V. and Harrschar-Ehrnborg, S. (2002) A Value Chain Approach to Financial Centres—The Case of Frankfurt, Tijdschrift voor Economische en Sociale Geografie, 93(4), 412—423.

[188] Guillain, R. and Huriot, J.-M. (2001) The Local Dimension of Information Spillovers. A Critical Review of Empirical Evidence in the Case of Innovation, Canadian Journal of Regional Science.

[189] Hall, P. (1966) The World Cities. London: Heinemann.

[190] Hall, P. (1984) The World Cities. Third edition. London: Weidenfeld and Nicolson.

[191] Hall, P. (1996) The Global City, International Social Science Journal, 147.

[192] Hall, P. (1997). Modelling the Post-industrial, Future, Vol. 29, No. 4/5.

[193] Hall, T. and Hubbard, P. (eds)(1998) The Entrepreneurial City: Geographies of Politics, Regime and Representation, Chichester: John Wiley.

[194] Hall, P. (1998) Cities in Civilization: Culture, Technology and Urban Order. London, Weidenfeld and Nicolson.

[195] Hall, P. (1999) The Future of Cities, Computers, Environment and Urban Systerns, 23.

[196] Hall, P. (2001) Global City-Regions in the Twenty-First Century. In Scott (ed.). Global City-Regions. New York: Oxford University Press, 59—77.

[197] Hall, T. and Hubbard, P. (1996) The Entrepreneurial City: New Urban Politics, New

Urban Geographies. Progress in Human Geography, 20(2).

[198] Hamnett, C. (1994) Social Polarisation in Global Cities. Urban Studies, 31(3) .

[199] Hamnett, C. (1996) Why Sassen is Wrong, a Response to Burgers. Urban Studies, 33 (1):107—110.

[200] Hang Seng Bank(1999) Hong Kong: the Road to Becoming a World City, Hang Seng Bank Economic Monthly, November/December.

[201] Hanneman, R. A. and Riddle, M. (1988) Introduction to Social Network Methods. Riverside, CA: http://faculty. ucr. edu/~hanneman/. Chap. 10.

[202] Hannerz, U. (1996) Transnational Connections, Routledge, London.

[203] Harris, N(2001). City Development Strategies and The Unknown City, m:\cds\erika\ resources docs\19. doc.

[204] Harris, N. (2001) City Development Strategies and The Unknown City, m:\cds\erika\ resources docs\19. doc.

[205] Harvey, D. (1989) From Managerialism to Entrepreneurialism—the Transformation in Urban Governance in Late Capitalism, Geografiska Annaler Series B—Human Geography, 71(1).

[206] Healey, P., etc, (eds.) Managing Cities: the New Urban Context, London: John Wiley & Sons.

[207] Hepworth, M. (1990) Planning for the Information City: the Challenge and Response, Urban Studies, 27(4).

[208] Hill, C. R. and Kim, J. W. (2000). Global Cities and Development States: New York, Tokyo and Seoul. Urban Studies, 37(12).

[209] Hillier, H. (2000) Mega-events, Urban Boosterism and Growth Strategies: an Analysis of the Objectives and Legitimations of the Cape Town 2004 Olympic Bid, International Journal of Urban and Regional Research, 24(2).

[210] Ho, P. (2001) Greening without Conflict? Environmentalism, NGOs and Civil Society in China, Development and Change, Vol. 32, p. 904.

[211] Hodos, J(2002) Globalisation, Regionalism and Urban Restructuring: The Case of Philadelphia, Urban Affairs Review.

[212] Hohenberg, P. M. and Lees, L. H. (1995) The Making of Urban Europe. Cambridge: Harvard University Press.

[213] Hopkins, T. K. and Wallerstein, I. (1986) Commodity Chains in the World-Economy Prior to 1800. Review 10(1).

[214] Hospers, G. J. (2003) Creative Cities: Breeding Places in the Knowledge Economy, Knowledge, Technology & Policy, Vol. 16, (3):143—162.

[215] Howell, J. (2003) New Directions in Civil Society: Organizing around Marginalized Interests, in Howell, J. (ed.) Governance in China, Lanham, Md: Rowman & Littlefield Publisher, p. 163.

[216] Howkins, J. (2001) The Creative Economy: How people make money ideas, London: Allen Lane.

[217] Hoyt, H. (1939) The Structure and Growth of Residential Neighborhoods in American Cities, Federal Housing Administration, Washington, D. C.

[218] Hubbard, P., Hall, T. (1998) The Entrepreneurial City and the "New" Urban Politics, In Hall, T. and Hubbard, P. (eds) The Entrepreneurial City: Geographies of Politics, Regime and Representation, Chichester: John Wiley, 1—28.

[219] Hunmin, K. (2006) How Worldly are World Cities? From Concept to Measurement, Paper presented at the Second World Forum on China Studies, 2006. 09.

[220] Hymer, S. (1972) The Multinational Corporation and the Law of Uneven Development. In Bhagwati, J. Economics and World Order from the 1970s to the 1990s. Collier: MacMillan, 113—140.

[221] Inglehart, R. (1990) Cultural Shift in Advanced Industrial Society. Princeton University Press.

[222] Iyer, P. (2000) The Global Soul: Jet Lag, Shopping Malls, and the Search for Home. New York: Knopf.

[223] Jacobs, J. (2000) The Nature of Economies. New York: Vintage.

[224] Jacobs, J. (1970) The Economy of Cities. New York: Vintage.

[225] Jameson, F. (1984) Postmodernism, or the Cultural Logic of Late Capitalism, New Left Review, 146.

[226] Jessop, B. and Peck, J. (1998) Fast Policy/Local Discipline: the Politics of Time and Scale in the Neoliberal Workfare Offensive. Paper available from the first author at: Department of Sociology, Lancaster University, Lancaster, UK.

[227] Johnston, R. J., Taylor, P. J. and Watts, M. J. (eds) (2002) Geographies of Global Change (2nd edition), Oxford: Blackwell.

[228] Kasarda, J. D. and Parnell, A. M. (1993) Third World Cities. London: Sage .

[229] Kearns, G. and and Philo, Ch. (Eds.) (1993) Selling Places: The City as Cultural Capital, Past and Present. Oxford: Pergamon Press.

[230] Keil, R. (1998) Globalization Makes States: Perspectives of Local Governance in the Age of the World Cities, Review of International Political Economy, 5(4).

[231] Kellar, E. K. (1998) Smart Communities of the Future, PM. Public Management, Washington, Sep.

[232] Kilkenny, M. (2000) Community Networks for Industrial Recruiting. Presented at conference on "Entrepreneurship, ICT and Local Policy Initiatives: Comparative Analyses and Lessons", May 22—23, 2000, Amsterdam.

[233] King, A. D. (1990) Global Cities: Post-Imperialism and the Internationalism of London. London: Routledge.

[234] Kirchberg, V. (1992) Kultur und Stadtgesellschaft. Wiesbaden: Deutscher Universitätsverlag.

[235] Kirchberg, V. and Göschel, A. (Eds.) (1998) Kultur in der Stadt. Stadtsoziologische Analysen zur Kultur. Opladen: Leske & Budrich.

[236] Knox, P. L. (1995) World Cities in a World-System. In Knox, P. and Taylor, P.

(eds.) World Cities in a World System. Cambridge: Cambridge University Press. 3—20.

[237] Knox, P. L. (1996) Globalization and Urban Change. Urban Geography.

[238] Knox, P. L. (1998) Globalization and world city formation, In Gravesteijn, S., Griensven, S., and Smidt, M. (eds.) Timing Global Cities, (Netherlands Geographical Studies 241, Utrecht), 21—31.

[239] Knox, P. L. (2002) World Cities and the Organization of Global Space, In Johnston, R. J., Taylor, P. J. and Watts, M. J. (eds) Geographies of Global Change (2nd edition), Oxford: Blackwell, 328—338.

[240] Knox, P. L. and Taylor, P. (eds.) (1995) World Cities in a World System. Cambridge: Cambridge University Press.

[241] Korff, R. (1987) The World City Hypothesis—A Critique, Development and Change, 18(3).

[242] Krätke, S. and Taylor, P. J. (2004) A World Geography of Global Media Cities, European Planning Studies, 12(4).

[243] Kresl, P. K. and Gappert, G. (Eds) (1995) North American Cities and the Global Economy. Thousand Oaks, CA: Sage publications.

[244] Kresl, P. K (1995) The Determinants of Urban Competitiveness: a Survey, In Kresl, P. K. and Gaert, G. (eds.) North American Cities and the Global Economy, London: Sage.

[245] Krugman, P. R. (1994) Competitiveness: A Dangerous Obsession. Foreign Affairs, 73(2).

[246] Krugman, P. (1996) The Self-Organizing Economy. New York: Blackwell Oxford, 15—22.

[247] Lakshmanan, T. R. and Nijkamp, P. (eds.)(1993) Structure and Change in the Space Economy, Berlin: Springer-Verlag.

[248] Langdale, J. V. (1989). The Geography of International Business Telecommunication: The Role of Leased Networks. Annals of American Association of Geographers, 79(4):501—522.

[249] Lanvin, B. (1993) Trading in a New World Order: the Impact of Telecommunications and Data Services on International Trade in Services. Boulder: Westview Press.

[250] Larsen, K. (1999) Learning Cities: The New Recipe in Regional Development, The OECD Observer, Paris, Summer.

[251] Lea, J. and Courtney, J. (Eds) Cities in Conflict: Planning and Management of Asian Cities, pv, World Bank, Washington D. C.

[252] Leamer, E. and Storper, M. (2001) The Economic Geography of the Internet Age. Journal of International Business Studies, 32:641—665.

[253] Lee, R. and Schmidt-Marwede U. (1993) Interurban competition? Financial centres and the geography of production, IJURR 17, 492—515.

[254] Lefevre, H. (1991) The Production of Space. Oxford: Blackwell.

［255］Leslie, D. A. (1995) Global Scan: The Globalisation of Advertising Agencies. Economic Geography, 71.

［256］Leslie, D., Reimer, S. (1999) Spatializing Commodity Chains. Progress in Human Geography, 23(3).

［257］Lever, W. F. (2002). Correlating the Knowledge-base of Cities with Economic Growth, Urban Studies, 39(5—6):859—870.

［258］Lever, W. F., Turok, I. (1999) Competitive Cities: Introduction to the Review, Urban Studies, 36.

［259］Leyshon A, Thrift N. (1997) Money/Space. London: Routledge.

［260］Lin, C. S. G. (2002) The Growth and Structural Change of Chinese Cities: a Contextual and Geographic Analysis. Cities, (5):299—316.

［261］Lise, B. L. and Huriot, J. M. (2004) The Metropolis in Retrospect: Permanence and Change, GaWC Research Bulletin 140(A), en ligne: ttp://www. lboro. ac. uk/gawc/rb/rb140. html.

［262］Lo, F. C. and Yeung, Y. M. (eds)(1996) Emerging World Cities in Pacific Asia. Tokyo: United Nations University Press.

［263］Lo, F-C., Yeung, Y. M. (1998) Globalization and the World of Large Cities, Tokyo: United Nations University Press.

［264］Loftman, P., Nevin, B. (1998) Going for Growth: Prestige Projects in Three British Cities, Urban Studies, 33(6).

［265］Logan, J. and H. Molotch. (1987) Urban Fortunes: The Political Economy of Place. University of California Press.

［266］Logan, J. R., Molotch, H. L. (1987) Urban Fortunes: the Political Economy of Place. Berkeley: University of California Press.

［267］Lösch, A. (1954) The Economics of Location. New Haven, CT: Yale University Press.

［268］Lukermann, F. (1966) Empirical Expressions of Nodality and Hierarchy in a Circulation Manifold, East Lakes Geographer, 2:17—44.

［269］Ma, Q. (2002) Defining Chinese Nongovernmental Organizations, Voluntas: International Journal of Voluntary and Nonprofit Organizations, Vol. 13, No. 2, June, pp. 113—130.

［270］Malecki, E. J. (2002) The Economic Geography of the Internet's Infrastructure. Economic Geography, 78(4):399—424.

［271］Mann, P. H. (1965) An Approach to Urban Sociology. London: Routledge Press.

［272］Marcuse, P. and van Kempen, R. (2000) Globalizing Cities. Oxford: Blackwell.

［273］Markusen, A. (1999). Fuzzy Concepts, Scanty Evidence, Policy Distance: The Case for Rigor and Policy Relevance in Critical Regional Studies. Regional Studies, 33(9).

［274］Markusen, A., Lee, Y-S., and DiGiovanna, S. (1999)(eds) Second Tier Cities. Rapid Growth beyond the Metropolis. Minneapolis. University of Minnesota Press.

［275］Martin, R. (ed) Money and the Space Economy. Chichester: Wiley.

[276] Massey, D. (2000) Understanding Cities: An interview with Doreen Massey, City, 4(1).

[277] Massey, D., Allen, J. and Pile, S. (eds.)(1999) City Worlds. Routledge, London.

[278] Mattingly, M.(1994) Meaning of urban management. Cities, No.11.

[279] Mayer, M.(1995) Urban Governance in the Post-fordist City, In Healey, P., etc, (eds.) Managing Cities: the New Urban Context, London: John Wiley & Sons.

[280] McCann, E.(2004) Urban Political Economy beyond the Global City, Urban Studies, Vol.41, Issue 10, Nov.

[281] McCarney, P., Halfani, M., and Rodriguez, A. (Eds.)(1995). Towards an Understanding of Governance: The Emergence of an Idea and its Implications for Urban Research in Developing Countries. In Stren, R. and J. Kjellberg Bell(Eds.). Urban Research in the Developing World. Volume four: Perspectives on the city. Toronto, ON: University of Toronto Press, 93—141.

[282] McGee, TG.(1991) The Emergence of Desakota Regions in Asia: Expanding a Hypothesis. In Ginsburg, N., Koppel, B. and McGee, T.G. (eds) The Extended Metropolis. Honolulu: University of Hawaii Press, 3—25.

[283] McGill, R. (1998) Viewpoint Urban Management in Developing Countries. Cities 15(6).

[284] Meyer, B. and Geschiere, P. (eds.)(1999) Globalization and Identity: Dialectics of Flow and Closure, Blackwell, Oxford.

[285] Meyer, D.(2000) Hong Kong as a Global Metropolis. Cambridge: Cambridge University Press.

[286] Meyer, Laurence H.(1998) The Present and Future roles of Banks in Small Business Finance, Journal of Banking & Finance 22, 1109—1116.

[287] Michael, S.(1997) The City: Center of Economic Reflexivity, The Service Industries Journal, London, Jan.

[288] Mills, E.S.(1972) Urban Economics, Belnview, Illinois; Scott Foresman.

[289] Mollenkopf, J. E. (1993) Urban Nodes in the Global System, New York: Social Science Research Council.

[290] Moss, M. L. (1987) Telecommunications, World Cities and Urban Policy. Urban Studies, 24(6), 534—546.

[291] Moss, M.L., Townsend, A.M.(1998) Spatial Analysis of the Internet in U.S. Cities and States. Prepared for Technological Futures—Urban Futures Conference at Durham, England, April 23—25.

[292] Mossberger, K., Stoker, G. (2001) The Evolution of Urban Regime Theory: The Challenge of Conceptualization. Urban Affaires Review, (6)810—835.

[293] Moulaert, F. and Djellal, F. (1995) Information Technology Consultancy Firms: Economies of Agglomeration from a Wide-area Perspective. Urban Studies, 32.

[294] Muth, R.F.(1969) Cities and Housing, Chicago: University of Chicago Press.

[295] O'Sullivan, A.(1996) Urban Economics, Irwin publishing company.

[296] O'Connor, K. and Daniels, P. (2001) The Geography of International Trade in Services: Australia and the APEC region, Environment and Planning A 33.

[297] O'Connor, K. and Daniels, P. (2001) The Geography of International Trade in Services: Australia and the APEC region, Environment and Planning A 33, 281—296.

[298] OECD(1999) Background Paper: Service Industries in Canada. Paris: OECD.

[299] OECD(2001) Innovation and Productivity in Services. Paris: OECD.

[300] OECD(2002) Economic Outlook. Paris: OECD.

[301] Olds, K. (1995) Globalization and the Projection of New Urban Spaces: Pacific Rim Mega-projects in the Late 20th Century. Environment and Planning A 27:1713—1743.

[302] Olds, K. and Yeung, H. WC. (2004) Pathways to Global City Formation: A View from the Developmental City-State of Singapore, Review of International Political Economy, 11(3).

[303] Oncu, A. and Weyland, P. (1997) Space, Culture, and Power. New Iidentities in Globalizing Cities. Atlantic Heights, NJ: Zed Books.

[304] O'Neill, H., and Moss, M. L. (1991) Reinventing New York. Competing in the Next Century's Global Economy. Urban Research Center, Robert Wagner Graduate School of Public Service. New York University.

[305] Ong, A. (1999) Flexible Citizenship: The Cultural Logics of Transnationality, Duke University Press, London.

[306] Orr, J. and Topa, G. (2006) Challenges Facing the New York Metropolitan Area Economy, FEDERAL RESERVE BANK OF NEW YORK, Volume 12, Number 1, January 2006.

[307] Parks, R. B., and Oakerson, R. J. (1989) Metropolitan Organization and Governance—A Local Public Economy Approach. Urban Affairs Quarterly, 25(1), 18—29.

[308] Parnreiter, C. (2003) Global City Formation in Latin America: Socioeconomic and Spatial Transformations in Mexico City and Santiago de Chile. Paper presented at the 99th Annual Meeting of the Association of American Geographers, New Orleans, 4—8 March GaWC.

[309] Parnreiter, C., Fischer, K., Imhof, K. (2005) The Missing Link between Global Commodity Chains and Global Cities: the Financial Service Sector in Mexico City and Santiago de Chile, In Van Lindert, P., Verkoren, O. (eds.) Territory, Local Governance and Development in Latin America. Amsterdam: Rozenberg, in press.

[310] Peck, J. and Yeung, H. W. C. (eds.) (2003) Remaking the Global Economy: Economic-Geographical Perspectives. London: Sage.

[311] Pelton, J. (1992) Eutnes view: Communications, Technology and Society in the 21st century New York. Jonhson Press. 58—65.

[312] Pelupessy, W. (2001) Industrialization in Global Commodity Chains Emanating from Latin America. UNISA Latin American Report, 17(2).

[313] Pierre, J. (1999) Models of Urban Governance: The Institutional Dimension of Urban Politics, Urban Affairs Review, 34(3).

[314] Porteous, D. (1999) The Development of Financial Centres: Location, Information Externalities and Path Dependency, In Martin, R. (ed) Money and the Space Economy. Chichester: Wiley, 96—115.

[315] Powell, W. W. (1990) Neither Market nor Hierarchy: Network Forms of Organization. Research in Organizational Behavior, 12.

[316] Pratt, A. (1997) The Cultural Industries Production System: a Case Study of Employment Change in Britain, 1984—1991. Environment and Planning A, 29(11).

[317] Pred, A. R. (1977) City-systems in Advanced Economies. Past Growth, Present Processes and Future Development Options. London: Hutchison.

[318] Rabach, E., Kim, E. M. (1994) Where is the Chain in Commodity Chains? The Service Sector Nexus, In Gereffi, G., Korzeniewicz, M. (eds.) Commodity Chains and Global Capitalism, Westport: Praeger, 123—143.

[319] Reed, H. C. (1981) The Pre-eminence of International Financial Centers. New York: Praeger.

[320] Reed, H. C. (1989) Financial Centers Hegemony, Interest Rates, and the Global Political Economy. In Park, Y. S. and Eassayyad, M. International Banking and Financial Centers. Boston: Kluwer Academic Publishers, 247—268.

[321] Rhodes, R. A. W. (1996) The New Governance: Governing without Government. Political Studies, 44:652—667.

[322] Riddle, D., (1986) Service-led Growth: The Role of the Service Sector in the World Development. Praeger Publishers, 46—50.

[323] Robertson, R. (1992) Globalization: Social Theory and Global Culture. London: Sage.

[324] Robinson, J. (2002) Global and World Cities: A View from off the Map, International Journal of Urban and Regional Research, 26(3).

[325] Roger, W. C. and Marco, G. W. (1999) Adopting Innovations in Information Technology—The California Municipal Experience, California Institute for Smart Communities, San Diego State University, San Diego, CA 92182—4505, USA; Cities, Vol. 16, No. 1, 3—12.

[326] Rogers, E. M. (1976) New Product Adoption and Diffusion. Journal of Consumer Research. Volume 2 March, 290—301.

[327] Roost, F. (2000) Die Disneyfizierung der Städte. Großprojekte der Entertainmentindustrie am Beispiel des New Yorker Times Square und der Siedlung Celebration in Florida. Opladen: Leske & Budrich.

[328] Rossi, E. C., Taylor, P. J. (2004) Banking Networks Across Brazilian Cities: Interlocking Cities within and Beyond Brazil. GaWC Research Bulletin Nr. 147, available online at http://www.lboro.ac.uk/gawc/rb/rb147.html.

[329] Rubalcaba-Bermejo, L. and Cuadrado-Roura, J. (1995) Urban Hierarchies and Territorial Competition in Europe: Exploring the Role of Fairs and Exhibitions, Urban Studies, 32(2).

[330] Rusk, D. (1993). Cities Without Suburbs. Washington, D. C: Woodrow Wilson

Center Press.

[331] Sabolo, Y., (1975) The Service Industries, International Labor Office, pp. 24—29.

[332] Sassen, S. (1991) (2001) The Global City: New York, London, Tokyo, Princeton: Princeton University Press.

[333] Sassen, S. (1994) Cities in a World Economy. Thousand Oaks, CA: Pine Forge.

[334] Sassen, S. (1995) On Concentration and Centrality in the Global City, In Knox, P. L. and Taylor, P. J. (eds.) World Cities in a World-System. Cambridge: Cambridge University Press. 63—78.

[335] Sassen, S. (1997) Losing Control? Sovereignty in an Age of Globalization. Chichester: Wiley.

[336] Sassen, S. (2000) Cities in a World Economy. 2nd Edition. Thousand Oaks: Pine Forge Press. pp. 55—56.

[337] Savitch, H. V. (1990) Post Industrialism with a Difference: Global Capitalism and World—class Cities. In Logan, J. R. and Swanstrom, T. (ed.) Beyond the City Limits. Philadelphia, PA: Temple Univ Press, 150—174.

[338] Savitch, H. V., Kantor, P. (1995) City Business: an International Perspective on Marketplace Politics, International Review of Urban and Regional Research, 19(4).

[339] Schmitz, H. (2000) Global Competition and Local Cooperation: Success and Failure in the Sinos Valley, Brazil. World Development, 27.

[340] Schneider, M. (1986) Fragmentation and the Growth of Local Government. Public Choice, 48. 255—263.

[341] Scott, A. J. (1997) The Cultural Economy of Cities, International Journal of Urban and Regional Research, Vol. 21, pp. 323—339.

[342] Scott, A. J. (1998) Regions and the World Economy: The Coming Shape of Global Production, Competition, and Political Order, Oxford: Oxford University Press.

[343] Scott, A. J. (2000a) The Cultural Economy of Cities. London: Sage.

[344] Scott, A. J. (2000b) Global City-Regions and the New World System. In Yusuf, S., Wu, W. and Everett, S. (Eds) Local Dynamics in an Era of Globalization: 21st Century Catalysts for Development, Oxford University Press, New York, 84—91.

[345] Scott, A. J. (ed.) (2001) Global City-Regions: Trends, Theory, Policy. Oxford: Oxford University Press.

[346] Scott, A. J. and Storper, M. (2003) Regions, Globalization, Development, Regional Studies, 37(6/7).

[347] Scott, A. J., Agnew, J., Soja, E. W., and Storper, M. (1999) Global City-regions, paper presented at the Global City-Regions Conference, UCLA, 21—23 October 1999. http://www.sppsr.ucla.edu/globalcityregions/abstracts/abstracts.html, accessed 16 September 1999.

[348] Scott, A. and Soja, E. (1986) Los Angeles: the Capital of the Twentieth Century. Environment and Planning D: Society and Space, No. 4, 201—216.

[349] Senbenberger, W. (1993) Local Development and International Economic Competition,

International Labour Review, 132(3).

[350] Shabbir Cheema, G. (ed.) Urban Management: Policies and Innovations in Developing Countries, Greenwood Praeger Press, Westport.

[351] Sheets, R., Nord, S., and Phelps, J., (1987) The Impact of Service Industries on Underemployment in Metropolitan Economies, D.C. Heath and Company.

[352] Shin, K-H. and Timberlake, M. (2000) World Cities in Asia: Cliques, Centrality and Connectedness. Urban Studies 37:2257—2285.

[353] Short, J. and Kim, Y., Kuus, M. and Wells, H. (1996) The Dirty Little Secret of World Cities Research—Data Problems in Comparative Analysis, International Journal of Urban and Regional Research, 20(4).

[354] Short, J. and Kim, Y. (1999) Globalization and the City. Harlow: Longman.

[355] Short, J.R., Breitbach, C., Buckman, S. and Essex, J. (2000) From World Cities to Gateway Cities, City, 4(3).

[356] Simon, D. (1995) The World City Hypothesis: Reflections from the Periphery, In Paul, L., Knox, P.J. and Taylor, P.J. (eds.), World Cities in a World System, Cambridge: Cambridge University Press, 132—155.

[357] Simon, D. (1995) "World City Hypothesis: Reflections from the Periphery". In Knox, P. and Taylor, P. (eds.) World Cities in a World System. Cambridge: Cambridge University Press. 132—155.

[358] Singlemann, J., (1978) From Agriculture to Services: The Transformation of Industrial Employment, Beverly Hills, CA: Sage Publication.

[359] Smith, D. A., and Timberlake, M. (1995a) Conceptualising and Mapping the Structure of the World Systems City System, Urban Studies, 32.

[360] Smith, D. A. and Timberlake, M. (1995b) Cities in Global Matrices: Towards Mapping the World-system's City System, In Knox, P. L. and Taylor, P. J. (eds.) World Cities in a World-System, Cambridge, UK: Cambridge University Press, 85.

[361] Smith, M.P. (2001) Transnational Urbanism, Blackwell, Oxford.

[362] Soja, E. (1996) Thirdspace: Journeys to Los Angeles and Other Real and Imagined Space. Oxford: Blackwell.

[363] Sotarauta, M. and Linnamaa, R. (1998) Urban Competitiveness and Management of Urban Policy Networks: Some Reflections from Tampere and Oulu. Paper presented in Conference Cities at the Millenium, London. England. 17.12.—19.12.

[364] Stanback, T., and Noyelle, T. (1982) Cities in Transition. Totowa, N.J.: Rowman and Allanheld.

[365] Stone, C. (1989) Regime Politics: Governing Atlanta, 1946—1988. Lawrence: University Press of Kansas.

[366] Stone, C. (1993) Urban Regimes and the Capacity to Govern: A Political Economy Approach. Journal of urban affairs, 15, (1):1—28.

[367] Storper, M. (1997) Territories, Flows and Hierarchies in the Global Economy, In Cox, K.R. (ed) Spaces of Globalization, New York: Guilford, 23—51.

[368] Storper, M. (2000) Globalisation and Knowledge Flows: An Industrial Geographers perspective, In Dunning, J. (ed) Regions, Globalisation and the Knowledge Based Economy London. Oxford. Oxford U. P. 42—62.

[369] Stren, R. E. (1993) Urban Management in Development Assistance: an Elusive Concept. Cities. 1993(10): 120—138.

[370] Sykora L., (1995) Metropolises in Transition, Metropolises in Competition: Globalization of Central European Cities and their Integration into European Urban Network, In Urban Utopias: New Tools for the Renaissance of the City in Europe. European Conference Proceedings, CD-ROM, Berlin: TVVF.

[371] Tapscott, D., Lowy, A., Ticoll, D. (1999) Blueprint to the Digital Economy: Creating Wealth in the Era of E-Business, McGraw-Hill Book Co.

[372] Taylor, P, J(1995), World Cities and Territorial States: the rise and fall of their mutuality. In Knox, P. L. and Taylor, P. J. (eds.) World Cities in a World System. Cambridge: Cambridge University Press.

[373] Taylor, P. J. (1997) Hierarchical Tendencies Amongst World Cities: a Global Research Proposal, Cities, 14.

[374] Taylor, P. J. (1999) So-called "World Cities": The Evidential Structure within a Literature, Environment and Planning A 31(11).

[375] Taylor, P. J. (2001) Specification of the World City Network. Geographical Analysis, 33(2).

[376] Taylor, P. J. (2003) European Cities in the World City Network, In Dijk, V. (Ed.) The Taylor, P. J. (2006) Shanghai, Hong Kong, Taipei and Beijing within the World City Network: Positions, Trends and Prospects. 提交上海社会科学院"世界中国学论坛"的论文。

[377] Taylor, P. J. and Walker, D. R. F. (2001) World Cities: A First Multivariate Analysis of their Service Complexes, Urban Studies, Vol. 38, No. 1.

[378] Taylor, P. J., Catalano, G., Walker, D. R. F. and Hoyler, M. (2002) Diversity and Power in the World City Network, Cities 19.

[379] European Metropolis 1920~2000. Rotterdam, Erasmus Universiteit.

[380] Taylor, P. J. and Hoyler, M. (2000) The Spatial Order of European Cities under Conditions of Contemporary Globalization, Tijdschrift voor Economische en Sociale Geografie, 91.

[381] Taylor, P. J. and Walker, D. R. F. (2001), World Cities: A First Multivariate Analysis of their Service Complexes. Urban Studies, Vol. 38, No. 1.

[382] Taylor, P. J., Docl, M. A., Hoyler, M., Walker, D. R. F. and Beaverstock, J. V. (2000) World Cities in The Pacific Rim: A New Global Test of Regional Coherence. Singapore Journal of Tropical Geography, Vol. 21, No. 3.

[383] Teaford, J. C. (1979) City and Suburb: The Political Fragmentation of Metropolitan America, 1850—1970. Baltimore: Johns Hopkins University Press.

[384] The London Planning Advisory Committee(1991) London: World City.

［385］Thomas, A. H. (2004) The New Economy of the Inner City. Cities. 2(2).

［386］Thrift, N. J. (1989) The Geography of International Economic Disorder. Oxford: Blackwell.

［387］Thrift, N. J. (1997) Cities without Modernity, Cities with Magic, Scottish Geographical Magazine, 113(2).

［388］Thrift, N. J. (1998a) Distance is not a safety zone but a field of tension: mobile geographies and world cities, In Gravesteijn, S. G. E., Griensven, S., and Smidt, M. (ed.) Timing Global Cities, Netherlands Geographical Studies, Utrecht, pp. 54—66.

［389］Thrift, N. J. (1998b) Virtual Capitalism: The Globalization of Reflexive Business Knowledge, In Carrier, J. G. and Miller, D. (ed.) Virtualism: A New Political Economy. Oxford, Berg.

［390］Timberlake, M. (1985) Urbanization and the World-Economy, New York: Academic Press.

［391］Timberlake, M. and Xiulian, M. (2006) The Emergence of China's "World City": Shanghai's Shifting Position in National and Global Networks of Cities. 提交上海社会科学院"世界中国学论坛"的论文。

［392］Townsend, A. (2001a) The Internet and the Rise of the New Network Cities, 1969—1999, Environment and Planning B: Planning and Design, 28.

［393］Townsend, A. (2001b) Networked Cities and the Global Structure of the Internet. American Behavioral Scientist, 44(10):1698—1717.

［394］Toynbee, A. (1970) A Study of History. D. C. Somerville, (ed.) London: Oxford University Press.

［395］UNCTAD(1995) World Investment Report. Transnational Corporations and Competitiveness. New York and Geneva: UN.

［396］UNCTAD, (1997) World Investment Report 1997: Transnational Corporations, Market Structure and Competition Policy, New York and Geneva: UN.

［397］UNCTAD, (2000) World Investment Report 2000: Cross-border Mergers and Acquisitions and Development, New York and Geneva: UN.

［398］UNCTAD(2002) World Investment Report. Transnational Corporations and Export Competitiveness. New York and Geneva: UN.

［399］UNCTAD(2005) World Investment Report 2005: Transnational Corporations and Internationalization of R&D, New York and Geneva: UN.

［400］United States Department of Commerce 2000: Survey of Current Business, vol. 80, no. 1. Washington D. C.

［401］United States Department of Commerce 2004: Survey of Current Business, vol. 84, no. 1. Washington D. C.

［402］Urban Utopias: New Tools for the Renaissance of the City in Europe. European Conference Proceedings, CD-ROM, Berlin: TVVF.

［403］Varsanyi, M. W. (2000) Global Cities From the Ground Up, Political Geography, Nov. 19.

［404］Virilio, P. (1999) Polar Inertia, London: Sage.

［405］Warf, B. (1989) Telecommunications and the Globalization of Financial Services, Professional Geographer, 41(3).

［406］Warf, B. (1995) Telecommunications and the Changing Geographies of Knowledge Transmission in the late 20th Century, Urban Studies, 32(2).

［407］Warf, B. (1996) International Engineering Services. Environment & Planning A, 28, 667—686.

［408］Webster, D. , Muller, L. (2000) Urban Competitiveness Assessment in Developing Country Urban Regions: the Road Forward. Paper prepared for Urban Group. INFUD. The World Bank. Washington, D. C.

［409］Weiss, L. (1998) The Myth of the Powerless State, Ithaca, New York: Cornell University Press.

［410］Werna, E. (1995) The Management of Urban Development, or the Development of Urban Management? Problems and Premises of an Elusive Concept, Cities, No. 5.

［411］Wheaton, W. (1974) A Comparative Static Analysis of Urban Spatial Structure, Journal of Economic Theory 9 no. 2: 223—237.

［412］World Bank(2000) Cities in Transition: A Strategic View of Urban and Local Government Issues.

［413］Wynne, D. (Ed.)(1992) The Culture Industry. Aldershot: Avebury.

［414］Yeung, H. W. and Olds, K. (2001) From the Global City to Globalising Cities: Views from a Developmental City-state in Pacific Asia. Paper presented at the IRFD World From on Habitat-International Conference on Urbanizing World and UN Human Habitat II. Columbia University, New York City, USA, 4—6 June 2001.

［415］Yeung, Y. (1996) An Asian Perspective on the Global City. International Social Science Journal, 147: 25—31.

［416］Yeung, Y. (1997) Geography in the Age of Mega-cities. International Social Science Journal 151: 91: 104.

［417］Yeung, H. (2000) State Intervention and neo-liberalism in the Globalizing World Economy: Lessons from Singapore's Regionalisation Program, The Pacific Review, 13.

［418］Yulong, S. and Hamnett, C. (2002) The Potential and Prospect for Global Cities in China: in the Context of the World System. Geoforum, 22: 121—135.

［419］Zook, M. A. (2001) Old Hierarchies or New Networks of Centrality: the Global Geography of the Internet Content Market. American Behavioral Scientist, 44 (10): 1679—1696.

［420］Zukin, Sh. (1995) The Cultures of Cities. Oxford: Blackwell.

附　录

《崛起中的全球城市》2017 年版再版前言

　　此书是我十年前撰写的一本全球城市专著,这次在新著《全球城市:演化原理与上海 2050》出版之际,予以再版一并发行。如果对新著来说是"十年磨一剑",那么对此书来讲则是"十年初试锋"。滴水磨剑固然艰辛,驰马试剑何不历经风霜。以下对此书出版以来的情况作一简单回顾小结,聊为再版前言。

　　相对于传统城市学,全球城市理论阐述了当代全球化的空间表达,从而是当今国际上一种比较新颖的学术思想。当然,该理论起源于欧美发达国家,目前在欧美发达国家业已形成颇具有影响力的全球城市研究网络,涌现出大量研究文献。从学术渊源来讲,此书是对这一新兴理论的引进,成为国内最早系统介绍全球城市理论的专著。但此书在全球城市理论基本架构内更关注正在兴起和形成的全球城市,或崛起中的全球城市,而不像西方学者主要研究已经生成或成熟的全球城市,特别是以欧美全球城市为范例的静态分析。应该讲,对于崛起中全球城市的动态研究,是全球城市理论中的薄弱之处。然而,在当今全球化与信息化两大潮流交互,世界格局大变革、大重组的背景下,越来越多的各国城市融入世界城市网络,其中一些城市,特别是新兴经济体的一些城市正在成为崛起中的全球城市。这势必成为全球城市理论研究的重要对象之一。从这一角度讲,崛起中全球城市的动态研究更是其理论的前沿,此书的学术价值也就在于此。此书中文版出版后,被翻译成英文在国外出版社出版发行,得到国外著名学者沙森教授等人的首肯。目前,国外也有越来越多的学者开始关注新兴经济体崛起中全球城市的研究。

　　此书在十年前出版,研究的议题有些超前,当时在国内学界和政界更多言必称"国际大都市"、"国际性城市"、"世界级城市"等,对全球城市理论颇为陌生。此书刚出版时,少有人问津,并没有被广泛关注。但情况很快有了改变。随着全球化流经线路改变和世界经济重心转移,中国在改革开放强大推动下迅速崛起并全面融入世界经济,国内越来越多的城市呈现爆发式增长并融入世界城市网络,特别像上海、北京等城市在短短的十年时间里全球网络连通性迅速增强,进入全球前十行列,日益成为世界城市网络中的重要节点,呈现崛起中全球城市的发展态势。这种宏大"时运"形成的气候和土壤,自然内生出"拥抱"崛起中全球城市的渴求和动力,在国内也开始兴起全球城市研究,此书便日益得到学界和社会的关注和重视。

特别是在上海,2013 年开展面向未来 30 年(2050)的上海发展战略研究以及上海 2020—2040 城市总体规划修编,这给此书带来了"学而时习之"的极佳机运。在上海城市发展战略和城市总体规划修编大讨论过程中,通过对未来国际和国内主要发展趋势的分析,对城市发展网络化及节点城市发展态势的把握,将目光高度聚焦于崛起中全球城市的研究上,从而此书便成为许多研究者案头的重要参考材料之一。一时间,此书成为"奇货"可居,不少研究者只能从网上购买复印件。据我观察,此书作为重要参考材料,主要是起了两方面的作用。一是由于阐明了全球城市的源起,比较明确界定了全球城市的内涵,并建构了一个初步理论框架,区分了与传统城市理论的主要不同,从而在讨论和研究中避免了概念歧义、观点分歧等争论不休和纠缠不清,对研究对象本身比较容易形成认同和共识。例如,全球城市是当代全球化的空间表达,其基于"地方空间"与"流动空间"的互构;全球城市必须在世界网络中予以定义,是世界城市网络中的基本节点;世界城市网络是一个联锁网络,全球城市的网络连接是通过其全球功能性机构内部网络联锁的;全球城市通过跨国或全球总部(机构)、全球网络平台、大规模流量等实现全球资源战略性配置;全球城市空间过程寓于全球城市区域或巨型城市区域之中,等等。二是由于探索了中国模式的全球城市崛起,提出了中国全球城市崛起的约束条件,以及可能形成的不同路径和方式,实际上阐明了"道大同,路相异"的思想,从而避免了简单照搬西方全球城市理论,简单参照西方全球城市模式的"食洋不化"陷阱,使讨论和研究更加立足于中国(上海)实际。尽管此书在这当中只是起了小小的作用,但最终促成被社会认同并转化为城市发展战略的实际运用,使上海未来发展目标定位于迈向卓越的全球城市,充分体现了社会运用的价值和意义。因此,此书再版具有不一般的涵义。

当时撰写此书,仅仅出于对一种较新城市理论的推崇,更多停留在崛起中全球城市的学术性探讨上,感觉对我国以后城市发展有重要借鉴意义。但令人惊喜的是,此书恰逢其时,这么快就被社会认同并转化为实际运用。这是始料不及的。子曰:"学而时习之,不亦说乎?"意思是说,获得的学问有机会付诸实践,那不是很令人感到喜悦吗？虽说此书仅为一些零星片断的思想观点，但能被"时运实践之"，也不免令我会有一丝窃喜之情。确实，学者的研究成果能得到"时运"青睐和眷顾，是一种幸运和福分，要感谢这个伟大时代，感谢国运昌明。

当然，对全球城市理论的理解和认识是一个不断深化的过程。作为这一研究领域的处女作，不免在学术思想和认知程度上有缺陷，有的尚停留在肤浅之层，有些观点也不完善。特别是全球城市理论框架建构还不够完整和精致，方法上虽然注重动态分析，但尚未深入到全球城市演化过程的研究。因此，此书出版后，我仍在继续深化研究，修正其中的概念、观点，尽可能弥补此书中的缺陷与不足。在 2010 年作为《上海报告》系列出版的《全球城市：国家战略与地方行动》一书中，我对全球城市理论框架进行了进一步梳理和完善。在新著《全球城市：演化原理与上海 2050》中，我更是从本体论界定了全球城市，把全球城市内涵系统化，建构了全球城市演化理论框架。

然而，这并不意味着后面的研究成果可以取代或覆盖此书。因为在此书之后的系列研究中，只是针对此书中的一些概念和观点进行个别、局部的修正完善，而不再重复此书中已阐明或确立的观点，更多的工作是从新的角度阐述全球城市理论。特别在新著中，主要是从演化角度阐述全球城市变迁，涉及此书中一些基本思想观点就简略了。因此，它与新著在总体学术观点上是一脉相承、前后呼应的，但各有侧重，独成体系。这次再版，与新著一起作为姊妹篇出版，可能相得益彰。

此书再版，未作任何修订。一方面，基于历史的真实写照，留下一个十年前认知水平的生动画面。另一方面，一些概念或观点的修正完善已在新著中得到体现。通过十年之隔的两本书对照，读者不仅可以对全球城市理论有一个更全面的认识和理解，也可窥见作者对全球城市理论不断深化认识的基本脉络。当然，这也许会给读者带来麻烦，须注意一些观点的发展变化，毕竟有十年时间跨度，认知程度不同了。如果两本书在概念界定和观点表述上有前后不一致的地方，以后来的为准。

周振华

2017 年 8 月

《崛起中的全球城市》初版后记

　　耕耘五载春秋,修成小果一颗。欣喜之余,首当感恩栽树人。最初涉猎这一学术前沿,是 2002 年上海社会科学院在宣传部支持下设立了政治经济学重点学科,把国际大都市列为主要研究方向之一。当时我作为该学科带头人,主持了这一研究项目。回顾此项研究的心路历程,最初萌发的意念是源于当今世界两条逻辑主线相交的融合。一条逻辑主线是"全球化与信息化交互作用——跨国公司向全球公司转型——全球城市兴起并成为世界经济体系中的主要节点";另一条逻辑主线是"世界经济重心的转移——发展中国家的大国崛起——发展中国家的主要城市进入全球城市网络",这两条逻辑主线的相交便提出了发展中国家的全球城市崛起问题。这既是当今全球城市理论的假设问题之一,又是一个非常实际的现实问题。该研究项目从一开始起,就得到了宣传部领导及市政协副主席、社科院院长王荣华教授,常务副院长左学金研究员,以及原社科院院长尹继佐教授等领导的大力支持,从而为该研究工作奠定了良好的基础。

　　在项目开展过程中,有两位重要学者对我的研究工作起了推波助澜的作用。一位是著名的全球城市理论创始者 Sassen 教授,曾多次来上海参加学术研讨会,与我们进行学术探讨,并赠送了其新版《全球城市——纽约、伦敦、东京》一书,由我组织翻译成中文出版。另一位是美国伊利诺伊大学的陈向明教授,经常与我进行深入的探讨与合作研究,而且还"穿针引线"使我接触到更多的国际上研究全球城市的专家学者。我们一起主编了《世界城市——国际经验与上海发展》和《上海崛起》(英文版)。他们的许多观点,对我的研究有重大影响。

　　还要提及的是,参与这一研究项目的学术团队。社科院经济所的陈维研究员、韩汉君研究员等人都参与了这一项目的研究工作,一起主编了多年的《上海经济发展蓝皮书》。黄建富副研究员、金彩红副研究员、王琪博士等人参与了多次国际研讨会的筹办和国际学术交流,以及国外经典学术著作及文献的翻译与校对工作。瞿建波、俞建国、李国俊、沈桂龙、孙晓峰、李正图、朱平芳、王祖强、杨平等博士参与了《全球城市》一书的翻译工作。

2002年5月我们举办了"上海经济发展与国际大都市比较"国际研讨会,来自美国、日本、新加坡、韩国以及我国台湾、香港地区和国内主要城市的专家学者50余人,对全球城市理论与实践的发展进行了广泛、深入的学术交流,进一步深化了我对这一问题的认识。2004年,我有幸申请到国家社会科学基金项目"现代国际大都市发展模式及路径研究"(04BJL038),便开始在全球城市理论框架下,从中国实际出发,对崛起中的全球城市问题展开比较全面深入的研究,并于2006年8月完成。其研究成果,陆续在一些刊物上发表。本书就是在这一研究成果的基础上,通过进一步的修改和完善而形成的。

2006年4月,我调到上海市人民政府发展研究中心从事决策咨询研究。在此期间,使我有机会接触到更多有关大都市管理与发展的实际情况,增加了许多感性认识,也促使我进一步深入思考全球城市崛起的一系列重大问题。例如在全球化与信息化交互作用背景下上海建设"四个中心"和现代化国际大都市战略目标的内涵如何深化,基于现代化国际大都市建设的城市转型需要什么样的基本构架,在现有约束条件下上海建设现代化国际大都市的模式及路径选择,以及崛起中的全球城市与全球城市区域是什么关系,如何进行城市创新与治理等。发展研究中心也围绕这些问题组织了相关的课题研究,形成了一系列研究报告。在此过程中,市委副秘书长、原中心主任王战教授及其中心同仁们提出许多真知灼见,给我很大的启发。其反映在对本书的修改与完善上,就是提出的问题及其假设更加切合实际,对诸多现象的解释也更具有独特的视角和学理性。

另外,上海世纪出版集团的陈昕先生、何元龙先生,长期以来对我的研究工作一直予以支持和帮助。在此,一并表示深深的谢意。

本书的出版,只是我近年来有关崛起中的全球城市研究的一个阶段性成果的小结。应该讲,这仅仅是提出了一个需要研究的问题及其基本假设,许多内容还有待于扩充和精致化。为此,诚恳地希望读者提出批评意见,欢迎有更多兴趣爱好者参与到这一问题的讨论与研究中来。

周振华

2007年8月

《城市发展:愿景与实践》原前言

当我们这个星球上的人,越来越多地迁移到城市,工作、居住、生活在城市,城市这一特殊空间本身也在发生巨大变化,其数量增多、规模扩大、功能拓展等,城市环境也随之变化。变之天道,不可逆转,关键是变化之方向,行变之路径。人们信奉和追求"城市,让生活更美好",势必要关注"什么是美好的城市",自然要憧憬城市的未来。幸运之极,以城市为主题的 2010 年上海世博会,创新了城市最佳实践区的展示方式,其集世界城市最佳实践精彩案例之大成,为我们打开了一扇游视未来城市之窗,使我们有机会领略城市文明演化的愿景,从中感悟城市科学发展的真谛。

早在城市最佳实践区案例申报和遴选阶段,时任上海世博土地控股有限公司董事长的白文华先生以其远见卓识和敏锐的眼光捕捉到这些案例的重大价值,主动提出与上海市人民政府发展研究中心合作,整理并深入挖掘这些案例之精髓。于是,我们开始组织上海市人民政府发展研究中心、上海发展战略研究所、上海社会科学院等的专家翻译国外申报案例,并对所有申报案例进行整理分析。我们在对 100 多个申报案例的整理分析中发现,除了最终入选城市最佳实践区展示的 80 个案例外,其他申报案例也都具有较高的"含金量",同样代表着当今城市发展最佳实践的前沿。因此,我们把当时所收集到的所有申报案例均纳入本书研究分析之中。

无论从哪个角度看,纵向的、横向的抑或三维空间等,这些案例确实是当今城市发展中的最佳实践,体现了人类创新城市的无限追求和丰富的创造力。然而,这些最佳实践活动的出现及其成果形成,并不是偶然的、突发的、极其个别的,它既有历史的继承性与延续性,又有现实的背景条件,还有相应的理论铺垫与导向。如果我们只是简单地介绍这些案例内容,或将其归纳整理成一本案例集,尽管也有其实用价值,但可能会大大掩盖其内在闪光点,削弱其具有普适意义的示范性。基于此考虑,我们在做这项工作时确立的基本指导思想和原则,就是要以专业研究的眼光来剖析这些城市最佳实践案例,给读者提供一个在更加开阔视野中深入解读与领悟其实质涵义的可能性空间。

为此,我们在总论中对城市发展历程与目前城市发展中的全球性问题作一个总体概括,追溯人类对理想城市的追求与探索,展望城市发展未来方向,并从城市最佳实践区案例中高度抽象出当前人类践行"城市,让生活更美好"的主要内涵。在以后各章案例分类研究中,我们首先阐述这些案例的特定历史背景,其主要是针对城市发展中哪些带有普遍性的问题,然后剖析这些案例如何面对这些问题的挑战、通过什么样方式来解决这些难题、把这些问题解决到什么样的程度、取得什么样的成效等,从而揭示这些案例体现的最佳实践活动的实际意义和价值所在。

同时,为了充分体现这些实践活动中贯穿着的基本理念和理论指导,我们也注重阐述人类面对城市发展中诸多问题时的理性思考,如各种城市发展理论、思想、观点及其演化发展,通过理论思想脉络来深刻理解这些实践活动的理论基础和指导原则,以及对城市发展理论的继承、丰富和发展,而且这样也能更好地揭示这些最佳实践活动的典型意义和示范效应。

另外,在这些案例中聚焦的问题大都是我们目前共同面临的城市发展难题,不少城市也为之做了许多尝试和探索,尽管可能没有这些案例表现的那样突出和成绩显著,但也取得不少进展与成效。为此,我们根据研究内容的需要,也适当增加了一些其他有关案例或例子,以便为这些最佳实践案例的分析提供更厚实的铺垫和烘托。

当然,美好的愿望,可能往往与实际效果并不相符。由于这些最佳实践案例涉及城市复兴、资源环境、城市生态、文化遗产、城市规划与治理等众多内容,且处于非常领先的世界前沿,限于我们自身的知识水平和理论功力,可能难以真正做到深入挖掘、研精钩深。另外,限于资料不齐全,一些案例难以展开全面深入分析,甚至还有个别案例因未能及时补充而遗漏。在此,敬请读者予以谅解。

周振华

2010 年 5 月 10 日

周振华教授学术贡献梳理

　　周振华教授长期从事产业经济、宏观经济、城市经济理论与政策研究,出版个人专著、译著及主编著作百多部,在《经济研究》等期刊发表学术论文百余篇。本文梳理周振华教授自上世纪 80 年代研究生阶段直至今天的主要学术经历与学术著述,概述周振华教授横跨 40 年的重要学术成就与学术贡献。

学术生涯开端:确立产业经济学研究方向

　　周振华教授在攻读硕士学位期间,师从我国《资本论》研究的权威人物陈征教授。硕士论文研究的是运用《资本论》原理分析社会主义流通问题,论文成果先后在《福建师范大学学报》和《南京大学学报》刊发。

　　硕士毕业后,在南京大学经济系任教期间,周振华将《资本论》的逻辑演绎与西方经济学分析工具相结合,用于研究中国改革开放及经济发展问题,撰写和发表了相关学术论文;并与金碚、刘志彪等几位青年学者合作开展关于市场经济的研究,以超前的学术眼光和思维探究"市场经济是什么样的,是怎样一种市场体系结构"。在这一研究的基础上,周振华领衔完成《社会主义市场体系分析》一书的撰写。该书于 1987 年底由南京大学出版社出版,这是国内较早一部全面系统研究社会主义市场经济的专著,我国杰出的经济学家、教育家,新中国国民经济学学科开拓者胡迺武曾为该书撰写书评并发表在《经济研究》上。

　　其后,周振华进入中国人民大学深造,师从胡迺武教授攻读博士学位,并参与胡迺武、吴树青承接的"中国改革大思路"国家重大课题。该课题成果因研究扎实,并提出独到的改革思路,获首届孙冶方经济科学奖论文奖。

　　周振华选择产业问题作为其博士论文研究内容,并挑战了从经济学角度研究产业政策这一世界性前沿课题。因为在当时,国际上针对产业政策的相关研究主要是从政治学角度或是从历史发展过程入手,而真正从经济学角度展开的研究几乎是空白。周振华提早一年完成并提交了这一高难度课题的论文,提前进行答辩,获得校内外 20 余位专家一致的高度评价。博士论文最终以《产业政策的经济理论分析》为书名于 1991 年由中国人民大学出版社出版。

胡汭武评价这部著作"把产业政策提到经济理论的高度进行深入系统的研究,从而能为产业政策提供理论依据",认为其在研究方法上的创新在于"根据影响产业政策的基本变量,构造了一个产业政策分析的基本框架,强调了经济发展战略和经济体制模式对产业政策的制定和实施所具有的决定性影响作用;建立了产业政策总体模型和产业政策结构模型,并据此展开分析"。这部著作还提出了许多新见解,例如,把创新和协调看作是产业政策的根本指导思想,提出产业政策选择基准的新假说,即"增长后劲基准、短缺替代弹性基准、瓶颈效应基准"。胡汭武评价这一新假说"比之日本经济学家筱原三代平的'收入弹性基准'和'生产率上升基准'更加切合中国的实际"。

学术精进:完成产业经济学研究"三部曲"

1990 年,周振华进入上海社会科学院经济所工作,开始进行产业经济学的深化研究,从产业结构演化规律、经济增长与产业结构关系两个方面展开深度理论挖掘。不仅在《经济研究》等刊物上发表论文,而且接连出版了《现代经济增长中的结构效应》(上海三联书店 1991 年版)和《产业结构优化论》(上海人民出版社 1992 年版)两部专著。二书延续了《产业政策的经济理论分析》的研究轨迹。

其中,《现代经济增长中的结构效应》是国内最早系统研究产业结构作用机理,揭示全要素生产率索洛"残值"中结构因素的专著。该书从产业结构的内部关联、外部联系及其发展成长和开放等方面,考察它们对经济增长的影响,分析结构效应的主要表现及其对经济增长的作用机理,深入探讨发挥结构效应所必须具备的条件和实现机制。该书在研究方法上,侧重于产业结构的机理分析。这种机理分析以动态结构的非均衡变动为基础,把总量增长描述为一种由结构变动和配置的回波效应促使经济增长不断加速的过程,重点研究的是产业结构变动及调整的资源再配置对经济增长的作用及其机制。这一机理分析的重要立论是,在更具专业化和一体化倾向的现代经济增长中,产业部门之间联系和交易及依赖度不断增大,结构效应上升到重要地位,成为现代经济增长的一个基本支撑点。这种来自结构聚合的巨大经济效益,是推动经济增长的重要因素。

如果说《现代经济增长中的结构效应》揭示了产业结构变动在经济增长中

的效应释放机制,那么《产业结构优化论》则更踏前一步,探讨如何使产业结构的变动与调整朝着更优的方向行进,以更好地发挥结构效应、推动经济增长。该书从现代经济增长的特征与本质着手,建立产业结构优化分析理论模型,描述产业结构变动的一般趋势,分析产业结构高度化问题,并针对中国发展规律深层分析中国产业结构变动模式,进一步阐释如何以宏观经济非均衡运作的战略导向,建立起以人民需要为中心的发展模式,形成良性经济发展模式。中国社会主义政治经济学主要开拓者之一的雍文远教授评价该书的学术价值与贡献主要在于:

一是研究的角度和立意新颖。有别于国内外学术界对产业结构理论的研究通常集中于产业结构变动趋势方面,侧重于从国民收入变动的角度研究产业结构变动与之相关性以揭示产业结构变动的规律性,周振华的《产业结构优化论》的研究着眼点则在于如何使产业结构变动符合其规律性的要求,即如何实现产业结构优化。这一研究角度不仅独辟蹊径,而且使得对产业结构问题的研究更加深化,有助于推动产业结构理论的发展。

二是针对中国产业结构现实问题,在充分论证的基础上对一系列有争议的理论问题发表了独创之见。例如,周振华认为中国产业结构超常规变动与中国特定经济环境条件有关,问题并不在于这种超常规变动本身,而在于产业结构超常规变动中缺乏协调和创新。根据这一判断,周振华提出了实现中国产业结构优化的关键是加强协调和促进创新,而要做到这一点,不仅需要采取相应的政策措施,更主要的是实行新的经济发展战略和建立有效率的新体制和经济运行机制。这些新见解的提出,对中国社会主义现代化建设具有现实意义。

三是在体系结构上有所创新且合理。产业结构理论研究在国内刚刚起步,尚未形成一个较完整的理论体系。《产业结构优化论》则呈现了一个总体的分析框架,以及在此框架下的很强的逻辑性,具有相当的理论力度。

四是综合运用各种研究方法,对现实经济问题进行研究。周振华在研究产业结构优化问题上,采用了理论实证分析、经验实证分析、规范分析以及对策研究等方法,并根据其研究内容和对象的要求,把这些研究方法有机地统一起来。

改革开放以来,尽管中国经济持续高速增长,但产业结构偏差与扭曲一直存在,产业结构调整升级及解决产能过剩问题始终是先务之急。《现代经济增长中的结构效应》与《产业结构优化论》的研究也因此始终具有理论前瞻性,二书中关于产业结构的机理分析和现象分析至今仍有适用性,对于解释中国新时期经济转型升级的深刻内涵及指导实际工作具有长久的积极意义。

博观约取：在产业经济及相关研究领域理论建树卓著

在 1991 年破格晋升为研究员之后，周振华继续专精于产业经济学研究。而随着他对现实问题的思考层层深入，其涉猎的研究范围也越来越广，包括经济增长与制度变革、经济结构调整以及企业改制等问题。并在《经济研究》《工业经济研究》等期刊发表了多篇学术论文，研究进路不断拓展。1994—1999 年间，先后出版了《步履艰难的转换：中国迈向现代企业制度的思索》(1994)、《体制变革与经济增长——中国经验与范式分析》(1999)、《积极推进经济结构的调整和优化》(合著)(1998)、《市场经济模式选择——国际比较及其借鉴》(主编)(1995)等多部专著。

其中，《步履艰难的转换：中国迈向现代企业制度的思索》切入微观视角，研究企业改革的问题。这看似突破了产业经济研究边界，但如周振华自己所言，其出发点在于理论研究关联性和系统性的需要，特别是中国宏观经济方面的现实问题大多要从微观基础予以解释。周振华在书中重点分析了中国现代企业制度的目标模式，尖锐地指出了转换机制尤其是国有企业制度创新的难点与关键所在，并对如何迈向现代企业制度提出了基本的对策思路和方案设想。这一研究是基于周振华对中国实行现代企业制度前景的总体把握和历史瞩视，体现了他敏锐的学术直觉与深刻的理论洞见。书中所提炼的财产所有权构成特征、所有权与控制相分离的特征、监督权结构特征、剩余索取权转让的特征等现代企业制度的“中国特色”，以及由这几方面特征有机组合而成的中国现代企业制度的目标模式假说等，不但为 90 年代中国现代企业制度建设之路的开启提供了基本理论架构，而且在该书出版后的近 30 年来，不断被中国企业改革与发展的实践所一一证实。

《体制变革与经济增长》则进一步研究产业结构背后的体制机制问题。该著作对改革开放前 20 年的体制变革与经济增长的交互关系进行了全面、深入的实证分析，从不同角度总结了中国改革开放与经济发展一系列富有成效和具有特色的经验，并将其提升到理论高度，进行了中国范式分析，通过国际比较归纳出中国范式的一系列基本特征。在该书中，周振华创造性地提出了“制度—增长”的分析框架及各种理论假设，并予以了初步检验。对政府政策制定者“改革程序”设定的论述是全书的灵魂；而该书最大的理论建树则是提出了一个以利益关系为主线，以行为主体间的博弈方式为联结的体制变革与经济增长互动模式。该书的学术贡献在于，不仅书中关于中国改革 40 年中前 20 年的经济发展过程的研究性描述成为重要史料,而且其构建的理论分析框架更成为得到时间检验、对中国经济至今仍然富有解释力的理论成果,书中所建立的"制度—增长"理论分析框架仍可继续用来解释后 20 年乃至今天及未来中国的改革开放与经济发展。

在改革开放早期,周振华就已前瞻地提出,在社会主义市场经济条件下,特别在买方市场条件下,经济结构调整必须以市场为导向,充分发挥市场机制配置资源的基础性作用。同时,也要注重政府的经济调控在结构调整中的作用,政府主要运用经济手段和法律手段,引导和规范各类经济主体的行为,通过政策支持,促进结构优化。概言之,要保持政策支持与市场导向之间的平衡,在结构优化上发挥政府和市场的双重优势。这些观点在他的《积极推进经济结构的调整和优化》《市场经济模式选择——国际比较及其借鉴》等早期论著中,都有所体现。这些论著分别探究了如何以市场为导向,使社会生产适应国内外市场需求的变化;如何依靠科技进步,促进产业结构优化;如何发挥各地优势,推动区域经济协调发展;如何转变经济增长方式,改变高投入、低产出,高消耗、低效益的状况;等等。这些观点与研究结论,在今天看来,仍具有重大的现实意义和深远的历史意义。

超前的研究意识和学术自觉还体现在周振华主编的《中国经济分析》年度系列研究报告上。尽管核心研究领域仍然是产业经济学,而且 1990 年回到上海后关注更多的是上海经济发展,但他始终意识到无论是中观层面的产业发展,还是地区和城市的经济发展,都离不开宏观层面的、国家层面的经济运行大背景及其相关条件制约。所以周振华也一直把中国经济运行分析放在一个重要的研究地位。1993 年开始,周振华开始主编《中国经济分析》年度系列报告。这一研究报告既涉及年度性的中国经济形势分析与预测,又涉及对当时中国经济运行中突出问题的深入研究。

周振华认为,与一个较成熟且稳定的经济体系下的经济运行不同,改革开放下的中国经济运行呈现出更深刻的内涵、更复杂的机理、更丰富的内容、更迅速的变化等特征。因此,中国经济运行分析不是西方经济学的一般周期性分析,也不能仅停留在经济形势分析与预测层面上,而是要做基于制度变革的经济运行及其态势的深度分析。这要求理论工作者既进行中国经济运行动态跟踪分析,又进行中国经济运行中热点、难点和重点的专题研究。在此目标下,《中国经济分析》每一年度性研究报告都有一个明确主题,由周振华根据当时中国经济运行中的热点、难点及重大问题来确定,如"走向市场""地区发展"

"企业改制""增长转型""结构调整""金融改造""收入分配""挑战过剩""政府选择""外部冲击与经济波动""经济复苏与战略调整""复苏调整中的双重压力""危机中的增长转型""供给侧结构性改革与宏观调控创新"等。围绕特定主题，周振华设计全书主要内容及体系架构，撰写导论，并选择与组织不同专业领域的学者、专家共同参与各章撰写。《中国经济分析》系列的研究自 90 年代初开始，一直持续近 25 年，形成了关于中国经济运行的长达四分之一个世纪的跟踪分析与学术研究成果。

着手"范式转变"：开拓产业经济学研究新境界

90 年代，信息化浪潮逐渐席卷全球，周振华敏锐地捕捉到信息化之于产业发展的又一学术前沿课题。1998 年，以承接上海市政府决策咨询重大课题"上海信息化与信息产业发展研究"为契机，周振华在产业经济学领域的深化研究进入了新的境界，即跳出传统产业经济理论范式，而使用溯因推理、外展推理的方法来寻求信息化进程中产业融合现象的一般性解释。

在 2003 年出版的《信息化与产业融合》一书中，周振华选择电信、广电、出版三大行业为典型案例，从个案分析到系统研究，建立起产业融合的基本理论模型，并依据产业融合新范式的内在机理提出了新的产业分类方法。在此基础上，对传统意义上的结构瓶颈制约、产业协调发展和结构动态平衡、产业结构高度化的线性部门替代及其基本表现特征等概念进行根本性的改造，赋予其新的内容或用新概念予以替代。进一步地，该书分析了产业融合在新型工业化道路中得以孕育与发展的内生性，探讨了新型工业化必须具备的基础性条件及相应的实现机制，从而揭示了走新型工业化道路是我国促进产业融合的唯一选择。该书中关于产业融合、产业边界、产业分类等维度的新颖讨论，至今仍被各种相关研究所引用，尤其是书中所探讨的电信、广电、出版的"三网融合"，于今还是理论热点。

在对产业经济理论研究进行"范式转变"的过程中，周振华不仅先见性地把信息技术的变量引入产业经济理论研究，而且还开创性地把空间概念运用于产业经济尤其是服务经济的理论研究中。《信息化与产业融合》已经关注到网络型组织结构的特定属性、产业空间模式、产业集群方式等。在其后出版的《崛起中的全球城市：理论框架及中国模式研究》《服务经济发展：中国经济大变局之趋势》等论著中，周振华进一步发展了产业空间载体、空间价值的研究，以及网络分析等产业经济学的崭新研究方法。

　　例如,在《崛起中的全球城市》中,周振华针对发展中国家崛起中全球城市的背景条件、发展基础、路径依赖等约束条件,引入全球生产链、产业集群、全球城市区域等新的理论元素,进行理论分析框架的新综合,并提出借助于全球生产链促进城市功能转换的逻辑过程、依赖于大规模贸易流量的流动空间构造方式等创新观点。在《服务经济发展》中,周振华提出相对于制造业生产的分散化,服务产业具有明显的空间高度集聚特性,特别是生产者服务业以大城市为主要载体的产业集群,不仅促使知识外溢与信息共享,有利于专业服务人员的流动与合理配置,而且带来了专业性服务的互补,增强了服务的综合配套能力,促进了产业融合;因此对于服务经济发展来说,城市化规模比区位条件更为重要。

　　鉴于产业发展尤其是高端(先进)服务经济必须有其空间载体的依托,周振华把产业经济学研究的新的聚焦点放在了"全球城市"上。"全球城市"概念肇始于欧美发达国家,全球城市理论阐述了当代全球化的空间表达,研究核心是其独特的产业综合体及全球功能性机构集聚,集中表现为总部经济、平台经济、流量经济等。周振华认为,全球城市研究的很大一部分内容是产业综合体及其空间分布规律,由此便可打通产业经济理论与全球城市理论之间的研究通路。

　　2007年,周振华撰写出版的《崛起中的全球城市》成为国内最早系统研究全球城市理论的专著。该书立足于经济全球化和信息化两大潮流交互作用导致世界城市体系根本性变革的大背景,从全球网络结构的独特角度重新审视了全球城市的形成与发展,对传统的主流全球城市理论提出了批判性的意见,并通过吸收新政治经济学和新空间经济理论等研究成果,结合发展中国家的全球城市崛起的路径依赖等实际情况,原创性地提出了新综合的理论分析框架,从而进一步完善了当时既有的全球城市理论,使其具有更大的理论包容性。在这一新综合的分析框架下,该书对中国全球城市崛起的前提条件及约束条件作了详尽的实证分析,富有创造性地揭示了中国全球城市崛起不同于纽约、伦敦等发达国家城市的发展模式及路径选择。

　　《崛起中的全球城市》出版后获得了国家"三个一百"原创图书奖和上海市哲学社会科学优秀成果奖一等奖,其英文版亦在全球发行,得到"全球城市"概念提出者萨斯基亚·沙森教授等国际学者的首肯。这一研究当时在国内是相当超前的,直到2010年之后,随着全球化流经线路改变和世界经济重心转移,上海、北京等城市日益成为世界城市网络中的重要节点,国内的全球城市研究才逐渐兴起,《崛起中的全球城市》则成为不可多得的重要文献。

关照中国现实:以理论研究反哺改革实践

一如当年选择产业问题作为博士论文题目的初心,周振华教授的学术研究从不隐于"象牙塔",而是始终观照中国现实。周振华不仅致力于以产业经济学为主的本土经济学研究的发展进步,而且致力于社会经济本身的发展进步,90年代中后期开始,他的研究更是紧接上海发展的"地气"。在当时开展的"迈向21世纪的上海"大讨论中,周振华的研究贡献主要在于分析了世界经济重心东移和新国际分工下的产业转移,为上海确立"四个中心"建设战略目标提供背景支撑。在洋山深水港建设前期论证研究中,周振华通过分析亚洲各国争夺亚太营运中心的核心内容及基本态势,论证了加快洋山深水港建设的必要性和紧迫性,并评估了优势与劣势条件。在此期间,周振华还先后承接和完成了一批国家及市级的重大研究课题,凭借深厚的理论功底、广阔的学术视野,在完成这些问题导向的课题的同时,也在核心期刊上发表了相关课题的系统化和学理化研究成果,如"城市综合竞争力的本质特征:增强综合服务功能""流量经济及其理论体系""论城市综合创新能力""论城市能级水平与现代服务业"等。

2006 年,周振华调任上海市人民政府发展研究中心主任,其工作重心转向政策研究和决策咨询,但他的学术研究也一直在同步延伸。前述已提及的《服务经济发展:中国经济大变局之趋势》一书,即是周振华在发展研究中心时期写成的又一部学术力作。

该书的研究对象主要是服务经济之发展,涵盖工业经济与服务经济两个不同社会经济形态中的"孕育脱胎"发展和成熟化发展。在书中,周振华首先从理论上回答了"何为服务经济"的一般性问题;其次,通过对服务经济发展动因及其作用机制的分析,揭示了服务经济演进轨迹及发展趋势性特征,回答了"服务经济从何处来"的问题,从而构建了服务经济发展的一般理论分析框架。在这一理论框架下,通过中国案例分析了影响服务经济发展的若干重要变量,尤其是结合中国实际情况剖析了发展战略及其模式、市场基础、制度政策环境等对服务经济发展的影响,以及服务经济发展中固有的非均衡增长问题。进一步地,从未来发展的角度,探讨发展转型与改革深化、信息化创新和国际化等重大问题,从而回答了"如何促进服务经济发展"的现实问题。

要而言之,《服务经济发展》的理论建树与学术价值在于从社会经济形态的层面来研究服务经济发展,从世界(一般)与中国(特殊)两个维度进行服务经济发展的交互分析,并立足中国发展阶段来认识与理解服务经济,扩展与充实了服务经济一般理论框架,使其具有更好的适用性和解释力,而且也为进一步探索如何促进中国服务经济发展提供了重要线索和思路。当前,中国仍处在工业化中期向后期过渡阶段,工业发展及其比重在国民经济中仍居主导地位。作为在2010年代上半期完成的关于中国服务经济发展的理论研究成果,该书再次体现了周振华出色的学术前瞻力与洞见力。该书2014年出版之后,获国际著名学术出版机构施普林格(Springer)青睐,于翌年出版发行了英文版。

在改革开放30年和40年的两个节点,周振华教授先后牵头,组织上海大批专家学者开展相关研究,分别形成《上海:城市嬗变及展望》(三卷本)和《上海改革开放40年大事研究》(12卷本)重大理论成果。2010年出版的《上海:城市嬗变及展望》对上海建埠以来的历史、现状、未来开展系统研究,以翔实的史料、清晰的脉络和开阔的视野,全面记录了改革开放前后两个30年上海这座城市所发生的深刻变化,整体勾勒了未来30年上海发展的远景。该三卷本获上海市第十一届哲学社会科学优秀成果奖著作类一等奖。2018年出版的《上海改革开放40年大事研究》以时间为经线、事例为纬线,抓住敢为天下先的大事,体现勇于探索实践的创新,反映上海改革开放的历程,凸显中国特色、上海特点和时代特征。该丛书是改革开放40年之际的首套大规模、成系统的地方性改革开放研究丛书,获得新华社、人民日报等主流媒体多方位报道。2019年1月30日,《中国新闻出版广电报》刊发关于该研究成果的头版文章《〈上海改革开放40年大事研究〉:讲理论说案例,展现排头兵先行者足迹》。周振华还执笔其中的第一卷,即丛书总论性质的《排头兵与先行者》一书。

这两套关于上海改革开放实践的代表性理论专著,不仅具有重要的历史价值,而且具有承前启后、继往开来的重大现实意义,为上海和全国不断全面深化改革,推动经济与社会发展,提供了坚实的学术支撑和理论支持。

填补理论空白:奠定全球城市研究领域学术地位

在2007年《崛起中的全球城市》完成之后,2017年,周振华教授立足中国发展模式及上海发展路径的研究成果《全球城市:演化原理与上海2050》出版。这部"十年磨一剑"的著作对全球城市内涵进行了系统化、范式化的研究,建构了全球城市演化的理论框架。

全球城市领域的既有文献几乎都聚焦于既定(已经形成)的全球城市上,探讨其在经济全球化中的地位与作用、所具备的主要功能及其通过什么样的运作方式发挥等内容,而对"一个城市是怎样成为全球城市的",即全球城市的动态演化这一问题则几无探讨。《全球城市：演化原理与上海 2050》突破静态研究范式，充分考虑全球化进程仍在持续、上海等中国大城市正在快速发展的事实，以半部篇幅，从生成、崛起、发展、趋向的动态演化视角，运用演化本体论、演化生态环境、演化物种论、演化动力学、演化模式与形态及空间等理论和方法，来阐释全球城市，揭示全球城市动态过程中的复杂、不确定和非均衡意义。由此，周振华填补了用动态演化框架和演化理论支撑全球城市研究的空白。

在《全球城市：演化原理与上海 2050》的下半部分中，周振华把上海作为案例，全面分析了上海全球城市演化的宏观与微观变量，推演了演化可能性，勾勒了上海真正演化为全球城市之后的目标定位、核心功能、空间表现、战略资源等面向。

关于目标定位，周振华提出，就连通性覆盖范围和连接种类范围而言，上海应该成为全球主义取向的综合性全球城市；从位置战略性和网络流动性角度看，应成为高流动的战略性城市；从基于枢纽型的递归中心性与基于门户型的递归权力性位置组合角度看，应成为门户型的枢纽城市。

关于核心功能，周振华认为主要体现为四大功能，即全球价值链管控功能、全球财富管理功能、全球科技创新策源功能、全球文化融汇引领功能。这些功能并非凭空产生，而是基于上海现有城市功能的转换和演进，其具体内涵则会随时间变迁而动态调整。

关于空间扩展，周振华分别从全球城市过程、全球城市区域过程、巨型城市区域过程三个层面展开论述。他提出，在全球城市过程阶段，上海中心城区功能会向郊区延伸，形成具有足够持续性和非常大的内部互联的多中心、多核城市空间结构，新城和新市镇的培育将是关键。在全球城市区域过程阶段，网络关系跨越市域边界向周围邻近地区拓展，很可能演化为形态单中心（上海）与功能多中心相结合的区域空间结构。在巨型城市区域过程阶段，上海全球城市空间向长三角地区更大范围扩展，即向长江三角洲巨型城市区域演化，空间结构仍将是形态单中心和功能多中心，其中存在若干核心城市（南京、杭州、合肥、苏州、宁波等）将共同成为全球资源配置的亚太门户。

在书中，周振华还强调城市演化本质上是基于主体参与者的城市心智进化，因而人力资本是重要的战略性资源。他鲜明地指出了人力资本的"二元结构"，即由"职位极化"带来的"劳动力极化"。除高端专业化人才外，全球城市的知识型全球功能性机构也离不开大量配套性服务人员，包括信息收集处理、办公文档管理等，以及餐饮、交通、快递、家政之类的社会服务人员。此外，周振华也预见了一些值得关注的影响演化全局的问题，比如，土地使用约束趋紧导致的空间拥挤将形成强烈的"挤出效应"，房地产过度依赖，社会极化与城市治理难题，以及生态环境压力等。

《全球城市：演化原理与上海2050》出版的同时，《崛起中的全球城市：理论框架及中国模式研究》再版。2018年4月，以两部著作发布为契机的"迈向卓越的全球城市：全球城市理论前沿与上海实践"高端研讨会在上海中心成功举办，"全球城市理论之母"萨斯基娅·萨森教授也应邀出席。这次研讨会影响深远，由周振华教授倡导和发展的"全球城市"前沿理论也得到更进一步的传播。

2019年，周振华教授写就的简明读本《卓越的全球城市：国家使命与上海雄心》及《全球城市：国家战略与上海行动》出版。这两本书化抽象的概念范畴为具象化的内容，化繁杂的理论验证为简明扼要的推论，化学术语境的规范表述为浅显易懂的表达，以通俗的话语解读了上海建设卓越全球城市的历史必然性、所承载的国家战略使命、面临的时代新命题，以及如何破题书写历史新篇章等等。由此，"全球城市"理论、理念的传播，面向了更广泛的群体，为非专业领域的受众提供了全球城市理论的基本常识。正是在周振华不遗余力地引介、发展、推广下，"全球城市"理论在国内从学术前沿层面逐步走向理论普及层面。

与此同时，在完成引进理论的"本土化"之后，中国学者的"全球城市"研究成果成功"走出去"。继《崛起中的全球城市》出版英文版之后，《全球城市：演化原理与上海2050》英文版也由世界知名学术出版商世哲（Sage）出版发行。周振华教授跨越数十年学术努力，为国内学界、政界创造国际化语境，构建中国学术界与国际同行或政府间交流话语权的学术初心初步实现。

在潜心完成"全球城市"理论的本土化工作和基本理论体系的构建之后，周振华教授着力开展多维度的深化研究，继续推动"全球城市"理论的发展和"全球城市"实践的进程。2018年正式退休后，周振华即出任新成立的上海全球城市研究院院长，创办并主编《全球城市研究》季刊。在周振华的带领下，研究院坚持面向全球、面向未来，对标国际最高标准、最好水平，整合和运用多方面研究力量，开展对全球城市发展的跟踪研究，为以上海为代表的超大特大城市的发展和更新，在学术理论层面、实践经验层面、政策建议层面，提供了诸多新理念、新方法、新思路。代表性的成果包括三大标志性年度报告即《全球城市发展报告》《全球城市案例研究》和《全球城市发展指数》，《上海都市圈发展报告》系列，《全球城市经典译丛》系列，等等。

其中，三大年度标志性报告围绕"增强全球资源配置功能""全球化战略空间""全球化城市资产""城市数字化转型""全球网络的合作与竞争"等各年度主题,基于国内外相关理论成果、丰富的案例和扎实的数据资料,以图文并茂的呈现形式,发展全球城市前沿理论,总结全球城市实践经验,提出全球城市建设策略。由周振华教授设定的各年度主题,都紧扣"全球城市"概念所强调的特质,也就是"全球城市"不同于"国际大都市""世界城市"等传统说法而具有的特质。多年来,周振华教授始终致力于"全球城市"这一概念在国内生根发芽,主张使用"全球城市"的提法和观点,强调以上海为代表的国内特大型城市在建设发展中,其核心功能并不在于财富、资本、跨国公司总部的单纯积累,而是在于资金、人才等要素的进出的流量、连通性与平台功能,在于生产者服务业的发展,在于萨斯基亚·沙森教授所提出的"中介化"功能。

2022年,由周振华教授领衔的"以全球城市为核心的巨型城市群引领双循环路径研究"获国家哲社重大课题立项。至此,周振华教授在产业经济学、全球城市理论等领域的研究成果愈加丰富立体,学术贡献不断突破,学术境界再上新高度。

以上概要评述了周振华教授40年来的主要学术贡献,这些学术贡献既为中国经济发展提供了坚实的学术支撑,也为中国发展自己的哲学社会科学理论提供了丰厚的积淀。与此同时,我们从中既可以窥见周振华教授的超前学术思维、极度开阔的学术视野、对现实问题的超强敏锐度,以及广纳厚积的学术功力,也能真切感受到周振华教授所坚守的学术关怀与学术精神。

(忻雁翔整理)

后 记

　　近大半年时间,断断续续在做这套学术文集的整理和编纂工作,似乎并没有太多兴奋与激情,反而有一种"年在桑榆间,影响不能追"的落寞,叹人生一世,去若朝露晞。但不管怎样,这套学术文集凝结了自己毕生心血,又即将面世,不免感慨万端。借此后记,有感而发,略表心声。

　　一个突如其来的惊喜。也许,当初并没有在意,或已习惯"挥手过去",没有完整存留数十年来的研究成果,更未想过有朝一日汇编为一整套的学术文集。当格致出版社忻雁翔副总编辑提出要汇编出版这套学术文集时,我一时愣然,惊喜之余,又有点不知所措。首先想到一个问题,这能行吗?这并不是担心成果数量能否形成文集规模,而是顾虑成果质量是否有汇编为文集的价值。毕竟这些作品,早的都已过去三十多年,近十年的也在快速"折旧",赶不上时代迅速变化啊!忻总解释道,我们翻阅过,一些早期作品的主要观点在当时是比较超前的,为此还曾多次再版,不仅有历史价值,也有现实意义。随之,我又有点畏难,数十年的成果收集和整理势必琐碎,要花费太多时间与精力。忻总说,在我们这里出版的大部分著作,存有电子版,那些早期或在别处出版的著作,可以由专业排版人员做先期录入;你只要负责归类与编排,以及内容补充与修改完善即可。接着,我开玩笑地问道,现在汇编出版这套学术文集是否早了点,说不定以后还会有新的作品呢。忻总答,没关系,有了新的作品,以后再加进文集中去。至此,我才开始着手成果整理和编纂。应该讲,格致出版社和上海人民出版社是此事的始作俑者,是他们的大胆设想和务实精神促成了这套学术文集的诞生。

　　一种发自内心的感激。对于学者来说,出版社及编辑是"伯乐"之一。他们见多识广,博洽多闻,通晓理论前沿,谙熟学术规范。十分幸运,我的大部分专著是在上海三联书店、格致出版社和上海人民出版社,并经少数较固定的责任编辑之手出版的。在与出版社的长期合作中,他们成为我学术生涯中的良师益友。

上海世纪出版集团原总裁陈昕将我一些主要著作,如《现代经济增长中的结构效应》《体制变革与经济增长——中国经验与范式分析》《服务经济发展:中国经济大变局及趋势》等列入他主编的"当代经济学系列丛书·当代经济学文库",其对中国经济学界的发展产生了重大影响。当时,陈昕社长还经常召集"当代经济学文库"的主要作者,举行理论研讨会,激发学者创作热情,促进理论创新,并多次邀请我去世纪出版集团给社领导及编辑讲述最新研究成果,进行学术交流。后来,忻雁翔女士负责编辑出版我的许多专著以及我主编的著作,并多次举办新书发布会,向社会大力宣传和推荐我的新作品。基于对学者研究的长期跟踪和了解,她这次还专门为这套文集撰写了"周振华教授学术贡献梳理"。这种学界与出版界的长期紧密合作与互动,在我身上得到淋漓尽致的体现,对我的学术研究有很大的帮助,成为我学术生涯中不可或缺的重要组成部分。借这套学术文集出版之机,向这些出版社和出版人表示由衷的感谢。

一股由来已久的感动。在我的学术生涯中,虽然长期坐"冷板凳",但我并不感到孤独与寂寞。这一路上,不乏"贵人"和"高人"指点迷津和遮风挡雨,得到陈征、胡洒武恩师以及张仲礼、袁恩桢、张继光等学术前辈的惜护与栽培,得到中学老师王佩玉、香兰农场党委书记刘荣栻等长期关心和教导。这一路上,最不缺的,是一大批风雨同舟、枝干相持的朋友。大学时期和读硕、读博时期的同窗好友,他们"书生意气,挥斥方遒"的风华,时时感召和激励着我。南京大学、上海社科院的同仁,以及一大批在学术领域一起合作过的专家学者,他们"才华横溢,竿头日进"的风采,极大促动和鞭策着我。上海市政府发展研究中心、上海发展战略研究所和上海全球城市研究院的同事挚友,他们"将伯之助,相携于道"的风尚,深深感动和温暖着我。我真切地看到,在这套学术文集中处处闪现他们留下的身影,有对我的鼓励、启发,有对我的批评、促进,也有对我的支持和帮助。当然,在这当中,也少不了父母大人、爱人秦慧宝、女儿周凌岑等家人的理解和支持,少不了他们所作出的无私奉献。借此机会,一并向他们表示深深的敬意和感谢。

一份意想不到的收获。原以为文集编纂比较简单,主要是根据不同内容构建一个框架。然而,实际做起来,便发现了问题,即已出版的著作并不能反映全部研究成果,致使呈现的学术研究不连贯,从而有必要把一些重大课题研究成果补充进去,作为学术研究的重要组成部分。为此,在这方面我下了较大功夫,进行系统收集、整理、归类乃至个别修改,有的补充到原有著作中去,有的经过系统化独立成册。"产业卷"的三本中,除《现代经济增长中的结构效应》外,《产业结构与产业政策》由原先出版的《产业结构优化论》和《产业政策的经济理论系统分析》汇编而成;

《产业融合与服务经济》由原先出版的《信息化与产业融合》和《服务经济发展：中国经济大变局及趋势》汇编而成。"中国经济卷"的三本中，除《体制变革与经济增长》外，《市场经济与结构调整》由新编的"市场经济及运作模式"和"结构调整与微观再造"两部分内容构成；《经济运行与发展新格局》由历年《中国经济分析》中我个人撰写章节的汇编内容和"经济发展新格局"新编内容共同构成。"上海发展卷"的三本中，《增长方式与竞争优势》由原先出版的《增长方式转变》一书和基于重大课题研究成果新编的"竞争优势、现代服务与科技创新"两部分内容构成；《改革开放的经验总结与理论探索》在原先出版的《排头兵与先行者》一书基础上，增加了一部分新内容；《创新驱动与转型发展：内在逻辑分析》是基于重大课题研究成果和有关论文及访谈的新编内容。"全球城市卷"的三本中，除了《全球城市：演化原理和上海2050》外，《全球城市崛起与城市发展》由原先出版的《崛起中的全球城市：理论框架及中国模式研究》和《城市发展：愿景与实践——基于上海世博会城市最佳实践区案例的分析》汇编而成；《迈向卓越的全球城市》由原先出版的《全球城市：国家战略与上海行动》和《卓越的全球城市：国家使命与上海雄心》，以及新编的"全球城市新议题"板块汇编而成。这样一种整理和补充，虽然又花费了不少功夫，但完善了整个学术研究过程及其成果，梳理出了一以贯之的主线及融会贯通的学术思想，四卷内容得以有机串联起来。在此过程中，通过全面回顾个人学术生涯的风雨与坎坷，系统总结学术研究的经验与教训，认真反思研究成果的缺陷与不足，使自己的学术情怀得以释放，学术精神得以光大，学术思想得以升华。

一丝踟蹰不安的期待。按理说，学术文集也应当包括学术论文的内容。无奈时间较久，数量较多，且散落于众多刊物中，平时也没有存留，收集起来难度很大，故放弃了。这套学术文集主要汇编了一系列个人专著及合著中的个人撰写部分，如上已提及的，分为"产业卷""中国经济卷""上海发展卷""全球城市卷"，每卷之下安排三本书，总共12本。这套学术文集纵然是历经艰辛、竭尽全力的心血结晶，也希望出版后能得到广大读者认可并从中有所收获。但贵在自知之明，我深知这套学术文集存在的不足，如有些观点陈旧过时，有些分析比较肤浅，有些论证还欠充分，有些逻辑不够严密，有些判断过于主观，有些结论呈现偏差。在学术规范与文字表述上，也存在不少瑕疵。因此，将其奉献给读者，不免忐忑，敬请包涵，欢迎批评指正。

周振华

2023 年 7 月

图书在版编目(CIP)数据

全球城市崛起与城市发展/周振华著.—上海：
格致出版社：上海人民出版社，2023.8
（周振华学术文集）
ISBN 978-7-5432-3472-7

Ⅰ.①全…　Ⅱ.①周…　Ⅲ.①城市经济-研究-中国
Ⅳ.①F299.2

中国国家版本馆 CIP 数据核字(2023)第 090002 号

责任编辑　忻雁翔
装帧设计　路　静

周振华学术文集

全球城市崛起与城市发展

周振华　著

出　　版　格致出版社
　　　　　上海人民出版社
　　　　　（201101　上海市闵行区号景路 159 弄 C 座）
发　　行　上海人民出版社发行中心
印　　刷　上海盛通时代印刷有限公司
开　　本　787×1092　1/16
印　　张　38
插　　页　8
字　　数　659,000
版　　次　2023 年 8 月第 1 版
印　　次　2023 年 8 月第 1 次印刷
ISBN 978-7-5432-3472-7/F·1515
定　　价　195.00 元

周振华学术文集

产业卷

1. 产业结构与产业政策

2. 现代经济增长中的结构效应

3. 产业融合与服务经济

中国经济卷

4. 市场经济与结构调整

5. 体制变革与经济增长

6. 经济运行与发展新格局

上海发展卷

7. 增长方式与竞争优势

8. 改革开放的经验总结与理论探索

9. 创新驱动与转型发展：内在逻辑分析

全球城市卷

10. 全球城市崛起与城市发展

11. 全球城市：演化原理与上海 2050

12. 迈向卓越的全球城市